공공신학과 신체정치학

공공신학과 신체정치학
— 시민 사회와 후기 자본주의

2022년 5월 23일 처음 펴냄

지은이 | 정승훈
펴낸이 | 김영호
펴낸곳 | 도서출판 동연
등 록 | 제1-1383호(1992. 6. 12.)
주 소 | 서울시 마포구 월드컵로 163-3
전 화 | (02)335-2630
전 송 | (02)335-2640
이메일 | yh4321@gmail.com

ISBN 978-89-6447-788-5 94200
ISBN 978-89-6447-653-6 (공공신학 시리즈)

공공신학과 정의론 2

공공신학과
신체정치학

시 민 사 회 와 후 기 자 본 주 의

정승훈 지음

동연

공공신학과 신체身體정치학

공공신학 시리즈 1권(『공공신학과 학제적 소통이론』, 동연, 2021)에서 필자는 공공신학과 근대 미완의 과제를 시민 사회 이론과 더불어 포스트콜로니얼 성격으로 논의한 바 있다. 근대 미완의 과제는 식민주의를 넘어서려는 참여 민주주의와 종교사회주의 전통에 있고, 이것은 라인홀드 니부어(Karl Paul Reinhold Niebuhr), 폴 틸리히(Paul Johannes Tillich) 그리고 칼 바르트(Karl Barth)를 통해 신학적 반성으로 꽃을 피운다.

공공신학은 공론장, 즉 다양한 공공의 영역들(정치, 경제, 문화, 사회, 교육, 종교, 의료 등)에서 공공선과 정의 그리고 사회에서 밀려 나간 자들에 대한 연대를 담는다. 이런 점에서 공공신학은 사회 윤리적 성격을 갖는다. 그러나 일반적인 도덕 이론을 넘어서서 공공신학은 체제 변화를 시도하며 사회 분석에 필요한 메타 윤리적 차원을 고려한다.

한나 아렌트(Hannah Arendt)에 의하면 공론장은 사회 환경이며, 여기서 인간은 도덕적으로 함양된다. 인간의 활동은 세 가지 영역, 즉 노동(labor), 작업(work) 그리고 행위(action)로 분화되며, 정치적 영역과 관련된다. 정치적 동물로서 인간의 모습은 이미 플라톤 이전 그리스 도시국가의 삶에서 나타난다. 플라톤-아리스토텔레스 전통에서 관조의 삶(vita contemplativa)은 최상의 지위를 가지며, 이것은 시민의 정치적 삶에서 우위를 차지한다. 반면 활동의 삶(vita activa)은 기독교의 이웃 사랑에서 매우 중요하게 나타난다.[1]

이런 관점은 시민 사회의 정치적 전통을 근대의 부르주아 경제 사회로부터 구분을 짓는 데 유효하다. 부르주아 경제 사회는 자기 이익에 따라 움직이고, 경제적 이득과 수익을 추구하며, 적자생존과 경쟁의 한가운데 있다. 그러나 경제 사회와는 달리 시민 사회는 오늘날 비판이론에서 생활세계로 파악된다. 이것은 인간을 정치적이며 도덕적 주체로 파악하며, 후기 자본주의의 정당성과 지배 체제를 문제 삼는다.

물론 1권에서 언급했듯이 시민 사회를 경제 사회로 분리하고 국가의 토대로 삼은 사람은 장 자크 루소(Jean-Jacques Rousseau)였다. 이런 점에서 시민 사회 이론은 루소의 정치 이론에 기초하며, 이런 방향에서 후설의 생활세계 이론을 수용한다. 필자는 공공신학을 신학적–철학적 틀에서 발전시키고 다양한 공론장에 대한 사회학적인 논의를 수용한다. 공공신학은 종교 이념과 윤리가 세계에 대해 어떤 영향을 미치며, 사회적 실제를 어떻게 구성하는지 주목한다. 공공신학은 교회의 사회적 책임을 강화하고, 사회의 안전망에서 밀려 나간 자들을 고려하며, 사회 분석을 통해 변화를 시도한다. 공공신학은 종교 안에 담겨 있는 사회 윤리적 지침을 검토하며 시민 사회와 생활세계를 정치권력의 침탈로부터 방어한다.

여기에는 시민들의 삶과 신체가 포함된다. 인간의 신체는 국가 정치의 관료주의적 지배로부터 감시와 훈육으로 조절되며, 공공신학에 매우 중요한 개념으로 자리한다. 공중 보건과 팬데믹 시대에서

---

1 *The Portable Hannah Arendt*, ed. Peter Baehr, 168-169.

드러나는 인종차별, 경제적 불평등, 교육의 계층화, 젠더와 섹슈얼리티, 매스 미디어의 시뮬레이션 등 시민 사회 전반을 지배하는 국가의 신체정치학에 대한 비판적인 분석을 담는다.

공공신학과 윤리

공공신학이 공론장과 사회 계층을 분석하면서 사회 윤리적인 태도를 고려한다면 공공신학은 윤리신학이 된다. 윤리는 지성적인 학문의 분과이며 도덕적 합리성을 지고의 선이나 공동선(의무, 덕목, 유용성, 책임, 인정 또는 정의)을 통해 발전시킨다. 민주적이며 종교적으로 다원화된 사회에서 공공신학이 타 종교의 윤리와 만나고, 다양한 도덕적 가치와 태도를 인정하며, 평화와 정의를 위해 협력하는 것은 매우 중요하다. 공공신학과 윤리와의 관계에서 도덕 이론과 합리성은 신학, 철학 그리고 사회학의 학제적인 소통에서 다루어진다. 윤리적 기획을 갖는 공공신학은 문화적인 이슈들, 특히 인종, 섹슈얼리티, 젠더, 글로벌 경제의 불평등, 포스트콜로니얼 조건, 해방 그리고 의료 윤리의 정의를 고려한다.

이런 차원에서 필자는 뮌헨대학의 신학부 교수인 트루츠 렌토르프(Trutz Rendtorff)의 윤리신학이란 용어를 차용한다. 더 나아가 윤리신학의 차원을 공론장에서 확대하고, 특히 비교종교 윤리에 대한 사회학적 연구를 발전시키고자 한다. 공공신학은 삶의 윤리적 실제의 세 가지 기본구조, 즉 삶의 주어짐, 삶의 수여 그리고 삶에 대한 반성을 해명한다.[2]

---

2 Rendtorff, *Ethics* I, v-vii.

이러한 삶의 구조는 피억압자의 삶을 윤리적으로 고려할 때 확대되며 연대와 해방의 문제가 공공신학의 중심으로 들어온다. 신자유주의 경제 질서가 지배하는 글로벌 경제에서 신체정치학의 영역―인종, 젠더, 섹슈얼리티, 공중 보건, 의학의 상품화 등―은 공공신학에서 중차대하다. 규율과 유용성 그리고 감시를 통한 인간의 신체에 대한 정치적 또는 경제 조직은 이미 도덕적 차원에서 심각한 주제로 등장하며, 인간의 신체에 대한 국가 권력의 행사는 인구와 생명의 문제에 깊이 관련된다. 사회 전반은 국가의 신체정치 지배 아래 포섭된다.3

앞서 언급한 삶의 세 가지 기본구조는 신체정치학과 더불어 공공신학에서 책임과 정치적 연대 그리고 포스트콜로니얼 논의를 거치게 된다. 윤리는 옳고 그름의 관계에 대한 것을 분석하고, 하나님과 동료 인간과 관계를 다룬다. 윤리는 분석적이고 기술적이며, 삶의 주어짐에서 행해지는 인간의 응답을 규범적이고 당위적인 측면에서 다룬다.

리차드 니부어는 기독교 도덕철학을 책임적인 자아의 관점에서 발전시켰고, 인간은 근본적으로 사회적이며 역사적인 존재로 자리매김한다. 니부어의 책임적인 자아의 윤리에서 중요한 것은 사회적 상황이나 외부 사건을 어떻게 분석하며 무엇을 적합한 태도로 해석할 것인가 하는 문제로 귀착된다. 이것은 외부 사건에 대한 인간의 반응을 어떻게 적합한 방식으로 해석하는가 하는 메타 윤리의 주제로 등장한다. 니부어는 인간의 응답을 기초로 세계에 대한 인간의 해석을 윤리적 타입으로 구성한다. "내가 당위적으로 무엇을 해야 하는가"라는 규범적 물음에 앞서 "무엇이 일어나고 있는가"에 초점

---

3 Foucault, *The History of Sexuality* I, 139-141.

을 맞춘다.4 니부어의 응답의 윤리는 메타 윤리적 차원, 즉 해석의 중요성을 드러내며, 주어진 삶의 기본 구조에 해석학적 차원을 보충한다. 니부어의 관점은 공공신학에 매우 중요한 통찰을 제공하지만, 사회적인 악과 지배 체제에 대한 수동적이라는 한계도 있다.

공공신학, 신체정치학, 담론

믿음은 윤리적인 삶의 현실에서 이해를 추구한다. 우리는 인간의 삶, 사회 그리고 문화를 살아계신 하나님 말씀의 빛에서 해석하며 도덕적 이해에 도달한다. 공공신학을 윤리신학으로 발전시킬 때 사회과학적 논의, 종교사회주의 원리 그리고 포스트콜로니얼 인식론은 공공신학을 후기 자본주의 시대에 시민 사회와 생활세계를 방어하는 신학으로 특징짓는다.

필자는 포스트콜로니얼 이론을 종교사회주의에 대한 신학적 반성을 통해 해체주의적이 아니라(에드워드 사이드, 가야트리 슈피박) 새로운 의미 창출을 재구성하는 방식으로 발전시킨다. 이런 인식론적 과정에서 합리화와 지배 사회학(베버), 종교의 사회적 구성(뒤르켐), 후기 자본주의론(하버마스) 그리고 지식과 권력관계(푸코)를 비판적으로 다루게 된다.

포스트모던 차원에서 마이클 하르트(Michael Hardt)와 안토니오 네그리(Antonio Negri)는 푸코의 신체정치 이론을 세계 경제 틀 안에서 제국의 글로벌 주권으로 개념화했다. 이것은 새로운 글로벌 주권 형식이며, 제국으로 불린다.5 이러한 새로운 포스트모던 제국 이론

---

4 H. R. Niebuhr, *The Responsible Self*, 63.

은 어떤 특정한 연방국처럼 권력의 지역 중심을 갖지 않으며, 정치 지배 기제를 탈중심화하고 변종의 정체성을 주장한다. 제국의 글로벌 시스템 안에서 제1세계는 제3세계 안에서 발견되며 변종되어 나타나는데, 그 역도 마찬가지다. 이러한 융합과 변종은 차이, 동질성, 탈영토화 그리고 재영토화로 이루어진다.6

글로벌 주권 지배는 시민 사회의 공론장으로 침투해 들어오며, 사회 계층의 피라미드 구조를 한층 더 지배와 폭력 그리고 불평등 시스템으로 각인시킨다. 이런 점에서 푸코의 담론과 지배 이론은 공공신학으로 하여금 시민 사회의 계층화된 구조를 분석하게 하고, 사회적으로 밀려 나간 자들을 위한 윤리적 실천을 고려하게 한다. 푸코의 담론과 권력관계 이론은 문화적 이슈들 특히 인종, 젠더 그리고 섹슈얼리티 영역에서 탁월한 통찰을 제공한다. 젠더와 섹슈얼리티는 인간의 신체와 성에 대한 정치적 컨트롤을 통해 사회 안에 장착된다. 젠더와 섹슈얼리티에 관한 담론은 전문가들, 관료들, 의사들 그리고 종교 지도자들을 통해 수행되며 사회의 정상 담론(헤게모니)으로 유포되고, 국가와 사회 제도 그리고 법적 정당성, 더 나아가 관료 행정을 통해 공공화된다.

이런 점에서 푸코의 신체정치학은 공공신학이 인간의 신체에 대한 윤리적 반성을 고려할 때 중요하다. 신체 윤리는 권력관계에 매몰되어 있고 인간의 성과 젠더는 합리화된다. 또 신체정치학은 공중 보건과 인권의 관계를 다룰 때 권력의 병리학을 날카롭게 지적한다. 의학적인 처

---

5 Hardt and Negri, *Empire*, xii.
6 Ibid., xiii.

방과 돌봄 그리고 공중 보건은 인간의 기본 권리에 속하지만, 의료 윤리와 정책은 정부의 권력 지배와 관료 행정을 통해 규제된다는 것이다.[7]

신체정치 이론은 사회 전반의 감시와 지배를 향해 국가 이데올로기적인 기제를 사용하며, 이러한 감시 사회는 감옥, 공장, 난민 수용소, 병원, 대학 그리고 산업 사회의 자본 축적에서 드러난다. 더 나아가 이러한 지배 사회는 글로벌 정보 양식을 통해 기술 합리성과 소통 시스템을 통해 세계 전반을 감시한다. 컨트롤은 인간의 의식을 지배하고, 전반적인 사회관계, 인구를 조절한다. "감시 사회는 권력의 특징이며, 사회 전반에 대한 신체정치학을 통해서 작동된다."[8]

다른 한편 푸코의 고고학은 담론을 분석하는데 이것은 에드워드 사이드의 오리엔탈리즘(Orientalism)에 결정적인 방법론을 제공한다. 동양 사회를 대변하는 유럽 중심의 담론은 권력과 지배 그리고 헤게모니의 담론으로 드러나며 비서구권 사회를 종속시켜나간다. 오리엔탈리즘에 대한 서구의 담론은 헤게모니로 장착되며 학문적인 주도권을 쥔다.

사이드는 푸코의 담론이론을 안토니오 그람시(Antonio Gramsci)의 헤게모니론과 연관 짓고 자신의 오리엔탈리즘을 발전시킨다. 그람시는 근대 국가의 두 가지 측면, 즉 승인과 강제를 마키아벨리의 정치 이론에서 차용하고, 마키아벨리의 군주론(The Prince)을 혁명 정당으로 재해석한다. 특히 포스트모던 제국 이론가들에게 '민주주의적' 마키아벨리가 발견되고, 군주론은 혁명적인 정치 선언서로 받아들여진다.[9]

---

7 Farmer, *Pathologies of Power*, 239.

8 Hardt and Negri, *Empire*, 27.

9 Ibid., 63.

그러나 사이드나 포스트모던 제국 이론에서 그람시의 시민 사회론은 배제된다. 시민 사회론과 공론장의 사회 계층 문제 그리고 후기 자본주의 문제가 천착 되지 않는다. 포스트모던 제국 이론의 한계는 세계 경제 시스템을 논의하는 사회과학적 분석의 틀에서 비판적으로 갱신될 필요가 있다는 것이다. 이 지점에서 헬무트 골비처의 자본주의 혁명 이론과 신제국주의 이론이 후기 자본주의 상황에서 신중하게 고려될 필요가 있다.

골비처는 종교사회주의와 독일의 고백교회의 예언자적인 전통에 서 있는 사회 비판 신학자이며, 사회과학 이론을 풍부하게 학제적으로 소통시킨다. 골비처는 공공신학에 사회과학적 분석의 틀을 제공해 주며 시민 사회 안에서 윤리적 실천을 가동화시킨다. 공공신학이 시민 사회와 공론장의 계층구조를 다룰 때 중심부와 주변부의 글로벌 정치, 경제, 문화, 교육의 문제를 고려하지 않고는 불가능하다. 중심부와 주변부의 관계는 분열, 착취, 침투 논리를 통해 시민 사회를 지배하고 생활세계와 환경 문제를 식민지화한다. 하나님 나라의 복음, 즉 하나님의 혁명은 자본주의 혁명에 대립한다. 복음은 후기 자본주의 안에서 빚어지는 구조적 폭력과 부정의 현실에서 메타노이아를 요구하며 보다 많은 정의와 보다 평등한 민주주의, 보다 나은 생태학적 유지를 지향하게 한다.

공공신학은 이런 점에서 글로벌 경제에서 빚어지는 착취, 침투, 분열이라는 신식민주의 논리가 어떻게 공론장에서 변종의 상태로 드러나는지 분석하고 생태계의 삶이 파괴되는지에 주목한다. 공공신학은 밀려 나간 자들을 '위하여' 또 '이들로부터의' 관점을 취하면서 삶의 주어짐과 생활세계의 방어 그리고 국가의 권력에 대한 저항 이론을 전개한다. 더 나아가 그것은 주인 없는 폭력의 세력에 대한 비판과 변혁을 통해 하나님의 혁명에 헌신하는 사회 비판 신학으로 자리매김한다.

다루게 될 주제와 내용들

1장에서 우리는 공공신학과 윤리 기획에 주목하고 생활세계 이론과 사회과학적 논의를 다룬다. 트뢸치와 렌토르프의 윤리신학과 더불어 바르트의 특수 윤리와 본회퍼의 화해의 윤리를 비교 검토한다. 폴 레만(Paul Lehmann)은 바르트와 본회퍼의 영향을 받았지만, 그의 상황 윤리는 칸트와 아리스토텔레스를 접합하면서 독특한 방식으로 전개된다. 리차드 니부어는 사회학의 방법을 기독교 도덕철학으로 수용하고 메타-윤리적 차원을 정교하게 다루며 윤리에서 해석학적 차원을 개방한다. 공공신학은 반성 사회학(피에르 부르디외)과 소통 이론의 윤리를 분석한다. 다양한 윤리의 스펙트럼을 분석하면서 필자는 공공신학의 윤리를 위해 뒤르켐의 사회학적 방법을 수용하고 생활세계의 해석학적 측면을 고려한다. 여기서 인간의 신체 문제는 공공 윤리의 중심으로 들어오며, 현상학적 반성은 푸코의 신체정치학과 더불어 발전된다. 이런 측면에서 생명 윤리와 유전공학은 공공신학에서 중요하다. 이것은 자연과학과의 대화를 발전시키며, 유전공학, 배아줄기세포 연구, 섹슈얼리티의 문제들이 고려된다. 공공신학은 신체정치학과 신자유주의의 연계를 분석하고 여기에 은닉되어 있는 사회진화론과 후기 식민주의적인 지배 체제를 분석한다.

2장은 에른스트 트뢸치와 막스 베버에 대한 연구를 통해 종교 간의 비교 윤리를 전개한다. 트뢸치는 유럽 중심주의를 넘어서는 통찰을 제공해 주는 고전적인 공공신학자로 평가된다. 저자는 그의 역사 비판 방법과 사회학 이론을 분석하고 인식론적인 한계를 딜타이와 후설과의 연관에서 비판적으로 발전시킬 것이다. 이 연구는 공공신학에서 비교종교에 대한 사회학적인 논의 방법을 수용하며, 막스 베버의 이념형과 선택적 친화력의 기여와 한계에 주목한다. 베버는 비교종교 연구를 위해 중요한 방법론적인 기여를 했고, 그의 심정 윤리는 예언자적 종교들 안에 기초한다. 베버의 이념형과 역사주의 문제는 여전히 중요하며 그의 한계점을 오늘날 사회학 연구에서 중요하게 논의되는 차축 시대와 다차적 근대성과 관련된다. 이러한 연구는 동양 사회에서 종교 윤리와 자본주의 발전과 연관성을 분석하고, 베버의 개신교 윤리와 자본주의 정신을 마르크스와 더불어 발전시킨다. 마르크스는 식민주의 분석을 통해 베버에 앞서 종교와 경제의 연관을 파악했다. 더 나아가 종교 이념이 자본주의와 권력관계에서 어떻게 신체정치학으로 드러나는지 푸코의 입장을 정리한다.

　3장은 포스트콜로니얼 이론과 공공신학을 다룬다. 사회진화론과 후기 식민주의 지배 체제를 비판하기 위해 뒤르켐의 종교사회학은 공공 윤리에 매우 중요하다. 에드워드 사이드는 그의 주저 『오리엔탈리즘』을 통해 포스트콜로니얼 문학비평의 물꼬를 터 주지만, 그의 최대의 난점은 사회과학적인 방법의 결여와 서구 근대성에 대한 오해, 더 나아가 비교종교 연구에 대한 탈각과 세계 경제 질서에 대한 무지함에 있다. 슈피박은 데리다와 그람시의 헤게모니 이론에 의존하며 민족 문제를 부르주아지 남성 지배 체제로 비난하지만, 여전히 시민 사회와 민족 문제의 관련성이 고려되지 않는다. 사이드나 슈피박은 일제히 마르크스를 유럽 중심주의 환상에 사로잡힌 자로 깎아내리지만, 이들의 비난은 학문적으로 근거가 없다. 필자는 마르크스의 식민지 문제와 아시아적 생산 양식 문제를 대안 근대성을 고려하면서 검토한다. 대안 근대성은 시민 사회 안에서 민족주의 정당성을 부여한다.

4장은 포스트콜로니얼 신학과 세계 경제를 헬무트 골비처에 주목하면서 발전시킨다. 정치신학과 해방신학의 문제들과는 다르게 필자는 골비처의 사회 비판 신학을 공공신학으로 재구성하며, 이런 틀에서 해방신학과의 비판적 대화를 시도한다. 사적 유물론을 둘러싼 해방신학자들(특히 클로도비스 보프와 후안 세군도)의 해석이 검토된다. 골비처는 포스트 유럽 중심으로 나가며, 그의 세계 경제에 대한 사회과학적 분석은 사적 유물론에 대한 창조적인 해석과 자본주의 혁명을 통해 개념화된다. 그의 제국주의 모델은 공공신학으로 하여금 후기 자본주의 현실에서 드러나는 포스트콜로니얼의 조건을 파악하게 해 준다. 필자의 포스트콜로니얼 공공신학은 골비처와 더불어 다른 사회과학자들의 논의를 분석하며 국가의 신체정치학의 기능과 제국주의 그리고 공중 건강과 종속이론 등을 포함한다.

5장은 책임 윤리와 문화적 정의를 다룬다. 리차드 니부어의 기독교 도덕철학은 철학과 사회학과의 소통을 주도하며 윤리에서 해석과 책임의 차원을 강화한다. 외부 사건에 대한 인간의 반응에서 도덕의 문제가 설정되며, 적합성과 책임성 그리고 연대가 그의 기독교 도덕철학에서 중심 자리를 갖는다. 필자는 리차드 니부어를 임마누엘 레비나스의 책임과 타자의 윤리와 비교 검토하고, 신 중심적 윤리의 기여와 한계를 평가하도록 하겠다. 니부어에게 미친 트뢸치의 영향은 지대하다. 필자는 트뢸치와 베버의 사회학적 논의를 문화이론과 사회 계층 이론을 통해 발전시킨다. 공공신학은 문화신학을 수용하고, 그 한계를 다양한 사회과학적인 논의를 통해 인종, 젠더 그리고 섹슈얼리티 문제에 주목한다. 공공신학은 기독교적인 상징인 화해와 십자가 신학을 생활세계의 측면에서 발전시키고, 남성지배 체제에 대한 저항 이론으로 전개된다.

에필로그는 공공신학과 윤리, 신체정치학에서 빚어지는 문제들을 요약하고, 시민 사회와 후기 자본주의 상황에서 공공신학이 기획하는 것을 정리한다. 공공신학과 신체정치학은 포스트콜로니얼 시민 사회에서 중요한 화두로 등장하며 에드워드 사이드, 푸코의 담론과 권력관계, 안토니오 그람시의 시민 사회와 헤게모니 이론을 요약한다. 이러한 이론적인 검토를 통해 공공신학은 심의 민주주의, 사회 정의 그리고 연대를 위해 윤리적 차원을 강화하며 시민 사회를 방어한다.

후기에서 필자는 공공신학과 교육의 문제를 첨부한다. 칼 바르트 화해의 신학과 파울로 프레이리의 해방 교육은 어떻게 만나며, 비판적인 대화를 통해 공공교육으로 발전할 수 있을까? 이러한 비교검토는 민중 교육론에 새로운 전망을 제공하거나 비판적인 논쟁으로 갈 수도 있을 것이다. 시민 사회의 합리화와 전문화 그리고 사회 계층에서 드러나는 문제는 무시될 수가 없다. 민중 사회는 시민 사회 안에 통합되며, 사회의 하위 계급의 문제는 그람시가 이미 예견한 것처럼 시민 사회의 영역을 구축하지 않고는 개혁과 혁명의 전략이 불가능해진다. 공공교육은 시민 사회와 민중 사이에서 나타나는 괴리와 파열에 주목하며, 어떻게 공공선과 정의 그리고 연대의 가치를 교육학의 차원에서 발전시켜 나가는지에 관심을 갖는다.

끝으로 감사할 분들이 있다. 1권 『공공신학과 학제적 소통이론』의 출판기념회에서 토론자로 참가한 이성백 교수(서울시립대)와 김종엽 교수(한신대) 그리고 이병옥 교수(장신대)이다. 특히 이성백 교수는 공공신학 1권에서 필자의 칸트의 환대와 코스모폴리탄 이론이 레비 나스적으로 경도되어 있고, 오히려 칸트에게 환대는 단순히 주인과 손님을 넘어서서 우리 모두가 주인이라는 글로벌 시민 사회의 비전을 가지고 있음을 날카롭게 지적해 주었다. 그의 말에 동의한다. 이성백 교수가 사회철학자라면 필자는 여전히 신학자이다.

이병옥 교수는 공공신학과 시민 사회 논의에서 포스트콜로니얼의 중요성에 주목했고, 탈식민지 조건이 공공신학의 문제틀로 들어와야 한다고 언급했다. 그는 칼 바르트 신학에서 하나님 나라와 문화 그리고 종교와의 관련성이 보다 구체적으로 언급될 필요가 있다고 지적해 주었다. 이병옥 교수의 비판적인 질의는 중요하다. 필자는 5장에서 화해론의 관점에서 문화적 정의 문제를 다루도록 하겠다.

김종엽 교수는 뒤르켐을 전공한 사회학자로서 그리고 가톨릭 신자로서 기독교 신학에 조예가 깊다. 특히 2차 바티칸공의회에 깊은 영향을 받았고, 다원주의적 상황에서 공공신학이 종교 간 연대의 중요성과 비교신학의 필요성을 지적해 주었다. 그가 지적한 종교개혁자 루터와 인문주의자 에라스무스의 관계를 적절하게 언급하지 못한 것은 필자의 한계이기도 하다. 에라스무적인 관심이 루터 이후 바르트와 틸리히 그리고 니부어에게 통전되지 않는가 하는 그의 언급은 탁견에 속한다. 더욱이 루터와 동시대인 바르톨로메 라 카자스가 탈식민주의 원천이 아닌가 하는 부분에 동의하고, 4장에서 다룬다. 특히 김 교수가 질의한 뒤르켐과 루소의 관계는 국가와 시민 사회를 다룰 때 포스트콜로니얼 접근 방식에서 논의한다. 세 분 토론자들에게 감사를 드린다.

차 례

제 **1** 장

공공신학과
윤리 기획

공공신학은 사회 윤리와 더불어 다루어지며, 사회학적 방법과 해석학이 논의의 중심이 된다. 윤리에 대한 사회학적 논의와 해석학적 접근을 통해 인간의 삶에 미치는 담론의 영향과 권력관계가 분석된다. 이러한 학제적인 소통은 인식론적 절차와 토론을 거쳐 이루어지며, 실존론적인 지름길(하이데거)을 택하기보다 사회과학적인 우회로를 거친다.

1장과 2장에서 윤리의 유형들을 소개하고 윤리신학의 방법들이 검토된다(트루츠 렌토르프, 디트리히 본회퍼, 폴 레만, 제임스 구스타프슨, 칼 바르트). 이러한 방법론적 검토에서 생명과학과 더불어 의료 윤리가 다루어진다. 의료 윤리는 여전히 공론장에서 윤리의 문제와 연관되며, 윤리의 사회학적 측면은 에른스트 트뢸치와 리차드 니부어를 통해 검토한다. 리차드 니부어는 트뢸치의 역사학적 영향을 수용하고, 그의 신 중심 윤리를 에밀 뒤르켐의 사회학을 통해 진일보시킨다.

3장은 윤리학의 사회학적 발전을 위해 반성 사회학의 통찰(피에르 부르디외)을 수용하고, 공론장과 사회 계층에서 다양한 상품들과 자본들에 대한 분석을 통해 윤리적 기획을 시도한다. 그리고 공공신학을 위해 하버마스의 소통이론이 갖는 의미를 검토한다. 4장은 유전자 문제를 둘러싼 윤리적 논쟁을 다루고, 유전자 공학과 진화론을 전통적인 신학의 주제―창조, 하나님의 형상, 원죄, 성 정체성―를 더불어 논의한다. 여기서 공공신학은 자연과학의 성과들과 소통할 뿐만 아니라 신학의 담론을 재구성한다.

I. 윤리 기획과 모델

공공신학은 포스트콜로니얼 틀에서 윤리와 어떤 관계를 갖는가? 공공신학이 공공 영역에서 정의와 공공선에 관련된 삶의 문제를 다룰 때 그것은 윤리신학의 형식을 취한다. 트루츠 렌토르프(Trutz Rendtorff)는 그의 저서 『윤리』에서 기본적인 요소와 방법론을 윤리신학의 틀에서 개념화한다. 윤리가 삶의 문제를 주어진 것으로 다룰 때 해석과 책임성은 중요 요소이다. 삶의 주어짐에 대한 기본적인 입장은 윤리를 현실에 대한 인간 경험의 집중적인 형식으로 특징짓는다. 윤리는 삶의 방식으로 파악되며 선을 추구하도록 돕고, 삶의 현실에 대한 윤리적 의미에 관여한다. 윤리는 인간의 삶의 행위를 해명하는 이론이며, 구체적인 삶의 상황과 윤리적 질문, 도덕적 연구에 주목한다.[1]

윤리가 인간의 삶의 현실과 선에 대한 질문을 다룰 때 윤리신학은 도덕 이론이나 사회학과 학제적인 소통을 통해 그 지평을 확대한다. 철학 윤리 또는 도덕철학은 선과 악과 관련 있으며, 보편 원리나 공공선의 빛에서 옳고 그름을 평가한다. 또한 도덕적 가치와 실천적 지침을 논의한다.

예를 들어 아리스토텔레스의 윤리는 플라톤과의 비판적 대화를

---

1 Rendtorff, *Ethics* I, 3.

통해 뚜렷한 분과로 자리 잡았고, 토마스 아퀴나스는 아리스토텔레스의 니코마키안 윤리(Nicomachean Ethics)를 주석하여 중세 가톨릭의 도덕 신학으로 통합시켰다. 또 개신교 전통에서 슐라이에르마허(Friedrich Schleiermacher)는 종교적 의존 감정의 윤리를 그리스의 도덕 이론과 관련하여 발전시켰다. 슐라이에르마허에 대항하여 알브레히트 리츨(Albrecht Ritschl)은 칸트의 도덕철학을 그의 윤리신학에 편입시켰다. 그런가 하면 트뢸치는 베버의 사회학적 방법을 통해 기독교의 역사 발전에서 드러나는 교회의 다양한 사회적 가르침들에 주목하면서 그의 사회 윤리를 정교하게 다루었다.

윤리신학은 공공신학에서 도덕철학과 사회학적 논구와 관련 있으며 해석학적인 차원과 더불어 종교사회주의 전통에 서 있는 정치신학과 연관되어 다루어진다. 공공신학과 윤리적 반성을 명료화할 때 해석학적 반성은 메타-윤리적 차원에서 중요하다. 특히 공공신학은 의무 도덕과 목적론을 정의와 공공선을 위해, 타자의 인정을 위해 다룰 때 필요하다. 이러한 해석학적 매개는 사회과학적 분석 방법을 중요하게 고려하며, 인간의 도덕성이 역사의 영향과 사회 조건에서 설정된다고 주장한다. 윤리적 해석학은 역사의 영향과 사회적 삶의 자리가 권력관계의 구조에 묶여 있고, 사회적 담론으로서 언어는 헤게모니와 특권의 정치 메커니즘에 지배당하는 사실에 주목한다.

공공신학과 윤리: 상관관계

공공신학은 단순히 교의학이나 조직신학에 예속되지 않는다. 이는 공공신학이 신학의 기본적인 도덕적 문제와 사회 윤리의 중요성에 주목하기 때문이다. 공공신학은 삶의 복합적인 현실들을 학제적 소통의 틀에서 다룬다. 공공신학은 성서 주석에 관여하며, 성서 윤리에서 드러나는 지시법적 표현(indicative)과 명령적 표현(imperative)에 관심을 갖는다. 예를 들어 '나는 학교로 간다'라는 문장에서 '간다'(go)는 사실을 표현하는 것은 지시법적 동사가 된다. 마찬가지로 '나는 하나님의 자녀다. 그러나 나는 하나님의 자녀로서 선행을 해야 한다(do good)'라는 문장에서 '해야 한다'는 명령법적인 표현을 말한다. 공공신학은 이러한 변증법적 관계 안에 담겨 있는 윤리적 차원을 하나님의 은혜와 연관 지어 명료하게 만든다.

이러한 상관관계는 토라와 신약성서의 윤리적 차원의 기본 구조를 밝히며, 역사 사회적 영역에서 하나님과 인간성의 관계를 다룰 때 하나님의 약속의 지시적인 표현은 하나님의 계명의 명령법적인 표현으로부터 분리되지 않는다는 것을 보인다. 예를 들어 하나님은 이스라엘 백성과 계약을 맺지만(지시적 차원) 그렇다고 해서 하나님의 계명을 준수하는 명령법적인 차원, 즉 책임성과 떨어져서 논의되지 않는다. 조직신학에서 윤리의 문제를 다룰 때 하나님의 약속과 은총에 초점이 맞추어지지만, 기독교 윤리에서는 인간의 책임성과 자유에 더 많은 강조점이 있다. 여기서 조직신학과 기독교 윤리는 신학적 분과의 전문화로 분열되어 발전하지만, 공공신학은 학제 간의 분화를 무의미하게 취급하지 않는다. 공공신학의 주요 관심은 지시적 표현과 명령법적 표현의 상관관계를 공론장에서 "책임과 심정"(또는 연대의 상관 윤리)으로 발전시키는 것이다.

이런 점에서 공공신학은 토라의 계약과 복음에 대한 윤리적 주석을 사회적인 삶의 조건과 자리에서 분석하고 해석학적으로 반성한다. 이것은 초대 기독교에서 발전된 윤리의 공공 차원과 상황적인 성격에 주목하는 것이며, 이후 사회 윤리의 역사적 진행과 새로운 구성을 사회학적인 측면에서 다듬는 것이다. 이러한 역사 사회적 현실에 대한 분석과 기술을 통해 현재의 역사에서 윤리의 차원을 공공 영역과 글로벌 관점으로 구체화시킨다. 이러한 책임 윤리는 하나님의 말씀에 기초하는 예언자적 심정과 사회 비판적 태도를 견지하는 데서 비롯된다.

이런 점에서 폴 레만(Paul Lehmann)의 윤리신학은 중요하다. 그는 성서 해석학과 기독교 윤리를 통합하고, 성서의 원리를 하나님 말씀과 성령의 내적 증거를 통해 파악한다.2 레만은 신명기를 이스라엘 신앙의 해석으로 파악하며, 시내산의 하나님의 계약의 참된 의미를 오늘의 상황에서 재구성한다. 그는 계약의 상황에서 도덕적 의무와 책임을 재해석하고, 토라에 대한 잘못된 해석이나 남용에 대항하는 예언자적 도전(심정 윤리)을 개혁의 기반으로 삼는다. 루터와 칼빈은 산상 수훈과 십계명 사이의 내적인 관련성에 주목했다. 바리새파와 예수의 대결에서 예수는 장로들의 유전을 비판하면서 예언자 이사야를 십계명의 다섯 번째 계명을 해석하는 데 유용하였다(막 7:6-13).3

레만은 성도와 예수 그리스도의 친교에 대한 바울의 반성을 자신의 코이노니아 윤리로 착상시켰다. 교회의 본질은 예수 그리스도의 몸으로 정의되며, 교회는 세상에서 친교를 창조해가는 그리스도의 임재에 참여하는 제자직으로 불린다. 레만은 코이노니아 상황과 기

---

2 Lehmann, *Ethics in a Christian Context*, 30.

3 Ibid., 79.

독교 윤리의 성격에 초점을 맞추며, 교회와 세상에서 하나님의 의지를 추구하고 행하는 도덕적 측면을 발전시킨다.[4]

레만의 코이노니아 윤리는 메타 윤리적 반성을 요구하며 사회와 세상에 임재하시는 하나님의 활동을 관련 짓는다. 왜 기독교인은 사회와 세상에서 제자직의 삶을 살아야 하는가? 이러한 제자직의 삶이 도덕적으로 그리고 실천적으로 매개되려면 어떤 해석의 반성이 윤리 이전에, 즉 메타 윤리적으로 명료화되어야 하는가? 이러한 메타 윤리적 차원에서 성서 주석이나 조직신학 또는 교리적 체계가 다루어진다. 그러나 일차적 관심은 사회적 상황에서 활동하시는 하나님의 의지를 반성하고 윤리적 문제와 관심을 하나님의 의지에 일치하여 전개하는 것이다.[5]

레만은 윤리와 삶의 복잡성을 다룰 때 해석의 중요성과 반성에 관심 가지며 사회과학적인 방법을 수용한다. 공공신학은 학제적인 소통 및 사회과학적인 분과들과 대화와 배움을 통해 다양한 공공 영역들의 이슈들을 정의와 공공선, 연대의 원리를 중심으로 전개한다. 이것은 열린 담론과 대화, 토론을 요구하며, 무해의 원리와 사회적 약자들과 연대를 균형 있게 숙의한다.

공공신학은 사회 문화적 에토스와 다양한 문화적 가치들을 고려하며, 다원화된 사회의 영역에서 개방하고 인정한다. 이러한 인식론적 절차를 통해 공공신학은 하나님의 나라의 이념과 가치 그리고 정의를 구체화해 나간다. 공공신학 구성의 일차적 과제는 윤리적인

---

4 Ibid., 80.
5 Ibid., 131.

담론에 사회과학적 방법을 도입하는 것이며, 문화와 사회의 영역에서 삶의 문제로 드러나는 복합성과 다양성 그리고 불명료함을 진지하게 고려하는 것이다.

디트리히 본회퍼와 삶의 주어짐

삶은 인간의 의식과 윤리적 태도를 형성하며 영향을 미치는 기본적인 상황 안에 자리한다. 윤리적 반성은 삶의 역사와 콘텍스트에서 생겨나며, 삶의 행위는 공동체와 타자와의 관계에서 드러난다. 이러한 관점은 삶의 도덕적 행위에서 드러나는 삶의 내러티브에 주목하며, 이에 대한 경험은 윤리적 반성과 공공신학의 구성에 일차적인 의미를 갖는다.

이런 점에서 본회퍼는 기본 윤리적 상황을 다음처럼 말한다: "선의 문제는 더 이상 전도될 수 없는 상황에서 이미 그리고 항상 우리를 만난다. 우리는 살아 있고… 우리는 선 자체가 무엇인지 질문하지 않는다. 오히려 삶이 주어진 것임을 인정하면서, 살아 있는 존재로서 우리는 무엇이 선한 것인지를 묻는다… 선의 물음은… 사람들과 사물, 제도 그리고 권력과 살아 있는 관계의 한가운데서 제기되고 결정된다. 달리 말하면 [윤리의 물음]은 우리의 역사적 존재의 한가운데서 [생겨난다]. 선의 질문은 삶과 역사의 질문과 분리되지 않는다."6

본회퍼의 삶의 주어짐에 대한 윤리적 반성은 공공신학이 윤리의 실천 문제를 다룰 때 대단히 중요하다. 우리는 삶에 구속되며, 역사

---

6 Bonhoeffer, *Ethics*, 211.

와 사회를 통해 주어진 삶의 현실을 윤리의 기본 전제로 취한다. 여기서 우리는 삶을 위한 공공선이 무엇인지를 묻는다. 그리고 역사 사회적인 존재의 한가운데서 주어진 삶의 주어짐과 더불어 삶의 현실의 복잡성과 다원성 그리고 불명료함을 윤리적으로 통찰한다. 본회퍼에 의하면 '선한 것'은 '사는 것'이다. 왜냐하면 "나는 생명"이기 때문이다(요 14:6). 삶에 관한 질문은 '나는 나다'(I am)라는 지시적 표현방식을 떠나서 파악할 수가 없다. 예수 그리스도 삶과의 연관에서 인간은 하나님의 화해의 은총의 수여자가 되며, 하나님은 가장 가난한 자의 모습에서 인간이 된다.[7]

십자가 신학은 화해의 신학이 되며, 여기서 전개되는 공공 윤리는 바로 주어진 삶의 현실로부터 시작된다. 윤리적인 것은 인간 사회의 일정한 구조를 말한다. 사회관계들 안에서 모든 윤리적 담론은 추상적으로 나타나는 것이 아니라 구체적인 상황에서, 즉 삶의 주어짐을 통해 나타난다. 이러한 사회적 구성 원리는 특별한 시대와 장소에 서 있는 구체적 인간과 연결된다.[8]

계몽주의와 합리주의에 대한 비판에서도 본회퍼는 여전히 이러한 전통에는 인간 존재의 평등한 권리와 존엄이 있으며, 보편적으로 타당한 이성이 비판의 무기로 사용되고 있음을 인정한다. 이것은 사회의 불의에 대해 인간의 평등함, 자유 그리고 존엄을 통해 비판한다. 계몽의 원리는 전통 윤리가 부정의와 특권을 위한 정당화로 남용된 것을 교정한다.[9]

---

7 Ibid., 218.
8 Ibid., 267-268.
9 Ibid., 269.

그러므로 미완의 근대성의 유산은 식민주의 이후에 갱신되고 새롭게 해석될 수가 있다. 공공신학은 선과 권리를 통합하며 계몽의 도덕 원리와 근대적 발전을 선에 대한 윤리적 고려와 더불어 발전시킨다. 윤리적인 것의 일반 현상학에서 우리는 삶의 주어짐에서 설정되며, 윤리적인 것은 특별한 시간과 장소에 제한되며 상황적이 된다. 기독교의 윤리는 도덕적 전제의 교과서나 도덕적 원리나 이념형에 삶을 기초하고 구현하는 참고서 같은 것이 아니다.[10]

본회퍼에 의하면 윤리학자는 삶의 충만함에서 자신의 태도를 의무 안에 설정하며, 하나님의 계명은 하나님의 말씀 행위로서 구체적인 인간에게 주어진 것으로 본다. 윤리학자는 하나님의 계명의 긍정적인 내용을 인간의 삶과 자유를 위해 진지하게 취급한다. 이것은 도덕주의자의 체계처럼 교리적 합리화나 결의론적 접근(casuistry)을 통해 윤리의 문제를 해결하려는 궤변과는 다르다.[11]

예를 들어 자살의 문제를 다룰 때 본회퍼의 윤리적 반성이 잘 나타난다. 자살은 고독한 행동이다. 우리는 자기 희생의 자유(순교)와 자유의 남용(자살)의 경계선을 분명하게 분별하기가 어렵다. 이런 행위에 대해 판단을 하고 정죄를 할 수 있는 어떤 기반도 주어지지 않는다. 모든 자살을 살해 행위와 동일시 하는 것은 근시안적인 생각이다.[12]

본회퍼는 자유의 중요성을 고려한다: "자신의 생명을 죽음으로 희생시키는 자유가 없이는 하나님을 향한 자유는 존재하지 않는다. 그렇다면 인간의 삶도 존재할 수가 없다."[13] 자살을 할 수 있는 자유

---

10 Ibid., 265.
11 Ibid., 280.
12 Bonhoeffer, *Ethics*, 168-169.

에 대한 본회퍼의 반성은 도덕적으로 해명되기보다는 인간을 하나님의 법정 앞에 세운다. 자살은 도덕적 오류보다는 신앙의 결핍으로부터 온다. 루터가 하나님과 신앙을 상관관계로 묶는다면, 본회퍼 역시 좌절을 회개와 하나님의 자비로 안내한다.[14]

자살은 보다 고귀한 선을 위해 행해질 수도 있다. 그것은 자기 파괴나 희생을 통해 하나님께 봉사할 수 있다. 순교 행위는 하나님에 의해 명령될 때만 의미가 있다. 정치가는 고문이 두렵고 조국을 배신할 수 있는 불안으로 인해 스스로 희생할 수도 있을 것이다. 자신의 배신이 가정과 공동체에 수치스러움과 굴욕을 가져올 수도 있을 것이다. 그러나 이러한 가능성 중 어떠한 것도 자살에 대한 적합한 변명이나 수단으로 정당화될 수 없다. 자살은 항상 죄이다. "자살의 권리는 살아계신 하나님에 의해서만 오로지 폐지될 수가 있다."[15]

이것은 본회퍼가 감옥에서 자살이 아니라 순교의 길을 선택하게 한 윤리적 반성이다. 인간은 세계 안에서 하나님의 고난에 참여한다. 기독교 부활의 희망은 이 세상에서 일어나며, 죽음과 부활에 대한 인식은 이 세상에 대한 깊은 인식과 관련된다. 하나님이 그분의 모든 약속을 성취하신다. 약속에 대한 희망을 근거로 우리는 계속해서 살아간다.[16] 비성서적인 단어 '의미'는 성서가 말하는 약속을 말한다.

본회퍼가 죽기 전에 읽은 성경 구절은 다음처럼 전해진다: "하나님의 모든 약속은 그리스도 안에서 '예'가 됩니다"(고후 1:20). 선의 질

---

13 Ibid., 165.
14 Ibid., 168.
15 Ibid., 170.
16 Gollwitzer, *Krummes Holz—aufrechter Gang*, 42.

문에서 드러나는 윤리의 기반은 주어진 삶에 앞서 존재하는 무시간
적인 규범이나 행위에 대한 보편법으로 해명되지 않는다. 그것은
하나님의 약속 앞에서 그리스도의 복음을 쫓아가는 제자직 안에서
구현된다.

콘텍스트 윤리와 하나님의 정치

앞서 본 것처럼 레만은 "하나님이 세계 안에서 무엇을 하시는가?"
라는 물음을 고려하면서 콘텍스트 윤리를 전개한다. 그리스도 안에
서 교회 공동체는 하나님과의 은혜의 친교로 들어가지만, 이것은
또한 세상 안에서 활동하는 하나님의 활동과의 연관에서 상황적으
로 다루어진다. 여기서 레만은 바르트에게 동의한다: "동시대적인
세속적 문헌들을 폭넓게 읽는 것—특히 신문!—은 로마서를 이해하
는 데 필요한 것으로 권장된다."[17]

신앙에 의해 어떻게 살 것인가 하는 것은 기독교인들에게 어떻게
당위적으로 행동해야 하는가를 처방하는 태도보다 더 중요하다. 레
만에 의하면 "기독교 윤리는 신학의 분과로서 [다음과 같은] 질문과
대답에 대한 반성이다. "예수 그리스도를 믿는 자로서 그리고 교회
의 일원으로서 나는 무엇을 해야 하나? 이런 질문과 대답을 분석하
고 반성하는 것 — 이것이 기독교 윤리다."[18]

레만의 기독교 윤리에서 계시, 신앙 그리고 교회는 중심에 서 있

---

17 Lehmann, *Ethics in a Christian Context*, 74; Barth, *Epistle to the Romans*, 425.
18 Ibid., 25.

으며, 윤리는 신앙의 성숙도를 목적으로 하며, 신앙은 도덕성을 산출한다.[19] 신앙의 성숙한 삶은 교회에 근거하며, 공동체의 친교는 믿는 자들의 영적 성장을 지적한다. 이것은 코이노니아 윤리의 특징이며, 교회의 친교는 세상에서 활동하시는 그리스도의 임재의 현실과 연관된다. 이러한 친교의 상관관계가 윤리를 구체적으로 그리고 상황적으로 만든다. 이것은 도덕적 원리와 규범을 설정하는 것과는 다르다.[20]

레만에 의하면 "하나님은 세상에서 무엇을 하시는가?"라는 물음은 정치와 윤리를 통해 하나님의 세상적인 활동을 해석하는 것으로 답한다. 여기서 레만은 아리스토텔레스를 진지하게 다룬다. 아리스토텔레스에게 윤리는 정치학의 분과이며, 최고선의 학문이다. 정치는 정치 공동체, 즉 도시 국가에 대한 이론이다. 이것은 인간의 시민적인 연합의 이상적 형식을 말한다. 본성상 인간은 정치적인 동물이다. 선의 학문으로서 윤리는 정치학의 분과이며 또한 정치는 최고선의 학문이다. 이러한 관점은 이스라엘과 교회가 맺은 하나님의 계약 관계와 화해가 된다. "간략히 말하면 교회의 하나님은 정치의 하나님이다!"[21]

삶 자체의 주어짐이 모든 특수한 상황을 구성한다면, 윤리적 반성과 방법은 상황적인 성격을 갖는다. 레만은 상황 윤리(특별한 상황이 기독교적인 응답을 지배한다)와 칸트의 정언명법 사이를 헤쳐 나간다. 십계명과 같은 도덕적 규범들은 인간의 모든 삶의 문제에서 당위적인 명령이나 권위를 가질 수가 없다. 오히려 그것들은 기독교인의

---

19 Ibid., 54.
20 Ibid., 49, 124.
21 Ibid., 82.

삶의 기술적인 측면을 강화하지 칸트적인 의미에서 정언명령으로 볼 필요가 없다.

그러나 레만의 문제는 아리스토텔레스의 목적론적 도덕에 의존되며, 세계와 사회 안에서 하나님의 행동에 대한 해석학적 반성을 약화시킨다. 하나님의 역사 사회적 활동을 논의할 경우 아리스토텔레스의 목적론적 사고는 실천이성보다는 공동체와 더불어 개인주의적 중용으로 전개되는데, 하나님의 활동을 중용으로 파악하기에는 여전히 문제가 있다. 아리스토텔레스가 아니라 성서의 하나님은 가난한 자들과 연대를 하며, 불의와 부패에 대해 예언자들을 통해 심판한다. 하나님의 정의는 아리스토텔레스의 중용과는 다르다. 자유와 해방의 하나님 말씀은 출애굽 사건에서 정언명령의 정당성(책임 윤리)을 가지며, 여전히 오늘날 공공의 영역에서 사회적 약자와 밀려난 자들과의 연대와 정의(심정의 윤리)로 이어진다.

성서의 세계에서 드러나는 믿음(지시적 표현 방식)은 사랑 또는 도덕적 책임(명령적 표현 방식)과 상관관계에 있으며, 성령의 사역을 통해 칭의와 성화는 인식론적으로 구분되지만 분리되지 않는다. 믿음은 사랑 안에서 활성화되며, 이미 성숙한 믿음 안에는 윤리적 성화가 존재한다. 믿음 안에서 은혜는 실천적으로 표현되며, 윤리적으로 행해진다. 이러한 상관관계에서 윤리적 반성과 결정은 성서를 이해하고 공론장에서 소통하는 데 해석학적 중요성을 가지며, 이것은 역사 사회적 전개에서도 논의될 수 있다.

어찌 되었든 레만은 트뢸치에 주목하고 신약성서와 이후 교회의 역사적 관계에 관련한다. 레만은 트뢸치에 근거하여 윤리적 절대주의와 대립하고 기독교 윤리의 콘텍스트적인 성격을 확인한다.[22] 레만의 윤리적 기여는 메타 윤리적 차원에서 찾을 수 있다. 레만은 본회퍼와 바르트의 영향을 받으면서도 아리스토텔레스의 목적론적 윤리를 수용한다. 윤리와 정치는 서로 맞물린다. 하나님은 윤리와 정치의 하나님이다. 그리고 기독교 윤리의 상황적인 성격을 강화하면서, 레만은 트뢸치의 역사적 방법과 사회 윤리적 차원을 적극적으로 평가한다. 그럼에도 불구하고 신앙과 코이노니아가 윤리적 규범을 판단하는 근거가 된다면 하나님의 말씀에 대한 해석학적 반성은 여전히 레만의 한계로 남는다.

신 중심 윤리

제임스 구스타프슨(James Gustafson)은 미국에서 가장 영향력 있는 윤리학자로 평가된다. 예일과 시카고, 에모리 대학에서 교수 생활을 했고, 그의 윤리 방법은 그의 제자들을 통해 학제적 소통으로 발전된다. 그는 레만의 콘텍스트 윤리를 반율법주의 견해로 분류한다. 반면 구스타프슨은 폴 렘지(Paul Ramsey, 1913~1988)가 기독교 상대주의와 상황 윤리를 비판한다고 본다.[23] 렘지에 의하면, 기독교 윤리는 사랑의 실천에 근거가 되며 하나님의 본성과 활동을 계약 관계에서 파악한다. 하나님의 의로움과 하나님 나라에 대한 성서적 상징은 예수 가르침의 중심에 속한다. 기독교 윤리는 사랑과 계약의 중요성을 해명하는 것을 중요한 과제로 삼는다.[24]

---

22 Ibid., 27.
23 Gustafson, *Ethics* I, 2.
24 Ramsey, *Basic Christian Ethics*, 1.

그러나 구스타프슨은 기독교의 윤리를 학제적으로 소통하면서 폭넓게 전개한다. 윤리는 인간을 바른 행동으로 안내한다. 행동을 위한 좋은 이유들을 설정하는 과정에서 개신교 윤리는 '유용성의 황무지'를 넘어서야 하는데, 그럼에도 불구하고 그는 공리주의의 주요한 차원들을 배제하지 않는다.[25] 구스타프슨은 자신의 신 중심 윤리를 위해 슐라이에르마허와 리차드 니부어를 중요한 신학자로 다루고, 개혁신학의 전통에 공명한다. 신 중심의 입장은 하나님의 관점에서부터 세계를 보는 것을 의미하지 않는다. 인간은 하나님의 영원성 또는 초월적인 관점을 취할 수가 없다.[26]

세계에 대한 구스타프슨의 종교적 해석에 의하면, 신학과 종교는 도덕적 논쟁을 위한 도구가 아니다. 오히려 그것은 도덕적 질문을 형성하는 데 보다 큰 역할을 하며 도덕적 이슈가 발생하는 삶의 상황을 기술한다.[27] 신 중심 윤리는 하나님을 인간의 이익을 위해 도구로 사용하려는 유혹으로부터 방어한다.[28] 인식론적 논의에서 하나님은 과학적 탐구에 속하는 대상이 아니다. 이러한 상황은 신학의 언어를 유비론적으로 또는 메타포적 성격으로 만든다.[29]

메타포와 비유와 더불어 내러티브와 스토리는 성서에 의해 지지되며 독자의 마음을 사로잡는다. 성서에서 드러나는 사건들은 비유나 내러티브로 표현되며, 이러한 문학적 장르는 교의학적 진술이나

---

25 Gustafson, *Ethics* I, 69.

26 Ibid., 3.

27 Ibid., 24.

28 Ibid., 25.

29 Ibid., 33.

철학적 논쟁들로 환원되지 않는다. 이야기들, 내러티브, 메타포, 비유 그리고 삶에 대한 다른 미학적인 기술들은 삶의 사건을 해석하는 데서 의미 있는 힘과 종교적 중요성을 획득한다. 스토리들은 공동체의 규범적인 도덕 문화를 형성하고 유지한다.[30]

구스타프슨은 리처드 니부어의 급진적 유일신론 개념에서 책임의 문제를 중요하게 고려한다. "모든 삶은 반응의 성격을 갖는다. 나는 그렇게 주장한다."[31] 구스타프슨에 의하면 신학적 이념형은 책임을 수용하며, 전통의 측면을 선택, 회복 그리고 재결합을 통해 발전시키려고 한다. 전통에 대한 해석은 선택적이며, 신학의 윤리적 발전은 선택적인 주제를 통해 나타나며 독특한 방식에서 재표현된다. 다양한 신학적 주제들, 교리들 그리고 원리들은 재해석과 구성을 위하여 이러한 절차의 결과로서 재결합된다. 선택은 "재결합, 재해석 그리고 개선"의 과정을 통해 취해진다.[32]

이러한 절차는 해석학적 차원을 가지며, 구스타프슨은 신학을 세계를 해석하는 방식으로 정의한다. 신학의 개념과 원리는 하나님의 빛에서 세계를 해석한다.[33] "모든 전통적인 윤리는 인간 중심적이다."[34] 그러나 특별한 중요한 것은 하나님이 모든 만물의 척도이지 인간이 아니라는 사실에 있다.[35]

이러한 구스타프슨의 윤리는 의료 문제를 다룰 때 잘 드러난다.

---

30 Ibid., 29-30.

31 Ibid., 150.

32 Ibid., 143, 152, 154.

33 Ibid., 140.

34 Ibid., 73, footnote 116.

35 Ibid., 88.

그는 자살의 행위를 제한적인 의미에서 자유의 행위로 간주한다. 개인은 행동의 주체로서 자기 결정권의 능력, 즉 진정한 자율적인 행동을 한다.36 예를 들어 해결될 수 없는 고통이나 몸과 마음의 질병으로부터 오는 깊은 좌절에는 정당한 이유들이 있다. 끊임없는 빈곤과 실직, 인간 존엄의 상실 — 이런 상태로부터 더 이상 구제될 수 없는 불가능성 또는 살아갈 희망의 부재에서 인간은 깊은 좌절 가운데 자살을 택하기도 한다. "도덕가들이나 하나님조차도 이러한 사람들의 심판관이 되어서는 안 된다."37

구스타프슨은 복음의 선포가 인간의 죄책감을 누그러뜨릴 것으로 보지 않는다. 오히려 용서의 복음을 듣는 자들은 여전히 도덕적 실패로 끝나며, 구원의 확신은 어떤 면에서 종교적인 미신이 될 수도 있다.38 역설적이게도 신 중심 윤리에서 하나님은 더 이상 깊은 좌절에 놓여 있는 인간의 삶에 주권자가 아니다. 칭의와 용서의 하나님은 인간의 삶의 갱신에 관여하지 않으며, 만일 인간이 도덕적 실패로 가지 않으려면 희생자로부터의 용서가 더 중요하다. 이런 점에서 신 중심 윤리는 공리주의적 성격을 가지며, 아이러니컬하게도 인간 중심적이 된다. 따라서 구스타프슨에게 신 중심적이란 말은 동시에 인간으로부터 출발점을 취한다. 왜냐하면 신은 초월해 있기 때문에 신을 이해하려면 인간의 경험으로부터 시작해야 한다.

그러나 구스타프슨과 달리 바울에게 하나님의 용서는 십자가의 그리스도 안에서 우리를 위해 시작된다. 이러한 은혜는 우리가 여전

---

36 Gustafson, *Ethics* II, 207.

37 Ibid., 209.

38 Ibid., 211.

히 하나님과 원수였을 때부터 온다. 진정한 희생은 하나님의 편으로
부터 오며 예수는 희생자로 죽으셨다. 용서의 은총이 성령에 의해
믿음을 선물로 수여될 때 하나님의 은총은 죄를 용서하고 동시에
우리의 상처받은 삶을 치유하고 새로운 피조물로 회복하신다. 여기
서 용서는 하나님의 회복의 정의(restorative justice)를 의미하며, 안티
노미안(반율법주의)과는 다르다. 복음은 우리를 그리스도의 길로 부
르며, 제자직의 윤리는 도덕적인 근거보다 감사, 책임 그리고 하나님
의 삶에 대한 참여로 특정된다. 성서적 콘텍스트에서 자살은 극단적
인 죄의 귀결로 나타난다. 아히도빌과 가룟 유다의 경우에서 볼 수가
있지만, 다른 어느 곳에서도 성서는 자살을 금하지도 그렇다고 해서
정당화하지도 않는다.

앞서 본 것처럼 본회퍼는 성서의 입장은 좌절한 자를 회개와 자비
로 불러낸다고 주장한다. 좌절의 한복판에서 인간의 자유는 자살의
실제적인 기원이 되며, 자기 정당성을 갖는다. 심지어 깊은 좌절도
자살의 실제적인 근원이 되지 않는다. 살아계신 하나님이 계시고,
자살은 신앙의 결핍, 즉 죄로 간주된다. 인간은 하나님의 칭의와 용
서를 믿지 않는다.39

고통과 좌절과 수치 그리고 실패의 한가운데서 하나님은 파괴된
삶에 의미와 권리를 부여하신다. 삶은 실패를 통해 진정한 성취를
얻는다. 하나님의 자비는 좌절한 자를 믿음과 구원으로 불러내시고,
하나님을 향한 전환은 자기 파괴의 궁극적 근거가 되는 믿음의 결핍
을 극복한다. 절망의 시간에 진정한 도움은 은총의 위로와 형제애적

---

39 Bonhoeffer, *Ethics*, 166.

인 기도를 통해 오며, 하나님은 인간의 좌절과 실패를 감싸 안고 모든 죽음의 유혹에 저항한다.[40]

만일 본회퍼가 죽음의 이슈를 하나님의 은총을 통해 평가한다면 구스타프슨은 공리주의적으로 고려한다. 낙태의 문제를 고려할 때 구스타프슨은 산모의 권리와 태아의 권리 사이에서 갈등을 고려한다. 태아는 생명으로서 목적-성취의 가능성을 충분히 가지고 있지 않다. 이것은 삶에 대한 산모의 일반적 권리와는 다르다. 산모는 목적-성취를 위해 요구되는 능력을 사용한다. 그러므로 "다양한 상황에서 낙태를 허용하는 정당한 이유들이 존재한다."[41]

그러나 구스타프슨은 낙태 반대 요구 역시 충분히 합리적으로 여긴다: "태아는 인격이다. 인간 존재의 삶을 빼앗는 것은—불의한 공격을 제외하고— 살인 행위다."[42] 구스타프슨은 낙태를—정당한 행위로 방어된다고 해도— 비극적 선택이며 애통의 행위로 간주한다.[43] 그는 극단적 상황에서 자기 희생이나 자기 부인을 권고한다. 자기 부인은 신 중심적인 경건을 쫓으며, 하나님의 주권에 근거한다. 개인의 자유에 대한 자기 제한과 거절은 타인을 위해서 또한 인간들과 더불어 살아가는 모든 피조물 들을 위해서 필요하다. 의무를 넘어서는 선량한 행동(supererogation)은 신 중심 윤리에서 경건에서부터 추론된다. 의무를 넘어서는 경건의 행위는 바울의 입장에서도 확인된다: "아무것도 자기 유익을 추구하지 말고 남의 유익을 위해 추구

---

40 Ibid., 170-171.

41 Gustafson, *Ethics* II, 21.

42 Ibid., 20.

43 Ibid., 21.

하십시오"(고전 10:24). "또한 여러분은 자기 일만 돌보지 말고 서로 다른 사람들의 일도 돌보아 주십시오"(빌 2:4).

성서적 관점에서 구스타프슨은 그의 윤리적 입장을 다음처럼 말한다: "신 중심의 경건과 예수에 대한 신실함은 심지어 자기를 희생하면서까지도 타인의 좋은 삶을 위해 고려하고 준비하는 것을 명백하게 한다. 이것은 기독교 도덕의 탁월함이다. 십자가와 십자가의 길은 하나님을 섬기고 영광 돌리는 사람들에게 가능하며, [이들에게] 요구되는 분명한 상징이다."[44] 신 중심 윤리는 여전히 십자가 신학을 공리주의적 입장에서 의무를 넘어서는 경건한 행동으로 생각한다.

구스타프슨과는 달리 십자가 신학이 낙태의 이슈로 들어올 때 이것은 산모에게 태아를 위해 십자가의 길을 쫓아가라는 폭력이 되고 만다. 산모가 자기 삶을 포기해서 태아의 생명을 구할 수 있다면 그것은 산모의 사랑과 자유로운 결단에 있다. 생명 윤리는 공리주의적으로 해결되지 않는다. 또한 산모와 태아의 관계에서 삶의 보존 문제는 산모의 자유로운 결정을 넘어서서 의사와 남편 그리고 가족들의 "나누어진" 윤리의 책임을 통해 고려될 수가 있다. 낙태 옹호와 낙태 반대는 이런 공동 책임성의 틀에서 다루어지지, 너무 손쉽게 법제화를 하는 것은 법의 목적—즉, 법은 사람을 도덕적으로 만든다—에서 빗나갈 수가 있다.

---

44 Ibid., 22.

칼 바르트와 특수 윤리

구스타프슨에 의하면 바르트는 신 중심적 윤리의 차원을 가지고 있다. 그러나 바르트는 인간의 의존 경험을 하나님에 대한 자연적 지식을 거절하는 데서 약화시킨다. 바르트에 대한 구스타프슨의 비판은 윤리적 수준보다는 신학적 인식론에서 다루어진다. 구스타프슨에 의하면 성서에서 계시의 의미는 하나님에 대한 인간 이해의 배타적인 근거가 아니다. 하나님에 대한 인간 이해는 경험으로부터 오며, 또한 삶의 물음과 자연에 대한 해석을 통해서 온다. 구스타프슨의 기본 테제는 다음과 같다. "신성은 많은 다른 것을 통해 그리고 많은 다른 방식들에서 언급된다. 신성은 많은 사건들과 장소들에서 드러난다."[45]

그러나 바르트의 신학적 인식론은 예수 그리스도 안에서 근거하는 하나님의 자기 소통 내지 계시에 있다. 이것은 하나님의 언어 행위에 대한 반성 없이는 적절하게 이해될 수가 없다. 하나님의 언어 행위는 하나님의 자유와 주권을 강화하며 많은 다른 방식들로 행해진다. 바르트의 특수 윤리는 특히 화해의 현실에서 하나님의 언어 행위가 다양한 방식에서 드러나는 것에 주목되며, 구스타프슨은 이러한 측면에서 취약하다.

물론 구스타프슨은 신학적 차이와 비판에도 불구하고, 바르트의 특수 윤리를 적극적으로 평가한다. 바르트는 윤리를 신론의 과제로 해명하고, 윤리학자의 첫 번째 과제를 하나님의 계명을 체계적으로

---

45 Gustafson, *Ethics* II, 35.

해석하는 것으로 본다. 구스타프슨은 하나님이 세계와의 관계에서 어떻게 해석되는가 하는 문제에서 바르트에게 동의한다.[46] 구스타 프슨에 의하면, 바르트의 객관적 또는 일반 윤리는 자연법에 기초한 전통 윤리와는 전혀 다르다. 자연법 윤리 전통에서 도덕적 규범은 인간의 감정적 욕구를 넘어서서 우주의 도덕적 질서에 존재한다. 자연법들은 질서에서 추론되며, 인간의 도덕적 활동은 이러한 자연 법에 일치될 때 적합하다. 이와는 반대로 바르트의 객관적 윤리는 기본적으로 자연법에 대립하는 의무 윤리적 성격을 가지며, 아리스 토텔레스나 아퀴나스의 전통에 서 있는 목적론적 윤리를 피해 간다.

구스타프슨은 바르트의 윤리를 행동-의무적인 것으로 특징 짓는 다. 하나님의 계명은 특별한 방식으로 매우 구체적이며 특수한 상황 에서 작용한다. 중요한 것은 보편적인 도덕 윤리를 추종하기보다는 하나님의 계명을 경청하고 순종하는 것이다.[47] 그러나 구스타프슨 의 행위-의무 윤리는 바르트의 콘텍스트적인 측면을 고려하지 못한 다. 바르트에게서 윤리적 사건은 하나님의 말씀 안에서 계시되면서 드러난다. 하나님은 인간을 계약의 파트너로서 인정하며, 삶과 무관 한 공허한 곳이 아니라 구체적인 영역과 상황에서 인간에게 말씀하 신다. 바르트의 특수 윤리는 해석적인 성격을 가지며, "윤리는 여전 히 마지막 판단을 하나님께 맡겨야 한다."[48]

바르트는 특수 윤리를 창조의 콘텍스트에서 개념화한다. 윤리의 과제는 하나님의 행동과 선하심을 인간의 선한 활동과 통합하며,

---

46 Ibid., 27.
47 Ibid., 30.
48 CD III/4: 31.

이것은 하나님의 선하심의 관점에서 파악된다. 이러한 신학적 논의는 인간의 윤리적 활동에 관련하며, 윤리를 임의적인 논쟁이나 결론에 떨어지지 않게 한다.[49]

바르트는 윤리의 과제를 계명으로서의 하나님 말씀으로 이해한다. "어찌하여 너는 나를 선하다고 하느냐? 하나님 한 분밖에는 선한 분이 없다"(막 10:18). 하나님은 모든 선함의 근원이며, 인간의 행동은 그가 하나님의 말씀과 계명을 듣고 순종할 때 선하다(성화). 일반 윤리가 하나님의 행동, 결정 그리고 판단과 비교해볼 때 특수 윤리는 하나님의 계명 아래 있는 인간의 행동에 초점을 맞춘다. 인간의 실제적 활동은 항상 구체적이며 행위의 영역은 다양하며, 그 조건들과 가능성들은 시간, 공간, 사회 그리고 역사에 따라 결정된다. 인간 행동의 콘텍스트적 성격은 신학의 윤리를 구체적이고 특수한 방식으로 새롭게 구성한다.

바르트의 특수 윤리는 세 가지 이유에서 상황에 따라 일반 원리나 교리주의를 적용하는 윤리(casuistic ethics)와는 다르다. (1) 도덕주의자는 선과 악을 구별하면서 스스로를 하나님의 자리에 올려놓으려고 한다. 이것은 "윤리적 사건에서 하나님의 주권을 침해한다."[50] (2) 여기서 하나님의 계명은 보편적인 규칙으로 취해지고, 공허한 형식이 된다. 그러나 바르트에게서 살아계신 하나님의 계명은 보편적이며 형식적으로 고착되는 것이 아니라 구체적인 상황에서 주어지며 일정한 내용으로 채워진다. (3) 상황별로 보편 원리나 교리를

---

49 CD III/4: 3.
50 Ibid., 11.

적용하는 윤리는 기독교인의 자유를 파괴한다. 바르트에 의하면 하나님의 계명은 인간의 자유에 호소하며, 하나님의 자유로운 은총에 대한 인간의 자발적인 순종에서 행해진다.[51]

바르트의 특수 윤리에 따르면 하나님의 계명은 구체적 인간을 향한 말씀이며, 그것은 시간과 공간으로부터 떨어지지 않는다. 바르트는 본회퍼의 윤리신학에 동의한다. "윤리는 예외가 없는 도덕 행위를 위한 참고서가 될 수 없다. 윤리학자는 모든 인간 활동에 대한 능력 있는 비판가나 판단자가 될 수가 없다. … 윤리학자는 원칙상 도덕적인 삶의 구현이나 이념형이 될 수가 없다."[52]

바르트와 생명 윤리

바르트의 특수 윤리는 생명 보호의 빛에서 자살과 낙태 문제에서 잘 드러난다. 바르트의 기본 입장은 다음과 같다: "생명은 인간에게 하나님을 섬기기 위해 하나님으로부터 온 빛이다."[53] 바르트는 이러한 기본 테제를 기초로 살해에 대한 도덕적 문제를 고려한다. 인간의 제한적인 삶은 하나님께 속하며 하나님의 목적에 봉사한다. 바르트는 로마 가톨릭 입장에 문제를 제기한다. 가톨릭에서 신중한 낙태는 거절된다. 예를 들면 1945년 러시아 군대가 독일을 침공했을 때 로마 가톨릭 수녀들이 강간을 당했다. 그러나 이들에게 낙태할 권리가 허락되지 않았다. 바르트에 의하면 이러한 가톨릭 입장은 "어떤 효

---

51 Ibid., 12.
52 Ibid., 10.
53 Ibid., 402.

율적인 도움을 약속하기에 지나치게 금지적이며 엄격한 것"으로 간주된다.[54]

가톨릭의 이중 효과 원리에 의하면 살해 행위는 자체상 악하다. 생명은 임신에서부터 시작한다. 낙태 금지에도 불구하고, 암에 걸린 자궁에서 태아의 낙태는 도덕적으로 적합하며, 의학적 절차에 따른다. 이 경우 낙태는 의도적인 것으로 간주되지 않으며, 도덕적 효과와 의학적 효과를 포함한다. 그러나 낙태가 오로지 산모의 생명을 구하기 위해 행해진다면, 이것은 이중의 효과 원리로 인정받지 못한다.[55]

그러나 바르트에 의하면 낙태는 관계자들의 공동 책임성에 기초한다. 이것은 산모, 남편, 전문의, 친족 또는 보조자들을 포함한다. 공동 책임은 법제화와 사회정책과 맞물린다. "태아는 자율성, 두뇌, 신경 시스템, 혈액순환을 갖는다." "간략히 말하면, 태아는 자체의 권리를 갖는 인간이다."[56] 낙태에 대한 거절은 "모든 인간 생명의 신비에 대한 전적으로 새롭고 근본적인 경외감에 근거된다."[57]

인간은 생명에 관한 한 하나님과 동일한 주권을 행사할 수가 없다. "그분의 은총에서 하나님은 우리에게 주신 생을 보존할 수가 있다. 그분의 은총 안에서 하나님은 생을 도로 취하실 수도 있다. 이 두 가지 경우 생은 하나님 앞에서 상실되지 않는다."[58] 낙태는 비상 사태에서 취해지는 최후의 수단이며, 이것은 공동 관계자들과 더불

---

54 Ibid., 417.

55 Beauchamp and Childress, *Principles of Biomedical Ethics*, 128-129.

56 CD III/4: 416.

57 Ibid., 418.

58 Ibid., 420.

어 양심을 통해 결정되지 법적인 규칙에 의존하지 않는다. 이것은 하나님 앞에서 책임성을 가지고 행해지며, "신앙 안에서 하나님은 여기에 관여된 인간의 죄의 요소들을 용서하실 것이다."[59]

바르트의 입장은 인간을 다스리는 살아계신 하나님의 주권성에 의해 움직이며, 여타의 살해(낙태, 자살, 안락사, 사회적으로 적합하지 못한 자, 미친 사람들, 지능이 모자란 사람들, 불치병의 사람들)를 거절한다. 무용한 사람들의 제거는 살인으로 간주되며, "삶과 죽음에 대한 하나님의 주권에 대한 사악한 반란"을 의미한다.[60] 사회적으로 부적합한 자들은 국가와 사회의 고난 받는 사람들이며, 어떤 의미에서 기존 질서의 희생자들이다. 이들의 삶은 하나님의 비밀에 속한다.[61]

바르트의 규범적인 태도는 나치 이데올로기와 대립한다. 나치는 만성 질환자부터 시작해서 카테고리를 점차 확대해 사회 부적응자, 비생산적인 자, 인종적으로 바람직하지 않은 자, 비-게르만 사람들에 대한 처형과 제거를 시도했다. 적은 일부터 시작되는 이런 나치 정책은 '미끄러운 비탈길'(Slippery slope)처럼 인종 이데올로기로 발전되고, 무가치한 삶에 대한 의학적 제거를 강화한다. 의학적인 살해를 기초로 나치는 사회 치유를 위해 선의 극대화를 정당화한다(치유적 명법). 이것은 또한 안락사란 이름으로 대량 살해를 은닉한다. [62] 목적은 수단을 정당화한다.

---

59 Ibid., 423.

60 Ibid.

61 Ibid.

62 Beauchamp and Childress, *Principles of Biomedical Ethics*, 142; Leo Alexander, "Medical Science under Dictatorship," *New England Journal of Medicine* 241 (1949): 39-47.

바르트는 명백하게 안락사를 거절한다. 그것은 행복한 조건에서 행해지는 "부드럽고 고통이 없는, 거의 아름다운 죽음"이며,[63] 의료 윤리의 특별한 문제에 속한다. 바르트에게 죽어가는 것은 살아 있는 것만큼이나 축복이며, 안락사는 자기 파괴의 형식이다. 비록 사랑의 형식으로 간접적인 방식으로 행해지는 안락사라고 하더라도 그것은 죄에 속한다. 그럼에도 불구하고 바르트는 그러한 죽음의 가능성은 의사가 환자와 가족들과 하나님 앞에서 행해질 수가 있지만, 여전히 하나님의 계명 앞에서 정당화될 수가 없다.[64]

바르트와 달리 의학 윤리의 토론에서 적극적 안락사와 수동적인 안락사(죽어가게 허락하는 것)가 구분되며, 미국 의학협의회 위원회(American Medical Association House of Delegates)는 1973년 문서에서 환자나 가족 그리고 의사의 판단과 조언에 근거하여 치료를 중단하는 것은 도덕적으로 수용된다.[65] 만일 죽어가는 것이 삶처럼 축복이라면, 죽게 허락하는 것은 가망 없는 삶을 연장하기 위해 고군분투하는 것보다 더 나은 선택이다.

하나님을 향한 반란으로서 자살의 경우 하나님의 용서가 있다고 하더라도 바르트는 그것이 자살을 허락한 것으로 정당화하지 않는다. 삼손의 경우 자기 파괴는 순종의 행위로 받아들여진다. 순교나 고문 아래 자기 파괴는 선한 양심을 가지고 받아들여진다.[66] 바르트에게 중요한 것은 교의학과 윤리의 일치에 있다. 바르트는 특수 윤리

---

63 CD III/4: 423-424.
64 CD III/4: 427.
65 Rachels, *The End of Life*, 192-193.
66 CD III/4: 412.

를 하나님의 선하심과 의로움을 통해 전개하며 동시에 인간의 자유와 순종을 고려한다. 인간은 계약의 파트너이며 하나님의 계명을 윤리적 사건으로 직면한다.[67] 하나님의 말씀에 따라 윤리적 사건이 일어날 때 그것은 윤리적 사건의 일반형식으로 파악되며, 이러한 형식 안에서 우리는 하나님의 명령을 듣는다.[68]

윤리적 사건에서 중요한 것은 순종의 자유이며, 그다음 하나님의 특수한 계명에 대한 "지금 여기서" 인간의 해석과 적용이다. 교의학과 윤리의 일치는 바르트에게 중심적이다.[69] 그러므로 믿음의 문제는 윤리적 물음과 동일시된다. 신론은 윤리로서 기술되고, 발전되며 설명된다.[70] 복음 윤리에서 도덕적 활동은 복음의 필요한 형식으로 간주된다. 교의학이 윤리적 중요성을 가질 때 성서 주석과 더불어 다른 상황에서 하나님의 말씀에 대한 해석학적 해명은 필수적이다. 공공신학이 신학적 상징, 하나님의 말씀, 믿음의 체계를 이성의 공적 사용과 더불어 소통할 때 교의학과 윤리의 일치는 정의와 공공선을 위한 사회적 담론에 참여한다. 여기서 바르트의 윤리신학은 다양한 영역들에서 사회학적 논의와 해석학적 인식론을 통해 보다 더 정교해질 수가 있다.

---

67 Ibid., 26.
68 Ibid., 30.
69 Ibid., 14, 23.
70 Ibid., 16.

II. 윤리와 사회과학적 논의

리차드 니부어는 신학을 위한 문화의 중요성을 고려하고 발전시
킨 영향력 있는 신학자이다. 그는 에른스트 트뢸치(1865-1923)의 주
저인 『기독교 교회들의 사회적 가르침』(*The Social Teaching of the
Christian Churches*)으로부터 이론적인 통찰을 수용하고, 트뢸치의 기
독교의 윤리에 대한 사회학적 접근을 자신의 문화 유형론에서 재해
석한다.

트뢸치는 성서와 교회 그리고 동시대적인 문화 간 넓은 갭과 괴리
를 보면서 신약성서에서 교회로 이어지는 원활한 이행이 불가능하
다고 본다. 오히려 우리는 각각의 다른 시대와 역사의 과정에서 드러
나는 교회들의 사회적 가르침을 윤리적으로 반성할 것을 요구한다.[1]
기독교는 탁월할 정도로 역사적인 종교이며, 역사적인 발전에 따라
문화와 사회에 관여와 상호작용을 통해 전개된다.

트뢸치의 관점은 기독교 윤리와 사회학적 접근을 사회 윤리적으
로 형성하고 이론과 실천의 통합을 기획한다. 이런 점에서 그의 공공
신학은 신학, 철학, 사회학의 노력과 성과들을 개념적인 틀로 수용하
고, 종교, 문화와 사회적 이슈들을 다룬다. 트뢸치는 사회와 문화

---

1 Lehmann, *Ethics in a Christian Context*, 27.

안에서 인간의 현실성과 문제를 추구하고 학제적인 소통을 고려하면서 윤리적인 담론에 대한 사회학적인 틀을 발전시킨다.[2]

트뢸치는 베버의 사회학에 이론적인 빚을 지고 있는데, 베버는 종교적인 요소들을 역사적인 콘텍스트에서 어떤 사회 윤리적 가르침으로 경제적인 요소들과 엮어지는지 주목한다.[3] 베버의 방법은 이념형을 사회 역사적인 분석에서 발전시키는데 이때 종교적 이념과 물질적 이해관계에 초점을 맞춘다. 베버의 사회학적 탐구는 유물론적인 방법 또는 문화와 종교와 역사에 대한 관념적인 해석에 반기를 든다.[4]

정치적인 것과 사회적인 것

트뢸치는 베버의 관점이 경제사와 사회사에 기반 된다고 본다. 베버의 개신교 윤리와 자본주의 정신은 다음과 같은 질문에 대해 종교 이념과 경제사의 통합된 관점을 보여준다: "종교 공동체는 정치 사회적 형성으로부터 어떤 영향을 받는가?"[5] 베버의 이념형은 종교적 이념과 문화 경제적 관심에서 발견된다. 그것은 심리주의적 협소함을 피해 가며, 종교적 담론과 문화-물질적인 형성과 이해관계에서 드러나는 공명을 찾는다.

이와 비슷하게 트뢸치 또한 "사회적인 것"을 사회학적 현상에서 정의하고, 경제나 정치적 조건들로부터 구분한다. 사회학적 관계들

---

2 Rendtorff, *Ethics* I, 8.

3 Troeltsch, "My Books," *Religion in History*, 372.

4 Weber, *The Protestant Ethic and the Spirit of Capitalism*, 183.

5 Troeltsch, *The Social Teaching of the Christian Churches* I, 34.

은 국가의 정치 지배나 경제적 관심에 규제되지 않는다. 물론 사회 문제는 정치 사회와 연관되지만, 사회학적 현상들은 국가의 삶에 중요한 영향을 미친다.6 사회학적 구성은 국가와 경제적 사회 질서에 관련되고 종교 구조는 여기에 적용한다. 트뢸치의 관심은 사회학적 종교 이론이 사회 그룹에 미치는 실제적 영향에 있는데, 여기서 윤리, 역사, 또는 문화철학적 이해관계를 분석한다.7

트뢸치는 교회-종파-신비주의 타입을 통해 교회의 사회적 가르침을 분석하는데, 베버의 이념형을 적용한다. 교회는 은총과 구원(구원자로서 교회의 그리스도)의 기관이다. 종파는 중생의 경험으로 특징되는 자발적 영적 사회이다(종파의 그리스도는 주님이다). 신비주의는 순수하게 인격적이며 내적경험에 기초한다(신비주의의 그리스도는 신성한 섬광이나 씨앗처럼 내적 영적 원리이다).8 그리스도에 대한 다양한 이념형적 이해를 근거로 트뢸치는 복음, 초대교회, 중세 시대, 종교개혁과 이후 신앙고백 그리고 근대의 새로운 상황에서 나타나는 각각의 사회적 가르침을 분석한다.9

그러나 트뢸치는 베버를 넘어서서 종교와 사회의 문제를 역사비판적 방법으로 분석하고, 윤리, 신학적, 문화철학적 논의를 통해 기독교를 탁월하게 역사적인 세력으로 파악한다. 기독교의 윤리와 역사는 종교와 문명의 보편사에 연관된다.10 이념형의 방법은 역사

---

6 Ibid., 28.

7 Ibid., 34, 37, endnote 9.

8 Troeltsch, *The Social Teaching of the Christian Churches* II, 993-994.

9 Troeltsch, *The Social Teaching of the Christian Churches* I, 25.

10 Ibid., 25, 37, Footnote 9.

비판적 방법(비판, 유비, 상호관계)과 교차하며, 역사 연구는 사회학적인 의미를 갖는다. 이것은 기독교 사회 윤리를 다른 역사적 상황에서 다루며, 특히 세계종교의 보편사의 스펙트럼에서 그는 종교 윤리를 논의한다.

트뢸치의 슬로건은 "모든 것이 뒤흔들린다"며 근대의 역사 연구는 기독교가 역사 발전에서 그리스 문화와 철학과의 상호작용을 통해 영향을 받고 변형되었음을 지적한다.[11] 이념형의 사회학은 역사 비판적 틀에서 갱신되고 확대될 수가 있으며, 사회적 유형론이나 모델은 보다 역사적 해명과 사회적 중요성을 가질 수 있다. 베버의 사회학적 방법과 이념형은 트뢸치의 역사-비판적인 논의에서 결정적이며 교회의 사회적 가르침은 교회-종파-신비주의 유형으로 나누어진다. 이런 이념형을 근거로 트뢸치는 복음서의 사회적 가르침, 초대교회, 중세 교회 그리고 후기 종교개혁의 신앙고백을 근대 세계의 새로운 상황을 보면서 구성적으로 검토한다.[12]

트뢸치는 윤리를 신학의 정점으로 파악하며, 윤리의 목적은 포괄적인 지평을 담고 미래를 창조적으로 형성해 나가는 데서 본다.[13] 신학의 정점으로서 윤리는 신학적인 규범과 신앙의 체계 그리고 논쟁점을 도덕적이며 사회 윤리적 관점에서 전개하며, 동시대적인 연관성을 위해 사회학적으로 매개한다. 이런 점에서 트뢸치는 사회학적 질문을 기독교 전체 역사에 관련짓고, 기독교 역사는 보편사의 틀에서, 즉 역사 비판적으로 논구된다.

---

11 Troeltsch, *The Christian Faith*, xvii.
12 Troeltsch, *The Social Teaching of the Christian Churches* I, 25.
13 Gayhart, *The Ethics of Ernst Troeltsch*, 182.

트뢸치의 연구 방법은 사회학적인 효과가 기독교의 문명에 어느 정도로 영향을 미치는지에 주목한다. 그는 "사회적인 것" 또는 사회학적인 구성을 기독교의 절대적인 성격과 사회 윤리적 가르침에서 연역하지 않는다. 오히려 기독교의 윤리적 가르침은 역사의 발전과 사회적 조건들 안에서 타협, 순응, 관여 또는 상호작용을 통해 파악된다. 트뢸치는 다음과 같이 말한다.

"이러한 사회학적 분과들은 다양한 질문들로 구성되는데, 이러한 질문들은 경제적인 삶, 서로 다른 관습과 목적을 가진 다양한 그룹 간의 사회적 긴장, 노동 분업, 계급조직 그리고 다른 이해관계로부터 나온다. 이러한 사회학적 분과들은 직접적으로 정치적인 것에 의해 특징되지 않는다. 오히려 사회학적 구성이 실제로 국가의 집단적인 삶에 커다란 영향을 갖는다… 그러므로 '사회 문제'는 정치 공동체와 사회학적 현상의 관계에서 설정된다."[14]

트뢸치의 기본 질문은 종교적 이념과 사회적 조건의 관계에 설정된다: "사회학적이며 종교적인 기본 이론이 다른 사회 그룹에 실제적으로 미치는 영향은 무엇인가?" "다른 한편 종교 공동체는 정치-사회적 구성과 조직들로부터 어떤 영향을 받는가?"[15] 트뢸치는 이런 방법을 통해 전체 기독교 사회와 종교적 이념과 교리들이 기본적으로 사회학적 조건에 의존된다고 본다. 그러나 그는 자신의 사회학적

---

14 Troeltsch, *The Social Teaching* I, 28.
15 Ibid., 34.

인 논의 방법을 경제적인 관점에서 파악하는 마르크스주의와는 구분 짓는다. 여기서 기독교의 역사는 기껏해야 경제적인 발전의 이데올로기적 반영으로 머물기 때문이다. 트뢸치에게 중요한 것은 종교 이념과 사회, 정치 그리고 정치 영역들 사이에서 생겨나는 인과관계를 파악하는 것이다. 종교사를 다룰 때 "인과 개념은 서로 합력하는 요소들에 주목함으로써 상당한 정도로 확대되며 변경된다."[16]

트뢸치는 베버의 선택적 친화력을 기초로 사회학적 종교 이론과 정치 사회적 형성과 조직 간의 상호 연관성에 관심한다. 기독교의 영향은 정치 경제적 영향에서 드러나지만 또한 후자 역시 종교적 이해관계와 역사적 발전에 영향력을 행사한다.[17] 트뢸치적인 의미에서 공공신학은 사회적 조건을 기독교의 공공태도와 윤리를 특징 짓는 주요 개념으로 파악된다. 동시대에서 일어나는 윤리적인 타협이나 관여는 새로운 종합과 구성을 위해 취해지며, 이것은 현재의 삶과 상황에 타당해야 한다. 어느 곳에서도 무시간적으로 적용되는 절대적인 기독교 윤리는 존재하지 않는다. 그것은 오직 사회와 역사의 상황에서 발견되어야 하며, 창조적이며 또한 새로운 방식으로 해석되어야 한다. 중요한 것은 역사적이며 사회적인 문제에 대해 끊임없는 도전과 씨름이다. 현재와 미래의 기독교 윤리는 변화하는 세계 상황에 적응하고 관여하면서 실천적으로 가능하고 타당한 것을 성취하는 것이다.[18]

에른스트 트뢸치의 종교사학파의 입장은 역사 안에 존재하는 것

---

16 Troeltsch, *The Social Teaching* II, 1002.

17 Troeltsch, *The Social Teaching* I, 37, Footnote 9.

18 Troeltsch, *The Social Teaching* II, 1013.

은 상대적이라는 데 초점이 있다. 그의 역사 상대주의는 많은 오해를 불러일으키고, 비판을 당했지만, 그 진의는 거의 오해받아 왔다. 역사 사회학적 틀에서 트뢸치는 교의학적 내용을 폐기한 것이 아니라 오히려 새롭게 재해석하고 동시대의 문제에 연관 짓는다.

공공신학과 윤리적 기획을 논의할 때 트뢸치의 기여는 그의 탁월한 학제적인 소통 능력에서 드러난다. 트뢸치는 개신교 전통에서 공공신학과 윤리의 문제를 막스 베버의 사회학과의 깊은 대화를 통해 세련되게 발전시켰다. 또한 베버를 넘어서서 보편사에 대한 연구를 통해 종교사학파의 방법, 즉 역사 비판적 논의를 체계화한다. 따라서 트뢸치는 공공신학과 학제 간의 소통이론을 위한 학문적 논의에서 고전적인 실례가 된다.

트뢸치는 사회 윤리의 상황적 성격을 강조하며 개신교 원리에 대한 체계적이며 종교적인 해명을 한다. 여기서 성서와 기독교 역사는 사회 윤리적으로 다루어지며, 종교개혁은 기독교의 역사적 발전에서 중심의 자리를 차지한다. 트뢸치의 개신교 원리는 종교적 경험의 동시대적 형식들을 면밀하게 고려하며, 예수의 메시지는 일차적으로 개인적인 종교, 도덕적 삶과 정신을 드러내며, 이것은 부동의 교리학적 전제와는 다르다.[19]

예수 인격성에 대한 트뢸치의 접근은 근대의 역사 비판 방법을 통해 추구되며, 예수의 인격성과 활동을 구약의 예언자들과 이들의 하나님에 대한 신앙 그리고 윤리와 관련해서 접근한다. 예수는 유대인의 율법과 달리 사도들의 신앙의 대상이 된다. 예수의 복음은 전체

---

19 Troeltsch, *The Christian Faith*, 25.

성서의 연관성에서 기독교 신앙과 삶에서 본래적이며 창조적인 형식과 내용을 의미한다. 이러한 기독교의 원리는 고대 세계와 신앙 공동체인 교회의 역사적 발전과 사회적 콘텍스트에서 재설정되고 새롭게 해석된다. 트뢸치는 종교적 삶과 사고에 영향을 미친 근대 사상과 개인의 종교적 경험을 통전하면서 예수의 복음과 더불어 동시대적인 종교경험을 중요하게 수용한다.

예수의 복음은 "신앙의 유일한 근원과 규범"[20]이지만, 무시간적으로 수용되지 않는다. 오히려 트뢸치는 역사적 상황과 사회적 조건들을 통해 복음을 개인의 종교적 경험과 더불어 파악하고자 한다. 복음의 본래적이며 창조적인 근원은 역사적인 전개 과정에서 드러나는 다양한 시대와 자리에서 재해석되어야 한다. 이러한 관점에서 트뢸치는 개신교 원리와 사회학적인 방법을 그의 역사 비판적인 분석에 활용하며, 역사적으로 다양하고 상대적으로 드러난 기독교 윤리의 다름과 차이들에 주목한다. 트뢸치의 방법은 하나님을 표현하는 데 있어서 경험-기술적이며, 교리적이고 귀납적인 방법을 취하지 않는다.

후자의 경우 하나님 개념은 객관적으로 미리 설정된 사실이 되며, 여기서부터 모든 것이 귀납적으로 취급된다. 예를 들어 창조, 계약, 구원이 미리 설정되고 여기서부터 귀납적으로 윤리적인 것들이 추론된다. 그러나 트뢸치의 기술적인 방법은 인간과 세계에 대한 하나님의 영향에 주목하고 사회 역사적 상황과 조건에서 하나님에 대한 인간의 사고와 경험을 분석한다. "하나님과 세계 그리고 인간성을

---

20 Ibid., 25, 27.

향한 살아있는 실천–이론적인 방향 설정"을 통해서 "신앙의 기독교적 의식의 전제와 내용"을 해명하는 것이다.[21] 트뢸치의 사회학적 태도는 살아있는 개인의 신앙과 경험에 기초하며, 더 나아가 공공의 영역에서 윤리의 문제를 다룰 때 교회가 갖는 사회, 문화 그리고 역사에 대한 상호작용을 분석한다.

윤리의 사회적 유형론

리차드 니부어는 트뢸치의 역사 상대주의를 신 중심의 상대주의 안에 재설정한다. 모든 역사의 상대성은 절대적인 하나님의 지배 아래 둔다.[22] 니부어는 사회학적 방법을 그의 신 중심 신학에 통합하고 문화신학을 발전시켰다. 예를 들어 그는 종교와 믿음의 관계를 다룰 때 급진적 유일신론과 더불어 단일신론(henotheism)과 다신론을 구분한다. 단일신론자들은 사회적 믿음의 형식에서 많은 신들 가운데 한 분의 신에 충성하며 다신론과 구별 짓는다. 종파 공동체, 민족주의 또는 문명은 단일 신론적인 사회 신앙을 표출하는 것으로 받아들여진다. 이것은 단일신론자들에게 중심 가치가 된다.[23]

니부어는 사회학적인 종교 분석 특히 에밀 뒤르켐을 중요하게 고려한다. 뒤르켐은 사회 이념을 종교의 영혼으로 정의하고, 종교의 신들은 종교의 이념들에서 집단적으로 표출되며, 개인의 마음에 강요된다고 본다. 집단 이념은 종교적 실제나 상징들을 사회적 성격으

---

21 Ibid., 111-112.

22 H. R. Niebuhr, *Christ and Culture*, xii.

23 H. R. Niebuhr, *Radical Monotheism and Western Culture*, 25.

로 부여하고 표현하며, 종교경험은 집단 이념의 표출 내지 대변으로 만들어진다. 사회는 종교적 담론에서 형성되며, 종교적 상징과 실제로 표출된다. 단일신론의 현실성에서 드러나는 믿음의 형식은 사회를 구성하고 도덕적 행동에서 표현되는데, 이것은 문서나 비문서화된 사회법이나 사회적 권위에 대한 복종을 통해 표현된다.

종교의 사회학적 이론은 니부어에게 단일신론적 믿음이 어떻게 민족주의나 파시즘 또는 마르크스주의에서 표출되는지 분석하게 한다. 마르크스주의는 계급이해에 구속되지 않은 모든 도덕성을 거짓이나 이데올로기로 단죄한다. 그것은 도덕을 전적으로 프롤레타리아의 이해관계와 계급투쟁에 예속시킨다.[24] 단일신론적인 신앙은 애국적 감정을 가지고 국기를 숭배하는 데서 드러난다. 민족의 역사 기록은 성스럽게 여겨지며, 시민 종교로 받아들여진다.[25] 니부어에 의하면 투쟁과 갈등은 종교와 정치 사이에서 일어나지 않는다. 오히려 그것은 서로 다른 신앙의 유형들—유일신, 단일신론, 다신교적—이 정치 영역에서 표현될 때 일어난다.[26]

니부어는 급진적 유일신론을 단일신론과 다신론에 대한 유일한 대안으로 본다. 급진적 유일신론은 무수한 다자(多者) 너머에 일자(一者)가 있음을 전제한다. 모든 많은 것은 일자로부터 나오며, 이들은 일자에 참여하면서 살아간다. 모든 존재는 절대적으로 한 분 창조주에게 의존되며, 급진적 유일신론을 특징짓는 신앙은 다수를 넘어서는 일자를 파악하는 노력에서 나타난다. 이것은 열린 사회의 종교와

---

24 Ibid., 27, Footnote 3.
25 Ibid., 52.
26 Ibid., 77.

도덕의 열망을 고취하며, 모든 상대적인 존재를 포함한다. 하나님 안에서 우리는 살고 움직이며, 하나님 안에서 우리의 존재의 가치를 갖는다. "존재하는 무엇이든지 선하다."[27] "아버지 하나님, 하늘과 땅을 만드신 전능하신 창조주"가 니부어에게 출발점이 된다.[28]

니부어의 문화와 종교의 유형론은 그의 신 중심원리를 강화하며 어떻게 기독교인들이 다양한 역사 사회적 배경에서 종교적 담론과 사회 제도 그리고 문화적 규범에 관여하는지 분석한다. 니부어의 비전은 유대-기독교 유일신론의 급진적 신앙에 기반하며, 그것은 예언자적이며 윤리적인 이념을 풍부하고 역동적인 방식으로 세계에 제시한다.

급진적 유일신론이 세계의 주술화의 과정을 통해 역사에서 드러날 때 정치, 과학, 경제 그리고 미학적인 영역으로 진보하고 분화된다. 그러나 이러한 과정에서 니부어는 많은 경향들이 다신교, 특히 사회적 신앙의 단일신론적 타입을 향해 발생하는 것에 주목한다.[29] 이러한 사회적 신앙은 유일신의 이름으로 은폐되지만, 비인격적 힘의 실제가 초기 개신교나 청교도 뉴잉글랜드에서 부정적인 영향을 미치며 나타나는 것을 볼 수 있다. 여기서 교회는 국민주권과 민주주의와 갈등하기도 한다.[30]

사회적 신앙에 대한 니부어의 단일신론적 타입은 뒤르켐의 사회학에 의존하며, "사회의 이념"은 "종교의 영혼"으로 정의된다.[31] 니

---

27 Ibid., 37, 32.
28 Ibid., 33.
29 Ibid., 31, 39.
30 Ibid., 72.

부어는 청교도의 삶의 행위 실패를 급진적 유일신론, 단일신론 그리고 다신론을 통해 해명하는데, 이것은 막스 베버의 다신론의 재발을 분석하는 데서 유사점을 갖는다. 베버는 개신교 윤리가 자본주의 정신에 대한 친화력을 통해 서구 사회의 합리화 과정을 주도한다고 해도, 그 귀결은 참담하게 관료화를 통해 삶의 의미와 자유의 상실로 이어진다. 결국 청교도적인 유일신론에 저항하는 다신론의 가치들이 출현할 것이다. 청교도의 귀족주의 윤리에 저항하여 베버는 세계 종교에서 심정 윤리, 즉 예언자적 윤리의 형식들을 책임 윤리와 더불어 발전시키길 원했다.

종교는 가치 합리성 또는 예언자적인 측면에서 도덕 합리성을 가지며, 이것은 비종교적인 영역에서 책임 윤리에 보충적이다. 윤리는 사회적 세계를 의미하며 신분과 개인은 실천적인 태도와 이해관계를 정치 사회나 교육, 경제적인 계층, 문화적인 영역에서 드러낸다. 사회학적 논의는 다른 사회에서 도덕에 대한 다양한 해석에 개방되며, 윤리는 사회적 실제, 종교, 문화적 협정이나 결사를 통해 발전한다.

니부어는 도덕 이론의 여러 가지 유형들을 분석하고 인간의 반응을 분석한다. 자연법의 전통에서 인간은 보편적으로 적용될 수 있는 원리를 결정하려고 한다. 이러한 원리는 상황에 적합한 다른 원리들과 관련된다. 이러한 도덕법 아래 살아가는 삶의 타입은 '시민으로서 인간'(man-the-citizen)으로 불린다. 도덕적 타입은 이러한 것들을 해야만 하고 또는 하지 말아야 하는 허락, 계명 그리고 의무로 특정된

---

31 Ibid., 26.

다.[32] 시민 모델에서 니부어는 공동의 삶을 법에 승인하는 것으로 정의하고, 자연법은 하나님의 의지에 기인한다고 본다. 입법자로서 인간은 보편적인 의미에서 법을 지키는 시민이며,[33] 선은 칸트의 의무도덕에서 권리에 종속된다.

그러나 인간의 사회적 본성과 공동체의 삶은 공동의 삶에서 목적을 향해 덕을 함양해가는 도덕적인 인간을 지적한다. 이것은 목적에 맞추어 함양하는 인간 또는 만들어가는 인간의 유형으로 분류되는데 아리스토텔레스의 윤리 철학에서 잘 드러난다. 아리스토텔레스에 의하면 "모든 기술과 탐구 그리고 비슷하게 모든 행동과 추구는 어떤 선한 것을 목적으로 하는 것으로 사료 된다."[34] 그리스 전통에서 자유 시민 남성은(여성은 제외) 원하는 목적을 위하여 스스로를 만들고 함양하는 존재로 간주 된다. 옳음과 권리는 선에 일치하여 결정되며, 규칙은 목적을 위한 수단이 된다. 합리적 적합성은 원하는 목적을 고려할 때 신중함을 통하여 중용을 선택하며, 이것은 실천적인 목적-수단의 관계를 통해 귀결에 관심한다.

의무론과 목적론에 대한 대안으로 니부어는 책임의 새로운 모델을 '답변하는 인간'(man-the-answerer)[35]으로 제시한다. 인간은 대화에 관여하며 외부적 행동에 대해 반응한다. 니부어는 책임적인 자아를 외부 사건에 대한 해석에 일치하여 특징짓고, 해석의 기술을 적합한 방식으로 특히 중용의 덕을 취하는 아리스토텔레스의 신중함에

---

32 H. R. Niebuhr, *The Responsible Self*, 52.

33 Ibid., 54.

34 Cited in ibid., 49.

35 Ibid., 56.

따라 근거 짓는다.[36]

니부어는 외부적 사건에 대한 반응 관계와 더불어 시작하고, 무엇이 적합한가를 질문한다. "무엇이 일어나는가?"라는 물음에 대한 해석은 책임성과 사회적 연대를 통해 적합하게 다루어져야 한다. 목적론은 권리 또는 옳음 위에 있는 최고선에 관심한다. 그러나 의무론은 선을 권리 아래 종속시키고, 도덕적인 보편법을 위하여 선을 조절한다. 니부어는 그의 책임 윤리를 외부 사건을 해석하면서 적합한 행동으로 정의한다.[37] 반응은 전체 상황에서 적합한 방식으로 이루어져야 한다. 그렇다면 필자가 보기에 니부어의 적합성은 상황의 불의한 구조를 교정하고 갱신하기보다는 기존 현실에 대한 순응으로 갈 수밖에 없다.

구스타프슨은 니부어의 책임 윤리가 지나친 수동적 태도를 견지한다는 비판으로부터 방어하지만, 반응의 존재는 악의 현실에 대해 비판과 저항을 담지 않는다.[38] 그러나 니부어의 책임 윤리는 구스타프슨의 신 중심 윤리에 기반을 제공하며, 도덕적 행위의 측면을 기독교의 삶과 믿음 체계를 통해 전개한다.

---

36 Ibid., 57.
37 Ibid., 61.
38 Gustafson, *Can Ethics be Christian?*, 20.

III. 반성적 사회학과 소통 윤리

반성 사회학(부르디외)은 사회 계층을 분석하고 공론장에서 어떤 윤리적 태도를 취할 것인지에 도움이 된다. 부르디외에 의하면 자원 또는 자본은 다양하고 분화된 영역들에서 펼쳐지며 행동의 특별한 스타일과 성격 구조를 창출한다. 이것은 사회적 성향 또는 습속 (habitus)을 말하며 사회적 위치(계급 또는 신분)는 개인의 성향에 영향을 준다. 반면 개인은 이러한 취향을 내면화하고 삶에서 구현한다. 성향은 개인적이며 집단적인 의미에서 문화적인 취향이나 습속을 위한 발생론적인 틀을 제공하며, 다양한 사회적 영역에서 삶의 실천적 스타일의 미학적 차원을 특징짓는다. 이것은 지각과 이해의 카테고리를 포함하며, 이것을 통해 특별한 대상들을 적합하며 의미 있는 것으로 인정한다.[1]

성향 또는 문화적 에토스는 삶의 실천적 스타일이나 정치적 의견에서 결정적이며 단순히 사회 신분 그룹에 근거하지 않는다. 그것은 종교적 이념이 물질적 관심과 어떻게 관련되며 상호 영향을 미치는 정도에서 해명될 수가 있다. 이러한 사회과학적 방법은 사회 문화적 실제 또는 현실을 종교적으로 구성하는 데 매우 중요하며, 저자의

---

1 Bourdieu, *Distinction*, 101.

공공신학은 문화와 종교의 영역 다룰 때 사회 계층론을 중요하게
수용한다.

삶의 실천적 스타일, 사회적 위신 그리고 신분 상황은 사회적 투
쟁, 경쟁, 지배의 콘텍스트에서 강화되며, 이것은 합리화 과정과 사
회 분업의 기저에 놓여 있다. 이러한 전체 구조는 재생산되며, 인간
의 욕망을 지배하고, 전문화되면서 사회 전체로 분화된다. 왜냐하면
사회적 과정은 자본, 성향 그리고 다양한 영역에 관련되며 권력관계
와 지배의 적법성과 더불어 나타난다. 재생산 과정에서 자원과 자본
의 분배와 불평등은 상징적인 권력과 폭력의 구조를 통해 정당화된
다. 이러한 관점은 사회적 재생산, 사회 변화, 행위자들의 역할이
사회 계층의 복합성을 설명해 준다.[2]

삶의 영역은 취향, 신분 그리고 계급에 친화력이 있으며, 계급
분화는 자본의 구현된 형식에서 사회적 성향으로 나타난다. 자본은
사회적 위치와 영역을 내면화하면서 계급 또는 신분의 상황을 지적
한다.[3] 이러한 관점은 이념과 물질적 이해관계에 대한 베버의 입장
을 비판적으로 보충해 줄 수가 있다. 삶의 실천적 스타일에서 종교
윤리는 문화적인 취향과 신분의 위신 그리고 명예와 더불어 발전된
다. 이념은 물질적인 삶과 이해관계와 상호작용을 하며, 정치권력은
경제적인 생활에 개입하고 조절한다. 정치와 경제에 대한 종교적인
태도는 삶의 실천적 스타일을 강화하고 윤리적인 성격을 공론장에
서 분석하게 도움을 준다. 이런 점에서 사회 계층 이론은 공론장에서

---

2 Riley, "Bourdieu's Class Theory," 110-112.
3 Ibid., 128-129.

드러나는 소통이론과 윤리와 더불어 공공신학을 위하여 이론적 통찰을 제공한다.

공론장과 소통이론

위르겐 하버마스는 공공신학에 지대한 영향을 미친 사회 철학자이다. 그의 비판이론은 공론장을 사회적 삶의 영역으로 파악하고 공론의 형성 과정에 주목한다. 인간은 정치적 동물로서 공개적으로 정치적인 이슈나 사회 문화적인 일들을 비판 이성과 합리성에 따라 토론한다. 하버마스는 공론장의 구조적인 변화를 역사적으로 추적하면서 전통의 규칙은 이성의 규칙을 통해 공공의 영역에서 대처되었다고 평가한다. 많은 사회적 영역들에서 기술 진보와 발전을 통해 도구적 합리성이 확대되고, 정치와 경제에 대한 새로운 구성이 대규모의 상업과 경제 조직과 더불어 만들어진다. 이에 맞춰 자연과학, 기술 진보, 산업의 발전 그리고 매스 미디어의 상품화가 발생한다. 공론장의 구조 변동에서 이데올로기는 사회 질서에 대한 기술지배를 정당화하고, 지배 계급의 이해와 인간의 이해관계 구조에 영향을 미친다. 따라서 소통의 구조가 변화한다. 공론장의 구조 변화는 국가와 경제의 변형에 맞물리며, 국가와 사회는 공론장의 변화에 통합된다. 구조 변화의 과정에서 드러나는 공공성의 원리는 인간의 지식과 사회적 이해관계와 관심에 대한 비판적 분석을 통해 해명되며, 이러한 비판적 해명은 하버마스에게 이데올로기 비판적 차원을 담는다. 이데올로기적 비판과 더불어 하버마스는 소통 합리성과 행동을 생활세계의 합리화 과정을 통해 발전시킨다.[4]

하버마스의 사회학적 관심은 생활세계의 빛에서 심의(또는 숙의) 민주주의와 시민 사회에 있으며, 이것은 생활세계의 공론장을 침해하고 식민지화하는 체제(경제, 국가 권력, 매스 미디어)에 저항한다. 인식과 관심에서 하버마스는 인식이 역사적으로 제한되며 관심에 의해 구속된다고 본다. 인식을 구성하는 것은 관심 내지 이해관계이다. 모든 지식은 사회 역사적인 이해관계와 경험에 의해 중재된다. 인간은 존재와 지식을 선험적인 관심 또는 인식을 주도하는 관심을 조직하고 발전시킨다. 인간의 삶의 반성적 측면에서 이성에 대한 관심이 있다. 이것은 자기 반성이며 합리적으로 행동할 수 있는 인간의 능력이다. 하버마스가 공론장을 고려하면서 제기하는 것은 해방에 대한 관심이다.5

간략히 말하면 하버마스는 인간의 관심을 세 가지 측면, 즉 기술적, 실천적, 해방적으로 분류한다. 이것은 세 가지 다른 학문을 구성하는데, 경험-분석적(자연과학에서 기술 도구적 지식), 역사-해석학적(인문과학에서 실천적 관심), 비판-사회적(비판사회과학에서 해방적 그리고 자율적 관심)이다. 하버마스가 제기하는 비판이론은 모든 언어 활동은 진정한 합리적인 합의를 지향하며, 이것이 진리의 궁극적 기준이 된다. 언어 행위의 구조는 삶의 공론장에 관여하며 진리, 자유, 정의가 가능해진다.

모든 소통의 상황에서 하버마스는 강요나 지배에 의해 설정된 합의에 의심한다. 이러한 강요된 합의는 체계적으로 왜곡된 소통, 즉 이데올로기적으로 비판된다. 해방의 과정은 왜곡된 소통의 체계

---

4 Habermas, *Structural Transformation*, 40-45.
5 Habermas, *Knowledge and Human Interests*, 309.

를 폭로하고 극복하는 것이다. 이러한 과정은 사회에서 지배와 권력을 드러내는 비판적 반성에 관여한다.

하버마스는 실천을 두 가지 주요 요소로 분석하는데, 즉 노동(도구적 행동)과 상호작용(의사소통)이다. 인간의 소통 능력으로 언어는 해방을 위한 책임적 행동을 위하여 공론장의 구조 변화에서 중요한 역할을 한다. 하버마스에 의하면, 헤겔은 그의 예나 시절의 정신철학에서 세 가지 카테고리(언어, 도구, 가족)를 제시하고, 상징적 표현, 노동과정 그리고 상호작용으로 파악한다. 정신 개념은 언어적 상징, 노동 그리고 상호작용 사이의 변증법적 상호 관련성에 의해 결정된다.6 언어와 노동은 인간의 자기 형성과정에서 수단으로 파악되며, 헤겔에게 "소통 행위는 자기 의식의 정신의 형성 과정을 위한 수단"으로 도입된다.7

헤겔의 변증법에서 마르크스는 노동과 상호작용의 관련성이 생산력과 생산 관계 안에 있음을 직시했다. 마르크스는 헤겔의 『정신현상학』에서 노동이 인간 존재의 본질로 파악되고 있음을 보았고, 인간의 자기 산출을 과정으로 보았다. 이러한 과정은 노동의 본질이며 외화의 변증법과 이러한 외화의 지양을 통해 파악했다.8

그러나 하버마스에 의하면 마르크스는 세계사적 과정을 사회적 삶의 재생산에서 그리고 노동과 상호작용의 연관성을 오직 사회 실천의 틀에서만 이해했다.9 마르크스는 소통 행위를 도구적 행동으로 환원시키고, 상부구조와 하부구조의 관계는 경제 결정론적으로 흐

---

6 Habermas, *Theory and Practice*, 142-143.

7 Ibid., 152.

8 Ibid., 168.

9 Ibid.

른다. 마르크스의 상부구조와 하부구조의 분석에서 많은 다른 사회 문화적 계기들이 적절하게 파악되지 못했다. 문화, 도덕성, 집단적 정체성은 각각의 논리를 좇아가지, 경제적 법칙에 의해 결정되지 않는다. 여기서 하버마스는 문화, 지식 그리고 이성을 베버의 사회학에 따라 의미 있는 사회 행위로 파악한다. 소통이론을 위해 하버마스는 베버의 합리화 이론을 비판적으로 갱신하고, 베버가 서구의 합리화 과정을 분석한 목적 합리성에 주목한다. 서구 문명의 진보에서 베버는 목적 합리성을 일면적으로 강조하고, 다른 합리성의 형식들(가치, 감정, 전통)을 목적 합리성의 일탈로 간과했다.

하버마스는 베버의 목적 합리성에 대립하여 가치 합리성을 회복하고 자신의 소통이론을 위해 발전시키는데, 이것은 하버마스의 언어적 전환으로 볼 수 있다. 하버마스는 의미 있는 사회적 행위를 소통이성과 행동에서 재구성한다. 베버는 『개신교 윤리와 자본주의 정신』의 결론에서 서구의 합리화 과정은 후기 자본주의의 쇠창살에 갇혀버리고, 쇠창살은 매우 부정적으로 근대성의 상징으로 등장한다.[10]

그러나 하버마스에게 이념과 관심은 역사의 과정과 합리화를 구성하는 데 결정적이며, 소통적 합리성은 규범적 원리로서 근대 자본주의에 대한 베버의 부정적인 비관주의에서 충분히 다루어지지 않는다고 비판한다. 그러나 베버의 사회학적 틀에서 하버마스는 책임 윤리를 소통이론과 실천에 근거하여 발전시킨다. 이때 언어는 소통의 보편적인 수단으로서 사회 문화적 관계를 창출하고 유지한다. 이것은 대화적 성격을 지적하며, 소통의 참가자는 상호 간의 이해를

---

10 Habermas, *Theory of Communicative Action* I, 351.

향하며, 대화에서 논쟁은 가장 중요한 케이스가 된다.[11]

하버마스는 비트겐슈타인 언어 이론에 주목하는데, 진리 요구는 언어 게임에서 발생하기 때문이다. 언어 게임은 삶의 형식에 엮어지며, 사회적 배경과 지평을 갖는다.『철학적 탐구』(Philosophical Investigation, 1959)에서 비트겐슈타인은 모든 언어의 문법에서 삶의 방식을 발견하고, 언어 게임과 사회적 삶의 형식 또는 실천의 연관성에 주목했다. 비트겐슈타인의 언어 행위(발화 행위)는 사회적 상황에서 언어 게임에 기초하며, 언어와 인간 행동의 관계를 종합한다. 언어는 의도된 행동을 구성하는 발화 수반 행위(illocutionary act)를 가지며, 이러한 행위의 다원성을 분석하는 것이 중요하다.[12] 발화 수반 행위는 발화 행위에 뒤따라 발생하는 약속, 명령, 질문, 진술, 강요 등의 행위를 가리키며, 언어 행위의 핵심에 속한다. 화자는 말을 하지만, 발화는 무엇인가를 행한다. 예를 들면 "미네소타는 겨울에 눈이 많이 온다"라고 말을 한다면, 이러한 발화 행위에는 상호 간의 대화에서 수행의 차원이 있다. 그것은 겨울에 미네소타를 방문할 경우 추위에 조심하라는 명령이나 경고 또는 약속을 담는다. 하버마스는 발화 수반 행위를 소통 능력에서 보편적인 특징으로 파악하고, 이러한 상호작용은 상호 인격적으로 그리고 사회적으로 설정한다. 하버마스의 소통 비판이론에서 모든 참가자들은 이들의 개별적인 행동계획을 서로 조화시키며, 이들의 발화 수반의 목적을 유보함 없이 추구한다.[13]

모든 발화 행위는 대화와 소통의 콘텍스트에서 이해에 도달하려

---

11 Ibid., 327.

12 Ibid., 277-278.

13 Ibid., 294.

고 하며, 올바름, 진실성, 진리의 측면에서 평가된다.[14] 이해에 도달하는 것은 대화의 상황에서 인간의 언어 행위의 내재적 목적이며 소통의 원초적 형식이 된다. 언어의 사회적 상부구조는 유동적이며 사회 조직이나 제도 그리고 삶의 형식들에 의존한다.[15]

소통 행위는 생활세계 안에서 일어난다. 생활세계는 소통의 배경을 형성하는 지평이 되고, 사회 개념은 생활세계에 연관되며, 이것이 소통 행위의 배경이 된다.[16] 생활세계는 마치 프로이드의 무의식처럼 개인에게 항상 현재하며, 대화와 소통의 참가자 배경이 되며, 참가자는 생활세계에 속한다.

시민 사회와 이데올로기 비판

앞서 언급한 것처럼 하버마스는 소통 합리성과 생활세계에 대한 비판이론을 통해 체계적으로 왜곡된 소통 구조를 분석하고 폭로한다. 생활세계는 체제의 이데올로기에 의해 침투되고 물화된다. 생활세계를 소통이론적 개념을 통해 발전시키면서 하버마스는 자신의 입장을 가다머의 철학적 해석학으로부터 구분한다. 가다머에게 이해는 존재의 문제이며 인간 존재는 세계 내 존재이며 역사적인 영향을 받는다. 역사는 인간의 의식과 이해에 영향을 미치며, 언어는 보편적인 차원을 갖는다. 가다머의 해석학은 전통의 회복과 역사의 중요성이 텍스트의 해석을 통해 언어적으로 드러나며, "해석학적

---

14 Ibid., 307.
15 Ibid., 321.
16 Ibid., 337.

의식은 오직 특별한 역사적 조건 아래서만 존재한다."[17]

가다머 역시 후설의 생활세계의 지평에 주목하고, 이것은 우리 모두에게 공동으로 주어진 것이며, 이해의 선 구조(하이데거) 또는 세계 지평이다. 가다머는 인간을 대화적 존재로 파악하며 "살아있는 전통과 역사적 연구는 영향을 미치는 데서 일치된다."[18] 이해와 해석은 살아있는 전통에 참여하는 것이며, 고전 또는 텍스트 이해에서 나타난다. 해석학적 범주는 살아있는 전통과 해석자의 역동적인 만남을 통해 작용하며 역사의 지평은 해석에 영향을 미친다. 해석자는 자신의 지평을 비판적으로 텍스트의 세계와의 대화를 통해 이해 지평을 융합하고 확대시켜나간다. 해석학의 경험은 언어적으로 매개되며 전통은 독자에게 말을 거는 인격적인 "당신"으로서 권위를 갖는다. 독자는 역사적으로 영향을 받은 의식이 된다.[19] 가다머의 영향사는 후설의 생활세계의 역할을 하며, 텍스트의 이해와 해석 그리고 대화의 차원을 강조한다.

그러나 가다머는 하버마스처럼 생활세계를 문화, 사회, 인격으로 분류하지 않는다. 그리고 전통의 권위와 역사적 편견 또는 전 이해를 복원하는 데서 하버마스로부터 이데올로기적인 혐의를 받는다. 하버마스의 관심은 해방의 차원에 있으며, 생활세계를 전통과 권위나 체제(정치권력, 경제, 매스 미디어)에 대립하여 전개한다. 하버마스는 가다머의 기본 테제―"대화인 우리"(das Gespräch, das wir sind)―에서 낭만적인 차원을 직시하며, 가다머의 해석학이 체계적으로 왜곡된 소통/이데올로기를 극복할 수 있는지 의심한다.[20]

---

17 Gadamer, *Truth and Method*, xxxiii.
18 Ibid., 282.
19 Ibid., 361.

하버마스는 사회를 생활세계와 체제로 개념화하고, 소통의 상호 작용을 통해 산출되는 사회 영역, 즉 공론장을 생활세계로 분류한다. 이것은 인격, 문화 그리고 사회를 포함한다. 그러나 근대 사회의 합리화와 분화의 과정에서 정치권력과 경제 그리고 매스 미디어에 의해 생산되는 공론장은 체제로 불린다. 체제에 의한 침투와 물화에도 불구하고 생활세계는 여전히 사회적 행동과 의식의 지평을 형성한다. 우리는 생활세계를 회피할 수가 없다. 언어와 문화적 전통은 선험적 지위를 가지며 생활세계를 구성한다. 생활세계나 언어에 관련하여 소통의 참가자는 특별한 지위나 권리를 가질 수가 없다. 생활세계는 문화적 지식의 구조를 형성하며 인간의 삶에 "항상 이미 친숙하게" 존재하며, 이것은 문화적 전통에 의존하는 이해를 가능하게 한다.[21] 소통의 참가자는 항상 생활세계 안에서 움직이며 그 지평에 의해 영향을 받으며, 생활세계의 구조가 가능한 이해의 상호 주관성을 형성한다. 여기서 문화(문화적 재생산), 사회(사회적 통합), 인격(사회화)은 하버마스의 소통이론의 틀에서 결정적인 요소가 된다.[22] 소통 행위를 통해 문화적 전통의 지속과 갱신이 나타나며, 사회적 통합과 개인의 사회화가 발생한다. 기술 진보와 발전을 기초로 한 목적 또는 도구적 합리성이 아니라, 생활세계가 사회 구성원의 연대의 기준과 사회화된 개인의 정체성에 따라 측정되고 평가되어야 한다.[23]

---

20 "Der Universalitäsanspruch der Hermeneutik," in Habermas, *Zur Logik der Sozialwissenschaften*, 342.

21 Habermas, *Theory of Communicative Action* 2, 119.

22 Ibid., 138.

23 Ibid., 139.

생활세계의 지평 확대를 통해 하버마스는 문화, 사회, 개인의 삶을 소통이론적으로 고려하고, 정치 경제체제와 매스 미디어의 이데올로기로부터(물화 현상) 방어하며, 베버의 합리화 과정을 가치 합리성과 시민 사회의 구성을 통해 재구성한다.24 세계의 비주술화는 언어화 과정을 통해 나타나며 법과 도덕성은 보편화가 되며 공론장은 분화되고 다원화가 된다. 공론장의 다원성과 세련되게 분화된 이성의 공공 사용은 종교, 시민 사회 운동과 인권 운동, 노동 운동, 페미니즘 그리고 NGO에서 드러난다.

생활세계가 문화의 재생산, 사회 통합, 개인의 정체성을 구성하는 사회화를 통해 분화될 때, 이 세 가지 요소들은 소통 행위를 통해 서로 엮어지며, 삶의 스토리, 즉 고차원적으로 통합된 내러티브로 존재한다. 소통 행위가 문화적 지식을 전달하고 상호 주관적인 연대를 통해 사회 통합을 유지하며 개인의 정체성을 형성한다. 개인의 삶의 역사와 스토리는 집단적인 삶의 형식들과의 연관에서 개인의 책임을 통해 조화를 이룬다. 이것은 소외와 병리 현상에서 드러나는 아노미나 의미 상실에 저항한다.25

의미와 자유의 상실로써 합리화는 물화 현상이며 이것은 교환가치(경제적 상품과 부의 축적)와 정치권력이 사회, 문화, 개인의 삶, 즉 생활세계로의 침투에서 나타난다. "생활세계에 대한 매스 미디어의 개입과 담론은 식민지화 형식을 띤다."26 하버마스의 소통이론은 체제의 식민지화에 대한 내재적 비판과 저항을 담는다.

---

24 Ibid., 113.
25 Ibid., 140-141.
26 Ibid., 196.

소통 윤리와 정의

이런 관점에서 하버마스는 소통 윤리(또는 담론 윤리)를 윤리적인 것(헤겔)과 도덕적인 것(칸트)을 구분하고, 칸트의 코스모폴리탄 원리를 소통 합리성의 보편적인 틀에서 발전시킨다. 여기서 호르크하이머는 하버마스에게 중요하다. 호르크하이머에게 선은 악을 제거하는 것을 의미한다. 윤리적 추론은 버림받은 자들의 고통과 순전한 희생자들과 삶의 연대로 나타난다. 공감과 연민의 윤리는 정의의 도덕과 정당성과 더불어 같이 간다. "연대와 정의는 같은 동전의 양면이다." "버림받은 자들의 공동체에서 연대의 희망과 이웃을 위한 연민은 모든 자들에 대한 동일한 존경을 약화시켜서는 안 된다."27

하버마스는 호크르하이머의 도덕적 관심을 소통이론을 통해 전개하고, 칸트의 정언명령은 보편적 법이 되며, 도덕적 계명과 타당한 규범을 포함한다. 행동하는 것은 정의로운 것이며, 따라서 의무다.28 그러나 윤리적인 것은 문화적인 콘텍스트에서 어떻게 해야 선한 삶을 살 수 있는가 하는 물음에 관련된다. 인간은 특수한 장소와 시간 속에서 살아간다. 윤리는 특별한 사회들에서 공공선을 위해 관련된다. 이것은 보편적으로 타당한 원리나 적용될 수 있는 도덕법과는 다르다.

아리스토텔레스에게 윤리적 요구는 목적론적 성격을 가지며 선과 가치를 실현하려고 한다. 그러나 칸트의 도덕적 요구는 의무론적이며 시민과 도덕법에 따라 금지와 명령을 포함한다. 도덕적 질문은

---

27 Cited in Habermas, *Justification and Application*, 134-135.
28 Ibid., 8.

정의를 통해 합리적으로 규정된다. 선한 삶과 자기실현이라는 윤리적 질문은 목적에 대한 평가적인 성격을 갖는다.[29]

하버마스의 소통 윤리에서 칸트의 정언명령은 보편 원리로서 결정적이다. 윤리적 담론과 평가는 삶의 역사와 전통 안에서 움직이며, 도덕적 담론은 개인의 자율성과 타당성의 요구를 추구한다. 정의와 연대의 개념은 소통의 행위를 요구하는 이상적인 전제에서 드러나며, 대화 참가자들에게 이들의 타당 성의 요구를 인정한다.[30] 소통의 이상적 원리는 "접근의 자유, 참여의 평등한 권리, 참가자들의 진실성, 입장을 취하는 강요의 부재"에서 볼 수가 있다.[31] 이것은 칸트의 목적의 왕국에 접근한다. 동등한 권리와 정의의 원리(각자의 필요에 따라 모두에게 또는 모두에게 동일한 몫)는 보편성으로 받아들여지며 일차적인 타당성으로 요구된다.[32]

물론 하버마스는 특수한 상황에서 윤리적 평가와 문제를 다룰 때 상황에 적합한 기준(appropriateness)에서 파악한다. 이것은 적용의 문제와 더불어 해석학적 차원을 가지며, 보편 원리의 틀에서 중요한 역할을 한다. 윤리적-해석학적 담론은 도덕적-보편적 틀 안에서 움직이며, 윤리적인 것은 도덕적인 것에 통합된다. 그러나 헤겔의 타자의 인정은 칸트의 보편 원리 대한 하버마스의 상호 주관적 해석을 통해 여전히 중요하다. 칸트의 도덕 이론은 개인의 자율성과 실천 이성에 근거 되며, 소통의 상호 주관성을 간과한다. 헤겔의 상호작용

---

29 "Discourse Ethics," Habermas, *Moral Consciousness and Communicative Action*, 108.

30 Habermas, *Justification and Application*, 50.

31 Ibid., 56.

32 Ibid., 151.

과 인정 윤리는 여전히 소통이론의 틀에서 칸트의 도덕과 정의를 수용하면서 사회학적으로 개념화된다. 정의와 상황에 적합한 원리는 하버마스의 소통 윤리에서 결정적인 역할을 한다. 간략히 말하면 하버마스는 헤겔의 언어와 상호작용을 소통이론의 틀로 차용하고, 이러한 틀에서 칸트의 보편적 원리를 구축한다. 그러나 소통 윤리는 상황을 신중히 판단하고 자기반성의 적합성을 리처드 니부어와는 달리 "상황에 순응적이라기보다"는 공공선과 정의를 위해 해석학적으로 매개한다.

하버마스는 정치 영역과 생활세계와 관련해서 종교에 중요한 기능을 부여한다. 독일의 통일 과정에서 동독의 교회는 무시할 수 없는 기여를 했다. 시민 사회는 생활세계로부터 출현하는 다양한 제도와 연합, 운동을 포함한다. 시민 사회는 연합의 네트워크를 형성하며 조직된 공론장의 틀에서 일반적인 관심과 문제를 해결하려고 한다. 종교와 소통과 연합은 시민 사회를 작동시키는 필요조건이며, 정치 공론장은 소통 구조와 정보의 네트워크로 규정된다.

하버마스는 중요한 통찰을 공공신학에 제공한다. 종교는 생활세계를 위해 봉사하는가 아니면 체제 유지를 위해 존재하는가? 종교가 정치권력과 경제적 특권 또는 매스 미디어의 현상 유지와 이데올로기적 담론(인종주의와 이민 문제)을 지지할 때 복음의 소통 원리는 교회의 실천에 내재적 비판의 원류로 작용할 수가 있다. 메타노이아는 잘못된 길에서 돌아서서 용서와 화해 그리고 사회적 약자들을 위해 연대하는 복음의 생활세계로 전환할 것을 의미한다. 교회는 시민 사회 안에 존재하며, 복음의 생활세계는 공론장에 책임적으로 관여한다. 사회의 통합과 연대, 문화적 유대, 사회화된 개인의 자유와 인권 그리고 심의

(또는 숙의) 민주주의를 지지할 수가 있다. 교회의 제자직과 윤리적 실천은 경제적인 불평등과 정치권력의 확대와 관료제, 상업화되는 매스미디어의 담론에 대해 하나님의 정의를 말하고, 생활세계의 식민지화에서 드러나는 병리 현상과 소외, 아노미에 대해 저항한다.

하버마스에 의하면 종교 공동체와 윤리적 규범은 소통의 사회적 영역에서 해석의 공적 과정을 통해 강요와 권위가 아니라 합리적 담론으로 구체화될 수가 있다. 하버마스에게 정의와 연대는 소통 행위의 이상적 전제가 된다.[33]

그러나 하버마스의 한계는 후설의 생활세계가 이미 비서구 사회와의 소통과 인정을 담고 있는 사실을 간과하는 데 있다. 후설의 생활세계 개념은 하버마스의 인식과 관심의 세 가지 차원(자연과학, 문화적 실천, 해방의 자기 관심)을 포괄하며 단순히 언어로 전환되지 않는다. 오히려 생활세계는 과거의 침전된 불명료함이나 편견에 대한 책임적 비판과 해방의 과정을 거치면서 내재적 비판의 근거로 작용한다. 그리고 이러한 생활세계는 다양한 영역들에서 사회적인 사실(social fact)로 드러난다.

이것은 생활세계에 대한 사회 구조 이론을 지적하며, 이러한 사회 조직들과 제도들은 역사와 문화 그리고 교육을 통해 개인의 의식에 침전되며 각인된다. 공론장은 생활세계와 인간의 의식이 만나는 영역이 되며, 사회적 사실들을 구성하는 것은 집단적으로 형성되는 그룹의 신념과 경향 그리고 실천들이다. 이것은 개인의 삶과 공론장에서 여론을 형성하고 흐름을 주도하는 사회적 실제들의 영향과 효

---

33 Ibid., 50.

과로 말할 수 있다.[34]

　이런 측면에서 필자가 보기에 하버마스가 생활세계를 언어학적 전환을 통해 소통의 기치 합리성으로 전환하는 것은 충분하지 않다. 하버마스의 문제는 종교가 행사하는 예언자적-비판적 기능과 전체 사회 문화 구조에 미치는 영향을 간과하는 데 있다. 이 지점에서 필자는 뒤르켐의 객관적 사회학을 후설의 생활세계와 비트겐슈타인의 언어 이론과 관련짓는다. 비트겐슈타인은 언어가 삶의 형식으로 나타날 때 각각의 다른 언어 게임은 서로 치환되거나 등치되지 않는다.

　예를 들어 축구 게임과 야구 게임은 전적으로 다르다. 게임의 규칙이 운동선수들의 행위를 정당화하고 바르게 규정한다. 서로 다른 게임에서 하버마스의 보편성을 추구하는 소통이론이 가능할까? 생활세계의 다양성에서 볼 때 유럽과 아프리카 또는 아시아의 생활세계는 문화, 전통, 종교, 언어 그리고 사회적 구성에서 매우 복합적이고 다르다. 여기서 소통 합리성은 어떻게 추구될 수가 있는가? 팬데믹 시대에 백신을 둘러싼 접종과 이에 수반되는 신체정치학에서 이미 정치적 또는 경제적 소통은 권력관계의 틀을 벗어나지 못한다.

　뒤르켐의 사회학에서 사회적 실제들은 객관적으로 주어진 것이며, 경험적 연구와 분석을 통해 그는 사회 문화의 제도적 현실과 사회적인 구조와 기능에 관심 가진다. 생활세계는 사회적 실제의 문화적 또는 이상적인 차원으로 들어와 있으며, 이것은 집단적인 대변들 (collective representations)로 나타난다. 사회적 삶은 이러한 집단적인 대변의 시스템이며, 사회 제도들은 역사와 전통과 문화를 통해 이어

---

34 *Durkheim*, ed. Steven Lukes, 55.

지며, 여기서 종교가 소통 합리성과 문화적 의식 그리고 공공도덕의 기반이 된다. 사회 구조 이론 안에서 인간의 소통 행위가 자리 잡고, 서로 다른 언어 게임의 규칙에 대한 인정과 연대 그리고 해석학적 번역을 요구한다. 사회적 삶(또는 종교)이 인간의 소통 의식과 행위를 규정한다. 이것은 종교 연구를 통한 사적 유물론의 진의를 가름하는 뒤르켐의 기여일 수가 있다.35

사회적 지식이나 문화적 실천 등은 의미 있는 것이며 행위자에게 영향을 미치며, 행위자는 이러한 의미를 공유하고, 사회적 실천과 규범과 제도들을 구성해 나간다. 이러한 상호 주관성은 단순히 개인들과 소통 관계를 넘어서서 사회적 사실들에 대한 이상적인 지위 내지 선험적 지위와 인간의 실천에 대해 보다 두꺼운 기술을 요구한다. 이것은 후설의 생활세계론 안에 담겨 있는 침전된 것에 대한 책임적 비판과 해방을 전개하며, 사회 연구에서 권력관계의 틀 안에서 사회적 담론들에 대한 고고학적-해석학의 차원을 개방할 수 있다.

이런 점에서 복음의 생활세계는 하버마스의 소통 합리성으로 환원되지 않는다. 오히려 하나님의 말씀인 복음은 화해의 보편적인 차원을 지적한다. 사회와 문화 안에 들어와 있고, 분배적 정의와 하위 계급과 도덕적 연대를 지향한다. 복음의 생활세계는 공론장에서 도덕의 보편 원리(정의와 의무)에 근거하지만 또한 상황에 적합한 타자들에 대한 인정과 공감과 연대(용서와 화해)를 통해 전개될 수 있다.

---

35 Ibid., 8.

IV. 생명 윤리와 유전공학

앞서 다룬 것처럼 의료 차원에서 나타나는 생명 윤리는 공공신학과 정의 문제에 중요한 요소가 된다. 삶의 보호와 책임에서 자살, 낙태 그리고 안락사는 논쟁의 초점이 된다. 의료 윤리는 공중 건강과 생명 문제에서 도덕적인 개념 틀을 제공하고, 삶의 보호 측면에서 신중한 죽임이 과연 허락될 수 있는 것인지, 그런가 하면 의사들은 환자의 죽음을 재촉할 수 있는 권리가 있는지를 논쟁한다. 가장 우선시되는 가치가 다른 모든 가치를 지배한다면, 이것은 도덕적 딜레마로 들어간다.[1]

생명 의학의 혜택과 진보(유전자 공학, 줄기세포 연구, 인간 복제 등)는 공공신학으로 하여금 전통적인 신학의 주제들, 예를 들어 창조, 원죄, 책임성, 인간의 역할과 구원에 대해 재해석하고, 세속의 이성적 사람들과 소통하도록 도전한다. 공공신학은 신학적 인간 이해를 기술지배의 합리성과 생화학(bio-chemistry)의 결과들에 주목하면서 전개한다. 종교 도덕적 반성과 논의는 공공의 영역에서 특히 의료 윤리적인 생명과 죽음의 문제에 관여할 때 개인의 선택이나 중립성에 맡기는 것을 허락하지 않는다. 사회학적 관점은 자연과학적 기술이

---

1 Beauchamp and Childress, *Principles of Biomedical Ethics*, 5.

가져오는 치명적인 귀결들—예를 들어 우생학이나 생명의 상품화 또는 사회적 강자의 특권—을 비판하고, 의료 시스템이 공공선과 공감적 연대 그리고 정의를 고려할 것을 촉구한다.

무해의 원리

타인을 해롭게 하지 말라는 무해의 개념(nonmaleficence)은 히포크라테스 선서에서 혜택의 의무와 함께 선언되었다: "능력과 판단에 따라 나는 환자를 돕기 위해 치료를 할 것이며, 그러나 결코 환자를 해롭게 하거나 상처를 주기 위해 사용하지 않을 것이다."[2] 무해 또는 혜택의 원리는 사회계약론의 전통이나 존 스튜어트 밀의 윤리에서 사회도덕의 토대로 간주되기도 한다. 이것은 또한 인간 책임성의 본질적인 부분이며, 특히 의료 윤리에서 매우 중차대하다. 무해의 원리는 혜택과는 구분된다. 후자는 보다 적극적으로 질병이나 해로움을 제거하고 선을 증대한다.[3]

앞서 본 것처럼 구스타프슨은 자살, 낙태, 안락사 등과 같은 이슈들을 공리주의 이론에 따라 개념화한다. 공리주의자들은 보다 선한 귀결을 증대하기 위해 자기 희생을 정당화한다. 개인은 자신의 자유나 타인의 유익을 위해 희생할 수가 있다. 이것은 공동체의 삶에서 선의 증대를 가져오는 귀결을 고려할 때 정당화된다. "자살의 보편적인 오류는 어쨌든 자명한 것은 아니다."[4]

---

2 Cited in ibid., 120.

3 Ibid., 123.

4 Cited in Gustafson, *Ethics* II, 195.

그러나 렌토르프는 공리주의의 입장을 비판한다. 낙태를 규제하는 법적인 문제에서 의사의 도덕적 결정은 중요하다. 산모의 위험과 태아의 생명은 공리주의적으로 또는 개인주의적 차원에서 다루어질 수가 없다. 만일 임산부의 건강이나 태아에게 치명적인 손상을 줄 경우 삶과 죽음에 대한 의학적 진단과 판단은 의사의 전문적인 경험과 평가에 달려 있다. 낙태와 관련하여 윤리적 규범(사람을 죽여서는 안 된다)은 아내와 남편의 관계 그리고 의사의 소견과 함께 공동으로 나누어져야 한다. 이러한 공동 책임성이 삶을 인정하고 확인하는 기준이 된다. 여기에는 사회적인 문제도 나타난다. 미혼모인 경우나 가족의 재정적인 어려움 또는 강간으로 인한 임신은 낙태의 문제를 한층 더 복잡하게 만들며 사회학적인 요인들을 고려하게 한다.[5]

이런 측면에서 볼 때 낙태는 자유롭게 선택될 수도 없지만, '살인하지 말라'는 성서의 보편 규범을 유지하기도 어렵다. 상황과 조건에 따라 강간으로 인한 낙태는 희생으로 파악되기도 하며, 단순히 살해 행위로 단죄될 수도 없다. 삶의 보존 원리는 다양한 문제들(의학적, 사법적, 윤리적, 사회학적) 안에서 논의되고 발전될 수가 있다. 갈등이나 충돌 가운데 있는 삶을 어떻게 확인하고 보존할 것인가 하는 토론들은 사회적 책임성을 새롭게 규정한다.[6]

---

5 Rendtorff, *Ethics* I, 161-164.
6 Ibid., 165-166.

유전자 - 윤리: 하나님의 역할 하기?

의료 윤리는 유전공학의 발전으로 인해 생명의 복합성과 더불어 과학 기술의 합리성을 어떻게 평가해야 하는가? 미국의 매스 미디어와 신문의 헤드라인을 통해 우리는 종종 다음과 같은 문구를 읽는다: "과학자들은 하나님의 역할을 하는가?" 유전공학이 자연을 조절하고, 기술지배 합리성을 통해 도덕적 지침을 준다. 자연과학의 진보는 전통적인 기독교의 인간 이해에 심각한 도전을 주고, 신학자들에게 새로운 삶의 형식에 관한 윤리를 요구한다. 이것은 유전자-윤리(gen-ethics)에 대한 신학적 반성이 필요하다. 이러한 영역은 의료 윤리의 본질적인 부분에 속하며, 여기서 공공신학은 혜택과 공동 책임성 그리고 공공선을 고려한다.

인간 게놈 프로젝트(The Human Genome Project; HGP)는 때때로 인간 게놈 이니셔티브(the Human Genome Initiative; HGI)로 알려지는데, 1980년부터 재정적인 지원이 시작되고 2003년도에 끝났다. 게놈은 유전자(Gene)와 염색체(chromosome)를 합성하여 만든 용어이고, DNA 염기 서열 전체를 말한다. DNA는 세포핵 내부에서 단백질과 결합하여 염색질(DNA, 단백질, RNA로 구성된 거대 분자 복합체)을 이룬다. 게놈 프로젝트는 인간 게놈에 있는 약 32억 개의 뉴클레오타이드 염기쌍의 서열을 밝히는 것을 목적으로 한다. 이러한 프로젝트의 목적은 인간의 유전자 구조를 완벽하게 밝혀내고, 질병을 진단하고 치료하기 위한 것이다. 이 결과로 많은 질병의 원인이 되는 유전자의 염색체상에서의 위치를 파악할 수 있게 되었다.[7]

제임스 왓슨(James Watson)은 프란시스 크릭(Francis Crick)과 함께

DNA 발견으로 유명해졌는데, 이것은 두 개의 긴 가닥이 서로 꼬여 이중나선 구조로 되어 있는 고분자 화합물이다. 세포핵에서 발견되어 핵산이라는 이름이 붙게 되는데, 대부분 DNA는 세포핵과 유전자 안에 존재한다. 이것은 유전정보를 담고 있고, 네 가지 알파벳으로 표시된다: A(adenine), C(cytosine), G(guanine), T(thymine). 이것을 뉴클레오타이드(nucleotide)로 부르고, DNA의 기본 단위체가 된다.

DNA는 네 가지 종류의 뉴클레오타이드가 중합 과정을 통해 연결된 가닥으로 이루어져 있고, 이 가닥은 사이토신, 구아닌, 아데닌, 티민이라는 독특한 핵 염기로 구분된다. 이것은 흔히 DNA 염기 서열 또는 뉴클레오타이드의 핵 염기로 부른다. 기본 쌍(A-T, C-G)은 디옥시리보스(deoxyribose)와 인산염(phosphate)에 부착되어 있다. DNA는 자기 복제를 하며, 복제 과정에서 오류 또는 변이가 일어나기도 한다. 유전자 변이는 프로테인 기능의 결함이나 상실을 초래하고 질병을 일으킨다. 양자 역학의 예측 불가성처럼 변이는 DNA의 배열에 직접적인 영향을 미친다. DNA 분자는 개별적인 원자와 심지어 전자(electron)에 중요한 영향을 미치는 방식으로 구조된다.[8]

왓슨(Watson)은 국립보건 연구소에서 인간 복제 연구원장으로 일했고, 도덕적인 논쟁은 이미 DNA 특허권을 두고 왓슨과 이전 국립보건 연구소장이었던 버나딘 힐리(Bernadine Healey) 사이에서 벌어졌다. 여기서 유전자와 윤리 문제가 엮이면서, 유전자-윤리(gen-ethics)[9]란 합성어로 소개되기도 한다.

---

7 Cole-Turner, "The Genome and the Human Genome Project," *Genetics*, 55.
8 Miller, *Finding Darwin's God*, 207.
9 Peters, "Genes, Theology, and Social Ethics," *Genetics*, 2, 140.

크렉 벤터(J. Craig Venter)는 DNA의 3%를 비유전자 물질(정크DNA)로부터 분리했고, 삼만 개의 보충 DNA(cDNAs) 배열을 찾아내었다. cDNAs를 복사하고 배열하면서 벤터는 실제의 유전자를 얻을 수 있는 지식을 획득했다. cDNA는 메신저 RNA에 입력된 유전자의 복사판이고, 유전자 자체는 아니다. 벤터가 이런 기술을 통해 얻은 유전자 정보 지식을 특허 내려고 했을 때 찬반양론이 벌어졌다. 인간게놈에 대한 지식이 특허를 낼 수 있는 영역에 속하는가? 특허를 내기 위해 세 가지 기준이 적합해야 하는데, 그것은 새로움, 진부하지 않음, 유용성이다. 벤터는 cDNA를 발명한 것이 아니며, 그의 발명은 어느 정도로 진부하기까지 하다.[10]

1995년 인간 복제 조직단체는 cDNAs 특허에 반대했고, 그러한 결과는 병의 진단이나 치유학의 발전에 방해가 된다고 생각했다. 그리고 이것은 공공의 이해에 맞지 않는다.[11] 종교 단체들은 유전자를 특허 내는 문제에 대해 강한 반대의 소리를 내었고, DNA는 하나님의 것으로 주장했다. 로마 가톨릭 주교단은 유대인, 개신교, 이슬람 그리고 불교계의 지도자들과 함께 특허에 대한 반대의 소리를 냈다. "이 문서에 서명한 우리는 종교인들로서 인간과 동물의 생명 형식들을 특허 내는 것에 반대한다. 우리는 최근 인간 신체 부위와 몇몇 유전공학적으로 조작된 동물에 대해 미국 특허국의 최근 결정에 우려한다. 우리는 인간이나 동물들이 하나님의 창조이며, 인간은 자체상 인간 발명으로 특허가 되어서는 안 된다고 믿는다."[12]

---

10 Ibid., 10.

11 Ibid., 11.

12 General Board of Church and Society of the United Methodist Church. Cited in ibid, 11-12.

타임 잡지/CNN 여론조사에서 응답자의 58%는 인간의 유전자를 변경하는 것은 하나님의 의지에 어긋나는 일로 응답한다. 그것은 인간의 교만이며, 인간의 교만은 새로운 계명을 요구한다. "하나님의 역할을 하지 말라." DNA 재조합 기술에서 유전자 공학은 변이와 재조합을 통해 진화의 과정에 영향을 미칠 뿐만 아니라 심지어 조작까지 할 수 있다. 결국 우리는 창조주를 우리 마음대로 조절할 수 있는 위치에 서게 된다.[13] 인간이 과연 하나님의 역할을 해야 하는가 하는 비판적 논의에서, DNA는 침해할 수 없는 성스러운 것으로 간주된다. 유전자 변형(algeny)은 이제 기존의 유기체를 업그레이드하고, 완벽한 것을 성취하기 위해 새로운 것을 설계한다.[14] 유전공학은 유전 자료들을 선택적으로 배합하고 새로운 특질을 만들어냄으로써—생의 지성소인— DNA에 직접적인 영향을 미친다. 생에 대한 유전자 조작에 대항하여 많은 비판의 소리가 주어진다.

그러나 과학적인 입장에서 유전자 수술(Algeny) 개념은 "학문으로 위장한 반지성주의 프로파간다이며, 영리하게 설계된 음모"로 비난당했다.[15] 자연과학자들은 진화론의 과정에서 유전공학의 영향과 선택은 인류와 다른 종들 사이에서 일어나는 공동-진화론적인(co-evolutionary) 관계로 간주되어야 한다고 말한다. 공동진화의 과정에서 유전공학의 실제적인 요소는 자연선택이며, 그 영향은 자연적인 과정에 의해 제한된다. 이것은 예측할 수 없는 방식으로 진화의 과정을 재설정하고 인간의 손에 의해 지배당하는 것을 말하지 않는다.[16]

---

13 Wade, *The Ultimate Experiment*, 155.
14 Rifkin, *Algeny*, 17.
15 Gould, *An Urchin in the Storm*, 230.

DNA는 고차원적인 형이상학적인 또는 도덕적 수준으로 고양되어서는 안 된다. DNA 복제와 재생산이 생물학에서 중요하지만, DNA 자체가 성스러움의 자리를 차지할 수가 없다. 심지어 그것은 생명의 본질도 아니다. "DNA가 생의 본질인가? DNA를 자르는 것이 수술 과정에서 살아있는 피부를 자르는 것보다 더 오만하거나 신성모독적인가? DNA에 형이상학적이거나 도덕적인 특별 지위를 부여하고 옹호하는 것은 과학적으로 또는 철학적으로 지지 받기가 어렵다."17

이러한 과학자의 입장은 저명한 정치경제 이론가인 제레미 리프킨(Jeremy Rifkin)의 유전자 변형에 대한 비판에 대립한다. 리프킨에 의하면 "모든 살아 있는 것들은 이들의 살아 있음이 박탈당하고, 추상적인 메시지로 전환된다. 생은 독해할 수 있는 코드가 된다. 더 이상 생의 성스러움이나 침해될 수 없음에 관한 질문이 사라진다."18 이러한 입장 간 이해 충돌에서 윤리적 시선은 과학 연구가 인간의 건강과 좋은 삶과 행복에 기여하는 정도에 따라 행해져야 한다고 말해진다.19

신학과 자연과학의 만남에서 공공신학의 관심은 유전자 변형이 가져올 귀결에 주어진다. 유전공학은 적합한 인간의 활동으로 볼 수가 있다. 신학은 유전과학으로부터 배울 수가 있고, 새로운 도덕적인 틀을 구성하며, 과학연구와 기술 진보에 대한 적합한 판단과 평가를 할 수 있어야 한다. 윤리의 정당성은 공동의 책임성과 혜택, 사회

---

16 Cole-Turner, *The New Genesis*, 48-49.
17 Ibid., 45.
18 Rifkin, *Algeny*, 228.
19 Peters, *Science, Technology and Ethics*, 11.

적 약자에 대한 인정에 있으며, 과도한 자연주의적 오류—도덕적 문제를 생물학적으로 해결하려는 시도—에 대해 거리감을 취한다. 왜냐하면 도덕의 문제는 자연과학의 합리성이나 기술 진보를 통해 답변이 이루어지기에는 사회와 정치 그리고 문화적 측면과 깊이 연계되어 있고, 자연과학이 유전자 변형이나 결정론으로 모든 것을 통섭하려는 시도는 순진한 생각에 불과하다.

그러나 예루살렘 히브리 대학의 도덕철학과 생명 윤리 교수인 데이비드 헤이드(David Heyd)는 공동의 창조성을 통해 '하나님 역할 하기'에 긍정적인 차원을 부여한다. "만일 세계를 가치 있게 투자할 수 있는 능력이 진정으로 하나님의 형상이라면, 그것은 인간을 독특한(신적인) 신분으로 상승한다. 이것은 세계의 다른 피조물들과 나눌 수 없다. 이것은 창조적이며 '인간에 특수한' 방식으로 하나님의 역할을 하는 것이다."[20]

물론 유보함 없이 과학자들이 하나님의 역할을 하려는 시도들을 무작정 신성모독적이며 오만한 것으로 비난할 필요는 없다. 그러나 과학 기술에 대한 우상 숭배적 기대는 피해 가는 것이 중요하다. 인간의 기술 개입을 통해 하나님의 지배를 침해하고 자연을 어머니로 숭배하는 것은 논의의 여지가 있다. 자연 자체는 성스러운 것이 아니기 때문이다.[21]

---

20 Ibid., 163, Endnote 43.
21 Ibid., 157.

도덕의 딜레마와 공공의 정의

도덕적 딜레마를 일으키는 가장 심각한 이슈는 양의 복제에 관한 것이다. 1996년 7월 5일 영국 에든버러 대학 부설 로슬린 연구소 (Roslin Institute)에서 이안 윌머트(Ian Wilmut)와 케이트 켐벨(Keith Kempbell)은 새끼 양 돌리(Dolly)를 복제했다. 6년생 양의 체세포에서 채취한 유전자를 핵이 제거된 다른 암양의 난자와 결합한 뒤 이를 대리모 자궁에 이식하여 세계 최초로 양을 복제하는 데 성공했다. 277번 시도 후에야 돌리는 1996년 첫 번째 복제된 양이 된다.

대한민국에서도 복제 문제는 2005년에 일어난 이른바 '황우석 사건'으로 인해 촉발되었는데, 황우석 교수의 2004년 「사이언스」 게재 논문에서 사용된 난자의 출처에 대한 윤리적 문제와 관련된다. 황 교수는 단 하나 줄기세포 라인을 만들기 위해 240여 명의 연구원으로부터 2,000개가 넘는 난자를 사용했지만, 줄기세포를 하나도 얻지 못했다. 여성 연구원들의 난자 기증은 계약 조건에 속했는데, 이것은 윤리적 기준과 지침을 침해했다.[22]

어쨌든 돌리의 탄생으로 인해 과학자들이 '하나님의 역할'로 진입했나 하는 물음을 제기한다. 그렇다면 인간도 복제할 수 있는가? 돌리를 복제한 이안 윌머트(Ian Wilmut)는 말한다. "인간 복제의 전망은 심각한 우려를 초래한다. 그것은 신체적으로 매우 위험하고, 복제된 아이의 심리에 예기치 않은 영향을 줄 수가 있다. 결국 우리는

---

22 Hwang WS et al. "Evidence of a pluripotent human embryonic stem cell line derived from a cloned blastocyst," *Science* (2004), 303, 5664: 1669-1674; 홍영남, "황 교수 사태와 연구 윤리" (2008.04.06.) https://snu.ac.kr/snunow/ snu_story?md= v&bbsidx=79807

인간 복제에 대한 의학적 정당성을 보지 못한다."[23]

인간 복제 가능성은 신학과 윤리에 심각한 문제를 제기한다. 1997년 6월, 미국 생명윤리조언위원회(National Bioethics Advisory Commission)는 인간 복제 기술에 대해 잠정적인 금지를 발표했다. 유예기간(moratorium)이 부과되고 체세포 핵 치환을 사용해서 복제하는 것이 금지되었다.[24] 체세포 핵 치환(somatic cell nuclear transfer)은 난자의 핵을 제거한 후에 체세포의 핵을 이식하는 복제 기술을 말한다.

윤리 신학자 폴 램지(Paul Ramsey)는 이미 고전적인 경고를 한 적이 있다. "인간은—인간이 되는 것을 배우기 전에 그리고 배운 후에도 — 하나님의 역할을 해서는 안 된다."[25] 그러나 램지에 대립하여 상황 윤리의 대변자 요셉 플레처(Joseph Fletcher)는 과학 기술을 사용하는데 책임을 강조하고, 윤리 지침을 통해 인간 복제를 고려할 것을 제안했다. "미래는 하늘의 별이 아니라 우리, 즉 인간 존재 안에서 찾아져야 한다…. 우리는 치유를 위해 기도하지 않는다. 우리는 의학에 의존한다. … 이것은 생물학 혁명의 방향이다 — 우리는 점점 더 피조물에서 창조주로 변화된다."[26]

그러나 스코틀랜드 교단총회(1997년 5월 22일)는 인간 복제에 대한 강한 저항을 표시했고, 동물의 상품화를 위해 동물 복제도 불가능하다고 했다.[27] 동물 역시 하나님의 피조물에 속하며, 인간 소비를 위

---

23 Wilmut, et al., *The Second Creation*, 5.
24 *Human Cloning*, ed. Cole-Turner, 133.
25 Ramsey, *Fabricated Man*, 138.
26 Fletscher, *The Ethics of Genetic Control*, 200.
27 "Appendix II: Denominational Statements on Cloning," Ibid., 138.

한 상품으로 전락 되어서는 안 된다. 그러나 이런 입장은 도날드 부르스(Donald Bruce)—스코틀랜드 교단의 사회, 종교, 기술 담당 원장—에게 너무 지나치게 보인다. 부르스는 인간 진보의 억제되지 않는 발전을 비판하고, 이것은 복음에 적합하지 않다고 한다. 그러나 동물 복제는 제한적으로만 허용해야 한다고 주장한다.[28]

　양의 복제 이전에도 영국, 스페인, 덴마크, 독일은 일제히 인간 복제를 법으로 금지했다. 미국에서 수많은 사람들이 인간 복제 금지 시행법을 요구했다. 인간 복제는 변태 행위이며, 하나님 앞에서 인간의 기본적 존엄을 훼손한다. 로마 가톨릭 윤리학자 리사 카힐(Lisa Cahill)은 라인홀드 니부어의 분석과 가톨릭 해방신학의 관점에서 복제를 사회적 죄악으로 비판했다. 복제 문제를 다룰 때 과학적 합리성은 도덕적 방법을 취해야 한다고 말한다.[29] 니부어의 사회적인 죄 개념, 즉 집단적 이기주의는 인간 복제에 대한 논쟁에서 공공선과 정의를 고려할 때 매우 중요한 통찰을 제공한다.

　그러나 복제는 불임 치료나 동성 커플을 위한 재생산 도구 또는 이미 사망한 사랑하는 사람을 위해 허락될 수 있다고 주장하는 목소리도 있다. 그러나 복제를 상품 목적으로 수익을 증대할 경우 결과는 심각해진다. 유전자 기술과 복제가 정의와 공공선의 차원에서 고려될 때 인간 복제는 수익 비즈니스를 조장하는 사회적 죄 또는 집단적인 이기주의로 단죄된다.[30]

　버클리 연합신학대학원 카렌 레바크(Karen Lebacqz) 교수는 성소

---

28 Bruce, "A View from Edinburgh," Ibid., 7.
29 Cahill, "Cloning and Sin," *Beyond Cloning*, ed. Cole-Turner, 98.
30 Ibid., 109-110.

수자의 인권에 헌신한 학자이지만, 게이와 레즈비언을 위한 복제 기술의 정당성을 토론할 때 정의의 측면에서 반대의 소리를 낸다. 설령 복제가 후손을 재생산할 수 있는 권리를 포함한다고 해도 복제 기술은 여성이나 가난한 자들 또는 어린아이들에게 유익함을 제공하지 않는다. 그것은 오직 이성애주의 또는 성차별주의 사회에서 불의한 패턴과 실천을 재생산할 것으로 간주된다. 성차별주의 사회에서 혜택과 특혜는 이성애 간의 부부에게만 주어질 것으로 본다.[31]

줄기세포는 자기 갱신을 하며 분화할 수 있다. 줄기세포의 많은 타입 가운데 전능성(totipotent) 줄기세포는 초기 수정란(대략 16개 세포 단계) 안에 있고, 자기 복제와 분화의 능력을 갖는다. 기술적으로 보면 수정란 또는 접합체(zygote)는 수정 5일 후 16개의 세포로 이루어진 상실배(morula)의 형태로 분열(mitosis) 한다. 이러한 분화에서 배반포(blastocyst)가 형성되며, 배반포는 구조적으로 배아(embryo)를 형성하는 내세포 집단(inner cell mass; 배아줄기세포)과 배반포의 외층(placenta)을 구성하고, 착상 후에 태반이 되는 영양막(trophoblast)을 만든다. 배반포는 200~300개 세포로 구성되는데, 수정된 배아를 5일간 배양하면 배아줄기세포를 얻을 수 있는 원천이 된다.

수정란은 첫 번째 전능성 줄기세포이며, 인간의 몸에서 어떤 세포의 타입도 만들 수가 있다. 내세포 집단은 배아줄기세포의 근원이며 다능성(pluripotent)이지만, 태반과 외층을 만들 수는 없다. 배아줄기세포는 배반포 안에서 추출되는데, 4일에서 6일 정도 초기 배아 상태가 된다. 배아는 50~150개의 세포로 구성되며, 배반포의 안쪽에는

---

31 Lebacqz, "Genes, Justice, and Clones," *Human Cloning*, ed. Cole-Turner, 54-56.

원반 모양의 200~300 세포 덩어리가 있으며, 이것은 내세포괴인데, 자궁에 착상되기 이전을 말한다.

배아줄기세포는 배반포의 내세포 집단 또는 내세포괴에서 제거되며 수정 접시(petri dish)에서 여러 차례 반복하여 배가되며 줄기세포 라인을 형성한다. 배아줄기세포는 장기 갱신을 위한 재생 의학을 가능하게 하며, 이것은 생명 의학에서 가히 혁명적인 변화를 가져온다. 게다가 낙태된 태아에서 추출된 배아줄기 세포는 거의 모든 점에서 만능성이며, 자기 갱신 라인은 심지어 불멸할 정도로 평가되기도 한다.[32]

생식세포(gamete)는 생식기관에서 생산되는 세포를 말하는데, 남성의 정자세포나 여성의 난세포를 말하며, 성별은 생식세포 안의 성염색체로 구별된다. 여성의 유전자는 XX 형태를 띠며, 남자는 XY 염색체 유전자를 갖는다. 이러한 생식세포를 조작하여 얻어낼 수 있는데, 이것은 줄기세포에서 유도된 생식세포로 불리며, 줄기세포에서도 추출될 수 있다.

정자와 난자는 배아줄기세포에서 추출되고, 줄기세포를 이용하여 인공적으로 정자와 난자가 만들어진다. 정자는 성인의 세포(iPS; 역분화 만능 줄기세포)에서 만들어진다. 난자 또한 여성이나 남성의 피부세포에서 만들어질 수도 있다. 난자나 배아를 사용하지 않고도 환자 자신의 피부세포로부터 만능 줄기세포를 만들 수 있고 병을 치료할 수가 있기 때문에 그동안 배아줄기세포 연구의 걸림돌이었던 종교적 그리고 생명 윤리적 논쟁을 피해갈 수도 있다.

---

32 Peters, *The Stem Cell Debate*, 3.

그러나 인공 생식세포(artificial gametes)는 합성 생식세포(synthetic gametes)로 불리기도 한다. 이것은 성인의 줄기세포(정자와 난자)인데, 특화와 배양과정을 통해 생체 외 또는 인 비트로(*In vitro*: 유리 안에서)에서 만들어진다. 이것은 살아있는 생명체 내부가 아니라 시험관이나 페트리 디쉬(수정 접시)와 같은 환경에서 수행되는 실험 과정이다.

인공생식기술(AGs)을 통해 동성애 부부에게 이들의 피부세포를 통해서 추출된 정자와 난자를 통해 어린아이를 만들어낼 가능성이 생긴다. 그럴 경우 AGs는 생식세포의 유전자 변형을 하고 미래의 세대로 유전된다. 유전자 비정상이 나타나며, AGs로 임신된 아이들은 유전자의 비정상으로 인해 질병을 얻을 수가 있다. 더욱이 인공생식기술이 배아의 상품화를 위해 극대화될 수가 있다.[33]

가족의 혼란은 AGs가 초래하는 염려스러운 귀결이 되는데, 인공생식기술은 가족의 테두리 외부에서도 원한다면 자신의 피부세포, 즉 체세포를 통해 난자나 정자를 만들어 내기 때문이다. 예를 들어 한 남성이 자기의 아이를 자신의 체세포를 통해 만들어 낸다면 아이의 양육과 친구 관계에서부터 오는 심리적 문제는 어떻게 될까? 프랑켄슈타인(Frankenstein)과 같은 유전자 허무주의가 인간의 삶을 지배하며, 아이는 고작해야 인공 부모를 만족시키는 생산품처럼 될 수가 있다.

영국의 작가 메리 셸리(Mary Shelley)는 그녀의 소설 『프랑켄슈타인 또는 근대의 프로메테우스』(*Frankenstein or, The Modern Prometheus*)에서 젊은 과학자 빅터 프랑켄슈타인이 추하고 섬뜩한 지성적인 존재를

33 "Nuffield Council on Bioethics Background Paper." http://nuffieldbioethics.org/project/ briefing-notes/ experimental-treatments.

만들어 내지만 결국 괴물이 되고 마는 이야기를 한다. 자본주의 상품과 더불어 나타나는 과학 기술의 합리성은 결국 인간을 괴물로 만들고 끝장나야 하는가?

물론 인간 복제나 인공생식기술에 정당한 평가를 주자는 소리도 있다. 유전공학의 발전과 적용에 절대적인 금지보다는 일시적인 금지를 통해 과학적 귀결이 사회의 공공 영역에서 어떤 영향을 미치는지 고려할 필요가 있다고 주장된다. 인간의 영혼은 DNA로부터 만들어지지 않는다. 이것은 하나님과의 관계를 말하며, 하나님의 은총에 의해 결정되지, DNA로 결정되지 않는다. 카렌 레바크는 다음처럼 말한다: "'영혼'은 개인적인 소유가 아니라 관계에 대한 표현이다. 영혼은 하나님 앞에 서 있는 인간의 관계이다."[34]

이런 측면에서 본다면 영혼은 하나님과의 관계로 치환되고, 복제된 인간이나 인공생식 기술로 만들어진 아이들에 대해 개인으로서의 존엄과 인권을 가진 존재로서 존중되어야 한다. 하나님의 사랑은 인간의 유전자 조작으로 만들어진 존재를 차별하는 것과는 아무런 상관이 없다.[35]

이러한 적극적 평가에도 불구하고 유전자로 복제된 사람들은 사회적으로 차별받는 계급이나 신분에 속할 수밖에 없으며, 심지어 그것은 수익을 조장하는 생화학의 비즈니스의 먹잇감이 되는 상품으로 전락할 수 있다. 권력관계의 문제는 '누구의' 복제이며 '누구의' 관심과 이해를 대변하는가에 있다. 사회적 계층과 차별 문제는 계몽

---

34 Cited in Peters, "Cloning Shock," *Human Cloning*, ed. Cole-Turner, 18.
35 *Genetics*, ed., Peter, 15.

주의의 신화, 즉 자연에 대한 과학적 진보를 통한 인간 지배가 이미 생태학의 위기와 지구온난화 현상과 더불어 인간의 삶에 어떤 치명적인 귀결을 가졌는지 보여준다.

영혼은 단순히 하나님과의 관계를 말하는가? 하나님은 인간을 지면의 먼지로부터 창조했으며, 코에 생명의 기운을 불어넣어 주었다. 인간은 살아있는 존재가 되었다(창 2:7). 인간은 그가 나온 흙으로 돌아가게 되어 있고 먼지에 불과하다(창 3:19). 인간은 하나님에 의해 몸의 영혼으로 구성되며, 단순히 영혼이 아니라 살아 있는 존재가 하나님과의 관계에 서 있다. 그러나 하나님은 약속하신다. 나는 나의 영을 모든 육체에 부어줄 것이다(행 2:17).

인간—그가 영이기 때문에—은 존재한다. 하나님은 성령을 통해 인간의 영을 창조한다. 인간의 영은 나의 존재—몸의 영혼으로서—를 지탱하며, 기반이 된다.[36] 하나님의 성령은 우리가 하나님의 자녀로 우리의 영에 증언한다(롬 8:16). 생명은 하나님의 선물이며, 인간의 영은 우리에게 주어졌으며, 인간이 복제나 인공생식기술을 통해 우리는 이러한 영을 만들 수가 없다.

유전자 라인 개입과 줄기세포 논쟁

인간 복제는 점-라인(germline) 변형의 가능성을 내포한다. 점-라인 변형은 복제보다 더 위험할 수 있다. 점-라인의 변형은 의도적으로 개인의 유전을 통해 이어가는 DNA를 변경시킨다. 소마틱(somatic)

---

36 CD III/2: 364, 366.

유전자 치료와 점-라인 유전자 개입은 상당한 토론 거리에 속한다. 소마틱 치료 요법은 특별한 유전자를 첨부하거나 변경하면서 환자의 체세포의 질병을 치료한다. 이러한 치료 요법은 특별한 피부에서 생기는 질병을 초래하는 유전자 결함을 교정할 수 있다. 소마틱 유전자 치료 요법은 환자들에게 혜택을 준다는 도덕 원리를 통해 정당화된다.

이와는 달리 점-라인 세포는 재생산 과정에서 정자 또는 난자와 같은 생체 세포에 침해할 수 있다. 이것은 23개의 염색체를 가지고 있고, 여기에 의학적 개입이 일어날 때 후손들에게 이어지는 유전의 특질과 성격을 변경할 수 있다. 점-라인 치료는 임신초기 단계에 유전적 질병을 제거할 수도 있다. 물론 유전자 무질서를 초기에 방지하는 것은 중요하다. 왜냐하면 소마틱 치료 요법으로는 너무 늦기 때문이다.[37] 최근 유전공학의 발전에서 새로운 접근 방식이 나타나는데, 케네스 쿨버(Kenneth Culver)에 의하면 점-라인 개입에 대한 안전 기준이 주어진다고 한다. 배아의 도덕적 지위는 초기 단계에서 변이를 고치는 데서 보존되고 건강한 아이를 낳을 수가 있다.[38]

그러나 유전자 향상(genetic enhancement)은 논의의 여지가 있다. 여러 여론조사 결과에 따르면 미국, 영국, 독일 등 서구의 사람들은 윤리적 차원에서 유전자 향상 기술에 부정적인 반응을 보인다. 이들은 유전자 향상 기술을 신에 대한 도전으로 인식한다. 그러나 중국, 인도와 같은 국가에서는 유전자 향상 기술은 긍정적으로 인식된다.

---

37 Champman, "Religious Perspective on Human Germ Line Modifications," *Beyond Cloning*, ed. Cole-Turner, 65.

38 Culver, "A Christian Physician...," Ibid., 30.

유전자 향상은 치료 목적을 넘어서서 유전자 변형을 통해 기존의 정상적인 유전자를 향상시킨다. 사회적으로 이것은 불평등과 차별로 갈 수 있다. 점-라인 유전요법은 건강의 문제를 해결하지만 또한 정상적인 인간의 특질, 예를 들어 수명과 지성을 유전적으로 향상시키기도 한다. 이것은 인간의 존엄성을 침해하며 사회적인 약자들이나 가난한 사람들에게 불평등을 조장하며 인종차별을 포함할 수 있다. 또한 이것은 우생학을 향해 문을 열어준다. 우생학의 현실은 독일 나치즘의 인종 정책에서 나타나기도 한다.39

다른 한편 배반포와 낙태된 태아 사용에서 줄기세포에 대한 윤리적인 문제들이 제기된다. 최근 토론에서 다음의 문제들이 고려된다: (1) 배아를 보호하는 틀(낙태에 저항한다), (2) 자연보호의 틀(인간의 유전자 성격을 과학적으로 조작하는 것에 반대하며, 하나님 역할 하기를 비판한다. 이러한 틀은 생태학의 보호에서도 드러난다), (3) 의학 혜택의 틀(인간의 질병과 고통을 경감하고 인간의 행복을 향상한다). 이런 점에서 거의 유대인 또는 기독교 신학자들은 혜택의 도덕 원리를 위해 배아줄기 세포 연구를 지지한다.40

인간 줄기세포 연구를 위한 미국의 국립건강연구소 지침(National Institutes of Health Guidelines for Human Stem Cell Research, 1999)에 의하면 인간의 배아줄기세포는 배반포의 내적 세포막에서 나오는데, 이것은 분화될 수가 있고 세 가지 주요한 점막층의 세포와 피부를 발전시킨다. 비록 줄기세포가 배아로부터 나오지만, 이것 자체가 인간의

---

39 Ibid., 74.
40 Peters, *The Stem Cell Debate*, x. 27.

배아는 아니라고 말한다.[41]

그러나 줄기세포가 인간의 배아로 간주되지 않는다면 심각한 문제는 배반포의 지위에 대해 주어진다. 배반포는 수정 후 5일간 형성되고 만능성 배아줄기세포로 추출되지만, 초기 착상 전 배아에 속하며 파괴된다. 치유와 재생을 위해 배아줄기 세포를 사용하는데 윤리적인 우려가 있다. 왜냐하면 이것은 낙태와 다름이 없이 인간의 배반포를 파괴하기 때문이다. 그러나 시험관에서 남겨진 배반포는 당사자의 승인을 통해 수익을 얻지 않겠다는 조건으로 의학 연구를 위해 기증될 수도 있다.

해석과 생명의학의 도덕성

도덕은 사회 안에서 인간의 복지를 위해 기여한다. 혜택의 원리는 무해의 원리보다 더 적극적으로 의료 윤리와 생명과학이 적극적으로 공공선과 정의를 위하여 기여해야 한다고 말한다. 공리주의자들은 혜택을 유용성의 원리를 통해 산출한다. 반면에 의무론자들에 의하면 혜택의 원리는 정언명령을 통해 인간성을 목적 자체로 봉사해야 한다고 주장한다. 혜택의 의무는 타인에게 봉사하는 것이며 사회적인 상호관계를 통해서 온다. 사회의 혜택의 수용자로서 인간은 사회의 공공이익을 증진해야 한다.[42]

사회와 인간의 상호성은 공공의 의료보험 시스템이나 치료 요법

---

41 https://stemcells.nih.gov/policy/2009-guidelines.htm
42 Gorovitz, et al., *Moral Problems in Medicine*, 386.

연구 그리고 사회 정책을 다룰 때 의료 윤리와 생명과학에서 결정적이다. 중요한 것은 자율성, 무해, 혜택 그리고 정의에 대한 존중으로 특정된다.[43] 삶과 죽음에 대한 의학적 이슈를 공공 영역에서 논의할 때 도덕적 해석의 틀은 중요하다. 도덕적 해석의 기준은 적합하고 비판적인 방식으로 의료 윤리의 원리들을 분석하고 생명과학의 기여를 평가한다. 도덕적 해석학은 책임과 사회적 약자들에 대한 인정과 연대를 진지하게 취급한다. 공중 보건과 복잡한 의료적 상황에서 윤리적 질문은 "무엇이 일어나고 있는가?"이며, 이러한 복합성과 다원성 그리고 애매함에 대한 윤리적 반성과 분석 그리고 전략을 포함한다. 이러한 도덕적 해석학의 윤곽에서 인간을 목적으로 존중하는 의무는 정의와 공공선에서 파악된다.

생명과학이 특별한 상업 목적을 위해 유전적 공학을 적용할 때 그것은 사회적 차별과 환경 문제를 유발한다. 집중적인 토론은 농업과 인간 유전공학 그리고 줄기세포 연구에 주어진다. 유전공학은 살아있는 피조물들의 유전자 배열을 변경시키면서 자연의 의미를 재정의한다. 생명 기술이 사회적 차원에서 유전자 의료서비스에 접근할 때 생겨나는 불평등과 정의의 이슈에 관련될 수 있다. 점-라인 개입, 유전자 향상, 복제, 인공 생체 복사 등은 도덕적 논의에서 중요한 자리를 갖는다.[44]

공동 책임성의 윤리는 의료 분야와 생명과학을 다루는데, 공공신학의 중심에 들어온다. 프랜시스 골톤(Francis Galton, 1822~1911)은 우

---

43 Beauchamp and Childress, *Principles of Biomedical Ethics.*
44 Cole-Turner, *The New Genesis,* 16.

생학의 아버지인데, 다윈의 진화론과 허버트 스펜서(Hebert Spencer, 1820~1903)의 사회진화론에 깊은 영향을 받았다. 우생종을 위해 열등종은 사려져야 한다. 적자생존 원리는 인종, 문화, 사회 그리고 국가에 적용이 되고, 백인 남성을 진화론의 전개와 발전에서 정점에 있는 것으로, 심지어 경험적인 자료를 통해 주장한다.[45] 이것은 인종적인 위계질서와 백인의 식민 지배를 문명 선교로 정당화한다.

그러나 사회학자들은 사회진화론에 날카로운 거리를 취하며, 자연과학을 백인 문화 진화의 정점에 설정하는 것을 비판한다.[46] 사회의 주변부 그룹들과 인종들은 카멜레온 같은 우생학의 재발로부터 방어되어야 한다. 자연과학과 이데올로기 그리고 특권 사이에는 지식과 권력의 상관관계가 있으며, 유전적 설명과 우생학적 해결 방식은 사회 계층에서 혜택을 누리는 특권 계급과 계층에 유리하다.[47]

푸코의 생에 대한 권력(biopolitics) 이론은 유전공학과 윤리적 논쟁에서 결정적이다. 여기서 의료적 담론과 지식 체계는 '혜택'이란 이름으로 권력의 그물망에 엮어지며, 이것이 윤리적 검토가 없이 공리주의적으로 사회화가 될 때, 유전공학의 상품화를 통해 벌어들이는 수익과 더불어 사회의 물화 현상은 공중 보건의 영역과 병원에서 심각하게 드러난다. 생명 기술은 상징적 상품이 되며, 자본 축적을 가동하는 힘이 된다. 의료의 위계질서는 사회적인 삶에서 인종차별과 더불어 사회를 생명의 혜택을 받을 수 있는 그룹과 비그룹으로 만들며, 여기서 우생학적 사회가 출현하게 된다. 유전적 향상을 향한

---

45 Gould, *The Mismeasure of Man*.
46 Duster, "Persistence and Continuity...," *Genetics*, 222.
47 Ibid., 226.

미끄러진 경사(Slippery slope)는 사회적 차별과 완벽한 아이 이미지를 유포하고, 지성과 건강에 완벽한 아이 신드롬(perfect child syndrome)을 낳게 한다.

사회진화론을 가장 날카롭게 공격한 사람은 에밀 뒤르켐이다. 다윈은 공공 영역에서 추구되는 사회 정의와 공공선에서 매우 취약한 생물학자로서의 모습을 드러낸다. 그는 진화에서 도덕의 진보를 보지 못했다. 한 사회에서 기계적인 연대에서 유기적인 연대로 이행될 때 뒤르켐의 사회학적 분석은 사회적 약자를 희생시키면서 드러나는 생존 투쟁과 적자생존을 거절한다. 종교는 사회의 영혼이며, 종교 문화적 집단의식을 통해 사회적 연대가 도덕적 차원에서 발전한다. 백인 문화와 종교에 비해 열등한 종교나 도덕은 존재하지 않는다. 적자생존이나 문명 선교와 우생학은 근저에서부터 거절된다.

이런 점에서 공공신학은 유전자 향상에 대한 사회 윤리적 반성과 논증은 생명과학과 기술이 사회 계층의 영역들에 어떻게 지식과 권력의 담론 체계로 드러나는지 주목한다. 그것은 공중 보건과 의료보험 그리고 유전자 의료 치료에서 드러나는 부정의와 차별과 특권을 폭로한다.

하나님의 협력자

인간은 하나님의 역할을 해야 하는가? 생명과학에 대한 많은 윤리적 문제와 염려가 제기된다. 신학적 상황에서 하나님의 역할을 지지하는 사람들은 인간을 하나님의 피조된 공동-창조자(created co-creator)로 부르길 원한다. 시카고 루터신학대학 교수인 필립 헤프너(Philip Hefner)는 생물학적 진화와 문화 발전의 상호 연관성을 유신론의 빛에서 고려한다. 헤프너에게 진화는 하나님의 일로 간주되며, 하나님은 진화를 통해 그분의 의도를 성취하기 위해 필요한 것들을 출현하게 허락한다.[48]

유전자와 문화의 공생은 인간의 생-문화적 진화를 구성하고 이것은 자유를 인류에게 부여하며, 진화론의 과정에서 지속적으로 전개된다. 자유로운 피조물로서 우리는 창조적으로 행동할 수가 있다. 이러한 자유로 인해 우리는 피조된 공동-창조자가 된다. "피조된 공동-창조자를 특징짓는 자유와 문화는 창조(이것은 유전자적인 유산과 문화의 진화론적인 스텝과 더불어 동시대적인 생태계를 구성한다)가 하나님의 도구이며, 이를 통해 창조는 하나님의 목적을 의도적으로 성취해 간다."[49]

창조주로서 하나님은 창조 전체에 목적을 부여하며, 공동 창조자인 인간의 자유와 책임성을 진화론적인 드라마에서 가능하게 한다. 버클리 연합신학대학원 테드 피터즈는 헤프너의 피조된 공동-창조자 개념을 신학적 인간학에 수용하고, 이것을 칸트 정언명령의 의미에서 인간의 존엄성으로 파악한다. 공동-창조자로서 인간의 존엄은 단순한 수단이 아니라 목적 자체가 된다.

공동-창조자로서 인간의 존엄은 유전공학의 윤리적 중요성에 결정적인 부분이 된다. 인간은 하나님께 의존하며 인간의 기회와 책임을 인간의 존엄이라는 최고의 가치 아래 둔다.[50] 계속적인 창조의

---

48 Hefner, *The Human Factor*, 45.

49 Ibid.

50 Ibid., 158.

과정에서 하나님은 새로운 가능성들을 존재하게 하고, 유전공학은 하나님의 미래를 위한 새로운 가능성을 열어놓는다. 계속 창조의 교리(*creatio continua*)는 이제 진화의 과정과 아무런 차이가 없다. 지속적 창조 교리는 인간의 공동-창조자로 변형된다.

유기적 진화를 통해 우주론적 진화의 전개에서(빅뱅) 마침내 문화의 진화 과정에 이르는 데까지 하나님은 우주의 진화와 동행하고 그 발전을 유지하며 영향을 미친다. 과학적 합리성은 유전자 기술과 더불어 파괴적인 측면이나 혜택을 위한 도구적 성격보다 훨씬 더 강조된다. 그것은 인간을 공동-창조자로 만들어주는 능력이 된다.

아더 피코크(Arthur Peacocke) 역시 "인간은 기술의 새로운 능력과 생태계에 대한 새로운 과학적 지식을 통해… 의식적으로 그리고 지성적으로 창조 변화의 과정에 합력하면서 하나님 창조의 부분이 된다… 이것은 인간을 하나님과 더불어 공동-탐구자로 간주한다."[51]

그럼에도 불구하고 피츠버그 신학대학원 조직신학과 윤리 교수인 콜-터너는 공동 창조나 공동 탐구 개념에 담겨 있는 몇 가지 난제들을 지적한다. 첫째, 우리는 창조에서 하나님의 목적을 자연에 대한 과학적 이해를 통해 분별할 수가 없다. 왜냐하면 우리는 진화에 의해 창조되지 않았기 때문이다. 자연과학적 지식을 통해 이해되는 것이 있지만, 그러나 이것을 통해 과학을 창조주 하나님의 목적으로 주장할 수는 없다. 자연을 통해 얻게 되는 하나님에 관한 과학적 지식이 과연 신앙을 통한 종교적 지식과 아무런 차별을 갖지 않는가? 진화 과정에서 드러나는 자연의 표현은 하나님의 창조 의도와 같은 것이 아니다.

---

51 Peacocke, *Creation and the World of Science*, 306.

하나님은 진화 과정에서 드러나는 악의 현실을 창조하신 분이 아니다. 하나님은 창조와 더불어 일회적으로 끝난 것이 아니라 자연에 자유를 허락하시고 스스로 자연의 삶을 전개해 나가게 하신다.

둘째, 인간의 기술이 공동-창조로 특징될 때 그것은 자연의 무질서를 간과하고 지나친 낙관주의에 사로잡히게 된다. 자연의 무질서는 인간의 지성적인 삶과 의지 안에 들어와 있다. 이러한 무질서와 비인격적 세력의 실제는 필연적으로 과학 기술을 무질서하게 만들고, 지배와 부정의와 사회적 차별에 부역하게 한다. 죄의 현실은 공동-창조의 낙관주의적 견해로 방어되지 않는다. 오히려 우리는 하나님의 죄의 용서와 새롭게 하시는 은혜와 구원 아래 서 있다.[52]

신학자들은 믿음을 통해 그리스도 안에 있는 하나님의 화해와 사랑을 통해 하나님의 의지와 목적을 분별하려고 한다. 믿음의 원리는 하나님의 말씀을 통해 세상을 이해하며 또한 자연에 대한 과학적 연구를 신학적, 도덕적 반성을 위해 고려한다. 신앙은 과학 기술의 기여와 업적을 다룰 때 윤리적 반성과 더불어 평가한다. 믿음은 세상에 대한 이해를 추구하며, 이러한 이해 안에는 학제적 소통과 자연과학적인 성취를 고려한다. 이러한 해석학적 서클은 믿음과 이성을 그리스도 안에서 나타난 하나님의 화해와 사랑이 모든 존재하는 것들을 위한 것으로 파악한다.

"창조주와 구원자는 정체성과 목적에서 한 분이다."[53] 하나님의 구원은 과학적 통찰을 해석하는 데 필요한 인식의 틀을 제공하며

---

52 Cole-Turner, *The New Genesis*, 102.
53 Ibid.

하나님의 의지에 봉사한다.[54] 이러한 콜-터너의 과학신학의 입장은 바르트의 공동-창조에 대한 비판을 수용한다. 바르트에 의하면 공동-창조 개념은 하나님의 주권에 대한 위협이다. 오히려 계약의 파트너로서 하나님의 활동에 대한 인간의 참여는 "[인간 존재]가 하나님의 활동에 대해 공동-창조자나 공동-구원자 또는 공동-지배자가 되는 것을 의미하지 않는다. 그것은 공동-하나님이 되는 것을 말하지도 않는다."[55]

인간의 과제는 유전자 공학을 통해 하나님의 나라를 지상에 설립하는 것이 아니다. 오히려 인간은 하나님의 섭리와 다가오는 하나님 나라에 계약의 파트너로 또는 협력자로 참가하면서 제자직의 삶을 사는 것이다. "우리는 하나님의 동역자"(고전 3:9)이며, 하나님의 비밀을 맡은 관리인(고전 4:1)이며 새 언약의 일꾼이다(고후 3:6). 하나님은 우리 안에서 그러나 우리 없이 일을 하지 않는다. "하나님의 나라가 그분의 전능하심을 통해 또는 성령의 특별한 권능으로"[56] 오시며, 우리는 하나님과 합력한다.

하나님의 동역자로서 우리는 케네스 쿨버(Kenneth Culver)의 윤리적 태도에 주목한다. 내과 의사로서 그는 1990년 처음으로 인간 복제 시술을 관리하고 실행에 옮겼다. 그는 유전자 시술을 통해 환자를 위한 책임성과 공감의 연대가 얼마나 중요한지 말한다. 기독교인으로서 그는 의사로서의 직업이 생명을 치유하고 살리는 거룩한 소명이며, 그리스도를 따르는 제자직의 윤리로 말한다. 치유 사역은 고도

---

54 Ibid., 102.

55 Cited in ibid., 102; CD III/4: 482.

56 *Luther and Erasmus*, 289.

의 기술 사회에서도 일어난다. 공감과 연대에 기초 된 제자직은 계약의 파트너로서 인간을 하나님과 합력자로 살아가게 한다. 왜냐하면 하나님은 의학적 시술과 돌봄을 통해 역사하시기 때문이다.[57] 우리는 하나님의 합력자(God's cooperator)로 불리며, 유전자 과학은 공공선으로서 하나님 나라의 복음에 의료적 혜택과 공평함 그리고 책임을 통해 봉사해야 한다.

---

57 Culver, "A Christian Physician...," *Beyond Cloning*, ed. Cole Turner, 15.

제 2 장

에른스트 트뢸치와
막스 베버

이 장에서 필자는 에른스트 트뢸치와 막스 베버에 대한 비교 연구를 시도한다. 트뢸치의 역사 비판 방법과 종교사학파의 입장은 유럽 중심을 넘어서는 방향으로 전개되고, 그의 역사적 상대주의를 생활 세계의 이론을 통해 비판적으로 보충한다. 베버의 사회학은 역사적인 인과관계에 기초하지만, 그의 이념형적 분석은 역사적 관점에서 보다 더 확대될 필요가 있다. 여기서 트뢸치의 역사주의는 도움이 된다. 트뢸치는 베버의 개신교 윤리와 자본주의 테제를 넘어서서 칼뱅과 칼뱅주의 그리고 자본주의에서 드러나는 문제를 폭넓게 파악하며 칼뱅을 사회적 휴머니즘의 원류로 보게 한다.

물론 사회학자로서 베버의 관심은 칼뱅 자신보다는 칼뱅주의의 이념, 즉 이중예정론이 이후 역사적 발전 과정에서 청교도의 세계 내적 노동 윤리와 자본주의 합리성 사이에 어떤 선택적 친화력이 있는지에 주목한다. 베버의 사회학은 사회적 행동의 의미를 해석하는 이해사회학의 성격을 가지며, 의미 있는 사회적 행동의 역사적인 전개와 영향을 인과적으로 해명한다.

베버의 개신교 윤리와 자본주의 정신에 대한 선택적 친화력은 이러한 사회학적 인과 해명에 속하며 더 나아가 그의 지배 유형을 통해 검토한다. 베버의 사회학은 차축 시대의 종교에 대한 연구와 대안적 근대성의 틀에서 비판적으로 전개할 수가 있다. 알프레드 슈츠는 베버 사회학에 대한 비판적인 대화를 통해 현상학적 입장을 보충한다. 필자는 베버의 사회 계층론을 반성사회학(부르디외)의 틀에서 강화하고, 한계점을 마르크스와 푸코와의 대화를 통해 접합이론적으로 발전시킨다.

I. 비교 윤리, 사회학적 구성, 종교

1897~1898년에 트뢸치는 하이델베르크대학에서 막스 베버와 학문의 교류를 시작했다. 당시 베버는 국민 경제학 교수로 재직했다. 베버는 사회정책연합(Association for Social Policy)과 복음주의 사회단체(Evangelical Social Congress)에 관여하고 있었다.[1] 복음주의 사회단체는 신학의 과제를 근대의 사회 문제에 연관 짓고 소통하는 데 관심이 있었다. 1904년도 트뢸치는 복음주의 사회단체에 참가했고, 개신교와 사회 문제에 대해 많은 이론적 기여를 했다. 그는 베버와 매우 가까운 관계를 유지했고, 하이델베르크에서 같은 집에서 살았고, 같은 해 베버와 미국 여행을 하기도 했다.

트뢸치는 종교사학파에서 훈련된 역사 신학자였고, 특히 슐라이에르마허(1768~1834)와 그의 전기작가이며 제자인 빌헬름 딜타이(1833~1911)로부터 지대한 영향을 받았다. 1915년 트뢸치는 베를린대학 철학부 교수로 취임했다. 그는 종교철학을 역사 사회학적 틀에서 발전시켰다. 제1차 세계대전은 자유주의 신학의 종언을 알리는 역사적 사건이었고, 새로운 신학운동은 칼 바르트를 통해 문화신학에 저항하는 변증법적 신학이 태동한다. 트뢸치가 기독교 신앙과

---

1 Drescher, *Ernst Troeltsch*, 102.

윤리를 역사적인 배경에서 그리고 사회학적으로 발전시킨다면, 바르트는 예수 그리스도 안에 드러난 하나님의 은혜와 자기 소통을 역사적으로 그리고 정치 사회적으로 고려한다.

트뢸치는 신학의 공적인 연관성을 위해 종교의 아프리오리와 심리학적인 문제에 초점을 맞추고 자신의 인식론을 정교화했다. 특히 그는 신칸트 학파의 대표적인 철학자들인 하인리히 리케르트(Heinrich Rickert), 빌헬름 빈델반트(Wilhelm Windelband)2와 교류를 통해 종교철학을 발전시켰다. 그러나 트뢸치의 사회 윤리와 철학의 발전에서 베버의 사회학의 영향은 지대하며, 그의 기독교의 사회 윤리적 가르침에 토대가 된다. 트뢸치의 저명한 연구인『기독교 교회들의 사회적 가르침』(The Social Teaching of the Christian Churches, 1911)은 기독교 사회 윤리의 역사를 다루는데, 고전으로 여겨진다.

트뢸치는 베버를 통해 마르크스주의 이론에 주목하고 사적 유물론에서 드러나는 경제 결정론을 비판적으로 다룬다. 종교사를 연구하면서 트뢸치는 특히 기독교를 사회정치적 배경에서 분석하고, 기독교의 윤리와 사회 환경에 대한 상호 영향을 해명한다. 마르크스주의가 말하는 경제를 통한 상부구조의 결정은 오히려 종교 윤리가 계층과 계급들의 경제적 태도에 결정적이라는 것을 해명한다. 윤리가 사회 구성의 저변에 깔려 있고, 기독교 신학의 정점은 윤리적 태도로 간주된다. 종교 윤리에 대한 사회학적 연구는 역사 비판적인 틀에서 전개되고, 미래 전망을 위해 항상 새롭게 재해석되고 구성되는 포괄적인 지평에 속한다.3 "그러므로 현재와 미래의 기독교 윤리는

---

2 Troeltsch, "My Books," *Religion in History*, 374.

[타협과 관여를 통해] 오직 세계 상황에 대한 적응이 될 것이다."[4]

전통적인 유럽의 문화가 근대의 합리화 과정을 통해 해체되는 것을 보면서 트뢸치에게 중요한 것은 새로운 동시대적인 문화적 종합을 구성하는 것이며, 유럽 중심적 비전은 더 이상 유지될 수가 없다는 데 있다: "새로운 세계를 건설하는 폭풍의 한가운데서 모든 고대의 세계는 [현재를 위해] 실천적인 가능성이 있는지 아니면 불가능한지가 검토되어야 한다… 우리의 발밑에서 지각변동이 일어나고 있고, 미래의 당연한 가능성들이 우리 주변에서 춤을 추고 있다. 특별히 세계전쟁이 독일과 러시아에서 완전한 혁명을 의미한다면 그렇다."[5]

이러한 혁명적인 변화로 인해 트뢸치에게 진리와 정의에 대한 추구가 의심스럽다는 것을 말하지는 않는다. 그는 다른 문화들과의 상호작용을 통해 새로운 문화 시스템을 종합하려 했고, 정치적으로는 카이저 황제에 저항하는 독일 민주당 설립에 참여하기도 했다.[6]

트뢸치는 기독교의 신앙 체제를 사회적 변화와 도전에 재해석하고 새롭게 구성하려고 한다. 트뢸치의 사회 윤리적 관심은 정치적 콘텍스트 안에서 탁월하게 나타나며, 기독교의 윤리적 태도와 문화는 하나님의 사랑에 기초하고, 하나님 나라의 틀에서 사회주의적 차원을 포함한다. 트뢸치의 비판적 사고는 종말론에 근거하며, 그의 기본 테제는 다음과 같다: "이 세계를 넘어서는 삶은 바로 현재의

---

3 Gayhart, *The Ethics of Ernst Troeltsch*, 182.

4 Troeltsch, *The Social Teaching* II, 1013.

5 Cited in Troeltsch, *The Christian Faith*, xxi.

6 *The Christian Faith*, xxii.

삶을 위한 열망이다."7

신학의 정점으로서 윤리는 신학적인 규범과 믿음 체계 그리고 논쟁들을 도덕적, 사회 윤리적 관점에서 분석한다. 이것은 사회, 문화 그리고 제도에서 책임적인 방식으로 적합한지 평가한다. 트뢸치의 관심은 사회학적 영향이 기독교 역사 발전에서 어떻게 나타나며, "사회적인 것"은 더 이상 기독교의 사회적 교리나 절대적 성격에서 추론되지 않는다. 사회적인 것은 신분 그룹의 사회학적 구성에 관련하며, 종교적 구성은 타협과 상호작용을 통해 순응된다. 이것은 사회 계층의 중요성을 지적한다.

사회적 실제에 대한 종교적 구성은 일차적으로 어떻게 신분 그룹이 사회적인 것에 관여하고 타협하는지 파악하는 것이다. 이런 점에서 전체 기독교 세계는 기본적인 사회학적 조건에 의존된다. 슐라이에르마허의 절대 의존 감정은 기독교 세계의 사회학적 조건과 더불어 역사적으로 파악된다. 기독교적 사유와 교리에 대한 사회학적 영향은 개인의 의존 감정을 넘어서서 결정적이다. 종교 연구는 종교와 사회 계층을 변증법적인 상호관계를 통해 논의되고 전개된다.

사회적 영역이나 영역들은 트뢸치적인 의미에서 "사회적인 것"에 속하며, 시민 사회는 정치 사회(국가)로부터 구분되며, 시민 사회는 계층 조직에서 사회적 자산이나 자본으로 구성될 수가 있다. 사회적 자산은 사회적 연관성과 현상들, 예를 들어 신분 조직과 사회 제도(사회자본)에 투자되며, 여기서 사회 자본은 문화 자본(교육과 전문 능력)이나 경제 자본(직업과 수입원)과 구분된다.

---

7 Troeltsch, *The Social Teaching* II, 1006.

트뢸치적인 의미에서 사회 구성이나 "사회적인 것"은 보다 더 정교하게 사회 계층론과 다양한 사회적 분야들과 더불어 신분 그룹의 합리화, 전문화, 특수화로 전개될 수가 있다. 기독교의 전체 역사를 사회학적인 이념형과 역사 비판적으로 취급할 때 사회 분야들에 대한 분석은 중요하다. 예를 들어 순교와 배교의 역사에서 순교자의 후예들은 배교의 길에 서기도 한다. 이러한 타협과 순응은 사회 구성에 대한 개인의 의존성에서 파악되는데, 이러한 요인은 마르크스주의적 의미에서 경제적인 요인 내지 이해관계로 파악하기에 훨씬 더 복잡한 내용들을 담는다. 종교 이념이 물질적 이해관계에서 선택적 친화력이 유동적이라고 할 경우 그것은 보다 넓은 역사적인 스펙트럼과 사회적 구성을 통한 새로운 문화 변동과 개인 의식의 타협, 순응 그리고 참여에서 사회학적으로 검토된다.

트뢸치의 종교사회학적 이론은 윤리의 중요성을 역사적인 스펙트럼과 사회 구성에서 강조하는데, 이것은 마르크스주의 입장에서 드러나는 경제적 기반을 근거로 한 일면적 평가에 도전한다. 종교 현상은 경제적인 것으로 환원되고 해명되지 않는다. 오히려 종교적 담론과 윤리적 태도가 정치권력과 사회학적 구성에 영향을 미치며 신분 그룹과 계급의 활동이 중요하게 드러난다.

트뢸치의 역사 사회학과 이념형 그리고 역사 비판 논의는 사회 계층론과 대립하기보다는 종교의 보편사를 통해 사회 계층론의 다양한 영역들을 폭넓은 역사적인 스펙트럼에서 보게 해 준다. 순응과 타협 그리고 비판과 저항은 트뢸치의 기본 질문에 바탕이 된다. "사회학적 기본 종교 이론은 사회 그룹에 어떤 실제적인 영향을 미치는가?" "다른 한편 종교적 공동체는 정치 사회적 구성들을 수용하면서 어떤 영향을 받는가?"[8]

사회학적 분과가 경제적 영역에서 나타나는 다양한 문제들로 구성되고, 여기서 서로 다른 관습과 목적들을 갖는 다양한 그룹들 간 긴장과 갈등이 일어난다. 노동 분업과 계급조직 그리고 다른 이해관계들은 직접적으로 "정치적인 것", 즉 정치권력을 통해 특징되는 것이 아니라 오히려 사회적 구성들이 국가의 집단적인 삶에 엄청난 영향을 미친다. 정치권력이 일면적인 방식으로 경제 영역을 통제하지 않으며, 그렇다고 해서 경제 영역이 정치권력을 조절하지도 않는다. 정치권력과 경제 영역 사이에 사회 구성이 존재하며, 여기서 신분과 계급의 분화는 정치 사회와 경제 사회를 매개하고 영향을 미치는 새로운 공론장으로 드러난다. 이것은 종교와 사회적 연관성을 밝힌 트뢸치의 중요한 기여에 속한다. "그러므로 사회문제는 실제로 정치적 공동체와 이러한 사회학적 현상들 간 관계에 존속한다."[9]

이러한 트뢸치의 관점은 베버의 사회 계층론에 접근하고, 베버는 세 가지 교차하는 영역들, 즉 경제적 신분(부/계급상황 – 경제 사회), 정치적 신분(권력/당 – 정치 사회) 그리고 사회 문화적 신분(영예와 위신에 기초한 신분 상황 – 시민 사회)을 서로 교차적으로 파악한다. 권력의 다차적 형식들은 정치, 경제 그리고 사회 문화적인 영역에서 나타나며, 사법적 질서가 보충적 요소로서 권력의 합리화와 전문화를 정당화시킨다. 그리고 관료제가 나타나며 사회시스템은 규범적 담론과 지배 체제를 통해 확립되며, 종교의 이념은 윤리적 실천적 태도를

---

8 Troeltsch, *The Social Teaching* I, 34.
9 Ibid., 28.

통해 경제 영역에 영향을 미친다. 법적 질서와 정당성과 관료제는 권력의 일차적인 근거가 아니지만,[10] 정치, 경제 그리고 사회 문화의 영역들을 교차시키고 정당화하는 데 결정적인 역할을 한다. 베버의 사회 계층론은 종교와 신분 그룹의 중요성에 주목하고 사회 분화와 합리화에 결정적이다.

브루디외의 반성 사회학의 측면에서 고려한다면 사회관계들의 복합성은 분화가 되며, 사회적 네트워크의 가치는 문화적 자본이나 지식의 형식을 재생산하며, 다차적 자본의 형식들은 사용 가능한 자원과 권력을 통해 분류화되며, 문화 자본은 경제 자본과 더불어 사회 제도와 관료적 권위에서 자원을 제공한다.[11]

베버의 사회 계층 이론에 트뢸치는 수긍하고 자신의 기본적 테제를 확인한다. 사회학적 종교 이론(또는 종교의 사회적 의존)은 사회 그룹의 윤리적 태도에 관련된다. 또한 종교적 공동체는 정치 사회 구성으로부터 영향을 받는다.[12] 이것은 사회적 종교 이론과 정치 사회경제적 구성 간의 상호성 또는 종교 이념과 물질의 이해관계의 선택적 친화력을 역사 사회적으로 그리고 역사 비판 방법을 통해 발전시킨다. 기독교의 종교적 영향은 정치와 경제 그리고 문화적 영역에서 드러나며, 후자의 영역들은 종교적 이해와 역사 발전에 타협, 순응, 비판, 관여 그리고 저항을 통해 상호작용의 관계로 들어간다.[13]

이런 점에서 트뢸치는 마르크스주의적 방법으로부터 자신의 입

---

10 *From Marx Weber*, 180.

11 Bourdieu and Wacquant, *An Invitation to Reflexive Sociology*, 117-120.

12 Troeltsch, *The Social Teaching* I, 34.

13 Ibid., 37, Footnote 9.

장을 방어하는데, 왜냐하면 이 방법은 "기독교 전체를 경제적 발전의 이데올로기적 반영"이라고 주장하기 때문이다.[14] 이러한 이데올로기적 담론은 종교사 연구에서 불가능하다. 오히려 트뢸치는 인간의 삶에서 반응을 이끌어 내는 사회적 촉진과 경제적 영향은 종교적 사고에 결정적이며, 종교적 이념과 담론은 사회적 조건과의 상호작용에서 타협, 순응, 비판, 저항을 통해 주요 역할을 한다.

베버를 넘어서서 트뢸치는 사회적 조건과 종교사를 "역사적 진화의 일반적 흐름"에서 파악하며,[15] 인과론적 관계 또는 선택적 친화력은 종교적 사유와 정치적 조건 그리고 사회경제적 세력들을 고려하면서 확장되고 강화된다.[16] 트뢸치는 사회 제도적인 배열이 종교 공동체와 삶의 실천적 스타일에 유리한 것인지 아니면 부정적인지에 관심한다. 더 나아가 종교사의 사회학적 분석은 역사 비판적 방법을 통해 문화적 배경과 정치적 구성 그리고 사회 제도를 검토한다. 문명사에서 드러나는 모든 현상의 상호작용을 분석할 때 "상호 연관적 관여와 영향"을 넘어가는 지점은 존재하지 않는다.[17] 상호관계의 역사적 방법은 인간 지식의 절대적 요구의 한계를 비판적인 검토 아래 둔다.

---

14 Troeltsch, *The Social Teaching* II, 1002.

15 Ibid., 1003.

16 Ibid.

17 Troeltsch, "Historical and Dogmatic Method in Theology," *Religion in History*, 14.

보론: 칼뱅, 칼뱅주의 그리고 자본주의

트뢸치의 역사적 방법은 역사 문제에 대한 사회적 논의를 종교적 근원과 역사적 스펙트럼의 상호 연관성을 통해 파악한다. 이것은 보편사적인 틀을 요구한다. 이런 측면에서 트뢸치는 칼뱅, 칼뱅주의 그리고 자본주의 연구에서 베버에 비해 훨씬 유연하며, 칼뱅을 내재적 비판의 원류로 설정한다. 칼뱅주의와 자본주의에 대한 트뢸치의 연구에서 인과적인 결합은 제네바의 초기 칼뱅주의와 민주주의 정치적 경향성을 설득력 있게 다룬다. 그것은 다음의 원리에서 표현된다: "국민에 의한 그리고 국민을 위하여." 이러한 정치적 민주주의는 칼뱅의 후계자인 베자의 정치 이론과 국민 저항권주의자 그리고 국민주권을 통해 역사적으로 해명된다.[18]

물론 자본주의를 정당화한 칼뱅주의적 요소가 존재한다. 그러나 이것이 종교적 근원과 떨어져서 유형론적으로만 다루어질 때 적절하지 못하다. 종교적 근원은 다른 말로 하면 "칼뱅주의 교리의 기독교적 사회 요소", 즉 기독교 사회주의 형식으로 통합된다. 자본가는 사회의 공공선을 위해 자본을 증대하고 유용화 한다. 교회의 자선 행위는 지역의 가난한 자들을 위하여 실행된다. 비즈니스를 위해 생산 이자는 허용되지만, 고리대금업을 해서는 안 된다. 제네바에서 고리대금업에 대한 투쟁과 가난한 자들에 대한 연대는 초기 칼뱅주의의 사회 휴머니즘의 성격을 드러낸다. "오늘날 영국의 기독교 사회주의는 본질적으로 칼뱅주의적 기원을 갖는다."[19] 이러한 트뢸치

---

18 Troeltsch, *The Social Teaching* II, 630, 633.

의 평가는 청교도주의와 자본주의에 대한 베버의 테제와는 다르고 역사적으로 훨씬 더 설득력을 갖는다. 트뢸치의 역사 사회학적 접근은 칼뱅의 본래적 입장을 분석하고, 이러한 틀에서 칼뱅주의 발전과 자본주의를 보게 한다.

칼뱅의 예정론은 개혁파 정통주의 전통에서 많은 논쟁을 야기했고,『하이델베르크 요리문답』에서 예정이 은총의 관점에서 이해된다. 그러나 화란의『도르트 신조』에서 예정 교리는 하나님의 본성, 즉 하나님의 영원 전 결의를 통해 이중적으로 파악된다. 그러나 칼뱅 자신은 성령론의 관점에서 예정의 문제를 반성했고, 특히 그리스도와의 연합에서, 다시 말해 은총의 체험을 통하여 하나님의 예정을 해명하려고 했다. 칼뱅은 하나님에 의해 선택된 자와 유기된 자가 분리되었다고 생각했다. 이러한 하나님의 영원 전 결의를 인간의 측면에서 알 수가 없다. 물론 믿는 자들에게 드러나는 거룩한 삶이나 성령의 열매를 통해 추론할 수도 있지만, 충분하지 않다(강요 III. xiv. 18-19).

이런 점에서 칼뱅의 해석학적 원리는 그리스도와의 연합이라는 관점에서 예정론을 파악한다. 그리스도와의 연합의 관점에서 칼뱅은 인간 예정의 근거와 기반이 오로지 그리스도에게 있음을 밝힌다. 우리는 그리스도 안에서 선택되었다. 그러므로 칼뱅은 인간의 호기심이나 사변을 통해 예정에 접근하는 것이 대단히 혼란스럽고 위험한 것으로 간주한다(강요 III. xxiv. 4). 세상 창조 이전에 하나님은 우리를 그리스도 안에서 선택했고, 인간의 공적과는 상관없이 예정은

---

19 Ibid., 649.

그리스도 안에서 일어난다. 하나님 은총의 예정은 그리스도 안에서 주어진다(강요 III. xxii. 3). 이런 점에서 칼뱅은 예정을 그리스도의 구원론적인 관점에서 파악하고, 은총의 선택으로서 그리스도는 "예정의 거울"이며, 오로지 그리스도 안에서만 예정을 이해한다(강요 III. xxiv. 5). "하나님은 세상 창조 전에 그리스도 안에서 우리를 택하시고 사랑해주셔서 하나님 앞에서 거룩하고 흠이 없는 사람이 되게 하셨습니다"(엡 1:4).

이런 점에서 칼뱅은 훗날 청교도들이 자본주의 논리를 지지하기 위해 만들어 낸 실천의 삼단논법(syllogismus practicus)을 전개하지 않았다. 물론 칼뱅은 믿는 자들에게 드러나는 성화의 열매로서 거룩한 삶이나 선행의 표지(signa posteriora, III. xxiv. 4)을 언급했다. 그러나 그가 의도하는 것은 도덕적인 삶이 인간을 예정된 자로 만드는 것이 아니라 은총의 선택인 예정은 그리스도로부터 온다는 것을 확인한다. 청교도들의 주장—예정된 것을 입증하기 위해 선행과 도덕적인 삶을 살아야 하고, 이러한 결과가 인간을 하나님으로부터 예정된 자로 만든다—은 실천의 삼단논법인데 칼빈에게 낯설다.[20]

칼뱅은 그리스도의 예정이란 긍정적인 측면, 즉 은총의 선택 이외에도 유기의 부분을 간과하지 않았다. "예정은 하나님의 영원한 결정으로서… 우리가 모두 동일한 조건에서 창조되지 않았다. 하나님은 누군가를 생명의 소망으로 선택하고, 다른 사람은 영원한 죽음으로 심판한다"(강요 III. xxi. 5). 칼뱅은 모든 사람들을 위한 하나님의

---

20 Wendel, *Calvin*, 276-277. 칼빈의 예정과 경제 윤리에 대한 논의와 베버의 사회학적 테제에 대한 비판은 다음을 참고. 정승훈, 『종교개혁과 칼빈의 영성』(대한기독교서회, 2000), 7장.

구원 초대를 그리스도 안에서 개념화했다. 그러나 선교의 현장에서 모두가 다 생명의 복음을 영접하지 않는다. 경험적인 측면에서 볼 때 복음을 거절하는 자들이 존재한다. 복음을 영접하거나 거절하는 데서 나타나는 이러한 차이는 칼뱅으로 하여금 하나님의 영원 전 결의를 추론하게 한다(강요 III. xxi. 1).

하나님은 구원과 영생을 모두에게 동일하게 허락하지 않는다. 여기에 인간이 "이해할 수 없는, 그러나 비난할 수 없는" 하나님의 판단이 존재한다(강요 III. xxi. 7). 이러한 "이해할 수 없는 그러나 비난할 수 없는" 하나님은 그리스도 안에 계신 하나님과 동일한 분인가? 칼뱅은 예정의 이중성(선택과 유기)을 성경의 본문들과 경험적 사실에 비추어 지지했다. 그러나 칼뱅이 예정의 문제를 세상 창조 이전에, 즉 인간의 현실적인 죄 이전으로(supralapsarian) 설정하고, 유기의 문제를 하나님의 영원 전 결의로 파악한 것은 칼뱅에게 성령론적 차원과 관련된다.

칼뱅에 의하면 하나님은 모든 사람들에게 차별 없이 구원을 선포하셨다. 물론 차별 없는 구원이 영원 전에 일어났지만 또한 선택된 자와 유기된 자가 동시에 있다. 선택된 자와 유기된 자를 칼뱅은 경험적 사실로 추론하지만, 차별 없는 구원이 영원 전에 일어났고, 타락 이후 성령의 우주적 사역을 통하여 유기된 자들에게도 하나님의 신비한 자극(arcana Dei virtus et instinctu)이 나타난다. 마지막 날까지 성령은 창조와 인간의 삶에 관여하면서 성도들을 견인하며, 하나님 영광의 무대로서 창조의 세계를 보존하신다(강요 I. xiv. 20).

성령의 신비한 사역과 예정은 칼뱅의 사유에서 서로 연관되기 때문에 영원 전부터 구원받은 자와 저주받은 자를 이분화하는 것은 위험한 마니교적인 방식에 속한다. 칼뱅은 『웨스트민스트 신앙고백』이나 청교도들과는 달리 하나님의 전지전능함에 대한 인간적 사변에 기대어 예정을 추론하지 않는다. 적어도 칼뱅은 하나님의 은혜, 복음의 약속, 특수한 구원의 사건을 통해 예정을 말한다. 선택이란 그리스도 안에서 십자가와 부활의 은혜를 경험하고 세례와 성례전 그리고 말씀을 통하여 예배의 삶에 참여하면서 주어지는 믿음의 확신을 통하여 자신이 하나님으로부터 선택되었음을 신앙 고백적으로 표현하는 것이다. 이러한 칼뱅에게 그리스도는 "예정의 거울"이다. 이것은 칼뱅의 은총의 선택을 말한다. 웨스터민스터 신앙고백과는 달리 보다 역사가 깊은 하이델베르크 교리 문답은 예정을 하나님의 전지전능하심이 아니라 보다 칼뱅과 가깝게 은혜론에서 다룬다.

그러나 베버는 칼뱅의 노동 윤리와 하나님의 영광을 위한 삶은 부르주아 상인 그룹에 영향을 주었고, 세속적인 금욕주의 종교적 토대를 마련해 주었다고 진단했다. 베버의 논지는 웨스트민스트 신앙고백(1647)에서 표현되는 칼뱅의 이중 예정 사상이 청교도들의 경제생활과 태도에 결정적인 영향을 주었고, 이러한 사회 계층들의 삶과 직장에서 자본주의적인 합리성이 심어지면서 사회와 문화의 전 영역에서 나타난다고 본다.

베버는 1647년 웨스트민스터 신앙고백 3장에 나오는 하나님의 영원한 작정에 주목한다. "구원받은 자들과 천사들은 하나님의 영원한 작정에 의해 그분의 영광을 위해 영원한 삶으로 예정되지만, 다른 자들은 영원한 죽음으로 미리 정해졌다"라는 논지를 자신의 사회학의 문제틀로 삼는다.[21] 이렇게 되면 제한 속죄가 추론되는데, 하나님의 이중 예정의 영광을 위해 그리스도 역시 선택된 자들만을 위해 십자가에서 죽게 된다.[22] 선택된 자들은 칭의의 은혜를 입으며 성화를 통해 예정 받은 자의 증거를 자신의 직업과 경제적인 태도에서 드러내야 한다. 경제적인 금욕주의를 통해 부를 축적하고 이러한 윤리적인 삶이 구원의 소유(possessio salutis)와 확실성을 준다. 칼뱅주의에서 가톨릭의 유명론의 원리가 드러난다: "하나님은 스스로 돕는 자를 돕는다."[23]

그래서 베버는 진단하길 청교도들의 "방법적으로 합리화된 경제 윤리적인 행동"은 영적인 귀족주의를 낳고, 칼뱅주의 이중 예정 사상은 이런 방향으로 정립되고 각인 된다고 본다. 칼뱅주의는 자본주의 경제와 소유의 개인주의의 씨앗이 된다. 하나님은 선택된 자에게 부의 기회를 허락하며, 하나님의 영광을 위하여 선택된 자들은 이러한 기회를 선용해야 한다. 부에 대한 이러한 태도는 근대의 노동 분업을 적극적으로 평가하고, 부의 획득은 하나님이 주신 복의 징표가 된다. 하나님의 영광을 위한 삶과 자본주의적 삶의 방식은 서로 엮어진다.[24] 베버의 분석에 의하면, 루터란의 칭의론은 윤리적인 합력을 배제하고 경제적 전통주의를 드러낸다. 여기서 벤자민 프랭클린—"시간은 돈이다"—과 같은 타입은 발견되기 어렵다.

그러나 예정이 칼뱅에게 칭의와 성화를 통해 그리스도와의 연합을 통해 주어지는 은혜의 사건이라면, 청교도들의 세계 내적인 금욕주의나 귀족주의적 태도와는 다르다. 루터가 혹독하게 고리대금을

---

21 Weber, *Protestant Ethic and Spirit of Capitalism*, 100.

22 Ibid., 108.

23 Ibid., 115.

24 Ibid., 163, 166.

비판하고 자본주의의 무질서와 비인간성을 비판했다면, 칼뱅 역시 그 비판의 강도에서 떨어지지 않는다. 단 차이가 있다면 칼뱅이 살았던 제네바의 초기 자본주의 사회가 수도승의 경험을 가지고 있던 루터와는 많이 달랐다. 프랑스의 난민 유입은 제네바의 경제적인 상황을 개선하기 위해 생산과 사업을 위한 이자를 허용하지만, 고리대금은 금지했다. 이자율은 법적으로 규정되고, 필요한 상황에 맞게 시행되었다.

칼뱅에 의하면 인간들 사이에서 사회경제적인 연대는 하나님이 창조를 통해 제정하신 자연적인 질서에 속한다. 세계를 긍정하는 칼뱅의 신학은 복음의 사랑과 연대를 통하여 가난한 자들과 어린아이들과 사회의 약자들을 보호한다. 칼뱅은 복음의 빛에서 정치 경제적 영역에서 드러나는 불의와 폭력적 구조를 날카롭게 분석했다. 인간의 노동은 하나님에 의해 할당된 것이며 선물이다. 비록 노동이 인간을 억압하고 괴로움을 주지만 여전히 노동에는 적극적인 의미와 기쁨이 있다.[25]

바르트가 표현한 것처럼 칼뱅은 한 손에는 성경을, 다른 손에는 신문을 들고 시대적인 상황과 사회경제적인 문제에 깊이 몰두한 사람이었다. 그래서 그는 제네바의 경제적인 삶이 성경의 예언자적인 정의와 구약의 희년 경제와 나눔의 근거이기를 바랐고, 정당한 부의 축적과 더불어 사회적인 디아코니아를 통해 부의 분배를 고려했다. "많이 거둔 사람도 남지 아니하고, 적게 거둔 사람도 모자라지 아니하였다"(고후 8:15). 이를 위해 칼뱅은 자본주의 시장의 무질서를 통제

---

25 Graham, *The Constructive Revolutionary*, 80.

하기 위해 때론 국가의 통제와 개입을 권장하기도 했다. 이것은 유럽의 복지사회나 사회적인 휴머니즘에 지대한 영향을 미쳤다. 미국 청교도들의 세계 내적인 금욕주의와 자본주의 정신과는 너무도 다르다.

더욱이 칼뱅의 신학을 규정하는 것은 성령의 인격과 사역이다. 칼뱅은 율법의 제1기능, 즉 자연법 사상을 무시한 사람이 아니라 성령의 사역 안에서 타 종교와 문화들 가운데 사는 사람들에 대한 인정을 표현한다. 만일 우리가 성령을 통해 하나님에게 불려지고 예정된 자들이라면, 타 종교나 문화에 속하는 사람들 역시 이들 가운데 신비하게 역사하는 성령의 능력을 통해 하나님의 선택과 예정의 은혜로 불려질 것이다. 결국 예정 가운데 선택된 자들은 남을 심판하고 정죄하는 배타주의자들이 아니라 타자를 향해 그들의 문화를 존중하면서 복음을 흠 없이 전하는 "성령의 선교"에 참여자가 된다. 이런 점에서 칼뱅은 복음 전파를 위해 라틴 아메리카 선교를 중요하게 여겼고, 선교사들을 훈련 시키기도 했다.[26] 칼뱅은 타자를 향해 개방적인 태도를 가진 복음의 특수주의자였지 완고한 배타주의자가 아니다.

디모데전서 2장 4절에 대한 주석에서 칼뱅은 말한다: "세계에는 구원에서 배제된 사람도 직책에 있는 사람도 없다. 왜냐하면 하나님은 예외 없이 복음을 모두에게 선포하길 원하시기 때문이다."[27] 비록 칼뱅은 복음의 포괄주의와 성령의 우주적 사역을 그의 예정론에서

---

26 McNeil, *History and Character of Calvinism*, 331.
27 Calvin, *Commentaries on I and II Timothy*, 54-55.

체계화시키지 않았지만, 새로운 가능성으로 열어놓았다. 칼뱅의 예정론은 성령론의 심오한 표현이며, 기독교 선교의 근거가 된다. 바르트 역시 초기에 칼뱅의 예정론을 비판한 적이 있지만, 말년에 칼뱅에게서 창조에 대한 성령의 교리, 즉 성령의 우주적 사역에 대한 칼뱅의 특수 교리를 재발견한다.[28]

칼뱅에게 성령의 우주적 사역은 숨겨져 있으며 우리에게 신비로 남는다. 칼뱅은 "성령의 신비한 자극"이 보편적이며, 유기된 자들에게도 때때로 선택된 자들처럼 동일한 감정으로 움직인다고 본다. 유기된 자들도 하나님이 자신들을 향해 자비로우신 분으로 말한다 (강요 III. ii. 11). 비록 일반 예정이 구원의 특수 예정과 일치하지는 않지만, 성령이 일반 예정의 근거가 되고 특수 예정은 이 안에서 일어난다. 그리고 개인의 특수 예정은 일반 예정과 대립이 아니라 여기에 성령을 통하여 관여한다. 가난한 자들이나 사회에서 밀려 나간 그룹들이 유기된 자로 여겨져서는 안 된다.

앞서 언급한 것처럼 칼뱅의 상황은 제네바로 유입해 들어오는 피난민 문제와 관련되어 있었고, 이들의 비즈니스에서 재정적인 도움을 주기 위해 생산적인 신용 이자를 허용했다. 그러나 칼뱅의 상황은 루터와 다르다. 제네바 의회와 교회의 당회의 많은 기록에서 우리는 칼뱅이 고리 대금업과 가난한 자들에 대한 경제적 착취에 대한 논쟁과 경제적 약자들을 위한 연대를 충분히 볼 수가 있다. 칼뱅의 사회 휴머니즘은 부자들로 하여금 사회의 공공의 이익을 위하여 부의 탐욕에서 해방시키고, 가난한 자들과 연대하게 한다. 또한 가난한

---

28 CD IV/3.2: 756.

자들은 일거리가 없이 빈둥거리거나 구호를 받는 자들이 아니라 정당한 노동을 통해 하나님으로부터 오는 권리를 추구해야 한다.

에스겔 18장 7-8절 주석에서 생명에 대한 선한 관리는 상호적이며, 하나님은 누구에게도 남을 억압하라고 하지 않는다고 말한다. 하나님은 인간을 사회적인 유대로 묶으며, 우리는 서로를 위하여 선한 행정과 삶을 영위할 수 있어야 한다.[29] "사람을 학대하지 않으며, 빚진 사람의 전당물을 돌려주며, 아무것도 강제로 빼앗지 않으며, 굶주린 사람에게 먹을 것을 주며, 헐벗은 사람에게 옷을 입혀주며, 돈놀이를 하지 않으며, 이자를 받지 않으며 흉악한 일에서 손을 떼며 사람과 사람 사이에서 공정한 판결을 내리는 자는… 의로운 사람이니 반드시 살 것이다"(겔 18:7-9).

인간의 노동과 일은 그리스도의 복음 안에서 억압과 고통을 위한 조건이 되어서는 안 된다. 그것은 하나님의 은혜에 근거한 창조적이며 해방적이어야 한다. 가난한 자들의 노동을 착취하고 이들의 고혈을 빨고 정당한 급료를 지불하지 않고 궁핍한 자로 되돌려보내는 것은 이들을 죽이는 폭력보다 더 잔인한 짓이다(렘 22:13). 신명기 24장 14-18절에 대한 설교에서 칼뱅은 부자들에 의해 가난한 자들의 급료가 착취되고, 가난한 자들에게 이러한 사실이 알려지지 못한다고 질타한다. 급료는 하나님의 은총으로부터 오는 것이지만, 자기 이해관계와 욕망으로 인해 고용주는 고용인을 착취한다. 부당한 대우와 차별을 막기 위해 정당한 임금 계약이 체결되어야 하고, 고용인들은 언제든지 필요한 경우 불복종을 통하여 자신들의 입장을 표현

---

29 Calvin, *Commentaries on Ezekiel* II, 224.

할 수가 있어야 한다. 비폭력적인 저항과 투쟁은 고용인들의 권리에 속하며, 야고보는 가난한 자들의 절규가 하나님의 귀에 도달한다고 말한다. 가난한 자들에 대한 착취와 푸대접을 처벌하지 않고 넘어가면 안 된다. 사실 제네바에서 부자들의 삶의 태도인 사치와 향락과 타락은 위험한 것으로 간주되었다.[30]

칼뱅은 청교도들에게 드러나는 세계 내적인 금욕과 자본주의의 합리적 정신보다는 초기 자본주의 안에 각인된 비합리적이고 위험한 정신을 직시하고 비판했다. 하나님 말씀의 빛에서 칼뱅은 정치 경제적 상황을 분석하고, 복음은 교회로 하여금 빈곤한 자들과 친교와 연대를 나누도록 한다. 경제적 상품과 사회적 노동은 이웃들과 공동체의 유익을 위해 사용되어야 한다. 루터와 마찬가지로 칼뱅은 비합법적인 자본 축적과 투기와 독점을 비판했고, 특히 교회 안에서 부족한 사람들은 평형을 이루도록 해야 한다. "지금 여러분의 넉넉한 살림이 그들의 궁핍을 채워주면, 그들의 살림이 넉넉해질 때에 그들이 여러분의 궁핍을 채워줄 수도 있을 것입니다. 이렇게 하여 평형이 이루어지는 것입니다"(고후 8:14).

이것은 바울에게서 나타나는 만나의 경제학(고후 8:15)인데, 칼뱅은 모세-바울의 전통에서 만나의 경제학을 매우 중요하게 고려한다. "많이 거둔 사람도 남지 않고, 적게 거둔 사람도 모자라지 않는" 원리는 부와 상품의 분배에서 사회의 경제적 평형을 유지하며 아무도 궁핍 가운데 고생을 해서도 안 되고, 남을 착취해서도 안 된다.[31]

---

30 Bieler, *The Social Humanism of Calvin*, 49, 58.
31 Calvin, *Commentary on Corinthians*, 294, 297.

부자는 가난한 자들에 대한 목회자이며, 가난한 자들은 하나님의 영접자이며, 그리스도의 대변자이다.32 칼뱅의 사회 휴머니즘은 부자들로 하여금 사회의 공공이익을 위하여 부와 탐욕에서부터 해방시키고 가난한 자들과 연대하게 하며, 가난한 자들은 일거리가 없이 빈둥거리거나 구호를 받는 자들이 아니라 정당한 노동을 통해 하나님으로부터 오는 권리를 추구해야 한다. 부자의 연대는 가난한 자를 무기력과 노예근성에서부터 해방한다. 칼뱅의 입장은 소유적인 시장 개인주의나 청교도적인 세계 내적인 금욕주의와는 전혀 다르다.

이것은 하나님의 경륜과 경제 질서(오이코노미아)인 희년 사상을 진지하게 고려한다. 땅에 대한 주기적인 분배와 이자로부터의 해방을 유지하고, 재산은 축적이나 투기나 독점을 통한 사회적 억압과 불평등의 근거가 되어 서는 안된다. 이러한 희년 사상을 기초로 칼뱅의 만나의 경제적 관심은 다음의 표현에서 잘 나타난다: "각자의 능력에서부터 각자의 필요로."33

이러한 사회 휴머니즘은 국가로 하여금 경제적 이슈에 간섭하게 한다. 시민 정부의 과제는 "사람들이 숨을 쉬고, 먹고 마시는 일을 고려하고… 이들의 재산을 안전하고 건전하게 지키며 정직과 적절함이 사람들 사이에서 유지되게 한다"(강요 IV. xx. 13). 이러한 칼뱅의 사회경제 비판은 그의 예정을 재검토하게 한다. 칼뱅의 예정론과 경제 윤리는 공론장에서 만들어지는 불평등과 위계질서 그리고 특권에 저항으로 나타나며, 오늘날 공공신학의 원류로 작용할 수가 있다.

---

32 Bieler, *La Pensée Économique et Sociale de Calvin*, 327.

33 Ibid., 336.

역사 비판 방법, 비교종교, 절대성

트뢸치는 베버를 통해 "사태를 새롭게 보는 방식"[34]을 배웠다고 말한다. 그러나 트뢸치가 베버와 구별되는 것은 그의 역사 비판적 방법이며 종교사학파의 연구에 있다. 역사 비판, 유추의 중요성 그리고 모든 종교사에서 드러나는 상호관계는 트뢸치의 사회학적 논의에 윤리적 차원을 강화한다. 모든 전통은 면밀한 검토를 거쳐야 하며, 이러한 비판적 태도는 계몽의 유산 특히 칸트의 비판철학으로부터 온다. 역사적 영역에는 개연적 판단만이 존재하며, 역사적 사건에서 드러나는 개연성으로 인해 역사가는 과거와 현재의 사건 간의 유사함을 분별한다. 유추를 통해 알려지지 않는 과거의 사건은 현재의 알려진 사건을 통해 해석된다. 이것은 역사 안에서 드러나는 현재와의 차이점 가운데 여전히 존재하고 있는 유사점을 정당화한다.[35] 유추의 원리는 모든 역사적 사건들이 상관관계 안에서 그물망처럼 엮어져 있고, 상호 발전과 전개에서 서로에게 영향을 미친다. 역사적인 것은 결국 상대적인 것과 동일시된다.[36]

트뢸치에 의하면 역사가들은 역사적인 삶의 자리에서 모든 사건들의 상호 연관과 작용을 인정한다. 상관관계의 원리는 모든 인간의 행동과 사건을 개별적으로 특수한 방식으로 파악하는 것이 아니라 보편사의 틀에서 파악한다.[37] 종교사학파의 연구는 역사적 실제의

---

34 Introduction by James L. Adams to Ernst Troeltsch, *The Absoluteness of Christianity and the History of Religion*, 16.

35 Ibid., 9

36 Troeltsch, "Historical and Dogmatic Method in Theology," *Religion in History*, 13.

총체성에서 출발하며 모든 전통을 상호 연관성의 비판적 검토 아래
둔다.[38] 일체의 영웅주의적 해석이나 개인주의적 업적에 대한 이상
주의적 상상력은 거절되며 또한 모든 역사적 발전과 연관성을 경제
적인 요소로 환원시키는 마르크스주의와도 결별한다. 트뢸치가 사
회문제를 정치 사회와 경제적 세력과 달리 사회 구성에서 다루듯이
역사 연구에서 그는 보편사의 스펙트럼에서 개별 역사의 독특성을
비판적으로 검토한다.

종교적 아프리오리는 이러한 상관관계에서 중요한 역할을 하며,
일반적으로 인간의 정신적인 삶은 모든 인간의 사건들의 엮어짐을
인정하는 데서 드러난다. 이것은 종교적이거나 비종교적인 요소들
을 포괄한다. 기독교 역사에 대한 연구나 타 종교의 연구에서 공통점
은 종교적 아프리오리를 기초로 하며, 어느 한 종교에 특수한 권리를
부여하지 않는다.[39]

이런 관점은 기독교를 헤겔처럼 절대 종교로 고양시키지도 않고,
오히려 기독교를 역사 발전과 그리스-로마의 종교, 문화, 철학 그리
고 문명사와 더불어 파악하려고 한다. 헤겔의 변증법은 역사 비판
방법의 중요성을 파악하지 못하고, 역사적 자료에 논리를 끼어 맞추
어 역사를 변증법의 프로쿠르테스 침대에 맞게 재단하고 말았다.
여기서 기독교는 역사의 실제적 흐름과 단절되며, 타 종교를 아우르
는 절대 종교로 파악된다.[40]

---

37 Ibid., 14.

38 Troeltsch, "The Dogmatics of the History-of-Religions School," Ibid., 88.

39 Troeltsch, "On the Question of the Religious A Priori," Ibid., 33.

40 Troeltsch, *The Absoluteness of Christianity and the History of Religions*, 11-12.

트뢸치의 종교사 연구는 뒤르켐의 토템 연구와 유사점을 갖는데, 뒤르켐은 모든 진화론적인 측면에서 고급종교를 정점에 놓는 시도나 사회진화론을 날카롭게 거절한다. 종교 자체가 사회를 구성하는데, 트뢸치에게 개별 종교는 종교의 보편사와 상호작용하면서 발전하며, 절대 종교는 존재하지 않는다. 이러한 입장은 사회진화론적인 원리와 날카롭게 갈라선다.

트뢸치는 기독교 신앙이 과연 많은 다른 종교나 문화의 보편적 가치들을 무효화하지 않은 채 역사 비판적 사고를 수용할 수 있는지 고려한다.[41] 종교 간 비교는 절대성에 대한 순진한 생각을 근저에서 뒤흔들어버리며, 종교사 연구에서 비교, 분석, 새로운 종합과 결합을 통해 상호관계를 추구하는 새로운 비판적 사고를 예비한다. 우리는 종교의 절대성을 보편사에서 드러나는 "가장 포괄적인 통합원리"를 통해 접근한다.[42] 이것은 역사 안에서 드러나는 상대적 절대성을 의미한다. 이러한 역사비평은 헤겔의 변증법을 넘어선다. 물론 헤겔의 역사 변증법에서도 특수성 또는 개별성은 기초가 되지만, 보편종교인 기독교, 특히 개신교로 통합된다. 그러나 역사 비판적 연구에서 개별성은 여전히 종교적 아프리오리를 통해 하나님과 중요한 관계에 서 있다. 헤겔의 보편변증법에서 밀려 나간 개별성을 종교적 아프리오리로 파악하는 방식은 트뢸치에게 이미 문제틀적인 사유를 담고 있으며, 비교종교 연구에서 중요한 방법으로 드러난다.

---

41 Ibid., 132.
42 Ibid., 133.

종교적 아프리오리와 비교종교

트뢸치의 종교적 아프리오리와 역사 연구에서 빌헬름 딜타이 (Wilhelm Dilthey)의 해석학은 중요하다. 딜타이는 칸트의 순수이성을 비판하고 역사 이성에 주목한다. 이성은 역사 안에서 인간의 삶에 관련되며, 삶에 대한 이해는 역사로부터 온다. 그리고 이것은 역사적 사실들에 대한 직접적 체험과 공감을 통해 심리적으로 이해가 된다. 그러나 트뢸치는 심리학적 이해를 넘어서서 사회학적 이해, 즉 이해의 객관적 차원을 확보하려고 한다.

트뢸치는 종교적 아프리오리를 신학적, 철학적 초월주의에 통합하는데,[43] 이러한 선험적 측면은 트뢸치의 신칸트 학파 수용과 관련된다. 신칸트 학파에서 트뢸치는 심리학과 인식론의 관계를 해명하려고 한다. 만일 과학적 인식론이 객관적으로 타당한 통찰을 제공한다면, 그것은 심리학적으로 추론될 수가 없다. 따라서 트뢸치는 종교적 아프리오리 개념을 두 가지 측면에서, 한편에서 이성의 자율성 표현으로, 다른 한편에서 종교적 아프리오리는 보편적으로 필요한 것으로서 심리학적으로 파악된다.[44]

트뢸치는 교의학적 초자연주의나 심리주의를 종교적 아프리오리의 이중적 개념을 통해 극복하려고 하는데, 하나님의 영은 인간의 정신에 현존하며 모든 종교의 아프리오리의 실제 근거가 된다. 창조주 영에 근거하여 트뢸치는 종교적 의존 감정(슐라이에르마허)을 거절

---

43 Troeltsch, "On the Question of the Religious A Priori," *Religion in History*, 33.
44 Ibid., 35.

하기보다는 절대자를 향한 영적 갈망으로 수용하고, 이것을 일반적인 삶의 물음에 관련된 종교에서 파악하려고 한다. 종교는 삶의 일반적 질문에 기초하며 절대자를 향한 갈망으로 파악되는데, 이것은 종교사 연구를 통해 사회학적으로 개념화된다.[45]

물론 종교적 아프리오리는 전적 타자인 신의 궁극적 실재에 대한 영적 갈망으로 정의될 수 있고, 그것은 종교적 합리성의 지위를 다른 세속적인 이성의 형식들과는 다르게 확보한다. 종교적 합리성으로서 아프리오리는 도덕, 가치, 세계관, 다시 말해 사회 문화적 실제를 구성하는 종교의 성격과 차원을 지적한다. 트뢸치에 의하면, 모든 아프리오리의 성격은 유한한 영역에서 절대정신의 활동적 임재로 파악되며, 이것은 슐라이에르마허가 말하는 하나님에 대한 의존 감정에서 드러나는 무한자 또는 우주의 활동에 비견될 수가 있다. 인간의 영혼은 하나님과 관련되어 살아간다. 이것은 이성의 역사화된 측면일 수가 있다.[46]

이런 점에서 트뢸치는 개인의 의존 감정을 종교에 대한 역사 연구에서 확장 시킨다. 종교적 아프리오리(의존 감정과 직관)는 세계종교에서 드러나며 모든 사건들은 상호 연관된다. 그러나 이러한 상호 연관성은 목적 없는 상대주의를 의미하지 않는다. 오히려 트뢸치는 종교적 아프리오리를 종교의 실제를 위해 합리적으로 필요하고, 자율적인 것으로 고려하면서 이것을 윤리, 종교 그리고 목적론적-미학적 관점에서 전개한다.[47]

---

45 Ibid., 34.
46 Ibid., 41.
47 Ibid., 35-36.

트뢸치는 비교종교들에 대한 역사 사회적 연구를 그의 공공신학에 통섭시키고, 종교적 아프리오리를 보편사의 틀에서 역사 비판 방식으로, 즉 비판, 유추 그리고 상호 연관성으로 발전시킨다. 다른 문화와 종교들에서 나타나는 독특한 경험과 사회 구성에서 그는 유럽 중심주의를 넘어서서 대안 근대성의 길을 개방한다. 그러나 그의 공공신학에서 기독교의 정체성과 특수성은 상대화되기보다는 보편사와 관련해서 특히 하나님의 미래의 빛에서(종말론적으로) 심화되고 비판적으로 보충된다. 그의 역사 사회학적 연구는 유럽 중심주의의 한계를 비판하고, 기독교의 사회 윤리를 타 종교와 문화들에서 드러나는 실천의 삶의 태도와 더불어 공론장에서 소통하고 재구성하도록 한다. 유럽 문화는 보편사와의 연관 없이 주장될 때 맹목적이 될 수밖에 없다. 역사 비판의 방법은 유럽 중심의 한계를 넘어서서 폭넓은 역사 사회적 연관성의 틀에서 공공신학과 비교종교 그리고 윤리적 모델을 재구성하고 기획하게 해 줄 수 있다.[48]

절대성의 유형과 비교신학

트뢸치에 의하면 비교종교 연구에서 절대성의 요구는 다음처럼 분류된다: (1) 순진한 절대주의, (2) 인위적인 변증적 절대주의, (3) 초자연적 절대주의, (4) 합리적 절대주의, (5) 진화론적 절대주의.

모든 종교들은 절대적 진리 요구를 가지고 있고, 순진한 절대성은 역사적인 전개 과정에서 계시의 담지자들과 하나님과의 내적 관련성을 강조한다. 이러한 순진한 진리 주장은 초자연적 절대성에 기반을

---

48 Troeltsch, *The Christian Faith*, xxii.

제공하며 신앙으로부터 오는 해방과 구원의 힘에 의해 정당화된다.[49]

그러나 역사적인 상황의 압력과 도전에 직면하면서 순진한 절대성은 인위적이며 변증적인 절대성으로 전환한다. 이러한 변증적인 프로젝트는 종교의 교리를 채색하지만, 역사적인 사고방식과 충돌한다. 자기 종교의 입장은 적극적이고 확고하지만, 다른 모든 종교들은 부정적으로 평가된다. 이러한 변증적인 태도는 초자연적인 절대성의 규제 이념으로 전개된다.[50]

그러나 초자연적인 절대성을 검토할 때 기독교의 입장은 철학적 비판이나 사회학적 논의, 비교종교의 윤리적 측면과 문화적 발전에서 도전된다. 기독교의 입장은 이러한 도전들을 진지하게 고려하고, 이런 것들의 진리 요구나 합리적 비판을 하나님의 미래의 빛에서 수용할 수 있어야 한다. 예를 들어 순교자 저스틴, 오리겐 또는 아우구스티누스 같은 교회 교부들에서 드러나는 플라톤주의나 스토아 원리에 대한 합리적인 수용에서 트뢸치는 윤리적이며 종교적인 갱신이 일어나는 것을 본다. 교회 외부의 철학적 체계나 윤리적 기여들은 창조의 질서에서 드러나는 하나님의 본래적 계시로 파악되고, 그리스도 안에서 화육한 로고스의 예비적인 사역으로 선언된다.[51]

이러한 인위적인 합리화의 정점은 중세 신학에서 나타나며, 토마스 아퀴나스는 유대 신학과 이슬람 철학으로부터 아리스토텔레스의 철학을 수용하고, 자연 이성을 기독교 교리의 초자연적 권위에 통합시킨다. 이것은 아퀴나스의 신학 체계에서만 일어나는 것이 아

---

49 Troeltsch, *The Absoluteness of Christianity and the History of Religions*, 147.
50 Ibid., 151.
51 Ibid., 152.

니라 개신교 정통주의 시스템에서 특히 성서의 문자주의적 영감을 주장할 때도 볼 수 있다.[52]

트뢸치는 기독교 변증주의로부터 거리를 취한다. 그의 역사 사회학적 접근은 변증적인 절차에서 드러나는 대립과 애매함을 비판적으로 종합하고, 이전의 교리주의적 전제들과 한계들을 넘어서서 이들의 기본 원리를 갱신하고 확장하고 종합한다. 이러한 방법적인 절차와 과정을 통해 공동의 전거점이 비교 연구를 통해 발견되고 이전의 교리주의적으로 확증된 객관적인 절대 진리 요구에서부터 해방시킨다. 근대의 자연과학 발전과 성취는 성서의 낡은 교리들과 교회의 도그마와 충돌하며, 인위적인 초자연적인 역사 개념에 도전과 위협을 가져온다.

비교종교에 대한 공공신학은 트뢸치적인 의미에서 종교적 사건들 또는 구원사는 역사과학적 논의에 일치해서 취급되어야 한다. 종교들의 과거나 현재는 유사점과 상호작용이 존재하며 보편사의 틀에서 볼 때 종교의 절대성과 각각 다른 믿음의 공동체, 교리, 윤리, 경전, 계시 그리고 신학들은 다양한 타입으로 서로 엮어진다. 이러한 역사과학적 입장은 인위적인 변증적 절대성이 유지되기가 어렵다고 본다. 초자연적 그리고 합리적 절대성은 진화론적인 의미에서 절대성을 만난다.[53]

여기서 '진화론적' 의미는 스펜서의 우월주의에 근거한 사회진화론이 아니라 절대성에 대한 역사적 정점을 말한다. 기독교는 독특하

---

52 Ibid., 154-155.

53 Ibid., 157.

며 초자연적인 계시를 통해 이해된다. 이것은 절대적 종교의 의미가 있다. 그러나 헤겔적인 의미에서 절대 종교를 말하지 않는다. 비록 기독교의 진리가 절대적으로 확실하다고 해도, 이것은 다른 종교의 진리들을 폐기 처분하는 것을 말하지 않는다. 상대성과 유사성은 다양한 진리들의 주장에서도 볼 수가 있고, 기독교의 정당성을 위협하지 않는다. 종교 간의 가치나 윤리의 방향 설정을 비교할 때 트뢸치는 판단의 기준을 구성하고 모든 종교에는 공동적이며 보편적인 타당성이 있음을 말한다. 이러한 공동 요인은 보다 고차적인 종교와 윤리적인 사고형식들 안에 내재한다.[54]

규범의 원리와 보편타당성은 모든 종교에 공통적이며, 절대성은 동시에 유지된다. 규범과 보편적인 목적은 완전한 것이며 인간의 문화 실현에서 성취되지 않는다. 간략히 말하면 절대성은 역사 너머에 있고 미래에 속한다. 이러한 미래 원리는 인간들이 얻기 위해 공동으로 노력하는 것이며, 이러한 미래가 인간의 목적 개념에 창조적인 힘을 부여한다. 이것은 앞을 향한 인간의 부단한 노력이며 절대적인 것을 향한 갈망이다. 이것은 모든 인간의 목적과 방향 설정을 초월적인 능력에 관련짓고, 이러한 초월적인 능력이 인간의 심오한 노력과 열망을 현실화시키며, 실재의 창조적인 능력과 관련된다.[55]

실제가 목적 지향의 성격을 갖는 것을 다룰 때 트뢸치는 진화론적 또는 역사 발전 개념에서 인간 정신, 즉 종교적 아프리오리가 절대적 목적을 향하는 운동과 열망에서 영구적인 요소를 발견한다. 그것은

---

54 Ibid., 98.
55 Ibid., 100.

"다양한 분출, 출발 그리고 보다 고차적인 정신적인 삶의 표명"을 말한다.[56] 이런 점에서 역사의 진화는 하나님의 미래와 관련된 종말론적 성격, 즉 프로렙시스—하나님의 미래가 현재의 근거가 되는 예기적 성격— 차원을 갖는다. 프로렙시스 절대성은 타자의 종교와 문화를 인정하는 태도를 갖는다.

이런 측면에서 트뢸치는 기독교가 최고의 종교적 진리로 인정하고 모든 종교발전의 통합점과 정점으로 말한다.[57] 트뢸치의 유형론에서 중요한 것은 기독교를 모든 종교 발전들의 최고봉으로 간주하는 것이다. 이것은 "미래 인간의 종교적 삶의 모든 뚜렷하고 의미 있는 발전의 기본이며 전제"이다.[58] 모든 종교 안에서 기독교 신앙은 "가장 강력하고 집중된 인격주의적 종교 개념을 계시"한다.[59] 이러한 입장은 개인의 확신에 기초하며, 비교 관찰과 평가에 기인한다. 그러나 이것은 기독교 절대성에 대한 교리주의적 접근과는 다르다.

그럼에도 불구하고 절대 진리는 미래에 속하며 하나님의 심판에서 드러날 것이다. 우리는 모두 하나님의 미래에 점차적으로 접근할 뿐이며, 우리의 삶 안에서 하나님의 살아계신 능력에 참여한다.[60] "보편적으로 타당한 것은… 역사 안에서 목적론적으로 작용한다." 상대적인 것 안에서 절대적인 것의 징표가 드러나며 프로렙시스적으로 역사를 초월한다.[61] 달리 말하면 이것은 종교의 역사적 형식에

---

56 Ibid.
57 Ibid., 107.
58 Ibid., 131.
59 Ibid., 112.
60 Ibid., 115.
61 Ibid., 106.

대한 종말론적인 유보를 의미한다. 이런 점에서 트뢸치의 역사 연구는 해석학적이며, 타 종교와 문화들과의 대화와 소통을 요구하고, 역사 이해에 대한 폭넓은 지평과 종말론적인 유보를 향해 움직인다.

역사적 상대성과 가치 규범

트뢸치는 기독교의 역사를 정제시켜 완결된 종교의 영구 원리를 설정하는 데 관심이 없다. 오히려 그는 유대-기독교적인 의미에서 하나님의 섭리를 신뢰하며, 하나님이 인간성을 역사 안에서 인도할 것으로 본다. 하나님은 예수에게 미래 구원의 계시와 완성을 허락했다.[62] 트뢸치는 기독교의 신앙고백의 전통을 무시하지 않는다. 왜냐하면 그는 기독교 신앙을 사도들의 삼위일체 개념(경륜적-역사적)에 일치시키고 계시에 근거 짓기 때문이다. 역사는 하나님으로부터 시작되며, "최고의 계시에 대한 우리의 신앙은 영원한 것과 임시적인 것을 서로 결합한다."[63] 트뢸치의 역사적 사유는 신앙과 교리적인 체계를 해체하지 않는다. 오히려 후자는 종교들의 보편사 안에서 재해석되어야 하고, 근대 세계와의 상관성 안에서 번역되고 소통되어야 한다.

이것은 공공신학의 구성적인 측면을 강화한다. 인간의 종교적 담론과 신앙 체계는 다른 종교와 전통들과의 창조적이며 참신한 관계를 통해 정선된다. 경전 비교 연구는 중요하며, 역사 비판적인 검토

---

62 Ibid., 162.
63 Troeltsch, *The Christian Faith*, 107.

를 통해 의미가 소통되어야 한다. 이러한 비교 이후에 공공신학은 비판과 유추, 종교적 아프리오리 그리고 상관관계를 통해 진행되며, 이러한 인식론적 절차를 통해 의미론적 회복이 드러나며, 비교 종합은 동시대적인 연관성과 소통으로 이어진다.

신앙은 구체적인 사고-내용 안에 인식론적인 측면을 가지고 있고, 이것은 단지 개인 주체로 나오는 것이 아니다. 오히려 이것은 원형, 즉 계시자나 예언자의 인격성에 근거하며, 계시의 구현에 관련되고, 이런 점에서 신앙은 지성사와 전체 세대를 통해 드러나는 위대한 시대의 공동작업이다.[64]

역사비평의 관점에서 볼 때 기독교는 역사 발전 과정에서 정점에 속하며, 하나님에 대한 의식을 현실화한다. 하나님의 미래의 빛에서 볼 때 트뢸치에게 역사 상대주의와 종교의 절대성은 대립이 아니라 종합과 비판적 평가로 결합한다. 역사 안에 있는 모든 종교는 상대적인 것을 피해갈 수가 없다. 기독교 전통 안에서 가톨릭, 종교개혁, 성공회, 장로교, 감리교, 침례교가 상대화가 된다. 불교에서도 대승불교와 소승불교가 갈라져 나가고, 대승불교 안에서 많은 분파가 존재한다. 모든 교리가 절대성을 주장하지만 다른 교파들과 관련해서 상대화가 될 수밖에 없다. 그러나 이러한 역사적 상대성은 가치의 규범과 관련된다. "따라서 근대의 역사 연구는 종교적 방향 설정의 주요 형식들을 포괄적인 관점에서 비교하는 과제를 갖는다. 이것은 상대주의에 대해 새롭고 심지어 큰 제한을 가한다."[65]

---

64 Troeltsch, "Faith and History," *Religion in History*, 134.
65 Troeltsch, *The Absoluteness of Christianity and the History of Religions*, 92.

생의 마지막에 트뢸치는 1923년 옥스퍼드대학 강연으로 준비한 논문("세계종교들 가운데 있는 기독교의 자리")[66]에서 기독교의 우월성을 강조하지 않는다. 기독교를 더 이상 모든 다른 종교들의 통합점이나 정점으로 파악하지 않는다 "기독교는 우리가 알고 있는 가장 고상하고 영적인 계시다. 그것은 최고의 타당성을 갖는다."[67] 트뢸치에게 각자 종교의 신앙은 하나님의 삶과 접촉하고 경험을 가지고 있다. 그러나 이러한 트뢸치의 진술이 "유명론적이며, 무제한적 상대주의" 또는 단일신론(henotheism)의 형식으로 오해하는 것은 커다란 오류에 속한다.[68] 오히려 트뢸치의 관심은 종교적 타자들 또한 하나님의 삶에 접촉하고 진리에 대한 경험을 가진다고 보는 데 있다.

이미 1910년 발표한 논문("리버럴 기독교의 가능성에 대하여")에서 트뢸치는 예수의 인격이 보편적인 세계 구원자라는 의미에서 절대적인 자리를 갖지 않는다고 말한다. 예수는 인간성의 정점으로 그리고 우주론적인 중요성을 독점하기에 어렵다. 그러나 동시에 트뢸치는 하나님에 대한 특별한 기독교적 개념을 거절하지 않는다. 오히려 생명을 주는 예수 안에서 하나님의 계시를 인정한다. "하나님에 대한 예언자적 기독교의 신앙이 살아있는 한 예수는 항상 살아갈 것이다."[69]

이런 측면을 고려해볼 때 트뢸치는 1923년 강연에서 "하나님의 생명은 하나가 아니라 다수"라고 말한다. "다수 안에서 일자를 이해

---

66 Troeltsch, "The Place of Christianity among the World Religions," *Christian Thought*, 1-36.
67 Cited in "Introduction," Troeltsch, *The Absoluteness of Christianity and the History of Religions*, 13.
68 Ibid.
69 Troeltsch, "On the Possibility of a Liberal Christianity," *Religion in History*, 348.

하는 것은 사랑의 특별한 성격을 구성한다."[70] 이것은 트뢸치의 신중심적이며 역사주의적인 입장을 지적하며, 모든 상대주의와 주관주의를 통전한다. 이러한 입장은 항상 진리와 가치의 절대성이 아니라 근사함에 주목하고 관심하는데,[71] 왜냐하면 역사 안에 존재한다는 것은 상대적이며 개방적임을 의미하기 때문이다. 이것은 헤겔적인 의미에서 절대지와는 다르다. 역사의 전개 과정에서 절대지가 아니라 모든 인간의 지식은 진리에 대해 상대적이며, 진리의 접근에 관해 근사치로 남는다.

트뢸치의 다원적 진리(polymorphous truth) 개념은[72] 종교다원주의 특히 두 가지 다른 종교 전통에 동시에 속하는 이중 소속을 의미하지 않는다. 왜냐하면 트뢸치에게 역사 안에 존재하는 것은 상대적이며, 이러한 역사 원리는 폴 니터(Paul Knitter)가 주장하는 것처럼 두 가지 다른 종교들, 예를 들어 불교와 기독교에 이중적으로 소속되는 것을 말하지 않는다. 하나님의 신비와 미래 앞에서 모든 역사적 종교는 상대적이며 가치의 근사치로 남기 때문에 두 개의 종교를 합친다고 해서 하나님의 신비를 더 잘 알 수 있다는 유치한 산술을 의미하지 않는다.

종교에 대한 이중 소속감이 보다 고차적인 영적 갈망에 속하며, 상대적인 종교의 진리를 완성에 이르게 할 것이라는 생각은 순진한 것이다. 서로 다른 종교 경전들을 비교 연구할 때 갭 또는 인터벌과

---

70 Troeltsch, "The Place of Christianity among the World Religions," *Christian Thought*, 32, 35.

71 Troeltsch, "On the Possibility of a Liberal Christianity," *Religion in History*, 357.

72 Knitter, *No Other Name?*, 30.

같은 공간(interstice)은 두 종교 간의 의미가 접합되고 서로 공유할 수 있는 지평의 융합이 생겨날 것이다. 이러한 의미론의 종합은 미래를 향해 지속적인 교정과 비판으로 가동된다. "역사적이 된다는 것"은 현재의 단계에서 "문제틀적(problematic)이 되는 것"이며, 서로 다른 두 종교의 상관관계는 서로의 배제나 대립보다는 종교적 아프리오리를 인정하며 미래를 향해 전진한다. 트뢸치의 타자의 인정은 자기 위선적인 습합이나 혼합주의(syncretism)와는 전혀 다르다. 트뢸치는 삼위일체와 같은 교리를 오히려 적극적으로 수용하며, 그는 비판적인 역사학자로서 모든 종교의 믿음 체계나 영성 그리고 교리의 역사적인 표명과 발전을 하나님의 미래와 신비의 빛에서 비판적으로 다루려고 한다.

트뢸치는 기독교의 정체성과 특수성을 견지하며 또한 다른 종교들의 정체성과 독특성을 인정하는 데 인색하지 않다. 다른 종교들 역시 종교적 아프리오리에 의해 하나님의 신비를 향해 움직인다. 예언자적 기독교의 믿음에 근거해서 트뢸치는 비판적인 역사가가 될 수 있으며, 삼위일체 하나님의 미래의 신비의 빛에서 타문화와 종교들의 역사적 기여와 표명들을 인정한다. 이런 점에서 트뢸치는 공공신학에 비교신학의 차원을 열어준다.

리처드 니부어는 트뢸치에게 수긍하며 동시에 트뢸치의 역사 상대주의의 한계를 그리스도와 문화의 관계를 다루면서 극복하려고 한다. 기독교는 역사적으로 상대적이며, 교파적으로 다양하게 나타나지만 또한 기독교의 복음은 기독교인들에겐 절대적 진리로 드러난다. 이러한 진리 주장은 서구의 기독교인들에게 타당하나, 이들은 여전히 다양한 교파들의 공동체를 통해 역사적 상대성의 한가운데서 살아간다.73 니부어에 의하면 양심은 초역사적이지만, 문화적 가치의 도덕성은 역사적이며, 세계에서 사라져간다. 초역사적인 것과 사라져가는 상대적인 것의 종합은 오직 개인의 확신과 업적에서 가능해지며 최종적으로 그것은 믿음에 의해서만 정당화된다.74

그러나 니부어는 트뢸치의 교의학적 측면을 도외시한다. 비판적 역사가로서 트뢸치는 구성적인 교의학자이다. 그리스도의 중요성에 대한 교리는 기독교 신앙의 특수한 개념에 대한 토론을 앞서간다. "[그리스도론]은 신앙의 전제이며 토대이다."75 슐라이에르마허를 넘어서서 트뢸치는 그리스도론을 하나님의 계시로 확정하며, 이것은 바울과 요한의 가르침에 일치한다. 트뢸치는 예수의 고난과 죽음의 의미를 종교개혁의 칭의론에 연결하며, 이것은 예수 희생의 죽음을 통해 모든 죄에 대한 절대적인 용서에 기초한다.76

트뢸치의 계시 개념은 역동적인 이해를 드러내며, 계시는 고립해서 존재하는 것이 아니라 성령의 교리를 통해 역사적인 효과를 통해 "개인적으로 확신하는 계시"로 강조한다.77 이러한 역동적인 개념은 생산적이며 진보적인 계시를 지적하며, 트뢸치는 재생산적 계시 개념을 발전시킨다. 그러나 트뢸치는 기독교 계시를 비기독교적인 것과 동일시하지 않는다. 계시 자체는 결코 이후의 기독교인들에게 역사적으로 만날 수 있는 것이 아니라 오히려 그 지속적인 발전과 소통

---

73 Niebuhr, *Christ and Culture*, 182.

74 Ibid.

75 Troeltsch, *The Christian Faith*, 277.

76 Ibid., 278.

77 Ibid., 45.

에서 인격적으로 체험된다. 신앙에 대한 교리적인 해명에서 트뢸치에게 신앙은 계시에 의해 삼투되며, 일차적으로 접근될 수 있다.[78]

트뢸치의 입장은 상대주의와 절대주의 사이의 협곡을 항해하며, 초월적인 능력을 향해 전환한다. 하나님의 초월과 미래가 인간의 깊은 열망을 고취하며, 인간의 목적과 방향 설정을 실제의 창조적 핵심에 연결 짓는다.[79] 트뢸치는 말한다. "하나님의 나라는 바로 역사를 초월하기 때문에 역사를 제한하거나 형성할 수가 없다. 지상의 역사가 최종적 개인의 결단과 성화의 토대와 전제로 남는다. 그러나 역사 자체는 이성과 자연적 본능의 혼합으로서 진행되며, 상대적 정도와 임시적인 공간에 구속된다."[80]

이러한 진술은 트뢸치의 종말론적 태도를 특징지으며, 그의 유명한 구호에서 표현된다: "이 세계를 넘어서는 삶은 바로 현재의 삶의 열망이 된다."[81] 역사적인 목적은 종말론의 빛 안에서 볼 때 과학적으로 설정된 인과율, 즉 사회적 진화론이나 헤겔의 정신의 역사 변증법을 통해 구성되지 않는다.

오히려 트뢸치는 하나님이 종교적 아프리오리를 통해 모든 시대의 인간들에게 직접적으로 관여하며, 이러한 관여는 진화론적 프로렙시스화 되어감의 흐름과 변동을 제거하지 않는다. 현재는 하나님의 즉각적인 근접함과 임재로 채워진다. 모든 계기는 하나님과의 직접적인 관계에서 자체상 즉각적이며 개인적인 중요성을 갖는

---

78 Ibid., 49.

79 Troeltsch, *The Absoluteness of Christianity and the History of Religion*, 100.

80 Cited in Niebuhr, *Christ and Culture*, 182.

81 Troeltsch, *The Social Teaching* II, 1006.

다.[82] 이것은 트뢸치적인 의미에서 프로렙시스(prolepsis)이며, 하나
님의 미래가 우리의 현재로 들어오며 또한 과거의 예수 사건에 대한
아남네시스(기억)가 현재화되면서 타자들과 더불어 나간다.

이런 점에서 모든 위대한 종교들은 단계적인 과정으로 서로 관련
되며, 병행의 관계에 서 있다. 유대교, 기독교, 힌두교, 중국의 종교,
유럽과 동양은 서로 다른 기본적인 틀을 가지고 있고, 역사적인 종교
의 진화에서 저마다의 기여와 성취 그리고 독특한 구조를 갖는다.[83]
이 측면은 생활세계의 의미를 지적하며, 트뢸치의 역사와 프로렙시
스는 후설의 생활세계의 현상학과 만날 수 있는 지점을 예비한다.
트뢸치의 종말론적 사유는 역사 사회적인 틀에서 움직이며 베버의
다음의 경구에 근접한다: "시저를 이해하기 위해 시저가 될 필요가
없다."[84]

---

82 Troeltsch, "Logos and Mythos in Theology and Philosophy of Religion," *Religion in History*, 67.

83 Troeltsch, "Rival Methods for the Study of Religion," ibid., 76.

84 Weber, "The Nature of Social Action," *Weber Selections*, 8.

II. 생활세계: 종교철학과 역사 비판 방법

트뢸치는 종교철학과 공공신학에 역사의 중요성을 통해 삶의 체험(mythos, 신화)과 이성적 사유(logos)를 제공한다. "신학과 종교철학에서 로고스와 신화"(1913)에서 트뢸치는 신학과 종교철학의 관계를 논의하는데, 살아 있는 역사적 인격은 중요한 종교의 근원과 상징으로 취급된다. 종교의 상징주의와 경험의 직접성은 칸트에 대립한다.[1]

초기에 트뢸치는 인간의 공동의 삶에서 종교적인 정신의 발전과 일반사를 구성했고, 슐라이에르마허와 딜타이의 지대한 영향을 받았다. 이후 트뢸치는 딜타이의 심리주의적 이해에서 신칸트 학파의 비심리학적인 인식론으로 전환한다. 신칸트 학파는 트뢸치 당시 빌헬름 빈델반트(Wilhelm Windelband)와 하인리히 리케르트(Heinrich Rickert)에 의해 대변된 현상 학파로 알려져 있고, 인식론적인 측면에서 비심리학적인 가치 정당성에 관심했다.[2]

딜타이(1833-1911)에 의하면, 역사이성비판은 칸트의 순수이성비판에 대립하여 파악된다. 모든 경험, 사고 그리고 지식은 개인과 역사적 상황의 상호작용을 통해 나타난다. 오직 역사를 통하여 우리는

---

1 Troeltsch, "Logos and Mythos," *Religion in History*, 54, 71, Note 1.
2 Troeltsch, "My Books," Ibid., 370-371.

자신에 대해서 알고, 우리의 지식은 삶의 세계를 해석하면서 확대된다. 딜타이에게서 특별히 중요한 것은 모든 관점의 상대성을 극복하려는 것이며, 인간의 사고는 필연적으로 역사적인 삶에 구속된다.

딜타이는 인문과학 입문(Introduction to the Human Sciences)에서 부제를 "사회와 역사 연구를 정초하기 위한 시도"로 붙였다. 그의 시도는 인문과학의 자율적인 역할과 중요성을 자연과학으로부터 방어하고, 전자의 중요성을 이해를 위한 것으로 말하며, 자연과학은 설명하기 위한 것으로 말한다. 딜타이의 역사이성비판(Critique of Historical Reason)은 칸트의 순수이성비판(Critique of Pure Reason)과는 달리[3] 이성이 아니라 삶 자체로부터 오는 경험과 의미를 통해 역사와 사회를 이해하는 것이다. 인식 주체는 역사적 상황과 유리된 채 다룰 수가 없다. 딜타이에 의하면 "로크, 흄 그리고 칸트에 의해 구성된 인식주체의 혈관에는 실제의 피가 흐르지 않는다. 오히려 사고의 단순한 활동에서 추출된 묽은 것이 흐른다."[4]

모든 경험과 사고가 삶의 역사적 연관성에서 출현한다면, 해석은 역사를 통해서만 수행된다. 따라서 우리는 자신에 대해서 역사를 통해 알게 되며 역사는 객관적 실제로 남는다. 삶의 카테고리에 의하면 우리는 살아 있는 이해를 반성하고 사회 문화적 배경을 파악한다. "삶의 코스는 부분들, 즉 살아있는 경험들로 구성되며, 경험은 내적으로 연관된다. 모든 것은 인간의 정신과 관련되며 이러한 경험의 연결점을 드러낸다. 상호 연결점은 삶 자체로부터 기인하는 카테고

---

3 Dilthey, "To Supplement Kant's Critique of Pure Reason," *Selected Works*, Vol. III, 213-311.
4 Ibid., 50.

리이다."5

따라서 딜타이는 헤겔의『정신현상학』에서 분류되는 객관 정신에 주목하고,6 절대정신을 객관 정신에 편입시킨다. 헤겔은 다음처럼 분류했다: (1) 주관 정신(의식, 자기의식, 이성), (2) 객관 정신(윤리적 질서, 도덕성, 법적 신분, 문화, 문명, 언어), (3) 절대정신(자연종교, 예술종교, 계시종교)과 절대지.

그러나 딜타이가 볼 때 헤겔의 변증법에서 절대 종교와 절대지는 객관 정신, 즉 역사의 영향과 사회적 조건으로부터 자유로울 수 없다. 왜냐하면 삶의 관점에서 볼 때 역사와 삶과 분리된 절대적 관점이나 절대지는 존재할 수가 없기 때문이다. 딜타이는 헤겔의 의식의 현상학에 저항하고, 헤겔은 삶의 경험(체험)의 직접성 차원을 충분히 다루지 않았다고 비판한다. 딜타이에 의하면 직접성의 차원은 공감의 형식에서 체험되며, 의미는 직접적으로 주어진 것에 대한 경험으로부터 온다.

이것은 후설의 입장에 대립하는데, 왜냐하면 후설은 주어진 것에 대한 자연적 태도에 판단을 중지하고 의식의 세계에 존재하는 의미의 영역(noema)에 대한 자기반성을 통해 경험과 의미를 매개하기 때문이다. 의미는 딜타이처럼 직접적으로 주어진 것이나 당연시되는 것에 대한 자연적 태도를 통해 얻어지는 것이 아니다.

그러나 딜타이에게 삶의 표현은 살아있는 생생한 경험, 즉 체험을 의미의 근거로 파악하며, 표현은 외면화(externalize)의 기본적인 의

---

5 Dilthey, "The Rise of Hermeneutics", *Selected Works* IV, 217.
6 Hegel, *The Phenomenology of the Mind*, iii-ix.

미가 된다. 전이는 삶의 관계에서 나타나며, 자아는 주어진 삶의 표명이나 네트워크로 전이된다. 최고의 이해 형식은 심리적인 삶의 총체성으로서 이러한 전이에서 나타나며, 타인의 심리적 삶을 재창조하고 사건들의 의미를 재경험한다.

예를 들면 역사적 운동으로 종교개혁 연구에서 우리는 루터의 역할과 참여와 기여를 역사적 상황에서 파악하며, 루터의 창조적인 기여와 통찰은 루터의 사회, 문화 역사적 배경과 유리된 채 이해될 수가 없다. 모든 이해는 항상 부분적으로 남으며 결코 완전할 수가 없다. 왜냐하면 연관성은 삶 자체로부터 나오는 카테고리이기 때문이다.7 그러나 딜타이가 칸트의 순수이성에 역사적인 역동성이 전혀 없다고 비판하고 역사의 연관성과 영향을 말하지만, 딜타이의 역사에 대한 이해는 심리주의적으로 흐른다.

그러나 딜타이와는 달리 트뢸치는 신칸트 학파를 통해 역사의 객관성과 종교적 아프리오리의 합리성을 리케르트의 인식론에 기초해 발전시킨다. 하인리히 리케르트(1836~1936)는 딜타이처럼 자연과학과 인문과학을 구분하지만, 딜타이의 해석학이 아니라 칸트의 선험철학을 기초로 가치의 문제를 개념화하고, 이러한 가치 문제는 베버의 이념형 분석에도 영향을 미쳤다. 리케르트에 의하면 역사는 과거에 대한 인간의 가치판단에 근거하며, 직접적인 지각이나 심리주의적으로 입증될 수가 없다. 역사는 보편적으로 타당한 가치 체계를 통해 객관화되며, 이것은 인식론적으로 볼 때 사회 현상에 대한 문화적 설명에 근거한다. 선험적 실제는 인식의 타당성의 근거로서

---

7 Dilthey, "The Rise of Hermeneutics" (1900), *Selected Works* IV, 217.

인간의 의식이나 심리주의는 무관하게 존재한다.

트뢸치는 자신의 종교적 아프리오리를 역사 비판 방법을 통해 확보하고 리케르트의 가치 철학을 선험적으로 착상시킨다. 트뢸치는 종교사를 파악하는 헤겔의 변증법에 반대를 표시하고, 헤겔은 일반적, 학문적 보편 원리(nomothetic universal)를 개별적인 특수한 것(ideographic particular)을 위한 역동적인 힘과 궁극적 목적으로 고양시킨다. 따라서 헤겔은 역사의 특수성과 개별성을 주변부로 밀어내버린다. 역사 전체는 보편적 개념을 실현하기 위해 지양되어야 할 예비 단계로 변형된다.8

그러나 트뢸치는 역사 비판의 방법을 보편적 학문(the nomothetic sciences) 우위에 설정하며, 후자가 경험적 세계를 단순화시킨다고 비판한다. 보편적 인식과 가치는 궁극적으로 목적 자체가 될 수 없다.9 보편 학문적인 타입이나 자연과학적 지식에서 우리는 비합리적이며 개별적인 것을 파악할 수가 없으며, 경험적 역사의 구체적 자료와 발전을 요구하는 가치 구성을 인식론적으로 설정할 수가 없다. 구체적이고 개별적인 것에 대한 역사적 분석과 인식은 보편사와 관련해서 역사 비판적으로 다루어져야 한다.10

트뢸치에게 모든 역사적인 것이 절대적 또는 보편적 가치와 연관성에도 불구하고 개념적으로 남김없이 파악될 수가 없다. 비합리적-신비주의적 그리고 개인적인 것이 여전히 남는다. 이것은 우리의 운명이다.11 역사에서 개별적이고 비합리적인 것은 헤겔의 변증법

---

8 Troeltsch, "Modern Philosophy of History," *Religion in History*, 293.

9 Ibid., 296.

10 Ibid., 298.

의 논리와는 달리 보편적인 것과 쉽게 화해가 되지 않으며, 지양의 단계에서도 여전히 그것은 부정의 계기로서 개별적이며 특수한 것으로 남는다.

트뢸치에 의하면 칸트는 윤리, 종교 그리고 목적론적-미학적 이성에서 아프리오리를 인식했고, 오성/이해와 이성을 구분했다. 여기에 판단력을 오성/이해와 이성 간의 매개항으로 포함시켰다. "이성 자체는… 비록 주관적이긴 하지만, 아프리오리, 즉 법을 추구하는 적절한 원리를 내포한다."12 오성과 이성의 인간 인식에 존재하는 본래적 의식은 느낌 또는 감정에 주어지며, 이것은 오성과 이성에 기초한 반성 이전에 인간 의식을 지적한다.

판단력 비판에서 칸트는 미학적 판단이 느낌에 기초하며, 그것은 보편적 타당성, 즉 주관적 보편성을 갖는다. 하나님 개념, 영혼 그리고 세계 전체는 미학적 이념 안에서 우리에게 주어진다. 다시 말해 칸트에게 하나님은 실천이성뿐만 아니라 미학적 판단 안에서 감정과 느낌을 통해 알려진다. 이런 점에서 종교적 아프리오리는 합리성을 갖는다. 칸트는 이성과 오성을 구분하고 판단력을 이성과 오성의 매개로 수용했다. 종교-미학적 이성은 자체상 아프리오리하며 주관적 보편성을 갖는다. 미학적 판단에서 아프리오리 느낌이나 감정은 보편적 타당성 또는 주관적 보편성을 갖는다. 칸트의 판단력 분석에서 미학적 판단은 논리적 이성 판단과 대립하며, 미학적 판단과 논리적 판단이 구분된다. 미학적 판단은 아름다움과 숭고함에 대한 느낌

---

11 Ibid., 305.

12 Kant, *Critique of the Power of Judgment*, 5, 177.

에 기초하고 보편적 타당성을 갖는다.13

트뢸치가 칸트와 딜타이를 종교적 아프리오리를 통해 인식론적
으로 종합하는 것은 매우 창조적이며, 종교와 문화 다원주의에 대한
역사 사회학적 접근을 제공한다. 이것은 칸트의 물자체와 현상계의
구분에 기초하지만, 트뢸치는 이러한 이분화를 미학적 판단에서 종
교적 느낌과 감정을 통해 물자체의 세계가 대변된다고 파악한다.
역사 사회학은 종교적 아프리오리에 합리성을 구축하며 순수이성
(자연과학)과 실천이성(도덕)을 넘어서서 종교사의 폭넓은 스펙트럼
을 역사 비판적 방법으로 접근한다.

이러한 트뢸치의 인식론적 입장은 종교다원주의 논의에서 거의
주목되지 못했다. 종교다원주의 테제에서 존 힉(John Hick)은 물자체
와 다양한 종교적 전통에서 드러나는 현상들을 통합하고, 인간의
종교적 삶을 자아중심주의에서 실제중심주의(Reality-centerdness)로
방향을 설정한다.14 그러나 존 힉은 칸트의 입장을 토마스 아퀴나스
의 인식론으로 대처한다. 아퀴나스에 의하면 피조물은 창조주를 제
대로 파악할 수가 없고 유추론적으로만 이해한다. 칸트에게서 물자
체와 현상계의 이분화는 아퀴나스 입장을 지지하기 위해 힉에 의해
다원주의 철학 원리로 유용화 된다.

아퀴나스에 의하면 "알려진 것은 인식하는 자의 양식에 따라, 인
식하는 자 안에 있다(Summa Theologica, II/II, Q. 1, art. 2)."15 하나님에
대해 알려진 것이 인식하는 자의 지식이나 이해의 양식에 따라서

---

13 Ibid.
14 Hick, *An Interpretation of Religion*, 4.
15 Hick, *God has Many Names*, 49.

알려진다면, 더 이상 하나님은 인식하는 자 안에서 충분히 드러나지 않는다. 그렇다면 힉에게 신은 위대한 통전자 또는 모든 종교경험들을 통합해 주는 실제 자체가 되며 다원주의의 근거가 된다. 그러나 칸트의 종교철학은 도덕 이성에 기초하며 보편사의 틀 안에서 코스모폴리탄 환대의 윤리로 전개되지만 힉의 다원주의 원리와는 전혀 다르다.

칸트와 딜타이에 대한 트뢸치의 종합은 종교적 아프리오리를 종교적 합리성으로 개념화하며 베버의 가치 합리성을 보충한다. 베버에 의하면 가치 합리성은 귀결을 고려하지 않고 심정에 근거하여 행동하는 예언자적-신비주의적 윤리를 강화한다. 트뢸치는 힉과 다르다. 왜냐하면 힉은 사회학적 실제나 중요성에 대한 분석, 윤리에 전혀 관심이 없다. 종교적 상징과 텍스트, 교리 그리고 윤리적 영향이 경제와 정치 영역에 미치는 분야는 힉에게 고려되지 않는다. 힉과는 달리 트뢸치는 기독교의 교리나 상징을 세계종교와 동일한 것으로 상대화하지 않고, 사회적 조건과 동시대적인 문제를 사회학적으로 파악하면서 소통하고 재구성하려고 한다.

그런가 하면 고르동 카우프만(Gordon Kaufmann)은 트뢸치에 주목하고, 자신의 구성신학을 발전시키기 위해 비성서적 자료와 철학적 이념 그리고 자연과학적 성과를 통합한다. 카우프만은 성서주의에 근거한 일차원적 경험주의를 비판하고, 더욱이 틸리히의 상관관계가 하나님의 계시와 인간의 문제에 대해 일면적인 방식으로 기초한다고 거절한다. 그리스도는 인간 이성과 경험에 의해 제기된 문제들에 대해 답을 제공한다.[16]

카우프만에 의하면 트뢸치는 틸리히와 달리 모든 인류를 위한 기독교의 보편주의적 진리 주장을 비판한다고 본다. 기독교는 역사와 문화 안에서 성장하고 여기에 구속되고 영향을 받는다. 신앙고백에 기초한 기독교의 본질은 애매하고 주관주의적이며, 비학문적이다. 기껏해야 그것은 서구 문화에나 통용된다.[17] 카우프만에 의하면 트뢸치는 '종교'의 역사를 종교의 '역사'로 고려하고, 기독교를 절대 종교로 구성하는 여타의 이론을 거절했다. 모든 역사적 사건들의 상관관계 안에서 모든 역사적인 것은 상대적인 것과 동일시된다.[18] 트뢸치에게 기독교 종교는 순수하게 역사적인 현상이며, 모든 문화적 한계와 사회적 조건들에 종속된다. 그것은 역사적 연구와 사회학적 방법을 보편사와 관련하여 상대적으로 종교의 문제를 다룬다.

트뢸치의 역사 상대주의는 카우프만에 의하면, 인간성의 급진적인 역사적 성격을 의미하며, 사회는 역사와 모든 관습 그리고 실천과 제도들과 더불어 이념, 도덕을 통해 설정된다. 사회의 가치들은 역사에 상대적이며, 모든 관점에서 사회는 다른 역사와 문화들을 거치며 각각의 독특한 관습과 제도들과 종교 그리고 윤리적 가치를 발전시킨다.[19]

이런 측면에서 카우프만은 기독교 신앙과 신학에 대한 모든 비역사적인 사고방식을 극복하려고 한다. 기독교의 본질은 역사적 기독교의 다양한 형식들에서 다르게 표현된다. 따라서 카우프만은 '하나님-언급'(God-talk)을 자신의 구성신학의 규제 원리로 파악하고, '하

---

16 Kaufmann, *In face of Mystery*, 23.

17 Ibid., 24.

18 Troeltsch, *The Absoluteness of Christianity and the History of Religions*, 63.

19 Ibid., 117.

나님-언급'은 본질주의나 신 중심주의 전통에서 발견될 수 없다고 본다.[20]

그는 '하나님-언급'을 네 가지 주요한 카테고리(하나님/세계/인간성/그리스도)에서 전통적인 기독론적인 신화—인간 예수의 하나님 되심—를 비판한다. 카우프만의 급진적 신 중심주의에서 신적 창조성은 하나님의 화육에서 드러나며, 그리스도-사건은 인간 예수에게만 국한되는 것이 아니라 모든 인간의 보편적 그리스도 원리(a christic principle)에서 보다 복합적인 스펙트럼에서 볼 것을 요구한다. 하나님은 진화와 역사적인 과정에서 신비하게 일어나는 우발적 창조성으로 개념화되고, 진화론적-역사적 과정에서 인간 예수는 세계의 이미지로 드러난다.[21] 이러한 생태학적 과정신학적 실제는 예수에 대한 신화론적인 모습과는 대립한다.

그러나 카우프만의 "하나님의 언급"에서 예기치 않게 드러나는 신비한 하나님의 창조성은 트뢸치의 의도와는 전혀 맞지 않다. 트뢸치에게 자연과학적 방법은 보편 일반적이며, 역사의 구체적 사건이나 개별적인 것들 또는 종교의 중요성을 파악하지 못한다. 역사는 과거에 대한 가치 판단에 속한다. 하나님의 신비는 종교적 아프리오리를 통해 역사하지만, 트뢸치는 기독교 믿음의 체제나 삼위일체론 또는 예언자적인 인격주의를 포기하지 않는다.

트뢸치의 종교적 아프리오리는 신 중심적-역사적 틀에서 개념화되며 힉의 다원주의 신학이나 카우프만의 과정신학과는 다르다. 트

---

20 Kaufmann, *In face of Mystery*, 29-30.
21 Ibid., 384,

뢸치는 역사과학을 개인의 경험적 영역에서 구축하며 보편 개념이나 자연과학의 일반법에 예속시키지 않았다.

힉에게 실재 자체는 영원한 일자로 고양되며, "동일하고 무한한 신적 실재"가 된다.[22] 영원한 일자는 신 중심 종교의 인격주의적 모습들(힌두교/이슬람/유대교/기독교)이나 비-신 중심주의적 종교의 비인격적인 의식(불교)을 포함하며, 이 모든 종교에서 영원한 일자는 모든 문화적으로 다른 종교적 상징들에서 동일한 분으로 대변된다. 어떻게 힉은 기독교의 하나님이 힌두교의 브라만과 같다고 알 수 있는가? 그가 만들어 낸 영원한 일자는 많은 이름을 가지고 있는데, 동일하다: "이슬람의 알라, 신 중심 힌두교의 크리슈나와 시바, 아드바이타 힌두교의 브라만, 대승 불교의 다르마카야 또는 순야타 [공], 소승 불교의 니르바나."[23]

힉의 다원주의는 비역사적이며, 영원한 일자는 여타의 종교들의 차이와 다름을 헐어버리고 영원한 일자에 통합시킨다. 우리는 힉처럼 전혀 우리에게 충분히 알려지지 않은 영원한 일자의 관점을 취할 수 있을까? 그리고 모든 것이 하나라고 알 수 있나? 종교의 보편사에서 드러나는 풍부한 종교적 경험과 상징들은 영원한 일자로 몰입되는데, 그렇다면 밤(영원한 일자)에 보는 모든 소들은 다 검은 것으로 취급되어야 하나?

영원한 일자의 통합성에 저항하여 생활세계의 논의는 종교적 아프리오리를 유추론적으로 표현한다. 인간의 언어는 하나님의 신비

---

22 Hick, *God has Many Names*, 52.
23 Ibid., 24.

를 남김없이 다 표현할 수가 없으며, "비슷하게 그러나 다르게" 드러난다. 전적 타자로서 하나님은 신플라톤주의의 영원한 일자가 아니라 그리스도 안에서 성령을 통해 교회와 세계로 오신다. 하나님의 신비는 자유와 주권 가운데 있으며 화해의 보편적 현실을 통해 다양한 종교적인 길들을 통해 말씀하신다. 타 종교와 문화들은 의미론적 텍스트가 되며 각 각의 역사와 전통 그리고 사회 안에서 개별적이고 구체적인 믿음의 체제와 종교적 상징들을 통해 두껍게 기술되어야 한다. 종교로서 기독교는 가톨릭과 성공회, 루터교, 장로교, 감리교 등 다양한 분파로 나누어지고 역사적이고 상대적이지만, 그리스도 안에 계시하신 하나님에 대한 동일한 신앙고백을 갖는다. 역사의 마지막에 다양한 종교의 형식들은 하나님에 의해 통합된다. "미네르바의 부엉이가 실현된 절대 원리의 땅에 비상을 하기 전에 완전한 여명이 틀림없이 존재한다."[24]

이러한 입장은 헤겔의 입장과는 다르다. 헤겔에 의하면 "미네르바의 부엉이[지혜와 철학]는 황혼이 저물어야 그 날개를 편다"(법철학 서문). 헤겔의 절대지에는 미래를 향한 개방성보다는 역사 발전에 대한 변증법적으로 또는 개념적으로 파악된 총체가 존재한다. 그러나 트뢸치에게 역사는 상대적이며, 모든 종교들은 하나님의 미래와 신비를 향해 근사적인 접근을 하며 상호 관련성과 인정 안에서 파악된다.

---

24 Troeltsch, *The Absoluteness of Christianity and the History of Religions*, 69.

생활세계와 종교적 아프리오리

트뢸치에 의하면 우리는 완전히 객관적이며 순수하게 현상학적인 목적론을 가지고, 역사 비판적 방법은 후천적-경험에 기초하며, 개인적인 것과 특수한 것에 주목한다. 자연과학에서 드러나는 방법은 보편적인 것이며, 자연과학과 역사과학의 차이는 둘의 구분에서 찾을 수 있다. 자연과학은 인식론적으로 관여하며, 이러한 문제에서 중요한 것은 일반 원리를 기초로 귀납과 추상화 과정을 통해 일반 법칙을 추구한다.[25] 그러나 역사과학은 특수하고 경험적인 성격을 가지며 이론적 관심은 개인적인 것과 독특한 것에 있다. 그러나 역사적 사실을 구성하는 것은 가치 관계를 통해서 행해지며, 이것은 인문과학 내지 역사학에서 다루어지며, 역사적 지식이 어떻게 역사적 사건들과 상호관계로 들어오는지 고려하는 것이 중요하다.[26]

트뢸치의 종교철학은 신 중심주의적이며 또한(기독교의) 인격주의적이다. 물론 그는 비 이론적 또는 비합리성 요소를 수용하고, 신비주의 연구 특히 마이스터 에크하르트(Meister Eckhart)와 신플라톤주의의 연관성에 주목한다.[27] 그러나 트뢸치의 신비주의적 경향에서 종교적 아프리오리가 종교적 합리성으로 보편적으로 타당하게 수용될지는 의문이다. 만일 트뢸치가 일관성 있게 역사 사회학적으로 사고한다면, 종교적 아프리오리는 역사적 영향과 사회적인 삶의 조건들에 엮일 수밖에 없다. 여기서 종교의 합리성은 초월적이거나

---

25 Ibid., 291.

26 Gadamer, *Truth and Method*, 506.

27 Troeltsch, "Logos and Mythos," *Religion in History*, 68.

선험적 타당성을 가질 수 없다.[28]

우리는 절대자에 대한 신비 경험을 자율적 타당성을 통해 일반화할 수 있는가? 트뢸치의 인식론적 한계를 극복하기 위해 에드몬드 후설의 생활세계론은 중요하다. 후설은 딜타이의 역사주의에서 심리학적인 문제와 한계를 알고 있었고, 딜타이의 역사주의는 문화적 구성에 불과하며 인식론적인 결여, 즉 객관적인 타당성이 없다고 비판했다.[29]

생활세계 철학은 인식론의 규범적인 측면(객관적 실제)을 가치 연관성과 기술적인 측면에서(주관적 측면) 이해하도록 돕는다. 규범과 가치가 객관적으로 타당하다면, 이러한 타당성은 생활세계를 통해 객관적 규범에 대한 주관적 이해와 평가를 가능하게 한다. 객관적 규범과 가치(생활세계)에 대한 연관성은 역사가들에게 역사적 개별 현상들을 생활세계의 영향 아래서 이해하도록 하는데, 생활세계는 지도 원리로서 역사가의 개인적 평가와 가치와 작용하며, 역사가의 이해를 넓혀 간다.

역사가의 가치나 편견은 생활세계의 객관적 규범에 이끌리며, 역사의 주제에 대한 이해를 풍부하게 한다. 후설의 생활세계 이론은 딜타이의 역사 해석에서 드러나는 심리주의적 주관주의를 비판하고, 역사를 객관적 타당성으로 개념화한다. 후설에 의하면 보편적인 학문의 아프리오리가 존재하며, 이것은 신칸트 학파의 이분화에 저항한다. 여기서 일반법에 기초한 자연과학적 방법(nomothetic)은 개별적

---

28 Troeltsch, "On the Question of the Religious A Priori," Ibid., 40.
29 Husserl, "The Critique of Historicism," *The Essential Husserl*, 25.

이며 경험적인 방법(ideographic)에 기초한 역사과학과 구별된다.

그러나 후설의 보편적 아프리오리 개념은 타당한 지식의 이론적 기반, 즉 인문과학의 객관성을 제공한다.30 이것은 생활세계의 빛을 통해 기초한다. 달리 말하면 후설의 현상학은 삶의 과학철학으로 볼 수 있으며, 이것은 의식의 지향성 또는 지각(노에시스)과 의식 안에 나타나는 이상적인 의미(노에마) 간 상관관계에 주목하며, 이러한 관계는 생활세계 아래에서 파악되고 영향을 받는다.

후설은 생활세계 개념을 보편적이며 객관적인 타당성으로 제의하며, 자연과학이 특히 수학을 통해 자연을 기술화하는 시도를 비판한다. 생활세계의 수학화 또는 기술화에도 불구하고,31 생활세계는 여전히 자연과학의 태도를 초월한다. 심지어 칸트의 선험철학도 인간의 의식적인 삶에서 생활세계의 역할과 작용을 파악하지 못했다.32

칸트가 미학적 차원에서 순수 느낌을 객관적 타당성과 보편성으로 요구한다면, 미학적 판단의 주관적 성격은 개인의 취향에서 드러난다. 취향의 문제에 관한 한 논의의 여지가 없다(De gustibus non est disputandum).33 그러나 칸트와는 달리 종교적 느낌이나 문화적 취향은 보다 넓은 객관적 구조(사회적 세계)나 문화적 전통에서부터 나온다. 이것은 사회학적으로 생활세계의 객관적 실제를 통해 해명될 수가 있다. 생활세계는 객관적으로 또한 주관적으로 인간의 종교적

---

30 Jalbert, "Husserl's Position between Dilthey and the Windelband-Rickert School of Neo-Kantianism," 290.

31 Husserl, "The Mathematization of Nature," *The Essential Husserl*, 338, 352.

32 Ibid., 360.

33 Otto, *The Idea of the Holy*, 149.

의식, 갈망, 취향 그리고 실천에 무의식처럼 저변에 깔려 있다. 사회적 생활세계는 인간 의식과 다양한 구성 행위를 통해 유지되고 설정된다. 후자는 과거 경험의 침전화에 따라 패턴화가 된다. 후설에게 살아 있는 경험 자체 안에서 구성되는 객관적인 계기는 개인의 성향에서 나타난다.[34]

개인의 성향 또는 습관(habitus)을 다룰 때 후설은 이미 주어진 의미의 구조를 의식의 지향성(노에시스)과 그 상관관계(의미)와 더불어 반성과 예견을 통해 의미 윤곽을 확대해 나가는 데 관심한다. 이러한 현상학적인 절차에서 자기반성과 예견은 의미론적인 서클 안에서 움직이며, 다른 지평들을 통합하고 풍부한 의미의 종합을 위해 통전시킨다. 생활세계의 구조는 개인에게 무의식적처럼 작용하며, 종교적인 아프리오리는 이미 생활세계와의 관련성에서 영향을 받고 사회적으로 형성된다.

종교적 아프리오리는 생활세계의 지평 안에 있으며, 하나님의 신비에 대한 종교적 경험은 역동적으로 역사의 과정에 연관된다. 모든 비합리적이거나 신비한 것은 언어를 통해 표현된다. 이해의 언어적 측면은 딜타이나 트뢸치에게 남겨져 있는 심리주의적 측면을 거두어낸다.

예를 들면 우리는 다른 문화와 전통들에서 진리와 도덕의 다양한 측면을 발견하지만, 이러한 진리는 각각의 문화와 전통의 사람들에게 일반적으로 타당한 틀을 제공한다. 생활세계는 일반적인 이해의 구조나 프레임으로 작용하며 상대적인 특질과 개념들의 저변에 깔

---

34 C. Jason Throop and Keith M. Murphy, "Bourdieu and Phenomenology," 193.

려 있다. 이러한 공동구조는 언어를 통해 이해되고, 해석되며, 다른 문화권의 사람들과 번역과 소통 그리고 의견 교환을 가능하게 한다.

신학적으로 표현해보면 그리스도 화해의 보편적 현실 안에서 하나님은 세계, 인간성 그리고 문화와 종교를 위해 생활세계의 근원으로 드러나며, 하나님의 신비에 대한 인간의 이해를 하나님의 말씀을 통해 지평의 보충과 확대 그리고 의미 윤곽의 명료화를 통해 이전의 편협한 지평을 비판하고 새로운 의미의 종합을 위해 가동시킨다.

우리는 세계 지평 안에서 사물이나 대상을 의식한다. 이것은 의도적으로 세계의 "무엇을" 지평으로 의식하며, 생활세계는 모든 우리의 목적과 목표를 의도적인 지평 의식으로 포함한다. 우리는 특별한 사회관계들 안에서 살고, 일을 하고, 고통을 받지만, 세계 지평 안에 설정되며 움직인다.[35] 우리는 끊임없이 세계를 의식하고(의식의 의도성), 세계의 존재적인 확실성을 경험한다. 역사는 생활세계라는 점에서 인간의 의식에 영향을 미치며, 의미는 인간의 의식에 현상하며 주어진다. 그러나 의미는 고정적인 것이 아니라 인간의 이해를 통해 세계 지평과의 만남과 갱신, 융합 그리고 새로운 구성을 통해 확대된다. 생활세계의 현상학은 가다머의 철학적 해석학에 결정적이다.

가다머에 의하면 "모든 것을 포괄하는 세계 지평은 근본적으로 익명의 의도성에 의해 구성된다. 이것은 누군가의 이름에 의해 성취되지 않는다. 이러한 개념을 의식적으로 사용함으로써 후설은 자연과학에 의해 객관적으로 된 우주를 포함하는 세계 개념과는 다르게 표현된다. 후설은 이러한 세계의 현상학적 개념을 '생활세계'로 부른다."[36]

---

35 Husserl, "Elements of a Science of the Life-World," *The Essential Husserl*, 376, 378.

생활세계 또는 세계 지평은 전통과 역사 또는 언어, 문화와 사회의 저변에 깔려 있으며 해석자의 사고에 영향을 준다. 해석자는 생활세계와 상호작용하면서 의미를 일깨워간다. 생활세계와 연구자의 만남은 어느 한 시점에서 고정되는 것이 아니라 역동적으로 미래를 향해 개방한다.37 그러므로 생활세계는 역사 비판 방법에 의해 상대화가 되지 않고, 오히려 비판적 방법은 해석학적 인식론의 계기에 속한다. 역사가는 역사의 영향 아래 있으며 살아있는 전통에 의해 조건지어지며, 역사가의 주관적인 비판적 방법은 생활세계 안으로 통섭된다. 해석은 전통에 속하며, 해석 자체는 역사적 사건이다. 역사적 텍스트와 대화를 할 때 해석자의 비판적인 논의와 지평(노에시스)은 텍스트의 의미(노에마)와 지평을 깨우며, 두 세계의 지평의 융합이 일어나면서 이해와 해석이 가능해진다.38

여기서 진리는 스스로 부분적으로 드러나며 역사에 관여하는 해석자에게 언어 안에서 그리고 언어를 통해 말을 걸어오며, 역사가의 비판적 의식과 지평을 확대해나간다. 역사 비판 방법은 역사의 영향사와 지평 융합과의 상호관계 안에 설정된다. 이러한 관점은 트뢸치의 역사 상대주의의 한계와 비판의 특권적 방법을 생활세계 안에서 갱신한다. 이러한 생활세계의 인식론적 절차에서 당연시되는 것에 대한 자연적 태도에 판단 중지가 주어진다. 역사적 문서에 담겨 있는 의미의 세계에 관여하고, 전통에 침전된 애매함과 편견에 대한 책임적 비판이 수행된다(역사 비판의 계기). 그리고 해방을 향한 의미의 확

---

36 Gadamer, *Truth and Method*, 246.

37 Ibid., 324, 388.

38 Ibid.

대와 지평 융합으로 나간다. 이러한 의미론적인 서클을 통해 생활세계의 객관성은 연구자의 관점주의나 심리주의적 경향을 피해 간다. 역사과학이 과거와 전통에 대한 가치 체계라면, 이러한 가치 합리성은 생활세계와의 관계에서 파악되고 역사학자의 현재주의적 관점이나 논리에 의해 재단되어서는 안 된다. 왜냐하면 생활세계는 역사와 전통에 녹아있고, 언어와 문화를 통해 역사학자에게 지속적인 영향을 미치기 때문이다. 종교적 아프리오리와 역사 비판 방법은 후설의 생활세계론 안에서 판단 중지와 자기반성을 통해 역사와 사회에 대한 풍부한 의미를 보편사와 더불어 진척시켜나간다.

트뢸치와 포스트 유럽 중심적 방향

트뢸치는 하나님에 대한 예언자적-기독교의 신앙을 확인하며 또한 다른 종교와 문화들에서 드러나는 영적인 세계들의 무한한 다수성을 인정한다. 트뢸치에 의하면 "여전히 구원자들과 원형적인 인물들이 존재하는 타 종교적인 삶의 콘텍스트들이 존재한다."[39] 여전히 신적인 삶의 심연에서부터 유래 되는 세계의 위대한 종교적인 삶이 존재하고, 빛의 다른 서클과 근거들이 있다. "모든 시대는 직접적으로 하나님 앞에 서 있으며, 우리 역시 직접적으로 하나님 앞에 서 있다. 그것은 바로 예수로부터 비추어지는 빛의 서클 안에서 함께 모인다."[40]

---

39 Troeltsch, "On the Possibility of a Liberal Christianity," 349.
40 Ibid., 350.

그리스도 안에서 하나님의 계시로부터 비추어지는 빛은 보편 종교사 안에 있는 다른 종교들의 독특한 경험들과 갈등과 경쟁으로 가지 않는다. 새로운 종합을 위하여 트뢸치는 동의, 관여, 갱신의 과정을 고려하는데, 그의 입장은 다음에서 잘 볼 수가 있다: "…하나님의 삶의 운동에서… 하나님은 그분의 진리로 넘치는 보좌(지배)에 앉아 계신다…. 우리는 진리가 우리의 양심에 구속되는 것을 안다. 이것은 틀리지 않으며 미래를 지적한다. 그러므로 우리는 진지하게 그리고 신실하게 우리가 이해하는 과제에 헌신하며 나머지는 하나님께 맡긴다."[41]

트뢸치의 신 중심적 입장은 다차적 근대성에 대한 사회학적 개념에 공명된다. 물론 트뢸치는 차축 시대의 문명과 종교를 언급하지 않았지만, 보편사의 틀에서 역사 비판적 방법은 대안적 근대성에 연관 지을 수가 있다. 그의 역사 사회적 방법은 유럽 중심적 태도를 넘어선다. 왜냐하면 다른 역사들, 문화들 그리고 배경들은 다른 근대의 문화들과 사회들을 창출하기 때문이다.

트뢸치에 따르면 사회진화론은 불가능하다. 왜냐하면 대부분 인류의 삶을 고려할 때 역사는 보다 높은 방향과 단계를 행해 전반적인 상승을 드러내지 않기 때문이다. 위대한 종교들은 단계별로 인과적인 과정을 거쳐 나타나지 않는다. 오히려 그것들은 병행의 관계에서 있다. 설령 역사의 근대 연구가 규범적 원리 개념을 피할 수가 없다고 해도 그것은 보편 원리의 절대 실현을 증거하는 것은 아니다.[42]

---

41 Ibid., 359.

근대성은 유럽에서 시작되고 세계사적인 유포를 통해 과정으로 나타나지만, 여전히 다차적인 근대의 형식들은 다른 사회들과 문명들에서 다른 특질과 특징에서 발견될 수가 있다. 유럽과 서구의 근대성은 과거 이백 년 동안 취해 온 다양한 형식들의 하나에 속한다. 트뢸치는 대안적 현실, 즉 다원성과 변종(hybrid)에 동의하며, 이것은 대안적 근대성의 프로젝트에서 잘 나타난다.

여기서 하버마스의 입장을 주목할 필요가 있다. 하버마스는 해방에 대한 자기반성을 개념화하고, 생활세계에 대한 사회 비판적인 논의를 문화적 재생산과 사회적 통합과 연대 그리고 인격의 정체성을 통해 전개한다. 이것은 정치권력과 경제적 부 그리고 매스 미디어의 이데올로기에 저항하여 체제에 의한 생활세계의 식민지화를 방어한다. 이데올로기 비판은 비교종교 연구에서도 여전히 중요하다.

종교 텍스트, 예를 들어 출애굽과 십자가와 부활 또는 불교의 연민과 공감, 유교의 정명 또는 이슬람의 사회적 자선 등은 역사의 전개 과정에서 종교의 실천이 원류로부터 왜곡된 방향으로 흘렀음을 내재적으로 비판한다. 해방의 관심은 내재적 비판과 더불어 종교 텍스트의 비교 연구에서 발전될 수가 있다,

하버마스의 비판이론은 해석학적 중요성을 포괄하며 비교종교 연구에서 포스트-형이상학적 입장을 취하며 야스퍼스의 차축 시대의 종교에 대한 대화론적 접근을 중요하게 수용한다. 종교는 특수한 진리 체계와 신앙을 포기할 필요가 없다. 그러나 종교적 전통은 도덕적 통찰을 표현하는 특별한 힘을 가지고 있으며, 종교적 언어를 공론

42 Troeltsch, *The Absoluteness of Christianity and the History of Religions*, 70.

장에서 합리적으로 소통할 수가 있다. 종교의 이념과 윤리적 태도는 공론장에서 일반적으로 접근될 수 있는 타당성의 언어로 번역할 수 있고, 이러한 소통이론을 위해 하버마스는 해석학적인 진지한 노력을 요구한다.[43]

종교적 전통은 다른 종교와 세계관들에 대해 인식론적 태도를 발전시켜야 하며, (1) 각자의 종교적 진리 요구는 자기반성적으로 상호 간의 인정을 통해 소통해야 한다. (2) 세속적 지식이 신앙의 조항과의 갈등을 극복하기 위해 종교 공동체는 종교적 관점에서부터 교리적 신앙체계와 세속적 지식 간의 관계에 대한 인식론적 태도를 발전시켜야 한다. (3) 종교의 인식론적 태도는 정치 공론장에서 드러나는 개인의 자유와 근대의 자연법 그리고 평등 더 나아가 폭넓은 종교적인 스펙트럼 안에서 보편적인 도덕성을 발전시킬 수 있어야 한다.[44]

하버마스에게서 다원주의와 타 종교에 대한 인정의 정치는 공론장에서 필수적이며, 글로벌 지평에서 연대의 윤리로 나간다. 여기서 다차적 또는 대안 근대성은 비서구권의 독특한 문화와 종교에서 전개될 수가 있으며, 자본주의적 동질적 세계문화와 유럽 중심적 근대성과는 다르다.[45]

하버마스의 인정의 정치와 대안적 근대성은 트뢸치의 사회학과 역사비평을 기초로 한 종교사 연구에 친화력을 갖는다. 그러나 하버마스는 비교종교 연구에서 취약점을 드러낸다. 종교의 사회적 기능

---

43 Habermas, *Between Naturalism and Religion*, 131.
44 Ibid., 137.
45 Ibid., 311.

과 윤리적 기여는 하버마스의 소통 합리성에서 그 진의가 충분히 파악될 수가 없다.

오히려 비교종교 연구는 서로 다른 사회에 대한 종교적 구성과 더불어(유럽 사회, 이슬람 사회, 불교 사회, 힌두교 사회 등) 각각 종교의 사회 윤리를 발전시키게 도와주며, 종교 간 대화의 상황에서 인정의 정치와 대안 근대성을 위해 도움이 된다. 생활세계에 기초한 역사 비판 연구는 타 종교와 문화를 보편사의 틀 안에서 신성한 빛들로 고려하며, 이것은 의미론적 텍스트의 총계가 된다. 이것은 각각의 상황과 근대적 발전에서 지성적으로 이해되며 이들의 독특한 경험과 상징들에 따라 두껍게 서술될 수가 있다.[46]

만일 문화적 실천과 상징적 구조가 "무엇에 대해 무엇을 말하는 수단"이라면 텍스트 개념은 기록된 자료들을 넘어서서 문화적 실천의 총계로 이해될 수가 있다.[47] 의미 있는 종교적 윤리적 실천들과 더불어 종교적 텍스트는 문화의 생활세계의 빛에서 독해되고 소통될 수 있는 의미영역을 담고 있다. 이러한 관점은 비서구의 세계에서 드러나는 문화, 정치, 경제적 발전을 사회학적으로 분석하고 합리화의 다양한 의미를 분석하는 것을 돕는다. 달리 말하면 대안 근대성 개념(Charles Taylor) 또는 다차적 근대성들(쉬무엘 아이젠스타트, Shmuel Noah Eisenstadt)은 비서구적 합리성의 형식을 종교를 통해 개념화하는 것이며, 서구의 합리화의 거대 담론으로 해소되지 않는다.[48]

---

46 Geertz, *The Interpretation of Cultures*, 14.

47 Ibid., 449.

48 Gaonkar, ed. *Alternative Modernities*.

비판적 결론

트뢸치에게 상대적인 것은 모든 역사적 현상들은 독특하며, 모든 독립적인 구조는 폭넓은 지평들을 포괄하는 생활세계의 지평으로 인도한다. 포괄적 관점은 우리에게 보편적인 판단과 평가를 가능하게 한다. 역사적 콘텍스트에서 드러나는 상대성은 개별계기들에서 나타나는 가치들에 대한 거절을 의미하지 않는다. 역사 연구는 규범과 가치를 배제하지 않으며, 목적이나 의미가 없는 조야한 상대주의를 말하지 않는다.

트뢸치는 상대주의와 절대주의 사이에서 선택하지 않고 이러한 상반된 입장을 하나님의 초월성의 빛에서 종합하려고 한다. "개인적인 것"과 "독특한 것" 또는 "새로운 것"과 "창조적인 것"은 역사의 초월적 심연에서 출현한다. 이러한 요소들은 주어진 것에 관련하여 현실화가 된다. 독특하고 개인적인 것은 신 중심 원리의 빛에서 볼 때 새로운 창조이다. 역사의 이해는 역사 자체로부터 나오며, 역사는 인식론이나 문화철학을 초월한다.[49]

트뢸치에게 중요한 것은 성서와 더불어 복음 윤리에 있다. 그것은 항상 새로운 영향력을 발휘하며, 기독교 신앙고백 문서들은 사회적인 삶과 문명 전체에 관심한다. 동의하든지 저항하든지 간에 근대 교회의 사회적 교리는 복음 윤리와 성서에 의해 결정된다.[50] 복음서에서 예수는 억압된 자들과 최하층의 사람들과의 연대를 통해 유대

---

49 Troeltsch, *The Absoluteness of Christianity and the History of Religions*, 88.
50 Troeltsch, *The Social Teaching* I, 25.

인 사제 계급에 저항했다. 하나님 나라에 대한 복음의 메시지는 윤리적 이상을 지적하며, 사회적으로 궁핍한 자들에게 주어진 종교적 상황을 의미한다. 사회의 지배 계급의 세력에 저항하여 "의심할 여지 없이 예수의 메시지는… 빈곤과 고통과의 공감을 통해 보다 특별하게 가난한 자들"에게 주어졌다.[51] 사회학적 특징은 복음 윤리의 배경과 의미를 결정한다. 그것은 지상의 편협과 세속성을 하나님의 사랑의 불안에서 녹여낸다.[52]

개인주의와 보편주의는 복음 윤리의 종교적 뿌리에 깊이 담겨 있다. "복음에 대한 사회학적 사고는 항상 교권주의의 독재에 저항한다."[53] 도래하는 하나님의 지배에서 가난한 자와 고난받는 자에게 이들의 눈물이 씻겨지며, 이들의 욕구가 채워질 것이다.[54] 이런 측면에서 트뢸치는 복음 윤리를 "사랑의 종교적 공산주의"로 부르며, 이것을 다른 이데올로기적인 공산주의 형식과 구분 짓는다.[55]

이와 유사하게 베버 역시 궁극적 목적 또는 확신을 책임 윤리와 관련하여 개념화했다. 『소명으로서 정치』(1919)에서 베버는 책임 윤리와 심정 윤리를 소개한다.[56] 베버의 정치 윤리는 세 가지 요소로 정당화된다. 사실에 입각한 열정, 책임감 그리고 균형감이다.[57] 책임 윤리와 더불어 베버는 복음의 절대 윤리를 아코스믹(acosmic, 세계

---

51 Ibid., 60.
52 Ibid., 56.
53 Ibid., 58.
54 Ibid., 61.
55 Ibid., 62.
56 Weber, "Politics as a Vocation," *From Max Weber*, 78.
57 Ibid., 116.

를 부인하는) 사랑의 윤리로 파악한다. 이것은 행동의 귀결을 고려하지 않으며, 트뢸치적인 의미에서 "사랑의 종교적 공산주의"를 말한다. 베버에게서 궁극적 목적의 윤리는 무책임을 의미하지 않고, 종교적 영역에 기초한다. 책임 윤리는 원칙이 없는 기회주의가 아니다. 심정 윤리는 "사회 질서의 불의에 도전하는 타오르는 화염"과 같이 책임감을 느낀다.[58]

형제애의 종교 윤리는 모든 윤리적으로 합리적인 종교들 안에 있는 정언명법이기도 하다. 이러한 윤리명법은 비탄에 있는 과부와 고아를 돕는 것, 아픈 자와 가난한 자를 돌보는 것, 자선을 베푸는 것에서 드러난다.[59] 베버는 자본주의 합리화 과정을 통해 철창, 즉 쇠우리 창살의 현실에 갇혀 버린 인간의 삶에서 역설적으로 가치의 영역에서 다신론의 형식이 재발하는 것을 보았다. 다양한 질서와 가치에서 우리는 다른 신들을 직면한다. 이것은 비인격적인 세력의 모습으로 드러나며 화해되지 않는 갈등과 영원한 투쟁을 한다.[60]

쇠우리 창살의 상징은 관료제에서 드러나지만 동시에 비인격적 세력의 현실에 침전된 가치의 다원주의를 초래한다. 쇠우리 창살과 비인격적 세력을 넘어서기 위한 대인으로 베버는 책임과 심정 윤리의 종합을 시도한다. 심정/책임의 윤리는 트뢸치의 복음 윤리와 관련될 수 있으며 더 나아가 이러한 공공 윤리는 예언자적이며 화해의 성서적 상징을 통해 십자가 신학으로 전개할 수가 있다. 십자가 신학은 사회적으로 밀려나고 저주받은 자들(*massa perditionis*)과의 연대

---

59 Weber, "Religious Directions of the World and Their Directions," Ibid., 330.

60 Weber, "Science as a Vocation," Ibid., 139.

에 대한 아남네시스적 합리성을 강화한다. 그것은 예언자적이며 심정적인 비전을 불러일으키며 과거의 재난과 더불어 불의와 폭력으로 침투된 현재의 삶을 책임적으로 갱신하고 변혁하려고 한다. 그러나 트뢸치나 베버에게 사회변혁을 향한 이러한 예언자적 합리성과 실천은 충분하게 고려되지 않는다.

트뢸치의 빛들의 교리는 종말론의 틀에서 진일보되며 모든 다른 문화들과 종교들의 사람들에 관련한다. 만일 모든 시대가 하나님과 직접적인 관계에 서 있다면, 하나님의 진리에 대한 다양한 종교적 표현들은 예수로부터 드러나는 빛들의 범주에서 심화되고 조명된다. 하나님의 미래는 하나님의 삶과 세상의 빛들의 관계 저변에 놓여 있고 이것은 화해의 복음에서 볼 수가 있다. 그리스도 화해의 빛에서 하나님은 인간성, 문화 그리고 세계를 버리지 않는다.

개인의 믿음은 화해의 보편적인 현실의 빛에서 타자의 종교적 특수성을 이해하고 인정하면서 자아의 특수성을 심화시킨다. 종교적 아프리오리, 즉 하나님의 초월을 향한 영적 갈망은 모든 다양한 종교적 상징과 제의적인 표현 그리고 도덕적 실천들에서 표명된다. 이것은 사회 조직, 경제적 태도 그리고 정치 체제에서 표현되기도 한다. 이 모든 것들은 의미론적 영역으로 수용되며 지성적으로 독해되고 두껍게 서술될 필요가 있다. 이러한 관점은 비교신학이 종교적 담론과 사회적 실제에 대한 구성을 다룰 때 비판적이며 해방적으로 개념화될 수 있다.

트뢸치에게 비교신학은 종교적 아프리오리를 기초로 경전에 대한 해석과 더불어 종교의 사회·문화적 구성에 주목한다. 여기서 비교종교 윤리는 결정적이다. 종교적 이념은 사회적 구성에 영향을 미치며, 사회 역시 종교의 발전 과정을 이끌어 간다. 이러한 역사적인 틀에서 종교의 윤리는 다양한 공론장과 관여하면서 비판적이며 창조적인 변형으로 나타난다. 트뢸치에게 공공신학은 기독교를 다른 종교와의 만남을 고려하며, 역사 비판의 방법을 통해 개별 종교의 특수성을 인정하며 개인의 인격과 민주주의의 가치를 확장시켜나간다. 트뢸치의 공공신학은 생활세계의 사회학을 통해 판단 중지, 문제틀, 내재적 비판, 연대와 해방을 위한 의미론적인 종합과 회복으로 진일보시킬 수 있다. 역사의 과정에서 드러나는 종교의 수치의 효과는 종교적 이념의 원류를 통해 비판되며 연대의 효과로 교정된다.

III. 막스 베버: 이념형과 선택적 친화력

트뢸치와 비교하면서 보았듯이 베버의 종교사회학에서 중요한
것은 이념형적 분석 방법, 종교적 이념과 물질적 이해관계의 선택적
친화력 그리고 비교종교 윤리를 통한 예언자적 비전에 대한 추구에
있다. 이 장에서 베버의 세계종교에 대한 사회학적 연구를 그의 종교
적 이념과 물질의 이해관계에 대한 선택적 친화력을 기초로 분석하
고, 권력관계를 통해 논의한다. 베버의 종교사회학에서 종종 권력에
대한 그의 정치 사회학적 관련성이 탈각되어 다루어지고, 이것으로
인해 베버는 자본주의를 칼뱅주의에서 드러나는 세계 내적 금욕주
의와 목적 추구(도구적) 합리성으로 환원시켰다고 비난당했다.

다시 말해 베버는 자본주의를 합리적인 체제로 일방적으로 옹호
한 사람으로 오해되었다. 사실은 정반대이다. 그는 이미 권력 유형을
분석하는 정치 사회학에서 자본주의의 식민지 성격과 역사적 전개
를 매우 날카롭게 본 사람이고, 제국주의가 어떻게 국가 권력과 민족
의 위신과 명예 투쟁을 통해 전개되는지 파악하고 있었다. 베버 사회
학에 대한 이러한 통합적인 접근 방식은 베버를 푸코의 권력 분석
이론과 더불어 마르크스와 비판적이며 건설적인 대화를 요구한다.

우선 필자는 베버의 사회학적 공헌을 다루지만, 그의 한계를 차축
시대의 종교 연구를 비판적으로 보충한다. 대안 근대성에 대한 사회

학적 논의는 베버의 유럽 중심적 근대성 분석의 한계를 넘어선다. 그럼에도 불구하고 대안 근대성의 착상은 이미 베버의 세계종교 윤리 연구에서 암담한 쇠우리 창살에 갇혀 버린 청교도의 귀족주의적 윤리를 극복하는 데서 나타난다. 여기서 그의 심정 윤리는 카리스마적-예언자적 윤곽을 띤다.

둘째, 베버의 이념형과 그의 사회 계층론을 검토하고, 베버의 방법론에서 드러나는 한계를 역사주의 문제를 알프레드 슈츠(Alfred Schutz)와 부르디외(Pierre Bourdieu)의 반성 사회학을 통해 비판적으로 갱신한다. 알프레드 슈츠는 후설의 현상학을 사회학으로 발전시키고 피터 버거(Peter Berger)의 지식 사회학의 토대가 된다. 슈츠는 베버의 사회학을 비판적으로 연구하고, 그의 주저 『사회적 세계의 의미론적 구성』(Der sinnhafte Aufbau der sozialen Welt)은 사회과학에 대한 현상학적 통찰을 편입시킨다. 이것은 베버의 사회학에 대한 현상학적 서설로 볼 수 있다.[1]

셋째, 베버의 개신교 윤리와 자본주의 정신을 푸코의 기술 합리성과 신체 권력 이론과 자본주의 해석을 통해 비판적으로 검토한다. 종교사회학 연구에서 베버와 푸코에 대한 비교 분석은 거의 다루어지지 않았다. 적어도 베버와 푸코는 자본주의 분석에서 기술 합리성이라는 측면에서 서로 공명을 가질 수가 있다. 이러한 통전적 논의를 통해 저자의 관심은 베버와 푸코를 상징-물질론적인 틀로 재개념화하고 마르크스의 종교 비판과 자본주의에서 드러나는 물신 숭배 문제를 다룬다. 마르크스, 베버 그리고 푸코는 분리될 필요도 없고 서

---

1 Schutz, *The Phenomenology of the Social World*, xvi (PSW).

로 적대시할 필요가 없다. 종교 이념과 물질적 이해관계에서 드러나는 선택적 친화력과 담론 실천과 권력관계에 대한 사회학적 접근에서 마르크스 입장은 심층적으로 파악될 수가 있다. 이런 점에서 이데올로기적으로 독해된 마르크스는 해체되며, 그가 주는 통찰과 의미가 새롭게 회복된다.

종교, 윤리 그리고 합리성

베버는 유교와 도교, 힌두교, 불교, 고대 유대교를 기독교와 이슬람과 비교하면서 사회학적 측면에서 다룬다. 마찬가지로 칼 야스퍼스는 차축 시대(axial age)의 종교들에서 이른바 정신적 혁명을 추적한다. 그 특징을 서구와 아시아 근동 등지에서 인류를 위한 공동의 틀을 제공하지만 특별한 신앙의 조항을 요구하지 않는다고 본다. 이러한 자축의 역사는 기원전 500년경에서 발견되며, 정신적인 과정은 기원전 800년에서부터 200년 사이에 일어난다고 진단된다. 이 시기에서 동양에서는 힌두의 사상가들, 공자, 노자, 부처 그리고 조로아스터 등이 활동했으며, 그리스에서는 소크라테스, 플라톤, 아리스토텔레스 등이 유럽의 철학과 문명에 젖줄을 대어 주었다. 그리고 성서 유대교에서는 엘리야, 이사야, 예레미야 등이 활동하고 유대-기독교 신앙의 체계를 확립했다. 이 시대를 야스퍼스는 축의 시대 혹은 차축 시대(axial period)로 분류했다.[2]

야스퍼스에게서 과학과 기술은 서구 근대 문화의 정체성과 특질

---

2 Jaspers, *The Origin and Goal of History*, 1.

에 속한다. 야스퍼스와는 달리 베버는 개신교 윤리를 유럽의 근대성과 서구 자본주의 기원의 뿌리로 보고, 이러한 서구의 정체성은 경제, 정치, 문화적 영역에서 발전된다고 확인한다. 비록 베버가 차축 시대란 표현을 사용하지 않는다고 해도, 그의 세계종교와 서구 합리성에 대한 사회학적 연구는 야스퍼스의 차축 혁명 이론과 관련될 수가 있다.

베버의 세계종교에 대한 사회학 연구는 차축의 예언자적 시대에 속하는데, 이것은 유대교, 페르시아 그리고 브라만 운동과 중국에서 유교 이전 시대에 나타나는 윤리와도 관련된다. 물론 베버는 후자의 자료가 미비하고 당대 이에 대한 지식이 제한적인 것을 알고 있었다.[3]

베버의 판단에 의하면 세계종교는 차축 시대의 종교를 의미하며, 이것은 야스퍼스의 자축 시기와 문명에 근접한다. 모든 자축의 문명들에서 베버는 합리적인 잠재성을 보며, 합리성에 대한 그의 이념형은 개신교, 특히 청교도 칼뱅주의에서 정점에 달한다. 칼뱅주의의 합리성은 세계 내적 금욕의 태도에서 나타나는데, 이것이 서구의 합리성과 근대성에 결정적인 요인이 된다.

칼뱅주의 합리성의 출현에서 베버는 세계의 주술화로부터 해방되는 과정에서 마술에 대한 부단한 비판에 주목한다. 칼뱅주의 윤리적 그리고 금욕적 삶의 스타일과 수행은 세계를 변화시키는 데 결정적인 역할을 한다. 베버는 금욕적 개신교를 종교적인 원형으로 유용화하고 다른 종교의 가르침과 경제적 합리성과 비교 검토한다.

그러나 베버는 금욕주의 개신교는 세계 부정의 사랑(Liebesakosmismus)

---

3 Weber, *Economy and Society*, 442.

과 무관하며, 이러한 사랑의 이념은 고대 유대교, 불교, 스피노자, 예수 그리고 프란체스코(Francis of Assisi)에서 볼 수 있다. 세계 부정과 사랑의 결합에서 스피노자는 아코스미스트(acosmist)로 분류된다. 그는 세상을 부인하는 데 왜냐하면 하나님이 모든 것이기 때문이다. 스피노자에게서 하나님인가 아니면 자연(Deus sive natura)인가 하는 개념은 하나님과 자연은 하나를 의미한다.4 베버는 하나님을 위한 이러한 세계 부정의 사랑을 "영혼의 거룩한 창녀"5처럼 부른다.

베버의 종교 연구에서 결정적인 것은 종교와 경제적 합리성 사이에 나타나는 선택적 친화력을 해명하는 것이며, 이것은 종교의 심정 윤리 또는 아코스믹 사랑을 통한 연대의 차원을 발전시킨다. 그는 사회적 행위의 특수한 타입의 조건과 효과에 주목하고, 이것을 종교적 행위의 의미의 관점에서 파악한다.6

종교적이거나 주술적인 행위는 상대적으로 합리적이며, 종교적이거나 주술적 행위와 사고는 일상의 목적 행위와 경제적 방향과 분리되지 않는다. 종교(religio)는 로마의 상황에서 제의 형식에 결합하며, 이것은 모든 타입의 신들이 모든 곳에서 활동하는 데 관심한다. 로마 종교에서 많은 영들은 형식적으로 개념적 분석을 통해 목록화되며, 각자는 특별한 영의 권위와 지배를 갖는다. 개인은 이러한 영의 특별한 보호를 받고 향유하며, 어떤 신은 경제적인 삶에서 중요하기 때문에 우대를 받기도 한다.7

---

4 Bellah, "Max Weber and World-Denying Love," *The Robert Bellah Reader*, 126, 131.
5 *From Max Weber. Essays in Sociology*, 333.
6 Weber, *The Sociology of Religion*, 1.
7 Ibid., 11.

로마의 삶의 방식을 특징짓는 것은 거룩한 법들에 대한 실천적이며 합리적인 논증을 지속적으로 함양하는 데 있다. "성스러운 법은 합리적 법의 사고의 모체가 된다."[8] 기독교 종교가 로마의 삶을 침투해 들어왔을 때 기독교적인 개념들, 즉 죄, 처벌, 참회 그리고 구원 등은 본질적으로 로마 문화의 종교적 특성과 결합한다. 성스러운 국가의 법이 주어진 제도를 개선하고 교정한다는 사실이 드러난다. 이러한 종교와 법의 결합된 전통은 신에 대한 예배를 확대해 나가는 합리화와 더불어 신개념 자체에 대한 합리화로도 드러난다.[9]

전문가(Virtuoso) 종교, 사회 계층, 합리화

베버는 종교 현상을 반성하면서 각각의 종교에서 드러나는 '신' 개념에 대한 합리적인 체계와 신을 향한 인간의 관계를 발전시킨다. 물론 합리화 과정은 세계종교에서 시작되는 것은 아니다. 오히려 종교의 윤리적 차원이 실천적이고 세속적인 행동과 태도를 형성하는 데 결정적이다. 이러한 윤리적 태도는 세계를 마술의 힘으로부터 해방시키는 합리적이며 실천적인 역할을 한다.[10]

베버의 관점은 합리성과 근대성을 통해 차축 시대의 종교를 해석하는 데 연관이 있는데, 히브리 대학의 저명한 사회학자인 사무엘 아이젠슈타트(Shmuel N. Eisenstadt)에 의하면 차축 시대의 종교 특성은 세계관과 문화적 전제를 확대시키고, 조직 구조와 정치 체계를 설정

---

8 Ibid., 12.

9 Ibid., 13.

10 Sharot, *A Comparative Sociology of World Religions*, 7.

한다. 차축 시대에 급진적 구분은 초월적 차원과 세속적 차원에서 나타나는데, 이러한 구분에서 기존 질서를 넘어서는 궁극적 실제가 강조된다. 이러한 비판적 방향 설정을 통해 종교 지도자들과 지성적 그룹들은 기존 질서나 사회 구성에 잠재적인 도전을 할 수 있었다.[11]

이러한 자축 연구는 베버의 카리스마 리더십 타입에 관련되고, 예언자들과 사제들은 종교 윤리의 체계화와 합리화의 쌍둥이 담지자들로 간주된다. 이러한 자축의 원리는 종교 윤리와 합리화에 대한 강조를 통해 초월적 차원과 세속적 차원의 구분을 포함한다. 베버는 다음처럼 말한다: "형이상학적 합리화와 종교 윤리의 충분한 발전은 독립적이며 전문적으로 훈련된 사제계급을 요구하며, 이러한 사제계급은 영구하게 제의와 영혼의 치유에 관련된 실천적인 문제에 관여한다."[12]

베버는 종교 윤리의 발전에서 평신도에게서 결정적으로 중요한 역할을 본다. 예언자들과 사제들은 윤리적인 기획을 통해 평신도들에게 영향을 미치려고 노력한다. 베버의 접근은 종교 전문가와 사제의 위계질서 사이에서 나타나는 엘리트의 두 가지 유형에 주목한다. 전자는 종교 권위와 조직(교회)에서 높은 지위를 차지하는 사제 계급들과 대립한다. 서로 다른 종교 엘리트들은 대중의 종교성을 얻기 위해 경쟁하며 대중들로부터 지지를 얻어내려고 한다. 대중들은 종교의 전문적 측면에서 볼 때 문외한이다.[13]

---

11 Eisenstadt, "The Axial Conundrum between Transcendental Visions and Vicissitudes of Their Institutionalizations." in R. N. Bellah and Hans Joas (eds), *The Axial Age and its Consequences*, 278-279.

12 Weber, *The Sociology of Religion*, 30.

13 Weber, "The Social Psychology of the World Religions," *From Max Weber*, 288.

베버에 의하면 "종교 전문가들이 활동적인 금욕그룹에 결합할 때, 두 가지 목적이 완전히 성취된다: 세계의 주술화와 함께 피안적인 구원의 길을 봉쇄하는 것이다."[14] 종교적 방향 설정과 이들의 사회적 담지자들 사이에는 선택적 친화력이 존재하며, 신분 그룹과 같은 종교 이념의 담지자들은 사회 계층에 따라 형성된다. 베버의 사회 계층론에서 결정적인 것은 신분 그룹에 대한 숙고이다. 이것은 정치 영역(국가 또는 정당정치), 경제적 영역(계급 상황), 법적 영역 그리고 사회 문화적 영역(사회적 영예나 위신)에서 나타난다. 직업 그룹은 신분 그룹이며, 신분 계층은 이념과 물질적인 상품들을 독점한다. 신분은 신분의 영예에서 드러나는 삶의 스타일을 통해 체결되는 모든 협정과 계약들을 특별하게 담지하는 그룹이 된다.[15]

그러나 베버는 종교적 이념과 물질적 이해관계에 대한 선택적 친화력을 사회 계층구조와 관련하여 충분히 해명하지 않았다. 그의 초점은 종교가 경제 윤리와 합리화에 어떤 중요한 역할을 한다는 사실에 주목한다. 이러한 베버의 연구 방법은 사회 계층의 다양한 영역들로 확대되고, 물질적이며 상징적인 틀에서 폭넓은 스펙트럼으로 발전시킬 수 있다. 베버의 연구는 다양한 공론장에서 드러나는 지배의 상징적 체제와 다양한 자본 형식들에 대한 분석을 필요로 하는 한편 종교적 담론과 인간의 사회적 성향 그리고 물질적 이해 사이에 조응 또는 선택적 친화력에 주목할 필요가 있다. 사제의 종교와 전문가 종교의 관계를 규명할 때 베버는 전문가들이 사제들에

---

14 Ibid., 290.
15 Weber, "Class, Status, Party," Ibid., 193.

비해 보다 더 큰 영향을 대중들에게 미친다고 말한다. "종교 전문가들은 항상 공동의 삶의 관계를 지배하고 이들의 관습적인 덕은 비영웅적이며 공리적이다. 이들은 또한 급진적인 종교적, 윤리적 비판으로 진행한다."16

예를 들어 금욕적 개신교는 이중 예정에 기초한 종교 윤리를 통해 대중의 마음을 휘어잡고, 일상의 세상의 삶에서 활동적인 노동을 강화했다. 이것은 모든 마술적인 구원의 수단을 잘라내고, 세계를 하나님의 영광을 드러나는 무대로 파악한다. 하나님의 뜻은 인간의 세속적인 직업인 소명에서 드러내며 종교 윤리는 신분 계층을 형성하는 데 중요한 역할을 한다. 이러한 세계 내적 금욕주의는 세계로부터 회피하지 않고, 세계를 윤리적으로 합리화하고 변형하려고 한다. 이것은 방법적이며 합리화된 일상의 노동 생활에서 드러나는 활동을 통해 하나님께 봉사하려고 한다.17

전문가들의 종교적 가치들은 이런 점에서 종교 지지자들로 하여금 종교 윤리에 대한 합리적-실천적 조직과 제도를 강화하게 한다. 세계 내적 금욕주의의 타입에서 세계는 종교 전문가들에게 종교 이념에 맞추어 변형해야 할 책임성과 의무로 제시된다.

이러한 유형을 베버는 칼뱅주의에서 발견하고 중국이나 인도 또는 이슬람에서 찾아보기가 어렵다고 한다. 신분 계층의 중요성은 사회의 경제구조를 조직하는 데 결정적이다. 그것은 계층에서 드러나는 신분의 협정을 통해 경제에 강력한 영향을 미치며,18 신분 그룹

---

16 Weber, *The Sociology of Religion*, 165.

17 Ibid., 291.

18 Weber, "The Social Psychology of the World Religions," *From Max Weber*, 301.

은 상품 소비나 특별한 삶의 스타일을 통해 계층화되고 계급들과는 구분된다. 그러나 계급은 생산과 상품취득에 따라 계층화가 된다.19

모든 동양의 종교들에서 종교 전문가들의 영향은 대중들의 삶의 방식과 발전에서 중요한 역할을 하며, 일정한 정도로 대중들에게 마술적 전통에 있도록 허용한다.20 베버는 유교의 특징을 구원의 필요를 위한 절대적인 느낌의 결여 또는 윤리를 위해 초월적 기반에 대한 결여에서 본다.21 유교에서 관료제의 태도는 구원에 대한 무관심으로 나타나며, 조상 제의나 효가 대중의 종교로 꽃을 피우는 것을 허용한다.22

그러나 아이젠슈타드에 의하면 자축의 원리는 초월적인 질서와 세속적인 질서의 구분에 있으며, 모든 문명의 지식인들은 초월적인 질서의 빛에서 기존의 질서를 정당화하거나 비판을 통해 세계의 비전을 산출한다. 이러한 자축의 원리는 베버의 평가보다는 유교의 초월적인 측면에 더 가깝고, 유교가 기존의 사회 질서에 대한 비판적 측면에 더 관심을 갖는다. 초기 유교 특히 공자나 맹자에서 사회 비판은 대단히 중요하게 드러나며, 백성의 삶과 권리는 임금이나 관리들에 대해 보존된다.

자축 문명에서 드러나는 사회적 역동성은 고대 이스라엘의 예언자 그룹, 중국의 선비, 인도의 브라만 사제계급에서 드러난다. 기존 질서와의 긴장, 대립 그리고 충돌은 정통파와 반대파에서 나타나며

---

19 Weber, "Class, Status, Party," Ibid., 193.
20 Weber, "The Social Psychology of the World Religions," Ibid., 288.
21 Weber, *The Sociology of Religion*, 90.
22 Ibid.

자축 사회에서 권력 구조와 경제적 이해 그리고 특별한 사회계급과 결합된다.

이러한 사회적 측면은 변화와 변형의 새로운 가능성을 내포한다. 정통과 반대 그룹의 갈등과 충돌은 초월적 원리가 기존의 질서를 비판하는 데서 드러나는데, 이러한 비판을 통해 기존 질서에 대한 대안과 비전이 창출되기도 한다.[23] 이러한 자축의 원리는 베버의 유교 타입과는 다르다. 유교에는 여전히 초월적 원리를 강력한 기존 질서에 대한 비판을 담고 있으며, 이것은 맹자의 정명 사상이나 백성 중심의 경제 원리 또는 전제적 임금에 대한 퇴위와 백성들의 저항권을 보호하는 데서 잘 나타난다.

물론 베버는 맹가에서 혁명적 사유와 카리스마적 리더십에 주목했다. 유교의 정치 이론은 합리적인 행정과 정부 권위에 기초한 관료제로 발전하지만, 자본주의적 관심과 정책으로 발전하지 못한다.[24] 베버에 의하면 윤리적 종교(칼뱅주의)와 합리적 경제 발전(자본주의) 사이에 긴밀한 관련이 있고, 이러한 친화력은 특히 청교도적 금욕주의 태도에서 볼 수가 있다. 베버에게서 자본주의 이념형은 지속적으로 수익을 합리적으로 추구하는 삶의 실천적 태도에서 파악되는데, 경제 활동은 자본 산출에 따라 조직되고, 과학적 지식을 통해 근대의 복식 장부 시스템을 발전시키는 기술적 적용에서 나타난다.[25] 이러한 합리화의 측면은 산출될 수 있는 법적 체제와 구조를 발전시키며,

---

23 Eisenstadt, "The Axial Conundrum," in Bellah and Joas (eds). *The Axial Age and its Consequences*, 278-279.

24 Weber, "The Nature of Charismatic Domination," *Weber Selections*, 230.

25 Weber, "The Origins of Industrial Capitalism in Europe," Ibid., 333-334.

근대화를 촉진하는 정부의 행정과 관리 제도를 강화한다. 이러한 측면이 서구의 문명을 독특하게 만들며 비서구의 자본주의 발전과 비교해 볼 때 예외적인 것으로 드러난다.[26] 정치적, 법적, 경제적 합리화의 과정에서 자본주의는 전체사회 구조를 주도하며, 여기에 칼뱅주의의 세계 내적 경제 윤리적 태도는 추동력으로 작용한다.

　자본주의에 대한 베버의 유럽 중심적 접근에서 근대성과 합리화 과정은 서구에서부터 비서구권으로 유포되고 확대된다. 그러나 베버의 저술에서 비서구 사회에서 드러나는 합리성과 근대성에 대한 분석과 평가는 비판적으로 보충될 필요가 있다. 베버의 강점은 자본주의 타입을 산업화를 기초로 한 생산 양식에 따라 파악하지 않고, 오히려 농업 자본이나 상업 자본에서도 여전히 자본주의적 성격을 보려고 하는 데 있다. 로마 시대에 자본의 타입은 제국주의적 팽창에서 나타나기도 한다. 물론 그렇다고 해서 로마제국을 자본주의 사회로 말하지는 않는다. 그러나 자본의 타입은 근대의 자본주의에 국한되는 것이 아니라, 상업 자본의 형태에서도 나타나며 이런 점에서 자본주의를 서구의 예외적인 현상으로 파악할 필요는 없다. 하지만 합리화 과정을 통해 산업 자본주의와 근대성의 융합으로 드러나는 것은 서구 사회에서 명백히 나타나며, 이것을 뒷받침하는 종교 이념은 칼뱅주의 윤리적 태도에서 드러난다.

---

26 Ibid., 338-339.

보론: 차축 시대와 다차적 근대성

베버와 마찬가지로 아이젠슈타트는 문명에 대한 비교 연구를 발전시키고 자본주의와 근대성은 세계종교와 병립된다고 주장한다. 자본주의와 근대사회는 유럽에서 태동했지만, 세계 유포의 과정에서 단순히 비서구권 사회들에 이식되지 않았다. 오히려 다른 역사, 문화적 전통과 가치 체계에 창조적으로 그리고 비판적으로 변형되었다. 심지어 유럽에서도 근대성과 자본주의는 동시에 아무 곳에서 태동하지 않으며 동질적인 특징을 갖지도 않는다.

근대적 가치들에 대한 선택의 과정이 다양한 상황과 문명들에서 수행되며, 비서구권의 사회에서 유럽의 근대성과는 다른 근대성의 형식으로 발전한다. 이러한 측면은 근대성에 대해 다차적 해석을 요구한다. 탈서구화는 근대성을 서구적 패턴에서 분리할 때 출현한다. 이것은 서구로부터 근대성의 독점을 허락하지 않는다.

폭넓은 스펙트럼에서 볼 때 유럽의 근대성이나 서구의 근대성(유럽과 미국)이 유일한 길로 수용하기 어렵고, 다차적 근대성들 가운데 하나가 된다. 차축 시대에서부터 발전된 종교와 문화는 각각의 다른 나라들에서 근대성을 형성하는 배경과 근거가 되며, 이것은 서구의 근대성에서 드러나는 세속화와 종교의 퇴락과는 다르다. 특히 20세기 글로벌 자축성(axiality), 즉 종교들 간의 대화와 만남은 다차적 근대성의 길들에 막대한 영향을 끼친다.[27]

근대성의 특수한 형식은 다양한 종교적, 문화적, 정치적 그리고

---

27 Eisenstadt, *Comparative Civilizations & Multiple Modernities II*, 517-518.

사회적 전통에 엮어지며, 다양성과 다름을 산출한다. 아시아의 문화적 가치들은 근대성의 과정에서 독특성을 견지하며, 서구의 가치들에 대한 비판적이며 창조적 변형을 통해 대안으로 나타난다. 중국의 유교적 근대성 또는 일본의 근대성의 경로는 산업화와 자본주의로 발전할 수가 있으며, 칼뱅주의가 유럽에서 근대의 자본주의를 창출한 이념형으로 보기에는 어려워진다. 이것은 또한 마르크스의 생산양식에서 자본주의가 임노동자와 자본가에 기초하고 잉여 착취를 통해 경제적 측면에서 근대성을 규정하는 것과도 다르다. 칼뱅주의적 근대성이나 임노동을 기초한 자본주의는 유럽 사회와 역사에 타당하지만, 비서구권의 근대적 가치들이나 산업화로 이르는 경로에는 이러한 나라들의 역사, 문화적 전통 그리고 가치 체계들을 통해 파악되어야 한다. 물론 이러한 특수한 근대성의 접근은 서유럽의 근대성과 자본주의와 비교 연구를 통해 사회학적으로 진행 시킬 수 있다.

이런 점에서 버클리 대학의 저명한 사회학자인 로버트 벨라(Robert Bellah)의 일본의 근대화 연구는 다차적 근대성 또는 대안적 근대성에 중요한 통찰을 제공한다. 벨라는 베버의 종교적 이념과 경제적 합리성에 주목하고 여기서 드러나는 선택적 친화력을 좀 더 폭넓은 스펙트럼에서 발전시킨다. 그는 도쿠가와 시대(1600~1868) 시대에 종교와 경제적 합리성에서 드러나는 연관성에 주목한다. 전근대적 일본의 종교와 문화가 이후 근대화 과정에 미친 정치적, 문화적 배경을 검토하면서 벨라는 베버의 한계를 극복한다.[28]

---

28 Bellah, *Tokugawa Religion*, xi.

베버가 종교적 이념과 윤리가 자본주의 합리적 태도 또는 정신에 역사 발전의 과정에서 어떤 영향을 미치는지에 주목한다면, 벨라는 정치 제도적 접근을 강조한다. 일본의 근대화 과정에서 중요한 것은 경제를 주도하는 국가 이념에 의존된다. 근대성은 정치적 엘리트들에 의해 구성되며, 이러한 개념은 다차적 근대성에 중요하다. 봉건영주들(다이묘; 大名)은 쇼군의 군사적 계층을 정치적 리더십을 통해 재편하고 전체 일본을 통합하면서 권력을 메이지(明治) 천황에 집중하고, 메이지유신을 완성한다. 이러한 정치적 목적 지향이 일본의 산업화와 근대화의 배경이 된다.

이러한 역사 발전의 전개에서 도쿠가와 시대의 종교와 문화적 가치들이 에도 시대(1063~1868)와 메이지 시대(1868~1912)를 거치면서 일본의 산업화에 뿌리가 된다. 일본 사무라이 문화의 핵심인 상관에 대한 충성 태도는 불교와 유교의 결정적인 영향으로 나타나며, 이러한 일본의 윤리적 타입은 군사적 관심을 넘어서서 지적, 경제적, 정치적 이해관계에서 확대된다. 그러나 중국과는 달리 일본에서 유교의 영향, 특히 사(士)와 효제는 사무라이의 윤리와 결합이 되면서 매우 강한 정치적 의미를 갖는다.29

이런 점에서 메이지유신은 서구에서 봉건주의를 전복한 부르주아 혁명이나 근대의 리버럴 민주주의 정치 이론과는 아무런 상관이 없고, 심지어 상인 계급이 산업화의 주역이 되지 않는다. 오히려 메이지유신과 그 이후 산업화는 부시(武士) 계급이 일본에 이른바 기업 정신이 자라게 하는 밑거름이 되었다. 사무라이 정신이 메이지 산업

---

29 Ibid., 182-183.

화를 이끌어 간 주역이었고, 부시 계급의 윤리가 자본주의 발전에 추동력이 된다. 사무라이 윤리와 정치권력의 확장을 통해 수행되며 경제는 이차적이었다. 일본의 근대화에서 결정적인 것은 경제 발전은 토대이며 정치적 발전이 상부구조에서 규제 원리로 작용한다.[30]

이런 관점에서 볼 때 일본의 근대화는 정치(국가) 자본주의에 기초하며 결국 신토주의와 민족이 결합하는 인종 파시즘과 제국주의 비극으로 막을 내린다. 근대의 자본주의는 문화, 종교적 가치들의 복합적인 연계를 통해 초래되며, 새로운 지식인 그룹들의 역할, 특히 일본에서 부시 계급의 역할은 중요하다. 이것은 베버의 근대 자본주의 기원에 대한 테제를 수정한다.[31]

아이젠슈타트에 의하면 근대 자본주의의 기원을 해석할 때 종교적 차원과 연관되며 보다 복합적이고 다차적 방향과 토대에 대한 해석이 요구된다. 근대의 프로젝트는 문화적 방향 설정과 가치들 간 대립과 반대 그리고 갈등을 포함한다. 차축 시대의 종교와 문화의 역사에서 초월적인 질서와 세속적인 질서 간 갭을 드러나는 가능성이 나타난다. 이러한 가능성은 세속의 질서와 사회적 삶에서 드러나는 인간의 의식적인 활동을 통해 유토피아적 비전을 실현한다. 개인과 그룹의 목표와 이해관계에 합법적인 인정이 나타나며 공공선을 위한 다차적인 해석이 나타난다.[32] 종교와 문화의 가치 체계는 경제적 영역뿐만 아니라 정치 제도에 결정적인 영향을 미친다. 국가 주도형의 근대화는 비서구권에서 상업 자본의 역할이 더 크게 부각될

---

30 Ibid., 185.
31 Ibid., 577, 611.
32 Ibid., 497.

수가 있다. 상업 자본이 산업자본으로 이행하는 데 드러나는 장애와 조절은 경제적 낙후함이나 합리성의 결여보다는 정치권력의 전략에 속할 수가 있다.

이런 점에서 아이젠슈타인은 근대성을 제2의 글로벌 차축 시대 (Global Second Axial Age)로 표현한다. 근대의 핵심을 구성하는 것은 "다른 이데올로기적 그리고 제도적 가능성들의 존재를 의식하고 이것을─근대의 문화 정치적 프로그램 안에 내재하는─ 긴장과 대립과 결합"하는 것이다.[33]

이러한 결합은 문화, 정치적인 활동가들을 통해 전개된다. 이것은 근대성의 다른 지변들을 사회의 넓은 계층들과 작용하면서 실현한다. 이런 지속적인 과정을 통해 이것은 근대의 다른 패턴들을 명료하게 하고 다차적 근대성들을 구성한다. 근대성은 새로운 차축 시대가 되며, 종교와 문화적 전통이 근대성을 이끌어 가며 서구의 근대성과 만나면서 창조적이며 비판적인 변형과 재해석을 통해 대안 근대성으로 전개된다.

예를 들면 유교의 인간 이해와 경제 윤리는 언제든지 역사의 발전과정에서 칼뱅주의적 근대성과는 다른 유교적 근대성을 구성한다. 이것은 "개신교적" 불교의 형식에서도 볼 수 있다. 아시아 사회들은 풍부한 종교와 문화적 가치 체계들을 가지고 있으며, 정치적 다양성과 국민의 도덕적 기반을 확보한다. 다른 전통들과 다양한 문화 그리고 윤리적 체계가 국가와 더불어 대안적인 방식에서 근대성을 구성하며 새로운 문명을 창출한다.

---

33 Ibid., 501.

이런 관점에서 하버드 대학의 중국학 교수인 투웨이밍(杜維明)은 유교의 인간주의가 대안적 근대성을 위해 기여할 수 있는 내용들을 검토한다. 투웨이밍에 의하면 "막스 베버는 보편적 형제애를 낡은 중세기적 신화로 간주했고, 이것은 비주술화된 근대의 세속적 세계에서 실현될 수가 없다고 본다."[34] 투웨이밍은 유교의 인간 이해에서 동아시아 근대성의 양식을 전개하려고 했다. 동아시아의 지식인들은 서구의 과학과 민주주의 그리고 학문으로부터 배웠고, 이들의 사회를 서구의 근대성의 척도에 따라 건설하려고 했다.

제2차 세계대전 이후 이것은 동아시아의 사회들에서 창조적 변형으로 드러나며 새로운 종합을 만든다. 동아시아의 근대화 과정에서 유교는 주변부로 밀려 나간다. 그러나 투웨이밍에 따르면 유기적 연대(뒤르켐)가 여전히 인간들의 삶과 경제적 태도를 지배하며, 근대의 법보다는 유교의 가치를 통한 도덕적 연대가 동아시아 사람들에게 근대적 합리성의 저변에 깔려 있다. 문화 종교적 전통은 동아시아의 근대화 과정에서 서유럽과 미국과는 전혀 다른 길을 보여준다.

물론 투웨이밍의 동아시아 사회에서 다차적 근대성에 대한 반성은 비판적인 보충을 필요로 한다. 베버는 투웨이밍의 비판과는 달리 유교에서 심정 윤리의 차원, 즉 자선을 베풀고 심지어 백성 중심의 정치 합리성을 긍정적으로 평가했다. 오히려 세계종교들에서 나타나는 예언자적인 심정 윤리가 청교도의 귀족주의적 윤리와 자본주의 정신을 극복할 수 있는 가능성으로 예견하기도 했다. 뒤르켐의 유기적 도덕이나 사회적 연대는 종교보다는 사회적 분업에 대한 연

---

34 Tu Weiming, "Multiple Modernities," 107.https://www.sociostudies.org/almanac/articles/files/globalistics_and_globalization_3/ 104-111.pdf

구에서 사회학적으로 검토되지, 투웨이밍처럼 유교의 도덕성으로
부터 일반적 추론을 할 수 없다. 유교의 도덕이 중국의 사회 분업과
경제 발전에 동력을 제공한 적이 있는가?

　투웨이밍과 달리 베버는 맹가의 정치 윤리에서 백성 중심의 정치
이론, 즉 "백성의 소리는 하늘의 소리"(vox populi vox Dei)라는 사상에
주목했다.35 베버에 의하면 유교의 카리스마 지배는 "모든 것들에
대한 혁명적 재평가와 더불어 모든 전통적이거나 합리적인 규범들
에 대한 절대적인 절단으로 나갔다."36 더욱이 "유교의 선비들은 합
리적인 행정과 모든 지성의 진보를 담당한 자들이었다."37 중국에는
선비들의 행정과 관료제 그리고 지성의 진보를 통해 인도처럼 카스
트제도는 존재 하지가 않았다.38 그러나 베버는 유교에서 세상에 순
응하는 현세적인 태도를 부각시켰고, 청교도 윤리에서 나타나는 기
존 질서에 대한 대립적 태도와는 다르다고 본다.

　하지만 베버와는 달리 유교의 카리스마 지배의 타입에서 천명과
정명 사상은 기존의 질서와 날카로운 긴장과 대립을 가지며 맹자의
군주퇴위론과 더불어 순자에게서 다음의 격률을 읽는다: "도를 따르
고 지배자를 따르지 말라. 정의를 따르고 아버지를 따르지 말라."39

　이것은 춘추전국시대(479~221 BCE)에서 드러나는 유교의 윤리적
특성으로 볼 수가 있다. 이미 공자에게서 정명 사상은 정치적 차원을

---

35 Weber, "The Nature of Chrismatic Domination," *Weber Selections*, 229-230.

36 Ibid., 230.

37 Weber, *The Religion of China*, 107.

38 Ibid., 111.

39 Bellah, *Religion in Human Evolution*, 479.

가지며, 『논어』의 12편에서 나타난다: "제나라 경공이 공자에게 정치에 대하여 묻자 공자께서 대답하셨다. 임금은 임금답고 신하는 신하다우며, 아버지는 아버지답고 아들은 아들다워야 합니다."[40] 적어도 삼강은 유교의 고전에서 볼 수가 없고 1세기 한 시대에서 유교가 제국의 정치 이데올로기로 등장하면서 나타난다.[41]

맹자는 공자의 입장을 전국시대의 사회정치적 상황에서 급진적인 이상주의 정치로 발전시켰다. 정의로운 행동은 사회정치의 불의와 부패를 바로잡는 정명 사상 없이는 피상적이 되고 만다. 맹자의 정치 철학에서 모든 정치경제 정책은 백성을 위해 시행되어야 하며 백성은 가장 중요한 자리를 차지한다. 백성들의 삶을 비참하게 하고 도덕적 타락으로 가게 하는 지배자나 관리는 타파되어야 하며 심지어 시해당할 수도 있다. 백성이 마지막 권위를 갖는다.

"인민이 귀중하다. 사직(토지와 곡식의 신)은 그다음이고 임금은 가볍다. 따라서 민심을 얻으면 천자가 되고, 천자의 마음을 얻으면 제후가 되고, 제후의 마음을 얻으면 대부가 된다."[42] 맹자에게 정주 사상(폭군에 대한 무력 처벌)은 피통치자의 혁명권을 인정한다. "인애의 파괴자가 역적이고, 도의의 파괴자가 바로 흉악자이므로 역적이자 흉악자는 한 잡배일 따름입니다. 주라는 잡배를 처단했다는 말은 들었어도 임금을 시해했다는 소리는 금시초문이외다."[43]

이런 정명론은 공자와 맹자에게 핵심 사상으로 남는다. "백성의

---

40 공자/김형찬 옮김, 『논어』, 137.

41 *Confucian Political Ethics*, ed. Daniel A. Bell, 8.

42 풍우란/박성규 옮김, 『중국철학사 (상)』, 186.

43 박경환 옮김 『맹자』, 2:8; 풍우란, 『중국철학사 (상)』, 186.

소리가 하늘의 소리"는 맹자에게서 다음처럼 표현된다: "하늘은 우리 백성들이 보는 것을 통해서 보고, 하늘은 백성들이 듣는 것을 통해서 듣는다."[44] 이것은 이후 발전된 유교의 발전과 변화 그리고 변질에 대한 내재적 비판의 원류로 남을 수가 있다.

서구의 근대성에서 자본주의는 비합리적인 타입이고 식민지로부터 막대한 부를 통해 산업혁명이 이루어진다. 자본의 역사적 축적 과정에서 로크(1632~1704)나 존 스튜어트 밀 그리고 사회진화론에서 나타나는 근대성의 정치 이론이 동아시아 근대성의 논의에서 기준이 될 필요가 없다.

벨라에 의하면 유교의 유토피아주의는 개인의 도덕적 그리고 사회적 예의를 통해 덕의 지배로 특징되며, 여기서 정명은 삶의 영역들에서 백성들의 소리를 경청한다. 이것은 유교의 예언자적 성격이며 베버의 유교에 대한 평가와는 다르다.[45] 유교의 이념과 심정 윤리 그리고 합리성은 유럽 중심의 근대성과 식민주의와는 다르게 동아시아의 대안 근대성을 논의하는 자리에서 내재적 이념형으로 자리잡을 필요가 있다. 이러한 백성 중심의 이념형이 합리적인 노동 분업과 정치 체계에서 어떤 근대적 모습으로 전개될지는 포스트콜로니얼 사회에서 중요한 논의로 들어온다.

이런 측면에서 볼 때 대한민국의 근대성 논쟁은 대안적 관점에서 볼 때 유교의 백성 중심의 정치 이념과 경제적 합리성에 주목할 필요가 있다. 역사의 전개 과정에서 정치 이념과 경제적 합리성 사이에

---

44 『맹자』, 9.5.

45 Bellah, *Religion in Human Evolution*, 476, 576, 587; Weber, *The Religion of China*, 145.

선택적 친화력을 통해 근대성에 대한 역사 사회적 이념형을 구축할 수 있다. 조선 후기 특히 정조 시대에 재상 채제공(1720~1799)의 상업 정책에서 유교의 이념과 자유시장 그리고 상업은 대립이 아니라 백성들의 삶을 위해 개혁이 된다. 이미 맹자는 경제적 분업을 통해 상호 부조의 원칙과 경제 제도에서 사회주의적 성격을 갖는다.[46]

더 나아가 후기 실학파에서 특히 정약용(1762~1836)의 개혁 정치와 중농주의 정책이—그 한계에도 불구하고— 어떻게 사회개혁을 향한 유교적 '근대성'으로 나타나는지 분석될 필요가 있다. 정약용의 정치와 정책은 북학파의 중상주의 입장과 더불어 사회학적으로, 즉 이념형적으로 고려된다. 정약용에게 인격적 도덕성과 사회 제도의 긴밀한 연관성 그리고 합리적 기능은 이후의 역사적 발전에서 근대적 국민주권을 향해 이념적 원류로 작용할 수도 있다.[47]

또한 이것이 개화기를 거치면서 서구의 근대성은 자체의 개혁운동과 더불어 동학 이념과 농민 전쟁(1894)을 거치면서 창조적으로 그리고 비판적으로 변형되면서 발전한다. 이미 일제 식민지 시대에서 중요한 것은 조선의 대안 근대성이 미리 문화적으로 저항의 담론으로서 자리 잡고 있었다. 여기서 서구나 일본의 근대성과 동일한 것이 "영원히" 회귀하는 것이 아니다. 오히려 오늘날 한국 사회에서 탈현대적 성격(transmodernity)은 생활세계의 가치 체계와 더불어 서구의 근대적 가치들과 비판적인 대화와 창조적인 변형을 거치면서 다양한 시민운동들로 발전한다.

---

46 풍우란,『중국철학사 (상)』, 195.
47 금장태,『다산 정약용』, 128.

『역사의 기원과 목적』(*The Origin and Goal of History*)에서 야스퍼스는 1500년도부터 1800년도까지 유럽의 예외적인 근대의 업적이 1차 차축 시대와 비교하여 새로운 제2의 차축 시대를 구성하는지 의심스러워했다. 왜냐하면 야스퍼스는 근대성을 순수하게 유럽적 현상으로 파악했기 때문이다.[48]

야스퍼스의 차축 시대의 이념형의 한계를 넘어서서 울리히 두크로프(Ulrich Duchrow)와 프란츠 힌켈라메르트(Franz Hinkelammert)는 차축 시대의 사회에서 화폐-소유 경제구조를 비판적으로 분석하고, 노동 분업이 어떻게 시장과 통합되는지 주목한다. 이러한 경제체제는 사적 소유를 주장하며 연대의 구조를 하락시킨다. 화폐 축적을 향한 탐욕과 욕망은 이자율을 통해 제도화된다. 차축 시대의 사회에 대한 경제적 접근에서 괄목한 것은 이 시대의 종교들 안에 담겨 있는 기존 질서에 대한 비판과 경제적 연대 시스템을 돌출하는 것이다. 종교적 근거와 영성은 오늘날 후기 근대에 깔려 있는 정치 경제학, 인간학 그리고 불의에 대해 공감과 연대의 윤리적 가치를 산출하는 데 도움을 줄 수 있다. 이러한 사회경제적 접근은 다차적 근대성에 대한 사회학적 이론과 맞물리고 초월 또는 탈근대성(trans-modernity)에 관한 해방의 담론을 강화한다.[49] 차축 시대와 탈현대성에 대한 사회경제적 접근, 즉 해방신학의 연구는 매우 독특하며 대안 근대성의 논의를 풍부하게 해 준다.

베버가 근대성을 제2의 차축 시대로 간주했는지는 논쟁의 여지가

---

48 Jaspers, *The Origin and Goal of History*, 76.
49 Duchrow and Hinkelammert, *Transcending Greedy Money*, 11, 46, 175.

있다. 베버는 합리화의 다른 과정들이 중국이나 인도 또는 고대 이스라엘과 서구에서 일어난다고 봤다. 인간의 고난, 사회적 시스템, 신정론 또는 불의의 문제를 다루면서 위대한 세계종교들은 여기에 응답하고 신학-윤리적, 경제적, 문화적, 상징적 반응을 제시한다. 이러한 다양한 응답과 실천적 반응들은 다른 문명과 사회 문화적 체제를 산출한다. 베버의 관심은 종교의 경제 윤리가 경제적 변형과 사회의 합리화 과정에 어느 정도 영향을 미치는가에 대한 사회학적 분석에 있다. 1500년과 1800년 사이에 개신교 종교 윤리, 특히 칼뱅주의는 근대의 자본주의를 태동하게 하는 데 유리한 작용을 했으며 차축시대의 혁명과는 관련이 없다.

그럼에도 불구하고 이러한 개신교의 윤리와 자본주의 정신은 역사 발전에서 자연과학적 진보를 통해 산업화, 전문화 그리고 분화를 통해 쇠창살에 갇히고 만다. 이러한 자본주의 식민지화를 넘어서기 위해 베버는 비교종교를 통해 책임과 심정의 통합적 윤리를 돌출하려고 한다. 이것은 가치 합리성에 대한 윤리적 발전이며, 세계 내적 금욕 윤리를 통해 드러나는 귀족주의적 윤리와는 대립한다. 여기서 우리는 여전히 서구의 경제적 근대성을 넘어서려는 베버의 대안 근대성의 반성을 추적할 수도 있다.

앞서 살펴본 것처럼 다차적 근대성 이론은 근대성에 대한 창조적인 변형과 새로운 이미지를 산출한다. 노스웨스턴대학의 교수인 딜립 가온카(Dilip Gaonkar)는 대안 근대성(alternative modernities) 개념을 이러한 창조적 변형에 주목하며, 개인으로 하여금 활동적으로 근대성의 개념에 관여하고, 스스로 근대적으로 만들어 가는 과정임을 강조한다.[50]

여기서 중요한 것은 정치적 엘리트들의 카리스마적 리더십과 경제적 윤리와 더불어 시민 사회 안에서 시민들이 공론장에서 근대의 가치들(자유, 도덕, 자율, 인권, 연대 등)을 문화 역사적 전통과 대화하면서 발전시키는 것이다. 이때 다른 문명들은 근대성의 핵심 특징(자유, 민주주의, 공공선)을 다르게 해석하고, 다양하고 독특한 근대성의 형식들을 후기 자본주의 문명에 비판적으로 적용하면서 포스트콜로니얼적 차원에서 구성된다.

문화적 특질들은 중국이나 일본 또는 인도 그리고 서유럽 등에서 이들의 핵심 정체성에서 다르게 나타나며, 이러한 정체성은 초기 문화와 전통의 도덕적 가치들로부터 기인한다. 근대성은 더 이상 경제적인 요인으로만 설명될 수가 없다. 근대는 정치적 그리고 종교 문화적인 프로젝트가 되며, 근대적인 것에 대해 집단적인 이해와 반응으로 사람들을 묶는다. 집단적인 문화적 정체성의 창출되는 데서 근대와 전통의 복합적인 상호작용이 드러난다. 정치 엘리트들이나 지식인들은 서구의 보편주의적 근대의 요소들을 수용하고 이들의 새로운 집단적 정체성을 구성하지만, 여전히 전통적인 문화 정체성은 포기되지 않는다. 문화와 근대성 개념은 대립되기보다는 문화 생명 안에서 엮어진다. 그리고 시민 사회 안에서 개인들은 공론장에서 참여 민주주의를 통해 후기 근대성의 정당성과 위기를 포스트콜로니얼 조건에서 이민, 섹슈얼리티, 타 인종의 문제와 더불어 변형시켜나간다.

---

50 Gaonkar, ed. *Alternative Modernities*, 17.

종교 윤리: 책임과 심정

베버의 종교사회학에서 청교도의 세계 내적 금욕주의는 사실 베버가 옹호하는 것이 아니라 대단히 부정적으로 평가되는 실례에 속한다. 물론 청교도의 종교 윤리는 자본주의 합리성에 물꼬를 터주었지만, 결국 서구의 합리화 과정에서 귀족주의적 윤리 태도로 인해 자본주의 합리성은 도구적 이성(목적 지향의 합리성)으로 변질되고 쇠창살에 갇히고 만다. 이러한 병리 현상을 극복하기 위해 베버는 새로운 대안을 모색하는데 그것은 비교종교 윤리를 통해 보다 예언자적이며 책임적인 윤리를 기획하는 것이다.

비형제적인 청교도의 윤리에 대립하여 베버는 상호성의 윤리 내지 연대의 윤리를 서로 다양한 종교의 유형들에서 추구한다. 청교도의 구원의 귀족주의는 이중 예정에 은총의 특별주의와 직업적 금욕주의에 기초하고 있고, 이들은 하나님의 의지와 원인을 세계에 폭력을 강요하는 방식으로 해석한다. 이것은 세계를 폭력과 윤리적 야만주의 아래 종속시키며,[51] 세계 내적 금욕주의는 사랑의 보편주의와 형제애를 거절한다. 청교도의 귀족주의는 특별화된 은총을 근거로 비형제적인 관점에서 윤리적 태도를 규정한다.[52]

베버의 비판적인 근대성 개념, 즉 쇠우리 창살 개념에서 베버는 여전히 청교도의 비형제적이며 귀족주의 특수주의에 대한 비판과 대안으로서 보편적인 심정 윤리를 고려한다.[53] 베버에 의하면 "종교

---

51 Weber, "Religious Rejections of the World and Their Directions," *From Max Weber*, 336.
52 Ibid., 333.
53 Ibid.

적 형제애는 항상 이 세계의 질서들과 가치들에 충돌한다. 그 귀결이 실현되어 갈수록 이러한 충돌은 더 날카로워진다." 그러므로 종교와 세계 부정의 사랑은 보편주의적 형제애의 방향으로 진행되며, 이것은 모든 사회적 연합의 장벽과 더불어 종종 자신의 믿음도 넘어선다.54 이러한 아코스믹한 사랑은 상호 간 또는 연대의 종교 윤리의 저변에 깔려 있으며, 종교의 심정 윤리로 불린다.

자본주의 근대성과 식민지를 넘어서기 위해 베버는 종교 공동체 안에서 드러나는 형제들과 자매들 간의 연대와 상호성의 원리인 사랑의 보편적 사회주의를 개념화한다. 이러한 연대는 모든 윤리적 종교 안에 가난한 자들에 대한 관심을 통해 내포되어있다.55 예언자적인 종교들에서 경제적 약자들에 대한 보호는 특히 유대교의 희년과 초대 기독교의 경제적 실천에서도 잘 나타난다.

베버의 파라독스는 근대의 경제는 형제애적인 윤리와 양립하지 않는다는 데 있다. "근대 자본주의 경제의 세계가 내재적 법칙을 좇아갈수록, 상상할 수 있는 형제애적 윤리와의 관계는 접근하기가 점점 어려워진다. 자본주의가 합리화되고 비인격적으로 되어갈수록 이러한 것은 더 심해진다."56

"소명으로서 과학"(1919)에서 베버는 과학의 진보를 기술적 수단과 산출을 통한 지성화로 파악하며, 이것은 세계의 비주술화의 과정을 통해 나타나는 우리 시대의 운명으로 특정한다.57 그럼에도 불구하고

54 Ibid., 330.
55 Weber, *The Sociology of Religion*, 212, 214.
56 Weber, "Religious Rejections of the World and Their Directions," *From Max Weber*, 331.
57 Weber, "Science as a Vocation," Ibid., 155.

우리는 여전히 다른 의미에서 고대의 세계를 살고 있다. 이러한 세계는 "아직 신들과 데몬들(demons)로부터 비주술화 되지 않았다."[58]

위대한 합리주의는 청교도 윤리와 방법적 삶의 행위에서 나타난다. 이것은 "필요한 것 하나를 위해 다신교의 자리를 퇴위시켰다.[59] 많은 오래된 신들은 비주술화가 되었지만 이제 이들의 무덤으로부터 재출현하며, 이들은 비인격적 세력의 형식을 띤다. 이들의 다양한 질서들과 가치들은 서로 영원한 투쟁을 하며, 우리 시대 문명의 운명은—청교도 윤리의 위대한 도덕적 열망과 근대성의 유포에 의해 배타적으로 가려져 버리지만— 우리의 맹목적 눈들을 새롭게 뜨도록 도전한다.[60]

이러한 가치의 다원주의에 직면하여 베버는 니체의 허무주의 비판에 어느 정도로 동의한다. 계몽의 변증법을 통해 시작된 근대성과 합리적 가치 체계는 인간을 균일적으로 평준화해버릴 것이고, 이러한 모습은 서구의 근대 문명의 마지막 인간이 된다.[61]

보들레르(Baudelaire)의 『악의 꽃』(Fleurs du mal)에서 베버는 좋지 않은 것이 아름다울 수가 있고, 그런가 하면 아름답지 않고, 선한 것도 아니며, 성스럽지 않은 것이 진실일 수가 있다고 말한다. 여기서 베버가 말하는 것은 자신의 카리스마적 윤리를 니체의 초인 사상이나 선악을 넘어서는 도덕의 해체로 말하지 않는다.[62] 베버는 과학의 진보

---

58 Ibid., 140.
59 Ibid., 149.
60 Ibid.
61 Ibid., 143.
62 Ibid., 148.

에 대한 니체의 비판에 동의하지만, 그의 허무주의에 수긍하지 않는다. 오히려 제임스 밀의 예견—순수 경험으로 진행할 때 우리는 다신론에 도달한다[63]—에서 베버는 합리화와 과학의 진보에도 불구하고 오히려 다양한 가치의 세계들이 비주술화 되기보다는 삶의 다양한 영역들에서 재출현하는 것을 본다. 이것은 베버의 역설이다.

달리 말하면 청교도의 세계 내적 금욕주의를 통해 위대한 합리주의가 다신론의 자리를 퇴위시켰지만, 여전히 다신론의 가치들은 비인격적 실제의 모습에서 등장한다. 이것은 근대성의 상징인 철창의 역설적 모습을 지적한다. 과학은 무전제한 것이 아니다. 어떤 전제하에 진리는 가능하고 의미 가 있는가?[64] 우리 시대의 운명은 합리화와 지성화, 즉 세계의 비주술화에 의해 특징되고, 궁극적이고 고상한 가치들은 공적인 삶에서부터 신비한 삶의 초월적 영역으로, 즉 직접적이고 인격적인 형제애적 관계로 뒷걸음쳐 나간다.[65]

베버는 이사야 21장 11절에서 에돔에 대한 경고에서 과학을 통해 처한 당대의 운명을 이해한다. 세일에서 누가 나를 부른다. "파수꾼아, 밤이 얼마나 지났느냐? 파수꾼아, 날이 새려면 얼마나 더 남았느냐?" 파수꾼이 대답한다. "아침이 곧 온다. 그러나 또다시 밤이 온다. 묻고 싶거든 물어보아라. 다시 와서 물어보아라."[66]

과학이 기술 진보를 통해 인간에게 아침을 가져온다고 해서 그것이 해방이나 희망이 되지 않는다. 또다시 밤의 지배—과학이 야기하

63 Ibid., 147.
64 Ibid., 154.
65 Ibid., 155.
66 Ibid.

는 부정적인 결과로 인해—로 뒷걸음을 칠 것이다. 그러나 니체의 허무주의를 극복하기 위해 베버는 심정 윤리를 기획하고, 후기 자본주의의 상징인 비인격적인 세력들에 도전하려고 한다. 베버의 심정 윤리는 비교종교 연구에서 문화적 상대주의에서 드러나는 가치의 다원론의 한계를 넘어서며 종교의 도덕적 합리성 안에 담겨 있는 공감과 연대의 윤리적 차원에 주목한다.

"소명으로서 정치"에서 베버는 정치가의 자격으로서 사실과 객관성에 기초한 열정과 책임감 그리고 균형감각을 꼽는다.[67] 베버는 국가 권력과 지배의 합리성을 세 가지 타입으로 분류하는데, 그것은 전통적-가부장 지배, 종교와 정치 영역에서 카리스마 지배 그리고 법적 규칙에 근거한 합리적 지배다.[68] 베버는 정치 영역에서 책임 윤리와 궁극적 목적 윤리(심정 윤리)를 대립으로 파악하지 않는다. 책임 윤리는 원칙 없는 기회주의를 의미하지도 않으며 또한 심정 윤리는 사회 질서의 불의에 항거하는 불꽃으로 채워진다고 해도 무책임한 것이 아니다. 베버가 추천하는 것은 책임 윤리와 심정 윤리는 서로 보충적이며, 이러한 결합에서 우리는 정치에 대한 소명을 가질 수 있다.[69] 이것은 정치적 지도자가 가져야 하는 카리스마적 윤리이기도 하다.

이런 점에서 베버의 가치 다원성은 도덕의 상대주의나 해체를 의미하지 않는다. 만일 도덕성이 모든 사회에서 다르다면 "다른 문화들은 다른 도덕적 코드를 갖게 된다."[70] 이러한 도덕적 상대주의는

---

67 "Politics as a Vocation," Ibid., 115.

68 Ibid., 79.

69 Ibid., 127.

특수한 사회와 문화의 한계 안에서 옳고 그름을 결정하려고 한다. 문화의 다원적 가치들로 인해 사회의 도덕적 규범은 보편적일 수가 없고 다른 문화의 규범과 도덕적 코드에 대해 인정과 관용해야 한다. 이와는 달리 종교적 도덕 안에는 다원적 형식들이 존재하며 비교종교적 도덕 사전(lexicon)에는 가난한 자들과 사회로부터 밀려난 자들에 대한 예언자적 관심이 보편적으로 존재한다. 예를 들어 유대 기독교적인 예언자적 윤리, 불교의 연민과 공감, 유교의 천명과 정명을 통한 정의, 힌두교의 비폭력(Ahimsa) 그리고 공공복리를 위한 이슬람의 연대와 기부의 윤리가 있다. 베버의 심정 윤리는 비교신학에 예언자적 도덕의 합리성을 비교종교 연구에서 추구하도록 도움을 준다.

---

70 James Rachels and Stuart Rachels, *The Element of Moral Philosophy*, 14.

IV. 이념형, 사회 계층, 역사

베버는 의미 있는 행동에 대한 사회학적 연구를 진척시키고 의도성을 특별히 합리적인 목적 행위를 통해 분석한다. 베버는 인과율적이긴 하지만 여전히 선택적 해명을 통해 인간의 행위와 의미의 관계를 검토한다. 인간이 어떤 행위를 할 때 그 배경에는 의미가 존재한다. 이런 의미 추구의 행동을 분석할 때 베버는 가치판단에 저항하여 가치 중립적인 관점을 취한다. 강의실에서 교사는 전문지식과 학문적 경험을 가급적 객관적으로 전달하지만, 자신의 개인적인 정치적 견해나 주관적인 판단을 학생들에게 주입하거나 강요해서는 안 된다. 교사는 민중 선동가가 아니다. 지식의 영역에서 다양한 차기 체계들을 다룰 때 가치 중립을 통해 이러한 체계들의 가능성과 기여들을 인정해야 한다. 이러한 지식의 인정과 진보는 주관적인 가치판단에 의해서 행해지는 것이 아니라 가치 중립적으로 수행되어야 한다.[1]

베버의 틀에서 사회적 행동은 개인의 주관적인 의미와 의도를 통해 연구되는데, 이러한 사회학적 논의를 진척시키기 위해 베버는 이념형을 분류하고 역사적 자료와 근거를 통해 입증하려고 한다. 이념형이란 개념은 관념주의적(idealist) 태도와는 무관하며 오히려

---

1 Weber, "Value-judgments in Social Science," *Weber Selections*, 84, 87, 92.

역사적 자료와 인과관계에 근거하고 또한 사회적 조건에서 나타나는 다양한 형태들에 대한 비판적 분석에 기초한다.

사회과학적 접근은 이념형을 개인의 합리적 행동과 의미와의 관련에 기초해 확실성으로 파악한다. 이러한 사회학적 유형론에서 베버는 그의 이해사회학을 합리주의적 방식으로 발전시킨다. 그렇다고 해서 베버의 입장이 "삶은 실제로 합리적 고려들에 의해 지배되어여 한다는 신념"을 일면적으로 주장하지 않는다.[2]

베버에게서 개인 행위자는 주관적인 의미를 자신의 합리적 행동에 부여하며, 이를 단순 행동과는 구별한다.[3] 그러므로 베버는 "사회학을 사회적 행동의 의미를 해석하는 학문"으로 규정한다.[4] 행위자는 사회적인 행동에서 주관적인 의미를 고려하며 타인의 행동과 관계한다. 의미해석의 목적은 확실성을 얻는 것이며, 합리적 형식을 취하는 것이다. 물론 베버의 합리적 해석과는 달리 개인의 경험에 공감하고 이러한 경험을 공감의 형태로 심리적으로 체현하려는 딜타이와 같은 방법도 있다. 그러나 베버는 딜타이의 역사, 심리학적 해석으로부터 거리를 취하며, 이러한 해석은 객관적 행동의 의미를 합리적으로 파악할 수가 없다고 본다. 왜냐하면 공감적 확실성을 얻기 위해 해석자의 주관적인 심리가 결정적이 될 경우 그것은 객관성을 확보할 수가 없고 합리적으로 소통도 되지 않는다. 오히려 딜타이의 심리주의적 해석 또는 상상력은 문화나 예술작품에서 더 타당할 수 있지만, 사회 안에서 드러나는 인간의 행동을 합리적으로, 즉

---

2 Weber, "The Nature of Social Action," Ibid., 10.

3 Schutz, *The Phenomenology of the Social World*, 15 (hereafter PSW).

4 Weber, "The Nature of Social Action," *Weber Selections*, 7.

사회과학적으로 접근하는 데는 별다른 도움이 되지 않는다.

심리학에 저항하면서 베버는 합리적 행위의 유형론을 방법적 개인주의, 즉 의미와 행동의 연관성을 합리적 유형에 따라 분석한다. 개인의 행동에는 합리적으로 이해될 수 있는 동기와 유형이 존재하고, 이것은 목적을 지향한다. 이러한 목적 지향의 행동은 가장 높은 확실성을 내포하며, "사회적 세계의 모든 복합적 현상"은 이러한 목적 지향의 타입으로 환원된다. 베버는 이러한 목적 합리성과 행동을 기초로 한 관계들과 구조 그리고 이것을 드러내는 모든 문화적인 객관적 현실에 주목했다. 이것을 통해 베버는 개인행동의 합리적인 형식에 따라 해석하려고 했다. 알프레드 슈츠(Alfred Schutz)에 의하면 "개인의 행동과 의도된 의미"는 베버의 이해 사회학의 중심으로 들어온다.[5]

이념형과 합리성

베버는 의미 있는 사회적 행동을 이념형에 따라 네 가지 형식으로 분류한다. (1) 사회적 행동은 주어진 목적에 적합한 수단을 사용할 때 합리적이 된다. 이것은 목적 합리성인데, 기술적 계산이나 산출 계산, 계획된 프로그램 또는 조직을 신중하게 고려한다. 이것은 형식적 합리성 또는 도구적 합리성으로 부를 수 있는데, 도구적 관점에서 행동의 귀결을 계산할 수가 있으며, 전략적인 측면에서 가능한 수단의 효율성을 고려한다. 베버는 이러한 합리적 행동을 "신중한 개인

---

5 PSW, 6.

의 목적의 체계를 위해 설정된 행동"(zweckrational)으로 간주하며, 이것은 합리적 행동의 원형을 지적한다.[6]

막스 호르크하이머는 베버의 목적 합리성에 동의하고, 이러한 합리성은 산업 문화의 저변에 깔려 있다고 말한다. 이러한 '이성'은 칸트적인 의미에서 오성의 차원에서 나타나는 이해를 지적한다. 칸트의 이성 개념은 목적과 수단의 규제를 넘어서는 차원을 지적하지만, 베버는 목적을 이해하기 위한 수단으로서 목적 합리성을 규정한다. 여기서 호르크하이머는 목적 합리성을 통해 사회가 지배될 때 의미 상실과 자유의 상실이 드러나며, 자본주의 합리성을 루카치에 따라 물화로 해석한다. 쇠우리 창살을 초래하는 목적 합리성은 예술작품을 상품으로 만들어버리며, 모든 인간의 삶을 물화, 즉 물의 지배 아래 두게 한다. 여기서 생활세계는 자본주의 사회에서 상품화가 되고 식민지화가 된다.[7]

(2) 베버의 사회적 행동 이념형 두 번째는 사회적 행동이 절대적 가치를 순수하게 자신의 확신이나 심정을 위하여 실현하려는 태도를 통해 합리적이 된다는 것이다. 이것은 행동이 초래할 귀결을 고려하지 않는다. 이것은 가치 합리성(value-rational)이며, 주관적인 편애나 확신이나 심정을 강조하는 가치들에 대한 평가에 기초한다.

(3) 사회적 행동은 감정 합리성(affection-rational)이며 특별히 감정적으로 결정된다. 이것은 복수나 감각적 만족을 위한 직접적인 자극에서 볼 수가 있다. 이것은 감정적인 긴장이나 문제를 해결한다.

---

6 PSW, 18.

7 Habermas, *The Theory of Communicative Action*, 1, 346.

(4) 사회적 행동이 전통적 행위가 될 때 그것은 고정된 관습이나 종교적 이념들의 표현에서 드러난다. 이것은 전통 합리성(tradition-rational)을 말한다.[8]

베버의 사회적 행동의 이념형을 고려할 때 알프레드 슈츠는 베버가 타인의 행동을 관찰할 때 관찰자의 관점에서 일면적으로 파악한다고 비판한다. 왜냐하면 타인의 행동은 상호 주관성을 통해 합리성의 주제와 유형에 맞게 파악될 필요가 있기 때문이다.[9] 타인의 행동 의미는 관찰자의 의미와는 동일시되지 않는다. 목적 합리성은 일상의 생활에서 인간의 행동에 대한 방법론적 원리로 충분하지 않다.[10]

문화적 실천에서 가치 합리성은 종교적인 도덕성이나 전통적인 합리성에 근거하고 경제적 콘텍스트에서 드러나는 목적 합리성 보다 더 큰 의미가 있다. 베버의 목적 합리성의 이념형은 이런 점에서 취약하고 명료하지 못하다. 이것은 가치 합리성이나 종교적 도덕 합리성과 연관해 다루어지면서 개념적인 명료함을 가질 필요가 있다. 예를 들어 성서에서 예언자적 이념형은 가치 합리성을 넘어서서 토라에 근거한 책임성을 강조한다.

이념형 또는 모델은 보다 넓은 스펙트럼에서 다른 합리적인 형식들과 연관 지어 볼 필요가 있다. 베버처럼 수단-목적의 합리성을 지나치게 도구적이며 기술적인 추동력으로 설정할 경우 인간의 삶과 자연은 짓밟히며, 죽음과 폭력을 향한 경쟁, 효율성 그리고 수익성으로 결단나고 만다.[11]

---

8 Weber, "The Nature of Social Action," *Weber Selections*, 28.

9 PSW, 16.

10 PSW, 289.

이 지점에서 필자는 타입이나 유형을 우리에게 스스로 드러내는 것으로 정의한다. 이러한 타입의 드러남은 모든 다른 합리성의 형식을 목적 합리성이라는 거대 담론으로 환원시키지 않는다. 가치 합리성과 종교적 윤리 특히 예언자적 윤리는 정의와 공감 그리고 정명에 기초하며 베버의 종교 윤리의 한계를 극복한다. 사실 타입 자체는 "삶과 그 자체의 중요성과 법"을 구조처럼 가지고 있지만, 이것은 실제의 사진과 같은 것이 아니다.[12] 타입은 의미 있는 것의 상징으로서 우리에게 살아있고 현상적으로 드러나며, 이것은 우리에 의해 해석된다.[13] 이러한 해석은 인간의 삶과 행동을 파악할 때 의도적이며 방법적이지만 또한 판단 중지와 문제틀을 통해 공론장에서 사회학적으로 전개될 필요가 있다. 인간의 합리성에 대한 타입들은 다양한 방식으로 분석되고 설정될 수가 있다. 특히 종교적 합리성은 예언자적이며 종교적 가치를 도덕적 책임성과 더불어 드러난다. 앞서 살펴본 것처럼 트뢸치의 종교적 아프리오리는 생활세계와 연관된 합리성으로 평가될 수 있고, 베버의 전통적 합리성을 갱신할 수가 있다.

게다가 사회 계층에서 분화되는 공공 영역들(정치, 경제, 교육, 종교 그리고 문화)을 다룰 때 다양한 합리성의 타입은 각각의 영역에서 지배 구조를 다룰 때 서로 관련되어 구성될 수 있다. 목적 합리성은 정치에서 기술적 지배 유형으로 또는 경제에서 신체를 훈육하는 지배 방식으로 나타나며, 이것은 베버가 지배의 이념형으로 다루는 가부장,

---

11 Duchrow and Hinkelammert, *Transcending Greedy Money*, 132.
12 Van der Leeuw, *Religion in Essence and Manifestation* II, 673.
13 Ibid., 674.

카리스마 그리고 법적-관료적 지배의 유형에 비판적으로 보충할 수가 있다.

베버의 카리스마 지배는 종교의 예언자적 리더십에 관련되는데, 카리스마적 지배는 단순히 심정 윤리에 기초하지는 않는다. 성서에서 드러나는 예언자적 윤리와 사회 비판을 분석해볼 때 예언자적 카리스마 지배는 전통적인 토라에 기초하며(전통 합리성), 토라의 계약에 충실한 책임성을 동반하며, 토라에 담겨 있는 가난한 자들과의 공감과 연대를 심정 윤리적으로 수행하고, 전체사회를 메타노이아로 인도한다. 이런 점에서 목적 합리성(책임)과 가치 합리성(심정) 그리고 전통 합리성(종교적 이념)은 서로 분리되는 것이 아니라 예언자적 카리스마 리더십에서 융합되며, 토라의 원류가 중요해진다. 이것은 예언자적 도덕 합리성을 내재적 비판의 원류로 특징지으며 베버의 책임과 심정 윤리를 통합하는 종교 이념의 본래적 타입으로 드러난다. 이러한 관점은 베버의 취약점, 즉 내재적 비판의 원류로서 이념형을 구축하지 못하는 것을 극복한다. 베버의 이념과 물질의 선택적 친화력에서 필자는 생활세계를 통한 내재적 비판으로서 이념과 실천의 관계를 역사적으로 파악한다. 이것은 칼뱅-사회 휴머니즘/칼뱅주의-자본주의에 대한 다원적 해석을 가능하게 한다.

유형과 사회적 실제

유형은 물질적이며 상징적인 틀에서 생산과 재생산의 메커니즘을 역사적 노동 분업과 행위자(시민, 가정, 교회, 교육시스템 그리고 국가)를 통해 전개할 수 있다. 상징적 권력과 폭력 그리고 지배에 대한 사회학적 논의에서 사회 계층에서 당연히 여겨지는 것에 대한 자연적 태도나 경험에 판단 중지를 하는 것은 중요하다.

이러한 전망은 베버의 이념형의 사회학을 비판적으로 보충하고, 종교적 이념과 예언자적 윤리를 폭넓은 사회사적인 스펙트럼에서 파악하는 의미론적 서클을 강화한다. 물질적이며 상징적인 접근은 유형을 전거로 고려하며, 이것을 통해 역사적이며 사회적 사실들을 해명한다. 이것은 지나친 환원적인 형식을 비판하고, 모든 다른 중요한 요소들을 프로쿠르테스 침대에 묶어 재단하지 않는다. 한 사회가 계급투쟁의 상황이나 정치적 논쟁에서 드러나는 환원적 형식은 종종 이항의 대립으로 나타나고 진영 논리로 전개되는데, 여기서 합리적인 논의나 도덕적 실천은 정치권력의 논리로 재단되고, 합리적 소통이 봉쇄되고, 체제나 진영에 기생하여 살아가는 부화뇌동한 존재가 속출한다. 합리성은 변질되고 병리 현상에 갇혀버린다. 이것은 식민주의 유형에 속하는 사회진화론에서 볼 수 있다.

계급과 계층의 상황은 서로 관련되며 또한 구분된다. 베버에 따르면 신분 상황을 계급 상황으로부터 분리하고, 후자는 경제적으로 연관되는 노동과 시장의 상황에서 드러나는 타입에 의해 결정한다. "외적으로 볼 때 이러한 신분 요소는 매우 명백하게 경제적인 독점에 의해 대표된다… 과거 신분 계층의 중요성은 무엇보다 더 경제적 사회 구조를 위해 [계급]보다 더 결정적이다."[14]

베버의 견해에 따르면 현재의 사회는 매우 예외적으로 계급들과 더불어 교육을 받은 특별한 신분들의 위신과 명예로 계층화되어 있

---

14 Weber, "The Social Psychology of the World Religions," *From Max Weber*, 301.

다. 이것은 "신분 계층의 명백한 요소를 포함한다."[15] 베버의 신분 계층론은 계급과 신분의 상호 관련성을 교육의 영역을 통해 파악하지만, 종교와 사회 그리고 문화의 비교 연구에서 충분히 해명되지 않는다. 베버의 계층론은 다양한 공공의 영역들에서 드러나는 권력관계들에서 분화, 전문화 그리고 지배로 확대될 수 있다. 예를 들면 사회 계층론은 정치 영역, 경제 영역, 법적 영역, 종교 영역 그리고 사회 문화적 영역 그리고 지적 영역(학계, 예술, 교육), 직업 영역과 성적인 삶(erotic) 등의 영역에서 분석적으로 다듬어질 필요가 있다.

개별의 영역은 권력의 특수한 타입과 자본을 가지며 갈등과 경쟁으로 채워진다. 공론장에서 참여하는 사람들은 각각의 영역에서 효율적인 자본의 유형에 대한 지배와 독점을 갖는다. 예를 들면 사법적 영역에서 법적 권위(또는 자본), 예술적 영역에서 문화적 권위(자본), 교육의 영역에서 지적 권위(자본), 종교적인 영역에서 교회의 권위(자본)—이런 타입들은 영역에서 권위와 자본과 더불어 특수화된다. 이러한 교차적 권위와 자본은 신분과 계급을 서로 묶어 통합하며, 권력관계들은 권위와 정당성의 형식에서 자본의 특수한 타입에서 드러난다.[16]

이러한 물질적-상징적 접근은 계급/신분의 그룹 안에서 문화적 차이들을 분석하며, 이러한 차이들이 특별한 삶의 스타일과 문화적 취향 그리고 사회적 성향을 재생산하며, 더 나아가 종교적 담론과 물질적 이해관계의 선택적 친화력을 권력관계의 그물망에서 파악

---

15 Ibid.
16 Bourdieu and Wacquant, *An Invitation to Reflexive Sociology*, 17-18.

한다. 여기서 물질적 이해는 경제적 영역에만 국한되지 않는다. 그것은 다양한 영역의 스펙트럼을 포괄하며, 특히 인종(생물학적 그리고 문화적), 젠더 그리고 섹슈얼리티와 같은 이슈에 관심한다. 성과 종교를 다룰 때 베버는 에로틱한 영역을 역사적으로 분석하며 젠더와 인종은 문화 계층에 대한 사회학적 반성에 통합시킨다.[17] 그러나 베버의 반성은 이러한 분야를 다룰 때 단편적으로 남으며 해명과 수정과 명료화를 필요로 한다.

정치적 지배유형과 접합

베버의 유형론은 그의 정치 사회학에서 모든 지배 권력을 정당성에 따라 몇 가지 타입으로 분류한다. 법적 권위의 근대의 타입, 카리스마 타입 그리고 전통적인 가부장 타입이다. 그러나 지배의 모든 경험적인 타입들은 이러한 이념형에 조응하는 것이 아니라, 이런 유형들은 통전되어서 사회 문화적 상황에서 혼용되기도 하고 또는 이행의 단계에서(예를 들어 귀족적 관료제) 나타나기도 한다. 베버의 기여는 합리성의 타입(목적, 가치, 전통, 감정)을 경제적 영역에서 다루고, 반면 지배 합리성의 타입은 정치적 영역에서 다룬다. 이러한 다양한 타입은 구별되지만, 사회 계층의 다양한 영역들에서 교차하고 융합되어 나타난다. 카리스마적 지배는 경제적 측면에서 가치 합리성에 근거하지만, 정치 영역에서 사회 비판적으로, 즉 예언자적으로 나타난다. 그러나 이러한 카리스마 지배에서 목적 지향과 전통 합리성은

---

17 Weber, "Religious Rejections of the World and Their Direction," *From Max Weber*, 342.

베버처럼 유리되는 것이 아니라 서로 교차하고 융합된다.

지배의 유형론은 부정적인 귀결에 관련되며, 즉 식민주의적 또는 제국주의적 타입으로 드러날 수도 있다. 신분 그룹이 종교적 관습이나 교육에 기초한 문화적 타입으로 간주된다면, 식민지 타입의 자본주의는 권력과 특권을 추구하는 정치적 타입에 속한다. 이것은 자본주의에 대한 합리적 타입과는 대립된다. 비록 베버가 식민주의나 제국주의에서 나타나는 자본주의 유형을 다루지만, 그의 취약점은 사회진화론의 합리성과 지배 유형이 식민주의에서 드러나는 것을 도외시한 데서 볼 수가 있다. 자유방임 자본주의 유형과 식민 지배는 맞물리지만, 베버는 접합이론적으로 다루지 못한다. 사회진화론의 유형에 가장 강력한 비판은 뒤르켐의 사회학적 기여에 속한다.

어쨌든 베버의 계층 이론과 지배 유형론은 정치 사회(정당과 신체정치 합리성)와 경제 사회(계급 상황과 조직의 경제적 합리성), 법적 사회(관료제) 그리고 시민 사회(종교, 신분 그룹, 제도, 학문 사회, 교육 그리고 예술)로 분화되어 전문적으로 다룰 수 있다. 인종과 젠더 그리고 섹슈얼리티는 사회적 신분과 계급 그리고 문화 계층의 분화와 다원성에 개입하는 중요한 가변적 요소들이 된다. 이러한 문제들은 공공신학이 종교적 담론을 다른 영역들의 권력 타입과 연관되어 선택적 친화력을 다룰 때 상징-유물론적인 측면에서 접합이론적으로 전개할 수 있다.

문화적 콘텍스트에서 종교의 의미는 이념과 윤리적 태도를 담지하고 실행하는 대중들에 의해, 즉 평신도들에 의해 일상의 삶과 실천적 스타일에서 생산되고 사회 전반으로 유포된다. 종교 전문가의 카리스마적 리더십과 더불어 종교적 실천은 모든 다른 일상의 실천에 연관되며, 이것은 다양한 삶의 공간과 영역들에서 물질적 이해관계에 의해 가동화되며 권력과 지배의 타입들을 산출한다. 선택적 친화력과 사회 계층론은 다양한 공론장에서 문화적 취향과 성향 그리고 권력의 관계들에서 어떻게 작동하는지 분석된다. 이것은 사회적 실제에 대한 종교적 구성을 의미하는데, 필자는 이러한 이론적 통찰을 공공신학의 중요한 방법으로 발전시킨다.

사회 계층에서 드러나는 종교, 문화, 경제적 합리성에 대한 접근은 동아시아에서 드러나는 합리화 과정에서 결정적이며, 정치 제도적 지지를 통한 권력관계가 다차적 근대성을 파악하는 데 주요한 역할을 한다. 다차적 근대성은 한 사회 계층에서 어떻게 다양한 요소들이 합리적 태도와 경제 윤리를 형성하며, 근대성이나 산업화에 대한 담론을 정치 제도적 주도권과 법적 정당성에 기초해 서구와는 다르게 재해석한다.

앞에서 본 것처럼 근대 일본의 종교 문화적 뿌리를 연구하면서 로버트 벨라는 정치 지배 시스템과 경제적 모티브를 접합시키고, 이러한 접합이론에서 정치적 가치영역에 미친 종교 문화적 요소(불교와 유교)를 일본의 근대화 과정에서 주요 동인으로 파악했다. 근대화는 산업화와 동일하게 사용되는데, 이것은 서구에서 거의 경제적 요인에 의존된다. 베버에 의하면 이것은 개신교의 이념과 윤리에서 드러나는 세계 내적 금욕주의와 경제적 실천적 태도가 어떻게 목적 합리성의 원형으로 작용하며, 자본주의 사회의 추동력이 되는지 파악된다.

그런가 하면 마르크스는 자본주의 생산 양식(생산력과 생산 관계)을 통해 임노동자와 자본가의 관계에서 이념형적으로 경제적인 측면 특히 소외와 물화를 통해 파악한다. 그러나 일본에서 근대화를 위한 동기는 정치적 가치 영역에 근거하고, 메이지 시대 정치권력의 중심화와 증대를 통해 산업화가 이루어진다.[18]

이런 관점에서 볼 때 정치권력의 타입은 경제적 합리화 과정에서 고려될 필요가 있고, 사회 계층에서 드러나는 신분 형성과 경제적 실천이 어떻게 정치권력과 접합되는지 검토되어야 한다. 권력관계는 역사의 전개 과정에서 경제적 상황을 규제하거나 종교의 본래적 이념을 변형하거나 일탈(인식론적 파열)시킨다. 담론과 지식의 관계는 권력 체계와 엮어지며 경제적 합리화가 가동화된다. 다차적 근대성을 연구할 때 종교적 담론과 경제적 동기 그리고 다른 물질적, 문화적 요인들은 지배 정치권력 체계와 더불어 분석될 필요가 있다. 이것을 저자는 합리성 유형의 접합이론으로 부른다.

이러한 접합이론에서 볼 때 권력과 지식의 상관관계는 역사적인 변형이나 일탈의 과정에서 다양한 사회적 분야에서 권위, 적합성 그리고 지배에 대한 이념형에 대한 사회학적 분석에 통합이 된다. 권력관계와 더불어 종교와 경제 윤리 그리고 물질적 이해관계는 사회의 합리화 과정에서 어떻게 지배 담론으로 확산되고 제도화되는지 주목한다. 그리고 이러한 접합이론에서 중요한 것은 사회 행위자들의 실천과 저항, 즉 신분과 계급이 통합되는 시민의식의 중요성을 강조한다.

---

18 Bellah, *Tokugawa Religion*, 185.

베버와 역사주의 문제

슈츠는 베버와 에두아르트 마이어(Eduard Meyer) 사이에 있었던 역사주의 문제와 논쟁에 주목한다. 역사의 이해와 관심을 고려하면서 슈츠는 다음처럼 말한다: "역사과학의 주요 과제는 과거에서 발견되는 사건들, 인간의 행동들 그리고 징조 등 이 모든 것을 해석을 위하여 [이런 주제들을] 어떻게 선택하고 '역사'로 불리는 것으로 체계화하는 것이다."[19]

슈츠는 역사와 전통을 사회적 세계에서 자아와 타자를 위해 의미의 객관적 근거로 간주하며, 이것은 우리 모두에게 공통적이다. 역사주의는 모든 역사가 역사가들의 관점을 조건 짓는다는 주장에서 옳다. 역사적 해석에서 출발점은 역사적 사실들로서 인간의 행동들을 파악하고, 이것이 역사의 객관적 의미가 되어야 한다. 이것은 또한 역사에서 행위자의 주관적인 의미를 고려하고, 인간 행동의 역사로 체계화한다. 다시 말해 역사에는 사실로서 객관적 의미와 더불어 인간 행동의 주관적인 의미가 이중의 출발점을 구성한다. 그러므로 "역사학자는 타당한 방법을 찾아야 하고 역사적 자료들에 대한 연관적 선택을 해야 한다. 이러한 자료들은 이러한 두 가지 출발점에 의존된다."[20]

그러므로 의미는 의식의 흐름 안에서 출현하는 어떤 경험들에 내재해있는 고정된 특질이 아니다. 내가 반성적인 태도를 통해—의

---

19 PSW, 211.
20 PSW, 214.

식 안에서 떠오르는— 이상적인 대상(노에마)을 과거의 질서 있는 경험으로 파악한다면, 이것이 주관적으로 나에게 의미가 있다. 역사적 사실들로서 객관적 의미는 나의 반성적 태도를 통해 주관적으로 의미가 있을 때 역사는 나에게 타당성을 갖는다. 개인은 반성적 태도를 통해 역사적 사실들과의 관련되며, 이러한 상호 연관성을 통해 역사로부터 오는 의미를 파악한다. 이러한 현상학적 태도는 베버의 유형론적 방법을 반성적 태도를 통해 역사 사회적인 콘텍스트에서 재구성한다.

베버에 의하면 역사, 사회적 실제는 의미 전체로, 즉 객관적으로 파악할 수가 없다. 실제를 파악하기 위해 우리는 개념의 재구성 과정을 지속적으로 할 필요가 있다. 사회과학자들의 개념들은 전통이나 문화적 가치 이념들로부터 온다. 여기서 중요한 것은 주관적 의미의 복합성을 파악하는 것이며, 의미는 인과적으로 적합해야 한다. 이러한 주관적인 의미 구성은 타입을 통해 나타난다. 슈츠에 의하면 베버의 타입은 사회적 세계를 구성하는 사회, 물질적 사실들을 고려하면서 취해지는데, 사회적 세계는 종교적 이념과 더불어 이미 종교인들의 실천적 활동에 영향을 준다. 베버의 사회학적 타입은 객관적인 역사의 영향 또는 생활세계와 연관되어 다루어질 때 사회적인 유형론은 훨씬 더 객관-주관의 상호관계에서 파악될 수가 있다.

역사와 의미

베버의 사회학적 방법은 심리학적 공감과 경험에 기초한 딜타이의 해석학적 역사주의와는 다르다. 딜타이에 의하면 역사가는 연관관계를 드러내는 통찰이 있어야 하며, 독자로 하여금 사건을 자신의 삶에서 다시 살려내며 직관적으로 경험해야 한다.21 그러나 이러한 역사가의 직관과 주관주의적 공감에 저항하여 베버는 게오르그 짐멜(Georg Simmel)의 명제에 동의한다: "시저를 이해하기 위하여 우리는 시저가 될 필요가 없다."22

베버는 인간의 행동에서 주관적인 의미의 역할을 강조하고. 목적 합리성을 분석하고. 인과관계의 적합성에 따라 파악한다. 역사적 행위자는 합리적인 방식에 따라 활동하며 사건의 미래 전개와 조건을 고려한다. 행위자는 행동의 과정을 통해 예기되는 귀결들을 중요하게 생각한다.23

마이어의 저술 『역사의 이론과 방법』(On the Theory and Method of History)에서 베버는 역사에서 인과적 설명을 강조하지만, 물론 인과관계에 저항하는 조건들을 고려한다. 만일 선행하는 사건이 이후의 사건 발생에 충분조건이 된다고 해도 역사에서 일어나지 않을 수가 있다. 오히려 전혀 다른 것이 발생할 수 있으며, 베버는 이러한 다른 사건의 발생을 역사의 실제적 구성에서 개인의 결단에 있음을 본다. 인과적 중요성은 개인의 결정에 기인하며 베버는 마이어의 견해에 동의한다. "역사는 되어가는 과정의 관점에서 사건들을 고려한다." 이것은 구체적 사건의 인과적 중요성에 나타나는 역사가의 평가에서 볼 수가 있다.24

---

21 PSW, 120.
22 "Introduction," *Weber Selections*, 66.
23 Weber, "The Logic of Historical Explanation," Ibid., 112.
24 Ibid.

역사는 문제되는 사건들의 인과적 설명과 관련되며 세계사의 과정에서 일정한 귀결을 갖는다. "역사는 가능성을 인정하지 않는다. 오직 역사적 과정이 결정론적 법칙에 의해 지배되는 대상으로 간주될 때 그렇다."25 역사가는 원인의 다양성을 분석하고 과학적 분석을 통해 궁극적 원인을 설정하고, 궁극적 원인은 귀결들에 대한 해명에 적용된다. 모든 역사적 추론과 논쟁은 원인의 우위성이 역사적 효과와 귀결에 어떤 영향을 미치는지에 주목하고 사회학적으로 검토한다. 인과관계의 분석은 역사의 필연성이나 결정론을 돌출하기 위해 기계론적인 방식으로 취해지지 않는다.

다양한 원인들과 귀결들을 보다 폭넓은 역사적 배경에서 다루면서 베버는 사회적으로 의미 있는 개인의 행동에 관심하며, 개인의 행동은 윤리적, 경제적 효과를 역사의 발전 과정에서 행한다. 이러한 역사의 담지자들은 사회 안에서 신분 그룹에 의한 계층 형성에서 중요한 역할을 하며, 이념형은 역사의 전개에서 드러나는 인과관계에서 이념과 물질적인 이해관계에 대한 선택적 친화력을 분석한다.

베버의 사회학에서 의미는 첫째, 구체적인 행위자의 실제적인 차원을 지적하며, 이러한 의미는 행위자들 간에서 평균적인 것으로 존재한다. 둘째, 의미는 이론적으로 고려되는 이념적 타입에서 구성되는데, 이러한 타입은 주관적으로 의도된 의미를 내포한다. 역사적 접근은 구체적인 개인의 행동을 위해 실제로 의도된 의미를 다룬다. 역사 이해는 "인과적 분석에 주목하고, 또한 문화적 중요성을 갖는 개인 행동들, 구조들, 인격성들에 대한 설명에 관심한다."26

---

25 Ibid., 118.

물론 베버는 역사가의 관심을 인정하며 레오폴드 랑케(Leopold von Ranke, 1795~1886)가 과거의 사건들을 다룰 때 직관을 통해 유추하는 것을 알고 있다. 하나님의 섭리는 역사의 의미의 배경이 되며 사실들과 자료들은 역사가에게 필수 불가결하다. 역사가들은 실제로 일어났던 과거를 있는 그대로 기술하려고 한다. 이것은 랑케의 역사의 원리를 말하는데, "과거에 실제로 일어났던 사건들"을 통해 역사가는 과거를 분석하고, 현재를 미래에 관련짓는다. 베버에 의하면 랑케의 역사 연구는 고대 이집트에서 보여지는 판화와 같은 그림을 통해 역사를 독해하는 거룩한 방식(holy hieroglyph)으로 간주된다. 왜냐하면 하나님의 손이 역사 안에 있기 때문이다. 하나님은 국가에 특수한 도덕적 사명을 부여했고, 시민들은 이러한 도덕적 사명을 성취하기 위해 국가에 복종해야 한다. 랑케는 사실들을 수집하고 역사에서 무엇이 실제로 일어났는지 기술하고 최종적으로 이러한 관점에서 과거의 내적 의미를 이해한다.[27]

그러나 베버에 의하면 랑케는 역사적 개인들의 의미 있는 행동 또는 사회 계층에서 신분 그룹의 합리화의 과정을 이해하는 데 실패한다. 베버의 선택적 친화력은 종교적 이념과 윤리적 태도에서 어떻게 자본주의의 현실이 역사에서 진행되는지에 주목하며 이것은 랑케의 거룩한 실증주의 또는 경험주의적 기술 방식과는 다르다. 역사가가 역사 자료들과 문서들을 선택적으로 배열하고 조직한다고 해도 역사적 사실들의 객관성을 제거하지 않는다. 이러한 객관성은

---

26 PSW, 225.
27 Weber, "The Logic of Historical Explanation," *Weber Selections*, 129.

이념형을 통해 이해될 수가 있다. 의미 적합성은 역사적 사실들에 대한 객관적 해석, 즉 인과적으로 적합한 방식으로 취해진다.

이런 측면에서 베버는 역사의 일반적인 것 또는 객관적인 것의 상대적 수준을 역사의 귀결에서 추론한다. 모든 조건들의 총체성은 인과관계를 통해 파악되며, 역사적 귀결을 통해 역사의 객관성이 더불어 작용하고 해석된다.[28] 이러한 역사 사회학적 관점을 기초로 베버는 칼뱅주의 이중 예정과 경제 윤리(세계 내적 금욕주의)를 목적 합리성으로, 즉 이념형으로 분류한다. 이후 역사의 전개 과정에서 자본주의 합리적 정신과의 선택적 친화력을 통해 이러한 이념형적인 모델이 서구 사회로 유포되고 거대 담론으로 설정되는지 파악한다.

그러나 베버와는 달리 필자는 역사에서 일어난 중요한 사건을 탐구할 때 이러한 사건에 영향을 준 이념(칼뱅주의 이중 예정)이 영향사로서 원류적 이념(칼빈 자신의 입장)과 연관지어 비교 연구를 발전시킨다. 청교도 칼뱅주의는 어떻게 영향사로서 칼뱅의 종교적 이념과 가치에 대한 창조적 비판적 변형을 통해서 나타나는가? 또는 원류의 이념과 다르게 발전된 왜곡, 즉 이데올로기적으로 드러나는 수치의 효과는 무엇인가? 원류의 빛에서 역사의 수치의 효과를 비판함으로써 이념형은 새롭게 규정될 된다. 이것은 베버가 간과하는 접합이론의 측면을 이념형의 원류와 더불어 상관 방법으로, 즉 상징-유물론적인 틀에서 역사비평과 이데올로기 비판을 통섭한다.

---

28 Ibid.

V. 자본주의 합리성, 신체정치, 섹슈얼리티

개신교 윤리와 자본주의 정신에서 베버는 청교도 칼뱅주의와 산업 자본주의의 선택적 친화력에 가치 중립적으로 접근한다. 그러나 그의 가치 중립적 태도는 그의 결론에서 가치 연관성으로, 즉 자본주의 합리성이 철창에 묶여 버린 병리 현상으로 폭로하면서 드러난다. 자본주의 합리성은 끊임없는 자본주의적 기업을 수익에 기대하면서 교환의 기회를 유용화하면서 나타난다. 이것이 자본가들에겐 의미 있는 행동이 되는데, 교환을 용이하게 하기 위한 기회에 기초한다.[1]

베버의 의도는 칼뱅주의 이중 예정론을 웨스트민스터 신앙고백에 따라 분석하고, 이것이 자본주의 정신에 미친 역사적 영향을 검토하는 데 있다. 이중 예정론은 칼뱅주의에게 추동력으로 나타나며 이들의 신앙을 세속적인 직업의 활동에서 입증할 것을 격려한다. 이것은 청교도의 도덕성의 금욕적인 행동을 방법적으로 합리화된 경제 윤리 행위로 파악한다. 베버는 칼뱅주의자들을 자본주의 경제의 온상으로 보았고, 이들에게서 부의 획득은 직업 소명에서 노동의 산물이며, 그것은 하나님의 축복의 싸인이 된다.[2]

---

1 Weber, *The Protestant Ethic and the Spirit of Capitalism*, 17.
2 Ibid., 121, 172.

세속적인 직업 활동에서 드러나는 이들의 쉼이 없는 체계적인 노동과 이에 대한 종교적 가치 부여는 금욕주의의 최고의 수단이 된다. 동시에 그것은 중생과 진정한 신앙에 대한 가장 확실하고 분명한 증거가 된다. 이것은 "구원을 얻기 위한 금욕적 강요를 통한 자본의 축적"을 말한다.3 이러한 태도는 자본주의 정신에 공명한다. 종교적 이념은 자본주의 정신에 적합한 목적 합리성에 자극을 주며 서구 근대화의 과정을 촉진한다. 이러한 삶의 방법적인 행위는 합리성의 최고의 형식을 구현하며, 이것은 실천적-목적 합리성이 된다. 이러한 목적 합리성이 서구 근대화의 과정을 이끌어 가는 추동력과 매개 역할을 한다. 칼뱅주의 세계 내적 금욕주의와 자본주의적 수익 추구 사이에는 역사적으로 볼 때 인과적으로 적합하며, 여기서 목적 합리성은 서구 근대화 과정의 기반을 이룬다.

마르크스주의자들의 비판에 의하면 자본주의에 대한 베버의 유형론 연구는 세계의 주술화 과정을 통하여 청교도 윤리에서 드러나는 목적 합리성과 근대화의 상관관계에 지나치게 주목하고, 일반화시킨다고 한다. 이들의 테제는 경제적인 활동과 노동자의 소외 현실이 상부구조의 종교적 이념을 결정한다는 방식을 취한다. 그러나 마르크스주의 비판과는 달리 베버는 마르크스처럼 자본주의의 비합리적 차원에 침묵하지 않았다. 오히려 베버는 식민주의와 제국주의 상황에서 빚어지는 자본주의의 비합리성과 폭력을 정치 사회학에서 분석했다.

사회과학자들은 어떤 주제를 탐구할 때 자신들의 개인적인 가치

---

3 Ibid., 172.

와 편견 또는 문화적인 가치 판단과 이해관계에서 피할 수가 없다. 그러나 중요한 것은 자신들의 개인적인 가치나 편견들을 객관적인 연구 대상에 투사하는 것은 여전히 베버에게 문제시된다. 사회학자들은 자신들의 가치나 이념을 연구하는 대상과 혼동해서는 안 된다. 가치 판단이나 역사에 대한 해석은 연구의 마지막 단계에서 나타난다. 이런 점에서 가치 중립과 가치 판단 내지 연관성은 서로 대립하지 않는다. 그러나 연구 대상에 대한 자연적 태도나 여기에 자신의 가치 판단을 주입할 때 사회나 역사에 대한 연구는 연구자 개인의 편견에 의해 심하게 왜곡되고 남용되고 만다.

이러한 관점은 베버를 이념형적 모델로 나가게 한다. 그렇다고 해서 이러한 가치 중립의 방법은 연구자가 처해있는 사회적 조건과 역사적 영향을 회피하지 않는다. 후자는 여전히 연구자의 이해와 해석 그리고 재구성의 저변에 생활세계로 깔려 있다. 이러한 생활세계는 이념형으로 환원되지 않고 오히려 이념형을 물질적 상징적 조건에서 갱신하기 때문에 베버의 사회학은 후설의 생활세계론과 만남을 예비할 수가 있고 비판적으로 갱신될 수가 있다.

자본주의의 합리적 차원에 대한 베버의 이념형적 접근에서 역설적인 결론이 돌출된다. 합리성은 비합리성으로 귀결된다. 역사적 전개에서 자본주의의 합리성과 기술지배는 삶의 의미 상실과 자유의 상실, 즉 철창에 갇혀버리고 만다. 금욕주의가 수도원의 담을 넘어 일상의 삶으로 이전되고 세속적인 도덕성을 지배할 때 이것은 근대 경제적 질서를 형성한다. "이러한 질서는 이제 기계생산의 기술적 경제적 조건들에 구속되고, 오늘날 기계생산은 모든 개인들의 삶을 결정한다. 이들은 이러한 메커니즘 안에서 저항할 수 없는 세력으로 태어난다… 박스터(Baxter) 견해에 의하면 외적인 상품에 대한 염려는 성인의 어깨에 '가벼운 외투처럼 걸쳐 있고 언제라도 벗어던질 수가 있어만 한다.' 그러나 운명은 이러한 외투가 쇠우리 창살이 된다."[4]

철창 또는 쇠우리 창살은 근대성과 합리성의 상징이 되며, 베버는 이러한 귀결을 매우 부정적인 방식으로 평가한다. 이것은 베버적인 의미에서 자본주의가 처해있는 노동의 소외와 사회적 물화를 말한다. 종교적-형이상학적 세계관으로부터 비주술화는 근대의 의식 구조의 출현과 결합하며, 이것은 기술적인 진보와 지식 체계화, 해방을 야기한다. 그러나 이것은 역사의 전개 과정에서 쇠우리 창살에 예속되고 삶의 의미와 자유를 상실하며 사회의 위기와 생태학적 파괴로 이어진다.

베버는 결론에서 자신의 입장이 일면적인 유물론적 방법이나 일면적인 관념주의에 기초한 해석이 아니라고 항변한다. 사실 아무도 미래에 이러한 쇠우리 창살에 갇혀 살아가게 될지 모른다. 그런가 하면 이러한 근대 최후의 발전에서 완전히 새로운 예언자들이 출현할지 아니면 이전의 오래된 이념들과 이상들이 다시 탄생할지 모른다. 자본주의 문화의 마지막 발전단계에서 드러나는 것은 니체와 같은 마지막 인간의 유형인 것만큼은 확실하다: "정신이 없는 전문가들, 마음이 없는 감각주의자들. 이러한 허무함은 이전에 성취해본 적이 없는 문명의 수준의 상태를 상상한다."[5]

베버의 가치 상반적 태도에는 자본주의를 통한 해방과 진보가

---

4 Ibid., 181.

5 Weber, *The Protestant Ethic and the Spirit of Capitalism*, 182.

있다. 반면에 불가피한 근대성의 예속에서 근대사회의 병리 현상이 드러난다. 자본주의 허무성은 그의 정치 사회학에서 식민지 타입에서 드러나기도 한다. 자본주의 식민주의 팽창에서 베버는 남아메리카에 있었던 스페인의 본원적 축적과 착취, 미국 남부에서 영국의 착취, 인도네시아에서 화란의 식민지 정책에서 드러난 제국주의적 현실에 주목한다.6

베버에 의하면 자본주의 모든 형식에는 자본산출의 합리성과 더불어 수익을 효율적으로 추구하는 정치 사회 연합의 조직이 존재한다. 이러한 자본주의적 기획은 해외 정책에서 확대되기도 하지만, 사실 이런 자본주의적 맹아 내지 발전은 세계의 모든 지역에서 볼 수가 있다. 이러한 투기 모험적인 자본주의 유형은 "순수하게 비합리적인 투기 또는 폭력을 통한 취득 그리고 무엇보다 더 전리품에서 볼 수 있다. 이것은 실제 전쟁이나 아니면 오랜 기간 [식민지] 예속 백성들에 대한 재정적 약탈"에서 드러나는데 이러한 자본주의 유형은 모든 세계에 존속했다.7

그러나 베버의 문제는 자본주의의 복합적인 현실(합리적 그리고 비합리적)을 다룰 때 접합이론을 통해 파악하지 않는 데 있다. 자본주의는 서구의 예외주의에 속하지 않는다. 전 세계에 유포되어있고 식민주의나 제국주의 정책을 통해 존속해 왔다. 그리고 자본주의적 합리적 "정신"에 세계종교들은 나름대로 친화력을 가지고 있고, 경제적 태도를 통해 자본을 구성한다. 그렇다면 베버는 종교와 물질적 이해

6 Weber, "Structures of Power," *From Max Weber*, 167.
7 Weber, "The Origins of Industrial Capitalism in Europe," *Weber Selections*, 336.

관계 그리고 역사 전개 과정에서 드러나는 합리화, 전문화 그리고 분화가 사회 계층에서 어떻게 설정되고 배열되는지를 보다 개념적으로 명료하게 파악할 필요가 있다. 그러나 그의 관심은 "종교 윤리의 역사적 실현에서 유형론적으로 중요한 것이 무엇인지"[8]에 주목한다. 이러한 측면에서 칼뱅주의 이중 예정론과 세계 내적 금욕주의적 윤리적 태도가 자본주의 합리성에 가장 적합한 선택적 친화력으로, 즉 이념형으로 분석된다.

그런가 하면 정치 사회학에서 베버는 모든 지배 권력의 타입을— 세속적이든지 아니면 종교적이든지 또는 정치적이든지 아니면 비정치적이든지 간에— 이념형을 통해 정당성의 토대를 추구한다.[9] 베버의 사회학적 방법은 비교종교 연구에서 유용화 될 수 있고, 칼빈 자신과 칼뱅주의에 대한 역사를 연구할 때 초기적 발전과 이후 역사적 귀결을 검토할 수가 있다(이념의 원류의 중요성과 이에 역사적으로 이탈된 방향과 귀결에 대한 내재적 비판). 또한 이것은 기술적 합리성과 권력관계들을 정치적 지배와 자본주의 행정 조직에 포함하면서 종교의 담론과 지식 체계를 분석하면서 발전될 수가 있다. 이러한 측면은 베버를 마르크스와 푸코와 연결 짓는다.

자본주의와 종교: 베버와 마르크스

자본주의(물질적) 이해관계는 법의 영역에서 전문적으로 훈련된

---

8 Weber, "The Social Psychology of the world Religions," *From Max Weber*, 292.
9 Ibid., 294.

신분 그룹이나 전문가 집단에 의해 법과 행정에서 지배 체제를 예비한다. 합리적 조직의 특별한 타입은 서구 문명에 결정적이다. 베버는 다음처럼 말한다.

> "그러나 구원은—오직 그것이 체계적이고 합리화된 '세계의 이미지'를 표현하고 세계를 직면하여 태도를 대변할 때만— 특별한 중요성을 얻는다. … 이념이 아니라 이상적인 [물질의] 이해관계가 직접적으로 인간의 행위를 지배한다. 그러나 매우 빈번히 '세계 이미지'는 이념에 의해 창조되지만, 선로 변경원처럼 기차 트랙을 결정한다. 이러한 트랙을 따라 행동은 물질의 이해관계의 역동성에 의해 밀려 나간다."[10]

이러한 측면은 베버의 사회학에서 물질의 이해관계가 추동력이 된다는 것을 의미한다. 그의 이념형은 마르크스처럼 물질적인 차원을 포함하는데, 자유 노동의 합리적인 자본주의 조직에 기초한다.[11] 모든 세계에서 자본주의적 발전이나 종교들에서 합리적인 태도가 존재하지만, 방법적으로 합리화된 윤리적 행동을 통해 자본주의 정신으로 발전하는 경우는 서구의 금욕적 개신교를 제외 하고는 찾아보기가 어렵다.[12]

그러나 베버와는 달리 마르크스의 주요 분석은 산업 자본주의 안에서 분업을 통한 노동자의 소외에 있으며, 인간의 신체는 생산기계의 부문처럼 착취를 당한다. 이것은 생산력과 생산 관계(생산

---

10 Ibid., 280.
11 Ibid.
12 Ibid., 125.

양식)에 기초하며, 자본주의 사회에서 기술지배적 또는 도구적 합리성의 시스템을 강화한다. 마르크스는 발생론적인 틀을 제공하며 자본주의 사회의 심층구조를 역사 변증법적으로 분석한다. 이러한 심층구조(분업, 기술 진보를 통한 생산력 증대, 생산 관계의 상품화 또는 물화)는 사회 조직을 진보적으로 그리고 역동적으로 재생산하며 변형한다.

사회의 첫 번째 질서 또는 객관적 구조는 상품의 물신 숭배라는 종교적 성격, 즉 맘몬 지배를 표현한다. "종교"처럼 자본주의는 사회의 모든 부문을 침투하고 영향을 미친다. 이것은 마르크스의 발생론적 방식에 내재해 있는 물질적이며 상징적인 차원을 지적하며, 자본주의의 사회적 현상을 물신 숭배라는 종교-허무주의적 형식으로 파악한다.

종교적인 아편은 상품 물신 숭배의 메커니즘—정치, 사회, 문화적 영역들의 상품화—을 통해 생산되고 재생산된다. 아편/종교에 대한 비판은 절대명법에 의해 고취된다. 그것은 "인간을 전락시키고 노예화하고 포기해버리고 가치 절하해 버리는 모든 관계들을 전복하는 것이다."[13]

그러나 종교가 노동하는 존재들의 탄식에 연관될 때 종교적으로 고취된 사회 운동은 비참한 조건에 대한 도전과 저항이 될 수가 있다. 도전/종교는 물신/종교에 대립한다. 이것은 다음의 신학적 차원을 지적한다: "하나님의 영광은 인간을 온전히 살게 하는 것이다" (*Gloria dei, vivens homo*).[14] 이것은 내재적 비판의 종교적 근거가 되

---

13 Marx, "Towards a Critique of *Hegel's Philosophy of Right*: Introduction," *Karl Marx Selected Writings*, 69.

14 Duchrow and Hinkelammert, *Transcending Greedy Money*, 168.

며, 역사적 발전에서 아편/물신/종교가 되어 버린 왜곡된 형식에 대해 예언자적 저항과 해체를 감행한다. 이것은 베버의 심정 윤리에서 나타나기도 한다.

실제로 마르크스는 베버의 문제틀을 그의 절제 이론에서 이미 예견하고 있었다. 그것은 청교도적 기업과 윤리적 태도에 관련되며 마르크스는 말한다: "고전적인 타입의 자본가는 개인소비를 [자본의 축적] 기능에 대한 죄로 낙인찍는다… 그러나 근대의 자본가는 축적을 쾌락의 거절로 파악할 수 있다."15 세계 내적 금욕의 타입은 축적을 쾌락과 낭비의 거절로 보며, 탐욕과 부의 증대를 위한 충동은 투기와 신용 시스템을 통한 근대 자본가의 열망이 된다.16 마르크스의 절제 타입은 생산과 재생산에서 드러나는 자본주의 메커니즘에 대한 변증법적 분석에 기초하며, 사회 생산물의 물신 숭배적 성격에 결합된 상징적 권력과 폭력을 드러낸다.

마르크스는 본원적 축적을 역사적으로 분석하면서 자본 축적의 기독교적 성격을 폭로하고, 초기 자본주의의 식민주의 타입을 중상주의에서 파악했다. 자본주의는 세계체제로 시작되고 정치, 군사적 영토지배로 확립된다. 첫 번째 역사적 자본 축적의 단계(15~17세기 초)는 제노아(Genoa)의 자본력에서 볼 수가 있다. 이것은 스페인의 정치 헤게모니를 지지하고, 콜롬부스 신대륙 "발견" 이후 라틴 아메리카에서 금과 은과 미네랄의 약탈과 더불어 인디언 주민들의 노예화와 대량학살로 나타난다. 스페인 식민지 정복 이전 대략 칠천만

---

15 Marx, *Capital* 1, 740-741.
16 Ibid., 741.

명의 인디언 주민들이 살았지만, 반세기 이후 삼백오십만 명으로 감소했다. 거의 95%가 살육당했다.[17] 자본주의 세계체제는 이 시기에(1450~1640) 확립된다.

자본 축적의 두 번째 단계(16세기 후반부터 18세기)는 화란의 헤게모니 아래서 발전한 중상주의이다. 1602년 화란의 동인도회사가, 1621년 서인도회사가 설립되고, 이 두 회사는 인도와 무역에서 비관세 독점 무역으로 경제 특권과 정치적 권력을 누렸다. 1610~1620년대부터 1730~1740년대까지 화란의 상위 계층의 상인들은 유럽 자본주의의 리더와 지배자들이었다. 17세기 암스테르담은 르네상스에서 계몽주의로 이행되는 중심지였다.[18] 칼뱅의 이중 예정론은 이미 도르트 노회(1618-19)에서 정통교리로 채택되었다.

그러나 1600년부터 1860년대까지 화란의 상인은 삼각주 무역에서 노예매매에 관여했다. 유럽과 아프리카 그리고 아메리카의 해상 연결을 통해 무역이 강화된다. 아프리카에서 흑인들을 노예로 노획하거나 판매를 통해 아메리카의 대농장에서 목화 생산 노동을 위하여 보내졌다. 원료들은 유럽으로 들어와서 제조업에서 상품으로 만들어져 세계로 팔려나갔다. 대략 칠천만 명이나 되는 노예들이 강제 노동을 위하여 노획되거나 팔려나갔다. 산업 자본주의는 영국의 헤게모니 아래 자본의 본원적 상태로 발전되고, 인도와 중국에서 도둑질, 약탈, 살육, 식민주의에 대한 착취를 통해 배가 되었다.

여기서 제조업자는 중상주의 축적의 기능이 되며 이것은 상업

---

17 Duchrow and Hinkelammert, *Transcending Greedy Money*, 18.
18 Arrighi, *The Long Twentieth Century*, 135, 140.

자본주의를 형성한다. 상인은 생산을 직접 지배하고, 제조업자는 직물업자들을 오래된 생산 관계에서 노동시킨다. 이러한 방식은 항상 자본주의 생산 양식의 이행기에 서 있다. 상인 계급은 실제로 자본주의자이며 막대한 잉여가치를 취득한다.[19] 중상주의 체제는 산업 자본과 임금 노동이 제조업에서 발생하며, 중상 자본은 산업 자본에 선행하며, 후자는 전자를 자신의 수단으로 창출한다. 산업은 중상 자본 또는 상업 자본 축적의 기능이 되지만,[20] 정치적 절대주의를 강화하기도 한다.

상업 자본주의는 16세기의 경제적 삶에서 근대적이며 효율적인 형식을 취한다. 이것은 오래된 스케일과 원격지 상업과 자본 축적을 위한 추동력으로 드러나며, 산업 활동은 제노아나 플로렌스, 베니스 그리고 밀라노 등지에서 새로운 모직 산업이나 면화 또는 비단에서 출현한다.[21] 13세기와 14세기 중국이나 인도에서 상업 자본주의, 즉 제조업은 결정적이며 이것은 마르크스적인 의미에서 초기 자본주의 단계에 속한다.

유럽의 상업 자본의 승리는 국가 권력과 식민주의에 기초한다. 국가와 상업 자본의 연계는 16세기와 17세기에 산업 자본주의에 물꼬를 터준다. 마르크스의 발생론적 타입은 이러한 역사적 자본 축적의 단계에 관련되고, 초기 자본주의의 유럽적 상황은 13세기에서부터 14세기에 걸쳐 특히 영국에서 엔클로저(enclosure) 운동을 통해 농업은 중상주의 정책에 예속되었다. 상업 자본이 활성화되고,

---

19 Marx, *Capital*, 3, 452–453.
20 Marx, *Grundrisse*, 327–328.
21 Braudel, *Mediterranean*, 319.

시장이 모든 삶의 영역들을 지배했다. 1750년대 영국에서 엔클로저 운동은 정점에 이르고 독립 노동자들은 거의 제거되고 농업 자본가들의 수중에서 임금 노동자로 대신된다.[22]

그리고 제임스 와트(James Watt, 1736~1819)의 증기기관은 수공업에 적용되면서 산업 자본주의 진보를 가속화시킨다. 새로운 기계 특히 방적기는 노동자들의 신체를 규율하고 조절한다. 자본 축적의 세 번째 단계는 영국의 사이클(18세기 후반부터 20세기 초엽)이며 인도와 중국 지배에서 드러난다.

베버가 종교적 이념과 경제적 발전을 국내의 생산 관계와 사회 조직의 합리화 과정을 통해 파악한다면, 이러한 유형은 식민지 타입과 유리될 필요가 없다. 물론 이러한 접합이론은 베버에게 충분히 해명되지 않지만, 마르크스의 발생론적 분석에서 매우 중요하게 드러난다. 마르크스에게서 절제 이론은 자본 축적의 역사적 선개에서 세계 시장의 측면에서 파악되며, 상업 자본은 이미 자본주의의 초기적 형태로 다루어진다. 상업 자본주의가 국내에서 임금노동과 자본가에 따라 두 번째 형식인 산업 자본주의로 규정되지만, 영국의 산업 자본주의는 여전히 해외 식민지 정책과 분리되지 않는다. 그리고 이것은 역사적 자본 축적의 과정을 통해 세 번째 단계인 후기 자본주의의 금융자본으로 전개되는지 보여준다. 베버가 자본주의 마지막 단계를 쇠우리 창살로 보았다면, 마르크스는 상품의 물신 숭배의 사회로 파악한다.

마르크스의 절제 이론은 사적 유물론의 틀에서 자본가의 유형을

---

22 Mandel, *Marxist Theory*, I, 117.

세분화한다. 청교도의 세계 내적 금욕과 노예무역 식민 정책의 잔혹함의 연관에서 볼 때 자본주의 이념형은 해외 팽창의 유럽 중심적 식민주의 유형과 관련된다. 나아가 근대의 자본가 타입은 노동자들의 착취와 소외의 기초위에 서 있다. 그럼에도 불구하고 마르크스는 자연과학적 발전과 더불어 나타나는 기술적 합리성의 문제를 간과하지 않는다. 이것은 자본주의 발전의 기술 발전과 합리적 측면을 지적한다.

푸코: 신체 권력, 자본주의, 섹슈얼리티

마르크스의 발생론적 분석과는 달리 푸코는 유순한 신체의 규율에 주목한다. 규율은 신체의 노동력을 경제의 유용성을 통해 착취하는 지배의 일반 양식이 된다.[23] 푸코의 신체 권력은 몸과 섹슈얼리티 그리고 경제 발전에서 추동력이 된다. 17세기에 신체 권력은 체계적인 정치 기술로 등장하며, 국가의 중심적인 관심은 삶을 촉진하며 급증하는 인구를 관리한다. 규율을 기초로 몸은 경제적 유용성을 위하여 길들며 기계처럼 만들어 간다. 규율은 신체를 효율적인 경제적 관심과 지배 시스템에 편입시킨다. 이것은 규율에 의해 특징이 되며, 국가는 인구 조절에 개입한다. 푸코에 의하면 "신체의 규율과 인구 조절은 이러한 두 개의 극점을 구성하며, 생에 대한 권력의 조직은 이러한 두 극점에서 제시된다."[24]

---

23 Foucault, *Discipline and Punish*, 137.
24 Foucault, *The History of Sexuality* I, 139.

푸코에게서 생-권력(bio-power)은 자본주의를 발전시키는 데 필수 불가피한 요인이다. 이것은 신체들을 컨트롤하고 생산 기계들에 삽입하고 인구 현상을 경제적 과정에 순응시킨다.[25] 이러한 규율의 기술 또는 규율적 권력 타입은 일터와 대학, 학교, 군사 병영, 감옥 그리고 병원에서 증대되는 유용성과 유순한 몸 길들이기 사이에서도 드러난다. 규율적인 권리의 기술은 노동자 계급에 적용되며 규율적인 지배와 유순한 신체를 창출하면서 자본주의의 기원에 관련된다. 신체 권력은 자본의 축적과 분리될 수가 없다.[26]

이미 마르크스가 산업 자본주의 사회에서 드러나는 노동자의 신체적 불구 상태와 소외에 대한 분석에서 그리고 엥겔스의 영국 노동자들의 삶의 조건에 대한 고발에서 노동자들과 아동들의 신체에 대한 억압과 착취는 푸코의 신체정치 이론과 맞물린다.

여기서 중요한 것은 자본주의 기원과 발전에서 국가의 역할이다. 예를 들어 영국의 경우 1688년도 명예혁명을 통해 군주제가 종결되지만, 제헌적 군주제가 설립되고, 왕과 귀족들이 여전히 권력을 장악했다. 일반적으로 1832년 개혁장전(Reform Bill)을 통해 영국에서 의회 민주주의의 역사적 시작으로 간주되며, 중산층들에게 투표권이 허락된다. 이어 1838~1857년 사이에 차티스트 운동(Chartist movement)은 노동자의 투표권을 주장하고 민주주의 개혁을 위해 투쟁했다.

빅토리아 여왕(1837~1901) 시대에—보다 정확하게 표현하면 1820~1914년— 영국제국은 경제와 정치력의 정점에 도달한다. 의회는 정

---

25 Ibid., 141.
26 Ibid., 221.

치권력을 장악했고 정부의 중심이었다. 새로운 기술 진보—증기 선, 철도, 사진, 전신 전보—를 통해 해외 무역과 식민지 시스템을 장악했다. 1800년부터 1850년 사이에 영국과 웨일즈에서 인구는 두 배로 급증했다. 이미 토마스 멜서스(Thomas Malthus, 1776~1834) 는 노동자 계층이 지나치게 자녀들을 출산한다면서 산아 제한과 인구 조절에 대한 법을 제안하기도 했다.

그러나 산업혁명 시대(ca. 1760~1840)에 영국 정부는 사적 소유권을 기초로 한 자유방임주의 정책을 실시했고, 프랑스나 독일, 일본처럼 국가가 경제 산업화 과정에서 주도적 역할을 하지 않았다. 국가의 주요 역할은 해외 식민지를 통해 국내의 경제 부흥에 지대한 영향을 한다. 자본주의 초기 발전에서부터 산업혁명 시대까지 신체 지배와 자본 축적이 서로 맞물리는 푸코의 신체정치 이론은 부인할 수가 없다. 하지만 푸코는 식민 지배에서 빚어지는 자본 축적과 신체 권력의 분석을 도외시한다.

베버가 자본주의 체제를 일차적으로 법적으로 자유 임금 노동 조직에서 파악하고 체계적인 수익 창출에서 본다면, 그것은 영국과 미국의 칼뱅주의 역사에서 타당성을 갖는다. 프랑스 루이 16세의 시대에 막대한 부와 정치권력에도 불구하고 프랑스는 산업화로 진입하지 않았다. 그러나 18세기 미국의 경제는 열악했지만, 벤자민 프랭클린의 금언—"시간이 돈이다"—에서 부르주아 자본주의 정신을 본다.[27]

어떻게 푸코는 종교적 물신 숭배의 현상의 근저에 놓여 있는 생산

---

27 Weber, *The Protestant Ethic*, 48.

관계와 사회적 노동 분업을 조직하는 도구적 합리성을 해명하는가? 이것은 첫 번째 질서의 객관적 실제인데, 분업, 경쟁 그리고 수익을 향한 추동력을 통해 전문화가 발생하고 사회 제도적으로 정당화된다. 이러한 메커니즘은 인간의 신체와 자본 축적에 대한 신체정치적 기술로는 충분히 해명되지 않는다. 신체 규율과 자본 축적은 마르크스의 생산력과 경제 기술 그리고 기술적 분업에 대한 비판과 소외에서 본질적인 요소이기도 하다.

푸코의 논증에 의하면 사회과학은 일차적으로 특별히 권력의 설정에서 투자가 되며, 병원, 감옥, 정부, 행정, 대학에서 전문화가 된다. 이러한 제도와 사회 조직들은 전문가 집단에 의해 담론이 형성되고 실천이 된다. 권력관계의 폭넓은 스펙트럼 안에서 지배 담론의 규칙과 합리화 그리고 전문화가 진행한다. 생-권력은 신체를 예속시키고 인구 조절을 통해 인문과학을 역사적으로 가능하게 한다. 만일 인문과학이 형성되고, 많은 변화와 변형들을 에피스테메(지식의 체계)에서 산출한다면, 이것은 특별하고 새로운 권력의 양식에 의해 진행된다. "인문과학을 역사적으로 가능하게 하는 것"은 권력과 지식의 상호작용이다.28

푸코에게 규율적인 기술이 생-권력의 전략과 더불어 보편적으로 유포된 강요와 예속을 산출한다면, 이것은 권력의 억압 가설을 폭넓은 관점에서 다룬다. 생-권력이 생산력의 증대와 소외의 차원에 기초한 자본주의 발전에서 필수 불가결하다면, 권력 설정은 생산 관계를 기술적 합리성을 통해 유지하며, 그러한 기술은 사회 조직의 모든

---

28 Foucault, *The History of Sexuality* I, 305.

수준에 현재하는 다양한 제도들, 즉 "가족, 군대, 학교, 경찰, 의학, 집단신체들의 행정관리"에서 유용화된다.[29]

신체의 정치 기술은 과학적 자료들과 지위에 기초한 체계적인 담론에 투자하고, 권력의 실천은 산출과 조직 유용성과 기술을 통해 유순함, 분배, 인간 신체의 예속을 수행한다. 사회기구들과 제도들은 권력의 미시물리학이란 의미에서 우리의 일상생활에 침투하는 미시적인 힘(학교, 병원, 감옥, 병영 등)에서 작동되며, 관계의 네트워크에서 영향을 미친다.[30] 예속과 콘트롤을 통한 인구 축적은 생-권력을 통해 기술적인 합리성을 특징지으며, 이것은 경제 과정의 영역에서 작동되고, 이러한 발전을 유지한다. 인간 축적을 자본 축적에 순응시키면서 인간 그룹은 생산력의 팽창에 결합하며, 수익의 차별적인 할당은 많은 형식들과 적용의 양식들에서 생-권력에 의해 가능해진다.[31]

기술 합리성은 자본주의 출현의 조건이 되며 정치 구조는 경제적 동인에 선행하며, 생산기구들의 변화에 기초가 된다.[32] 푸코의 기여는 자본주의 분석과 해명을 신체정치학을 통해 발전하는 데 있다. 이것은 지식과 권력의 상관 방법에 근거하며, 어떻게 미시적인 힘의 중요성이 다양한 공론장에서 지배, 예속 그리고 규율로 나타나는지 주목한다. 국가의 신체 권력을 기초로 한 푸코의 기술 합리성은 베버의 목적 합리성을 보충해 줄 수 있다.

29 Ibid., 141.
30 Foucault, *Discipline and Punish*, 26.
31 Foucault, *History of Sexuality* I, 141.
32 Dreyfus and Rainbow, *Michel Foucault*, 135.

푸코의 한계와 접합이론

베버(종교 윤리)와 마르크스(소외와 자본 축적) 그리고 푸코(담론과 신체 권력)의 이론을 고려할 때 자본주의의 발생과 확장, 시민 사회의 물화 그리고 세계사적 전개는 매우 복합적이며 다양한 계기들을 포괄하는 접합이론으로 파악될 필요가 있다.

그러나 필자가 보기에 푸코는 생-권력의 전략을 설정하고 정당화하는 발생론적인 방식에 충분히 주목하지 않는다. 지식과 권력의 상관관계에 앞서 자본주의 발전에서 식민지를 통한 자본 축적, 사회적 분업과 합리화 과정은 사회 제도와 조직들을 객관적인 실제로 확립한다. 이러한 상품 사회 안에서 사회 제도들과 기구들을 통해 문제시되는 대상들에 대한 과학적 담론이 형성되고, 이를 뒷받침하는 신체 권력의 메커니즘과 합의된 지식 체계가 설정된다. 지식과 권력의 상관 방법은 담론 형성과 실천과 더불어 기존 사회의 분업과 합리화와 법적 정당성 안에서 두 번째 질서를 가능하게 하는 메커니즘으로 작동한다.

사회학적 접합이론에서 필자는 일차적 사물의 질서는 사회적 노동 분업과 생산력 그리고 합리적 질서(생산 관계)에서 찾아진다고 본다. 그리고 이러한 자본주의적 사회 구성─물신 숭배의 사회─은 세계체제와 관련해서 사회 계층의 위계질서를 심화시키고 계급과 신분 투쟁으로 나타난다. 그런가 하면 이차적 사물의 질서는 담론 형성과 권력의 관계들을 통한 지식 체계의 설정과 지배 체제로 드러난다. 신체 권력 이론은 이차적 사물의 질서에서 보다 결정적인 역할을 한다.

그러나 국가 권력은 후기 자본주의 사회 안에서 리바이어던처럼 행사되지는 않는다. 그것은 권력의 다양한 분야들과 시민 사회 안에서 국민적 승인 그리고 법적 정당성과 더불어 도덕적 연대를 통해 헤게모니를 행사한다. 국가 권력-시민 사회-생산 인프라 구조에서 과학 기술의 진보는 국가 권력에 앞서 전문가들의 창조적 실천에 근거하며, 인문과학이 설정되는 전문화 과정에서도 국가의 신체정치보다는 인문과학적 주제들에 대한 전문적인 연구와 토론과 합의가 중요하다. 국가 기제에 포섭되지 않거나 지배되지 않는 합리적인 담론 형성과 실천은 여전히 시민 사회에서 숙의 민주주의와 공공선 그리고 연대를 위해 중요하게 고려될 수 있다. 여기에 국가의 지원과 사회 제도들의 비준 특히 법적 정당성이 주어진다.

만일 국가의 신체정치가 의학과 병원에 개입할 때 이러한 개입이 의사 전문가들 집단들로부터 승인되거나 타협되지 않을 경우 의료영역에서 저항이 일어나며, 이것은 곧바로 다른 사회적 영역으로 교차하면서 이어진다. 시민 사회의 특수 영역이 국가에 편입될 때 그것은 자본주의적 또는 사회주의적 형태를 띤 파시즘의 형식으로 드러날 수도 있다. 그러나 시민 저항으로 인해 국가의 신체정치학은 후퇴하기도 하고 개혁되거나 봉쇄되기도 한다. 시민 사회와 국가의 관계를 원활하게 유지하는 것은 오히려 민주적 소통, 절차적 정의, 합리적 승인을 얻어내는 전략이다. 일방적으로 위로부터 밑으로 내려오는 (top down) 방식의 신체정치는 교육 수준이 높고 전문가 그룹으로 계층화된 후기 자본주의 사회에서는 보다 복합적으로 수행된다.

노동 분업과 활동의 전문화가 사회의 삶에서 가장 기본적인 조건으로 볼 수 있으며, 이것은 자연과학의 발전을 통해 생산력을 증대하

기도 한다. 또한 이것은 사회병리적 현상을 초래하기도 하지만 사회적 연대를 증대하기도 한다.[33]

국가는 후기 자본주의 사회에서 경제 영역의 개입뿐만 아니라 사회 문화적 분야에서 소통의 주체로서 정당성을 획득하기도 한다. 사회 계층 안에서 권력의 미시물리학은 시민 사회 안에서 위로부터 국가 통제의 권력보다는 훨씬 더 복잡하게 엮여 있다. 후기 자본주의 사회 안에서 국가 권력은 경제적 영역에 개입하고 생산과 해외시장과의 관계에서 경제 전략과 발전을 컨트롤 한다. 또한 경제의 분화와 정보산업의 발전과 더불어 많은 다른 사회적 영역들에서, 즉 정부, 법, 과학, 정보산업, 사법적인 제도에서 분화가 드러난다. 처벌 제도에 대한 규율 시스템은 사회적 분업의 정도에 일치하여 구성되며, 전근대 사회에서 나타나는 기계론적 연대는 시민 사회에서 유기적 연대로 이행된다. 이전 사회의 처벌 제도와 배상법은 시민 사회에서 회복법과 더불어 다름에 대한 폭넓은 인정이 나타난다.[34] 이러한 사회학적 해명은 합리화 과정과 분업에서 도덕적 차원에 주목하며 푸코의 지나친 권력 환원적인 경향을 피해 간다.

성과 자본주의

푸코는 성의 담론의 억압 가설을 뒤집는다. 섹슈얼리티니는 신체에 관련된 권력의 전개이며, 이것은 역사적으로 구성되고 권력-지

---

33 Durkheim, *The Division of Labor in Society*, 23.
34 Ibid., 68-70.

식 관계의 전략을 통해 생산된다. 권력은 세력 관계들의 다차성을 의미하며 국가기구와 사회 제도들에서 특히 법과 다양한 사회 헤게모니에서 구현되며 효과를 갖는다. 권력은 다양한 방향으로 움직이며 생산적이며, 역사의 전개 과정에서 권력은 위로부터 아래를 향해 또한 밑으로부터 위를 향해 작용된다. 인간의 삶은 권력관계들의 그물망에 묶여 있고, 권력관계들은 끊임없는 투쟁과 대결 그리고 변형들을 통해 권력의 조직과 기구들을 생산한다.[35]

섹슈얼리티를 다루는 데서 푸코의 생-권력은 전통적인 성에 대한 억압 가설을 대신하고 성에 대한 담론적인 분석과 긍정적인 측면을 제안한다. 마르크스주의 전통에서 성은 권력에 의해 억압되었으며 권력으로부터 해방되어야 한다고 주장된다. 여기서 국가 권력에 의해 억압된 성은 자본주의 질서에서 요구되는 노동 윤리와 양립하지 않는다. 성의 억압은 자본주의 지배 아래서 일반적인 분석의 틀을 제공하며, "결국 성의 해방과 자본주의 전복은 정치적 어젠다에서 고려될 수가 있다."[36]

그러나 성의 억압 가설을 비판하면서 푸코는 권력과 지식이 어떻게 담론 안에서 함께 묶이는지 주목한다. 만일 이미 말해지고 기록된 것들에 의해 권력 효과가 발생된다면, 성이 담론화되는 과정과 방식을 분석하는 것이 중요해진다. 성에 대한 담론은 권력의 효과와 더불어 어떻게 형성되며 유포되고 실천되는가? 예를 들어 성에 대한 담론은 증강되고 다양해지며, 성에 대한 진리 영역은 담론 형성과

---

35 Foucault, *History of Sexuality* I, 92.
36 Ibid., 7.

그 유포와 실천에서 확정된다. 성이나 섹슈얼리티는 공공적 또는 정치적 이슈가 되며, 국가와 개인들의 삶에서 정치적 규제와 법적 권위가 행사된다. 인구의 정치 경제학은 성에 대한 관찰과 연구를 발전시키면서 구성되고, 성의 담론의 유포와 배가 그리고 확대는 권력이 행사되는 영역들에서 분명해진다.[37]

만일 담론이 권력관계들을 산출하고 기술적 합리성을 조직한다면, 어떻게 푸코는 인간의 신체에 대한 국가 정치(억압적인 의미에서)를 담론의 증강과 유포라는 긍정적인 차원과 연관 짓는가? 자본주의 발전에서 노동자 계급에 대한 신체적인 지배와 규율 그리고 길들이기를 통해 인구 조절이 나타나고 이들의 성은 억압된다. 그러나 다른 한편 사회적인 삶에서 성에 대한 담론은 의학과 과학적인 논의를 통해 섹슈얼리티와 젠더의 문제가 토론되고 분석된다. 젠더는 여성성과 남성성을 통해 구성되며 이러한 성의 이분화는 의학과 과학 그리고 교육에서 설정된다. 또한 이것은 규율적인 권력의 행사와 사법적인 권위를 통해 촉진되면서 사회의 규범 담론으로 자리 잡는다. 섹슈얼리티나 젠더는 신체정치학의 지배하에 역사적으로 구성된다. 규율 체제는 섹슈얼리티를 역사적으로 부르주아지의 섹슈얼리티로 형성하며 이것은 계급에 기초한 섹슈얼리티를 말한다.[38]

섹슈얼리티의 이성애를 정상 담론으로 유포하는 것은 권력의 효과로 나타나며, 의학적 소견과 정신 분석학적 연구, 교육학적 컨트롤 그리고 사법제도를 통해 진리의 체계로 자리 잡는다. 섹슈얼리티에

---

37 Ibid., 18.
38 Ibid., 127.

대한 정상 담론의 증대와 유포는 다른 제도들과 조직들에서도 작동
되며 사회 메커니즘의 전체를 지배한다.[39]

성의 위계질서 또는 불평등은 젠더의 형식에서 나타나고 이러한
불평등한 질서는 사회 계층에서 재생산되고 강화된다. 젠더의 위계
질서는 이성애의 관계를 정상 담론과 규범으로 확정하고 젠더는 남
자와 여자들의 성의 분화에서 불평등을 통해 고정된다.[40] 권력 메커
니즘은 동성애의 규범에 따라 위계질서의 방식으로 섹슈얼리티와
젠더에 대한 일상의 삶을 관리하는 지배 원리가 된다. 지배 원리가
된 권력 매커니즘은 기술 합리성과 신체정치학의 귀결이며, 신체정
치학의 관점은 사회학적 통찰을 제공한다. 또한 이는 동성애와 이성
애의 이분법적 카테고리를 비판적으로 검토하게 한다.

성적인 삶의 스타일에서 드러나는 다차적 실제들과 다양한 타입
들은 사회 계층에서 어떻게 배열되고 조직되는가? 성의 정상 담론에
서 밀려나거나 예속된 '다른' 담론은 신체 권력의 틀에서 어떻게 회복
될 수 있는가? 성에 대한 담론이 지식과 권력의 상호작용을 통해
부르주아지의 성, 즉 성의 계급으로 고정된다면, 이에 대한 저항 담
론은 어떻게 구성되는가? 니체의 계보학을 통해 성의 계급화 또는
이분법적 카테고리는 권력의 산물로 해체해야 하는가? 푸코의 선택
은 성에 대한 규범 담론에 대한 비판과 저항으로 간다.

---

39 Ibid., 33.
40 Butler, *Gender Trouble*, xii.

비판적 반성: 남성 지배 체제와 섹슈얼리티

그러나 푸코와는 달리 필자는 담론 이전에 남성주의 지배 체제가 분석될 필요가 있다고 본다. 여기서 남성주의는 생물학적이라기보다는 사회정치적 차원을 말한다. 남성주의 지배는 사회 분업에 기초하는데, 사회 안전에 대한 국가의 군사적 방어체제나 전쟁에 근거한다. 외부의 침입과 전쟁에서 사회를 방어하기 위해 군사력이 조직되고 증대되며, 여기서 남성주의적 사회 분업은 필연적이다. 군사 문화 또는 민족의 위신과 영예라는 신분 그룹의 형성과 애국 문화는 사회의 정상 담론으로 자리 잡는다. 여기서 성의 이분화와 여성성은 남성주의 지배 체제에 예속된다. 물론 힘과 위용을 자랑하는 문화는 가정에서 남성과 여성의 삶을 지배한다.

생물학적 몸의 차이와 구분은 성의 분화의 객관적 토대가 되며 젠더는 위계화된 사회 조직의 본질로 드러난다. 이때 남성주의 견해는 생물학이나 성의 수행 역할이 아니라, 보다 근원적으로 외부의 침입과 전쟁으로부터 오는 사회 안전망을 위한 기술적 분업과 군사 문화의 합리화, 인종/ 민족의 영예와 위신과 애국심 더 나아가 제국주의의 토대를 이루며, 성에 기초한 인종차별을 양산하기도 한다.

이것은 성의 노동 분화에 대한 상징적 조직과 더불어 전제 사회 질서에서 발생된다. 생물학적 재생산은 신체 권력을 통해 사회의 질서로 편입되고 남성주의 지배 체제를 지지하는데 유용화 된다. 성의 분화를 기초로 한 노동과 취업 기회(여성과 남성의 차별과 다름에 기초한 직업들의 분화) 그리고 노동에 대한 성의 분화(육체노동을 과도하게 필요로 하는 건설업과 노동 산업 현장)와 더불어 특별한 할당과 역할이 사회 전체의 토대가 되며 여기서 도덕과 윤리적 판단과 평가가 주어진다.

이러한 물질적-상징적 접근은 부르디외의 진술에 공감한다: "[남성주의 지배에 대한 사회 정당화](the masculine sociodicy)는 지배 관계를 생물학적 자연에 통합시키면서 적법한 것으로 만들지만, 그것 자체는 자연화된 사회 구성에 속한다."[41] 인위적인 사회 문화적 구성이 자연스럽고 당연한 규범 담론으로 드러난다.

섹슈얼리티와 젠더에 대한 사회 구성의 정당화는 자본주의 사회 안에서 생물학적으로 자연스러운 것으로 현상하며 지극히 당연한 것으로 여겨진다. 당연시되는 것에 대한 판단 중지와 문제틀 그리고 사회 분업과 조직 구성을 분석하는 것은 신체 권력과 더불어 사회체제와 투쟁과 갈등에 주어져야 한다. 그리고 이것을 기초로 한 정치 문화적 분업과 합리화 그리고 이에 대한 사회적 정당성의 시스템이 경제적인 취업 계층과 신분의 위신과 독점 그리고 민족주의적-제국주의적 관점에서 검토되어야 한다.

이런 측면에서 필자는 푸코의 신체정치학을 두 번째 질서의 객관성으로 자리매김한다. 여기서 신체에 대한 정치권력의 기술과 담론 형성과 실천은 사회적 상징적 노동 분업과 연관에서 발생론적으로 파악되고 개념화될 필요가 있다. 이러한 발생론적 접근은 물질적이며 상징적인 틀에서 사회과학적인 분석의 도구를 제공하며 권력과 지식의 상호작용을 사회 구성 안에서 보다 명료하게 표현한다.

권력과 지식의 상호작용이 인간의 신체에 투자하고 역사 사회적 콘텍스트에서 경제와 정치 영역에 예속시킨다면, 이것은 더 나아가

---

41 Bourdieu, *Masculine Domination*, 23.

외부의 침입과 전쟁에 대한 사회의 안전망 구축을 위해 생겨나는 사회 분업과 조직이 정당성과 더불어 다루어져야 한다. 인간의 신체는 지식의 대상으로 편입되고 역사적 변형을 거치면서 구성된다.[42] 이것이 남성주의적 지배 체제에 대한 사회적 정당성을 강화한다.

남성주의 체제에서 발생하고 고정되는 섹슈얼리티에 대한 사회적 취향과 습관은 의식 해방으로 해결되지 않는다. 해방의식은 여전히 물화된 사회 현상 안에서, 즉 생활세계의 식민지화에서 굴절되며 단편화되고 여전히 지배 체제에서 벗어나지 못한다. 사회 정의나 공공선을 위해 투신하는 자들이 역설적으로 성추행 범죄자로 둔갑하는 것은 여전히 이들의 "해방적" 민중 의식이 사회적 취향의 지배 구조에 붙잡혀 있어서 그렇다. 신체의 구원과 해방은 성의 분화와 차별이 사라지는 곳에서 가능하지만, 이러한 자유의 영역은 의식 혁명과 해방을 통해 오지 않는다. 진정한 해방은 남성주의 지배 체제에 기초한 사회적 안전망을 위한 분업과 정치권력의 특권에서 드러나는 왜곡과 부정의를 해체하는 데서부터 시작된다.

이러한 관점은 이론과 실천을 다룰 때 담론과 권력관계의 차원을 통섭시킨다. 이론이 실천에 도달하는 지름길은 존재하지 않는다. 이론과 실천 사이에는 이론적 실천(알튀세)이 존재할 수도 있고, 이것은 담론 형성과 합리화 과정을 거쳐 실천의 영역으로 도달한다. 이러한 실천을 가능하게 하는 것은 권력관계이며 국가의 인준, 사회 제도들의 기여, 사법적 비준 더 나아가 종교적인 정당성이 같이 작동된다. 담론과 권력의 관계 틀에서 이론과 실천의 해명은 딜타이적인 체험

---

42 Ibid., 28.

이나 현장주의적 환원으론 해결되지 않는다. 왜냐하면 현장은 물화가 되고, 굴절이 되며, 국가 기제로부터 식민지화가 되기 때문이다. 이론과 실천을 매개하는 담론의 형성과 합리화 과정 그리고 권력관계에 대한 사회학적 분석은 자본주의 사회 구성과 공론장의 위계질서를 파악하고, 공공선과 연대, 타자의 인정 그리고 경제적 정의를 기획하는 데 도움이 된다.

마찬가지로 종교는 사회 안에서 성도덕 담론의 근거로 작용하며, 종교적 담론과 태도는 문화 계층구조 안에서 어떤 정당성과 권위를 갖는지 상징적인 노동 분업과 권력의 관계들의 렌즈를 통해 검토되어야 한다. 성의 카테고리나 젠더에 대한 종교적 구성은 사회 분석과 더불어 종교 텍스트에 대한 심원한 해석학적 반성을 요구한다. "하나님, 성 그리고 정치"는 일상의 종교 담론에서 실천되며 젠더와 섹슈얼리티에 대한 삶의 취향과 스타일을 규정한다. "하나님, 성, 정치"의 복합적인 담론은 공공신학에서 주요한 요소에 속하며, 종교적 이념과 대변적 담론 그리고 물질적 분배에 대한 선택적 친화력이 어떤 역사 사회적 전개 과정에서 정상 담론으로 설정되었는지가 텍스트의 주석과 더불어 신중하게 검토되어야 한다.

성차별을 넘어서는 전적 타자로서 하나님은 어떻게 사회의 노동 분업과 이웃 나라들과의 경쟁과 투쟁 그리고 전쟁을 거치면서 지배 체제를 옹호하는 남성주의화가 되는가? 성의 분화와 차이를 초월하는 하나님 나라의 복음은 이러한 남성주의 지배 체제와 어떤 관련을 갖는가? 이런 점에서 신체정치 전략은 성서 텍스트의 분석에서 주요한 해석학적 틀로 작용하며, 성서의 콘텍스트에서 "하나님, 성, 정치"에 대한 복합적인 문제틀을 물질적-상징적인 렌즈를 통해서 보게 한다.

인간의 신체를 조절하고 지배하는 사회체제에서 감시와 처벌은 어떻게 남성주의 신체 권력 기제로 작동하며 종교적 담론을 편입시키는가? 어떻게 종교적 담론은 권력의 관계들에 포섭되고 그 상징적 권위를 획득하는가? "왕관과 제단"의 연계는 신체정치적 분석의 대상으로 들어오며, 사회 계층의 다양한 공론장에서 국가 권력과 시민 사회 그리고 경제적 분업은 시민 사회의 논의와 승인 그리고 연대 와 더불어 다루어진다. 젠더와 섹슈얼리티는 단순히 생물학적인 우열과 지배를 해체하는 것으로 극복되지 않는다. 심정과 책임을 동반하는 시민 도덕이 관여되며, 사회의 전반에 걸친 물화의 구조를 개혁하는 과정에서 시민과 하위 계급은 신중한 숙의 민주주의 방식을 통해 참여한다. 여기서 해방의 의식과 더불어 사회적 취향의 조건을 넘어서는 도덕적 정의가 공공선으로 전개된다. 만일 신체정치 이론이 남성주의 사회체제와 계층구조 안에서 중요성을 획득한다면, 규율과 감시의 그물망을 통한 신체 컨트롤은 조작과 억압으로 나타날 수도 있다. 이것은 사회 전반에 걸친 물화 현상에 침투한다. 미시 권력의 분석은 사회 총제성과 연관되어 다루어지며, 신체는 정치적 주제로 등장한다. 사회에서 정상화의 효력은 법적 제도가 의학의 영역과 행정관리의 기구 안에 편입된다.[43] 인간의 몸은 정치화되고, 여기에 권력이 삽입된다.

베버, 푸코, 마르크스

베버가 세계 내적 금욕의 중요성을 자본주의 첫 번째 구성에서

---

43 Ibid., 144.

중요한 요인으로 파악한다면, 푸코는 신체 규율을 근대성의 진입에서 나타나는 새로운 현상으로 간주한다. 이것은 인간 삶의 전체를 정치적 기술의 영역으로 이전시킨다. 이것은 담론의 이념형을 통해 강화되고 지식과 권력의 상호작용에 기초한다. 생물학적 존재는 지배와 컨트롤의 정치 시스템에 묶이며, 신체-권력은 무엇이 생과 그 메커니즘을 명백한 계산과 산출의 영역으로 통합시키는지에 주목한다.44 이것은 지식과 권력의 상호작용을 기술적 합리성을 위해 제시하며, 기술적 합리성은 인간의 삶의 변형을 초래하는 주요 기능이 된다. 아리스토텔레스의 개념, 즉 정치적 동물로서 인간은 이제 변형된다. 정치적 동물로서 인간은 신체 권력에 예속되고, 자신의 존재를 정치적 기술지배를 통해 침투되고, 권력과 지식 체계의 방법을 통해 규정된다.45 세계 내적 금욕은 자본주의 발전 과정에서 신체 지배와 규율 그리고 유순함으로 전이된다. 베버의 목적 합리성은 푸코에게서 기술 합리성과 신체 지배로 세분화된다.

푸코의 신체의 계보학은 정치권력이 인간 신체에 산출과 유순하게 길들임, 유용성 그리고 감시를 통해 미치는 영향에 주목한다. 이러한 기술 합리성은 자본주의의 출현과 축적 그리고 발전을 해명한다. 이러한 신체 권력적 합리성을 베버는 자신의 이념형에서 완전히 도외시했다.

푸코에 의하면 제레미 벤담(Jeremy Bentham)의 판옵티콘(Panopticon, 1791) 설계는 정치권력이 훈육적인 기술에서 어떻게 작동하는지를

---

44 Foucault, *History of Sexuality* I, 143.
45 Ibid.

보여주는 고전적인 실례에 속한다. 권력을 신중하게 사회의 제의처럼 드러내는 실례로서 판옵티콘은 그 사용에 있어서 다차적으로 작동되며 권력관계를 인간의 일상의 삶을 통해 규정하며 권력의 유포와 확대를 만들어 간다.[46]

이러한 훈육적인 권력은 인간의 신체를 유순한 몸으로 길들이며, 재생산한다. 신체에 대한 신중한 지배를 통해 드러나는 이러한 훈육은 신체의 유순함-유용성을 강요하고 서유럽의 17세기와 18세기의 역사적 과정에서 일반적인 지배 모델이 된다.[47]

푸코는 이성의 문제를 역사적으로 취급하며 합리성의 의미를 역사적인 콘텍스트에서 도구적이며 상대적인 사용에 제한한다. 이런 점에서 푸코는 합리성의 타입을 인간의 신체에 대한 기술지배적 사용을 통해 어떻게 사회에서 지배적으로 설정되는지를 분석한다. 진리와 권력은 구체적 역사적 실천들을 분석하는 데 중요한 이슈가 된다. 그러므로 푸코는 권력의 메커니즘과 합리성을 통합하고 베버보다는 훨씬 더 미세한 영역들에서(감옥, 병원, 학교, 병영) 정교하게 다룬다. 푸코는 어떻게 역사적 합리성의 형식이 판옵티콘처럼 권력의 영역 안에서 진리의 실천적 작용에서 확립되는지에 주목한다. 푸코에게 있어 진리-합리성은 권력의 관계들 외부에 존재하지 않는다.

이런 측면에서 푸코는 베버의 관심을 공유할 수 있다. 그의 사회적 삶의 합리화와 객관화는 미시의 영역들에서 기술적인 발전과 관료화 그리고 산출적인 사고의 형식에 기초한다. 그러나 푸코는 베버

---

46 Foucault, *Discipline and Punish*, 205.

47 Ibid., 137.

의 이해사회학을 권력관계들의 계보학적인 분석으로 이전시키며, 담론의 고고학적 분석을 통해 정교하게 다듬는다. 연구자는 사회적 네트워크에 묶여있고 신체 권력의 스펙트럼에서 담론 분석을 통해 푸코는 새로운 해석을 시도한다. 그러나 담론 형성과 인간의 신체를 지배하는 기술 합리성의 분석은 종교적 이념이 물질적 이해관계에 갖는 선택적 친화력과 지배의 유형(가부장, 카리스마, 법적)을 보충해 줄 수가 있다.

베버에게 종교적 이념(또는 담론)이 물질적 이해관계에 대한 선택적 친화력을 통해 신분 계급들의 실천적인 삶에서 윤리적으로, 즉 지배 담론으로 나타난다면, 푸코는(예를 들어 섹슈얼리티에 대한) 담론이 형성되는 과정에서 전문가 집단의 논의와 판단 그리고 사회 제도들의 지지와 정치권력의 연관에서 어떻게 실천되고 규범 담론으로 설정되는지에 주목한다. 푸코에게서도 성에 대한 담론이 전문가 집단 (의사, 자연과학자, 심리학자, 종교인)에게 논의 과정으로 들어올 때 선택적 친화력은 여전히 중요하며, 이것은 합리적 적합성으로 나타난다. 이러한 적합성은 사회 제도들의 지지와 정치권력의 지배 그리고 법적인 체제를 통해 사회의 "진리" 담론으로 자리매김이 된다. 그러나 종교적 담론의 경제 윤리적 차원과 의미 있는 행동은 푸코에게 거의 고려되지 않는다. 도덕과 의미는 반드시 권력관계로 환원되지 않으며 자체상 가치 합리성을 갖는다. 니체는 여전히 베버와 푸코 사이에 가교를 놓는다. 그러나 니체-푸코의 권력 이론과는 달리 베버는 여전히 행위의 의미와 책임/심정 윤리에 기대를 건다.

푸코의 미시-분석적 해석은 전문가들의 기술 합리성과 권력의 메커니즘 그리고 조작과 지배를 통한 담론 형성에 관여한다. 권력과 지식은 서로 동일시되지 않는다. 오히려 상호 연관성이 존재하며 베버와는 달리 역사적 전개 과정에서 드러나는 인과관계의 적합성과도 다르다. 권력과 지식의 상호성은 비록 사회적 실천적 효과와 역사적 변형에서 분석되지만,[48] 푸코는 지식이 권력에서 선택적인 친화력을 차지하는 적법한 형식 또는 합리성을 도외시해버린다.

왜 정신병자는 병원에서 감옥으로 이전되는가? 벤담의 판옵티콘은 왜 세워지지 않았는가? 규율과 감시의 체제는 감옥, 병원, 학교, 군대의 병영에서 일반화될 수가 있는가? 규율과 감시를 추구하고 설정하는 데 목적과 원인은 어디에서 찾아야 하나? 교육에서 이것은 단순히 지배를 위해서 가능해지는가?

담론은 권력의 도구가 되며 효과가 되기도 한다. 또한 이것은 권력에 대한 방해와 제한 그리고 저항의 지점 또는 저항 전략을 위한 출발점이 된다.[49] 그러므로 진리와 권력은 서로 외부에 거하지 않는다. 오히려 권력은 역사의 속임수이며 저항은 권력의 외부가 아니라 안에서 행해진다.[50] 비판이나 저항은 예속된 지식을 위해 행해지며, 지배의 비합리적 측면에 주목한다.

만일 푸코가 권력과 지식의 상호성을 고려하면서 담론을 문제시한다면, 그는 법의 특권을 권력 개념으로 대처한다.[51] 베버에게 물질적 이해관계들은 종교적 이념이나 다른 사회적 담론 들과의 관계(정치, 경제, 문학적, 예술적 그리고 성적인 삶)에서 폭넓은 스펙트럼을 가지며,

---

48 Ibid., 28.

49 Foucault, *History of Sexuality* I, 101.

50 Ibid., 95.

51 Ibid., 102.

여기서 법적 정당성과 관료 지배는 푸코와는 달리 매우 중요하다. 그러나 푸코의 신체정치 이론은 베버에게 낯설지 않다. 베버의 신분 계층의 사회경제적 효과는 권력 구조에 대한 사회 분석과 관련되어 명료화될 수 있다.

정치 구조의 권력은 특별한 내적인 역동성을 가지며 사회 구성원들은 특별한 민족의 위신과 명예를 획득한다. 신분의 영예나 위신 또는 상징적 권력은 정치권력과 관련되며, 봉건영주는 자신의 정치 구조와 공동체를 위해 자연스럽게 권력 지향의 위신을 갈구한다. 직접적인 경제이해를 넘어서서 민족의 위신과 영예를 위한 갈망과 고취는 모든 특별한 권력 구조에 관련된다. 베버와는 달리 푸코에게서 식민주의나 제국주의에 대한 계보학적 분석은 매우 취약하게 남는다.

베버에 의하면 민족의 영광을 위한 권력 위신은 다른 공동체들이나 국가들을 향해 확대되며, 이러한 출현은 권력/위신의 담지자가 되며 열강의 세력으로 나타난다. 정치권력은 집중화되고 정복과 제국주의로 드러나며, 근대 자본가들의 이해관계 특히 팽창과 해외 영토에 대한 상품 수출과 시장 확보에서 발생한다.[52] 이러한 제국주의적 권력 타입은 민족의 영예와 위신과 인정에 기초한 상징적 자본을 포함하며, 전쟁 영웅이나 애국자는 사회에서 정치적 정당의 입후보자가 될 때 상징적 자본을 소유한다. 담론과 물질적 이해관계에서 선택적 친화력은 모든 공공의 영역들에서 권력관계와 상징적 자본들과 연결된다.

베버에게 자본주의 발전은 통합된 정치권력 구조가 어떻게 관리

---

52 Weber, "Structures of Power," *From Max Weber*, 161-162.

되고 경제적으로 주도되는가 하는 방식에서 제한되거나 억압되기도 한다. 통합된 정치권력의 행정이 농업 경제를 선호한다면 이것은 자본주의 발전을 어느 정도로 억압하기도 하는데, 이것은 후기 로마 제국에서 볼 수가 있다.[53]

베버의 정치권력의 테제는 경제적 합리성이나 발전에 재갈을 물리며 전근대적인 사회에서 나타난다. 그러나 이러한 입장은 베버의 다른 테제를 방해하지 않는다: "경제구조 일반은 정치적 확대의 정도와 방식에 공동으로 결정한다."[54] 정치권력과 경제의 공동결정론 또는 상호성의 원리는 비서구권의 자본주의 타입을 분석하는 데 여전히 중요하다.

베버는 로마의 팽창주의를 자본 관계의 특별한 타입을 통해 특징지으며, 자본주의의 제국주의적 타입에 토대를 제공한다. 이러한 상황에서 수익의 기회들은 공권력의 직접 착취, 즉 정치권력에 의존한다. 엄청난 수익의 기회들은 해외 식민지의 취득에서 주어지며 식민지들과의 무역의 독점을 용이하게 하며, 자본주의 이해 그룹에 수익과 특혜를 창출한다.[55]

식민지 전리품 자본주의는 직접적인 권력 행사와 강요 노동에 의존되며 국내의 자본가들에게 막대한 수익을 창출한다. 이것은 국내 민족의 영예와 위신 그리고 정치권력을 강화하며 당과 신분 계급과 계급을 국내 자본주의의 발전에 통합시킨다. 이러한 측면에서 정치 위신은 권력 위치를 해외 식민지에서 획득하면서 권력 위신의

---

53 Ibid., 165.
54 Ibid.
55 Ibid., 167.

상호작용은 모든 사회 그룹의 이상적인 권력의 열망과 민족적인 고취를 위한 조건을 형성한다. 이들을 국가 이념의 특별한 담지자로 만들어 간다. 국가는 폭력 위에 기초하며 강제력은 국가의 특별한 수단이다. 국가는 주어진 영토에서 "물리력에 대한 합법적 사용을 독점"한다. 이에 대한 헌신을 요구하는 것은 "제국주의적 권력 구조"로 정의된다.56

국가 이념은 위신에 대한 이해와 관심에 직접적인 관계를 가지며, 권력은 사회적 영예와 위신에 의해 개념화되고 법적 질서에 의해 보장된다. 사회 질서는 경제 질서에 의해 배열되며 또한 경제 발전에 영향을 미친다. 신분 질서는 계층에 의존되며, 신분 질서에 특별한 것은 영예와 삶의 스타일이다. 베버의 사회 계층론은 사회 제도적 접근을 포함하며 제도적인 요소들은 경제적 발전에 유리하거나 장애가 되는지 검토된다. 종교의 동기적 가치는 가변적이지만 여전히 사회 제도적 구조와 배열의 스펙트럼에 관련한다.57

이런 관점에서 볼 때 베버는 정치적 구조의 독립성을 확보하고 심지어 경제적 동기와 발전에 재갈을 물릴 수가 있고, 경제 발전은 정치적 구조와 공동 결정의 관계로 들어간다. 자본주의의 제국주의적 타입은 상당한 정도로 국내의 경제 발전에 영향을 미치며, 정치적 기술은 경제적 합리성에 재갈을 물리거나 경제적 합리성과 더불어 국가 정책을 공동 결정한다. 그러나 푸코에게서 종교와 물질적 이해관계에 대한 분석이나 종교 윤리 그리고 식민주의나 제국주의에 대

---

56 Ibid., 172. Weber, "Politics as a Vocation," ibid., 78.
57 Bellah, *Beyond Belief*, 56.

한 계보학적 분석은 한계로 남는다.

이런 측면에서 베버의 자본주의 테제는 보다 폭넓은 이해의 틀에서 재구성될 수가 있다. 자본주의의 제국주의적 타입은 일본이나 중국이나 인도 또는 이집트 등에서 볼 수가 있다. 신체 권력 이론은 산업자본주의의 내적인 발전에서 인간의 몸에 대한 규율과 유순하게 길들임, 감시, 유용성을 통해 어떻게 자본 축적에서 중요한 요소로 드러나는지를 검토할 필요가 있다. 사회 계층론의 틀에서 국가와 경제의 공동 결정에서 종교적 담론과 실천적 윤리적 태도는 일차적으로 신분 계층을 통해 전체사회에 유포되고 경제적 합리성으로 설정된다. 국가는 제국주의 정책을 통해 경제 발전을 조절하고 지배한다.

그리고 금욕주의적 절제 이론은 노동자들의 신체의 착취 이론과 맞물려 있다. 여기서 푸코의 신체정치학은 베버의 사회 계층론을 미시 권력의 네트워크를 통해 다양한 공론장을 분석하는 데 도움을 줄 수가 있다. 더 나아가 사회의 합리화 조직은 물화의 현실과 더불어 사회 계층의 다양한 영역들에서 어떻게 다양한 자본과 상품의 형식들이 계급과 신분들 사이에서 긴장과 경쟁을 통해 추구되는지 파악할 수가 있다.

그럼에도 불구하고 베버의 주요 관심은 경제 영역에서 목적 합리성의 분석에 있으며, (그의) 종교적 담론은 자본주의 발전에 기여한다. 그러나 베버는 또한 마르크스나 푸코처럼 노동자들에게 나타나는 신체의 억압과 소외를 도외시한다. (베버는) 신체 권력의 지배를 통해 소외의 사회적 현실은 상품의 물신 숭배를 산출하지만, 이것은 물화의 현상으로 나타난다. 베버의 합리화 과정의 분석에서 이러한 물화는 쇠우리 창살로 귀결된다. 베버는 상징적 권력(권력의 위신과 영예)을 식민주의와 관련하여 전개하는데, 이것은 식민지 정책과 기술적 합리성에 대한 신체 권력적 분석을 도외시할 필요가 없다.

그러나 다차적 근대성 이론에서 볼 때 베버는 정치권력과 경제 발전의 공동 결정 또는 권력의 우위성은 비서구권의 자본주의를 분석할 때 여전히 취약하다. 자본주의의 합리성은 처음부터 칼뱅주의 합리적인 타입으로 환원되지도 않으며, 비서구권에서 자본주의는 집중된 정치권력을 통해 규제된다. 여기서 자본주의는 자본의 타입, 즉 농업 자본, 상업 자본 그리고 산업 자본으로 분류된다. 근대적 가치는 경제와는 다르게 정치와 도덕 이론을 통해 시민 사회의 바탕이 된다.

마르크스 역시 상업 자본주의에 대한 발생론적 분석을 통해 어떻게 상업 자본의 유형이 중상주의와 식민주의에서 산업 자본주의로 이행하는지에 주목한다. 마르크스는 무역의 관계에서 제노아, 베니스 그리고 화란에서 드러나는 상업 자본주의를 특별한 잉여가치에 기초한 자본 축적의 특수한 양식으로 파악한다. 이것은 고대의 카르타고와 로마에서 그리고 근대의 시기에 베니스, 포르투갈, 화란, 영국 등에서 여전히 코스모폴리탄 차원에서 식민지의 약탈, 폭력, 노예제에서 나타난다.[58]

비판적 결론

공공신학과 베버의 사회학적 방법을 비판적으로 검토하면서 저자는 물질적-상징적인 틀에서 차축 시대의 연구와 다차적 근대성

---

58 Marx, *Capital* 3, 448.

그리고 알프레드 슈츠와 마르크스 그리고 푸코와 더불어 논의했다. 종교적 담론과 물질적 이해관계에서 선택적 친화력은 이념형으로 분류되고 사회 계층론을 통해 다양한 공론장에서 상품과 자본들의 다원성을 통해 발전시켰다. 상품의 물신 숭배와 맘몬의 지배는 베버의 이념형적 분석과 신분 그룹의 역할에 대한 초점과 맞물린다. 생산력의 증대(과학 기술을 통한)와 사회적 생산 관계의 합리화와 더불어 나타나는 사회 분업, 전문화 그리고 분화는 마르크스의 생산 양식 개념을 경제 결정론이 아니라 총체적 사회 구조의 틀에서 파악하게 한다. 종교처럼 사회는 상징적 차원을 가지며 개인의 위대한 업적을 기억하고 영예스럽게 한다. 상징적 시스템은 상징적 권력을 수행하고 영향력을 정당화하며 지배의 정당성과 규범 담론으로 나타난다. 이것은 상징적 폭력(이데올로기)을 강화하며 피지배 계급은 지배 계급의 담론을 사회와 문화에서 당연한 것을 여기고 적법한 것으로 받아들인다.[59] 헤게모니는 담론화되며 법적 정당성과 경제 시스템에서 종교 도덕적 리더십(카리스마)으로 나타나기도 한다.

이런 측면에서 저자는 베버와 마르크스 그리고 푸코를 물질적-상징적인 틀에서 재검토하고 신체정치 전략과 담론이론을 계급 구분과 물화의 사회적 현상에 통합시킨다. 객관적 구조는 다양한 영역에서 위계질서적으로 깔려 있다. 이 구조는 권력 메커니즘으로 환원되지 않고 오히려 권력 메커니즘이 신분, 사회 그룹, 계급을 통해 변동되고 다른 권력의 구조로 이행되기도 한다. 이론과 실천의 통합은 담론과 권력관계에 대한 계보학적 분석과 더불어 해명되지 않을

---

59 Shwarz, *Culture and Power*, 89.

경우, 현장주의에 함몰되고 국가 기제에 의해 식민지화가 될 수 있다. 실천은 사회 구성과 다양한 공론장들을 총체적 관점에서 분석하면서 숙고되어야 한다.

시민들은 이들의 사회적 존재를 객관적 구조와 비판적으로 또는 창조적으로 작용하면서 변형시키기도 하고, 사회적 관계들의 총체(ensemble of social relations)로서 사회의 불의와 지배 체제에 대한 변혁의 실천 주체로 활동한다. 시민(신분)과 하위 계급은 더 이상 시민 사회 안에서 이분화될 필요가 없다. 이러한 물질-상징적 접근은 푸코의 신체정치와 담론이론을 사회적 총체성의 틀에 통합시키고 사회적 행위자들의 역할을 베버와 마르크스와 더불어 중요하게 고려한다.[60]

푸코의 담론-권력-지식은 무엇보다 더 다양한 사회적인 공론장에서 노동의 분업(합리화, 전문화 그리고 분화)과 지배의 타입과 더불어 (전통적, 카리스마적, 법적, 기술지배적) 분석될 수 있다. 담론의 형성과 실천 그리고 규범 담론의 설정은 선택적 친화력을 통해 이념형적 분석으로 수행될 수가 있다. 담론은 항상 물질적 이해관계에서 선택적 친화력을 가지며, 이것은 담론의 적합성을 지적하며 국가 정책과 사회 제도적 지지와 사법적 인준을 거친다. 후기 자본주의에서 국가는 더 이상 리바이어던과 같은 역할을 할 수가 없다. 국가의 정당성과 위기는 시민 사회와 공론장에 서로 맞물리게 된다.

시민적 동의는 공론장에서 여전히 중요하며 담론적-사회 제도의 비준과 지지는 권력을 적합성과 전문화와 분화를 통해 강화한다. 사회적 분업을 효율적으로 가능하게 하는 요소들은 단순히 경제적

---

60 Bourdieu and Wacquant, *An Invitation to Reflexive Sociology*, 7-9.

인 것은 아니다. 외부의 전쟁으로부터 주권국가의 안전을 지킬 필요와 시스템이 고려되어야 한다. 또한 사회 계층 안에서 드러나는 신분차별과 계급의 분화에서 분업은 가속화되며, 여기서 출현하는 경제적 부정의와 지배 체제에 대한 사회 구성원들의 저항이 드러난다.

베버의 목적 합리성과 세계 내적 금욕주의는 산업 자본주의 안에서 드러나는 소외와 착취와 더불어 접합되어야 하고, 이러한 접합이론은 사회 계층의 다양한 공론장에서 드러나는 지배의 타입을 분석한다. 물론 산업 자본주의의 소외와 착취를 단순히 노동 분업에서만 찾을 수는 없다. 분업은 생산 관계에서 도덕적 연대를 강화하기도하고 사회의 합리적인 발전에서 긍정적인 기여를 하기도 한다. 분업의 도덕적 정당성은 시민 사회의 정의와 연대의 저변에 깔려 있다.

종교적 담론과 물질적인 삶에 대한 실천적 태도는 공공신학에서 중요한 분석의 대상으로 들어온다. 종교적 영역은 자율성과 권위를 가지며 종교 전문가들이 종교적 지식과 담론을 독점하고 지배한다. 이것은 다른 입장이나 비판을 배제하거나 예속시키며, 교회 권력을 위해 정치권력과 법적 지배와 결합한다. 종교적 영역의 전문화는 거룩한 것과 속된 것을 구분하며, 세속적이고 무지한 것은 종교적 자본(거룩한 것)에 접근하기 어렵다. 이러한 상징적인 분리는 종교적 담론이 세속적 정치권력과의 결탁과 경제적 이해관계를 은폐하고 종교의 대중을 성 윤리와 신체의 지배를 통해 권위 아래 구속한다. 종교적 담론은 일상의 모든 삶에 구원의 상품을 팔며 종교적 교리와 윤리적 태도를 강화한다.[61]

---

61 Bourdieu, "Genesis and Structure of the Religious Field," 25.

이러한 관점은 종교적 영역과 시민 사회에서 어떻게 상징적 상품과 자본을 위한 갈등과 경쟁을 하게 되며, 다른 공론장들과 어떤 연관성을 가지고 발전하는지에 주목하게 한다. 보수적인 종교 단체가 국가의 정책에 저항할 때 카리스마적 리더십은 대중의 도덕성과 합리성을 이끌어 가면서 대중들은 정치적 성향과 태도를 결집시킨다. 그러나 이러한 운동의 성패는 다른 공론장에서 드러나는 합리성과 전문성 그리고 분화에 얼마나 적합성을 갖는지에 따라 판가름 난다. 일반적으로 포퓰리즘 정치는 시민 사회에서 정당성과 규범 담론을 넘어서 지지층을 확보하거나 성공하기가 어렵다. 숙의 민주주의와 법적 질서로 움직이는 다원화된 시민 사회에서 매스 미디어는 국가와의 관계에서 단순히 권가 권력의 시녀로만 전락하지는 않는다.

생활세계의 가치들이 시민 사회 안에 담론을 통해 표현되고 이러한 담론이 도덕적 정당성과 더불어 시민들의 승인을 얻을 때 이것은 시민 혁명이나 사회개혁 운동의 도화선이 되기도 한다. 여전히 시민 사회는 자본주의 합리성에 기초한다고 하지만, 생활세계로부터 이탈되지 않는다. 시민 사회 안에서 리바이어던으로서 국가의 실패는 바로 여기서, 즉 숙의 민주주의 전통과 생활세계의 가치 체계가 교차되는 지점에서 찾아낼 수가 있다.

이러한 관점은 니체의 계보학의 한계와 여기에 기초한 수행의 측면(쥬디스 버틀러)을 비판적으로 갱신한다. 니체는 도덕의 계보학(On the Genealogy of Morals)에서 다음처럼 쓴다: "행동, 효과를 행사하는 것 그리고 되어감의 배후에 존재는 없다. 행위자는 단순히 행위에 부착된 픽션에 불과하다 — 행위가 모든 것이다."[62] 니체의 행위 관점은 젠더의 문화적 연구에서 중요성을 갖는다. 여기서 버클리 대학

사회학과 교수인 쥬디스 버틀러는 젠더의 정체성을 다음처럼 말한다: "젠더의 표현의 배후에 젠더 정체성은 존재하지 않는다. 정체성은 수행적으로, 즉 바로 수행 결과의 표현으로 구성된다."[63]

그러나 니체-버틀러의 수행적 측면은 보다 폭넓은 스펙트럼에서 논의되고 검토되어야 한다. 젠더에 대한 종교적 담론은 물질적 이해 관계에 어떻게 맞물리며, 정치권력과 법적 정당성 그리고 의학적 지식 체계, 사회 제도적 지지 그리고 교육 제도에서 어떻게 합리화되는가? 이것은 전문화와 분화를 통해 전체사회의 구조에 유포되고 규범 담론으로 설정된다. 젠더 정체성은 내가 남성적 또는 여성적 수행을 하는 역할에서 그 효과나 귀결이 결정되는 것이 아니다. 남성이 여성적인 역할을 하는 문화에서 남성은 여성의 정체성으로 결정되지 않는다. 남성을 여성의 정체성으로 설정하는 것은 오히려 사회 문화적 구성에 의존되고 행위자의 수행은 이러한 사회적 틀 안에서 판단되고 평가된다. 예를 들면 필리핀에서 제삼의 젠더로서 바클라(bakla)는 생물학적으로 남성이지만 여성의 정체성으로 수용되는 것은 서구 식민주의 이전에 존재하던 필리핀의 문화적 전통에 의존되며, 서구의 성의 이항의 대립과는 다르다. 사실 젠더 이슈는 섹슈얼리티와 더불어 수행의 측면이 아니라 다차적 스펙트럼에서 공론장에서 논의될 필요가 있다.

---

62 Cited in Butler, *Gender Trouble*, 33.
63 Ibid.

제 **3** 장

포스트콜로니얼
이론과
공공신학

우리는 공공신학의 전개를 위해 포스트콜로니얼 이론의 몇 가지 중요한 개념들과 분석 방법들을 검토한다. 이어 정치신학의 폭넓은 스펙트럼을 검토하고 해방신학의 포스트콜로니얼 차원과 종속-근대성의 현실을 다루도록 한다. 공공신학은 해방신학이나 정치신학과 대화의 전거점을 가지며 더 나아가 공론장에서 정의와 공공선 그리고 문화적 정의와 윤리적 실천을 모색한다. 그럼에도 불구하고 공공신학은 시민 사회와 공론장 그리고 사회 구성의 위계질서에 주목하며 시민과 하위 계급의 연대를 지향한다.

일차적으로 필자는 포스트콜로니얼 이론을 사회진화론과 리버테리안 자본주의를 비판하면서 시작하겠다. 뒤르켐의 종교사회학은 이러한 관점에서 공공신학을 위해 고려될 수가 있다. 필자는 공공신학을 포스트콜로니얼 틀에서 헤게모니 이론과 성서적 유토피아 실천과 더불어 전개한다.

I. 종교, 담론 윤리, 포스트콜로니얼 착상

뒤르켐에 의하면 모든 종교는 독특하며 각자의 패턴에 떠라 문화적 가치와 도덕의 차원을 포함한다. 종교의 기반은 사회적으로 객관적 실재(reality)로 드러나며, 모든 사회적 존재 형식들과 도덕성에 적용된다. 이러한 입장은 기본적으로 허버트 스펜서(1820~1903)의 사회진화론과 대립한다. 스펜서는 사회의 실제들을 탈각시키고 사회와 인간의 삶에서 도덕적 성격을 제거한다.[1] 스펜서의 사회진화론은 다윈의 자연선택과 조상들로부터 변형을 통해 내려오는 진화의 지속성을 자신의 적자생존 개념에 착상시킨다. 다윈은 종의 기원의 여섯 번째 판(1859)에서 자연선택을 스펜서의 적자생존 개념과 동일시한다.[2]

사회와 역사에 대한 사회진화론적 개념에는 존 스튜어트 밀(1806~1873)의 자유방임 자본주의와 이에 결부된 리버테리안 원리가 전면으로 부각된다. 여기서 개인들은 생존을 위해 자유로운 경쟁에 돌입하며, 오직 적자만이 사물의 자연적 질서에 따라 생존한다. 이것은 공공 영역에서 정의와 공동선을 위한 정부의 개입에 저항한다.[3]

---

1 Durkheim, *The Elementary Forms of Religious Life*, xx.

2 Darwin, *The Origin of Species* (1872) 6th, Chapter 4.

3 McCarthy, *Race, Empire, and the Idea of Human Development*, 76.

생존 투쟁은 공리주의적 원리 안에서 인간의 유용성과 혜택 그리고 특권을 극대화한다. 자연의 경쟁 질서에 적합하지 못한 자는 결국 제거될 수밖에 없고 세계는 적자들을 위해 안락한 장소를 제공하며 사회적으로 밀려난 자들은 사라지는 것이 운명이다.4

스펜서의 적자생존과 자본주의 원리는 "이빨과 발톱에 피를 묻히고 있는 자연 상태"(알프레드 테니슨, 1850)를 옹호하며, 약탈의 동물들은 먹잇감을 배속에 삼키면서 이들의 이빨과 발톱에 피를 묻힌다. 생존 경쟁과 적자생존은 자연적으로 일직선상으로 발전하고, 여기서 드러나는 '진보' 사상은 식민주의와 노예제도 체제를 정당화한다. 인종 문제에 적용될 때 열등한 존재는 충분한 시민권자로 살아가는 것이 부적합하며, 이들은 강자의 훈육과 규율에 복종해야 한다.5 이것은 영국의 빅토리아 시대에서 드러난 산업혁명과 자본주의 모습이었다.

이러한 빅토리아 시대의 사회진화론과 자유방임 자본주의는 베를린 회의(Berlin Conference, 1884~1885)를 통해 아프리카 식민 분할정책(Scramble for Africa)에서 공고화된다. 이런 국제 식민주의 정치는 벨기에의 레오폴드 2세에게 콩고 자유국가 지배를 허락해 주고 (1885~1908) 유럽 중심주의가 인간의 얼굴을 가장한 야만과 폭력의 현실임을 입증해 준다. 상아와 고무 같은 원재료를 밀림에서 채집하는 강제 노동을 통해 유럽 국가들이 국제시장에 높은 수익을 올리는 동안 콩고 주민의 천만 명이 이 시기에 살해를 당했다. 홀로코스트는

---

4 Spencer, *Social Statics*, 414-415.
5 McCarthy, *Race, Empire, and the Ideas of Human Development*, 77.

독일 이전에 아프리카 콩고에서 일어나지만, 이러한 인종차별의 살해 정치의 배후에는 사회진화론이 도사리고 있다. 오늘날 학계에서 유럽 중심주의는 폐기처분당한다.

이에 반해 뒤르켐은 이른바 원시종교는 문명사회처럼 복합적이며, 사회 유형들과 조직들을 가지고 있다고 본다. 뒤르켐에게 사회는 진정한 의미에서 칸트 철학처럼 물자체이며 사회적 삶과 도덕의 독특한 형식들을 생활세계처럼 가지고 있다. 이것은 사회적 사실들(social facts)을 가리키며, 근저에서부터 사회진화론을 거절한다.

종교는 생활세계로서 사회적 삶에서 집단적인 대변이나 신념 또는 행동을 통해 개인의 삶에 영향을 미치며, 심지어 사회와 동일시된다. 이것은 개인에 대한 사회적 사실의 영향을 지적하며, 해석학적 탐구와 두꺼운 기술을 필요로 한다. 뒤르켐에 의하면 종교는 체계화되고 살려지는 꿈에 불과하며, 객관적이며 실제적인 것에 대한 기반이 전혀 없는 것처럼 비판되기도 한다.[6] 그러나 실제적인 측면에서 종교는 인간의 마음에서 개념화되며 거룩한 것은 집단적인 양심과 의식의 영역에서 실제적 자아로 드러난다. 다른 사회와 마찬가지로 종족은 종족 사회에 대해 이미 만들어진 개인 의식을 통해 살아간다. 종교적인 힘이 토템의 상징물에 구현될 때 그것은 개인에게는 외적인 것처럼 보이며 일종의 초월적인 것으로 부여된다. 그러나 다른 관점에서 볼 때 상징물은 종족을 상징하며 이들과 더불어 살아간다.[7]

종교는 집단적 의식이나 이념을 통합하는 체계를 통해 사회학적

---

6 Durkheim, *The Elementary Forms of Religious Life*, 65.

7 Ibid., 223.

으로 설명된다. 종교는 탁월하게 사회적인 것으로 존재한다. 종교는 신념과 실천의 통합된 체계이며, 이것은 신성 자체로부터 오지 않는다. 그것은 거룩한 것을 구분하고 세속적인 것으로부터 금지한다. 종교의 대상들은 거룩한 것으로 그 지위를 가지며, 제의나 예배에 참석하는 사람들의 공동 행위에서 드러난다. 이러한 제의가 도덕적 공동체로 연합되는 것은 교회로 불린다.8

인간은 사회적 존재로서 살아가며 종교적 카테고리들은 사회적 형태들, 예를 들어 종교 도덕적 태도나 사회경제적 제도에서 만들어진다. 종교적 개인은 사회적인 것과는 분리된다. 사회적인 것(전체적인 것)은 더 이상 개인(부분)으로부터 나오지 않는다. 개인은 의식이 대표하는 것과는 달리 "사회는 진정한 의미에서 실제이다."9

종교와 사회에 대한 사회학적 해명은 방법적인 측면에서 인간성의 근본적이며 영원한 측면에 제한된다. 다시 말하면 인간의 본성을 이해하는 데 초자연적인 신성이 전제되지 않는다. 심지어 유대-기독교 전통에서도 하나님은 사회와 분리되지 않는다. 사회적인 삶은 종교적인 삶이 필연적일 때만 가능해진다. 사회적 삶은 종교적인 상징주의에 의해 구성되며, 이것은 구체적인 상징물이나 비유적인 의식의 대변들에서 볼 수가 있다.10 종교는 사회에 본질적인 모든 것을 산출한다. 그러므로 뒤르켐은 "사회의 이념은 종교의 영혼"이라고 말한다.11 여기서 뒤르켐의 하나님과 사회의 동일성(apotheosis)

---

8 Ibid., 44.
9 Ibid., 15.
10 Ibid., 223.
11 Ibid., 421.

테제는 그의 토템 원리에서 볼 수 있는데, 토템 사회에서 신의 상징과 사회가 동일시된다.[12]

이런 측면에서 사회적 실제에 대한 종교적 구성 이론은 공공신학을 위해 발전시킬 수 있다. 종교는 역사와 사회라는 의미에서 생활세계에 일치한다. 역사와 사회가 개인이 삶을 정치적 정당성, 경제적 시스템, 사법 조직, 사회적 담론, 종교적 제도 그리고 교육을 통해 지배하고 영향을 미친다. 종교는 사회적 실제를 집단의식으로 표출하며, 개인의 의식과 윤리적 삶의 스타일을 조건 짓는다. 종교는 도덕적 결속과 유기적 연대의 근원이 되며 종교적 이념은 역사적 과정을 통해 드러나는 이념의 치명적인 귀결들을 다룰 때 내재적 비판으로 작용한다.

종교적 이념이 물질적인 이해관계들과 지배자의 특권에 종사하면서 세속화될 때 종교는 지배자의 노리개로 전락한다. 이를 이념이 초래하는 수치의 효과(disgrace effect)라고 부른다. 종교적 근원, 예를 들어 출애굽, 예언자들의 사회 정의 또는 그리스도의 십자가와 부활에 대한 창조적 해석은 우리가 사는 삶에서 해방과 연대의 효과를 산출한다. 이러한 해방적 해석은 역사의 전개에서 드러나는 종교적 이념과 물질적 이해의 변종과 지배의 병리 현상에 대해 교정책으로 작용한다.

수치와 연대의 효과에 대한 사회학적 분석은 공공신학이 종교와 사회의 문제를 다룰 때 좀 더 정교하게 다듬어진다. 종교적 이념과 물질의 이해관계의 선택적 친화력은 권력관계를 통해 분석된다. 이

---

12 Ibid., 208.

것은 종교와 사회 그리고 문화에 접근하는 포스트콜로니얼 인식론이 될 수 있다. 내재적 비판과 선택적 친화력에 대한 분석은 윤리의 중요성을 강조하고 역사 상대주의나 관점주의를 비켜 간다. 생활세계 이론은 공공선을 추구하는 실천이성과 관련되어 나타난다. 사회적으로 구성된 생활세계 또는 사회적 지식 체계는 인간의 삶을 도덕적 결속력과 연대를 통해 방어하며, 담론은 단순히 권력관계로만 환원되지 않는다. 담론은 여전히 의미의 세계에서 나타나며, 담론 윤리는 시민적 승인과 정의와 공공선을 향해 과도한 개인주의적 자유나 소유 개인주의 한계를 넘어선다.

생활세계는 도덕적 규범과 윤리적 정당성을 권력관계를 통해 해체하는 시도로부터 방어한다. 담론 윤리는 대화와 소통 합리성에서 개념화되고, 하나의 영향으로서 역사에 대한 해석 이론과 더불어 사회적 삶의 자리가 언어와 위계질서에 미치는 영향에 주목한다. 이러한 관점은 책임적인 자아의 소통적 성격을 담론 윤리로 특징지으며 (하버마스, 부르디외, 푸코), 동시에 정치적 연대를 바르트와 본회퍼의 파레시아(parrhesia)—진리를 정직하고 담대하게 말하기— 담론을 통해 발전시킨다. 이것은 사회적 약자와 억울한 희생자들을 방어한다.[13]

공공신학과 윤리를 기획할 때 인간은 '담론 가운데 있는 존재'(being-in-the-discourse)로 간주되며 인간은 역사적 영향과 사회적 삶의 자리에서 권력의 관계 안에 포섭된다. 권력의 네트워크는 지배와 동시에 저항을 불러일으키며, 인간의 윤리적 의식은 생활세계로부터 현재의 역사에 대한 내재적 비판의 근거와 의미를 창출하고 이는

---

13 Bonhoeffer, *Ethics*, 358-367.

고고학적 해석학을 말한다. 해석한다는 것은 문제틀화 하는 것을 의미하며, 당연히 여겨지는 기존의 것에 대한 판단 중지와 더불어 권력의 네트워크를 비판하는 의미 회복은 생활세계와의 부단한 소통과 해석을 통해 책임적인 비판과 해방을 나간다.

윤리적 전략을 모색할 때 생활세계는 이중적으로, 즉 역사의 영향과 사회적 세계를 포함하는데, 사회적 세계는 담론과 권력의 그물망으로 짜여 있고, 공공신학은 담론 가운데 있는 인간 존재가 지식의 사회적 체계(에피스테메)와 권력관계에 어떻게 연류되는지에 주목한다. 윤리적 전략에서 인식론적 절차는 판단 중지, 문제틀, 내재적 비판, 도덕적 연대를 위한 의미론적 회복 그리고 공론장에서 동시대적인 연관성을 위한 도덕적 의미의 새로운 종합을 추구한다. 윤리적 모색은 물화된 현장과 공론장들을 분석하면서 고고학적 해석학의 인식론적 절차를 통해 연대와 해방을 위해 실천된다.

공공신학과 포스트콜로니얼 접근

공공신학은 사회학적 분석 방법과 생활세계 이론을 통해 윤리와 도덕의 차원을 개념화하고 포스트콜로니얼 전망에서 발전시킨다. 식민주의와 제국주의를 분석할 때 니부어는 역설적인 입장을 취한다. 그것은 국제적인 일에서 개혁 정치를 수용하는데, 이것은 전후 유럽의 재건을 위한 미국의 마샬정책(1948)에 영향을 미쳤다. 니부어는 그람시처럼 헤게모니 개념에 주목하는데, 이것은 지배 세계열강들과 주변부 국가들 사이에서 일어나며, 후자의 국가들은 중심부에 의해 조직된다. 헤게모니는 니부어에게 전제주의와 무질서에 대한 대안으로 나타난다.

영국의 식민주의는 헤게모니를 의회 민주주의 틀에서 실행했고, 인도의 법적 체계는 점차적으로 발전했고, 정치적 정의와 경제적 발전의 현실주의적 표준으로 지도되었다. 그러나 여기에는 앵글로 색슨의 인종주의와 식민지 백성의 증오감이 같이 드러난다. 식민지 백성들은 제국주의로부터 출현하는 악의 현실에 처해 있고, 중심부 국가들로 하여금 경제적, 정치적 문제를 제국의 지배 이해에 따라 다루지 말 것을 요구한다.[14]

그러나 니부어는 헤게모니 개념을 분석하면서 제국주의는 자본주의 경제의 필연적 귀결에 속한다는 마르크스주의적 입장을 일면적인 것으로 거절한다. 왜냐하면 경제적 모티브가 제국의 팽창에서 유일한 배경이 되지 않기 때문이다. 종교를 전파하려는 선교적인 모티브도 있으며, 삶의 방식은 민족적 영광과 활력과 관련되기도 한다. 권력의 복합성은 단순히 경제의 문제로 환원되지 않으며, 민족의 성격과 종교 그리고 문화적 위신과 연계되어 나타난다.

니부어는 미국의 헤게모니를 공산주의 제국주의와 다르지 않은 기본 패턴을 드러낸다고 말한다. 니부어가 헤게모니 개념을 수용하는 것은 책임과 도덕성의 차원에 근거하는데, 이것은 당대 고립주의(소련에 대한 아첨의 정책)와 모험주의(도덕적 십자군과 예방전쟁) 사이를 피해 간다. 헤게모니적인 지배의 치명적인 귀결을 비판하지만,[15] 개혁 정치를 위해 니부어는 현실주의적 입장을 취하며, 헤게모니는 책임

---

14 R. Niebuhr, *The Structure of Nations and Empires*, 211.
15 McCann, *Christian Realism and Liberation Theology*, 112.

적이며 도덕적인 방식으로 실행할 수 있다고 본다.

　이것은 강제와 동의에 기초한 그람시의 헤게모니 개념에 비슷하다. 헤게모니를 통해 피지배 국가로부터 승인을 얻는 것은 책임적이며 도덕적인 리더십에 있다. 그러나 그람시는 이러한 헤게모니에 대항하는 억압된 자들의 카운터 담론에 주목한다. 담론은 권력관계에서 드러나고 인간의 삶에 결정적인 영향을 미치기 때문이다. 물론 이러한 측면은 푸코에게서 보다 정교하게 다루어지고 에드워드 사이드의 오리엔탈리즘을 통해 포스트콜로니얼 이론으로 전개되었다.

　어찌 되었든 맥칸(McCann)은 니부어의 현실주의와 해방신학을 비교 검토했고, 이들의 차이는 "환원될 수 없는 기독교적 비전의 복수성"에 기초한다고 말한다.16 기독교 현실주의는 진정한 기독교의 영성을 역설적인 비전에서 반성한다. 그러나 해방신학은 종교적 관점을 사회주의 비전과 종합시키는 반성을 드러낸다고 주장한다. 의식화 교육은 기독교의 본질적인 의미와 영성을 정치화해버리고, 약속과 구원에 대한 대안을 오로지 해방 투쟁을 위해 환원하거나 축소시킨다.17

　그러나 의식화 담론은 필자가 볼 때 하나님 나라에 대한 복음의 메시지에 근거한 종교적 담론일 수가 있으며, 예수의 연대—즉, 공적인 죄인들과 세리, 병자, 창기 그리고 어린아이들—에서 볼 수 있다. 의식화에 대한 종교적 담론은 기존의 지배와 특권의 담론에 대항하는 파레시아(parrhesia; 진리를 담대하게 말하기)의 형식이며, 제도화된

---

16 Ibid., 236.

17 Ibid.

헤게모니와 구조적 폭력의 체제를 폭로한다. 이러한 메커니즘은 중심부와 주변부 사이의 신식민주의 조건을 특징 짓는다(후기에서 나는 바르트의 공공신학과 파울로 프레이리의 의식화 교육론을 비교 검토할 것이다).

공공신학은 해방신학과 비판적이며 건설적인 대화에 열려 있다. 해방신학은 하나님 말씀의 빛에서 인간의 실천 내지 기독교인의 실천에 대한 비판적 반성으로 정의된다. 가난한 자들은 방법론적인 출발점이 되며, 성서적 상징인 하나님의 나라와 종말론을 실천한다. 해방신학은 포스트콜로니얼 신학의 일차적 실례가 될 수 있고 중심부와 주변부의 예속 조건을 고려한다. 그러나 해방신학은 유럽 중심적 이데올로기를 비판하지만, 포스트콜로니얼 이론과 더불어 담론과 권력의 관계에 대한 분석에 별다른 관심을 보이지 않는다. 신체 권력 정치를 통해 해방신학은 규율과 감시 그리고 처벌이라는 사회적 시스템보다는 가난한 자들을 위한 경제적 정의에 더 관심 갖는다.

마르크스의 관심은 자본주의 생산 양식에 있고, 헤게모니의 역할이나 신체 권력 정치를 통한 글로벌 주권 지배는 뒷전으로 밀린다. 사회적 담론은 시민의 승인을 통해 도덕적 리더십에서 표현되며, 도덕과 시민 사회의 의식은 마르크스에게선 기대하기가 어렵다. 후기 자본주의 현실과 정당성은 금융자본과 독점으로 드러나며 글로벌 주권 시스템을 강화한다. 자본주의가 붕괴하기보다는 사회주의가 붕괴하고 마르크스 이론에 대한 이데올로기적 독해는 의심스러워진다.

우리는 문화적 유산 안에서 살아가며 합리화 체계, 사회 계층, 교육 그리고 경제적 관계들은 전문화와 위계질서적으로 조직된다. 자유와 자율성 안에서 우리는 윤리적 가치와 도덕적 규범을 해석하며, 주어진 관습들과 침전된 전통의 편견을 책임적으로 비판하고 새로운 의미를 창출한다. 하나님 나라에 대한 예수의 복음에서 책임, 연대 그리고 용서와 해방은 중심으로 들어오지만, 예수는 일면적인 방식으로 가난한 자들을 옹호하기보다는 오히려 공개적인 죄인과 세리들에게 토라를 배울 것을 권유한다(마 23:1-3). 가난한 자들을 위한 당파적 선택은 해방하는 하나님의 말씀 없이는 맹목적이 되고 만다. 그러나 해방의 말씀이 사회적으로 밀려 나간 자들을 위한 연대를 경시하고 그리스도의 제자직에 헌신하지 않을 때 추상적이며 개인주의화가 되고 만다.

필자가 전개하는 공공신학은 칼 바르트의 예언자적 전통(헬무트 골비처와 프리드리히 마르크바르트)에서 사회학의 이론을 통해 이들이 남겨 놓은 과제들을 진일보시킨다. 하나님이 세계의 장소(makom)로 이해된다면, 하나님은 창조를 통해 장소를 제공한다. 창조는 처음부터 공허와 어두움(창 1: 2)으로부터 해방을 의미한다. 창조는 하나님의 나라의 종말론적 의미를 지적하며, 묵시주의자 요한에게서 그것은 해방신학이 된다.[18]

마르크바르트에 의하면 무로부터의 창조는 하나님의 해방 사건을 말한다. 하나님의 장소를 추구하는 것은 전적 타자이신 하나님에 대한 영적 열망에 기초하며(믿음), 이것은 종말론적인 희망, 즉 새 하늘과 새 땅이 예수 그리스도의 십자가와 부활을 통해 현재의 삶으로 들어온 것을 지적한다. 위계질서화된 사회시스템과 세계 경제체제에서 하나님으로부터 장소를 구하는 것은 보다 많은 사회 정의와 민주주의 그리고 타자와의 연대와 인정을 위해 유토피아적인 실천

---

18 F.W. Marquardt, *Eia, warn wir da*, 318.

에 가담하는 데로 나간다.

공공신학은 하나님으로부터 오는 장소를 시민 사회 안에서 구현하려고 한다. "우리는 하늘로부터 오는 우리의 집을 덧입기를 갈망하면서 이 장막 집에서 탄식하고 있습니다"(고후 5: 2). 종말론이 희망을 가르친다면 유토피아적 열망은 우리를 장소의 하나님을 향해 각성시킨다. 기술지배의 세력에 갇혀버린 세계가 하나님의 장소가 아니라 하나님이 세계의 장소라면, 세계는 하나님의 빛에서 정화되고 갱신되고 변혁되어야 한다. 새 하늘과 새 땅은 하늘로부터 지상으로 내려온다. 하나님이 광활한 장소라면, 이것은 철저히 사회적이며 역사적인 의미에서 세계변혁의 차원에서 규정된다.[19]

새 하늘과 새 땅은 철학적으로 표현하면 기독교인의 삶을 다스리며 최종적으로 기다리는 복음의 생활세계일 수가 있다. 인간의 윤리적 실천이 새 하늘과 새 땅을 향할 때 그것은 유토피아적 열망으로 고취된다. 윤리와 종말론은 같이 엮어진다. "건설하라. 건설하라. 길을 예비하라. 나의 백성의 길로부터 모든 장애를 제거하라"(사 57:14, 저자사역). 하나님의 장소를 추구하면서 공공신학은 포스트콜로니얼 이론에 관여하며 사회적 담론과 권력의 관계에서 사회와 문화의 영역에서 밀려 나간 자들에 대한 관심을 윤리적으로 표현한다. 우리가 전통적인 도덕 개념과 윤리적 반성을 최고선(의무, 덕 또는 권리)으로 사용할 때, 사회과학 이론은 최고선의 내용을 포스트콜로니얼 조건에서 고려하며 공공선과 정의를 위해 아남네시스적인 이성을 통해 순전한 희생자와 하위 계급과의 연대로 표현한다.

---

19 Ibid., 22-23.

II. 포스트콜로니얼 조건과 이론

포스트콜로니얼 현실은 이전 식민주의가 정치적으로 종결된 이후 신식민지 조건이 중심부와 주변부에서 여전히 매우 복합적인 방식으로 정치, 경제, 문화, 이민 문제에서 일어난다. 이것은 중심부의 사회 계층에서도 피할 수 없는 현실이 된다. 인종차별주의는 이민 문제에서 중요한 논의에 속하며, 공론장에서 주변부에서 유입된 이민자들에 대한 비판과 공격이 나타난다. 정치적으로 선동된 반이민 정서와 운동이 종교적 근본주의와 더불어 나타난다. "개발 도상국의 주변부 문화 출신인 비백인 이민자들은 국가의 건강을 위협하는 낯선 신체로 끊임없이 비판된다."[1]

팔레스타인이면서 콜럼비아 대학 교수였던 에드워드 사이드는 오리엔탈리즘 이론을 통해 포스트콜로니얼 이론의 물꼬를 튼다. 이것은 이항의 대립에 기초하며, 유럽의 지식 체계가 만들어 내고 대변하는 동양 사회에 주목한다. 유럽에 의해 대변되는 담론의 타입은 공공 영역에서 이민자와 인종의 위계질서를 고려할 때 사회적 의식과 성향을 지배한다. 미셸 푸코의 담론이론(고고학)과 권력관계(계보학)는 사이드의 포스트콜로니얼 인식론을 구성하는 데 결정적이다.

---

1 McCarthy, *Race, Empire, and the Idea of Human Development*, 9.

사이드에 의하면 오리엔탈리즘은 유럽의 지식과 권력을 통해 창출된 담론이다. 여기서 동양 사회와 문화는 "포스트-계몽주의 시기 동안에 정치적으로, 사회학적으로, 군사적으로 이데올로기적으로, 과학적으로 그리고 상상적으로" 형성된다.[2]

푸코와 더불어 사이드는 안토니오 그람시에 주목하는데, 그람시에 따르면 정치 사회와 시민 사회를 구분하고 정치 사회는 국가기관으로 구성된다(군대, 경찰, 관료제). 반면 시민 사회는 문화적 영역에서 형성되는 자발적 결사나 모임(학교, 가족, 노동조합 또는 종교)으로 구성된다. 정치 사회의 지배는 시민의 승인과 더불어 나타나며 시민 사회 안에서 작용한다. 리더십에 대한 문화적 형식은 헤게모니로 불리며 문화적 삶을 이해하는 데 결정적이다. 사이드는 승인 또는 헤게모니를 유럽의 대변 담론과 종합하고, 유럽 중심의 지식과 권력이 비유럽의 사회들을 어떻게 자신의 이미지에 따라 만드는지 분석한다.[3]

그러나 에드워드 사이드가 헤게모니를 다룰 때 지배자의 지적이며 도덕적인 리더십과 국민의 승인을 이끌어 내는 카리스마에 대한 연구는 없다. 권력 유형에 대한 정치 사회학적 분석은 단순하게 유럽과 동양 사회를 이항의 대립으로 분류하고, 이러한 단순 논리를 투사시키는 작업으로 해결되지 않는다. 따라서 단순한 이항의 대립의 투사를 넘어서서 유럽 중심주의를 대변하는 텍스트에 대한 해석학적 진지함과 비판적 주석이 요구된다. 그리고 이러한 담론들이 서구 사회의 복잡한 권력의 관계에서 어떻게 지배 담론과 헤게모니로 설

---

2 "Introduction to Orientalism," *The Edward Said Reader*, 69-70.
3 Ibid., 73.

정되는가 하는 사회과학적 분석은 새로운 포스트콜로니얼 이론의
영역에 속한다.

헤게모니와 민족주의

포스트콜로니얼 이론에서 에드워드 사이드의 오리엔탈리즘은
카타리 슈피박과 호미 바바와 더불어 시작을 알린다. 슈피박은 콜럼
비아 대학에서 문학 이론과 페미니즘을 가르치며, 자크 데리다의
그라마톨로지(Grammatology)의 번역가이다. 데리다의 해체주의를
통해 슈피박은 인도에서 배운 서구 철학의 보편적 체계가 허구로
폭로되는 것을 배웠다고 실토한다.[4] 서구의 휴머니즘은 암호처럼
작용하며, 비서구인들을 인간성의 결핍된 식민지의 타자로 정당화
했다. 이것은 데리다나 푸코가 해체하려고 했던 에피스테메의 거대
담론에 속한다. 그러나 슈피박은 안티-휴머니즘보다는 그람시를 통
해 새로운 실천 철학을 하위 계급(subaltern)연구를 위해 기획한다.
이것은 인도에서 드러나는 민족주의 역사학의 엘리트주의를 비판
하고, 식민지 시대의 하위 계급의 삶과 실천을 추적하려고 한다. 슈
피박은 라나지트 구하(Ranajit Guha)의 후기식민지 역사 이론을 비판
적으로 수용하는데, 계급 분석은 다음과 같다: (1) 지배적 해외 그룹,
(2) 지배적 인종/민족 그룹, (3) 로컬지역에서 지배적 인종 그룹,
(4) 국민(백성)과 하위 계급.[5]

---

4 Spivak, *The Postcolonial Critic*, 7.
5 Spivak, "Can the Subaltern Speak?," *Colonial Discourse and Postcolonial Theory*, 78.

라나지트 구하는 인도의 역사학자로서 영국 서섹스(Sussex) 대학 역사학부 교수였다. 그는 안토니오 그람시의 하위 계급(subaltern) 개념을 자본주의 체제로 편입되지 않은 농민으로 확대시켜 발전시켰다. 그는 후기 식민지 정치 담론으로 민족 정치를 강조하고 영국의 식민지 지배에서 농민들의 역할에 주목한다. 구하는 그람시의 하위 계급 간의 동맹 개념을 노동 계급을 넘어서서 빈농과 다른 예속 계급들을 포함하면서 폭넓게 사용한다. 민족주의 운동은 간디나 네루 같은 인도의 엘리트 정치를 통해 민중들에게 영감을 불러일으키지만, 구하에게 민족주의 운동은 중산 계급의 운동이며, 농민반란에 큰 역할을 부여하지 못한다.

후기 식민지 국가는 이런 점에서 시민 사회 개념을 수용하기가 어렵고, 민족주의적 성격을 갖는다. 민족 엘리트들은 하위 계급 민족의 삶과 의식을 대안적인 헤게모니로 통합시켜야 하고, 이들은 백성/인종/민중을 국가로 구성하고 서구의 지배 체제에 도전한다.6

그러나 슈피박은 구하의 하위 계급 역사 이론에서 모든 형태의 농민반란이 가차 없이 해방의 성격을 갖는다는 입장을 비판한다. 농민반란에 대한 정당하지 못한 낙관주의가 은폐되어 있으며, 구하와 같은 역사가는 농민저항을 위해 '대변'하는 담론과 권력을 가지고 있다. 여기서 억압된 자들의 진정한 소리를 듣기는 어렵다. 그리고 예속 계급 역사가들은 거의 다 남성들이다. 하위 계급 여성의 소리는 들을 수가 없다. 결국 예속 계급에 대한 담론은 사회정치적 엘리트들에 의해 '구성'되고 남성주의적 지배 담론으로 유포된다.

---

6 Guha and Spivak, eds. *Selected Sublatern Studies*, 1-10.

그러나 슈피박은 민족과 거대지배층 사이의 중간자리(in-betwee-ness)가 있으며 구하의 역사 접근은 여전히 엘리트주의에 기초한다고 비판한다. "하위 계급은 말할 수가 있는가?"라는 그녀의 도발적인 질문은 인종/민족주의를 기초로 한 역사 이데올로기에 제동을 건다. 인도에서 억울하게 희생당한 과부들의 희생(satti)을 민족주의자들은 애국적으로 그리고 가부장적으로 인도 여성의 순수함과 헌신으로 찬양하지만, 이들의 고난을 말할 수가 없다.

식민지 시대에 하위 계급은 언로가 막히고 인종/민족 엘리트주의자들에게 오히려 순수함으로 칭송되지만, 동시에 하위 계급은 상품화가 되고 먹잇감이 되고 만다. 슈피박은 데리다에게 동의하고 민족주의자는 식민지 시대를 인종/민족에 대한 상상력을 통해 '창조' 또는 조작하는 시도로 통렬하게 비판한다. 왜 민족이 문제화가 되는가? 누구의 '민족 문제'인가? 여전히 민족주의 사관은 제국주의 틀 내에서 잃어버린 기원에 대한 향수병일 수 있다. 인도의 민족 정기란 무엇인가? 누가 실제로 인종과 민족 그리고 식민 지배로부터 억압을 당했는가? 이들은 전혀 배상받지 못하고 배상도 불가능하다. 남편의 죽음으로 인해 화형을 당한 절대적 희생자들은 말을 할 수가 없다. 어쩔 수 없이 식민지 시대를 살아야 했던 민초들은 절대 희생자로 언급조차 되지도 않는다. 그러나 이들은 우리 안에 여전히 타자의 목소리로 들어와 있다. 슈피박의 포스트콜로니얼 이론은 식민지 시대의 하위 계급과 억울한 희생자 그리고 인도의 현재의 역사로 이어지는 타자의 삶에 주목한다. 힌두교의 카스트제도, 민족주의자들의 가부장주의, 영국의 식민 지배는 절대적 희생자인 하위 계급의 관점에서 해체되어야 한다. 그람시의 헤게모니 담론은 이러한 포스트콜로니얼 해체 전략에 도움이 된다.

그러나 슈피박은 그람시를 마르크스의 사적 유물론에서 분리시키고, 문화 미시이론가(cultural micrologist)로 자리매김한다. 그러나 슈피박과는 달리 그람시의 실천 철학은 사적 유물론에 관련된다. 그람시에게 철학은 사회 실천적 활동에 기초한다. 철학은 상식과 기존 질서 그리고 종교의 지배를 비판하고 넘어선다. 정치 이념이나 담론은 물질적 세력이 되는데, 실제 역사적 발전을 지속적으로 갱신하면서 표현된다. 역사의 일치는 발전 과정에서 찾아야 한다. 사회적 존재가 인간의 의식을 결정하며 순수의식이 인간 존재를 규정하지 않는다. 이러한 마르크스의 테제는 그람시에게 결정적이다.[7]

역사와 실천 철학은 분리되지 않는 블록을 형성한다. 사적 유물론은 구체적인 역사에 대한 분석을 통해 가능해지며 새로운 현재의 역사를 구성하는 실천을 통해 정립된다. 그람시는 엥겔스가 사적 유물론을 해명하면서 '요셉 블로호에게 보낸 편지'(1890년 9월 21일)에 주목하고 사적 유물론을 상호 원리로 파악한다. 역사를 유물론적으로 파악하는 것은 실제적인 삶을 형성하는 생산과 재생산의 과정이다. 그러나 경제적 계기를 유일하게 결정 원리로 왜곡하면 사적 유물론은 의미가 없고 추상적이고 불합리한 구호가 되고 만다.[8]

상호 원리에서 그람시는 상부구조의 이데올로기에 폭넓은 기능을 부여하며 허위의식을 넘어서서 지식과 이념의 체계로 파악한다. 유기적 이데올로기들은 주어진 사회 구조에서 대중들과 사람들의

---

7 Gramsci, *Selections from Prison Notebooks*, 646.
8 Ibid., 781.

활동 범위를 조직하며 타당성을 갖는다. 반면 부정적인 의미에서 이데올로기는 허위의식에 속하며 권력에 의해 형성된다. 사회적 타당성으로서 유기적 이데올로기 또는 사회 담론은 역사적 블록을 형성하며 다양한 사회적 세력들을 통합한다. 역사적 블록은 사회적 세력들의 연합을 의미하며, 일정한 사회 질서에 대한 국민들부터 승인의 기반을 제공한다. 이것은 지배 계급의 헤게모니를 역사적 콘텍스트에서 제도와 사회적 관계들 그리고 이념들의 상호작용을 통해 생산하고 재생산한다. 유기적 형식으로서 이데올로기는 물질적 힘과 세력을 갖는다. 사적 유물론 연구에서 그람시는 이데올로기 분석과 역사적 분석을 통해 새로운 차원을 개방한다. 역사적 블록을 통해 상부구조는 사회 분석에서 자율성과 중요성을 획득한다. 역사적 블록은 다양한 사회적 세력들의 동맹을 의미하며 사회 제도와 관계 그리고 이념들을 통해 지배 계급은 지적 문화적 헤게모니를 산출한다.

모든 정치적 활동은 당과 신분 그리고 계급에게 영향을 미치며 특별한 그룹들이 헤게모니를 획득하고 지도 그룹으로 등장한다. 사회, 경제, 문화, 종교, 정치의 다양한 영역들에서 다차 적인 중층 결정들이 일어나며 더 이상 경제적인 요인으로 환원되지 않는다.

그러나 그람시는 소비에트 혁명을 분석할 때 "자본에 반하는 혁명"(1917)으로 파악하고 마르크스의 자본에 반대하며, 마르크스의 자본은 러시아에서 부르주아지나 정치 엘리트들의 교과서였지 프롤레타리아의 책이 아니라고 말한다. 볼셰비키스트들은 마르크스를 거절하고 사적 유물론은 돌맹이 위에 기입된 것이 아니라고 항변했다.[9]

그러나 마르크스와 엥겔스는 『공산당 선언』 러시아판(1882) 서문에서 "러시아의 토지 공동소유는 공산주의 발전을 위해 출발점이 될 수 있다"라고 썼다. 마르크스는 파리 코뮌에서 드러나는 주관주의적인 접근에 비판적이었고, 새로운 프랑스 공화국 안에서 노동계급을 강화해나갈 것을 강조했다.[10] 마르크스에게서 자본은 사물이 아니며, 오히려 사물을 통한 인간들 간의 사회적 관계를 의미한다. "니그로는 니그로다. 일정한 사회적 관계에서 니그로는 노예가 된다. … 자본은 생산의 사회적 관계이다. 이것은 생산의 역사적 관계이다."[11]

계급과 예속의 유형은 생산의 역사적 관계에 의존된다. 마르크스의 포이에르바하 여섯 번째 테제에서 인간은 사회적 관계의 총체(ensemble of social relations)로 정식화된다. 그러나 보다 풍부한 사회관계들은 자유의 영역에서 자유롭고 평등한 개인들의 결사와 합력, 즉 보다 큰 인간의 개인화가 된다.[12]

그람시의 역사적 블록 개념에서 인간의 본성은 역사적으로 규정되며 사회적 관계들의 총체를 의미한다. 상부구조에서 드러나는 정치와 도덕 이론은 헤게모니와 승인을 통해 역사적 블록의 차원에서 중요하다. 마르크스에게서 시민 사회의 해부학이 정치 경제학에서 찾아져야 한다면 그람시는 사회적 세력들의 연합인 역사적 블록, 즉 정치적 헤게모니에서 찾는다.

---

9 Gramsci, "The Revolution against 'Capital'(1917)."
10 "The Civil War in France," *Karl Marx Selected Writings*, 539.
11 Marx, *Capital* I, 932.
12 Mandel, *The Formation of the Economic Thought of Karl Marx*, 139.

그러나 마르크스에게 자본은 사회적 존재를 설정하며 인간의 의식을 규정한다. 사회적 관계의 총계로서 인간은 자본 운동에 예속된다. 실천 철학과 역사적 블록을 분석하는 데 자본주의 생산 양식을 검토하고 여기에 인간의 혁명적 의식이 교육된다. 법적, 종교적, 미학적, 정치적, 철학적 담론들은 각각의 영역들에서 교차되고 또한 이념들 간 투쟁과 갈등이 일어날 수가 있다. 이러한 상부구조의 변화는 사회경제적 발전과 더불어 나타난다. 여기서 결정적인 역할을 하는 것은 자연과학적 발전과 기술 합리성이다. 이러한 측면은 그람시의 실천 철학과 노동 계급의 혁명 의식에 대한 지나친 주관적 강조를 교정한다.

III. 마르크스, 식민주의, 아시아적 생산 양식

마르크스에게 자본주의 위기는 과잉 생산에서 나타나며, 이러한 유행병은 사회를 순간의 야만 상태와 폐허의 전쟁 상태로 되돌려보낼 수가 있다.[1] 이런 위기 극복을 위해 생산력의 대량 파괴와 새로운 해외시장 정복 그리고 국내의 시장착취가 일어난다. 과학 기술과 정보통신의 발전으로 모든 국가가 세계 시장의 네트워크에 엮어진다. 자본주의 해외 팽창과 지배는 가속화되고, 체계적인 식민지화에서 중심부와 주변부 사이에 존재하는 생산 양식으로 인해 적대와 대립이 나타난다. 자본 축적을 위해 식민지에서 수공업에 종사하는 임금 노동자들이 출현하고, 중심부의 노동자 계급은 식민주의 노동을 통해 혜택을 얻게 된다. 유럽의 많은 노동자들은 식민지로 몰리며 자본을 가동화시키고 착취, 절제 그리고 수익을 얻으려고 노력한다.

"오늘의 임노동자는 내일의 독립적인 농부나 장인이 되며, 자신을 위해서 일한다. 임노동자는 노동시장에서 사라지며, 공장으로 들어가지 않는다."[2] 본원적 축적에서 영국이 수행한 체계적 식민지화이며, 독립 생산자들은 자본가가 아니라 자신의 부를 위해 노동하고

---

1 "The Communist Manifesto," *Karl Marx Selected Writings*, 226.
2 Marx, *Capital* I, 936.

자본을 배가시킨다.

그러나 슈피박이나 사이드에게서 마르크스는 유럽 중심주의에 사로잡혀 있었고, 마르크스의 논의가 식민지를 극복하는 포스트콜로니얼 이론에서 가치가 없다고 평가한다. 그러나 미국에서 비판이론을 대변하는 로버트 맥카시는 이러한 해체주의적 독해가 지극히 피상적인 것으로 비판한다. 마르크스가 후기 식민주의 이론에 제공할 수 있는 이론적 기여는 마르크스가 인도와 중국의 영국 지배 그리고 아편전쟁을 어떻게 본원적 축적론과 관련하여 파악했는지 해석학적 독해를 요구한다. 그리고 마르크스는 러시아의 사회주의 발전에 대해 어떤 태도를 보였는지가 관건이 된다.

마르크스는 베라 자수리치(Vera Sassoulitch)에게 보낸 편지에서 다음처럼 말한다. 자본주의 발전의 역사적 불가피성은 오직 서유럽에만 국한된다. 여기서 마르크스는 러시아 마르크스주의자들과는 다르다. 이들은 러시아의 농촌 공동체와 대토지를 제거하는 것이 역사 발전의 불가피한 과제로 주장했다. 그러나 마르크스에게 거대한 집단 농업은 러시아의 사회주의 길에서 필요조건이 되며, 심지어 산업 자본주의의 중간단계를 거치지 않을 수도 있다. 마르크스의『자본』은 공동소유가 오래전에 사라져버린 서구의 조건에 적합하지, 이것은 러시아에 적용될 수가 없다.[3]

마르크스는 비서구 사회에서 사적 유물론을 기계적으로 적용하고 혁명 이론을 추구하는 그의 후예들에게 내재적 비판의 원류로 작용한다. 서구의 자본주의 모델 없이도 러시아가 사회주의로 이행한다면

---

3 Marx, "Letter to Vera Sassoulitch," *Karl Marx Selected Writings*, 576.

마르크스를 유럽 중심으로 단죄하는 것은 무리가 있다. 적어도 마르크스는 대안 근대성을 위해 이론적 전망을 제공해 줄 수가 있다.

마르크스와 아시아적 생산 양식

인도의 영국 지배는 산업혁명(1780~1840)에 의해 촉발되며, 영국은 이미 1600년도에 동인도회사를 설립했다. 동인도회사는 산업혁명의 기반에 재정을 충당하고, 1757년부터 1858년까지 인도를 효과적으로 지배했다. 초기 영국의 행정가와 관리들—워렌 해스팅(Warren Hastings), 윌리암 존스(William Jones) 그리고 조나단 던컨(Jonathan Duncan)—은 인도의 효율적인 지배를 위해 몇 가지 중요한 전략들을 수립했다. 이들은 오리엔탈리스트로 불렸으며, 인도의 언어와 문헌 그리고 종교를 이해하는 것이 인도 지배에 필수적임을 알고 있었다. 인도의 세포이 반란(1857) 이후 영국은 인도에 직접 지배를 강화하고 식민지 정책을 최종적으로 확립했다.

마르크스는 뉴욕 데일리 트리뷴에 기고한 "인도에서 영국 지배"(1853년 6월 10일)에서 영국 지배가 화란의 식민주의를 흉내내며, 인도 사회의 전체 구조를 파괴하고 괴물적인 제도를 설립할 것으로 썼다. 마르크스는 영국의 지배가 인도 사회에 엄청난 고통을 가져올 것으로 주장했다. 또 "인도에서 영국 지배의 미래결과"(1853년 7월 22일)에서 인도 사회의 변형은 미래의 진보를 위해 전제조건이 된다고 말했다. 한편 영국은 인도 사회를 파괴하며 다른 한편 인도에 서구 사회의 물적 토대를 놓을 것이다. 인도의 노동자 계급이 영국 지배의 족쇄를 부숴버리기 전까지 인도인들은 영국 부르주아지들이 뿌려

놓은 열매를 따지 못할 것이다. 영국의 문명 선교는 심오한 위선이며 부르주아 문명 안에 내재된 야만으로 비판한다 등이었다.

마르크스의 영국 식민지 비판은 『자본 1』에서 본원적 축적을 다룰 때 라틴 아메리카에 대한 스페인 지배에서 이미 나타난다. 스페인 식민주의를 분석할 때 우리는 마르크스의 유럽 중심주의를 볼 수 없다. 영국의 인도 지배에서 마르크스는 인도 식민지로부터 오는 혁명의 세력을 예견했다. 물론 당대 마르크스의 인도의 역사와 문화 그리고 경제에 대한 제한된 지식을 옹호할 필요가 없다. 오리엔탈리스트 담론이 유럽 중심의 우월주의와 인종차별주의, 문명 선교에 기초한다면, 마르크스는 인터내셔널주의자이며, 반-식민주의 입장을 견지하고 있었다.

그러나 마르크스의 아시아적 생산 양식 이론은 유럽 중심으로 비난받았다. 마르크스는 『정치 경제학 강요』에서 아시아 생산 양식을 전 자본주의적 생산 양식의 틀에서 다루고 생의 말년까지 몰두했다. 마르크스는 동양의 하늘을 여는 열쇠를 토지의 사적 소유의 결여에서 보았고, 국가가 관개 시설을 통해 이것이 아시아의 전제주의, 즉 동양적 전제주의(몽테스키외)의 기초가 된다고 보았다. 본원적 자본 축적 이전 단계, 즉 "자본주의적 생산에 앞서는 양식"(1859)에서 마르크스는 아시아적 양식, 고대 또는 고전적 양식 그리고 게르만적 양식을 구분했다. 아시아적 양식에서 중요한 것은 토지의 공동소유이며, 동양적 전제주의와 토지 소유권의 결여는 가내 수공업과 농업을 통해 특히 농업 생산의 우위성을 통해 사회경제가 유지된다. 이것은 슬라브와 루마니안 촌락 공동체 더 나아가 멕시코, 페루, 고대 켈트족, 인도의 부족 사회에서도 볼 수 있다.[4]

이러한 소규모 촌락 공동체는 토지의 공동 점유, 농업과 수공업의 직접적인 결합과 노동 분업에 기초한다. 아시아 국가는 토지 소유자가 되며, 국가의 관리 계층이나 귀족은 동양사회의 지배 계급이 된다. 인도의 촌락 공동체에서 마르크스는 자족적이며 단순한 생산조직을 보았고, 정치적 변화나 역사적 흐름에 아무런 영향을 받지 않았다고 보았다. 공동체 소유 양식에 근거한 자급자족의 촌락 공동체는 동양 사회의 물적 토대이며, 도시는 농업과 중앙 집권 국가에 종속된다. 자본은 여기서 충분히 발전하지 못한다. 이것은 동양 사회가 갖는 정체성, 불변성의 결정적 요인이며, 이러한 목가적인 촌락 공동체가 동양적 전제주의의 확고한 토대가 된다.[5]

동양의 기후와 지리적 상태가 운하와 수로를 통한 인공 관개를 필요로 하고, 동양의 농업 경제의 토대를 이루는데, 물을 공동으로 아껴 써야 하는 제약으로 인해 중앙집권적 국가 권력의 개입을 불가피하게 한다. 대규모 공공사업(제방 사업, 수리 조합 등) 또는 거대한 관개 시설의 건설은 국가가 공동체의 삶에 결정적으로 중요한 경제적 기능을 담당하고, 사회적 잉여물을 탈취하고, 전제주의적 지배를 확립한다.[6]

이러한 분석의 측면은 아시아적 생산 양식에서 도시는 농업 생산과 국가의 중앙집권에 예속되지만, 그렇다고 해서 생산력이 정체되는 것이 아니라 느리고 완만하게 발전한다. 아시아의 국가들은 자체의 발전 경로를 통해 자본주의를 성취한다. 에르네스트 만델에 의하

---

4 Marx, *Grudrisse*, 474, 497.

5 송영배, 『중국사회사상사』, 130.

6 Mandel, *The Formation of the Economic Thought of Karl Marx*, 121-122.

면 일본의 경우 상업 자본은 14세기부터 중국해와 필리핀해에서 해적질로 축적되고, 상업과 은행 부르주아지의 상승에 토대가 된다. 제조업 자본의 발전은 18세기에 시작되고 이후 서구의 자본주의적 진화를 드러내었다.[7]

비서구 사회와 근대화

버클리 대학 사회학과 교수 로버트 벨라는 도쿠가와 시대 (Tokugawa Period, 1600~1858)의 종교와 정치 그리고 경제적 영역에서 드러나는 가치들을 분석했다. 이러한 문화적 가치들이 메이지 천황(The Emperor Meiji, 1868) 시대로 이어지는 것을 본다. 일본 근대화는 유럽과는 다른 길을 보여준다. 경제적 가치와 합리화는 여전히 정치적 가치, 즉 정치 합리성의 과정(왕이나 쇼군에게 충성심으로 표현되는)에 예속되어 있었다. 신분 획득은 가치 타당성을 획득하며 중국 선비들의 신분적인 삶의 스타일과는 다르다. 노동은 집단적인 목표에 헌신하는 비이기적인 헌신으로 이해된다.[8]

도쿠가와 시대의 문화적 가치 체계는 사무라이 이념형에서 구현되고 쇼군을 중심으로 한 권력 체계는 메이지 시대(1868~1911)의 합리화된 통합 권력에서 중심 가치로 나타나며 산업화를 통해 근대사회로 진입했다. 란가쿠(蘭学; 화란의 학문, 난학)는 이미 1640년도부터 화란과의 교역을 통해 유럽의 학문과 의학, 국제적인 정치 상황 그리

---

7 Mandel, *Marxist Economic Theory* 1, 124.

8 Bellah, *Tokugawa Religion*, 15.

고 과학 기술이 일본에 도입되었다. 란가쿠는 에도의 쇼군에 의해 지지되었고, 유럽의 문물과 서양의학과 해부학, 자연과학은 토쿠가와 시대 마지막(1853~1867)까지 영향을 미쳤다. 코모도르 페리(Commodore Perry) 주도 아래 맺어진 미국과의 강화조약(1854)을 통해 난학의 학자들은 메이지 유신에서도 여전히 근대화와 산업화에 엄청난 역할을 행사했다. 그러나 여전히 란가쿠는 정치권력 아래 통합되고, 지배되고 있었다. 근대화는 다양한 요소들을 포함하지만 주로 경제적 요인들, 즉 산업화에 의존된다. 도쿠가와 시대는 메이지 유신에서 급속한 근대화와 산업화에 배경이 된다. 1912년 메이지 시대가 종결되면서 일본은 사회, 정치 그리고 경제 변화를 겪으면서 봉건 체제가 철폐되고, 정부의 내각 체제가 도입된다.

그러나 일본의 근대화는 경제적 이유보다는 정치적 동인이 더 크다. 상부구조로서 국가는 특히 메이지 시대에 새로운 산업의 발전으로 진행된다. 거대 산업은 국가의 지원에 의존되며, 정치적 자본주의 성격을 갖는다. 사무라이 정신은 메이지 시대의 산업가들에게 영향을 미치고 자본주의 발전에 주요 요소로 등장한다. 근대의 산업에서 사무라이 충성 윤리가 강조된다.[9] 도쿠가와 시대의 중심 가치 체계는 일본의 근대 시기에 보다 집중적이며 합리화된 형식으로 다양한 계급들과 신분들의 경제 윤리에 남아 있다. 경제는 정치적 가치에 의해 지배되고 결정된다.[10]

여기서 종교는 궁극적 관심으로(틸리히) 정치, 사회와 문화에 의미

---

9 Ibid., 186.
10 Ibid., 188.

있는 중심 가치와 정치적 합리화 과정을 지지하고 세계 내적 금욕적인 경제 윤리를 제공한다.[11] 일본의 근대화 과정에서 종교는 민족의 권력과 명예를 강화하고, 종교의 이미지에 따라 일본제국을 창조하려고 했다. 종교는 일본제국의 식민주의 하수인으로 전락한다. 정치적 합리화와 경제적 합리화는 전통 사회의 가치로부터 상당한 정도로 해방시킨다.

이미 베버적인 의미에서 세계 내적 금욕주의나 경제 윤리는 도쿠가와 시대에 정토진종과 유교적 영향에서 잘 드러난다. 도쿠가와 시대의 중엽에 구원과 윤리적 행동은 구분되지 않으며, 대다수 일본의 평민층을 지배하던 정토진종의 표어, 즉 "사업에 종사함으로써 불교에 봉사한다"라는 표현에서 나타난다. 세계 내적 금욕주의는 자리이타(自利利他)의 교리―나를 이롭게 해야 남도 이롭게 된다―원리에서 자신과 타인에게 경제적 이익을 주는 방향으로 수용되고, 사업이나 상업의 수익은 종교적으로 정당화되었다.[12] 유교적인 덕목과 국가 권력에 대한 충성은 정토진종의 발전에서 중요하게 수용되었고 또한 내면적으로는 아미다불에 대한 헌신으로 표현된다. 유교의 국가 이론은 엄청난 영향을 미쳤고 "제국을 다스리고 백성을 보조하라"는 표현에서 잘 나타난다. 경제적인 삶에서 정치의 중요성은 지배적이 된다.[13]

일본의 가치 체계에서 정치권력이 사회의 최하층에까지 침투하고 지배적이었지만, 중국은 관료제로 인해 조절되고 있었다. 중국의

---

11 Ibid., 6, 195.
12 Ibid., 120.
13 Ibid., 69, 108.

관료사회는 일본처럼 정치적 목적을 획득하기보다는 기존의 통합체계의 가치에 의해 움직였다. 통합적인 가치 체계는 사회시스템의 유지와 기계론적 연대에 큰 관심이 있었지, 일본처럼 정치 목적의 획득을 통해 권력이나 부를 추구하는 데 집중하지 않았다. 물론 중국의 황실은 권력 집중을 시도하고 정치 목적을 획득하려 했지만, 여전히 관료제에 의해 균형이 유지되었다. "중국의 관리들은 황제의 정치권력을 나누지 않았고 지지하기보다는 오히려 권력을 중립화하고 약화시키면서 황제를 섬겼다."[14]

물론 관리들 가운데는 충성되게 황실 권력을 강화했던 그룹들도 있었지만, 정부를 지배하고 철저한 근대화의 개혁으로 나가지는 못했다. 중국의 통합적인 가치 체계 안에 상당한 정도로 합리화를 위한 여지가 있음을 부인할 필요가 없다. 유교의 합리적 윤리는 중국사회의 균형과 조화에 관심했지만, 경제적인 부나 국가 권력을 증대하는 방향으로 나가지 않았다. 유교의 윤리가 정치적 가치의 우위성과 관련될 때 자본주의 발전은 여전히 가능해질 수가 있다. 자본주의적 맹아는 이미 당대에 토지 소유 체제에서 볼 수도 있다.

사실 토쿠가와에서 메이지 시대까지 이르는 과정에서 유교의 영향은 결정적이다. 적어도 공맹의 유교에서 농업과 상업은 존중되었고, 백성은 나라의 근본으로 여겨지며, 정치 사상에서 "민심은 천심"이라는 서구 공화제(루소) 이념이 이미 맹자에게서 보인다. 백성이 가장 귀하고, 사직이 그다음이고, 임금은 마지막이다. 독재자 왕에 대한 퇴위와 심지어 살해가 정당화된다. 특히 풍우란은 맹자에게

---

14 Fei, Hsiao-tung, *China's Gentry*, 32.

사회민주주의적 원초적 형식이 있다고 주장하기도 한다.[15]

그리고 송(960~1279), 특히 남송 시대(1127~1279)의 번영기에 상품 경제가 발전되고, 대기업의 개인 공장이 가능해진다. 특히 남송의 수도인 항주에서 자본주의적 생산 관계가 나타난다. 남송 시대 이래 직조업 부문에서 임금 노동이 드러나고, 자본주의적 생산 양식의 특징이 드러나기도 한다. 대기업적 공장제 수공업은 "소농업과 가내 공업의 통일"이라는 마르크스의 아시아적 생산 양식의 테제를 반박할 수도 있다.[16]

명 시대(1368~1644)에—이슬람 왕조가 다스렸던 인도의 무굴제국 (16세기 초부터 19세기 중반)처럼— 사치품 생산과 사적 무역을 통해 수공업과 상업 자본주의가 꽃을 피웠다. 이것은 근대의 자본주의에 이르기까지 오랫동안 지속된 유교 사회의 독특한 귀결일 수도 있다. 1750년 이후 법적으로 노비 소유는 금지되고 임금 노동자가 경제 활동에 관여된다. 유교 사회는 자본주의에 직접 선행하는 사회이며, 사적 유물론적으로 표현하면, 봉건제와 자본제적 생산 양식의 사이에 들어갈 수 있다.[17]

만일 유럽의 산업화가 자본의 축적과 기술 발전을 통해 생산력과 생산관계의 새로운 모델(노동과 자본)을 기초로 하는 근대의 자본주의 사회를 발전시켰다면, 비서구권 사회에서 산업화는 국가 주도 아래 이루어진다. 이러한 사실은 서유럽의 산업 자본주의에서 나타난 산업혁명이 비서구권에서 불가능하다는 것을 의미하지 않는다. 오히

---

15 풍우란, 『중국철학사 (상)』, 195.
16 송영배, 『중국사회사상사』, 278.
17 Ibid., 280.

려 자본주의 생산 양식, 즉 산업화가 서유럽에서 먼저 시작된 것을 말한다. 중국이나 인도에서 산업 자본주의의 퇴보는 정치적 요인, 즉 서유럽의 식민주의와 제국주의 정치에서 찾아야 한다.[18]

마르크스의 관심은 아시아적 생산 양식의 의미를 서구의 자본주의와 식민주의와 비교하면서 동양 사회의 특수한 발전을 검토하는 데 있다. 인도, 중국, 이집트 그리고 이슬람 사회에서 드러나는 역사적 발전의 독특성을 서유럽의 자본주의 발전과 비교 연구할 때 아시아적 생산 양식은 동양 사회가—비록 자유로운 산업 부르주아지를 산출하지 않는다고 해도— 러시아처럼 대안적 근대성으로 도달할 수 있는 사실을 부정하지 않는다.

유럽 사회에서 자본의 본원적 축적과 중상주의 식민주의는 근대 산업을 형성하고 부르주아지와 프롤레타리아의 계급을 산출했다. 그러나 동양 사회의 중앙집권 국가와 대규모의 관개 시설 그리고 토지의 사적 소유의 결여는 서구 사회에 비해 봉건사회와 근대 자본주의로 충분히 진입하지 못하게 한 원인이었다.[19]

마르크스와 상업 자본

마르크스는 자본 3권 20장에서 상업 자본에 대한 역사적 자료들을 다루면서 봉건주의와 자본주의 사이에 상업 자본에 대해 말한다. 상업 자본은 상품의 교환이며 자본주의 생산 양식 발전의 역사적

---

18 Mandel, *Marxist Economic Theory* 1, 125.
19 Mandel, *The Formation of the Economic Thought of Karl Marx*, 130.

조건으로 파악한다. 상업 자본은 교환가치를 가지며 중상주의 콘텍스트인 베니스, 제노아 그리고 화란에서 볼 수가 있었다. 상업 자본은 고대(스파르타와 로마)나 근대(포르투갈, 베니스, 화란 등) 시기에 약탈과 해적질과 노예제 그리고 식민지에서 드러난다. 고대 세계에서 무역의 영향과 상업 자본의 발전은 노예 경제의 귀결을 나타냈고, 근대 시기에는 자본주의 생산 양식으로 귀결된다. 16세기와 17세기에 무역에서 일어났던 위대한 혁명은 지리적 발견과 더불어 상업 자본을 발전시켰고 봉건제에서 자본주의 생산 양식으로 이행에 큰 기여를 했다.

이것은 이미 마르크스가 『자본 1』의 자본의 본원적 축적에서 다루었던 내용이고, 3권에서 상업 자본의 중요성과 더불어 마르크스는 "세계 시장 자체가 자본주의 생산 양식를 위한 토대를 형성한다"라고 말한다. 마르크스에게 자본주의는 국내의 노동임금과 자본에만 기초하는 것이 아니라 세계 시장에서 새로운 형태로 나타난다. 마르크스에게서 초기 자본주의는 중상주의와 관련된 상업 자본과 식민지 정책이며, 중기의 형식은 산업 자본주의 그리고 후기의 형식은 재정 자본과 세계 시장이 된다.

아메리카의 발견, 멕시코와 페루의 약탈, 아프리카 항해 일주, 인도, 인도네시아, 중국, 일본과 해양 연결은 서유럽의 경제적인 삶을 완전히 변형시켰다. 이것은 상업혁명으로 불릴 수가 있고 세계 상품 시장의 창조이며 인류 역사에서 매우 중요한 변화를 의미한다. 이것은 16세기와 18세기의 산업 자본의 본원적 축적의 주요 근거가 된다.[20] 산업혁명에 앞서 상업혁명이 유럽에서 존재했다.

상업 자본을 다루면서 마르크스는 아시아적 생산 양식의 문제를 고려한다. 소규모 농업과 국내 산업의 융합은 인도와 중국에서도 볼 수가 있다. 농업과 제조업의 직접적인 연결은 대규모의 산업을 일으키는 데 완강한 저항을 한다. 그러나 러시아의 무역은 아시아적 생산의 경제적 기반을 넘어서서 자체상 자본주의 생산을 발전시킨다.[21] 마르크스에게서 중요한 것은 상인은 자본가이며, 상업 자본은 생산 양식을 혁명하지 않고도 임금 노동과 프롤레타리아로 변형된다는 데 있다. 상인은 실제로 큰 잉여의 몫을 차지하는 자본가이며 산업가가 되기 때문이다.[22]

이런 차원이 고려되지 않을 때 마르크스의 사적 유물론(아시아적, 고대, 봉건, 근대 사회)은 유럽 중심의 이데올로기적 변형으로 비난받을 수 있다. 오히려 마르크스는 자본의 유형을 역사적인 시기와 더불어 분석했고, "아시아적"이란 표현은 역사적이며 동시에 지역에 국한되지 않고 사회경제적 발전을 특징짓는 유형론적인 성격을 갖는다. 이러한 유형은 봉건사회와 근대사회 중간에 위치 지을 수 있고 유럽의 역사 발전에서 중상주의와 식민지 정책에서도 발전된다.

이미 마르크스에게서 상업 자본은 매우 중요한 연결고리가 되며 이미 자본주의적 초기 양식으로 고려된다. 상인은 상업 자본가로 성장하며 국내 산업에 자본을 투자하고 수익을 얻는다. 영국에서 엔클로저 운동을 통해 가난한 농부들은 경작지를 몰수당하고, 도시로 이주하며 이들의 노동력을 자본 소유가들에게 파는 프롤레타리아로 출현한다. 서유럽에서 10세기에서 18세기까지 돈 자본(money

---

20 Mandel, *Marxist Economic Theory*, 106-107.

21 Marx, *Capital* 3, 452.

22 Ibid., 453.

capital), 고리대금 자본, 상인 자본, 상업 자본들에 대한 축적이 부르주아지 계급의 수중에서 나타났다. 중세 시대에 이들은 계급으로 형성되기 시작했고, 점차적으로 봉건영주와 국가로부터 해방되었다. 그리고 마침내 자신들의 자본 축적을 가속화시키기 위해 국가를 이용하고 지배했다.[23]

마르크스의 아시아적 생산 양식 이론은 1930년 스탈린주의에서 제거되고 유럽의 패턴(노예제-봉건주의-자본주의)이 비서구권 국가의 혁명 이론으로 도입되었다. 마르크스주의적 다섯 가지 보편적인 단계(원시 공산주의-노예제 사회-봉건주의-자본주의-사회주의)로 이행은 오토만 제국이나 몽골 또는 터키 등에서 나타나는 유목민이나 반유목민들의 경제적 토대를 설명할 수가 없다. 이런 사회들을 노예제나 봉건제 또는 그 중간단계로 파악하는 것은 어렵다.[24] 때문에 아시아적 생산 양식에 대한 새로운 논의가 포스트콜로니얼 콘텍스트에서 전개될 수 있다.

공납 사회와 생산 양식

사미르 아민은 유럽 중심주의를 넘어서서 포스콜로니얼 이론의 사회경제적 틀을 제공하기 위해 공납제 양식을 전 자본주의 생산 양식으로 도입하고, 이러한 공납제의 틀에서 아시아적 양식이나 노예제나 봉건제를 포함시키려고 한다. 경제적인 것보다 우위를 지배

---

23 Mandel, *Marxist Economic Theory* 1, 123.

24 Mandel, *The Formation of the Economic Thought of Karl Marx*, 119.

하는 것이 국가 권력이며 공납제를 기초로 중심부와 주변부로 나누어져서 교역의 상태가 이루어진다.

그러나 마르크스에 의하면 아시아적 양식은 국가가 촌락 공동체로부터 잉여나 공물을 세금으로 추출하는 양식이다. 한편 고대의 양식은 노예 생산에 기초하며, 봉건제는 농노에 기초하고, 소상품의 양식은 소규모 재산 소유자가 교환을 위해 상품을 생산하며, 자본주의 양식은 임노동의 착취에 기초한다. 간략히 말해 다양한 사회의 경제적 구성체에서 노예노동에 기초한 사회와 임노동에 기초한 사회를 구분하는 것이 마르크스의 이론에서 중요하며, 어떤 방식으로 잉여노동이 직접 생산자, 즉 노동자로부터 추출되는지가 주요 문제로 등장한다. 그럼에도 불구하고 마르크스는 상업 자본의 고대적 그리고 근대적 형식을 중요하게 취급했고, 이는 여전히 자본주의 양식, 보다 정확히 표현하면 자본 유형에 속한다.

마르크스에 의하면 아시아에서 직접 생산자들은 개인 토지 소유자들과 대립하기보다는 국가에 직접적으로 예속된다. 국가는 토지 주인으로서 주권을 가지고 있고 공납제의 형식을 갖는다. 직접 노동자가 생산 수단을 소유하고 자신의 생계유지를 위해 노동한다. 이것은 주인과 노예의 관계로 나타나기도 한다. 직접 생산자는 자유롭지 못하며, 강요된 노동은 "공납의 관계"로 이전된다. 국가의 특수한 형식에서 지배와 의존의 관계를 통해 동일한 경제적 기반(아시아적 생산양식)은 무한한 변화들과 발전 규모로 출현할 수 있다. 여기에는 무수히 많은 다른 경험적인 요인들, 즉 자연적 조건, 인종 관계, 역사적 영향 등이 기여한다.[25]

"무한한 변형과 외형적으로 드러나는 발전 모습"[26]에서 아시아에서 상업 자본은 이미 중국에서 유럽보다 앞서 진보하기도 한다. 마르크스의 이론적 약점은 당대 중국에서 상업 자본의 발전과 무역 관계 그리고 세계 시장에서 중국이 차지하는 역할을 충분히 알 수 없었던 자료의 빈곤에 있었다.

경제외적 조건들과 압력이 존재하지만, 아시아적 생산 양식 안에서 공납의 관계는 하나의 특수한 방식이지, 사미르 아민처럼 공납의 형식으로 취해지는 잉여 노동이 생산 양식이 될 수는 없다. 공납의 관계는 중심부와 주변부의 정치 형식에서 나타나지만, 마르크스는 이것을 생산 양식으로 표현하지 않는다.[27] 오히려 공납 사회가 아시아적 생산 양식의 틀에서 무한한 변화들로 나타나고 발전될 수가 있다. 이런 점에서 아시아 사회는 공납 사회로 볼 수도 있다.

그러나 마르크스의 아시아적 생산 양식은 사적 토지 소유의 결여, 관개 시설을 위한 공공사업, 중앙집권적 국가의 전제 권력에 기초한다. 자본의 축적은 공공사업, 토지세, 수공업과 상인 계층 그리고 전쟁과 공납 관계를 통해 여전히 나타나며 관리들과 귀족들에게 사회적 생산과 부가 분배된다. 이것은 유럽의 본원적 자본 축적의 단계처럼 발전할 수 있고, 상업 자본과 계급의 분화가 나타나기도 한다. 그러나 마르크스의 아시아적 생산 양식은 개인에게 경제적 주도권을 주는 부르주아 타입 또는 산업화 과정으로 나타나지 않는다. 왜냐하면 산업 자본가를 통해 세계를 정복한 것은 식민지와 제국주의에서 찾아져야 한다. 불평등 조약을 통해 영국은 인도와 중국에 경제적

---

25 Marx, *Capital 3*, 927.

26 Ibid.

27 Ibid., 443.

불평등을 강요하고 생산성의 독점을 유지하면서 이들 국가의 기존 상업과 산업을 파괴해버렸다. 여기서 산업화 과정은 식민주의로부터 독립한 후에야 진정한 의미에서 가능하게 된다.[28]

전 자본주의적 국가 생산 양식은 영국의 인도와 중국과의 교역 관계에서 잘 드러나는데, 이것은 소규모 농업과 국내 산업의 연합에서 형성된다. 인도의 경우 촌락 공동체들이 이러한 연합에서 상위에 속하며 공동소유에 기초한다. 이러한 공동소유의 본래적 형식은 중국에서도 찾아볼 수 있다. 인도에서 영국은 직접적인 정치 경제적 힘을 통해 주인과 토지소유인이 주도하는 소규모 경제적 공동체를 파괴했다.[29]

아시아적 생산 양식은 서유럽과는 다른 인도, 중국 또는 이집트 또는 이슬람의 세계에서 역사적으로 나타나는 특수한 경제 발전 경로를 분석하는 사회과학적인 틀이다. 여기서 유럽의 역사적 발전에서처럼 원시 공산주의와 노예제 사회의 갭 그리고 봉건제 사회와 자본주의로 이어지는 역사적 이행을 충족시키는 경제적 기반을 찾아보기가 어렵다. 오히려 아시아적 생산 양식의 특징은 국가의 전제 권력과 토지의 공동점유를 통해 부족 공산주의를 해체시킬 수가 있다. 이것은 유럽보다 빨리 대규모 수공업을 가속하지만, 국가의 통제력으로 인해 농업경제에 국한되며, 유럽에서처럼 본원적 자본 축적이 근대 산업을 형성하는 길로 진입할 수도 있다. 물론 서구 자본주의 발전을 단순히 경제적 차원에서만 해명할 필요는 없다. 서구 근대성

---

28 Mandel, *Marxist Economic Theory II*, 447.
29 Marx, *Capital 3*, 451.

은 여전히 복합적 내용과 배경을 가지고 있으며, 종교개혁, 계몽주의, 산업혁명, 프랑스 혁명, 사회계약론, 국민주권, 자유, 인권 등이 기초한 시민 사회와 관련된다. 이것은 동양의 군주제나 유교 사회에서 찾아보기가 어렵다.

그렇다고 해서 이것을 유럽 중심주의나 유럽 예외주의로 칭송할 이유도 없다. 이것은 훗날 오리엔탈리스트의 대변적인 담론에 속한다. 마르크스는 이러한 예외 담론을 유포하지 않았다. 아시아에서 공납 사회는 이미 상업 자본의 단계에서 경제적인 발전을 이룬다. 이러한 상업 사회에서 농민들과 더불어 국가의 공공 대행인들과 토지 소유자들, 상인들과 은행이 존재하며 상인 계급들은 엄청난 부를 축적한다. 그럼에도 불구하고 국가의 중앙집권적 전제권력은 강하다. 아사아적 생산 양식에서 계급 관계와 분화는 중요하다. 국가 권력의 지배 아래 관리들은 지배 계급으로서 사회 생산물을 탈취하고 이들 밑에 농민과 토지주인 그리고 상인 계급과 도시 수공업자들이 엮어 있었다. 그러나 봉건제후 계급은 국가를 제쳐놓고 지배 계급이 되지 못했다. 물론 이러한 세력들의 권력 강화와 경제적 진보는 국가와 농민들의 경제를 침탈하고 주기적으로 경제와 정치 위기를 초래했다. 민중들은 농민 전쟁 또는 군사 반란으로 인해 지배 왕조를 무너뜨리기도 했고, 새로운 왕조는 토지 소유자들과 봉건 세력을 왕조 안으로 통합시켰다. 강력한 왕권 체제는 사라진 것이 아니라 오히려 관료제를 통해 합리적으로 재편되기도 했다. 그러나 유교 사회에서 경제의 발전이 산업화나 유럽적인 자본주의로 발전하지는 않았다.[30]

이런 측면에서 볼 때 아시아적 생산 양식은 비서구권의 사회의 경제체제를 해명하는 분석적인 도구일 뿐 기계론적으로, 즉 연대기적으로 이들의 역사에 적용될 수 없다. 오히려 마르크스는 서구 제국주의가 이집트나 인도 중국 등을 침투할 때 식민지 경제를 아시아적 생산 양식의 틀에서 분석했다. 그러나 마르크스는 자수리치에게 보낸 편지에서 러시아의 사회주의를 향한 독자적인 길을 부정하지 않고 오히려 격려했다. "아시아적"이란 표현은 오용이며, 아시아에만 지리적으로 적용되는 것이 아니라 세계사적으로 드러나는 보편적인 현상으로서 서유럽과는 다른 역사적 생산 양식이다.

마르크스는 정체 현상을 동양 사회의 고유성으로 보기보다는 전-자본주의 양식에 나타나는 공통적인 것으로 본다. 비록 동양 사회가 공동체에 구속되고 생산의 자급자족적 반복, 농경과 수공업의 결합으로 인해 정체현상이 오랫동안 나타나기도 하지만, 생산과 재생산의 과정을 거치면서 생산 조건과 소유 관계가 바뀌며 변화한다. 아시아적 생산 양식은 단순히 생산력의 정체 현상을 의미하지 않는다. 이것은 낙후된 경제 발전을 의미하며, 동양 사회 역시 자신들의 문화 경제적 상황에 맞게 근대화와 자본주의로 진입할 수가 있다. 오늘날 아시아의 국가들에서 낙후한 경제 발전은 유럽의 식민지 정책에서 기인하며, 아시아적 생산 양식은 보편적으로 모든 사회들이 거쳐 간 과정이다. 이것은 공물을 기초한 동양의 전제 국가 혹은 아프리카나 콜럼부스 이전의 아메리카에서 또는 지중해 유럽에도 나타나는 사회경제 구성체가 될 수가 있다.[31]

---

30 송영배, 『중국사회사상사』, 271.

31 Mandel, *The Formation of the Economic Thought*, 123-124.

이런 점에서 마르크스는 영국의 인도 지배에서 촌락 공동체의 경제적 토대를 파괴하고 사회혁명을 야기한다고 본다. 중국 사회 역시 "마치 군게 닫힌 관속에 조심스럽게 보존되고 있는 미라가 신선한 공기를 접하는 식으로" 유럽의 열강에 의해서 해체가 되지만 엄청난 혁명으로 나아간다. 마르크스는 이것을 인도의 세포이 반란(1857~1858)이나 태평천국의 난(1850~1866)에서 보았고, 유럽의 정반대 특히 태평천국의 난이 유럽에 결정적인 영향을 줄 것으로 보았다. 마르크스는 헤겔의 대립의 통일이라는 논리가 중국혁명에서 입증된다고 본다.[32]

---

32 송영배, 『중국사회사상사』, 137.

IV. 유럽 중심주의와 대안 근대성

에드워드 사이드나 슈피박의 마르크스 비판에서 우리가 분석한 마르크스적 세계 경제와 후기 식민주의 측면은 전혀 찾아볼 수가 없다. 사이드의 오리엔탈리즘은 동양 사회와 문화에 대한 유럽의 문화적 대변을 신화적인 것으로 폭로한다. 유럽의 대변적 담론은 식민주의 시대에 성취된 것이다. 오리엔탈리스트들은 식민지 국가들에 대해 자신의 지적인 우월성과 지배를 확립하고, 식민 지배 이후에도 여전히 대학의 연구와 제도적인 프로젝트를 이데올로기적으로 지지하며 재정적으로 후원한다. 이들에게서 동양은 열등하며, 낙후함과 후진성 그리고 비합리성과 거칢으로 가득 채워진 곳이다. 반면에 서구는 대립적인 특징으로 표현되는데 진보적이며, 합리적이며, 시민적이다.

이러한 이항 대립의 현실은 식민 지배 이후에도 여전히 중심부와 주변부 간의 관계를 기술하는 데서 영구화된다. 오리엔탈리즘의 사회적 담론은 유럽적인 대변의 양식에서 산출되며, 제도적인 비준과 정치적 권력으로 촉진된다. 그러한 담론은 오리엔탈리즘으로 형성되고 유포되며, 적법한 내러티브로 설정된다. 이것은 진리로 정당화되며, 비서구 사람들의 의식에 각인된다. 대변의 담론은 권력의 관계에서 만들어지며 헤게모니의 형식을 드러낸다. 담론 형성과 실천 그리고 정당성을 비판적으로 분석하는 것은 문제틀, 신중한 검토 그리고 해체에서 이루어진다.

그러나 사이드와는 달리 임마누엘 월러스테인은 유럽 중심주의를 보다 폭넓은 사회과학적 스펙트럼에서 파악한다. 월러스테인에 의하면 유럽 중심주의는 힌두교의 비슈누 신처럼 다양한 모습의 얼굴인 아바타로 드러나고 그 내용은 다음과 같다: (1) 역사 기술 방법, (2) 유럽의 보편주의 안에 담겨 있는 협소함, (3) 서구 문명에 대한 견해, (4) 오리엔탈리즘, (5) 진보의 신념을 강요하는 이데올로기 시스템.[1]

유럽 중심주의를 비판하는 학자들에게서 월러스테인은 여전히 근대성에 대한 이들의 이해가 유럽적임을 밝힌다. 유럽인들은 식민주의 정책을 확대했고, 제국주의를 통해 주변부의 나라들의 시장과 노동과 자원을 자신들의 이익을 위해 축적했다. 그러나 이러한 식민주의나 제국주의 정책은 이집트나 중국, 인도의 역사에서도 드러난다. 그렇다면 모든 나라들이 동일한 자본주의적 근대성이나 식민주의의 길을 걸어야 하는가? 물론 유럽이 자본주의 근대성을 세계사에서 유포하고 군사력을 통해 식민지를 착취했지만, 유럽의 근대성이 기여한 것들을 송두리째 비난할 이유는 없다.

월러스테인의 테제는 다음과 같다: "16세기 유럽의 세계 경제는 자본주의였다."[2] 그러나 이러한 자본주의의 팽창은 필연적인 것도 아니며, 진보적인 것도 아니었다. 이것은 근대의 세계체제이다. 모

---

1 Wallerstein, *Eurocentrism and its Avatars*, 94.
2 Ibid., 105.

든 세계의 역사적 문명에서 과학적 발전이 있었고, 상품을 만들어 내고 시장에서 수익을 얻은 자본주의가 존재한 것은 사실이다. 요셉 니담(Joseph Needham)이 중국 문명과 사회에 대한 분석은 기념비적이다.[3]

아프리카 근대성과 노예제도에서 서구로 이주한 아프리카 디아스포라들은 포스트콜로니얼 근대성을 유럽에 대립하는 대안 근대성을 드러낸다. 아프리카 디아스포라 문화는 유럽 사회에서 살아가면서 이러한 근대성에 대한 주석과 표현일 수가 있다. 아프리카 디아스포라의 관점에서 유럽 근대의 역사를 기술하는 것은 매우 중요한 기획에 속하며 유럽의 식민지 역사를 변혁시킨다.[4]

제국의 담론들은 식민지 국가의 정치, 경제, 문화 그리고 종교와 교육의 영역에서 어떻게 작동하고 권력과 지배를 행사했을까? 대안 근대성 개념은 서구 근대성의 다차적 현실을 분석하고 이에 대한 창조적인 변용과 더불어 주변부에서의 지역적 전개를 시도한다. 이것은 유럽 중심의 근대성과 역사 기술을 극복하고, 주변부의 근대성 전개를 차이와 변종과 확산 그리고 상상력을 통해 기술하려고 한다. 로컬 문화는 다양하고 복합적이며 유럽의 근대성에 의해 대변되지 않는다. 대안 근대성은 유럽의 근대성의 길과 기여를 거절할 필요는 없지만, 이와는 다른 세계체제와 문화적 기여 그리고 해방의 근대성을 밝혀내는 것을 기획한다. 이것은 본질적으로 민주주의를 지지하며, 사회 정의와 문화적 절제와 인간의 성취 그리고 윤리적 기여를

---

3 Ibid., 106.
4 Gilroy, *The Black Atlantic*, 17.

다차원적인 형식에서 기술지배의 근대성과는 다른 길을 추구한다.5

대안 근대성을 향한 포스트콜로니얼 기획에서 아남네시스적 이성과 미래의 기획은 비판과 예언자적인 비전을 포함한다. 예속되었던 과거는 현재의 역사에서 드러내지 않는다. 식민지의 과거를 미래의 역사로 투사시키는 포스트콜로니얼 통찰은 예속의 과거로부터 해방을 포함한다. 이것은 식민주의로 인해 실종된 전통과 과거에 대한 향수병과 같은 복고가 아니라 후기 자본주의 병리 현상을 치고 들어가는 초월 근대성(trans-modernity)을 의미한다. 아남네시스적 반성은 유럽 중심의 거대 담론과 근대성에 저항의 기억을 회복하며, 희생자와의 연대를 통해 현재의 역사를 다시 쓰는 것을 말한다. 순전한 희생자들의 역사는 포스트콜로니얼 반성을 통해 생생한 현재로 들어온다. 이것은 유효한 역사에 대한 새로운 반성과 현재화를 의미한다.

헤게모니와 글로벌 주권성

사회적 담론은 정치권력을 요구하는데, 강요와 동의의 틀에서 행해진다. 그람시의 헤게모니 개념은 동양 사회에 대한 서구의 이념들이 어떤 영향을 미치는지 해명하는 데 도움이 된다. 그람시는 마키아벨리의 군주론에서 지배 이론을 수용하고 이데올로기적 상부구조에 대한 경제적 우위성에 대해 문제를 제기했다. 경제적 물질적 기반은 이데올로기가 사회적 삶을 지배하는데 유리한 조건을 창출한다.

---

5 "The End of What Modernity?" *The Essential Wallerstein*, 455.

이데올로기 일반(에피스테메)은 사회적 응집력을 견고하게 하고 지배적 이해를 표현한다. 반면에 특수한 이데올로기는 억압 받은 자들의 비판과 도전을 표현한다. 결정적인 문제는 헤게모니에 관련되며, 이것은 강요와 동의를 결합하면서 얻어지는 힘을 의미한다. 사회 지배 그룹의 헤게모니나 정치 사회는 지배를 통해 행사되며, 동시에 국민의 동의를 얻기 위해 지적이며 도덕적인 리더십을 드러낸다. 이런 점에서 국가는 정치 사회(강요/권력)에 시민 사회(동의와 도덕적 리더십)를 더한 것으로 이루어진다.

그람시의 헤게모니 개념은 식민주의나 제국주의 상황에서 세계 헤게모니의 정치적 형식을 해명하는 데 도움이 되며, 동의와 강요의 연관성은 매우 중요하다. 자본주의는 발생 단계와 전개 과정에서 국가 권력에 의존되며, 국가 권력은 세계의 지역 정복과 쟁탈전으로 치달으면서 글로벌 자본주의 경제를 형성한다. 국가와 자본의 융합은 축적의 체계적인 사이클에 중요한 요소가 되며 제국주의나 식민주의 정치 이데올로기를 뒷받침한다.[6]

세계 헤게모니는 예속된 연방 국가들을 이끌어 가는 지배 국가의 권력을 의미하며 예속 국가들은 지배 국가의 발전의 길을 쫓아가게 된다. 라인홀드 니부어에 의하면 헤게모니의 개념은 2차세계대전 이후 국제 관계에서 세련되게 다듬어지고 도덕적으로 특별한 상황에 적용이 되었다. 그것은 헤게모니 지배의 정치적, 도덕적 귀결을 신중하게 고려한다. 도덕적 헤게모니와 내적인 리더십에 대한 정치적 고려는 피지배자의 동의를 자본주의 민주주의 제도 안에서 끌어

---

6 Arrighi, *The Long Twentieth Century*, 20.

올리는데, 이것은 공산주의 제국주의와의 대결에서 중요한 전략으로 드러난다. 이러한 관점은 개발이념을 재설정하고 종속 국가에 대한 간접적인 지배를 신제국주의 틀 안으로 끌어들인다. 글로벌 주권과 헤게모니는 고립주의와 전쟁 방지 정책 사이에서 그 방향을 잡고 움직인다. 이러한 전략은 공산주의 제국주의에 대해 현실주의적 태도를 취한다. 공산주의 제국주의는 "서구 국가들의 지배하에 있던 식민지 백성의 적대 감정을 이용한다."[7]

권력 구조와 정치 조직은 열강의 위신과 영예를 통해 해외로 팽창된다. 민족 개념은 서구의 위신과 영예를 섭리적이며 문화적 미션으로 강화하고 인종적 우월감은 민족의 연대감으로 타오른다.[8] 권력의 집중은 제국주의의 기반이 되며 근대 자본주의 시대에 경제적인 이해관계는 해외 영토로 수출된다. 막스 베버에 의하면 "자본주의 진화는 통합된 정치 구조가 관리되는 방식에 따라 전개될 수 있다."[9]

다른 한편 세계 헤게모니의 정치적 형식은 자본 축적의 체계적 서클에서 볼 수 있는데, 국가는 특별 그룹의 기관으로서 그룹의 이해관계 팽창을 위해 그리고 특권과 지배를 극대화하는 유리한 조건을 창출한다. 특별한 그룹이 연방 국가의 보편적 팽창의 추동력으로 볼 수 있다.[10] 이러한 사회학적 관점은 식민지 제국주의를 위한 정치적 토대를 자본 축적과 팽창과 관련하여 개념화한다. 헤게모니 담론은 문명 선교와 더불어 유포되며 주변부의 피지배 사람들의 의식에

---

7 R. Niebuhr, *The Structure of Nations and Empires*, 253-254.

8 "Structures of Power," *From Max Weber*, 176-177.

9 Ibid., 165.

10 Gramsci, *Selections from the Prison Notebooks*, 181-182.

내면화된다. 유럽 중심의 세계관은 국가 권력과 자본의 융합 그리고 문명 선교를 통해 중심부와 주변부의 관계를 심화시킨다. 이러한 융합적 관점은 식민지 제국주의를 정치권력과 민족의 영예와 위신 그리고 문명 선교와 경제적 이해를 정교하게 표현하며 유럽 중심주의에 대한 사미르 아민의 사회경제적 분석을 비판적으로 보충한다.

아민은 역사적 자본주의에 대한 사회경제적 분석에서 유럽 중심주의와 식민주의를 검토하는데, 이러한 역사적 현실은 신식민주의 콘텍스트에서 위험한 귀결로 이어진다. 예를 들어 아민은 포스트모던 철학가인 리요타르(Lyotard)의 입장을 비판한다. 리요타르에 의하면, 아우슈비츠와 스탈린은 근대주의 꿈을 실패시켰다. 그러나 아민에 따르면 이러한 근대주의 꿈은 자본주의 체제의 대립에서 발생한 식민지 집단 살해, 파시즘, 세계 전쟁 그리고 제국주의에 대한 책임에서 실패했다.[11]

글로벌 주권과 제국

그람시의 헤게모니 이론은 근대 국가가 연방 국가로 진입하며 이후 제국주의 국가로 팽창해나가는 것을 보게 해 준다. 각각의 역사적 발전과 단계에서 국가는 국민 승인을 주도하고, 계급투쟁을 식민지 상황에서 민족투쟁으로 변형시킨다. 주권의 헤게모니 요소는 근대 주권 개념의 위기의 틀에서 제국주의 정치를 해명한다. 국가와 세계 시장의 종합은 개념적인 틀을 제공하며 제국주의에서 제국 이

---

11 Amin, *Capitalism in the Age of Globalization*, 137.

론으로 이행을 해명한다.[12]

글로벌 주권에 기초하여 포스트콜로니얼 이론가들은 서구의 합리성, 자본주의 근대성 그리고 근대의 주권 이론을 비판한다. 이것은 식민주의와 신식민주의로 귀결되었고 제국의 지배 아래 있다. 포스트콜로니얼 조건은 비판적이고 분석적인 인식론이며, 서구의 근대성의 한계와 정치적 지배 그리고 인종의 우월주의를 검토한다. 서구의 지배와 리더십의 내러티브는 제국 아래서 신식민주의의 외투를 입고 나타나며, 공공 영역과 글로벌 차원을 잠식한다.

푸코에 의하면 지식, 정치 기술, 과학적 담론은 권력의 실천과 상호 작용한다. 지식과 권력의 상호작용은 처벌 시스템의 인간화, 사법적 정당성 그리고 인간 존재에 대한 지식의 토대가 된다. 권력은 지식을 산출하며 "권력과 지식은 직접적으로 서로 관련되며, 권력관계는 지식의 영역을 상호 관련적으로 구성하며, 지식의 영역 외부에 존재하지 않는다."[13] 권력과 지식의 상호작용은 역사적인 상황에서 지식의 형식들과 영역들을 결정하는데 많은 효과를 산출하며, 이탈, 변형 그리고 차이를 드러낸다. 지식과 권력의 관계를 분석하는 푸코의 계보학에서 담론은 형성되고 유포되고 확대된다. "권력이 있는 곳에 저항이 존재한다." 담론과 저항은 권력과의 관계에서 외부에 존재하지 않는다.[14]

담론 안에서 지식과 권력은 결합하며 담론은 다양한 전략들에서 작용한다. "담론은 권력의 도구와 효과가 될 수 있다. 또한 방해와

---

12 Hardt and Negri, *Empire*, 234-235.

13 Foucault, *Discipline and Punish*, 27.

14 Foucault, *The History of Sexuality* I, 95.

문제, 저항의 지점 그리고 저항 전략을 위한 출발점이 된다."15 서구 담론에 대한 비판적 분석은 대변, 규율, 감시 그리고 지식 체제의 네트워크에서 드러나는 권력관계들을 탐구하는 데 결정적이다. 이 것은 중심부와 주변부 사이에서 나타나는 신식민주의 조건의 저변에 깔려 있으며 사회 계층과 공론장에 침투한다.

피지배층에서 산출되는 문화 헤게모니는 지배층에서 나타나는 대변의 헤게모니에 대한 저항으로 나타난다. 저항의 담론은 포스트 콜로니얼 계보학에서 요구된다. 이러한 계보학은 지배 규범과 지식 체계가 어떻게 담론 형성과 제도적인 지지를 통해 유포되며, 법적 정당성과 정치권력으로 강화되는지에 주목한다. 포스트콜로니얼 논의는 서구의 적합한 체제로 당연시되는 것을 판단 중지하고, 어떻게 이러한 지식 체계가 주변부의 문화와 사회에서 나타나는 비동일 적인 것과 다름을 컨트롤하고 예속했는지 분석한다. 근대의 문화와 정치경제 이론에서 중요한 것은 후기 근대성의 문제를 검토하고, 식민지 이후부터 이어지는 은폐된 지배 관계를 고고학적인 방법, 즉 담론과 권력의 상호작용에 주목하면서 공론장에서 위계질서화 된 사회 계층에 문제를 제기한다.

민족과 사회진화론

서구의 초기 근대성은 르네상스에서부터 소급되고, 독일에서 일 어난 종교개혁과 계몽주의 운동, 영국의 명예혁명과 프랑스 혁명

---

15 Ibid., 101.

그리고 산업혁명 등을 거치면서 출현했다. 민족주의는 국민국가(nation state) 형성과 밀접하게 관련되어 있고 식민지 정책으로 확대되면서 제국주의로 발전한다. 여기서 결정적인 것은 자본 축적의 역사적 사이클에서 국가의 헤게모니로 나타나며, 국가의 위신과 명예는 인종주의를 배태한다. 사상적으로 존 스튜어트 밀과 스펜서의 사회진화론은 서구의 민족주의와 식민주의의 저변에 깔려 있다.

사회진화론은 서구 식민주의 정책을 뒷받침해 주는 핵심 이론이며, 인종차별과 문명 선교에 결부되어 이전 식민 지배를 받은 국가에서 인종민족주의(ethonationalism)를 배태시킨다. 물론 제국주의에 대한 저항 이론으로서 민족주의는 피지배 국가에서 치유 요법적인 차원이 있고, 과거 식민주의 문화로 입었던 상처를 싸매기도 한다. 그러나 민족주의 개념은 18세기 말엽 유럽에서 만들어진 이론이며 식민지 교육에서 유럽의 민족 역사가 도입된다. 식민주의 교육의 메커니즘에서 인도의 아이들은 영국의 마그나 카르타(Magna Carta)와 명예혁명의 역사를 습득한다. 콩고의 아이들은 수업 시간에 네덜란드에 대한 벨기에의 독립전쟁 역사를 배운다.[16]

마찬가지로 대한민국의 초기 민족주의 형성기에 학생들은 일제의 식민 지배에 대한 저항으로써 우드로 윌슨(Woodrow Wilson)의 민족자결주의와 세계와의 협력 정책을 학교에서 배웠다. 이것은 〈독립선언서〉(1919년 3월 1일)와 삼일운동에서 반영되며, 임시정부 수립(1919년 4월 9일)으로 이어지기도 한다. 여기서 사회진화론은 당대 한국의 지식인들에게 민족주의를 형성하는 데 아이러니하게도 깊은

---

16 Gandhi, *Postcolonial Theory*, 106.

영향을 미친다. 박노자 교수의 분석에 의하면 한국 사회에서 적자생존의 원리는 1890~1900년 사이 근대성의 담론을 형성하는데 우주적이며 사회적인 원칙으로 수용되기도 했다. 이것은 또한 초기 자본주의적 민족 산업과 민족 생존을 위한 전략으로 자본주의적 수익활동이 정당화되기도 했다.[17]

서재필(1864~1951)과 윤치호(1864~1945)는 미국에서 유학 시절 '민족'과 '독립'에 대해 배운 바가 있고, 이들이 공동으로 창간한「독립신문」(한국어와 영어로 된 독립신문은 1889년 폐간되었다)은 유럽과 미국의 계몽주의, 근대성, 문명 선교에 대해 소개한다. 한국의 지식인 엘리트들은 자신들의 나라가 낙후하고 서구에 비해 뒤떨어져 있으며, 서구의 문명 선교에 적극적으로 가담해야 한다고 주장했다. 1899년 독립신문에서 중국의 저명한 지식인 양계초(1873~1929)가 쓴 일본어 번역판 "애국주의"(On patriotism)가 한국어로 번역되어 실리기도 했다. 신채호(1880~1936) 역시 양계초로부터 영향을 받았고 인종 민족주의를 대변했다. 한국 인종 또는 민족에서 생존 투쟁, 적자생존, 자연선택은 신채호의 인종 민족주의에 중요하게 자리 잡는다.[18]

일본의 경우 메이지 일본의 사상적 기반을 제공한 가토 히로유키(1836~1916)와 후쿠자와 유키치(1835~1901)는 사회진화론의 대변자였다.[19] 니토베 이나자오(Nitobe Inazao 1862~1933)는 1899년도 미국과 독일에서 공부했고, 식민지 정책에 대한 강연에서 사회진화론의 관점을 드러낸다. 그의 책『무사도: 일본의 영혼』(Bushido: The Soul

---

17 Tikhonov, *Social Darwinism and Nationalism in Korea*.
18 Schmidt (1997), "Rediscovering Manchuria," *The Journal of Asian Studies 56(1)*, 26-46.
19 정대성 "계몽의 극한으로서의 사회진화론의 철학적 의의", 205–230.

of Japan)은 영어로 출간했고 매우 영향력 있는 책이었다. 무사도는 일본에서 종교의 역할을 하며, 옳고 그름에 대한 도덕적 판단을 제공한다. 사무라이는 "민족의 꽃이며 또한 그 뿌리이다. 사회적으로 백성들과 구분되며 사무라이는 삶의 실례를 통해 이들을 위한 도덕적 기준을 제공한다."[20] 니토베에게 식민주의는 문명의 진보를 의미하며 문명국이 낙후된 나라에 주는 문화적인 선한 행동이다. 이것은 물이 위에서 낮은 곳으로 흐르는 것과 같은 이치다.

메이지 시대에서 일본의 정치 엘리트들은 천황제를 기초로 한 새로운 제국에서 민족 정체성을 확립하기 위해 무사도와 사회진화론의 기묘한 결합을 시도하고, 청일전쟁(1894~1895) 이후 무사도는 일본 사회에서 민족주의적으로 그리고 군사주의적으로 민족 정체성 개념과 천황과의 연계를 강화하는 거대 담론으로 등장한다. 민족 신화인 신토와 천황이 연계되고, 신토는 국가 종교로 자리 잡는다. 일본 민족은 신토의 후예들이며, 일본을 건국한 첫 번째 황제인 진문 텐노(神武天皇)는 태양 여신 아마테라스 오미카미(天照大御神)의 후예이며, 아마테라스는 가미의 위대한 태양이며 우주의 지배자로 숭상되었다. 텐노는 신적인 존재, 즉 가미로 칭송되었다. 메이지 시대에 신토는 국가 종교로 선포되었다(1868).

신토 종교는 일본의 지도자가 정치적일 뿐만 아니라 종교적 지도자임을 강조한다. 천황에 대한 자기희생, 애국주의, 충성을 기초로 일본 사회는 경제적으로 산업화로, 그러나 정치적으로는 근대화의 기본개념—자유, 민주주의, 정의—과는 상관없는 종교화된 파시즘

---

20 Nitobe, Inazo. "Bushido: The Soul of Japan," *Collected Works of Nitobe Inazo*, 121.

의 길로 간다. 여기서 무사도는 천황과 민족의 원형적인 관계를 대변하는 이념형으로 등장하고 사회진화론은 무사도를 해석하는 근대의 이론적인 틀로 작용한다.

양계초나 심지어 장개석에게서도 무사도는 이념형으로 등장하며, 특히 러일전쟁(1904~1905) 이후 중국 지식인들은 일본의 무사도에 비상한 관심을 가졌다. 무사도는 일본의 교육과 군사 교육에서 일본의 근대화와 군사적 승리의 열쇠로 부동의 자리를 잡게 되고, 파시즘의 중심 원리로 등장한다.

중국의 경우, 영국은 동인도회사를 통해 중국과 인도를 잇는 아시아식의 삼각주 무역을 시행했다. 1757년 동인도회사는 인도의 아편 생산과 판매에 대한 독점권을 가지고 있었고 중국으로 밀매가 되었다. 로버트 모리슨(Robert Morrison, 1782~1834)은 1807년 중국에 도착한 런던 선교부의 첫 번째 개신교 선교사였지만 1809~1815년 사이 동인도회사의 마약 밀매를 도왔고 중국 통역관으로 일했다.[21] 독일 선교사 칼 귀츠라프(Kark F. A. Gutzlaff, 1803~1851)는 로버트 모리슨의 아들에 이어 홍콩에서 영국 정부를 위해 중국 비서관으로 일했다. 1차 아편전쟁에서 귀츠라프는 영국 총사령관의 통역관과 중재관으로 일하면서 중국 정보 수집원으로 일했다.[22]

아편전쟁은 1839년에 발생하고 불평등 남경조약(1842)으로 종결되고, 2차 전쟁은 프랑스 선교사의 살인사건을 구실로 영국은 영국 상인들의 특권을 얻어내기 위해 1856년 일으키고 북경 텐진 조약

---

21 Hughes, *Invasion of China*, 61.

22 Moffet, *History of Christianity in Asia* II, 297.

(1860)으로 종결된다. 이 시기는 태평천국의 난(1850~1866)과 맞물리는 시기였다.

홍수전(1814~1864)은 태평천국의 난의 주역이었고 모든 중국의 백성을 유대-기독교 유일신 상제에 대한 신앙으로 통일하고, 중국개혁을 시도하려고 했다. 홍수전은 한족에서도 차별을 받는 가난한 농민 하카(客家), 즉 객가인 출신이었고, 하카족은 혁명에서 중요한 역할을 했다. 아편전쟁으로 귀결된 과도한 세금 징수는 수많은 중국인을 태평천국의 난에 가입하게 했다. 이들의 슬로건은 "새 하늘과 새 땅"(계 21:1)이며, 태평군들에게 십계명 준수와 예배가 의무화되었다.

태평천국의 난은 손문이 난징에서 이끈 신해혁명(1911)에서 정신적인 역할을 하고, 객가 출신 손문은 홍수전의 후예로 선언하고, 태평군들을 그의 혁명조직에 받아들였다.23 이런 역사의 흐름에서 볼 때 중국의 근대화 사상은 저항의 종교 담론과 더불어 손문의 삼민주의에서 드러나며, 사회진화론에 근거하지 않는다.

마르크스: 프랑스 혁명과 중국

마르크스는 뉴욕 데일리 트리뷴에 기고한 "중국혁명과 유럽혁명"(1853년 6월 14일)에서 태평천국의 난을 분석하면서 그 원인을 아편전쟁, 유럽 식민주의 침탈 그리고 청 왕조에 대한 한족들의 저항으로 파악했다. 또한 중국의 엄청난 혁명의 여파로 유럽의 사회에 결정적인 영향을 미칠 것을 예견했다. 그러나 9년 후 독일의 신문(Die Presse)

---

23 Ibid., 298-300.

에서 마르크스는 이러한 중국혁명이 사회의 전반적인 구조, 특히 정치적 상부구조에 커다란 변화를 가져오지 못했음을 말한다. 여기서 마르크스는 청 왕조에 대한 보수적인 해체와 전쟁으로 인한 폭력과 파괴만을 보았고, 중국 사회의 새로운 탄생의 씨앗을 보지 못했다.[24]

마르크스의 태평천국의 난에 대한 분석은 프랑스에서의 1848년 2월 혁명을 통한 계급투쟁과 제2공화정(1848~1851) 시기에 드러나는 루이 보나파르트의 쿠데타와 제2제정(1852~1870) 그리고 파리 코뮌의 패배(1871)의 시기에 맞물려 있다.

프랑스의 역사적인 계급투쟁에 대한 분석에서 역사가로서 마르크스의 탁월한 면모는 『루이 보나파르트의 브뤼메르 18일』에서 보게 된다. 마르크스에 의하면 빅토르 위고는 이러한 정치적 사건에서 오직 루이 보나파르트의 폭력적인 행위만을 보았고, 마치 위대한 나폴레옹처럼 만들어 버렸다. 그런가 하면 프루동은 쿠데타를 선행된 역사의 산물로, 즉 인과관계로 기술함으로써 보나파르트에 대한 역사적 변명의 기회를 제공한다. 그러나 이러한 객관주의적 역사서술은 프랑스에서 드러나는 계급투쟁의 복합성을 보지 못한다. 쿠데타의 환경과 배경으로 계급투쟁의 사회적 성격을 분석하면서 마르크스는 루이 보나파르트가 황제의 망토를 거치는 순간 그의 삼촌 나폴레옹은 방돔(Vendome) 광장의 전승 기념비의 꼭대기에서 떨어져 산산조각이 날 것으로 말한다. 방돔 기념비 꼭대기에 있던 나폴레옹 동상은 역사적 변동을 거치면서 수모를 당했고, 루이 보나파르트가 로마 황제처럼 복원했지만, 코뮌 정부는 나폴레옹 동상을 잔인한 폭력과 잘

---

24 Daniel Little, "Marx and the Taipings".

못된 영광의 상징으로 간주하고 방돔 기념비를 파괴하고 말았다.

어쨌든 마르크스는 고대 로마 시대에서 부유한 자유인과 가난한 자유인 사이에서 일어나는 투쟁과는 달리—여기서 거대한 생산 대중이었던 노예는 수동적인 역할에 그친다— 근대 사회의 노동자 계급의 적극적인 역할에 주목한다.25 프랑스 혁명을 통해 봉건제가 분쇄되고, 부르주아 지배 체제가 여타의 유럽 국가들과 견줄 수 없을 정도로 전개된다. 엥겔스는 프랑스 혁명에서 상부구조(정치, 종교, 철학, 종교, 이데올로기 등)에서 일어나는 투쟁이 계급의 경제적 발전 정도에 따라, 즉 생산 양식과 교환 양식에 따라 규정된다고 말한다.26 그러나 마르크스가 분석하는 역사적 투쟁과 혁명의 분석 과정을 면밀히 검토해 보면 단순히 생산 양식으로 환원될 정도로 마르크스의 사유는 그리 단순하지 않다.

오히려 해석학자로서의 면모가 마르크스에게 드러난다. "인간은 자신의 역사를 만들어 가지만, 그들이 바라는 대로 꼭 그대로 역사를 형성시키는 것은 아니다. 인간은 스스로 선택한 환경에서가 아니라 과거로부터 곧바로 마주하거나 그로부터 조건되어지고 넘겨받은 환경에서 역사를 만들어 가는 것이다."27

역사적 실천과 투쟁은 결코 내가 원하는 현재주의적 관점에 의해서 만들어지지 않는다. 역사는 사회적 행위자들에게 영향을 주는 배경으로 그리고 이들의 의식과 삶을 조건지으며, 이러한 생활세계와 관련하여 역사는 형성되고 퇴보하기도 하고(하향곡선) 진보하기도

---

25 마르크스, "루이 보나빠르뜨의 브뤼메르 18일," 2판 서문, 프랑스 혁명사 3부작, 143.
26 Ibid., 145.
27 Ibid., 146.

한다(상향곡선). 이미 혁명의 이념에는 과거의 해방 전통이 녹아 있고, 1차 프랑스 혁명 세대들—당통, 로베스피에르 심지어 나폴레옹을 포함해서—은 로마인의 의상을 입고, 로마인의 언어를 사용하면서 사회계약론을 기초한 공화제의 이념을 근대 부르주와 사회를 해방시키고 구축하려는 임무를 실행했다. 이러한 사회 구성이 설정되면 정치적 이념과 실천은 유럽 대륙으로 유포되고 봉건제는 일소된다. 이것은 생산 양식을 통해 오는 것이 아니라 정치적 발전과 이념이 세계화되는 능력을 말한다.

오히려 마르크스는 1차 프랑스 혁명 이후 왕정복고 시대 (1815~1830)를 알리는 루이 18세(1755~1824)를 부르주아 사회의 우두머리로 보며, 부르주아 사회의 투사들은 로마 공화정의 전통 안에서 자신들의 이상과 기법, 환상 그리고 속임수를 발견했다고 진단한다. 그런가 하면 크롬웰(1599~1658)의 군사 독재와 영국민들은 청교도 부르주아 혁명을 위해 구약성서로부터 언어와 이념과 열정을 빌려왔고, 영국 사회가 부르주아 사회로 변형되었을 때 존 로크(1632~1704)는 구약의 예언자 하박국 역할을 했다.28

과거의 이념에 대한 관심은 지나간 시대의 유령으로 하여금 현재에 배회하게 하거나 흉내 내기 위해서가 아니다. 과거는 새로운 투쟁에 영광을 부여하고 혁명의 정신을 재발견하기 위한 목적으로 사용된다. 과거의 해방과 혁명의 이념은 내재적 비판의 원류로서 생산 양식에 조건되는 것이 아니라 우리 시대에서 살아 움직이며 비판적이며 창조적으로 변형된다. 혁명의 위대한 전통을 이어가는 프랑스

---

28 Ibid., 148.

국민들은 공화국의 수립을 통해 루이 보나파르트를 대통령으로 선출 (1848년 12월 10일)하지만, 이것은 역사의 비극적인 귀결을 가져온다. 이들은 지금까지 혁명의 파멸에서부터 벗어나서 마치 이스라엘 백성이 애굽의 고기 남비 시절로 되돌아가길 원했던 것과 비교된다.[29]

그러나 애굽의 고기 남비 시절로 돌아가길 원했던 프랑스 국민의 혁명(1848년 2월)은 사기꾼 루이 보나파르트의 쿠데타(1851년 12월 2일)로 인해 기만을 당했다. 역사적으로 볼 때 이러한 쿠데타는 나폴레옹이 브뤼메르 18일 쿠데타(1799년 11월 9일)에서 1차 프랑스 혁명에 종지부를 찍고 나폴레옹 황제 시대(1799~1815)를 세운 것처럼 보이기도 한다. 결국 프랑스에서 천년왕국을 차지한 자들은 대통령의 임기가 끝나는 1852년 5월을 기다리던 부르주아 공화주의자들이 아니라 쿠데타를 통한 나폴레옹 3세의 제2제정(1852~1870)의 몫이었다. 마르크스는 성서의 언어를 사용하면서 프랑스 혁명의 전망과 한계를 분석한다. 프랑스에서 천년왕국을 탈취한 사건은 쿠데타였다.

마르크스는 태평천국에서 시도된 천년왕국의 꿈을 어떻게 보았나? 마르크스는 태평천국이 가져올 역설적 사태를 예견했고, 정반대에 있는 지속적인 유럽의 공화주의적 자유와 경제 발전이 태평군이 일으킨 사태에 의존될 것으로 본다. 영국이 아편 밀수와 경제적 이득 그리고 식민주의 정책을 통해 고립되어 온 하늘의 제국 중국에 혁명을 초래한다면, 이것은 영국에 경제적 위기로 반작용을 하며 또한 영국을 통해 유럽 전체사회는 경제적인 어려움에 노출될 수 있다.[30]

---

29 Ibid., 149.

30 Marx, "Revolution in China and In Europe".

태평천국의 난에 대한 마르크스의 분석은 영국의 아편전쟁과 유럽에 미치게 될 경제적 위기와 정치 사회적 발전을 고려하는 데 주목한다. 물론 마르크스는 태평천국의 난의 역사적 배경과 진행 사항 그리고 여기서 드러나는 계급들의 모순과 더불어 천년왕국의 비전에서 드러나는 사회개혁 프로그램과 농민들의 전쟁에 주목했다.

다시 말해 프랑스 내전과 계급투쟁에 대한 분석에서 보여준 마르크스의 분석은 홍수전 개인이 아니라 태평천국의 난을 일으킨 역사 사회적 배경을 분석하는 데 도움을 준다. 마르크스의 접근은 농민 전쟁이 유럽뿐만 아니라 동아시아에 미친 영향, 특히 손문을 통한 중국의 근대 공화국에서 영향력이 있었다는 사실을 밝혀내는 데 도움이 된다. 만주족의 지배와 유럽의 식민주의 그리고 내적인 사회 요인들 그리고 홍수전의 종교적 동기 등은 마르크스의 분석에 비판적으로 보충해 줄 수 있다.[31]

태평천국의 난이 중국의 근대사에서 이념형으로 작용하는 것은 한편에서 그의 반봉건 투쟁에 있지만, 다른 한편 객가인 출신 손문(1866~1925)의 삼민주의(민족, 민권, 민생)를 통한 중국 근대의 공화제로 이어지는 데 있다. 민족주의는 국민주권에 기초하며 경제 정의가 중국 근대 정치의 토대로 나타난다. 중국에서 사회진화론이 사상적으로 영향을 주었다고 해도 삼민주의에 기초한 공화제가 이념형으로 나타나며 사회진화론은 노신(1881~1936)과 같은 지성인들에게 약육강식 이론으로 날카로운 비판을 받았다.[32]

---

31 Spence, *God's Chinese Son: the Taiping Heavenly Kingdom of Hong Xiuquan.*
32 송영배, 『중국사회사상사』, 341.

한국 개화기에 사회진화론이 자강운동과 독립운동에서 사상적으로 영향을 미치고 인종민족주의나 사회주의로 발전한다. 그럼에도 불구하고 독립협회(1896~1889) 운동에서 "제헌 군주 제의 틀 안에서 정치 민주주의"를 시도한 것은 근대 정치를 향한 중요한 진보임에 틀림이 없다. 일본의 메이지 시대에서 사용된 '민족' 개념은 1920~1930년대에 여과 없이 한국의 지식층들에게 수용되었다고 하더라도 다른 한편 미국을 통한 정치 근대성과 독립운동에서 민족 형성이 같이 맞물려 있음을 부인할 수도 없다.

시민 민족주의와 문화 인정

임마누엘 월러스테인(Immanuel Wallerstein)에 의하면 민족은 근대 세계체제 안에서 사회정치적 카테고리이며 인종은 중심부와 주변부 간의 노동 분업을 가리킨다. 민족 국가는 이러한 역사적 체제의 정치적 구조와 관련이 있고 주권 지배를 의미한다. 민족 국가는 근대 세계체제의 정치 구조화를 통해 유엔의 회원 국가가 된다. 열강의 국가 정부는 타 국가들과 경쟁 관계에서 민족적 우월감정과 명예를 드러낸다. 중심부에서 인종적 민족주의는 주변부에서 드러나는 것과는 다르다. 사실 민족 개념은 정치적 공동체를 의미하며, 근대 민주주의에 결부된 국민주권이 기반이 된다.[33]

일제가 만들어 낸 민족 개념은 인종과 민족 신화에 기초한 것으로서 시민 사회와 민주주의와는 전혀 상관이 없다. 인종 민족주의는

---

33 "The Rise and Future Demise of the World Capitalist System," *The Essential Wallerstein*, 91-92, 300-303.

이데올로기적으로 구성된 생물학에 기초하며, 공동의 기원, 언어, 혈통 그리고 문화를 전제로 한다. 인종적이며, 생물학적인 차원에서 동질성은 인종 민족주의에 결정적이지만, 식민지 이후 다원화된 사회 안에서 다른 인종들과의 결혼 그리고 다문화 가정의 현실에서 인종 민족주의는 문화적 민족주의로 이동한다. 여기서 민족주의는 민주주의와 국민주권 그리고 경제 정의를 기초로 인종차별과 갈등, 인종주의적 민족주의의 한계를 넘어선다.

토마스 맥카시에 의하면 민족성은 세계시민적 차원에서 글로벌 문화 정의와 관련된다. 시민 사회 안에서 설정되는 시민 민족주의 개념은 문화적으로 다양한 헌법적 전통에 근거하며, 글로벌 시민 사회의 기본법과 양립한다.[34]

빌 애쉬크로프트(Bill Aschcroft)는 "대안 근대성: 세계화와 포스트콜로니얼"이란 논문에서 대안 근대성과 포스트콜로니얼 이론과의 상관성을 밝힌다. 이것은 서구의 근대성에 대한 다양한 대안책을 의미하며, 하나의 대안 근대성을 말하지 않는다. 이것은 근대성의 다원적인 길들을 개방하고, 서구의 정치적 근대성과 비판적 논의를 통해 근대 국가, 관료제, 자본주의 경제의 기여 도와 한계를 분석한다. 포스트콜로니얼 근대성은 서구 근대성을 넘어서는 비판적 대안으로 파악된다.[35]

후기 식민지 사회에서 서구의 진보와 발전 개념에서 드러나는 경제와 문화의 세계화에 대한 의심이 주어지며, 비서구권 국가들은

---

34 McCarthy, "On Reconciling Cosmopolitan Unity and National Diversity," *Alternative Modernities*, 203-204.

35 Ashcroft, "Alternative Modernities: Globalization and the Post-Colonial," 88.

서구와는 다름, 차이, 변종 그리고 저항과 변혁을 통해 근대성을 재구성하려고 한다. 일제의 자본 축적은 식민지 지배 백성들의 신체를 조절하고 규율하는 축적 과정에 대한 분석이 없이는 불가능하다. 포스트콜로니얼 분석에서 제국주의의 신체 권력(biopolitical strategy)이 분석의 중심으로 들어온다. 어떤 정치 담론들이 물질적인 이해관계에 맞물리면서 식민지 사회를 당근과 채찍으로 통제하는가? 이러한 접근은 황국 정책, 제국주의 전쟁으로 징집 그리고 강제 노역, 위안부 문제 등 광범위한 이슈들을 이런 사회과학적 틀에서 검토한다. 그람시적인 의미에서 역사적 블록은 식민주의 정책에서 어떤 헤게모니와 예속 백성들의 승인을 얻어내는지 그리고 여기에 편승하는 친일 엘리트들은 어떤 사회적 취향과 특권을 통해 일제의 헤게모니를 대변하고 흉내 내는지에 주목한다.

더 나아가 계보학적인 미시 분석은 식민지 사회에서 민족주의와 사회주의자들의 합력, 이들 각자의 창조적 발전과 신여성, 근대의 여성과 가족의 문제에 주목한다. 설령 미국과 일본의 근대적 담론에 의해 이러한 이슈들이 영향을 받았다고 해도 밑으로부터의 관점을 통해 식민지화된 지식인들의 삶에서 어떻게 저항과 변형과 파열을 통해 대안적 형태로 전개되는지에 주목된다.[36]

그리고 미시 분석은 역사적인 상관관계를 통해 거시적인 분석을 다른 식민 지배를 받았던 국가들의 역사와 경험 그리고 저항에 대한 거시적인 분석을 도외시하지 않는다. 포스트콜로니얼 사회를 살아갈 때 중요한 것은 민주주의, 사회 정의, 타문화의 인정과 다문화

---

36 Tikhonov, *Modern Korea and Its Others*, 1-10.

가족들에 대한 법적 배려를 통해 사회 계층에서 빚어지는 인종차별과 불평등 구조를 넘어가는 것이다. 이러한 문화적, 정치적 실천을 통해 다문화적 환대와 인정 윤리가 가능해진다.

이러한 측면에서 식민지의 유효한 역사와 대안 근대성을 독해하는 역사 기술은 일제의 정착 이주 식민지론에 쐐기를 박는다. 스탠퍼드 대학의 역사학부 교수인 준 우치다는 식민지 연구에서 "제국의 브로커"들의 관점에서 대한민국의 인종/민족주의 역사가들이 주장하는 강점기 이론이 허구에 찬 것임을 밝힌다.[37] 그녀의 지론은 단순 명료하다. 일제의 지배 방식은 동경에서 파견된 소수 엘리트의 식민지 지배가 아니라 조선 총독부를 통한 간접 통치 지배였다. 오히려 주역들은 80만 명에 달하는 식민지 정착민들이었다. 이들은 상대적으로 자국민들에 비해 국가 권력의 혜택을 본 자들이 아니고, 제국에 의한 '희생자들'에 속한다. 오히려 정착 이주민 정책을 통해 엄청난 득을 본 자들은 한국의 엘리트층들이었고, 이러한 정책을 조선의 국왕이 지지했다.

강점기 이론은 본국에서 파견된 소수 엘리트의 직접 지배에 기초하는 데 정작 한국의 인종/민족 역사가들에게 정착 식민지 연구는 찾아보기가 어렵다. 물론 그녀는 한국에 대한 일제의 식민지 범행을 묵인하지 않는다. "일본제국의 통치를 지역화하라!" ― 왜? 정착 이주민들의 희생이 있다.

준 우치다 교수가 식민지 이주 정책론을 믿을만한 자료들과 인터뷰를 통해 분석한 것은 학문적인 기여에 속한다. 그러나 80만 명의

---

37 Jun Uchida, *Brokers of Empire: Japanese Settler Colonialism in Korea*, 1876-1945.

이주 정책을 위해 1910~1945년까지 일본제국은 1조 달러를 투자했고 조선의 기간 산업과 철도, 통신 등 혁신적으로 근대적인 기반을 설립했지만, 이것이 과연 조선의 일반계층들이나 하위 계급들을 위한 것일까? 조선 지식인들 모두가 다 엘리트의 계층에서 혜택을 보았는가? 더욱이 식민지 근대화론이라는 문명 선교 이름으로 주도되는 식민지 기술 공학은 조선의 환경에 침투하고 임의대로 파괴되고 사용된다. 이러한 기술 공학은 정착민을 위한 환경 침투와 더불어 예속민들의 신체와 정신을 식민지화하고 인종차별을 양성하며 허무주의로 가져간다. 심한 경우 아프리카 콩고 같은 경우에 이러한 간접 지배는 천만 명이라는 묵시적인 인종 학살로 막을 내리기도 한다. 이주민 식민 지배는 개인들의 벌이를 위한 이주나 단순한 정치적 사건이 아니라 조선의 사회 구조를 재편성하는 사회 공학에 속한다. 사회 문화 구성이 재편된다. 여기서 생성되는 여타의 담론들이 식민지의 문화적인 삶을 장악하고 이데올로기적인 권력을 취한다. 포스트콜로니얼 관점에서 읽는 이주 식민 정책은 자연 공학, 신체정치학 그리고 예속민들의 생활세계에 대한 탈각에 주목하고 여기서부터 밀려 나간 자들의 유효한 역사를 계보학적으로 독해한다. 오히려 식민 지배에서 주인과 노예의 인정 투쟁이 어떻게 전개되고, 하위 계급의 비판적 담론과 제한적인 문화적 활동에서 어떤 생존 전략이 추구되었는지 새롭게 찾아져야 한다. 일본제국의 지배는 지역화가 되지 않는다. 오히려 기술적인 지배 방식과 신체 권력을 통해 더 교묘해지고 더 잔인해질 수가 있다. 그러나 식민지 이주 정책의 역사와 사회 공학을 분석하지 못하는 강점기의 인종 위신 투쟁 이론은 글로벌 제국의 시대에 끊임없는 공격을 당한다.

제 **4** 장

포스트콜로니얼
신학과
세계 경제

글로벌 자본주의 시대에 공론장은 민족주의, 다원적인 문화, 이민 문제, 인종주의, 글로벌 시민 사회 운동, 신식민지 현실들과 복합적으로 엮인다. 그것은 포스트콜로니얼 조건과 맞물린다. 여기서 신인종주의와 차별 현상은 이전의 형식적인 식민지가 정치적으로 독립하더라도 유지된다. 사회진화론적인 의미의 우생학적 인종차별이 종언을 고한다고 하더라도 새로운 인종차별주의는 여전히 기승을 부린다. 공공신학은 사회 계층의 다양한 영역들에서 나타나는 지배 담론들과 위계질서와 불의의 구조에 관심을 가지며, 후기 자본주의에서 드러나는 중심부와 주변부 간의 신식민지 현실을 분석한다. 푸코와 그람시의 이론적인 기여를 비판적으로 수용하면서 공공신학을 사회과학적 틀과 자본주의 세계체제가 사회 계층에 미치는 영향이라는 측면에서 검토한다. 사회 계층과 후기 자본주의 현실은 분리되지 않는다.

몰트만은 헬무트 골비처를 시민 사회와 신식민주의 조건에서 자본주의 혁명의 위험스런 귀결을 진지하게 취급하는 공공신학자로 소개한다. 골비처는 칼 바르트의 제자이며 고백교회 전통에 서 있고 60년대 학생운동을 지지했다. 기독교와 마르크스주의 대화에 관여했으며, 세계 경제 정의에 헌신했다. 골비처에게 자본주의의 세계사

적인 지배와 구조적인 폭력은 하나님 나라 혁명의 빛에서 매우 비판적으로 다루어진다.[1]

하나님 나라의 복음은 골비처 신학의 중심에 속하며, 이것은 모든 신학의 나태함이나 교회의 사회적 무책임에 저항한다. 모든 전통적인 신학의 주제들은 세계 변혁의 지평에서 재해석 되며, 그의 신학의 슬로건은 다음에서 볼 수 있다: "전적 타자인 하나님은 사회가 전적으로 다르게 변화되기를 원하신다."[2]

우리는 포스트콜로니얼 신학의 전개를 위해 골비처의 사회 비판 신학의 입장과 기여를 분석한다. 그의 신학에서 사적 유물론의 분석과 언어신학, 종교 이론은 호르크하이머의 비판이론과 친화적이며 해방신학에서 논의되는 사회과학적 논의와 맞물려 있다. 이 장에서 필자는 골비처의 입장을 되풀이하거나 변증적으로 옹호할 의도가 없다. 다른 사회과학적 논의들과 필자 자신의 마르크스 독해를 통해 골비처의 사회 비판 신학의 유산을 포스트콜로니얼 관점에서 재평가하고, 그를 공공신학의 예언자적인 실례로 제시하길 원한다. 이런 점에서 해방신학과 비판적 논의는 차이와 다름에도 불구하고, 공공신학이 추구하는 영역을 구체화하는 데 도움을 줄 것이다(이를 통해 해방신학과 비판적 논의가 그 차이와 다름에도 어떻게 공공신학이 추구하는 영역을 구체화하도록 돕는지 설명하고자 한다).

---

1 Moltmann, *God for a Secular Society*, 51.

2 Pangritz, *Der ganz andere Gott will eine ganz andere Gesellschadt*, 9.

I. 포스트콜로니얼 신학: 사적 유물론과 종교

바르트가 신학과 사적 유물론을 다룰 때 그는 인간 역사의 핵심을 경제사로 파악한다. 이와 달리 문명, 학문, 예술, 국가, 도덕 그리고 종교는 경제적 세력들의 우발적인 현상이다. 이들은 진정한 역사적 실제인 경제와는 다르며 이차적인 현상 형식이거나 아니면 이데올로기에 불과하다. 경제사는 계급투쟁의 역사로 이해되는데, 자본의 지배 아래 노동자는 착취와 몰수를 당하고, 이데올로기 현상들은 기존의 경제적 현실을 정당화할 뿐 계급전쟁을 막지 못한다. 사적 유물론은 역사의 미래 전개를 예견하는데, 지배 계급은 생산과 소비의 위기로 내몰리며 (역사는) 내적인 필연성을 통해 혁명의 대재난으로 종결된다.[1] 노동자 계급은 권력을 획득하고 지배 계급에 대한 독재를 수립하며 이들의 재산을 몰수한다. 모든 다른 사회 병리 현상들은 사라지고 도덕성은 계급 국가에서 위선적인 이데올로기 형식을 벗어내고 진정한 현실이 된다. 인류를 이러한 목적지로 안내하는 것은 경제 발전이다. 마르크스는 자신의 추종자들에게 희망 또는 종말론을 최고선으로 제공했으며, 사회주의자들로 하여금 이러한 목적을 위해 헌신할 것을 촉구했다. 사적 유물론은 프롤레타리아에

---

1 CD III/2: 387-388.

게 호소하며 역사의 경제적 의미에 대한 통찰과 신념으로 계급투쟁을 정당화했다. 이것은 현재의 계급 관계를 철폐하고 계급 없는 사회를 건설하기 위해 노동자 계급에 경제적, 정치적 연대를 호소한다. 노동자 계급의 연대는 사적 유물론의 이론적 무기를 피해 가려는 자들에게 위협적이다.[2]

바르트에 의하면 기독교 신앙과 교회는 마르크스주의자들에게 자본주의 유물로 비난받는데, 이는 교회가 지배 계급의 이익과 특권에 봉사하기 때문이다. 마르크스적 세계관은 교회에 도전하며 종말론의 빛에서 기독교적 인간 이해를 수정할 것을 요구한다.[3]

골비처는 이러한 바르트에게 동의하면서도 그보다 한 걸음 나아가 사적 유물론을 사회과학 이론으로 보다 정교하게 다듬고 공공신학을 위해 중요한 개념적인 틀로 제공한다. 골비처는 엥겔스가 사적 유물론을 해명하면서 '요셉 블로호에게 보낸 편지'(1890년 9월 21~22일)를 중요하게 검토한다. 이 편지에서 엥겔스는 다음처럼 쓴다.

> 역사에 대한 유물론적 개념에 의하면, 실제적인 삶의 생산과 재생산은 마지막 단계에서 역사를 결정하는 요인이다. 마르크스나 나는 그 이상 주장한 적이 없다. 누군가가 와서 이러한 입장을 경제적 요소가 유일한 결정적인 요소라고 왜곡한다면, 그는 마르크스와 나의 입장을 무의미하고 추상적이고 불합리한 문구로 바꾸어 버린다. 경제적 상황은 기반이지만 상부구조의 다양한 요소들… 이 모두가 역사적 투쟁 과정에 영향을

---

2 Ibid., 389.
3 Ibid., 390.

미친다. 많은 경우들에서 이것들은 대부분 투쟁 형식을 결정한다. 모든 이러한 요소들 사이에 상호성이 존재하며, 최종적으로… 경제적 운동은 필요한 것으로 스스로를 입증한다.[4]

사적 유물론은 생산 양식에 기초한 결정적인 원인으로 환원하지 않고 오히려 역사와 사회를 폭넓은 스펙트럼에서 비판적으로 논의하는 사회과학적 방법이다. 사회사에서 상부구조는 다른 특수한 역사나 내재적 원인과 발전 그리고 논쟁들에서 상대적인 자율성을 갖는다. 생산 관계의 변화와 상부구조의 변화는 완만하며 오래 걸린다. 이것은 경제적 기반의 변형과 동일한 수준에서 발생하지 않는다. 후기 자본주의 사회에서 인간의 문화적 의식은 여전히 전통에 사로잡혀있기 때문이다.

골비처에 의하면 상부구조와 생산의 합리적 조직에서 드러나는 변화(분업, 전문화, 분화)는 경제적 생산에서 자연과학의 발전이나 기술 진보를 통해 나타나는 변화에 비해 보다 길며 상당히 보수적이다. 이것은 후기 자본주의에서 잘 드러난다. 경제적 생산의 변혁은 정치사보다는 종교사에 덜 영향을 미친다.[5]

상부구조와 하부구조의 상호 보충성의 원리를 기초로 골비처는 독일 이데올로기에서 나오는 마르크스의 문장을 재해석한다. 도덕, 종교, 형이상학, 모든 이데올로기와 의식에 조응하는 형식들은 더 이상 자립적인 모습을 갖지 않는다. 이것들은 역사나 발전이 없다.

---

4 "Historischer Materialismus und Theologie," Gollwitzer, *Auch das Denken darf dienen I*, 75.
5 Ibid., 76.

그러나 사람들은 물질적 생산과 교류를 발전시키면서 이들의 실제적 존재와 생각과 생각의 산물을 갱신한다. 삶은 의식에 의해 결정되는 것이 아니라 의식은 삶에 의해 결정된다.[6]

상호 보충과 영향의 관점에서 볼 때 골비처는 다음처럼 말한다. 지적이며, 종교적인 또는 이데올로기적 영역들은 경제적 교류와 발전에 적합하게 자신들의 과정을 전개해 나간다. 역사에서 중요한 것은 인간의 정신 또는 지성적인 합리성이며, 이것은 중심적인 변혁의 요소가 된다. 인간의 창조적인 이성은 생산력을 증대하기 위해 자연환경을 이용하며, 노동을 통해 인간의 삶이 유익하게 한다. 이것은 사회 문화적 영역에서 드러나는 객관 정신이며, 외부적인 도전(자연환경)에 대한 인간의 창조적 응답이다. 마르크스의 변증법적 방법은 인간의 응답과 외부의 도전에 대한 관계 안에 설정된다. 인간의 합리성과 과학 기술의 진보는 자본주의 생산 양식을 보다 정교하고 세계 경제 수준으로 확대시켜 나간다.[7]

상호 결정 원리는 고대 그리스의 문화에서 나타나는 미학적인 차원에 대한 마르크스 자신의 반성에서도 잘 엿볼 수 있다: "그러나 우리가 직면하는 어려움은 어떻게 그리스의 예술과 서사시가 발전의 일정한 형식들과 연관되는 데 있지 않다. 오히려 문제는 이러한 예술이 우리에게 여전히 미학적인 즐거움을 주고 어떤 점에서 기준과 도달할 수 있는 이상으로 간주된다는 것이다."[8]

---

6 "The German Ideology," *Karl Marx Selected Writings*, 164.

7 "Bemerkungen zur Materialistichen Bibellekture," Gollwitzer, *Umkehr und Revolution*, 250-251.

8 Cited in Lukacs, *The Young Hegel*, 510.

인간의 의식 또는 예술가의 작품이나 서사시는 인간의 삶에 의해 결정되고 사회 물질적 조건 안에서 창조된다. 그러나 이것들은 주어진 사회적 삶의 조건을 넘어서서 다른 시대와 장소의 사람들에 문화 초월적으로 영향을 준다. 헤겔의 삶을 초월하는 절대정신의 영역에 속하는 것이다. 인간의 의식 또는 지적인 영역에는 상수(constant)가 존재하기 때문에 예술이나 종교, 언어는 사회경제적 기반에서 생산되거나 결정되지 않는다. 예술, 종교, 언어 등은 또한 생산 양식(생산력과 생산 관계의 총계)에 의해 한정되지도 않는다. 오히려 이것은 사회적 변화와 역사적 발전을 거치면서 통해 스스로의 효과적으로 수행한다.[9]

이런 점에서 칼 바르트에게서 사적 유물론은 외부 환경에 의해서 우발적으로(per accidens), 그러나 본질적으로(per essentiam)[10] 작용하는 것으로 경제적 계기에만 한정되지 않는다. 그보다는 경제 발전과 더불어 상부구조의 다양한 계기들이 공동으로 역사를 이끌어 간다고 말한다.

그런가 하면 골비처는 앞서 언급한 엥겔스의 문장을 보다 정교하게 다룬다. 실제의 삶의 생산과 재생산이 마지막 단계에서 역사의 결정적 요소가 된다. 실제적인 삶의 생산과 더불어 생산 관계에서 드러나는 사회 구성이 마지막 단계에서 다른 요소들의 추동력으로 간주된다. 개인의 경제적 이해가 마지막 단계에서 결정 요소가 아니라 합리화, 전문화 그리고 분화를 통해 드러나는 전반적인 경제 발전이 역사의 기본동력이 된다.[11]

---

9 "Bemerkungen zur Materialistichen Bibellekture," Gollwitzer, *Umkehr und Revolution*, 247.
10 CD III/2: 387.
11 Gollwitzer, "Historischer Materialismus und Theologie," 82.

기술 합리성과 정치경제 영역

마르크스는 자본의 형성과 축적, 확대를 분석하는 정치경제 연구를 통해 사적 유물론 방법을 발전시킨다. 그는 그의 책『정치경제비판 서문』(A Critique of Political Economy)에서 다음처럼 말한다.

생산 관계는 물질적인 생산력의 일정한 단계에 조응한다. 생산력과 생산 관계의 총계, 즉 생산 양식은 사회의 경제구조를 형성하며, 정치 경제적 사회의 토대가 된다. 지적 영역들, 예를 들어 법적 또는 정치적 영역은 사회 의식의 일정한 형식에 조응하여 일어나고 전문화된다. 사회, 정치적 그리고 지적인 삶의 과정은 물질적인 삶의 생산 양식에 의해 조건이 된다. 자연과학을 통한 생산력의 발전된 형식에서 기술 진보가 생산력을 증대시키는데 결정적이며, 이것은 기존의 생산 관계(합리적 조직, 행정 분배)에 갈등을 초래한다. 이러한 갈등이 족쇄가 될 때 사회혁명의 단계가 시작된다. 철학, 이데올로기 형식들(법적, 정치적, 종교적, 미학적 또는 형이상학적 영역)에서 사람들은 이러한 갈등과 사회혁명에 저항한다. 인간의 사회적 의식은 생산 양식에 기초한 물질적 삶의 대립을 통해서 해명된다. 근대 부르주아 생산 관계는 전-자본주의 관계와 비교할 때 사회 과정의 적대 형식으로 정의된다. 부르주아 사회의 자궁 안에서 드러나는 발전은 적대 해소를 위한 물질적 조건을 창출하는데, 마르크스는 이것을 사적 유물론의 기본 테제로 확정한다. 즉, 인간의 의식이 존재를 결정하는 것이 아니라 사회적 존재가 인간의 의식을 결정한다.[12]

---

12 "Preface to A Critique of Political Economy," *Karl Marx Selected Writings*, 389.

그러나 이러한 유물론의 테제는 기존의 사회경제적 조건을 넘어서서 문화를 초월하고 지적이며 미학적인 영역의 자율성을 제거하지 않는다. 오히려 유물론은 지성의 특수 영역을 고려하며, 기술 진보를 통해 증대된 생산력의 변형과 더불어 초래되는 갈등과 대립에 주목한다. 자연과학에서 기술 진보는 합리화, 전문화 그리고 분화를 통해 사회 환경을 지도하고 조직하는 데 결정적으로 작용한다. 기술 합리성은 인간의 의식에 침전되고 사회경제적 발전의 단계에 조응하여 전개되며, 정치권력과 관료 지배 그리고 제도적 승인을 형성하고 조건짓는다.

앞서 언급한 것처럼 후기 자본주의 사회에서 사는 개인이 유교로부터 영향을 받는다고 해도 조선 시대로 돌아가는 것이 아니라 유교의 이념에 대한 새로운 해석과 진보가 나타날 수가 있다. 이러한 해석은 경제 발전과 조응해서 나타나며 여전히 오늘 우리의 삶에서 이념은 자리를 차지한다.

마르크스가 주목하는 자연과학과 기술 합리성은 베버의 합리화 과정과 목적(도구적) 합리성의 개념에서도 매우 중요하게 드러난다. 이것은 법적 체계, 행정 그리고 사회 영역들에서 일어나는 물화의 현상을 해명하는 데 유효하다. 베버에게 동의하면서 루카치는 자본주의 사회에서 "삶을 규제하는 모든 계기들에 대한 합리적 체계화가 일어난다"라고 본다.[13] "관료적 의식의 특수 형식은"[14] 주요 계기들에 속하며 인간의 삶은 소외와 불평등의 다차적 형식에서 위협을

---

13 Lukacs, *History and Class Consciousness*, 96.
14 Ibid., 99.

받는다. 물화되고 위계질서적인 사회 계층의 관계에서 합리적인 기계화와 계산 그리고 지배는 모든 삶의 영역으로 침투하고 조건지으면서 상징적인 폭력 구조로 드러난다. 사물화의 현상은 모든 사회의 영역과 문화 그리고 자연으로 침투한다.

의식과 사회적 존재의 변증법적 관계에서 기술 합리성의 측면을 고려하지 않을 때 사적 유물론의 의미는 공허해진다. 자연과학의 진보와 경제 발전에는 불가분의 관계가 존재한다. 포이에르바하 비판에서 마르크스는 "인간 본질은 개별 인간에 내재한 추상성이 아니다. 실제로 그것은 사회관계들의 총계를 의미한다"라고 설명한다.[15] 인간이 사회관계들의 총계로 개념화된다면, 이것은 지성적 영역과 경제적 관계의 상호 관련성을 의미한다. 지성적인 삶이 사회 물질적 조건에 엮이고, 개인은 사회관계의 총계로 간주 된다. 계급 이해와 투쟁, 즉 사회적 존재가 인간의 의식에 각인된다. 마르크스는 사회관계들의 총체로서 인간의 문제를 다음처럼 파악한다: "니그로는 니그로다. 그는 일정한 상황에서 노예가 된다. 섬유 방적기는 기계이다. 오직 일정한 상황에서 그것은 자본이 된다. 이런 상황과 분리될 때 그것은 금이 돈이 되거나 사탕이 사탕의 가격이 되는 것 이상으로 자본이 되지 않는다."[16]

여기서 우리는 인간의 의식과 실천을 사회 구성의 총체성에서 파악하는 마르크스의 사회학자로서의 면모를 보게 된다. (역사 블록은) 인간의 실제적인 삶을 니그로, 노예, 방적기의 노동자나 자본에

---

15 "Theses on Feuerbach" VI, in *Karl Marx Selected Writings*, 157.
16 Cited in Lukacs, *History and Class Consciousness*, 13.

의해 포섭된 임노동자로서 사회에 통합시킨다. 역사 블록(Historical bloc)은—상부구조 차원에서 일어나며— 자연과학의 발전, 신체정치 이론, 사법적 체계, 사회 조직의 합리화의 전문화 그리고 문화 종교적 지지를 통해 폭넓은 스펙트럼에서 분화된다.

사적 유물론은 가능한 사회적 총체성을 파악하려는 포괄적인 방법이다. 사회적 총체성은 자연과학적 합리성을 통해 진보하며 경제 생산과 사회관계 그리고 조직과 제도들을 인간의 삶의 필요를 위해 조직하고 규제한다. 그러나 사회적 총체성은 더 이상 조화로운 개념이 아니라 자체에 갈등과 장애, 대립을 갖는다. 기술지배의 합리성을 통한 생산력의 증대되는 상황에서 노동자는 소외와 착취를 당하며, 계급지배는 계급투쟁으로 얼룩진다. 종교는 국가 권력에 연계되며 '왕관과 제단'의 유착은 경제 시스템과 메커니즘이 지배 계급을 위해 존재한다. 그러나 종교는 자율성을 가지며 기존 질서와 현상 유지에 대해 비판적이며 해방적인 역할을 하기도 한다.[17]

이런 점에서 사적 유물론은 사회 구성에 대한 구조 이론이 될 수 있다. 상부구조의 다양한 계기들이 상대적인 자율성과 영향력을 가지며, 과학 기술의 진보는 상부구조에서 일어나면서 동시에 하부구조인 생산력과 생산 관계에도 혁명을 일으킨다. 사회적 존재는 역사적인 영향과 사회적 조건, 특히 물화의 구조에 의해 포섭되며, 인간의 의식은 여기에 따라 굴절이 되고 단편화가 된다.

---

17 Gollwitzer, "Historischer Materialismus and Theologie," 86.

이데올로기 비판과 성서 해석학

골비처는 보충과 비판을 통해 사적 유물론을 재해석하고 갱신한다. 그는 신성 가족에서 마르크스가 간략하게 표현한 한 짤막한 문장을 집중적으로 주석한다.[18] "이념은—그것이 이해로부터 분리될 때— 항상 스스로 수치를 당한다."[19] 마르크스의 간략한 그러나 심오한 표현은 프랑스 혁명의 현실에 관련된다. 프랑스 혁명에서 부르주아지의 이해가 승리했고 효율적인 성공을 거두었다. 이러한 이해관계는 대단히 강했고 정치 이념을 실천적으로 실현시켜 나갔다. 그러나 해방을 향한 대중의 실제 조건은 본질적으로 부르주아지와 달랐으며, 그것은 수치와 실패로 남았다. 대중은 이들의 실제 이해를 혁명의 정치이념에서 발견하지 못했다.[20]

이러한 불평등의 현실은 담론과 집단적인 이해 간의 괴리를 파악하지 못한 데서 찾을 수가 있다. 마르크스의 이론이 자신의 관심과 이해에서 이탈하면, 그의 이론은 정권을 탈취한 후에는 헤게모니 담론이 되어 지배와 특권을 정당화한다. 그러나 결국 이것은 본래 이념으로부터 이탈되고 스스로 수치스럽게 한다. 마르크스 이론이 가진 이러한 불일치의 측면은 내재적 비판을 함축하며 골비처에게는 결정적 요소이다. 종교적 이념이나 담론은 원류로부터의 내재적 비판을 통해 여과되어야 한다. 이것은 역사의 과정과 사회적 상황에서 종교적 이념이 권력관계와 지배 담론으로 드러날 때 수치의 효과

---

18 Ibid., 87.

19 Gollwitzer. "Bemerkungen zur Materialistichen Bibellekture," 253.

20 "The Holy Family," *Karl Marx Selected Writings*, 141.

를 분석한다.

틸리히는 불일치의 측면을 이데올로기 차원에서 매우 중요하게 언급한 적이 있다. 허위의식이 낡은 사회 구조에 근거한다면 그것은 새로운 것에 의해 해체되어야 한다. 상부구조의 다양한 측면들이나 사회적 영역들은 서로 엮어지고 상호작용하며, 인간의 자기 창조의 과정을 거친다. 창조적인 실천은 사회사적인 조건과 관련되며, 이러한 관계로부터 이탈될 때 과학 이론 또는 담론은 허위의식 또는 이데올로기란 의미에서 불일치로 남는다.[21] 이데올로기는 부분적으로 유용하거나 필요하며 부분적으로 유용하지 않고 파괴적이다.[22] 이데올로기는 리더십의 형식을 가지며 정치 사회와 사회적 담론에서 사회 문화적 구조를 정당화하고 부분적으로 필요하고 유용하다. 그러나 변화된 새로운 사회 질서에서 낡은 이데올로기는 해체된다. 이데올로기의 언어적 측면을 칼 바르트는 매우 명료하게 표현한다.

> 우리는 끊임없는 언어의 하락 현상에서 살아간다. 실제로 공허한 것은 말이 아니다. 인간들이 공허한 말들을 하고 들을 때 공허해지는 것은 인간 자신이다. … 말에 대한 의심과 실망으로 인해 우리는 기본적으로 인간성에 대해 등을 돌려버린다. 이런 이유로 인해 비록 의심과 실망이 의심할 여지 없이 실제의 삶에서 정당화해도 우리는 어떤 상황에서도 이러한 의심과 실망에 공간을 허락해서는 안 된다.[23]

---

21 Tillich, *The Socialist Decision*, 117.
22 CD III/2: 389.
23 Ibid., 260.

"언어는 더 이상 존재의 집이 아니다"(하이데거). 그것은 끊임없이 말의 가치 하락에 취약하기 때문이다. 존재의 집으로서 언어는 하이데거에게 사회적 현실을 경시하는 극단적인 지점까지 이른다. 존재의 집인 언어는 사회 현실에서 유리되면서 가치가 하락되고 만다. 하이데거의 말을 들어보자.

> 땅을 경작하는 것은 이제 기계 모토로 행해지는 음식산업이 된다. — 본질적으로 이것은 가스실과 집단 수용소에서 신체들의 생산 라인과 동일한 것이다. 이것은 나라들의 고립과 기아와도 같은 것이다. 이것은 수소폭탄의 제조와도 같다.[24]

하이데거의 언어(존재의 집)에서 우리는 언어가 기능적인 메커니즘으로 환원되어 버리고, 아무런 사회적 귀결에 대한 비판적 고려를 하지 않는 것을 보게 된다. 나치의 집단 수용소에서 살해당한 사람들과 땅을 경작하는 것과 차이가 없어진다. 수소폭탄을 제조해서 인류를 멸절시키는 것이 기계화된 음식 산업과 다를 바가 없어진다. 하이데거의 언어철학에는 악의 현실이 실종된다. 이것은 언어의 부르주아적 성격, 즉 권력에 대한 순응주의와 야만주의가 하이데거에서 뒤범벅되어 드러난다. 존재의 집으로서 언어는 인간을 민족사회주의 진영에 가두고, "진영 존재"로 만든다.

마르크스에게서 언어는 계급 성격을 가지며 상부구조에 속하며 계급의 이익을 대변한다. 그러나 이것은 현실을 기만하고 은폐하는

---

24 Cited in Duchrow and Hinkelammert, *Transcending Greedy Money*, 109.

허위의식으로 창출되며 이데올로기로 드러난다. 마르크스의 언어의 계급적 성격은 언어를 하나의 러시아 민족 언어로 환원시키는 스탈린과는 전혀 다르다. 스탈린에게서 언어는 모든 민족—부르주아든지 사회주의적이든지—에게 공동으로 소통과 교류를 위해 기능할 뿐 계급적인 성격이나 이데올로기적 차원을 갖지 않는다. 러시아 언어는 혁명 이전 러시아 자본주의와 부르주아지에 봉사하고 또한 사회주의 체제와 문화에 봉사한다. 다시 말해 언어의 도구적 성격이 강조된다. 스탈린은 사회주의 사회에서 민족 언어를 강조하고, 언어는 상부구조나 물질적 기반이 아니라 인간 전체 활동의 보편적 차원에서 파악한다. 그렇다면 소외가 극복된 사회주의 사회 안에서 언어의 소외 현상은 나타날 수가 없다. 언어는 더 이상 사회주의 사회의 문제와 한계를 비판할 수 있는 기능을 상실한다.[25] 스탈린에게 언어는 러시아 민족주의로 변형된 사회주의적 "존재의 집"이 되고 만다.

스탈린의 언어 이론에는 러시아 인종에 대한 우월감이 있고 러시아인들은 소비에트 유니온에서 지배 계급이었다. 소비에트는 러시아 민족과 동일시되고 러시아는 새로운 소비에트 유니온의 중심이 된다. 러시아 프롤레타리아 전위 그룹은 특별한 역할을 하며 주변부 민족의 후진성을 극복하도록 돕는다. 러시아어를 국제 공산당 회의와 소통에서 비공식적 공용어(lingua franca)로 간주하였다. 러시아 인종은 언어의 우위성과 더불어 소비에트 국가의 지배 인종 계급으로 등장한다.[26]

---

25 Stalin, "Marxism and Problems of Linguistics."

하이데거의 언어 개념, 즉 "존재의 집"이나 스탈린의 인종 언어주의에 대해 골비처는 날카로운 거리를 취한다. 언어는 존재의 집도 아니며 이데올로기적 상부구조로 환원되지도 않는다. 더욱이 특정 인종의 계급지배를 위해 남용될 수도 없다. 그것은 또한 경제적 기반의 부분도 아니며 단순히 도구적 성격을 갖지도 않는다. 언어는 상대적으로 독립적인 현상이며, 경제적 기반과 지성적 영역에서 자율성을 갖는다. 계시를 언어 사건으로 고려할 때 살아 있는 하나님의 말씀이 인간의 언어로 들어오며, 인간의 불의한 현실을 변혁하고 해방시킨다. 하나님의 계시가 인간의 언어를 교정하며, 단순한 이데올로기나 존재의 집을 넘어서게 한다. 하나님의 말씀은 "상수"로 파악되며, 인간의 언어를 통해 역사한다. 사회 역사적 측면에서 하나님의 말씀은 전체사회 구조로 들어오며, 해석학적으로 해명될 수가 있다. 이것은 밑으로부터의 관점을 통해 성서에 대한 예언자적 주석을 통해 수행된다. 사회사적 분석과 해석은 복음의 의미를 심화시키는 데 유용하며, 개인을 사회적 관계의 총계로 파악하고, 사회 물질적 존재와 조건에서 명료화된다.27 바르트와 마찬가지로 골비처에게도 하나님의 말씀은 살아있는 하나님의 음성(*viva vox evangelii*)이며 성경과 사회 안에서 인격적으로 우리에게 말씀을 하시는 주체이다.

인간의 본질이 역사적인 전개 과정에서 경제적 발전과 상호 교류를 통해 사회적으로 구성된다면 종교는 이중적인 기준을 갖는다. 하나는 지배 계급의 이해와 특권에 봉사하는(왕관과 제단의 결탁) 것으

---

26 Veljko Vujacic, "Stalinism and Russian Nationalism," *Post-Soviet Affairs* (2007), 23, 2, 161.
27 Gollwitzer, "Bemerkungen zur Materialistichen Bibellekture," 252.

로서 민중의 삶을 배제하는 아편으로 드러난다. 그러나 다른 한편 종교는 현실적 고난과 이러한 고난에 대한 저항의 표현이다. 종교가 실제적 고난과 저항을 표현한다면 그것은 더 이상 경제적 기반에 의해 결정되지 않는다. 오히려 그것은 예언자적인 도덕성을 가지며, 보다 독립적인 비판과 해방의 역할을 한다. 종교는 사멸하지 않는다. 골비처의 종교 이론은 비판이론 특히 호르크하이머와 친화력을 갖는다.

비판이론: 계몽과 종교

막스 호르크하이머(1895~1973)의 비판이론은 인간의 인식과 지식을 사회, 역사적 자리에서 유리하지 않는다. 비판이론은 사회의 카테고리를 실제적 사회 과정과 역사적 상황에서 분석하고 비판한다. 이것은 지식의 사회적 생성, 기능 그리고 변화에 관여한다. 전통 이론은 많은 것들을 당연한 것으로 여기고, 이러한 것들의 긍정적 측면을 기능적인 사회 안에서 적극적으로 평가한다. 이러한 사회적 기능은 일반적인 필요에 대한 충족과 자기 갱신하는 삶의 과정에서 드러난다. 여기서 경험주의와 원자화된 개인주의가 중심 역할을 한다.[28]

호르크하이머는 이성, 지식, 진리가 어떻게 역사 사회적 삶의 자리에 구속되고, 역사 변증법의 과정에서 전개되는지에 주목한다. 그는 마르크스의 사적 유물론을 자신의 비판이론으로 수용한다.[29] 그

---

28 *Critical Theory Selected Essays Max Horkheimer*, 216.
29 Ibid., 233-243.

러나 호르크하이머는 인간의 삶과 사회의 조화로운 일치에 의심하며, 마르크스의 동일성의 테제(자연의 인간화와 인간의 자연화)나 루카치의 노동 계급의 메시아적 역할을 거절한다. 마르크스나 루카치에게서 나타나는 이러한 주체와 객체의 동일화의 테제는 헤겔의 관념적 변증법, 즉 절대지에 대한 영향일 수가 있다. 비판이론은 실천의 측면에서 인간의 해방과 보다 좋은 사회를 창출하는 데 기여한다.

막스 호르크하이머와 테오도르 아도르노는 『계몽의 변증법』에서 이성과 진보에 대해 비판적으로 검토한다. 이들의 테제는 다음의 표현에서 간략하게 나타난다: "신화는 이미 계몽이 되었다." 그리고 "계몽은 신화로 되돌아갔다."[30] 이 두 가지 테제는 오디세이의 삶에서 신화와 계몽의 연관성을 추적한다. 오디세이는 부르주아 서구 합리성과 문명의 원형으로 간주된다. 계몽주의는 인간을 자연을 지배하는 자로 파악하고 지식을 통해 신화와 판타지를 제거했다. 지식은 인간을 자연의 지배자로 고양시키며 부와 권력의 영향에서 면제되지 않는다. 계몽의 변증법과 권력 의지는 서로 맞물려 있으며 진보를 가동시키지만, 이것은 해방과 더불어 잔인함으로 귀결된다.

자연을 인간에게 예속화시키는 것은 사회 진보와 떨어질 수가 없다. 경제 생산성의 증대는 보다 정의로운 세계를 위한 조건을 창출하고, 기술적 시스템과 이것을 조절하는 사회 그룹과 많은 인구에 엄청난 이익을 허락했다. 개인은 전적으로 경제적 능력 앞에서 무화되고 말았다. 이러한 능력들은 자연에 대한 사회의 지배를 상상할 수 없는 극점에까지 몰아갔다.[31]

---

30 Horkheimer and Adorno, *Dialectic of Enlightenment*, 1.

오디세이에게 나타나는 속임수, 자기 절제 그리고 타자의 희생은 자연을 지배한 계몽에서도 드러난다. 신화론적 인물인 오디세이와 계몽의 지배 사이에 일치가 존재한다. 베이컨(Bacon)은 자연과학의 프로그램을 위한 경험철학의 아버지로 간주되며, 과학과 기술에 장애가 되는 전통을 경시했다 미신을 정복하는 인간의 마음은 이제 자연을 지배하고 자연의 마술적 힘을 무력화한다. 자연과학을 통해 세계의 비주술화가 드러난다. 지식은 권력의 자리를 차지하고 자연을 예속화하는 데 무제한의 능력을 행사하며 부르주아 경제를 지지한다. 베이컨에게 "그러한 연구를 통해 얻게 되는 지식은 부와 권력에서부터 면제되지 않는다. [지식은] 인간을 자연의 지배자로 설정한다."[32]

기술은 지식과 진보의 본질이며, 타인의 노동을 착취하고 자본을 산출한다. 권력과 지식은 동의어가 되며 인간과 자연을 착취한다.

진보는 역사의 발전을 해명하는 원리이다. 근대성의 신화는 통제국가의 지배에서 구현되며 독일의 민족사회주의의 잔인성과 쇼아(홀로코스트)에서 드러난다. 근대의 계몽주의는 파시즘 안에서 스스로를 파괴하는 신화로 폭로된다. 호르크하이머와 아도르노는 계몽에 대한 비판이론을 발전시키며 인종주의와 오디세이의 영리함과 속임수를 자본주의의 원형으로 분석한다. 지식과 권력의 연계는 자연과학의 발전을 통해 기술 합리성으로 전이된다. 이론과 실천의 문제는 더 이상 동일성 테제가 아니라, 헤겔의 절대지와는 달리 담론

---

31 Ibid., xvii.
32 Ibid., 1.

과 권력에 연계된다. 국가의 관료 지배, 기술 진보, 사회의 합리화와 전문화, 법적 체계를 분석하지 않고는 이론과 실천의 유기적 관계는 더 이상 제대로 파악할 수 없게 된다.

비판이론은 인간의 활동을 정치 경제적 영역에 비판적으로 관련 짓고 프롤레타리아나 당 독재에 관심이 없다. 오히려 비판이론은 통제 사회에서부터 이론의 독립성과 자율을 방어하고, 보다 나은 사회를 위해 비판, 연대 그리고 해방을 향해 기획한다. 호르크하이머에 의하면 "마르크스 카테고리—계급, 착취, 잉여가치, 수익, 궁핍화, [자본주의] 붕괴—는 전체 개념에 속하는 요소들이다. 이것들은 현대 사회를 보존하는 데서 발견되지 않고 바른 사회로 변혁시키는 데서 찾을 수 있다."[33]

그러나 지식과 권력의 연계에 기초한 자연과학의 발전과 기술 진보에서 인간의 합리성은 도구화가 되고 인류는 새로운 야만주의에 갇혀버린다.[34] 호르크하이머는 노동자 계급이 파시즘과 반유대주의를 포용하는 것을 보았고 또한 기형적인 스탈린주의와 집단폭력에 직면하면서 내재적 비판 개념을 발전시킨다. 호르크하이머는 근대 이념 안에 여전히 파시즘과 스탈린주의를 내적으로 비판할 수 있는 이념형(자유, 정의, 연대)을 합리적인 근거로 파악했고, 기존의 사회 문제를 규범적인 이념의 빛에서 비판하고 갱신하길 원했다.[35]

여기서 막스 베버의 영향이 나타난다. 과학 기술의 진보는 종교의 형이상학 자리를 약화시키고, 자연은 인간의 삶을 위한 도구와 조작

---

33 *Critical Theory Selected Essays Max Horkheimer*, 218.

34 Horkkeimer and Adorno, *Dialectic of Enlightenment*, xi.

35 Horkheimer, *Eclipse of Reason*, 182.

의 자리로 떨어지며 기술의 진보에 의해 식민지화가 된다. 계몽의 과정은 허무주의적 성격을 띠고 이성은 도구화가 되며 해방적 성격은 부식이 되고 만다. 이성의 도구적 타입은 베버의 목적 합리성에 상응하는데 인간의 삶과 문화를 의미와 자유의 상실로, 즉 총체적인 방식으로 결단내고 만다.36 이것은 이성의 일식 현상을 말한다.

이성에 대한 총체적 비판은 호르크하이머에게서 부정의 신학으로 나가게 하는데, 전적 타자인 하나님을 향한 영적 추구로 드러난다. 호르크하이머는 종교를 전적 타자(totaliter aliter)이신 하나님을 향한 갈망으로 표현하고, 세계의 현상 유지를 변화시키는 비판적인 역할을 중요하게 고려했다. 종교는 사회 문화적 실제를 구성하는 데 예언자적 합리성과 전적 타자이신 하나님과의 일치로 나아간다.37

세계와 다른 전적 타자이신 하나님에 대한 호소는 일차적으로 사회 철학적 자극을 갖는다. 그것은 최종적으로 형이상학적 흐름에 대한 보다 많은 긍정적 평가를 하게 된다. 왜냐하면 경험적인 "전체는 비진리"[아도르노]이기 때문이다. 지상의 공포가 세상의 마지막을 지배하지 못할 거라는 희망은 확실히 근거 없는 소원에 불과하다.38

호르크하이머는 마르크스의 종교에 대한 긍정적인 측면에 관계한다. 종교는 가난한 자들의 억압과 곤궁함에 대한 사회적 저항이다. 이것은 마르크스에게서 정언명령으로 나타난다. "종교 비판은 인간이 인간을 위해 최고의 존재라는 교리로 결론짓게 한다. 그것은 정언명법과 더불어, 인간을 수치스럽게 하고 노예화하고 거절하고 멸시

---

36 Ibid., 98.

37 Ott, *Max Horkheimer's Critical Theory of Religion*, 103.

38 Horkheimer, Foreword, in Martin Jay, *The Dialectical Imagination*, xii.

하는 모든 상황을 전복하는 것이다."39

호르크하이머의 종교에 대한 해석은 함축적인 신학의 형식이 될 수 있다. 그의 비판이론에서 종교는 부정적으로 취급된다. 자본주의 사회 안에서 인간의 고난과 착취와 억압에 대한 사회사적 원인을 종교는 어느 정도로 하나님의 섭리로 인식하는가? 이러한 종교 비판은 마르크스에서 "종교는 민중의 아편"으로 나타난다. 그러나 긍정적인 차원에서 호르크하이머는 종교는 전적 타자인 하나님을 갈망하면서 보다 나은 미래사회를 위한 역사적 투쟁에 헌신할 수 있다고 말한다. 이것은 마르크스의 표현─종교적 고통은 실제적 고통의 표현이며 저항을 포함한다─에서 볼 수 있다.

유대 기독교적 전통에서 호르크하이머는 사회에서 밀려난 자들과의 연대가 존재하며 불의에 대한 저항과 반란을 본다. 종교는 비판이성에 의해 대체되지 않는다. 시편 91편 해석에서 호르크하이머는 유대교에서 드러나는 종말론적 희망에 주목한다. "그가 나를 부를 때에, 내가 응답하고, 그가 고난을 받을 때, 내가 그와 함께 있겠다. 내가 그를 건져주고, 그를 영화롭게 하겠다"(시91:15). 성서의 구원은 죽음 이후의 형이상학적인 삶의 지속성이 아니라 현재의 희망을 표현한다.

호르크하이머는 말한다. "삶의 지속성에 대한 이념은 일차적으로 생 이후의 삶보다는 [나치의] 근대 민족주의에 의해 잔인하게 짓밟힌 [이스라엘 백성]과의 일치를 함축한다. 이것은 성서에서 전 역사를 가지고 있다…. 이것은 기독교의 예수란 인물과 다르지 않다. 전

---

39 "Towards a Critique of Hegel's Philosophy of Right: Imtroduction," *Karl Marx Selected Writings*, 69.

체 유대교는 구원을 증거한다."[40]

호르크하이머는 유대교와 기독교의 근본적인 도덕의 중요성을 항변한다. "종교에 대한 생각"에서 그는 말한다. "만일 정의가 하나님에게 있다면, 그것은 세상에서 동일한 정도로 발견될 수가 없다." "초기운명에 대한 만족은 초월적 존재에 대한 수용을 위한 가장 강력한 동기가 된다.… 종교는 무수한 세대의 소원과 열망 그리고 탄원에 대한 기록이다."[41]

마르크스와 니체와는 달리 호르크하이머는 전적 타자에 대한 갈망을 세속적 이성을 넘어선 희망으로 자리매김하며, 불의와 지배를 비판하면서 위험한 기억과 구원의 기대를 간직한다. 내재적 비판과 종말론은 호르크하이머의 비판이론에 결정적 요소로 남는다.

호르크하이머와 비슷하게 푸코 역시 종교의 저항과 영성의 측면을 이란의 이슬람 혁명(1979)에서 본다. 푸코의 이란혁명 분석에서 중요한 것은 서구의 정치적 합리성과는 다른 이슬람의 정치적 영성이며, 이슬람 상황에서 더 이상 계급이 아니라 종교가 불의한 현실에 대한 저항으로 드러난다. 물론 호메이니의 카리스마적 지배에 대한 정치적 분석을 충분히 발전시키지 못했지만, 푸코에게서 종교는 정치적 영역에서 저항의 영성을 담지한다. 억압받는 종교로서 시아파 이슬람은 호메이니의 카리스마적 지배를 통해 미국과 영국 등 서방 국가의 지지를 받던 팔레비 왕가를 퇴위시켰다. 계몽주의 이래 정치적 합리성은 보편적인 담론이 될 수가 없다. 진리의 메커니즘은 비서

---

40 Cited in Habermas, *Justification and Application*, 143.
41 Horkheimer, "Thoughts on Religion," *Critical Theory Selected Essays Max Horkheimer*, 129.

구 사회에서 다르게 나타나며, 오히려 종교가 밑으로부터 혁명을 시도한다.[42]

이와 비슷하게 호르크하이머는 뿌리에 전착하는 사고를 인간의 합리성에서만 찾지 않는다. 그것은 전적 타자이신 하나님 안에서 세계변혁의 자극을 찾는다. 세계에서 밀려난 자들의 삶은 나사렛 예수의 삶과 관련 있다. 전적 타자를 갈망하면서 예수의 삶에서 오늘 우리의 사회에서 희생자들을 지배하는 승리자의 자리를 박탈한다. 메시아로서 예수에 대한 기억은 기독교의 가르침의 핵심이며 신학 윤리의 모티브이다. 그러나 이러한 기억과 모방(mimesis)은 기독교 가 국교로 인정한 콘스탄틴 이후 실종되었다. 역사의 승자들에게 순응하고 지배 체제에 봉사하면서 기독교는 해방의 능력을 상실했 다. 이것을 호르크하이머에게서 신학의 연약함에 속한다.

종교와 내재적 비판

호르크하이머의 전적 타자와 예수-미메시스(제자직)의 신학은 골 비처에서 친화력을 갖는다. 골비처는 마르크스의 정언명법이 사회 적 불의에 대한 성서의 예언자적인 대결과 예수의 가난한 자들과 희생자들의 연대에서(눅 4:16-19) 그 자리를 가질 수 있다고 본다. 예 수의 선포는 단순히 묵시적인 심판을 넘어서서 기쁜 소식을 가져오 며, 우리로 하여금 도래하는 하나님 나라로 전환할 것을 촉구한다. 메타노이아는 복음의 뿌리에 기초한 급진적이며 정치 사회적 의미

---

42 Leezenbeerg, "Power and Political Spirituality," *Michel Foucault and Theology*, 99-115.

에서 혁명적인 변화를 촉구한다.[43]

골비처는 살아계신 하나님의 말씀(위로부터)과 (밑으로부터의) 민중들과의 연대를 예언자적으로 그리고 사회 비판적인 틀에서 재해석하고 연대와 해방을 위해 새로운 공간을 회복한다. 신학적 반성은 믿음과 하나님 말씀의 관계에서 시작하며, 사람들은 종교를 가지고 무엇을 하는지 묻는다. 사람들은 복음의 도전 앞에서 어떤 반응을 하는가? 신학의 콘텍스트에서 해석학적 의심과 사회 조건에 대한 분석은 종교 이념이 지배 계급에 어떻게 순응되는지를 분석한다. 의심의 해석학은 니체나 마르크스나 프로이드와 같은 의심의 대가들을 추종하는 것이 아니라 하나님 나라에 대한 복음을 추종하는 데서 나타난다. 골비처의 해방의 해석학은 정치, 사회, 종교적 영역들에서 드러나는 담론과 지배 체제를 비판적으로 검토한다. 여기서 그는 권력관계와 헤게모니 전략의 상호작용이 어떻게 복음의 의미를 순응시키고 왜곡하는지, 즉 수치의 효과에 관심한다. 교회의 역사에서 드러나는 물질적 이해와 특권은 내재적 비판의 이념에 의해 수치스러워진다. 역사적 기독교는 지배 체제에 구속된 개량주의를 표방했고, 그것은 하나님 나라와 사회혁명을 향한 복음을 통해 극복되어야 한다.[44]

사적 유물론은 비판이론이며 그것은 복음을 단순히 인간의 산물로 폄하할 필요가 없다. 복음의 이념은 복음적 실천과 제자직에서 유리될 때 스스로(그 자체로) 수치스럽게 된다. 마르크스의 견해에 따

---

43 Gollwitzer, *Die Kapitalistische Revolution*, 130, 113.
44 Ibid., 96, 106.

르면, 이념의 수치 효과는 본래의 이해와 실천에서 유리될 때 발생한다. 개인은 물질적 이해를 추종할 것인지 아니며 복음의 이념을 추종할 것인지 선택의 기로에 선다.[45] 이것은 또한 교회가 생활세계에 설 것인지 아니면 정치 지배 권력, 경제적 불평등한 구조 그리고 가상 현실의 세계를 만들어 내는 매스 미디어의 이데올로기에 추종할 것인지를 묻는다.

이러한 측면에서 골비처는 역사 비판 방법을 비판적으로 보충하고 갱신한다. 역사 비판 방법은 종교의 보편사에서 드러나는 이념의 상호 연관성에 관심하며 사회 구성을 분석한다. 이것은 정치 사회와 경제 사회를 구분하고, 시민 사회 안에서 조직과 제도 그리고 종교의 윤리적 태도를 분석한다. 그러나 역사 비판 방법은 사회경제의 영역에서 드러나는 특권과 대립 그리고 투쟁에 대한 사회사적 접근을 통해 보충될 필요가 있다. 성서의 세계 안에서 드러나는 이해들의 충돌을 검토할 때 계급의 물질적인 삶은 정치, 사회, 문화 그리고 종교의 영역에 깔려 있다. 또한 다양한 사회 영역들은 물질적인 삶의 현실과 도전에 반응한다. 예언자적인 해석학은 성서적 진술이나 담론이 사회적 세력과 지배층의 특권에 의해 어떻게 순응되고 굴절되는지를 검토하며, 역사비평의 '사회학적 측면'(에른스트 트뢸치)을 정치 사회와 경제 사회에 연관지어 보다 더 이데올로기 비판적으로 다룰 수가 있다. 여기서 사회학적 이념형(교회-분파-신비주의)은 예언자적 주석을 통해 물질적인 이해관계와 권력관계를 통해 둘러싼 충돌과 투쟁이 어떻게 역사 과정을 통해 타협과 참여 그리고 저항으로

---

45 Gollwitzer, "Bemerkungen zur Materialistichen Bibellekture," 257.

전개되는지 보다 명료하게 드러날 수가 있다.

이러한 예언자적 성서 주석을 통해 골비처는 하나님의 말씀을 오늘 우리의 상황에 비슷하게 파악하려고 하지 않고 "동일한 것"으로 이어가길 시도한다. 하나님은 성서에서 나타난 사회적 약자들과의 연대와 해방을 예언자적인 메시지를 통해 오늘 우리에게 "동일하게", 즉 동시대적으로 이어가신다.[46] 이것은 기계적으로 수행되는 것이 아니라 인식론적 절차를 통해 주석가에게 하나님의 말씀에 대한 개방된 태도와 더불어 사회 비판적 분석의 방법을 텍스트 이해에 통합시킨다. 성서 주석은 성서 원리의 근원에 초점을 맞추며, 역사적 흐름을 통해 오염된 것들에 대한 비판을 포함한다. 근원은 강처럼 흐르는 역사적 전개와 흐름에서 내재적 비판의 원천이 되며, 골비처는 이것을 구약성서 예수의 복음서 그리고 초대교회에서 사도들의 서신에서 찾으려고 한다.

골비처의 해석학에서 특별히 중요한 것은 히브리 성서와 그리스 성서 사이에 역사적 간격과 문화와 시대의 불연속성에도 불구하고, 이들 간의 일치를 인식하는 것이다. 이것은 해석학적 순환을 통해 예수 그리스도의 하나님 나라의 복음을 예언자들의 증언과 사도들의 증언에서 중심 원리로 파악된다. 역사적 전개와 흐름에서 복음을 표현하는 다양한 시간과 장소들이 존재하며, 이데올로기 비판은 교회의 개량주의와 순응주의에 대한 태도에 복음의 근원을 비판적으로 일치시키며 수행한다. 성서의 근원은 역사적 흐름의 비판의 원리로 작용하며, "모든 [성서적] 근거들은 강물의 흐름과 일치하지 않는

---

46 Gollwitzer, *An Introduction to Protestant Theology*, 59.

다."[47] 살아계신 하나님이 성서를 통해 말씀하시고, 예수 그리스도의 계시 안에서 복음이 하나님 나라를 선포하고, 가난한 자들과 연대에 서 있다면, 성서의 세계 안에서 내재적 비판의 근거로서 '상수'를 찾을 수가 있다. '그때 거기서' 성서의 세계에 대한 사회경제적 조건에 대한 분석은 '지금 여기서' 우리들의 삶의 조건과 불의한 구조에 대한 분석을 필요로 한다. 하나님이 지금 여기서 우리에게 말을 한다면 그것은 그때 거기서 하나님의 말씀과 다르거나 유사한 것이 아니라 동일한 것(하나님 나라의 정의와 평화 또는 예수 그리스도의 십자가와 부활 그리고 다시 오심)을 동시대적으로 이어간다. '그때 거기서'와 '지금 여기서'의 역사적 간격은 해석학적 순환을 통해 매개되며, 믿음은 이해와 지성을 추구한다. 이러한 이해 구조는 해석학적인 틀에서 사회사적 주석을 통해 이데올로기 비판적으로 전개된다. 성서 텍스트의 근원으로 되돌아가는 것은 근원에 도달하기 위해 물살을 거슬러 올라가는 것이며, 역사의 흐름에서 오염되고 왜곡된 것들에 대한 예언자적 비판을 포함한다. 급진적인 것은 뿌리로 돌아가는 것이다.

이런 점에서 골비처는 성서 주석에서 내재적 비판을 중요하게 고려한다. 그리고 이러한 내재적 비판은 역사와 사회의 진보에 대한 신념으로 파악되지 않는다. 골비처는 호르크하이머처럼 진보에 대한 신념에 수긍하지 않는다. 골비처에게 중심 원리는 전적 타자로서 하나님이며 도래하는 하나님의 나라는 모든 것을 새롭게 변화시킨다. 하나님에 대한 신앙에 기초해서 진보를 위해 투쟁하는 것은 중요하지만, 진보 신념에 빠질 필요는 없다.[48] 역사비평과 사회사적 해석

---

47 Ibid., 109.

은 하나님의 나라의 복음의 빛 안에서 독해되고 '지금 여기서' 동시대
적으로 이어간다.

성서 텍스트의 의도는 사회적 조건과 정치적 이해관계를 통해
해명되며, 지배 담론에 대한 이데올로기 비판, 즉 내재적 비판은 하
나님의 은총과 심판의 원리 아래서 수행된다.[49] 히브리 성서의 예언
자적 언어는 사회의 불의와 관련되며, 하나님 나라에 대한 예수의
담론은 공적인 죄인과 세리 그리고 사회로부터 밀려난 자들과의 연
대를 표현한다. 이것은 삶의 메타노이아와 제자직의 윤리를 통해
민주주의 방향과 연대 그리고 사회 정의를 지향한다. 성서 개념인
메타노이아는 급진적이며 정치와 사회의 영역에서 혁명적인 측면
을 지적한다. 영구혁명적인 의미에서 교회는 복음과 하나님 나라
앞에서 메타노이아를 수행하며 하나님의 나라 수립을 향해 접근한
다. 그것은 예수의 기도에서도 잘 드러난다. "당신의 뜻이 하늘에서
이루어진 것처럼 땅에서도 이루어지리다."[50]

---

48 Gollwitzer, *Krummes Holz-aufrechter Gang*, 143.

49 Gollwitzer, "Historischer Materialismus und Theologie," 79.

50 Gollwitzer, *An Introduction to Protestant Theology*, 153.

II. 해방신학과 변증법적 유물론

　해방신학은 첫 번째 포스트콜로니얼 신학으로 간주할 수 있다. (해방신학은) 사적 유물론을 중요한 사회 분석 이론으로 수용하고 라틴 아메리카 상황에서 발전시킨다. 물론 해방신학의 입장을 골비처의 공공신학과 동일시할 수는 없다. 사회와 역사 정치적 상황의 차이와 다름에도 불구하고 해방신학이 사적 유물론을 어떻게 파악하고 전개하는지를 주목할 필요가 있다.

　해방신학자 레오나르도 보프의 동생인 클로도비스 보프(Clodovis Boff)는 해방적-윤리적 인식론을 기획하고 역사적으로 주어진 자료들을 다루면서 이론적 모델의 중요성을 강조한다. 보프는 사회와 역사에 대한 과학적 분석 이론으로 사적 유물론을 수용하고, 루이 알튀세(L. Althusser)의 이론적 실천의 입장에 수긍한다.[1]

　보프는 원자료와 같은 주어진 개념들을 다루고, 이러한 개념들을 다른 구체적인 지식 체계로 변형시킨다. 이러한 인식론적 절차를 통해 얻어지는 최종적 결론은 종합된 지식이며, 해석 또는 이론적 실천이 된다. 지식의 첫 번째 단계(주어진 자료에 대한 첫 번째 순진성)와 최종 단계(종합된 지식: 두 번째 순진성) 사이에 직접적인 일치는 존재하

---

1 Boff, *Theologie und Praxis*, 132.

지 않는다. 실제적인 변형이나 패러다임 변화는 인식론적 파열로 불리며, 해석과 이론적 실천의 매개를 통해 일어난다. 학문은 세계나 현실에 대한 수동적 수용이나 모사가 아니라 비판적인 자기 생산이다.[2]

이론적 실천적 과정에서 보편성1은 구체적-실제적인 것(원자료)이며, 보편성2는 인식론적인 대상, 즉 구체적-사유적인 것(이론적 개념)이다. 보편성3은 구체적인 것의 보편성, 즉 (경험적) 개념을 의미한다. 이론적 실천은 세 가지 보편성의 계기들에서 나타난다. 그것은 보편성1(원자료)에 대한 보편성2(이론적 분석과 반성)를 통해 보편성3(다시 말해 최종적 개념인 인식론적 파열이나 불연속성)을 산출한다.[3]

이러한 알튀세의 인식론을 기초로 보프는 신학의 이론적 실천 과정을 통해 신학적 이론인 보편성3을 산출한다. 더 나아가 보프는 토마스 아퀴나스의 인식론을 이론적 실천 과정에 연관 짓고 계시는 보편성2로 간주하고, 계시를 보편성3으로 변형시키는 과정을 해석학으로 부른다.[4] 성서의 역사에서 우리가 사랑을 믿는다면(보편성1), 이것은 하나님의 사랑, 즉 계시(보편성2)를 의미한다. 그리고 하나님의 성품에 참여를 통해 신화가 되는 변형(보편성3)이 최종적으로 나타난다.

이런 점에서 보프는 해석학을 텍스트 주석과 해석의 매개 과정을 통해 정치적으로 발전시킨다. 사회 분석은 보편성1에 속하며, 해석학적 매개는 보편성2에 속하며, 정치신학은 보편성3에 속한다. 정치신학 개념에서 사회 분석은 "정치"적인 영역에 속하며, 해석학적 매

---

2 Ibid., 134.
3 Ibid., 135-136.
4 Ibid., 139.

개는 "신학"의 영역에 속한다.5 보프는 리쾨르의 해석학적 순환 개념을 수용하고, 해석자는 역사의 영향을 받으며 텍스트를 해석할 때 이미 해석학적 순환 과정에 서 있다고 본다. 이러한 과정에서 지속적인 대화와 변증법이 펼쳐진다. 보프에 의하면 해석학적 순환은 신학에서 다음처럼 전개된다.

하나님의 말씀 ― 성서(규범과 전통 교리의 일치)

의미 창출　　 ― 의미 수용(텍스트 해석 과정 또는 다양한 자료들로부터의 다양한 해석학적 구성)

구조　　　　 ― 의미(토라 구조 안에서 의미)

현재　　　　 ― 과거(텍스트 해석을 통한 과거와 현재의 매개; 말씀은 빛으로 드러난다)

기술　　　　 ― 해석(해석학은 기술이 아니라 의미 창출 또는 의미 부여다; 해석학적 이성과 윤리 실천)6

해석학적 매개와 이성 그리고 정치적 실천을 위해 보프는 관계의 상응 이론을 개념화한다. 나사렛 예수는 초대 믿음의 공동체의 그리스도와 관련된다. 교회의 전통은 역사, 사회적 맥락에서 파악되며, 우리의 동시대적인 신학은 우리 자신의 콘텍스트에 상응하여 전개된다. 나사렛 예수는 자신의 상황에 관련된다. 그리스도와 교회는 초대교회의 상황과 관련된다. 교회의 전통은 이후 교회의 역사적

---

5 Ibid., 222.

6 Ibid., 225-230.

상황에 관련된다. 우리의 신학은 우리의 상황에 관련된다. 보프의 해방의 인식론은 해석학적 성격을 갖는다. 그의 상응 모델은 텍스트와 콘텍스트의 변증법적 만남에 기초하며, 성서, 교회 전통 그리고 우리의 동시대적인 삶의 자리는 변증법적으로 콘텍스트에 적합한 방식으로 다루어진다.7

> 나사렛 예수(예수 콘텍스트) = 그리스도와 교회(초대교회의 상황)
> = 교회 전통(역사적 콘텍스트) = 정치신학(우리의 상황).
> 간략히 표현하면 성서(성서의 콘텍스트) = 정치신학(우리의 상황)8

이러한 관계들의 상응 모델에서 해석학적 실천은 각각의 콘텍스트에서 다르게 나타나며, 성서 텍스트 안에 성령의 의미가 역사적으로 이어진다. 이러한 해석학적 상응 이론은 에른스트 트뢸치의 역사사회학과 친화력을 갖는다.

그러나 보프의 윤리적 추론과 논증은 알튀세적인 인식론적 절차에 의해 삼켜져 버린다. 이론적 실천의 과정에서 재구성 이론은 인식론적 파열에서 드러나며 다음과 같은 전체 과정을 거친다: 사회적으로 주어진 것(원재료들) — 변형(분석, 이해 그리고 해석) — 이론 또는 모델(재구성).

이러한 재구성에서 첫 번째 이해의 순진성과 두 번째 이해의 순진성 사이에 인식론적 파열이 일어나며, 이러한 인식론적 절차를 지배

---

7 Ibid., 242.
8 Ibid.

하는 것은 추상적인 원리인 이론적 실천이다. 해석학은 이론적 구성을 하는 탐구자가 역사와 사회의 영향을 받지만, 보프처럼 "모든 신학이 사회적 상황에 의해 결정된다"라고 말하지 않는다.[9]

예를 들어 토마스 아퀴나스의 신학과 종교개혁의 신학이 단순히 사회적 상황에 의해 결정되는 것은 아니다. 오히려 신학의 내용과 교리에서도 완전히 갈라선다. 해석학은 알튀세처럼 인식론적 파열을 말하는 것이 아니다. 지평의 융합을 통해 과거의 오류나 억압적인 것에 대한 책임적인 비판과 더불어 현재와 미래를 향한 연대와 해방을 위해 새로운 의미 창출에 관여한다.

마르크스에게서 인식론적 절차를 주도하는 추상의 원리인 변증법적 방법은 구체적으로 주어진 사회적 현실과 경험과는 무관하지 않다. 만일 모든 신학이 사회적인 상황을 통해 조건되고 결정된다면 사적 유물론은 비판이론보다는 선험적인 규제 원리로 마치 도그마처럼 작동된다.

인간의 지성적인 실천은 언어, 역사 그리고 사회 안에서 주어지지만 이러한 조건들을 변형시킨다. 인간은 사회적 관계들의 총체이며, 인간의 삶과 의식에는 사회적 현실이 복사되거나 반영되는 것이 아니라, 인간은 이러한 물화된 세계를 비판적으로 분석하고 실천을 통해 변혁하려고 한다.

더욱이 보프의 상응의 해석학은 해석과 해방의 전통을 내재적 비판의 근거로서 동시대적인 삶의 조건에 영향을 미치는 차원을 분석하지 않는다. "지금 여기서"의 현재적 관심에 의해 복음의 본래의

---

9 Ibid., 256.

메시지가 재단된다. 텍스트와 콘텍스트의 관계에 대한 보프의 해석학적 관심은 현재주의에 이끌린다.

그러나 인식론적 파열이 각각의 다른 시대에서 일어날 때 사회사적인 변형은 역사의 영향과 사회적 조건 그리고 상이한 담론의 출현과 권력관계를 고려하지 않고는 적절하게 파악될 수가 없다. 만일 사회 경험적 실제에 대한 개념적 명료화가 없이 역사적으로 또는 사회적으로 주어진 것을 선험적인 인간의 사고 작업을 통해 변형시키는 것이 이론적 실천 내지 해석이라면, 이것은 지극히 일면적이며 주관적으로 드러날 수밖에 없다. 이론적 실천은 연구자의 역사적 영향권과 사회적 조건을 고려하면서 전개될 필요가 있다.

이론적 종합 내지 재구성은 사회적 사실들과 연구자 간의 상호관계를 통해 해명되어야 한다. 이러한 상호 관련적 태도는 변증법적 방법을 이미 설정된 도그마로 수용하지 않는다. 거꾸로 변증법적 방법은 현실에 대한 경험적 분석에 의해 수행되고, 해석학적인 의미 지평을 통해 방법의 한계를 교정하기도 한다. 마르크스의 방법은 도그마가 아니라, 살아 있는 사회적 조건과 경험적 현실과의 부단한 변증법적 분석과 종합을 통해 비판적인 방법으로 이해될 필요가 있다.

보프와는 달리 마르크스는 변증법적 방법을 인식론적인 탐구와 제시(presentation)를 통해 헤겔의 방법을 거꾸로 물구나무 시킨다.[10] 여기서 헤겔의 절대지는 마르크스의 변증법적 방법과 동일시되지 않는다. 오히려 마르크스는 경험적 사실들과 자료를 수집하고, 이러한 원자료들에 대한 분석과 종합을 통해 인식한다. 경험적 탐구를

---

10 Marx, *Capital* I, 103.

통해 원자료들은 변증법적으로 재조직되며, 주어진 사회의 총체성을 이해하려고 시도한다. 정치 경제학 방법에서 마르크스는 분석적인 방법을 통해 보다 단순한 개념에 도달하고, 사회 물질적인 삶의 심연으로 들어간다. 이런 본질에서부터 변증법적 계기들을 파악하면서 구체적이고 사실적인 것에 도달한다.

이러한 해석적 그리고 변증법적 순환을 통해 마르크스는 사실적이고 구체적인 것들을 많은 계기들과 결정들에 대한 풍부한 총체성으로 파악한다. 주어진 것들은 이러한 분석과 변증법적 탐구를 통해 단순 관계들(노동, 분업, 필요, 사용가치)에 도달한다. 여기서부터 보다 복합적인 관계들(생산 교환, 사회 조직, 시민 사회, 계급, 국가, 해외시장)로 상승한다. 이것이 마르크스에게 과학적으로 올바른 방법이다(구체에서 추상으로, 다시 추상에서 구체로). "구체적인 것은 구체적이다. 왜냐하면 이것은 많은 결정들의 집중이며, 따라서 다양한 것들의 일치이기 때문이다."11

추상(단순 관계)에서 복합적인 구체로 나가는 분석적-변증법적 방법을 통해 마르크스는 구체적인 것들을 인식론적으로 파악하고, 이것을 재생산하고 재구성하면서 자본주의의 현재사를 쓰려고 한다. 시민 사회에서 주어진 상품 분석에서 출발하면서 마르크스는 이론적 추상(노동력, 가치, 노동 수단)에 도달하며, 이론적 분석을 통해 자본주의의 구체적인 실제를 재생산한다. 상품 분석과 자본 축적은 재생산과 재구성의 해석적인 서클에서 자본주의 총체성이 파악된다. 노동의 사회적 관계는 상품 생산과 관련되며, 여기에는 사용가치와 교환가

---

11 Marx, *Grundriss*, 101.

치의 대립이 존재하며, 상품은 사물로 드러나며 자본주의 안에서 사회적 관계는 인간과 사물들과의 작용, 즉 사물들의 관계(물화) 또는 상품의 물신 숭배로 나타난다. 인간은 상품을 섬기며 봉사한다.[12]

보프와는 달리 세군도(Segundo)는 이데올로기 영역과 경제구조 사이에 상대적인 자율성을 확보하고 이러한 관계는 직접적으로 주어지는 것이 아니라, 경제적 발전을 통해 마지막 단계에서 작용 된다고 말한다.[13] 만일 모든 인간의 사고가 마지막 단계에서 물질적 이해관계를 통해 조건지어질 경우 이러한 변화된 생산 양식 내지 경제적 발전은 마르크스의 방법 자체에도 비판적으로 적용될 수 있다.[14]

세군도는 마르크스의 변증법적 방법을 루카치의 총체성 이론을 통해 검토한다. 변증법적 유물론에서 중요한 것은 '마르크스의 연구 결과에 대한 무비판적 수용'이 아니다. 변증법적 유물론의 주제는 과학적 방법이며, 그것은 마르크스의 과학적 이론에 일치하여 확장되고 재해석되고 심화될 필요가 있다.[15]

이론과 실천을 통합하면서 루카치는 유토피아적인 꿈을 혁명적 의식으로 고쳐시키는데, 이론과 실천의 일치가 사회적 실제에 관련된 혁명적 의식에서 추구된다면, 변증법적 방법은 사회를 변혁하는 혁명적인 실천이 될 수 있다.[16] 그러나 세군도는 루카치가 과학적 방법으로서 변증법적 유물론을 해석하는 데 동의하지 않는다. 왜냐

---

12 Marx, *Capital* I, 163-177.

13 Segundo, *Faith and Ideologies*, 181.

14 Ibid., 183.

15 Ibid., 201.

16 Lukacs, *History and Class Consciousness*, 3.

하면 루카치는 헤겔의 변증법과 마르크스의 유물론을 혼동하기 때문이다.[17]

세군도에 따르면 루카치는 마르크스를 헤겔의 방법 안에 재규정한다. 헤겔의 변증법적 방법에 대한 마르크스의 비판적 작업에서 세군도는 마르크스의 유물론이 사실주의(realism)의 형식을 띠며, 프롤레타리아의 현실에 부합한다고 본다. 이것은 헤겔의 변증법적 방법과는 다르다. 헤겔은 그의 거대한 신화론적 틀로 인해 역사의 실제적인 동인을 파악하지 못했다.[18] 세군도에게 중요한 것은 헤겔의 변증법에 대한 마르크스의 사실주의를 기초로 한 비판적 재작업이며, 이것은 유물론적 사실주의로 평가된다.[19] 신앙-이데올로기 관계에서 세군도는 하나님의 소통 언어를 신앙과 이데올로기의 관계 틀에서 초월적인 것으로 다룬다. 신앙은—이것이 종교적이든지 아니면 세속적이든 간에— 유적 존재로서 인간의 삶에 보편적 차원을 갖는다.[20]

이데올로기는 사실적인 것을 객관적인 수준에서 파악하는 인간의 지각을 체계화하며, 그것은 이러한 수단의 영역을 기술하는 데 사용된다. 신앙-이데올로기 상관관계는 보편적 인간학적인 틀에서 설계되며, 기독교 신앙은 이데올로기적 방법을 요구하도록 강요된다. 이데올로기적 방법은 사회적 실제를 변화시키는 데 필요한 가치들을 실현한다. 세군도는 알튀세와 달리 마르크스의 휴머니즘을 옹호하며, 인간 존재의 본질은 초월적인 전제로 정의된다.[21] 마르크스

---

17 Segundo, *Faith and Ideologies*, 205.

18 Ibid., 236.

19 Ibid., 235.

20 Ibid., 15.

의 휴머니즘은 이념으로 채워져 있고 자본주의 휴머니즘과는 대립한다. 세군도는 자신의 사실주의적 휴머니즘을 마르크스의 진술에서 확인한다. "[인간의 본질은] 그 실제에서 사회적 관계들의 총계다."22

그러나 마르크스에 대한 세군도의 인간학적 접근은 사회적 관계들의 총계로서 인간의 삶에 대한 과학적 분석을 빠트린다. 이것은 총체성의 관점을 필요로 하며 자본의 역동적 관계가 어떻게 인간의 사회적 존재를 각각의 다른 시대와 역사적 발전에서 드러내는지 파악해야 한다. 니그로는 다른 상황에서 노예가 되지만, 중심부의 노동자는 식민지에서 독립적인 수공업자가 된다.

루카치는 총체성의 관점을 기초로 마르크스의 변증법적 유물론을 베버의 합리화 이론과 통합시켰다. 인간학적인 틀에 기초한 신앙-이데올로기의 상관관계는 사회과학적 분석을 도외시하는 인간학적-실존적인 것으로 비판될 수 있다. 세군도의 인간학적 사실주의는 사회적 관계들이 자본과 물신 숭배를 통해 인간의 존재에 미치는 지대한 영향을 간과한다. 여기서 생산 관계의 합리화를 통해 사회 구조가 전문화가 되고 분화되면서 인간 존재의 본질은 세군도가 순진하게 생각하는 것처럼 초월적으로 남는 것이 아니라 오히려 사회적 물화의 현상에 붙들리고 만다. 그리고 세군도의 이데올로기 개념에는 그람시적인 의미에서 유기적 이데올로기에 접근하지만, 이것은 사회 구조를 초월하는 인간의 존재나 이념에 의해 만들어지는

---

21 Ibid., 240.
22 Ibid., 241.

것이 아니다. 오히려 사회 지배의 담론으로서 이데올로기는 도덕적 리더십과 시민적 승인 더 나아가 정치 사회와 다양한 제도들의 연구와 지지와 법적 비준을 통해 출현한다. 인식의 체계로서 이데올로기 또는 에피스테메는 사회 구성 안에서 다양한 공론장들을 지배하며 인간의 실천과 대립과 충돌 또는 헤게모니적으로 가동된다. 신앙-이데올로기가 사회 구성에 대한 비판이론과 공론장의 계층 구조를 도외시할 때 세군도의 사실주의는 지배 이데올로기를 인정하는 초월적인 순증주의에 빠질 수 있다.

세군도의 초월적 인간 존재와 이데올로기의 결합은 루카치의 문제에서도 비슷하게 드러난다. 루카치는 프롤레타리아의 혁명 의식에 대한 지나친 강조로 인해[23] 프롤레타리아의 의식을 이념형적으로 기술하고 낙관적이다. 프롤레타리아는 헤겔의 절대지처럼 혁명과 계급이 없는 사회를 위해 메시아적으로 고양된다. 계급의식의 고양은 사회 계층 안에서 드러나는 노동자 의식의 굴절과 한계 그리고 사회적 취향에 대한 분석을 간과한다. 그렇다고 해서 세군도가 상상하는 것처럼 루카치가 마르크스의 변증법과 헤겔의 변증법을 혼동하지 않는다. 마르크스의 변증법은 사회적 자료들을 역사적 성격에서 발생론적으로 다루고(추상과 구체의 인식론적 순환) 사회 구성을 생산 양식에 따라 파악한다. 그러나 헤겔의 변증법은 추상적인 보편성을 통해 총체성을 개념화하는 현상학적 방법을 취한다.

사회적 행위자들은 어느 정도로 정치 사회의 규칙을 추종하며, 경제 시스템에 순응하는지 해명될 필요가 있다. 만일 전체사회 조직

---

23 Ibid., 99.

이 물화가 된다면 아무도 이러한 쇠우리 창살이나 물신 숭배에서 벗어날 수가 없다. 사회 계층의 다양한 영역들에서 노동 계급은 자신들의 이해관계를 어떻게 추구하는가? 계급의 성향이나 습속(habitus)은 사회적으로 설정되고 문화적으로 구성되며 사회적 틀에 통합된다. 사회 현실들은 탁월한 의미에서 사물의 객관적 질서로 존재하며, 사회화된 존재들의 주체성과 성향은 이미 결정된다. 여기서 사회적 세계는 당연한 것으로 여겨진다.[24]

이러한 사회학적 관점은 세군도의 유물론적 사실주의와 인간주의를 인간학적-실존주의 틀이 아니라 물질-상징적인 틀에서 사회 구성과 계층의 위계질서에 따라 논의한다. 프롤레타리아의 의식은 항상 혁명적이지도 않으며, 이미 이들의 의식은 사회적 조건 안에서 굴절되고, 권력의 그물망에 따라 포착되고 움직인다.

사회 구성과 역사적 실천

상징 유물론적인 틀에서 필자는 공공신학을 위해 해방신학과는 다르게 알튀세의 사회 구성에 주목한다. 그의 이론적 실천을 사회 구성의 관점을 통해 계보학적으로 매개하고, 이를 통해 공론장에 대한 중요한 통찰을 제공해 줄 수가 있다. 알튀세는 다양한 실천들이나 담론들의 접합을 통해 텍스트 안에서 무엇이 억압되고 탈각되었는지에 주목했고, 징후 발견적 해독을 발전시킨다. 이것은 텍스트에서 말해질 수 없는 것들을 폭로하며, 담론에 대한 푸코의 고고학에

---

24 Bourdieu and Wacquant, *An Invitation to Reflexive Sociology*, 126-127.

근접한다. 다시 말해 권력관계의 그물망이나 합리화 또는 정상화 과정에 투자된 지배 담론을 헤게모니로 파악하고, 인식론적인 파열이나 단절을 다른 역사적 과정이나 흐름에서 읽어내는 것이다.25

역사적인 단절은 동시대의 구조 안에서 현재로 드러나지 않는다. 다양한 영역들과 계기들(경제, 이데올로기, 미학, 철학적 또는 과학적) 안에는 상응이 존재하지 않는다. 왜냐하면 이러한 다양한 계기들은 다른 시간 안에서 살아가며, 다른 계기들의 단절과 파열을 알고 있다.26

현재와 부재의 공존은 해석적인 접합으로 파악될 수 있으며, 이것은 리쾨르적인 의미에서 상응 이론과도 거리가 있다. 이러한 관점은 전체사회 구조의 영향과 효과를 접합된 탈 중심성에서 현재의 역사와 부재의 역사(유효한 역사) 갈등과 대립을 파악한다.27

국가와 사회 구조 전체에서 사회 구성은 유기적으로 위계질서화된 전체의 시스템으로 파악되며, 계급과 신분 그리고 다른 요소들의 영향을 통해 다양한 계기들이 관여된다. 개별적인 계기들은 저마다 특수한 리듬과 발전 그리고 혁명과 단절과 파열을 갖는다. 모든 계기들은 상대적으로 자율성을 가지며 독립적이며, 사회 구조 안에서 접합의 유형으로 분석될 수가 있다. 알튀세는 사회 구성 안에서 다양한 계기들의 상대적인 효율성과 상호관계에 주목하며 이러한 다차적 사건들이 경제적 발전에 어떤 영향을 미치고 방향을 결정하는지 관심한다.28

---

25 Althusser and Balibar, *Reading Capital*, 103.

26 Ibid., 104.

27 Ibid.

28 Ibid., 100.

이러한 접합이론에서 탈각, 파열, 변형 그리고 꼬임처럼 드러나는 현실에 주목되고, 다른 역사들(정치사, 종교사, 이념의 역사, 철학과 과학의 역사 등)의 상대적 독립성과 특수성 그리고 다른 계기들과의 의존성이 중요하게 인정된다. 이러한 접합이론은 사회사의 콘텍스트에서 상호관계 또는 개별 계기들 간 교차성을 고려하고, 다른 계기들의 접합과 작용을 드러낸다. 후퇴, 진보, 생존 그리고 불균등은 실제의 역사적 현재와 구조 안에 공존하며, 사건들의 연결과 결합이 사회 안에 존재한다.29

이러한 알튀세의 관점은 유효한 역사(effective history)를 중단과 파열, 부재, 탈 중심성 그리고 다름에 초점을 맞추며, 헤겔적 역사 진보의 행진이나 서구의 식민주의 권력 기술적 합리성에 저항한다. 이러한 유효한 역사는 탈각된 식민지 역사들과 문화들을 유럽 중심주의에 반하여 재조명해 주고 새롭게 평가하려는 포스트콜로니얼 접근에 도움을 줄 수 있다. 식민주의 역사는 탈각이나 후진성 또는 비합리성 등과 같은 서구의 이데올로기적 인덱스에 의해 재단될 수가 없다.

알튀세의 사회 구성에 대한 인식론은 다양한 공론장의 계기들을 사회 계층 안에서 보다 효율적으로 차이와 다름 그리고 사회에서 밀려난 자와 하위 계급에 대한 분석과 연대로 나아가게 한다. 여기서 담론 분석과 권력관계 더 나아가 차이와 다름, 탈각과 탈 중심성은 역사 연구와 더불어 사회 계층론에서 당연시되는 것에 대한 판단 중지와 문제틀을 통해 독해될 수 있다. 인식론적인 체계, 불균등, 권력관계, 문화의 다름과 개별적 계기들의 특수성은 비판적 인식론

---

29 Ibid., 106.

을 주관주의적 실천 철학(그람시)에 매몰되지 않도록 방어한다. 사회 구성의 과학 이론은 실제 역사에 대한 정치 경제적 실천이나 변증법적 유물론적 방법에 매몰되지 않는다.[30]

담론의 효과는 타자의 탈구의 역사를 고려하며 유럽 중심의 대변과 다른 실천들 사이의 상응을 오히려 문제시 삼는다. 사회 구성의 총체성에서 유럽 중심적인 개념이 해체되는데, 왜냐하면 "개라는 개념은 짖을 수가 없기 때문이다."[31] 중심이 아니라 탈 중심, 즉 다원적 계기들의 다름과 차이에 대한 유효한 역사 분석이 요구된다. 그람시적인 의미에서 역사 블록—시민 사회 안에서 다양한 계급들 간의 정치적 연대와 동맹—은 유요한 역사 안에서 의미를 가질 수가 있지만, 상부구조의 실천 계기들은 사회 구성과 계층의 위계질서에 드러나는 차이, 파열, 변형, 다름에 주목한다. 그람시의 실천 철학과 상부구조들의 역사 블록은 사회 구성 분석 이론에서 보다 다차적 공론장들과 관련되어 심화될 필요가 있다.

필자가 보기에 알튀세의 사회 구성 이론과 유효한 역사 개념은 그의 이론적 실천보다는 사회 현상학적으로 명료하게 될 필요가 있다. 알튀세의 그람시 비판은 러시아 혁명에 대한 그람시의 주관주의적 입장, 즉 마르크스의 자본에 반하는 혁명에 향한다. 그람시에게 과학으로서 마르크스 이론은 실천 철학과—헤겔의 절대지와 같은—역사주의로 함몰되고, 과학은 상부구조의 계기로 파악된다. 그러나 알튀세는 그람시의 역사적 블록에서 구조와 상부구조를 단일 역사로

---

30 Ibid., 137-138.

31 Ibid., 105.

통합하는 시도를 보는데, 그람시처럼 과학을 역사나 실천 철학으로 붕괴시키는 것은 이론적 붕괴, 즉 경험주의적 유혹과 이데올로기에 불과하다. 그람시에게서 철학은 대중들의 활동과 경험의 직접 생산물이 되며, 상식으로 하락한다. 결국 그람시에게서 알튀세는 이론적 실천의 중요성이 역사 일반 실천을 위해 상실되는 것을 감지한다. 결국 그람시에게서 역사과학(사적 유물론 또는 사회 구성에 관한 과학적 이론)과 마르크스 철학(변증법적 유물론)의 구별은 사라진다. 실천 철학은 사적 유물론과 동일시되고, 후자 안으로 사라져버린다.[32] 마르크스의 사적 유물론은 노동자 계급의 혁명적 실천을 당의 역할을 강조하지만 그렇다고 해서 사회 구성에 대한 비판적 구조 이론은 인간학적인 실천으로 함몰되는 것이 아니라 과학적 이론으로 중요하게 남는다.

사회 구성의 과학적 인식론을 위해 알튀세는 징후 발견적 해독과 각 개별의 다름과 차이 그리고 탈 중심성을 인정하는 유효한 역사와 더불어 담론들을 분석하려고 한다. 이러한 담론 분석은 이론적 실천의 한계를 넘어서서 해석학적 차원으로 개방해 줄 수가 있다. 그러나 이러한 담론해석학은 존재론적이라기보다는 사회학적이며, 이해와 권력관계를 통해 차이와 다름을 사회사에서 발전시키려고 한다. 이러한 매개를 위해 해석의 고고학적 이론(또는 고고학적 해석학)은 공공신학을 위해 요구되며, 필자는 이것을 현상학적인 틀에서 판단 중지, 문제틀, 비판적 독해와 거리감(징후 발견적 해독) 그리고 연대와 해방을 위한 의미론적 재구성으로 다시 발전시킨다. 여기서 마르크스의 과학적 방법 (추상과 구체의 인식론적 순환)은 현상학적 절차에서 정당성을 갖는다. 실

---

32 Ibid., 136.

천은 연대와 해방을 위한 의미론적 재구성에 맞게 수행된다.

이러한 반성 사회학의 관점은 알튀세의 이론적 실천을 비판적으로 극복한다. 왜냐하면 이론적 실천 개념은 역사적 영향과 사회적 조건 그리고 지배 담론과 권력관계가 인간에게 미치는 영향을 간과하기 때문이다. 그렇다고 해서 이론적 실천이 보프처럼 리쾨르의 상응 이론의 해석학으로 매개되기도 어렵다. 왜냐하면 상응 이론 안에서 밀려난 자들의 유효한 역사와 내재적 비판의 차원은 실종되기 때문이다. 공론장은 사회 계층 안에서 고고학적으로, 아남네스적으로 두껍게 기술될 필요가 있으며, 배상의 정의와 포스트콜로니얼 연대와 해방을 위해 생생한 현재로 되살릴 필요가 있다. 이것은 포스트콜로니얼 공공신학의 특징에 속하며 해방신학의 방법론과 결을 달리한다.

계급투쟁, 헤게모니, 담론

골비처는 해방신학자들에게 흔히 나타나는 것처럼 그람시나 알튀세를 추종하지 않는다. 그의 마르크스 독해는 매우 독특하며 민주적이며 세계 경제의 틀에서 행해진다. 골비처는 일차적으로 인간의 삶을 사회적 관계들의 총체에서 파악하고 루카치의 입장에 접근한다. 루카치의 총체적 관점은 마르크스의 다음의 문장에서 볼 수 있다: "모든 사회의 생산 관계들은 전체를 구성한다."[33]

그러나 골비처는 사회적 총체성의 원리를 넘어서서 자연과학과

---

33 Lukacs, *History and Class Consciousness*, 9.

기술 합리성의 생산력 증대 측면에 주목한다. 더 나아가 사회적 물화 현상이 자본주의의 혁명을 통해 어떻게 중심부와 주변 간의 구조적 폭력과 상징적 지배로 나타나는지에 관심 가진다. 골비처는 마르크스 이론의 한계를 도외시하지 않는다. 밑으로부터 사회적 실제를 파악하는 견해는 역사와 사회의 종속 차원을 연구하는 것이며, 이것은 위로부터 견해에 저항하는 무기로 관념론과 지배층의 자기기만을 폭로한다. 그러나 골비처에 의하면 위로부터의 견해는 위로부터의 계급투쟁을 함축한다. 이것은 지배 계급의 이해관계에 구속되며 하층 계급과 더불어 공공복지와 특권을 정의와 연대를 위해 분배하지 않는다.[34]

골비처에게 계급투쟁은 프롤레타리아 독재로 나가지 않는다. 오히려 계급투쟁은 위로부터 그리고 밑으로부터 오는 변증법적 긴장의 틀 안에서 개념화되고, 상부구조의 이데올로기적 투쟁의 역할에 더 많은 강조를 둔다. 때문에 골비처의 이해는 마르크스의 입장을 일면적인 것으로 거절한다: "지금까지 존재하는 모든 역사는 계급투쟁의 역사다."[35]

골비처에 의하면 "계급사회가 있는 곳에 계급투쟁이 존재한다… 이것은 계급사회에서 드러나는 불가피한 특징이다… 계급투쟁은 항상 그리고 일차적으로 위로부터 계급투쟁이었다. 밑으로부터 계급투쟁은 대답과 반작용 그리고 카운터 세력이다."[36]

이러한 관점은 권력의 측면, 즉 국가의 헤게모니(강요와 승인)를 포

---

34 Gollwitzer, "Bemerkungen zur Materialistichen Bibellekture," 254.

35 "The Communist Manifesto," *Karl Marx Selected Writings*, 222.

36 Gollwitzer, *Die Kapitalistische Revolution*, 85.

함하며, 위로부터의 계급투쟁이 어떻게 밑으로부터 계급투쟁과 엮어지면서 사회적 총체성과 역사의 진행 과정을 이끌어 가는지 그 역동성에 주목한다. 밑으로부터의 저항 담론은 그람시의 문화 헤게모니 개념을 수용할 수가 있다. 그람시에 의하면 문화 헤게모니는 피지배계급과 유기적 지식인들의 측면에서 발전되며, 이것은 사회적 총체성과 문화 계층에 대한 비판적이고 과학적인 분석을 수행한다.

골비처는 마르크스의 다음의 문장에 주목한다: "이론은 대중들의 마음을 휘어잡을 때 물질적 힘이 된다."[37] 마르크스는 이념의 승리가 —대중의 집단적이며 물질적인 이해로부터 더 이상 분리되지 않을 때— 가능하다고 본다. 골비처는 이러한 마르크스의 입장을 역사유물론 안에 담겨 있는 낙관주의로 간주한다. 이념이나 담론이 대중의 마음을 사로잡을 때 이것은 저항 담론으로서—허위의식에 기초한— 지배 담론에 대한 의심의 태도를 견지한다. 전체 역사 발전에서 드러나는 이념의 승리가 집단적인 대중의 이해로부터 유리되어 나타나는 것은 허위의식으로 비판된다.[38] 저항 담론은 연대의 효과가 되며 지배 담론은 수치의 효과로 폭로된다.

마르크스는 실천적인 차원에서 권력과 연계된 담론의 중요성을 함축한다. 담론은 대중의 마음에 영향을 주고 사로잡는 역할을 수행한다. 이것은 또한 권력에 부응한 담론, 즉 지배 계급의 담론이 어떻게 인간 실천의 채널을 통해 이데올로기로 등장하는지에 주목한다. 물론 마르크스에게 위로부터 계급투쟁은 이데올로기의 채널을 통

---

37 Cited in Lukacs, *History and Class Consciousness*, 2.
38 Gollwitzer, "Bemerkungen zur Materialistichen Bibellekture," 258.

해 주어진 사회의 총체성을 정당화하는 데서 파악될 수가 있다. 그럼에도 불구하고 위로부터 계급투쟁, 즉 국가, 문화, 사회 제도, 종교가 만들어 내는 담론 형성과 실천에 대한 분석은 여전히 마르크스에게 취약하다.

마르크스에 의하면 이념, 개념 그리고 의식은 물질적 활동과 실제적인 삶의 언어에서 산출되며, 이것은 정치, 법, 도덕 그리고 종교의 담론에서 표현된다. 언어는 의식의 상관관계 안으로 들어오며, 이러한 통합된 측면은 교류와 소통을 통해 드러나는 실제적 삶의 과정에 구속된다. 언어는 이중의 기능을 갖는데, 하나는 이념과 물질적 이해의 상관관계를 표현하는 것이며 다른 하나는 허위의식을 통해 사회적 관계와 지배 체제를 공고히 하는 것이다.[39]

그러나 하버마스에 의하면 마르크스는 언어와 상호 교류 간 문제를 다룰 때 개념적인 명료함이 없다. 다시 말해 노동과 상호 교류에서 드러나는 소통 합리성과 실천은 거의 고려되지 않는다는 것이다.[40] 하버마스의 비판은 정당하다. 마르크스의 주요 관심은 가치 합리성으로서 소통이론이 아니라 생산력을 증대하는 기술 합리성에 있고 노동 분업에 대한 소외된 현실을 분석하는 데 있기 때문이다. 마르크스는 허위의식으로 이데올로기 비판과 담론이 대중들의 마음에 영향을 주는 측면을 열어놓지만, 담론의 형성 과정과 소통이론 그리고 권력관계의 변증법을 충분히 전개하지 않았다. 마르크스와 달리 푸코는 병원, 학교, 종교, 군대 제도, 매스 미디어의 시뮬레이션 등 담론

---

39 "The German Ideology," *Karl Marx Selected Writings*, 164.
40 Habermas, *Theory and Practice*, 169.

의 형성 과정과 권력관계의 변증법에서 정보가치를 인간의 삶의 총체적인 영역을 넘어서는 정보 소통의 그물망에 장착시킨다. 물론 이것은 후기 자본주의의 현실을 지적하는 것으로 마르크스는 산업 자본주의에 머물러있다.

마르크스의 낙관주의는 지배 계급의 담론 지배와 더불어 보다 신중하게 다루어질 필요가 있다. 지배 계급의 담론은 단순히 대중들로부터 유리된 채 이념의 승리를 가져오는 것이 아니라, 대중들의 이해관계를 도덕적 지도력과 이념의 적합성(시민의 승인)을 통해 사회의 규범 담론으로 자리 잡기 때문이다. 발전된 시민 사회를 유지하는 것은 시민들의 승인으로부터 오며 이러한 승인은 도덕적 리더십을 요구한다. 노동자당이 의회 민주주의를 통해 권력을 창출한다고 해도 노동자가 독재하는 것이 아니라 시민 승인을 통한 국민주권이 지배한다. 노동자 지배 계급의 권력이 시민 사회의 규범 또는 비합리성을 개혁하려고 할 때 시민 사회의 원리인 자유, 인권 그리고 도덕적 연대를 무시할 수 없다. 카운터 담론이 개혁을 위한 규범 담론으로 설정되는 배경에는 단순한 낙관주의가 있는 것은 아니다.

필자는 골비처의 통찰, 즉 계급투쟁의 두 가지 차원을 그람시의 헤게모니 이론과 푸코의 담론과 신체정치와 더불어 두껍게 기술하길 원한다. 푸코의 고고학에서 담론은 위로부터의 신체정치(계급투쟁)와 엮어지며, 담론의 형성과 실천을 통해 상호 주관적 소통 영역과 전 사회적 영역들에서 합리화되고 유포된다. 이념과 물질적 이해관계에 대한 상호관계에서 이념은 사회적 영역에서 전문가들에 의해 담론화되고, 국가와 사회 제도의 지지 그리고 법적인 정당성을 획득할 때 이념은 정상화를 유지하는 지배 담론으로 설정된다. 이것은 승인과 도덕적 리더십에 기초한 그람시의 헤게모니 이론을 담론과 권력관계라는 틀에서 더 정교하게 다듬어 준다.

더 나아가 이념이 사회적 관계와 역사적 발전에서 지식 체계(에피스테메)가 될 때 초래하는 수치의 효과(특권, 지배, 그리고 권력)는 내재적 비판을 통해 문제화된다. 내재적 비판은 푸코와 달리 이념의 원류나 텍스트에 대한 신중한 해석학적 기술을 요구한다. 의미론적 서클을 통해 저항 담론은 피지배의 이해관계가 아니라 이념의 원류에서부터 지배와 특권이 어떻게 분리되어 나타나며, 사회적 약자들과의 연대와 해방을 구축하는지 고려한다. 이것은 골비처적인 의미에서 이념의 수치 효과에 대한 원류를 통한 내재적 비판이며 위로부터 계급투쟁에 대한 저항 담론 구성과 실천이다.

더 나아가 이념이 사회적 관계와 역사적 발전에서 지식 체계(에피스테메)가 되면 수치의 효과를 낳는데, 이는 내재적 비판을 통해 문제화된다. 푸코와 달리 내재적 비판은 이념의 원류나 텍스트에 대한 신중한 해석학적 기술을 요구한다. 의미론적 순환을 통해 대항 담론(카운터 담론)은 피지배의 이해관계만을 고려하는 것이 아니라, 이념의 원류에서부터 지배와 특권이 어떻게 분리되고 또 사회적 약자들과의 연대와 해방을 어떻게 구축할지를 고려하는 것이다. 골비처의 견해와 동일선상에서 말하자면, 내재적 비판은 이념의 원류에 대한 비판을 통해 이념의 수치 효과를 비판하고, '위로부터의' 계급투쟁에 대한 저항 담론을 구성하고 실천하는 것을 말한다.

III. 국가와 혁명: 관료제와 시민 사회

마르크스는 자본주의에서 사회주의로 이행 과정을 평가하는 데 교조적인 견해를 가지고 있지 않았다. 혁명의 과정에서도 폭력과 비폭력 사용에서 유연했다. 마르크스는 프롤레타리아 독재 개념에서도 레닌과는 확연히 다르다. 마르크스는 파리 코뮌을 다루면서 사회 공화제의 형식을 적극적으로 평가했고, 짧은 기간 대의원들에 대한 책임적인 선출과 보통선거에 주목했다. 파리 코뮌의 직접 민주주의는 공공 영역에 시민들의 참여를 극대화했고 탈중심적인 지배 시스템으로 작동했다. 파리 코뮌의 노동자들은 증오의 표적이 되었던 개인들이나 관공서에 대한 민중 보복을 삼갔고 관용의 정책과 다른 계급들에 대해 새로운 방향을 제시했다.[1]

그럼에도 불구하고 마르크스는 필연의 영역(소외와 사회적 물화)에서 자유의 영역으로 이행하는 과정에서 생겨나는 해방 투쟁에서 사회 문제와 윤리적 반성을 충분하게 다루지 못했다. 당 독재 아래 파생하는 관료주의와 인간의 소외와 억압의 문제는 이전 사회주의 국가들에서도 드러나며, 인권과 자유를 침해한 심각한 도덕적 문제를 야기했다. 윤리적 고려는 이행의 상황을 분석하고, 사회적 물화와

---

1 Marx and Engels, "Address of the Central Committee to the Communist League," 1850.

관료제, 법적 행정 체제, 전문화 그리고 국가 지배 체제에 대한 비판적 검토를 필요로 한다.

후기에 마르크스는 목적에 대한 접근 방식을 허용했고 종말론적인 유보를 취했다. 사회주의 사회를 위한 유토피아 실천은 종말론적인 진지함을 통해 보다 신중해지고 자유의 영역이나 전체 해방은 오로지 접근되는 것으로 간주되었다. 연합된 생산자들의 자유는 집단적 지배 아래 있게 되며 여전히 필연의 영역에 있다. 진정한 의미에서 자유의 영역은 그러한 집단적 컨트롤 너머에 존재한다. 사회주의 사회는 자유의 영역과 동일시되지 않으며 자유의 영역은 연대 안에 거하는 자유로운 인간의 연합을 지적한다. 실제로 사회주의 국가는 필연의 영역 안에서만 번영하며 그것은 자유의 기반이 되어 자유의 영역은 오직 접근될 뿐이다.[2]

종말론적 정치: 개혁과 혁명

골비처에 의하면 개혁과 혁명의 연합은 사회주의 정책과 대립하지 않는다. 민주 정부의 탈 중심적인 형식은 시민 사회에서 발생하는 개혁운동으로 기획된다. 이것은 보통선거와 참여를 통해 당정책에 영향을 준다. 종말론적인 정치를 위해 골비처는 개혁과 혁명을 종합하며 국가의 새로운 역할을 위기관리와 지도에 주목한다. 국가는 경제와 국가에 의존되는 상황에서 자본의 이윤의 무질서한 증대를 관리하며 공공복지에 종속시킨다. 국가의 역할은 사회주의 운동에

---

2 Marx, *Capital III*, 959; Hinkelammert, *The Ideological Weapons of Death*, 58.

서 진지하게 고려되며, 현재의 상황에서 자본주의 국가 안에서 부분적으로 이러한 노력을 효율적으로 관리해나가는 것은 중요한 선택이 될 수 있다.

책임 그룹 안에서 이러한 선택은 개혁주의 태도로 드러난다. 사실 개혁과 혁명은 더 이상 마르크스에게서도 대립이 아니다. 골비처의 테제는 다음과 같다: "개혁인가 아니면 혁명 인가-이것은 사회주의자들에게서 대안이 아니다. 혁명 대신 개혁-이것은 자본가들을 위한 즐거움이다. 개혁과 혁명-이것은 사회주의 해결이다."[3]

골비처는 사회주의를 마르크스주의와 동일시하지 않는다. 사회주의자들은 마르크스 이론을 비판적 도구로 사용할 수 있고 공공의 영역들에서 지배의 상황과 글로벌 차원에서 중심부와 주변부의 신식민주의 조건을 분석하기도 한다. 마르크스 이론은 사회과학적 방법의 하나이며 실천적인 전략을 발전시키고, 구조적인 폭력과 부정의, 불평등의 조건을 폭로한다. 골비처는 사회주의 사회의 목적이 프랑스 혁명의 본래적 이념(자유, 평등, 박애)에 기초하며, 자본주의 사회의 지배 시스템과 특권을 철폐하는 것이라고 말한다. 민주주의는 사회주의 또는 사회 정의와 연대가 없이는 실현될 수가 없다. 사회주의는 근대성의 미완의 과제와 유산을 시민 사회 안에서 연대와 해방을 향해 실현하려고 한다.[4]

골비처는 국가사회주의로부터 돌아서고 개혁과 혁명의 변증법적 관계를 고려한다. 개혁인가 혁명인가 하는 대안적인 토론은 소비

---

3 Gollwitzer, *Die Kapitalistische Revolution*, 82.

4 McMaken, *Our God Loves Justice*, 187.

에트가 붕괴된 후 추상적인 구호가 되어버렸다. 개량주의 테제(베른슈타인)는 자본주의 붕괴라는 마르크스 이론을 비판하고, 자본주의의 문제들을 점진적이며 평화로운 방식으로 해결해 나가려고 했다. 이것은 사회주의 혁명을 포기하며 개량주의 자본주의에 순응된다.

그런가 하면 사회주의의 머나먼 목표는 카우츠키의 초제국주의 단계(ultra-imperialist phase)에서 나타난다. 사회주의는 세계 경제가 완전히 세계화가 되면 제국주의 국가 간 경쟁이 사라질 것으로 본다. 그러나 이러한 장밋빛 견해는 너무 먼 미래를 향해 있고, 현재의 전략과 전술에 아무런 영향을 미치지 못한다. 카우츠키는 제국주의 대립과 적대가 점진적으로 약화될 것으로 예견하고 초제국주의의 단계로 이행할 것으로 봤다. 새로운 평화로운 자본주의 단계는 단일 세계 트러스트로 연합되고(초제국주의 단계), 이것은 다양한 연방 국가의 금융자본 간의 국제적인 합력으로 진일보하게 된다. 그러나 이것은 제국주의 국가 간의 갈등과 경쟁, 심지어 전쟁의 가능성을 도외시하고 경제 세계화에서 일어나는 심각한 갈등과 대립 그리고 지배 구조, 즉 신식민주의 조건을 간과한다. 경제 세계화를 통해서 외견상의 초제국주의 단계가 나타난다고 해도 연방 국가 간의 경쟁과 갈등은 여전히 중심부와 주변부 간의 신식민주의적 지배 구조로 각인된다.

골비처의 종말론적 정치는 시민 사회와 정치 사회의 유기적 관계에 초점을 맞추며, 시민 의식과 비판적 도덕과 연대(citoyen이라는 의미에서)를 부르주아지의 형식으로 폐기하지 않는다. 시민 사회와 비판적 도덕 의식은 사회주의 원리를 향한 기폭제가 된다. 그러나 시민 의식과 도덕은 다양한 공론장에서 국민주권과 시민들의 공동 발의와 결정 그리고 일반선거에 기초하며, 이것은 부르주아 의식과 이기주의적 사적 이해와는 다르다. "그러므로 사회주의 발전은 시민 혁명의 지속성을 위한 사회적 결정이다… 사회혁명은 항상 머나먼 길이며, 혁명의 씨는 많은 개혁의 길에서 진화론적이다. 그러므로 개혁과 혁명의 대립은 오직 잠정적인 것에 불과하다."[5]

프랑스 혁명에서 민중과 시민은 연합되었고, 이러한 연합을 일방적으로 부르주와 연합으로 말할 수는 없다(상퀼로트 계급의 경우; sans-culotte). 부르주아 원리는 산업혁명을 통해 자본가 계급으로 등장하지만 노동자 계급은 시민으로 통합된다. 부르주아가 시민이지만 시민이 부르주아는 아니다. 사회 계층에서 시민은 계급으로 나타나기도 한다. 시민주도권 발의와 사회주의 원리는 연합된다. 상호 보충성 원리는 이미 상부구조와 물질적 기반의 관계에서 드러나며, 개혁과 혁명은 시민 사회가 보다 많은 정의와 민주주의 그리고 연대를 지향할 때 서로 대립하지 않는다. 정치 사회(국가)와 경제 사회(노동 계급) 사이에 여전히 시민 사회와 공론장이 중요하게 작용한다. 과학 기술의 합리성과 진보는 신분/계급의식에 심오한 변화를 가져오며, 노동 계급과 시민들 간의 연대는 평화 운동, 인권 운동, 시민 사회 운동, 생태학적 운동 등에서 개혁과 혁명의 전략이 유효하다.

골비처는 사회주의를 마르크스주의로부터 구분하며, 마르크스주의는 사회의 상황과 계급의 조건 그리고 특권의 시스템을 분석하는 비판적 도구로 사용하지, 프롤레타리아 중심의 세계관으로 받아들이지 않는다. 정치적 전략 또는 기독교의 정치 사회적 책임은 복음의 방향과 노선에서 취해지며, 평화, 연대 그리고 해방에서 윤곽이 된다.

---

5 "Citoyen oder Bourgeois," in Gollwitzer, ...*dass Gerechtigkeit und Friede sich kussen*, 217-218.

이러한 비전은 민주주의와 사회 정의를 지지하며 공동선을 위한 사회 프로젝트에서 가능한 자기 결정과 사회 구성원들의 공동 결정을 통해 착취와 지배 그리고 불평등을 축소하고 제거하려고 한다.[6]

국가, 관료제, 민주주의

골비처는 국가와 시민 사회관계에서 민주적 사회주의 방향으로 나가며 국가의 사회화를 시도한다. 시민과 하위 계급은 연대로 묶이며, 국민주권과 사회 정의는 사법적 민주주의와 시민운동을 통해 불공정과 특권 철폐를 지향한다. 후기 자본주의 안에서 골비처는 국가의 정당성을 공론장에서 시민의 삶을 위한 방향으로 정초한다.

국가와 시민 사회의 관계는 사회학적으로 어떻게 규정되는가? 사법적-정치적 국가 모델은 무엇이 법을 통해 공권력을 정당화하는지를 묻는다. 이것은 또한 국가란 무엇인가 하는 제도적 모델과 관련 있다. 베버는 행정의 메커니즘을 통해 근대 주권의 형성에 사회학적인 기여를 한다. 그런가 하면 푸코는 권력과 특수 영역들에서 권력의 테크놀로지에 주목하고, 푸코의 이론은 사법적-제도적 틀에 기초한 베버의 국가 주권론 안에 포섭될 수 있다. 베버는 국가를 물리력에 대한 적법한 사용의 독점으로 정의한다. 정치는 연방 국가 안에서 또는 국가들 사이에서 권력 분배에 영향을 미친다.[7]

근대 국가는 몇 가지 권위적 지배 체제를 갖는데 (1) 입법 아래의

---

6 McMaken, *Our God Loves Justice*, 188.

7 "Politics as a Vocation," *From Marx Weber*, 78.

행정과 법적 질서, (2) 입법적 규정에 따라 공식적인 국가 업무를 수행하는 행정 기제, (3) 모든 국민을 사법적 영역으로 구속하는 권위, (4) 사법적 정부에서 규정된 물리력과 강요에 적법한 사용이다. 간략하게 베버의 입장을 표현하면 "법적 질서, 관료제, 영토에 대한 강제적 사법제도와 공권력에 대한 적법한 사용의 독점은 근대 국가의 본질적인 특성에 속한다."[8]

베버에 의하면 법적 지배 아래서 정치적 리더십과 행정 관료의 수행 사이에 중요한 관계가 존재한다. 민주주의에 대한 정치적 개념은 정부 관직에 보편적 접근을 포함하며, 투표를 통해 관리들의 신분 그룹의 임기를 제한한다. 민주주의의 정치 개념은 관료들의 권위를 제한하고 여론의 영향력을 확대한다. 민주주의는 관료 지배와 갈등을 일으킨다.[9] 관료제가 확립될 경우 그것은 권력관계의 사회화를 위한 도구가 되며, 관료 기제를 컨트롤하는 자들을 위한 일급 권력 기구가 된다.[10] 정부 관료제는 법의 지배와 공적인 자격을 갖는 전문가 집단에 의해 영향을 받으며 지지된다. 관료들은 법적 지배 아래서 특별한 기능과 권위를 부여받으며, 결정 과정에서 계산 가능성은 자본주의적 합리성에 적합하다. 관료제가 보다 충분히 실현될 경우 그것은 철저히 비인격적이 된다. 근대의 문화는 국가의 기제를 유지하는 데 있어서 여타의 인격적인 동정이나 호의, 은혜 또는 감사를 배제하며, 엄격할 정도로 감정에 치우치지 않는 전문가가 된다.[11]

---

8 Bendix, *Max Weber*, 418.

9 Ibid., 226.

10 Ibid., 228.

11 Ibid., 427; "Bureaucracy" *From Marx Weber*, 215-216.

베버에 의하면 관료직은 산술 가능한 규칙들과 더불어 인격에 대한 고려를 하지 않은 채 수행된다.[12] 이것은 근대 자본주의 기획과 그 합리적 성격에 적합하며, 공적 업무의 집행을 비인격적으로 마치 기계처럼 효율처럼 수행해나간다. 행정절차의 비인격성은 수단과 목적(목적 합리성 또는 도구 합리성) 아래 포섭되며 부정적인 효과를 산출한다. 사법적 정부로 이전하면서 중앙 관료제의 권력 집중은 내각 수상의 지배 아래 놓이게 되는데,[13] 관료제의 비인격적 지배는 자본주의적 기획과 발전뿐만 아니라 행정 집행에서 드러나기도 한다. 이것은 정부 조직, 군대, 당, 대학 등에서도 볼 수가 있다.[14]

사실 마르크스 역시 관료제를 시민 사회의 국가 형식주의로 비판했고, 관료제는 시민 사회의 한 부분이 되며 실제로 (시민사회를) 지배한다.[15] 아무도 관료제의 서클에서 피해갈 수가 없으며 그 위계질서는 지식의 위계질서에 속한다. "관료제의 일반 정신은 비밀, 신비이며, 내적으로 위계질서에 의해 그리고 외적으로는 비공개적 조직의 성격을 통해 방어된다."[16]

마르크스가 관료제를 시민 사회 안에 연루되며 부정적인 방식으로 취급한다면, 베버는 가치 양립적인 태도를 취한다. 우선 관료제는 지배의 합리적 구조를 가지며 전문가들의 타입에 근거한다. 그것은 합리주의적 삶의 방식과 경제적 이익, 교육 자격증을 창출한다. 다른

---

12 Ibid., 215.
13 Ibid., 234.
14 Ibid., 221; Bendix, *Max Weber*, 428.
15 "Bureaucracy" *Karl Marx Selected Writings*, 31.
16 Ibid.

한편 그것은 비인격적이고 기능적인 행정의 일상화에서 전문지식을 추구한다.[17]

전문지식과 의도 그리고 비밀 행정은 관료제의 성격을 특징지으며, 관료 시대의 교육적 이상은 비인격적 권위와 권력을 갖춘 전문가를 양성한다. 교육의 합리화 과정과 더불어 교육 특허는 경제적 이익으로 전환되며, 교육 자격증은 관료 업무와 사무실에서 특권층을 형성한다.[18]

베버의 분석에 의하면 민주주의는 관료제의 신분 성격에 대립하며 투표를 통해 관리들의 임기를 제한한다. 그럼에도 불구하고 민주주의는 의도하지 않게 관료화를 촉진시키는데, 왜냐하면 (관료제가) 자본주의 조직과 특수화에 이롭기 때문이다. 관료제는 권력 분배에 이어서 은닉된 과두 지배로 귀결된다.[19]

베버에게 정치적 성숙도는 정치가들 사이에서 독립적인 권한과 책임을 통해 입법 과정을 다룰 때 현안들이 자유롭게 토론되고 결정되는 의회 민주주의 제도에서 도달될 수 있다. 그는 영국 의회의 전문위원회 시스템에서 모든 정치가들이 책임적으로 리더십을 나누고 협력하는 데서 민주주의 방향을 본다. 위원회 보고와 이에 대한 공개적 비판은 지도자들을 훈련하고 선택하며 민중 선동을 봉쇄하는 조건이 된다.[20]

베버는 비스마르크의 현실 정치를 비판하고 진정한 의회 제도를

---

17 "Bureaucracy," *From Marx Weber*, 237.

18 Ibid., 241.

19 Ibid., 230.

20 "Politics as a Vocation," Ibid., 107.

수상의 리더십을 통해 봉쇄해버리는 입헌 군주제 정부에 반대했다.[21] 독일에서 정치 현안을 다룰 때 베버는 효율적인 의회 제도가 민중 선동 지배 또는 군주제나 관료 절대주의를 방지할 것으로 봤다. 관료적 절대주의는 정치 과정과 정치 지도자들을 침해하고 법적 지배의 병폐를 일으키기도 한다. 이 경우 관료적 절대주의는 입법 과정을 통해 법과 규정을 만드는 정치력을 뒤집어 버리기도 한다.[22]

그러나 카이사리즘(율리우스카이사르에 의해 시도된 권위주의적 지배 원리)은 종종 공화적 민주주의에서 생겨났으며, 카이사르의 위치를 군중들(시민과 군인)의 자유로운 지배자로 파악하게 했다.[23] 군중 민주주의는 잠재적으로 독재적이거나 카이사르적이며, 일반선거에서 군중들에게 호소하는 정치 지도자의 카리스마적인 특성(정치 포퓰리즘 리더십)으로 드러난다. 이러한 권위주의적 포퓰리즘은 국민의 승인에 기초하며, 권위적 국가주의나 자본주의 파시즘으로 진화한다.

니코스 폴란차스(Poulantzas)에 의하면 베버는 자본주의 국가를 입법 권력의 적합한 독점으로 정의하고, 국가 권력 집중에 합리적-법적 정당성을 부여해 사법과 관료제를 기초로 설정했다.[24] 그러나 민주적 의회 모델은 시민 참여를 권장하며 전제주의적 카리스마 리더십과 반드시 동일시되지는 않는다. 이것은(전제주의적 카리스마 리더십은) 파시즘을 지지했던 정치 이론가 칼 슈미트(Carl Schmitt)에서 나타나지만, 베버의 국가론 또한 같은 방향으로 왜곡되기도 했다.

---

21 Bendix, *Max Weber*, 444.
22 Ibid., 451.
23 Ibid., 202.
24 Poulantzas, *State, Power, Socialism*, 80.

그러나 베버는 의회 민주주의가 입법 과정에서 관료주의 정부와 행정을 컨트롤하며 정치적 결정에 책임을 부여하기 때문에 카리스마적 정치선동주의보다 유익하다고 진단했다. 달리 말하면 정치 리더십의 두 가지 유형(민중 선동과 의회 제도)은 합리적이며 법적 지배에서 필수 불가결하다는 것이다.[25]

그러나 폴란차스는 베버의 카리스마적 리더십과 법적 지배 그리고 관료제를 의회와 직접 민주주의의 접합 그리고 시민 사회의 역동성을 통해 국가의 신체정치학 차원으로 발전시킨다. 베버에게서 신체정치학은 취약점으로 남는다. 폴란차스에 의하면 국가의 역할은 계급지배나 독재라는 도구적 개념과는 양립하지 않는다. (국가의 역할은) 억압 + 이데올로기라는 이중적 연계를 넘어서며, 이러한 연계는 억압적 국가 기제들, 즉 정부, 군대, 경찰, 법정, 감옥 등을 포함한다. 그러나 의회 민주주의는 폴란차스에게 국민 투쟁과 더불어 여전히 중요하며, 제도들과 의회 민주주의의 자유는 다당 제도 안에서 보존되고 직접 민주주의 발전과 병행될 수 있다. 의회에서 행해지는 포럼은 다양한 사회 운동들(페미니즘, 인종적 정의, 평화 운동, 시민운동, 생태학적 운동 등)에서 드러나는 다양한 이해관계들을 포함하며, 다당 제도 안에서 자리를 갖는다. 이해관계의 다원성으로 인해 다수 정당들은 노동자 계급 정당과 긴장에 있을 수밖에 없다.[26]

다른 한편 지배 이데올로기는 다른 억압 기제(군대, 경찰, 사법 제도, 감옥, 국가 관료 행정 등)들을 조직하는데, 그 일차적 과제는 정당한 물리

---

25 Bendix, *Max Weber*, 457.

26 Jessop, *The Capitalist State*, 180.

력과 폭력을 행사하는 데 있으며 인간의 신체를 정치적 조직으로 간주한다.[27] 이것은 예외 상태의 국가를 말하는데 여기서 다당 제도는 제거되며 공권력의 억압을 통해 피지배자들에 대한 공개적인 전쟁이 선포된다.

한나 아렌트에 의하면 전제 국가에서 첫 번째 스텝은 인격을 사법의 보호를 받을 수 없는 테두리에서 살해하는 것이다. 이것은 비-전제적 세계에서 무법적 상태를 인정하도록 강요한다. 다른 한편 그것은 정상적인 처벌 시스템의 외부에 집단 범죄수용소를 설치하고 죄수들을 정상적인 사법적 절차 없이 살해한다.[28]

이런 살해 사회에서 신체 권력은 독재의 새로운 메커니즘을 지적하며 규율과 통제가 하나가 된다. 이것은 생물학적-사회적 인종주의를 배태하고 국민의 삶을 제거한다.[29] 인종주의 국가는 살해 국가이며 결국 그것은 히틀러에게서처럼 자살 국가로 막을 내린다. 이러한 경우는 사회주의 국가에도 해당하며 인종주의와 전제 권력을 통해 국민의 삶을 죽이거나 제거한다.[30] 전제주의적 방식은 여전히 우리 시대에 살아있으며 그러한 국가 형식은 남아공의 아파르헤이트나 팔레스타인에서도 드러난다.

---

27 Bendix, *Max Weber*, 29.
28 Ibid., 128.
29 Foucault, "Society Must be Defended," *Biopolitics: A Reader*, 78.
30 Ibid., 79.

시민 사회와 국가 정치

그람시가 마키아벨리를 통해 국가의 지배 방식을 파악한다면 필자는 루소에게 주목한다. 루소는 마키아벨리에게서 공화적 민주주의 중요성을 인식했고, 더 나아가 경제적 불균등과 자본주의적 발전 그리고 식민주의에 대한 비판을 통해 시민 사회의 중요성을 구체화한다. 자본주의 발전과 사회 불평등이라는 루소의 이중적 결합은 오히려 산업 자본주의 발전과 부르주아 시민 사회와 더불어 나타나는 마키아벨리의 공화 민주주의 개혁과 팽창의 원리에 제한을 가한다. 루소에게 부르주아 시민 사회는 적법한 사회 계약이라기보다는 악한 계약에 기초한다.[31]

루소에게서 자유는 사회 안에서 그리고 사회를 통한 입법 시스템에 기초해서 실현되고 현실화된다. 입법시스템은 모두의 자유를 위해 평등이라는 긍정적인 의미를 가져야 하며, 국민주권은 새로운 도덕적 사회 질서를 창출해야 한다. 정당한 사회 안에서 인간은 시민의 신분으로 변형되며 공공선과 경제적 정의를 위해 살아간다. 이것은 자본주의 발전을 조화롭게 컨트롤하는 "보이지 않는 손"(아담 스미스)이나 부르주아 사회에서 일어나는 경쟁 투쟁이나 지배 방식에 대립한다.

루소의 국민적-입법적 모델은 형식적인 대변 민주주의를 비판하며, 후자는 선거를 위한 정치 엘리트들의 경쟁에 구속된다. 의회 민주주의가 거절되지는 않지만, 그것은 참여 민주주의 또는 숙의 민주

---

31 Colletti, *From Rousseau to Lenin*, 162.

주의와 더불어 갱신될 필요가 있으며, 사법적 지배 기구들(정부 행정, 국내와 해외 다국적 기업)이 규제되고 조절된다.[32]

공화적 민주주의는 참여(또는 숙의) 민주주의로 변형되며 공공법과 공공선 그리고 시민의 덕목은 시민 사회의 특징을 이룬다. 이러한 시민 사회를 기초로 한 국가 정치는 소유 개인주의(로크)를 기초로 한 형식적 자유민주주의와 리비이어던(홉즈)과는 다르다. 루소에게서 헌법적 민주주의는 공공선과 배상의 정의(경제적 공정성)에 기초하며, 이것이 시민 사회와 관련된 가능한 의회 정부의 형식이 될 수가 있다. 이러한 루소의 모델은 자본주의 국가 모델의 한계를 넘어서며, 물리력의 정당성이나 국가 권력, 관료주의적 행정, 강요에 의한 국가 헤게모니, 더 나아가 신식민주의 조건에서 발생하는 인종 청소와 같은 폭력에 대립한다. 이것은 마르크스주의자들이 흔히 시도하는 프롤레타리아 독재나 당 독재를 통한 직접 민주주의에 대한 억압에 저항한다. 왜냐하면 의회 제도가 없는 직접 민주주의는—밥 제솝이 적절하게 언급한 것처럼— 사회주의 당의 관료적 지배와 경제 집단 시스템으로 변질되기 때문이다.[33]

다른 한편 국가의 통합 기제들은 사법적-제도적 영역들, 예를 들어 가족, 종교적 공동체, 교육, 정당, 노조, 매스 미디어의 네트워크 그리고 문화적 기제들을 포함한다.[34] 국가에 대한 이러한 통합 기제적 접근은 국민주권을 중요시하며 국가를 단지 지배 계급 독재의 수단으로 파악하는 억압적 개념과는 상반된다. 포스트콜로니얼 상

---

32 Fetscher, *Rousseau politische Philosophie*, 18, 26.

33 Jessop, *The Capitalist State*, 180.

34 Poulantzas, *State, Power, and Socialism*, 28.

황에서 의회 또는 참여 민주주의와 시민의 주도권 발의 그리고 사회 운동들에서 국민주권의 접합은 국가와 민주주의와 시민 사회의 유기적 관계를 고려한다. 시민 사회가 국가의 토대가 되며, 국가는 억압 기제가 아니라 통합적 기제로서 점차적으로 관료제의 제거와 특권층의 철폐를 통해 공공선과 경제 분배적 정의 그리고 타자에 대한 인정을 통해 다원화된 민주주의적인 사회에서 시민의 삶에 봉사한다.

이런 측면에서 루소는 여전히 포스트콜로니얼 시민 사회와 국가론을 위해 중요하다. 국가는 사회 구성의 기반이며 사회 구성은 다양한 사회 제도들과 국가의 비억압적 기제들을 위한 실제적인 자리가 된다. 달리 말하면 이것은 통합적인 사회 제도의 총계를 의미한다. 국가는 사회 분업과 개인의 인격성 그리고 유기적 연대를 위해 긍정적인 기능을 할 수가 있다.[35]

이링 페처에 의하면 루소의 국민주권이 프랑스 혁명 당시 하위 계급인 상퀼로테(Sansculotte) 그룹에게 반란의 권리를 허락했다고 보는 것은 적합하지 않다. 극단적인 민중 주권에 여과 없이 루소의 일반의지와 국민주권을 적용하기는 어렵다.[36] 물론 루소에게서 일반의지는 대변될 수가 없지만 그렇다고 해서 의회 제도를 무시하지도 않는다.

이런 점에서 뒤르켐의 루소 비판에도 불구하고, 루소의 시민 사회와 의회 제도에서 뒤르켐의 전문가 도덕 집단은 법적 인준을 갖춘 공공 제도로 장착시킬 필요가 있다.[37] 유기적 연대의 차원은 사회의

---

35 Durkheim, *The Division of Labor in Society*, xiii.

36 Fetscher, *Rousseau politische Philosophie*, 302.

37 Durkheim, *Montesquieu and Rousseau*.

민주적 조직에 깔린 본질에 속하며, 강요된 분업과 자본주의 환경에서 도덕적 아노미의 무정부적 상태를 방어한다. 사회의 노동 분업은 생산 관계 수준에서 국가의 인프라 구조를 이루며 공공 도덕을 함양하는 비관료적인 행정 기구를 통해 사회적인 삶을 민주적인 시민 사회의 제도와 결사들을 통해 증대시킨다. 공공지성인들이 참여하는 비관료적 기구는 사법적으로 정당화되고 국가의 강요로부터 자유로워야 한다. 비관료적 기구는 국가의 지나친 공권력과 억압 기제와 경제 특권층에 제재를 가하고 산업과 상업에서 시민들의 공공선과 경제의 분배 정의를 위해 가동될 필요가 있다.[38]

사법적 민주주의와 시민 사회의 접합은 공공신학에서 매우 중요하며, 종교적 도덕을 공동의 전문가 도덕 집단 위원회를 지지하며, 이런 점에서 시민 사회는 정부 기구에 관련된 광범한 시스템 안에서 진정한 사회학적 센터로 자리매김된다.[39] 이것은 사회적 이해관계들과 연결들의 다원성을 통해 이해되며 민주적 다원사회에서 특수 개인의 이해를 일반적인 공공 이해를 위해 종속해 주는 도덕적 활동의 근원으로 작용한다.[40]

필자의 국가와 시민 사회에 대한 정치 사회학적 반성(루소-뒤르켐-폴란차스)은 푸코와 베버의 입장을 비켜 가지 않는다. 푸코는 전쟁에 대한 역사적, 정치적 담론에 관여하고, 전쟁은 모든 권력 제도의 영구한 기반이 된다고 말한다.[41] 그의 정치 철학은 홉스의 리바이어던

---

38 Durkheim, *The Division of Labor in Society*, xlix

39 Ibid., Liv.

40 Ibid., xliii.

41 "Society Must Be Defended," *The Essential Foucault*, 295.

에서 나타나는 주권의 기원과 정당성을 추구하는 사법적-제도적 국가 이론과는 달리 권력의 특수 테크놀로지에 주목한다. 규율의 권력을 기초로 푸코는 근대의 리버럴 민주주의가 국가이성(중상주의)의 헤게모니부터 정부 지배의 리버럴 테크놀로지를 추구했다고 진단한다.42

그러나 푸코의 문제는 식민지 지배 방식과 관료제 그리고 중상주의 단계에서 인종 살해를 신체 권력의 측면에서 분석하지 못한 데 있다. 그의 규율의 테크놀로지는 국민주권과 경제 정의, 타자와의 연대를 꾀하는 시민-입법적 모델이 가진 지나친 국가 권력 및 관료 지배를 제재하는 측면을 간과했다. 그런가 하면 베버는 자본주의 사회의 예외 국가 상태에서 나타나는 전제주의나 군사 독재 그리고 파시즘의 위험성을 그의 국가론에서 충분히 고려하지 않았다. 사법적인 지배의 정당성에서 국가는 언제든지 민중 선동 정치나 파시즘으로 귀결된다. 대중선동에 능한 카리스마적 리더십에는 포퓰리즘-민주주의가 작동하며, 항상 후기 자본주의에서 파시즘적 유형의 선동 정치 지배가 드러난다. 베버의 결함은 국가의 억압 기제(억압적이며 관료적 타입)를 이데올로기적 통합 기제(시민 사회 타입)와 적절하게 구분 짓지 못하고, 후자를 시민의 주도권 발의, 국민주권 더 나아가 다원주의 사회 안에서 민주적 사회 운동들을 통해 시민 사회의 진정한 자리로 다루지 못했다는 것이다.

포스트콜로니얼 국가 모델은 시민 사회를 기초로 하며 의회 민주주의 제도를 참여 민주주의 틀에서 확장해 나가며, 가능한 관료 지배

---

42 "The Birth of Biopolitics," Ibid., 205.

의 병폐와 특권층의 철폐 그리고 공공선과 사회적 약자들을 위한 경제 분배적 정의 그리고 타문화의 사람들에 대한 인정을 근거로 한다. 이것은 이항의 대립, 즉 국가/부르주아 또는 소비에트/노동자 계급이라는 도식의 한계를 넘어서며, 자본주의적 권위 국가주의와 사회주의 중앙집권 국가주의에 대립한다. 이러한 두 가지 형태의 국가 모델은 전문가들의 기술적-관료적 국가주의 안에 구속된다.[43]

국가의 주권과 시민 사회를 다룰 때 푸코 역시 의회 민주주의 제도의 장점이 입법 형성과 정부 정책을 수행의 효율성임을 인정한다.[44] 푸코는 국가와 시민 사회의 구분을 지배의 특수 테크놀로지로 특징 짓고 지배 형식의 설계로 파악한다.[45] 비록 푸코에게서 시민 사회의 모든 구체적 시스템이 정부 지배 실천으로 환원되는 경우가 있지만, 그는 여전히 리버럴 민주주의를 정부 실천에 대한 비판적 형식으로 간주한다.[46]

시민 사회는 행동이 교차되는 실제와 영역에 거하며 국가이성과 정부 지배 실천에 저항하는 근거로 남는다. 그럼에도 불구하고 리버럴 민주주의와 의회 민주주의 정치 전통은 국가 지배와 정부 실천에 대한 반성으로서 지나친 정부 지배에 대한 비판적 물음을 제기한다.[47]

이러한 푸코의 입장은 국가에 대한 사회-관계론적 접근에서 다듬어지고, 다양한 사회 계급들 간의 관계들의 계열을 함축할 수 있다.

---

43 Poulantzas, *State, Power, Socialism*, 255.

44 Hardt and Negri, *Empire*, 205.

45 "The Birth of Biopolitics," *The Essential Foucault*, 204.

46 Ibid., 205.

47 Ibid.

푸코를 비판적으로 수용하면서 폴란차스는 "국가란 인간이 취할 수 있는 사물-도구와 같은 것"이 아니라고 말한다. "국가는 트로이 전쟁처럼 목마를 통해 뚫고 지나가는 요새도 아니며, 절도를 통해 부술 수 있는 금고도 아니다. 그것은 정치권력이 행사되는 심장이다."[48]

이런 측면에서 시민 사회는 다양한 정체성과 이해관계와 가치들 (문화 다원주의, 종교 공동체들, 윤리, 젠더, 지역적 그리고 세대 간의 격차)을 포함하는 사회관계들의 총계로 특징될 수 있다. 또한 자본 축적과 위로부터의 국가 헤게모니가 시민 사회와 생활세계를 예속화하고, 국가 권력의 식민주의적 침투에 대립하여 시민 사회는 사회관계들의 총계로서 저항과 투쟁의 자리를 갖는다. 봅 제솝의 전략적-관계론적 접근에 의하면 국가는 사회적 관계로서 정부 프로젝트와 정치적 목적을 위한 구조적 선택을 할 수가 있다. 국가 구조는 국가 내부나 외부에서 다른 세력들에 대한 불평등한 기회를 제공하기도 하고 다른 정치 목적을 수행하기도 한다.[49]

공공신학은 시민 사회에 초점을 맞추며 시민과 하위 계급을 정치적 주체와 개별적인 공론장을 교차하는 연결과 계층을 분석한다. 문화 리더십과 공공 도덕 그리고 시민 내부로부터 그리고 밑으로부터의 하위 계급의 저항을 가동화한다. 사회 구성 이론에서 다양한 영역들이나 계기들 또는 실천들은 사회적 총체성 안에서 접합되고, 사회 계층에 대한 과학적 분석을 자본주의 물신 숭배, 즉 물화의 사회 현상과 더불어 진행한다. 사회학적 접합이론은 국가와 시민 사회의

---

48 Poulantzas, *State, Power, Socialism*, 258.
49 Jessop, *State Theory*, 367.

관계를 다룰 때 단순히 국가를 지배 계급의 수단 내지 도구로 파악하지 않고 시민 사회를 국가의 토대로 파악하며, 공공선과 경제적 정의 그리고 타자와의 연대를 확대시킨다. 여기서 유효한 역사는 국가 권력을 분석하는 데서 억울한 희생자들에 대한 기억을 담아낸다.

포스트콜로니얼 시민 사회는 다양한 정도로 신분, 계급, 권력, 교육, 인종, 섹슈얼리티 그리고 젠더로 계층화된다. 사회관계들의 총체로서 시민 사회는 위계질서화된다. 공공신학은 이러한 사회 안에서 비판적인 대행자들의 로컬 형식들과 글로벌 효과에 주목하며 지배 방식의 정치 시스템을 비판적으로 수행해나간다. 공공신학은 포스트콜로니얼 조건과 구조적 지배 체제에서 기인하는 사회 문제들을 다룰 때 강요된 노동 분업과 착취, 분할, 침투, 공중 보건 그리고 정치적 헤게모니를 분석한다. 그것은 억압된 지식의 새로운 자리를 카운터 담론으로 회복하며 저항의 사회 실천에 가담하는데, 이러한 공공신학의 실천 전략은 유효한 역사와 배상의 정의를 순전한 희생자들에 대한 아남네시스(Anamnesis)적 연대를 통해 십자가 신학을 화해의 복음으로 전개한다. 그것은 타자에 대한 인정과 해방의 담론, 회복의 화해를 사회에서 밀려난 자를 위하여 그리고 이들로부터 취한다.

IV. 자본주의 혁명과 세계 경제

『자본주의 혁명』(1973)에서 골비처는 칠레에서 일어난 피노체트의 군사 쿠데타의 정치적 상황을 고려한다. 그리고 자본주의 혁명이 어떻게 글로벌 단계에서 계급투쟁으로 드러나는지 분석한다. 이것은 하나님 나라의 복음과 포스트-자본주의 사회의 종합을 위해 주요 이론적 배경을 제시하며, 평화, 연대 그리고 해방을 강조한다. 자본주의는 파시즘의 얼굴을 가지고 있고 글로벌 차원에서 최후 수단으로 등장한다. 계급투쟁에 대한 비판적 분석에서 교회는 공론장에서 그리고 세계 경제적인 사태들에서 책임적인 태도를 취해야 한다.[1]

마르크스주의에서 드러나는 기술 합리성과 진보 신념을 다룰 때 골비처는 발터 벤야민과 막스 호르크하이머에게 동감한다. 진보 개념은 삶의 자연적 토대를 폐허로 만들 수 있고, 20세기 군사와 산업 분야에서 대량 살상으로 드러나기도 한다. 골비처의 기본 테제는 다음과 같다: "우리는 하나님을 믿기 때문에 진보를 위해 투쟁한다. 그러나 진보에 대한 믿음을 가질 이유는 없다."[2]

골비처는 자본주의를 세계사적 혁명으로 이해하고 중심부와 주

---

1 "Pangritz' Introduction," in Gollwitzer, *Die Kapitalistische Revolution*, 8-9.
2 Gollwitzer, *Krummes Holz-aufrechter Gang*, 143.

변부 간의 신식민주의 조건을 구조적 폭력으로 분석한다. 그의 이론은 푸코의 신체정치 이론에 기초한 제국 이론과 비판적으로 비교될 수 있다. 그러나 푸코의 신체정치와 담론이론을 제국 이론에만 국한할 필요는 없다. 그것은 골비처의 사회과학 이론에서 헤게모니와 계급투쟁과 더불어 신식민주의 조건인 착취, 분열 그리고 침투를 다룰 때 보충적으로 사용될 수 있다. 중심부와 주변부 사이에서 드러나는 불평등 교환과 지배 시스템은 세계화를 신체정치적인 구조로 발전시키는 글로벌 주권 질서에 깔려 있다.

혁명으로서 자본주의

골비처는 마르크스와 더불어 혁명을 세계사의 엔진으로 말한다. 그러나 자본주의 혁명은 유례가 없는 것이며 비상 브레이크가 필요하다. 자본주의 혁명은 조절과 규제 아래 있어야 하며 우리는 계급지배와 투쟁에 각인된 사회를 살고 있으며, 계급 없는 사회는 요원하다.[3]

자본주의 생산 양식은 간략하게 말해서 성장을 향한 강요이다. 이것은 수익을 얻기 위한 경쟁과 확장 그리고 자본 축적에 몰입하며, 투자를 효율적으로 하기 위해 생산 방법과 자연과학의 기술 발전을 강조한다. "성장은 자본주의의 특징적인 구조다."[4] 성장을 강요하는 논리는 전 자본주의 생산 양식의 제한과 경계들을 제거한다. 이러한 자본주의 강요의 법은 중상주의 체제, 연방 국가들, 문화 그리고 종

---

3 Gollwitzer, *Die Kapitalistische Revolution*, 14.
4 Ibid., 55.

교들의 경계를 무너뜨리며, 심지어 상품과 무역을 위해 중국의 만리장성을 뚫고 들어간다. 성장을 향한 강요는 자기 목적이 되며, 인간의 욕구는 자본 확장과 축적의 규모에 따라 형성되고 결정된다.

마르크스에 의하면 "자본과 그 가치평가는 출발점과 종착점, 즉 생산의 동기와 목적으로 드러난다. 생산은 자본을 위한 생산이 되며… 자본 운동은 경계가 없다. 돈의 소유자, 자본가는… 이러한 운동의 의식적인 담지자로, 즉 의지와―재능있는― 자본에 대한 의식을 갖춘 인격화가 된다. 사용가치는 결코 자본가들의 직접적인 목적으로 취급되지 않는다. 심지어 개인적인 이득이 아니라 끊임없는 이득 운동이 이들의 목적이 된다."5

이러한 입장은 마르크스의 문장에서 정점에 달한다.

> 부르주아지는 생산의 모든 수단을 급격히 개선하며, 엄청난 방식으로 소통 수단을 용이하게 한다. 심지어 가장 야만적인 국가들을 문명으로 끌어들인다. … 이것은 모든 국가들에게 이들의 중심에 [서구의] 문명을 도입하도록 강요한다. 즉, 이것은 부르주아지가 되는 것이다. 한마디로 하면, 부르주아지는 세계를 자신의 이미지에 따라 창조한다.6

이런 측면에서 골비처는 자본주의를 인류가 지금까지 경험해보지 못한 혁명적 세력, 즉 가장 위대한 혁명으로 표현한다.7 혁명으로서 자본주의는 지속적인 세속화를 의미하며 경제적 합리성에서 자

---

5 Cited in Ibid., 56-57.
6 "The Communist Manifesto," *Karl Marx Selected Writings*, 225.
7 Gollwitzer, *Kapitalistische Revolution*, 57.

연과학은 교환 원리의 보편성을 위하여 자본주의 경제 원리가 된다. 자연과학과 자본주의의 연계는 산업을 기술의 진보와 지배를 통해 발전시켜 나간다.

골비처는 막스 베버의 자본주의 정신과 세계 내적 금욕에 관한 주장을 거절하지 않는다. 이것은 초기 자본주의에서 중요성을 갖는다. 그러나 세계 내적 금욕이 아니라 자본 축적의 기독교적 성격에서 드러나는 식민지 착취와 지배가 자본주의 생존 조건이 된다.[8] 마르크스 역시 자본 축적의 콘텍스트에서 절제 이론을 통해 베버의 테제를 선취한다. 고전적인 자본가 타입은 개인소비를 축적에 대한 죄로 간주하며, "근대의 자본가는 축적을 '쾌락의 거절'로 간주할 수가 있다."[9]

자본 축적, 물화 그리고 세계 경제

마르크스의 절제 이론은 베버의 개신교 윤리와 자본주의 정신과 연관하여 보다 명료하게 다루어질 필요가 있다. 골비처에서 이 부분에 대해 충분한 해명이 이루어지지 않는다. 개신교 윤리와 자본주의 정신에서 절제 이론은 마르크스에게서 유럽의 식민지 상황에서 일어나는 자본 축적의 기독교적 성격을 비판하는 데서 나타난다. 마르크스의 입장은 경제적 합리성과 자본주의에 대한 베버의 테제와는 다르다. 마르크스는 화란의 식민지 정부와 행정 시스템을 비난했고. 이러한 식민지 역사는 화란의 서인도회사(1621)가 칼뱅주의자들의

---

8 Ibid., 53.
9 Marx, *Capital* I, 740-741.

지배에 있었다고 말한다. 이것은 "모반, 뇌물 거래, 집단 살해 그리고 야비함"이 가장 탁월하게 엮어진 관계들에 속한다.[10]

자본 축적은 유대-기독교 윤리적 관습에 대한 마르스크의 비판에 관련되고, 청교도 기업은 『자본 1』의 본원적 축적론에서 마르크스가 라틴 아메리카의 스페인 식민주의에서 드러나는 자본 축적의 기독교적 성격을 비난하는 데서 잘 나타난다: "축적하라, 축적하라! 이것이 모세와 예언자 들이다! '산업은 절약을 통해 축적하는 자료를 제공한다.'"[11] 유대-기독교 경제적 태도에 대한 마르크스의 총체적 비판은 스페인의 중상주의 식민 정책에서 나타나는 불의와 폭력의 구조에서 확인된다. 콜럼버스 이후 해외 식민지 관계에서 스페인 가톨릭은 도둑질, 폭력 그리고 살해 행위를 서슴지 않았다. 유럽의 근대성의 초기는 식민주의로 시작되고, 계몽의 변증법은 개인의 권리와 자유, 소유권을 순전한 희생자들의 등위에서 세워졌다.

금을 향한 욕망이 깨어나고, 축적가들은 금을 향한 육체의 욕망을 희생시키며 절약에 열을 올린다. 이들은 절제의 복음을 진지하게 고려한다. 축적의 추동력은 세계사적 수준에서, 즉 세계 시장과 식민주의에서 유포되고 침투한다. 콜럼버스의 아메리카 발견은 노예무역과 식민지, 화란의 서인도회사, 영국의 동인도회사, 영국의 인도 식민 지배, 중국 시장과 태평천국의 난, 이 모든 것들은 자본주의 혁명을 위해 세계를 이들의 이미지에 따라 창조했다.

세계 내적 금욕주의와 자본주의 정신에 대한 베버의 테제는 마르

---

10 Ibid., 916.

11 Ibid., 742.

크스에게 절제 이론으로 파악되지만, 이러한 절제 이론은 비유럽 사람들을 노예로 삼아 유럽인의 자기 보존과 부유함을 위해 쓰레기 취급했던 역사를 폭로한다. 절제 이론은 세계 내적 금욕과 자본주의 합리성을 단죄한다. 노예무역과 야만성 그리고 폭력적 지배 구조와 살해가 식민주의의 조건을 규정하는데, 억울한 희생자들의 등위에서 발전된 자본주의를 합리적으로 부를 수는 없다. 이것은 더 이상 자본주의의 이념형이 될 수가 없다.

더욱이 베버의 자본주의 합리화와 쇠우리 창살의 귀결은 마르크스의 상품 물신 숭배에 대한 비판적 분석에서 유사점을 갖는다(『자본 L』, 1장 3). 상품은 다른 상품들과의 교환가치를 근거로 신비적 성격을 가지며, 생산자의 사회관계는 생산자들의 외부에서 사물의 관계의 환상적인 형식을 가지게 된다. 물신 숭배의 사회 현상은 물화를 지적하며, 이것은 "애매한 종교적 영역"으로 특정된다.[12] 달리 말해 물화 현상은 사회적인 차원에서 맘몬이나 우상숭배로 드러나며, 이것은 사람들과 사회적 관계들에서 물질적 형태로 드러난다.[13] 사적 유물론의 관점에서 물화의 사회적 현상은 변증법적 관점에서 사회적 삶의 개별적인 사실들을 총체적인 연관성에서 파악하는 것이며, 이것은 사회과학적 방법을 요구한다.[14]

루카치에 의하면 모든 인간관계에서 나타나는 사물화의 현상에서 개별적인 부분들의 물신 숭배적 성격은 사회적 관계에 대한 역사적인 이해에서 총체성이라는 방법론적인 우위성을 통해 파악되어

---

12 Ibid., 165.

13 Ibid., 166.

14 Lukács, *History and Class Consciousness*, 8.

야 한다.15 총체성의 방법이 다양하고 다른 사회적 요소들의 역동적인 변증법적 관계를 검토한다면, 그것은 사회 구성의 모든 유기적 기제들 사이에서 드러나는 상호 연관성에 관심한다.16

루카치는 더 나아가 사회적 과정의 객관적 실제, 즉 물화의 사회적 구조를 다룰 때 베버의 합리화, 산술화, 특수화와 기계화(테일러주의에서 볼 수 있는 과학적 경영)에 대한 사회학적 해명을 통섭한다. 기술적으로 전문화된 노동 분업에서 마르크스는 공장의 노동자들이 비정상적인 상태인 불구가 되는 것을 목격한다.17 마르크스의 과학적 방법은 이미 합리적인 기계화와 산출 가능성의 원리가 신체정치와 더불어 모든 삶의 영역을 포함한다.

물신 숭배적 물화의 현상은 매력적으로 그러나 왜곡되게 나타나지만, 총체성의 변증법적 방법은 베버의 사회학적 해명을 포괄하고 노동의 합리적 조직과 산출은 기술 합리성에 기반한다. 이것은 근대의 자본주의적 관심을 해명한다.18 모든 국가 기제의 합리적 체계화는 관료 국가에서 법적 체제를 통해 삶을 규제하며, 생산 관계와 사회 구성에서 예측과 산출을 기획한다. 여기서 관료제는 물화의 사회 현상에 침투하며, 인간의 삶과 노동 양식과 의식을 자본주의 경제의 사회경제적 일반적 전제에 순응시킨다.19

총체성의 관점은 사적 유물론과 합리화의 사회학을 매개하며, 다

---

15 Ibid., 9.
16 Ibid., 13.
17 Ibid., 99.
18 Ibid., 95-96.
19 Ibid., 98.

양한 계기들(정치, 경제, 사회, 문화, 종교 등)을 변증법적인 유기적 관계 안에서 파악하려고 한다. 루카치의 사회과학적 접근은 알튀세의 사회 구성의 구조 이론을 배격할 필요가 없다. 상부구조의 다양한 계기들에 대한 연구는 총체성의 관점에서 해석될 수 있으며, 이러한 틀에서 개별 계기들의 특수성과 다름과 단절, 즉 유효한 역사는 고고학적 담론을 통해 보충될 수가 있다. 인간의 실천은 프롤레타리아의 메시아적 혁명 의식으로 과대포장 되지 않는다. 대신 사회 계층의 구조 분석과 더불어 사실주의적으로, 즉 실천의 과학적 측면에서 행해질 수 있다.

이러한 사회학적 해명은 골비처의 자본주의 혁명에 대한 입장을 강화해 줄 수가 있다. 골비처는 기술 합리성이 자본 축적과 팽창에서 주요한 역할을 한다고 보며, 절제 이론과 합리적 삶의 태도가 자본주의의 지속성을 위해 종교적 정당성을 부여해 준다고 본다. 자본주의는 영역을 확대하며 다원화되고 분화되며, 코스모폴리탄적인 성격을 갖는다.[20] 자연과학에 대한 연구는 국가와 산업 그리고 사회 제도로부터 재정 지원을 받는다. 과학 기술의 진보는 산업 생산을 혁명화하며 모든 나라에서 생산과 소비에 코스모폴리탄적 성격을 부여하고 세계 시장에 대한 착취를 강화한다.[21] 마르크스에 의하면 "산업 자본가는 끊임없이 세계 시장에 직면한다."[22]

그러나 골비처가 루카치와 베버와 갈라서는 지점은 총체적 사회 구성 이론을 세계 시장과의 연관에서 확대시키고 자본주의가 일으

---

20 Marx, *Capital* III, 449.

21 "The Communist Manifesto," *Karl Marx Selected Writings*, 224.

22 Marx, *Capital* III, 453, 455.

키는 혁명성에 주목하는 것이다. 제국주의 문제가 이런 측면에서 파악된다. 기술지배와 발전은 유행병과 같은 과도생산의 조건이 되며, 국가 권력과 군사력에 의해 지지되며, 세계 시장을 위한 추구는 자본주의 생산 양식의 본질적 특징에 속한다. 제국주의는 자본의 이미지에 따라 만들어진다. 본원적 축적의 역사적인 현실에서 볼 때 자본주의는 처음부터 세계체제로 파악된다. 이것은 합리화와 근대성에 대한 유럽 중심적인 견해, 즉 자본주의 발전은 유럽의 내부의 급격한 생산력의 증대에서 찾으려고 하는 입장을 지지하지 않는다. 산업혁명은 식민지가 없이는 불가능했다. 식민주의 정책을 통해 중심부는 주변부로부터 막대한 부를 끌어들이고 국내의 경제적 이해와 발전을 영속화시켰다.

골비처에 의하면 기술 합리성은 자본 축적과 팽창에서 주요한 역할을 한다. 절제 이론은 초기 자본주의의 생존과 성장을 위해 중요성을 가지며 종교적인(칼뱅주의와 가톨릭) 정당성을 획득한다. 더 나아가 골비처가 특별히 주목하는 것은 자본주의와 자연과학의 상호 연관성이며, 자연과학이 자본주의를 창출하는지 아니면 자본주의가 자연과학을 창출하는지는 쉽게 결정할 수가 없다. 생산력을 증대하는 것은 자연과학의 발전을 통해 기술 진보와 기계이다. 자연과학의 발전에서 막대한 생산력은 생산 과정에 통합된다. 자연과학은 국가와 산업 그리고 사회로부터 막대한 재정적인 지원을 받으며, 이것은 산업에 필요한 자연과 노동에 대한 착취로 이어진다.[23]

자연과학의 발전에 증기기관과 기계류가 산업 생산을 혁명화할

---

23 Gollwitzer, *Die Kapitalistische Revolution*, 58.

때 기술 진보가 확장되며, 이것은 "모든 나라의 생산과 소비 그리고 코스모폴리탄 성격을 고려할 때 세계 시장의 착취"로 드러난다.[24] 반면 자본주의 혁명은 합리화와 해방을 가져오고, 자본주의 옹호자들은 삶의 수준과 공중 건강의 향상, 기아의 제거, 유행병의 컨트롤 등이 가능해졌다고 주장한다. 이를 간략히 말하면 자본주의의 발전을 통해 복지사회가 가능해졌다는 것이다. 자본의 위대한 문명의 영향은 "심지어 가장 야만적인 나라들을 문명으로 끌어들인다."[25] 아메리카 발견, 식민지화, 희망봉의 일주, 화란과 영국의 동인도회사 그리고 중국 시장과 더불어 증기기관과 기계류의 발전은 봉건사회를 뒤흔들었고, 근대 산업을 혁명화하고 세계 시장을 자본주의적으로 확정지었다. 근대 국가의 집행력은 자유무역의 공공사업을 착취를 위해 가능하게 하고, 이것은 종교와 정치적 환상에 은닉된다. "끊임없는 생산품 확장의 필요는 부르주아지들을 지구 모든 영역을 누비고 다니게 한다."[26]

마르크스 이론과 자본주의 오랜 지속성

앞서 살펴본 것처럼 『정치 경제학비판』(*A Critique of Political Economy*) 서문에서 마르크스는 사회, 정치, 지적인 삶의 과정 일반은 물질적인 삶의 생산 양식에 의해 조건하며, 이것을 이끌어 가는 것은 자연과학, 즉 기술지배와 진보로 파악한다. 자연과학의 혁명을 통해 생산력

---

24 "The Communist Manifesto," *Karl Marx Selected Writings*, 224.

25 Ibid., 225.

26 Ibid., 224.

과 생산 관계의 관계에서 갈등과 불일치가 나타나며, 사회혁명은 자연과학적 혁명과 맞물려 있다. 사회혁명의 시기는 이러한 갈등이 족쇄로 바뀌고, 낡은 사회의 이데올로기가 변화된 사회 질서와 불일치를 이루며 떨어져 나갈 때 계급투쟁은 일어난다. 과학 기술적 혁명에 직면하여 근대의 세계는 자본의 이미지에 따라 창조되며 인간과 땅을 변형시키고 모든 부의 원천인 땅과 노동자를 파괴한다.[27]

역사적 발전에서 자본주의 축적을 다룰 때 마르크스는 경제 법칙의 객관적 필연성을 개념화하고 자본주의에서 사회주의로 이행을 예견한다. 그러나 마르크스는 이러한 이행에 장애를 일으키는 현실을 도외시하지 않았다. 이러한 이행과 변화를 연장시키는 것은 자본주의 혁명의 머나먼 세기를 의미하는데 마르크스는 다음의 사실들을 자본주의 위기 저항 원인들로 본다. (1) 자본의 유기적 구성에서 불변자본의 하락, (2) 노동 착취율의 증대, (3) 상대적인 잉여 과잉인구(산업예비군), (4) 해외 무역, (5) 증권 자산에서의 증대이다.[28]

자본주의 위기를 상쇄하는 요소들을 고려할 때 마르크스는 역사적 필연성을 통해 자본주의가 자동적으로 붕괴한다고 확신하지 않았다. 오히려 이러한 상쇄 요인들을 통해 자본의 축적 논리는 국내의 착취 현상과 해외시장과 식민지와 더불어 관철된다. 제국주의적 독점시대에 해외시장으로부터 벌어들이는 잉여의 흡수는 자본주의의 붕괴의 필연성을 넘어선다. 평균적으로 수익률의 경향 하락은 해외시장에서 잉여의 산출과 흡수를 통해 상쇄된다.[29] 마르크스는 자본

---

27 Gollwitzer, *Die Kapitalistische Revolution*, 65.

28 Marx, *Capital* III, 339-348.

29 Baran and Sweezy, *Monopoly Capital*, 72.

주의 생산 양식이 과도 생산으로 인해 해외시장으로 눈을 돌릴 수밖에 없음을 알고 있었다. 해외 무역에 투자된 자본은 덜 발전된 국가들과 상품 경쟁에서 상대적으로 높은 수익률을 산출한다.[30] 주변부에 비해 중심부에는 잉여 증가 법칙이 작동하며, 이것은 골비처의 자본주의 혁명 테제에서 신식민주의 논리, 즉 착취, 분할 그리고 침투로 특징되기도 한다.[31]

이러한 해명은 마르크스의 본원적 축적(『자본 1』, 24장)을 확대 재생산 도식과 관련하여 자본 축적의 문제를 파악하게 한다(『자본 II』, 21장). 사실 마르크스는 자본주의 생산과 축적은 상품의 과도 생산을 판매하는 해외 무역 없이는 존재할 수가 없다고 본다.[32] 확대 재생산 과정은 자본 축적과 국가의 역할 그리고 해외시장과 관련지어 볼 수 있다. 자본 축적, 제국주의, 기술적 합리성 그리고 해외 무역 등은 신체 권력의 사회학에 대한 계보학적 틀을 제공하며, 국가 헤게모니와 식민지의 문제를 보게 한다. 이것은 자본 축적의 오랜 세기(long century)를 의미하며, 비서구 시장을 처분함으로써 자본주의 붕괴를 예견하지 않는다.

이런 측면에서 로자 룩셈부르크의 마르크스 비판은 빗나간 것이다. 룩셈부르크는 마르크스의 『자본 2』에 나타나는 단순 재생산의 모델을 문제 삼았고, 사회적 생산 두 부문(생산 수단과 소비 수단)을 자본의 유기적 구성(불변자본, 가변자본, 잉여가치는 총가치를 의미한다)을 통해 분석했다.[33]

---

30 Marx, *Capital* III, 345.

31 Gollwitzer, *Die Kapitalistische Revolution*, 45.

32 Marx, *Capital* II, 546.

만일 잉여가치율(S)이 S/V(가변자본)이라면, 자본의 유기적 구성은 C/C +V(불변자본 +가변자본=총자본)이 된다. 자본의 유기적 구성은 노동 절약적 기계류에 대한 지출(원료와 공장을 포함하여)과 가변자본을 통한 노동 비용에서 나타난다. 수익률(P) 은 S/C+V인데 이것은 마르크스의 법으로 불린다(『자본 III』, 13장). 자본의 유기적 구성에서 수익률은 잉여가치율보다 상대적으로 하락하는 경향을 보인다. 그러나 마르크스가 상쇄 요인을 고려할 때 해외 무역에서 중심부는 원료와 생필품을 국내보다 주변부에서 보다 저렴하게 구입한다. 이것은 불변자본을 값싸게 유지하고 수익률을 증가시킨다. 세계 시장은 위기와 비즈니스 사이클을 분석하는 데 주요 부분이 되며, 위기와 물가 하락(디플레이션)은 자본주의의 붕괴 순간을 말하기보다 오래 지속되는 회복의 세력으로 간주된다.[34]

그러나 룩셈부르크에 의하면 자본주의 생산 발전에서 축적은 단순 재생산에서는 파악될 수 없다.[35] 팽창과 축적이 없이 사회적 생산의 두 부문을 개념화할 수 없다. 마르크스의 단순 또는 확대 재생산 도식은 자본 축적이 아니라 평형을 유지하는 순수한 자본주의 시스템을 언급한다. 그러나 룩셈부르크는 단순 재생산을 확대 재생산과 혼동하는데, 왜냐하면 후자의 경우 축적과 위기와 수익률 하락에 관련되기 때문이다.[36]

룩셈부르크의 견해에 따르면 마르크스의 축적 분석은 제국주의

33 Luxemburg, *The Accumulation of Capital*, 69.

34 Sweezy, *The Theory of Capitalist Development*, 155.

35 Luxemburg, *The Accumulation of Capital*, 69.

36 Ibid., 68.

가 세계 시장의 수준으로 진입하지 못했던 시기에 발전된 것이다. 세계에 대한 자본의 최종적이며 절대적 지배에서 마르크스는 제국주의 과정을 선험적으로 배제한다.[37] 자본주의 팽창에서 룩셈부르크의 분석에 의하면 주변부의 국가들은 자본주의의 궤도 안으로 병합되며, 잉여가치는 비자본주의 국가들과의 교환 관계를 통해 축적되고 실현된다. 자본화의 팽창 시스템은 비자본주의 내지 전 자본주의 생산 양식을 해체하고 프롤레타리아의 새로운 노동력을 형성한다. 자본 축적을 위한 해외시장의 사냥에서 중심부는 경제 위기와 정치적 재난의 연쇄 반응으로 진입하는데, 그것은 세계 위기와 전쟁과 혁명을 의미한다.[38]

자본주의가 더 이상 축적하지 못한 채 비자본주의 시장을 해소하고 세계 프롤레타리아의 궁핍화를 통해 스스로 붕괴될 때 룩셈부르크는 제국주의에 저항하는 이데올로기적 무기, 즉 인터내셔널 노동계급의 반란에 호소한다. 루카치에 의하면 룩셈부르크는 마르크스가 중단한 곳에서 실마리를 취하고, 마르크스의 정신에 따라 본원적 축적론을 통해 문제를 해결하려고 한다고 평가한다.[39]

그러나 필자가 보기에 룩셈부르크의 축적론은 자본주의 붕괴와 관련하며, 자본주의의 주기적 위기와 국가의 역할의 중요성을 간과한다. 국가는 분배 투자를 조절하고 국내시장을 확장하며 군비 산업과 복지 체계를 강화한다. 더욱이 확대 재생산에서 마르크스는 자본주의 생산 양식이 자본의 유기적 구성을 증가시키며 수익률의 하락

---

37 Ibid., 145.

38 Ibid., 60.

39 Lukacs, *History and Class Consciousness*, 31.

의 경향을 분석한다. 결국 "생산의 지속성은 빈번한 주기적 방해에도 불구하고 오랫동안 유지된다."[40] 지속성 안에서 중단은 자본주의 생산 과정에서 나타나며 이러한 마르크스의 입장은 룩셈부르크의 주장—즉, 재생산은 비자본주의 해외시장에 자본화를 위해 의존된다—과는 다르다.

마르크스에게 잉여가치의 실현은 룩셈부르크처럼 자본주의 붕괴에 구속되지 않는다. 룩셈부르크에게 계급투쟁은 경제적인 단계에서 자본주의의 붕괴의 단계에서 나타나며, 투쟁은 사회주의의 객관적 필연성에 대한 반성으로 정의된다.[41] 그러나 그녀는 마르크스에게서 자본주의의 오랜 지속성의 차원을 도외시했다.

오히려 경제 사회학자인 지오바니 아리히(Giovanni Arrighi)는 마르크스의 축적 이론을 자본 축적의 역사적이며 체계적 서클로 정식화한다. 아리히가 체계화한 서클은 다음과 같다: (1) 제노아 서클(15세기에서부터 17세기 초), (2) 화란 서클(16세기 후반부터 18세기), (3) 영국 서클(18세기 후반부터 20세기 초반까지), (4) 미국 서클(19세기 후반부터 재정확장의 현재 단계로 지속).[42]

물론 이러한 자본 축적의 체계적 발전은 (지금도) 열려 있고, 유럽연합이나 중국 또는 일본이 선두에 나설 수도 있다. 여기서 중요한 것은 국가의 헤게모니가 자본 축적 과정과 더불어 과학 기술적인 진보와 군사력을 어떻게 확장해 나가는가이다. 이것은 자본주의 혁명과 글로벌 문명을 세계체제에서 중심부와 세미-주변부 그리고

---

40 Mandel, *Marxist Economic Theory* I, 328.

41 Luxemburg, *The Accumulation of Capital*, 76.

42 Arrighi, *The Long Twentieth Century*, 7.

주변부로 분화시켜나간다. 식민주의 시대는 종교와 정치적인 외투를 입고 착취를 위한 자유무역에서 시작되었다. 이것은 "발가벗기고 수치심이 없는 직접적이며 잔인한 착취를 대신했다."[43]

이것은 자본주의의 코스모폴리탄 성격을 나타내며 시장은 전 지구로 확대된다. 한편에서 과잉생산이 나타나며, 다른 한편 새로운 시장 정복이 드러난다. 성장과 축적을 향한 동력은 국가 권력과 기술 진보와 더불어 생산 양식을 영속화하며, 세계지배와 군사력을 통해 주변부의 식민지화가 완성된다.

이런 측면에서 볼 때 절제 이론은 기술 합리성과 매개되며, 여기서 국가의 신체정치는 경제적 영역에서 구체화 된다. 푸코에 의하면 생산 과정에서 노동자들의 신체는 컨트롤되고 생산의 기계화 작동 과정에 부품처럼 삽입된다. 인구 현상은 경제적 생산 과정에서 순응되고 자본의 재강화, 유용성을 위해 노동 신체는 유순함으로 길든다. 인구는 자본 운동에 순응되면서 축적된다. 신체정치는 많은 방식으로 행사되며 적용의 양식은 자본주의 발전의 저변에 깔려 있게 된다. 이를 통해 신체정치는 정치, 기술적 합리성 규율, 감시 그리고 사회의 컨트롤을 완성한다.

자본주의를 기술 합리성과 국가 신체정치를 통해서 전개할 때 국가, 헤게모니, 담론, 규율과 처벌은 신식민주의에서 여전히 영속화된다. 자본주의 혁명은 우리가 지금까지 경험해보지 못한 가장 위대하며, 포괄적이며, 세계사적 규모에서 일어나는 문명 선교의 차원을 가지고 있다. 이러한 관점은 세계 내적 금욕 내지 도덕(절제 이론)

---

43 "The Communist Manifesto," *Karl Marx Selected Writings*, 223.

을 중상주의 식민주의에 기초한 자본주의 초기 단계로 설정하며, 이것은 베버의 개신교 윤리와 자본주의 정신(도구적 합리성)의 선택적 친화력에서 나타난다. 그러나 인간의 삶은 지식과 권력의 질서로 진입하며 정치적 기술의 영역에서 삶과 메커니즘은 손익 계산과 신체 컨트롤로 나타난다. 지식과 권력의 상호작용은 인간의 삶을 규율과 유순함 그리고 감시를 통해 인간의 삶을 변형한다. 이것은 산업 자본주의(노동착취와 인간의 소외)와 식민주의 생산 양식에서 나타난다. 규율과 컨트롤 사회는 신체정치의 전략을 통해 식민지 사회를 기술적으로 재편하고, 이것은(이러한 통제 사회는) 또한 후기 자본주의 신식민지 조건에서도 여전히 유용한 것이 된다.

유럽 중심주의와 기독교 진보 개념

글로벌 단계에서 우리는 생태학적인 재난과 불의의 구조에 직면한다. 특별주의 또는 예외주의는 지배적 사고를 의미하며, 물질적 특권을 상징적인 물질적인 폭력 구조를 통해 보장한다. 골비처는 사적 유물론의 통찰을 존재와 사회적 삶의 관계를 다루면서 상호연관적으로 재해석한다. 우선 지성적인 상부구조는 상당한 정도로 경제적인 생산 양식에 영향을 준다. 경제 발전은 특히 과학적 기술 혁명을 통해 강화되며 이것은 정치, 사회, 문화 그리고 세계 무역에 엄청난 변화를 가져온다.[44] 자본주의 혁명의 현실을 분석하는 데서 골비처는 과학 기술 합리성과 경제 발전에 주목하고 사적 유물론의

---

44 Gollwitzer, *Die Kapitalistische Revolution*, 35.

통찰을 제국주의 개념과 신식민지주의 조건에 적용한다.

글로벌 단계에서 펼쳐지는 자본 축적과 확장을 고려할 때 골비처는 자본주의 혁명을 규제해야 하며, 인간의 삶의 복지와 생태학적 보존과 유지를 위해 조절해야 한다고 말한다. 특히 중심부에서 다양한 시민운동을 통해 시민들의 의식 변화는 주변부 나라들의 해방과 연대를 위해 중요하다.[45] 사회적 총체성과 세계 시장의 관계는 골비처의 자본주의 혁명과 제국주의 테제에서 명료해지며, 이것은 사미르 아민의 유럽 중심주의에 비견될 수 있다.

아민은 유럽 중심주의론을 에드워드 사이드의 오리엔탈리즘에 대한 비판적 대안으로 내세웠다. 아민은 정치, 경제, 문화 그리고 종교를 다룰 때 포스트 유럽 중심 원리를 특히 공물적(tributary) 세계 체제를 개념화하면서 주장한다. 공물적 세계체제는 중심부와 주변부의 영역들로 나누어지며, 세계는 정치권력 아래서 오랜 이행기를 거쳐 원시 공산주의에서 공동체의 단계, 공물제의 단계(전 자본주의 사회)에서 최종적으로 세계체제로서 자본주의로 진입한다. 사실 아민은 마르크스주의적 생산 양식을 기초로 역사를 시기적으로 구분하는 것에 반대한다: "아시아적, 노예제, 봉건제, 자본주의 그리고 사회주의는 타당하지 않다."[46]

모든 공물제 단계에서 문화들은 형이상학과 종교적 열망에 기반하며, 절대적 진리를 추구한다. 역사적 과정에서 공물제 이데올로기는 이미 고대 이집트나 그리스, 동방 교회의 문명, 이슬람, 서구 기독

---

45 Ibid., 67.

46 Amin, *Eurocentrism*, 221.

교의 문명에서 찾을 수 있고 생산의 공물적 양식의 이데올로기를 구성한다.[47] 공납제 양식은 촌락 공동체와 사회정치적 메커니즘이 병합되며, 주변부는 중심부에 의해 공물을 통해 유지된다.

아민의 공납제 양식은 스탈린 시대에 아시아적 생산 양식을 제거하고 역사를 노예제-봉건제-자본주의-사회주의 도식화에 비판을 담고 있다. 아민에 의하면 촌락 공동체는 강력한 국가 메커니즘을 지지하기 위해 잉여 생산을 공물과 세금으로 받친다. 공물을 바치는 생산 양식은 전 자본주의 계급 형성에서 가장 공통적이며 일반적인 형식으로 본다. 그러나 봉건제 양식에서 촌락 공동체는 봉건 제후들의 이익을 위해 토지권을 상실한다. 그럼에도 공동체는 가족 공동체로 지속된다.[48] 아민에 의하면 공동소유 관계는 토지의 개인소유에 의해 해체되며 새로운 생산 양식이 출현하는 것이 아니라기보다 발전된 형태의 공납 사회가 나타난다. 심지어 유럽에서는 봉건주의도 공납제 양식의 낙후한 형태로 간주 될 수 있다. 전 자본주의 경제 관계를 규정하는 것은 국가 권력에 의존된다.

이런 관점에서 볼 때 아민은 고대 그리스 사고와 동양적 사고의 구분은 불필요한 것으로 본다. 이미 동양 사회는 그리스를 포함하며, "그리스=서구/이집트, 메소포타미아, 페르시아=동양이라는 구분은 그 자체가 유럽 중심적인 구성에 불과하다."[49]

아민의 사회경제적 분석에서 에드워드 사이드의 오리엔탈리즘은 순진하며 자의적이고 심리주의에 불과하다고 비판받는다. 사이

---

47 Ibid., 100, 111.
48 Amin, "Modes of Production and Social Formations," *Ufahamu*, 4(3) (1974), 58.
49 Amin, *Eurocentrism*, 112-113.

드의 이론은 세계체제 관점에서 중심부와 주변부의 문제를 전혀 파악하지 못한다. 사이드는 자신의 지역주의(provincialism)에 붙잡혀 있고, 그의 분석은 오히려 서구와 동양에 대한 상상적인 이항의 대립을 통해 왜곡되고 '전복된 오리엔탈리즘'에 불과하다.[50]

문화, 종교, 문명 그리고 근대성에 이르는 길에는 다르고 다차적인 경로들이 존재하며, 이것은 자기 스스로 만들어 낸 오리엔탈주의 담론으로 파악될 수가 없다. 유럽 중심주의에 대한 아민의 사회경제적 논의는 포스트콜로니얼 이론에서 이전의 해체주의 이론가들— 사이드, 슈피박, 호미 바바—이 프랑스 신구조주의나 포스트모던 해체주의에 상당한 빚을 진 것과는 달리 자본주의와 신식민주의 조건을 폭로하는 데 막대한 영향을 미친다.

유럽 중심주의와 스탈린주의에 대한 아민의 비판에 골비처는 동의한다. 세계 경제사는 발전 도식으로 파악되지 않으며, 오히려 마르크스주의 발전 도식에서 드러나는 진보에 대해 골비처는 비판적이기 때문이다. 이러한 입장은 신의 도성(De civitate Dei)에서 개진한 아우구스티누스의 역사 철학에서 추적할 수가 있다. 역사의 새로운 발전과 진보에 대한 신념은 그 기원에서 기독교적 성격을 가지며 그 경향은 반-기독교, 즉 마르크스주의 역사 도식화에서도 볼 수 있다.

진보의 역사철학적 개념은 기독교 종말론의 세속화이며, 헤겔의 정신철학을 통해 역사의 과정은 변증법적 운동의 틀에서 자유를 실현하는 진보로 파악된다. 이것은 마르크스 이론의 저변에 깔려 있고 경제 발전과 과학 기술의 진보를 통해 계급 없는 사회에 대한 유토피아적

---

50 Ibid., 176.

비전을 기대한다. 이것은 하나님 없는 하나님의 나라를 의미한다.[51]

마르크스의 진보 신념에 거리를 취하면서 골비처는 사적 유물론을 역사적 진보와 미래를 예측하고 계산을 통해 산출하는 교조주의적 방식이 아니라, 사회과학적 논의의 방식으로 재해석하고 자본주의 혁명의 세계사적 차원을 해명하는 데 비판적 도구로 사용한다. 아민의 유럽 중심주의는 본원적 축적의 기독교적 성격에 수긍하며, 자본주의 혁명과 제국주의 식민주의를 비판적으로 다룬다. 그러나 골비처는 아민의 공납제 생산 양식 이론을 수용하지 않는다. 그의 입장은 마르크스 이론에서 발견되지 않는 중요한 통찰들을 재해석하고 이후 역사적인 마르크스주의 전개에 대한 내재적 비판의 원류로 자리매김하는 데 있다. 이런 점에서 골비처는 마르크스가 분석한 자본주의에서 드러나는 자본 축적의 과정에 세계사적인 측면에 주목한다.

골비처는 독점 자본(monopoly capital)-고리대금 자본-상업자본-산업 자본-금융자본의 역사적 단계를 주목하고, 부르주아지들이 어떻게 생산 수단을 소유하고 부를 배가하며 경제적 활동을 보장하는 형식적 민주주의와 국가와 의회를 장악하는 과정에 관심을 가진다.[52] 그리고 전 세계로 확대되는 자본의 운동에서 "위대한 문명의 영향"을 보지만 또한 이러한 세계사적 자본 운동이 어떻게 인간의 삶과 더불어 자연을 파괴하는지 분석한다.[53]

자본주의가 제국주의로 전환하는 데서 유럽 중심주의는 문화적 담

---

51 Gollwitzer, *Krummes Holz-aufrechter Gang*, 126.
52 Gollwitzer, *Die Kapitalistische Revolution*, 51-52.
53 Ibid., 65.

론으로 나타나지만, 이것을 비판하기 위해 아민처럼 공납제 생산 양식을 필요로 하지 않는다. 골비처에게 제국주의는 자본의 세계사적 운동과 정복 과정을 통해 드러나는 매우 중요한 단계에 속하며, 그에게서 후기 자본주의는 제국주의에 결부된 신식민주의와 관련한다.

식민주의와 포스트콜로니얼 지속성

골비처에게 유럽의 식민주의는 아직 끝나지 않았고 단지 그 형식만 바꾸었을 뿐이다. 탈식민주의는 이전 식민 지배의 국가들에 정치적 독립성을 부여하고 형식적인 평등을 허락하지만, 민주주의와 평등의 형식적 개념은 또한 지속적인 불평등과 글로벌 남부 지역(Global South)의 주변부 국가들의 종속 상태를 영속화한다. 이것은 개발원조 이데올로기로 나타나며, 때문에 계급투쟁은 글로벌 규모에서 일어난다. 또한 이로 인해 신식민주의 현상 또는 제국주의가 등장한다. 탈식민주의는 유로-아메리카 제국주의에 종지부를 찍은 것이 아니라 오직 그 형식을 개정했을 뿐이며, 유럽-미국의 제국주의와 효율적인 착취는 포스트콜로니얼 조건에서 여전히 결정적인 요소로 작용한다.[54]

골비처의 포스트콜로니얼 이론은 과학 기술의 진보, 높은 수준의 생활 기준, 주변부 국가들에 대한 경제와 문화와 이데올로기적 영향 그리고 군사적 지배 등을 통해 공론장과 글로벌 영역에서 설정된다. 이 모든 형식들은 자본주의 혁명을 통해 구조적인 헤게모니를 형성

---

54 Amin, *Eurocentrism*, 41.

하며 중심부와 주변부 간의 권력관계와 불균형 발전을 규정한다. 포스트콜로니얼 이론은 중심부에서 끊임없이 이민 문제, 신인종주의, 종교 근본주의의 반향을 일으킨다.

또한 포스트콜로니얼 관점은 포스트모던 정보 양식과 정보 생산의 네트워크에서 드러나는 자본 축적을 고려한다. 정보 생산과 자본 축적은 생산의 다른 영역들을 넘어서서 최고 수준의 생산성을 일반화한다.[55] 정보 양식은 연방 국가들의 로컬 지역에서 일어나는 정치 독재에 사회적 저항을 가동화하고, 유엔과 같은 국제기구의 정치 관료들이 제국의 지배를 컨트롤하는 열강들과 제휴하게 한다. 이러한 방식은 코로나바이러스 대유행에서 국제기구의 관료들을 지배하는 미국이나 중국 또는 유럽연합과 어떤 신체정치학을 구성하는지에서 나타난다. 서구의 글로벌주의자들은 사실상 리버테리안주의(libertarianism)의 아바타에 불과하며 중국 사회주의는 세계 경제의 제국에 완전히 포섭된다. 제국 안에서 미국과 중국은 경쟁과 분쟁을 통해 언제든지 전쟁으로 갈 수 있으며 이러한 전쟁은 지역에서 행해지는 대리전 양상을 띠게 된다. 이에 편승한 유럽연합은 자신들의 이해와 특권을 도덕적 중재 역할을 통해 은밀하게 추구한다. 출구가 없는 사회는 후기 자본주의 현실을 특징이며, 제국주의 열강들 간 경쟁과 충돌은 항상 평화의 이데올로기 안에 숨겨져 있다.

---

55 Hardt and Negri, *Empire*, 258-259.

V. 제국주의 모델과 신식민주의 조건

　골비처는 제국주의 모델을 레닌의 모델과는 다르게 포스트콜로니얼 측면에서 발전시킨다. 이러한 신식민주의적 접근 방식에서 제1차 세계대전 전야에 개념화된 레닌의 제국주의 이론은 불충분하다. 레닌은 독점 자본에 관심하고 자본수출을 독점의 형식에서 강조한다. 소수 자본가들의 수중에서 다루어지는 금융자본의 과두제는 세계독점과 결합하며 세계를 나눈다. 열강들은 최종적으로 세계의 영토를 나눈다.[1] 레닌의 제국주의 타입은 주로 금융자본과 해외 독점체제 그리고 세계의 영토 분할에 근거하지만, 이것은 더 이상 중심부와 주변부에서 나타나는 복합적인 신식민주의 현실들을 해명하기에 적합하지 않다.

　골비처는 다음과 같은 레닌의 테제(1920)에 수긍하지 않는다: "사회주의는 소비에트 시스템 플러스 전력화이다."[2] 더 상세히 표현하면 레닌에게 공산주의는 러시아 전체국가를 전력화로 연결한 소비에트 정부를 말한다. 이것은 소비에트 경제를 전 국토의 전력화를 기반으로 재구성하는 것이다. 레닌은 근대의 선진 기술을 근거로

---

1 Sweezy, *The Theory of Capitalist Development*, 307.

2 Gollwitzer, *Die Kapitalistische Revolution*, 78.

산업을 조직하고 전력화를 통해 도시와 농촌을 연결하며 농촌의 낙후함과 심지어 야만적 상태에 종지부를 찍으려고 했다. 그러나 레닌의 신경제정책(NEP)은 자유시장과 자본주의를 포함하는 혼합경제였고 오히려 이것은 국가자본주의 성격을 갖는다. 소비에트적인 의미에서 직접 민주주의는 이전 동구 사회주의 국가들에서 실현되지도 않았다.

오히려 전력화와 산업화는 서구 기술 진보에 의존되며, 레닌은 미국의 테일러주의를 노동자 신체의 규율적인 시스템으로 환호했다. 테일러주의는 1880년과 90년대에, 특히 1910년대에 미국의 제조 산업, 특히 철강 분야에서 정점에 달했고 노동 생산성을 효율적으로 증대했다. 이것은 개발 모델에 기초한 것이다. 탈식민주의(세계시장), 생산의 합리화(테일러주의와 포디즘) 그리고 규율 원리는 미국의 근대성을 이끌어 간 세 가지 메커니즘이었다. 포디즘(Fordism)은 자동차 산업 분야에서 조립라인 과정(assembly line)에서 대량생산과 소비를 기초로 하는 20세기 미국의 선진 자본주의 모델인데, 모든 제조 산업 분야, 특히 교통 분야와 비행기 산업에서 적용되었다. 그리고 뉴딜정책과 더불어 케인즈 경제 이론에서 확정된 것이다. 이러한 메커니즘은 국가 기능을 규율적인 정부로 창출하고 국가를 자유경제 계획을 통해 규제했다.[3]

사미르 아민에 의하면 마르크스주의는 미완으로 남는다.

그럼에도 불구하고 마르크스주의를 소비에트 이데올로기의 특수 형식

---

3 Hardt and Negri, *Empire*, 242-248.

으로 환원하는 것은 매우 부당하다. 나는 오랫동안 [소비에트 국가]가 마르크스적 사유보다는 부르주아지 사고에 가깝다고 간주해왔다.[4]

아민은 소비에트 국가자본주의 자체가 제국주의로 드러난다고 주장한다.

미국의 마르크스주의를 보급하는데 최고의 이론가에 속하는 폴 스위지(Paul Sweezy) 역시 레닌의 제국주의 이론이 불충분하며 민족주의, 군사주의 그리고 인종주의를 통해 보충될 필요가 있다고 본다. 민족주의는 민족의 영광과 경제적 일치, 문화적 자유와 군비 증강을 위한 중산 계층의 열망을 표현하며, 군사주의와 군대 확장은 이러한 제국주의 목적을 성취하는 필수 불가결한 수단이 된다. 제국주의 단계에서 민족주의는 군사주의와 맞물리며, 해외 영토 지배와 경제적 경쟁에서 열강들의 세계 투쟁을 위한 조건을 창출한다.

인종 우월주의는 민족주의와 군사주의와 연계되며, "백인 남성의 부담"과 같은 이데올로기나 히틀러 인종 사회주의에서 볼 수 있다. 중심부의 노동자 계급은 제국주의 해외 정책을 통해 수익에 참여하고 이들의 삶의 조건은 향상된다. 제국주의 열강들의 경쟁과 충돌의 심화에서 전쟁에 이르는 길은 필연적이며, 노동자들은 군대 징집으로 인해 전쟁으로 내몰린다.[5] 제국주의 정치에서 국가 권력은 노동자 계급을 공권력(법과 질서를 보장하는 강제)을 통해 결속시킨다. 그리고 노동자 배상을 위한 사회적 입법(실직 보험이나 혜택 지불)을 확대하

---

4 Amin, *Capitalism in the Age of Globalization*, 136.
5 Sweezy, *The Theory of Capitalist Development*, 315-316.

면서 이들을 순응시킨다. 여기서 독점과 국가 개입의 관계가 존재한다.6 제국주의와 인종주의 관계는 지배 국가의 인종 우월감과 더불어 금융자본의 지배가 드러나며, 이것은 금융과두제를 강화하며 민주적인 평등 개념을 치워버린다.

스위지에 의하면 프랑스 귀족주의 엘리트주의자인 요셉 고비노 (Joseph Gobineau, 1816~1882)는 과학적 인종 이론을 통해 아리안 인종주의를 발전시켰다. 고비노는 1848년 프랑스 혁명 이후『인종 불평등에 관한 에세이』(An Essay on the Inequality of the Human Races)에서 귀족이 평민보다 더 우수하다고 주장한다. 귀족은 저급한 인종들과 성적 교류를 하지 않기 때문에 보다 우수한 아리안 유전자의 특질을 가지고 있다. 로비노는 근대의 반유대주의의 아버지 격에 속하며 리차드 바그너와 히틀러의 아리안주의 정치에 결정적인 영향을 미쳤다. 고비노는 유럽에서 발흥하는 민주주의 운동과 투쟁했고, 프랑스 정치 지배 체제를 위해 귀족제를 위한 인종주의적 기초를 놓으려고 했다. 프랑스의 귀족들은 혈통상 독일 계통이며, 독일 인종의 우수함을 유포시켰다. "백인 남성의 부담"은 앵글로 색슨족의 세계 지배를 인도주의적 측면에서 정당화한다. 인종 간의 갈등은 후기 자본주의 사회 계층 안에 위계적으로 설정되며, 비서구권의 소수인종들에게 경제적 불이익과 임금의 불평등을 준다.7

이러한 관점은 골비처의 신식민주의 조건에 관련되며, 중심부와 주변부 사이에서 착취, 분열 그리고 침투로 나타난다. 민족주의의

6 Ibid., 317-318.
7 Ibid., 310-311.

권력 위신과 명예는 인종의 우월감에 기초한 문명 선교를 선전하고 인종주의는 자본주의 혁명에서 드러나는 매우 결정적인 요소가 된다. 유럽, 미국의 우월주의와 근대성은 이제 글로벌 근대화와 주권 지배로 이행된다.

토마스 매카시에 의하면 서구의 근대화가 경제적 세계화로 이행될 때 신보수주의자들은 신자유주의를 해외 정책과 분쟁에서 리버럴 국가 개입주의와 결합한다. 이것은 1944년 미국의 브레톤 우즈(Bretton Woods)에서 설정된 자유무역의 협정 영역에서 미국의 신식민주의 이해관계를 반영한다.8 해외 무역을 화폐 시장에서 원활하게 움직이게 하려면 미국의 달러와 더불어 금이 안전 자산으로 보장된다. 국제 통화기구(IMF)는 유엔과 협정을 맺고 보유국들의 지배에 의존한다. 회원국들 가운데 미국과 독일 그리고 일본이 가장 중요한 세력이며, 미국은 거부권을 가지고 있다.9

국내 경제는 세계 경제로부터 이탈할 수 없으며, 마르크스주의자들은 경제 과정에서 나타나는 국가 경영과 관리의 중요성에 주목하지 못했다. 이것은 후기 자본주의 단계에서 사회민주주의와 개혁 정치를 특징짓고, 민주주의적 뉴딜정책과 경제 과정 그리고 투자를 규제하는 국가 정부의 형식을 지지한다. 근대 복지국가는 노동 조직에서 테일러주의와 더불어 케인즈의 경제주의를 통해 임금 상승을 꾀한다. 여기서 국가의 거시경제정책은 포디즘과 통합된다.10

다른 한편 신자유주의자들은 글로벌 영역을 과소평가하는 경향

---

8 McCarthy, *Race, Empire, and the Idea of Human Development*, 196.

9 Duchrow, *Alternative to Global Capitalism*, 98.

10 Hardt and Negris, *Empire*, 242.

을 보인다. 이들은 "법적으로 글로벌 시장이 규제되고, 정치적으로 관리되는 세계 경제 과정"의 가능성을 도외시한다.[11] 푸코의 계보학적 비판은 포스트콜로니얼 이론가들에게 전거점을 제공하며, 이전 식민지 경험을 가진 국가들에서 수행되는 합리화와 근대화를 개발 이론으로 비판한다. 이것은 신식민주의 상황에서 권력과 지식의 연계가 국가의 신체정치 전략과 더불어 유럽과 미국의 헤게모니에 의해 가동되는 것을 폭로한다.

신체정치 이론과 글로벌 지배 방식

신식민주의 조건을 논의할 때 푸코의 자본주의 이해를 검토하는 것은 중요하다. 자본주의 발전에서 인간의 몸은 규율되고 몸의 가능성과 효율성은 극대화된다. 몸에 대한 지식이 증가하고 생에 대한 국가 권력이 부과되면서 신체정치 전략이 증가한다. 몸은 최대한 유순하게 길든다. 인간의 몸은 규율과 길들임을 통하여 효율적이며 경제적인 지배와 조절에 투입된다. 신체 규율은 인구 조절(번식, 산아제한 그리고 도덕성)로 나타나며, 생에 대한 권력의 조직에서 신체정치 이론은 다양한 규율들(대학, 학교, 군대 병영, 그리고 작업장)에서 몸의 예속에 주목하며 인구 조절에 관여한다.[12]

정치적 근대성은 이전 군주제에 집중된 절대 주권의 전통적인 이념을 규율의 지배로 대처하는데, 이러한 규율의 지배는 사회로

---

11 Ibid., 200.

12 Foucault, *The History of Sexuality* I, 141.

확대되고 상품과 인구를 조절하고 관리한다. 신체 권력은 규율에 기초한 근대의 주권을 실현하면서 출현한다. 시민 사회는 규율 사회(학교, 가족, 병원, 공장)로 편입되며 지배 사회가 네트워크들을 통해 출현한다.[13]

신체정치 이론은 자본 축적의 측면을 규율, 길들임, 감시를 통해 자본 축적의 과정과 더불어 생활세계의 식민지화를 검토하게 한다. 노동의 소외와 착취는 여기서 일어난다. 중심부와 주변부 간의 구조적 폭력과 지배 체제는 신체정치 이론을 통해 초국가 제도나 다국적 기업에서 상품 생산과 서비스 산업에서 규율과 지배가 어떻게 일어나는지에 주목하게 한다. 유럽-미국의 담론 대변과 헤게모니 양식이 유포되고, 자유무역에서 글로벌 제도와 대리인들과 국제기구들을 통해 상호 협정을 다룰 때 합법적인 지배 시스템으로 확정된다.

토마스 매카시에 의하면 신자유주의자들은 프리드리히 하이에크(Friedrich von Hayek)와 밀톤 프리드만(Milton Friedman)에 근거하여 이전 근대화의 모델과 미국의 "건국 신화"를 리버럴 세계주의로 수행해 간다. 이들은 글로벌 대행 기관들(세계은행, 국제통화기구 등)을 강화하고 아래의 전략을 통해 시장 중심 정책을 취하고, 이 모든 정책을 통하여 시장은 자본이 활동할 수 있는 가장 자유로운 장소로 등장한다: 비규제, 사유화, 국가지출의 감소, 재정 규율, 세금 개혁, 무역 자유화, 해외 투자에 대한 모든 장벽들에 대한 제거.[14] 뉴딜정책과 마샬 플랜은 개발 이론가들에게 케인즈 경제학을 옹호하는 한편, 경제 성장을

---

13 Hardt and Negris, *Empire*, 329.

14 McCarthy, *Race, Empire, and the Idea of Human Development*, 209.

관리하고, 공공 부문에 국가가 개입시 정책의 효과와 전략을 극대화한다. 이러한 경제 성장과 관리는 브레톤 우즈 회의에서 기안되고 세계은행과 국제통화기금의 배경이 된다. 위와 같은 비전은 이전 식민지국의 근대화와 개발원조를 통해 미국이 소련과 글로벌 헤게모니를 둘러싼 이데올로기적 투쟁으로 지속되었다. 미국은 소련과 경쟁하면서 제3세계의 국가들을 근대화와 개발원조, 자유무역을 통해 동맹 관계로 묶고, 이 국가들이 사회주의로 나가지 못하도록 특별한 관리를 한다.

그러나 근대화 이론은 종속이론에 의해 비판 당하고, 종속이론가들은 미국의 저명한 좌파 잡지 *Monthly Review*에서 라틴 아메리카의 입장과 상황을 대변하고 옹호했다. 비서구 국가 경제가 중심부의 경제로 편입될 때 이들의 본래적 생산 양식은 경제 활력을 상실하고 저발전의 단계로 들어간다. 경제 지리학은 중심부와 주변부로 재편되며, 중심부는 주변부로부터 산출되는 잉여 자본을 몰수하고 주변부의 저발전을 근거로 성장한다.[15]

소련 붕괴 이후 신자유주의 패러다임은 글로벌 경제에서 통용되던 케인즈주의를 패배시키고 새로운 단계로 진입했다. 신자유주의는 규제를 철폐하고 경제 세계화를 위해 국가 지출예산을 삭감했으며, 리버럴 근대화를 비판하고 모든 경제 부문의 사유화를 주장했다.[16] 국가 주도의 공공복지나 독점 부문 사업은 비판되고 국가에 의해 관리되는 국립공원 등은 개인의 소유로 전환되어야 한다고 주

---

16 Ibid., 209.

장되었다. 신체정치 전략은 리버테리안 사유화 원리와 자유방임주의와 더불어 시장에서 노동 원리에 착상된다. 포스트모던 틀에서 하르트와 네그리는 자신들의 제국 이론에 신체정치 이론을 차용하고 제국의 글로벌 주권 방식을 통해 제국이념을 개념화한다. 그들에 따르면 새로운 제국 이념은 기술혁명을 통한 정보 축적에서 자본은 새로운 사회 생산 양식에서 능력과 운동을 발휘한다.

포스트모던 제국 이론

제국의 이론가들은 레닌의 제국주의 모델을 비판한다. 레닌은 일직선으로, 역사적으로 발전하는 근대 국가의 진화와 연방국의 역할에만 초점을 맞추고, 해당 이해로부터 제국주의론을 도출한다고 분석한다. 레닌과는 달리 제국 이론은 제국주의 문제를 근대 주권 지배의 위기 안에 설정하고 그람시의 관점을 유용화 한다. 제국의 콘텍스트에서 그람시의 헤게모니론은 신식민주의 현실을 해명하는 데 도움이 된다. 이러한 측면은 국가와 세계 시장에 대한 마르크스의 통찰을 다국적 기업들과 정보기술 산업에서 드러나는 신체정치 전략과 더불어 국제조약기구들이나 금융 제도들을 통해 드러나는 글로벌 주권 지배를 분석한다.[17]

다국적(multinational) 또는 초국적(transnational) 기업에서 시장, 기술, 경영 방법에서 국내 기업 활동과 해외 활동의 구별이 사라지지만, 본국의 거점을 중심으로 한 자본 독점과 자본 유출 그리고 탈세가

---

17 Hardt and Negri, *Empire*, 237.

조직적으로 이루어진다. 자회사에서 임금 정체, 노동 착취와 불평등 그리고 환경 오염이 심각해진다. 〈다국적 기업의 행동에 대한 민주적 규제〉라는 브라질 리오의 NGO조약은 다국적 기업이 연방 국가의 주권을 존중하며 노동자들의 건강과 공공 환경을 보존해야 한다고 규정한다. 자회사 국가의 사회경제적 어려움을 야기하는 자본 유출과 환경 파괴의 기술을 이전해서는 안 된다. 계약 관계는 자회사의 정부와 공동체의 이해에 구속되어야 한다. 다국적 기업을 감독하고 컨트롤하는 국제기구는 없으며 공론장에서 NGO와 노동 운동 그리고 시민주도권 발의가 강조된다.[18] 시민 사회는 세계화된 경제 민주주의를 지지하고 다국적 기업의 민주적인 규제를 정부와 더불어 갈 수 있다.

사회적 명령들은 다양한 기제들의 네트워크와 분산 시스템에서 수행되며, 사회 문화적 관습과 개인의 습관, 생산 실천은 규율의 제도들(감옥, 공장, 난민, 병원, 대학, 학교)에서 생산되고 규제된다. 이러한 규율성은 권력의 패러다임에서 자본 축적의 두 번째 단계인 산업혁명과 식민지 정책에서 드러난다.[19] 포스트모던 제국 이론에서 푸코의 규율과 감시의 사회는 이제 지배의 사회로 파악되며, 여기서 권력은 정보 시스템과 네트워크에서 전체사회 구성원들의 의식의 심연과 국민의 신체와 관련하여 다루어진다.

규율을 정상화하는 정보의 기제들과 사회 제도적 기구들은 인간의 일상의 공동 실천을 내면적으로 작동시키고 지대한 영향을 미친

---

18 Duchrow, *Alternative to Global Capitalism*, 300-301.
19 Hardt and Negri, *Empire*, 23.

다. 이것은 사회관계의 전체성을 장악하고 사회적 삶을 그 내면에서부터 규제하며 생산과 재생산에서 드러나는 인구의 전체 삶에 효율적인 명령을 하달하고 지배 체제를 확정한다.[20]

지배 사회 개념과 신체 권력은 정보 생산 양식에 의해 수행되며 제국의 중심 기능을 기술하는 데 결정적이다. 정보는 상품이 되며, 포스트모던 제국에서 생산력과 생산 관계는 정보 산출과 판매에 집중한다. 이러한 새로운 현실은 세계화에서 규율 사회에서 지배 사회로 이행을 언급한다. 제국은 사회적 존재를 역동적으로 만들어 내며, 신체정치 사회에서 정보 소통의 네트워크의 중요성을 강조한다.[21]

사회적 존재가 의식을 결정한다면, 이러한 사회적 존재는 제국에 의해 규율과 지배를 당한다. 제국과 관련된 지배 사회는 신체정치에 의해 강화되며, 정보 생산 양식은 이제 마르크스의 사용과 교환가치의 구분을 넘어서서 소통 가치 또는 담론 가치를 드러낸다. 소통 가치는 권력관계와 정보기술의 네트워크에서 결정되며 사회의 지식 체계와 인간의 의식을 규범화하는 헤게모니가 된다. 푸코에게서 담론은 지식과 권력 안에서 활성화되며 지식과 권력의 상호작용은 담론의 형성과 유포 그리고 규범화를 통해 사회적 가치를 갖는다. 이것은 허위의식이라는 이데올로기적 부정적 측면을 넘어서서 사회 전체 또는 글로벌 주권 형식을 모든 차원에서(정치, 경제, 사법적 또는 문화적) 규범화하는 정당성을 갖는다. 정보 가치가 교환가치와 더불어 더 중요하게 나타난다.

---

20 Ibid., 24.
21 Ibid., 28.

물론 포스트모던 제국 이론가들은 담론의 가치에 주목하지 못했고 단순히 기술 합리성의 상징인 정보가치를 지나치게 주장한다. 이들은 오랜 시기에 걸쳐 이루어졌던 자본 축적의 체계적 서클을 비판적으로 분석하는데, 이탈리아 제노아에서부터 화란을 거쳐 영국 그리고 미국으로 이행되는 오랜 시기의 자본 축적의 체계화와 지역적 정치 영토주의(제국주의)가 더 이상 유효하지 않다고 본다. 왜냐하면 이러한 영토에 기초한 근대의 주권 형식인 제국주의는 제국의 단계로 이행했고, 글로벌 시장에 대한 정치적 규제는 글로벌 주권 시스템을 통해서 나타난다.

"우리는 생산의 초 연방 국가적 생산의 네트워크에서 노동시장의 서클과 자본주의적 규칙의 글로벌 구조가 생겨날 때, [기존의 정치와 경제 패러다임에 대한] 파열이 잠재적으로 드러나는 것을 인식한다. 여기서 미래를 위한 엔진이 가동되며 자본주의 이전 서클을 단순히 반복하지 않는다."[22]

국제연합의 조직들은 국제 금융기구, 세계 시장, 관세와 무역의 일반협정(GATT)과 더불어 작동되며 연방 국가를 초월하는 사법 제도들로 등장한다. 이것들은 세계질서를 생산하는 신체정치적 역동성 안에서 설계된다.[23] 이러한 제국의 질서에서 다국적 기업이나 초국가적 재정 기업들은 본질적으로 자본주의의 새로운 질서를 산출하고 이전의 구조를 변형시킨다. 연방 국가들은 상품들과 자본과 인구의 원활한 유통을 담당하는 단순한 도구로 전락하며 세계는 새

---

22 Ibid., 239.
23 Ibid., 31.

로운 신체정치학에 의해 구조가 된다.[24]

만일 신체 권력이 정보기술의 네트워크를 통해 인간의 의식과 몸을 조작하고 영향을 미칠 때, 더 나아가 글로벌 주권 지배를 확립할 때 규제와 감시, 지배는 서로 엮어진다. 영국의 체계적 자본 축적 사이클에서 인도에 대한 식민지 지배에서 글로벌 주권 양식은 규제, 처벌, 감시를 통해 잘 드러난다. 여기서 영국의 지배 담론이 지식과 신체 권력의 상호작용을 이끌어간다. 정보기술의 진보를 통해 기술 합리성이 생산력에 지대한 영향을 미칠 때—적어도 마르크스에 의하면— 생산 관계에 갈등과 충돌을 통해 사회혁명, 즉 다른 사회에로의 이행이 나타난다. 여기서 노동 계급의 투쟁은 중요한 자리를 차지한다. 과학 기술의 정보혁명이 지식 체계와 생산 관계를 변형시키지만, 연방 국가들 간의 경쟁, 갈등, 충돌은 손쉽게 국제기구들을 통해 포스트모던적 제국 이론으로 담아낼 수가 없다. 자본 축적의 여전한 역사적 서클에서 연방 국가들은 경쟁에 돌입한다. 미국 또한 여전히 중심에 서 있고, 국제 조직과 기구들에서는 익명의 제국의 지배 아닌가? 열강들 간의 갈등과 경쟁 등(미국과 중국의 무역전쟁과 코로나바이러스)을 통해 신제국주의적 영향이 발휘된다.

---

24 Ibid., 31-32.

VI. 후기 자본주의: 국가, 글로벌 제국, 인종주의

후기 자본주의는 자본 운동이 집중과 중심화를 통해 금융자본으로 전화한다. 상업을 기초로 한 경쟁 자본주의는 독점자본주의 단계로 나타나며, 소규모의 기업들은 거대 기업들로 통합된다. 새로운 상품들과 기술 그리고 조직의 새로운 타입이 소수의 거대한 기업들에 의해 독점된다. 간략히 말하면 제국주의는 자본주의의 독점 단계를 의미한다.[1] 국가와 혁명에서 레닌은 독점자본주의의 발전을 국가독점자본주의로 규정한다. 국가는 전례 없는 권력을 통해 관료제와 국방 부문을 지배하며, 경제 영역에서 자본 축적의 대행인이 된다.

그러나 국가 개입은 후기 자본주의에서 자본가들의 이해관계와 관심에 일치하여 나타나며, 세계 경제의 시스템에 관여하지 국가가 모든 경제 영역을 관리하거나 독점을 통해 통제하지 않는다.[2] 후기 자본주의를 특징짓는 것은 주변부로부터 중심부로 유입하는 잉여 가치의 증대에 있다. 하버마스에 의하면 국가독점자본주의는 후기 자본주의 정당성과 위기를 충분히 해명할 수가 없다. 국가기구가 경제 영역을 통제하고 계획하고 행정관리를 할 수 있는 효율적인

---

1 Baran and Sweezy, *Monopoly Capital*, 4.
2 Ibid., 66.

능력은 없다. 국가를 연합된 독점가들의 대행인으로 보는 것은 경험적으로 지지를 받을 수 없다.[3]

하버마스는 후기 자본주의를 생활세계와 체제의 구분을 통해 다룬다. '후기 자본주의'는 사회 발전에서 나타나는 대립과 위기가 국가에 의해 규제되는 자본주의를 지칭한다. 후기 자본주의는 마르크스가 다루었던 산업 자본주의와는 질적으로 다르다. 포스트모던 사회는 후기 자본주의 사회 조직과 관련되며 역사적으로 새로운 조직 원리를 의미한다. 포스트모던 사회는 포스트 자본주의보다는 여전히 위기와 대립을 담지하는 조직 자본주의 안에 존재한다.[4]

국가에 의해 규제되는 자본주의는 자본 축적의 성숙한 단계에 속하며, 자본 집중은 국내와 해외시장 조직과 다국적 기업에 주어진다. 이것은 국가 규제에 기초하며 국가의 개입은 경쟁 자본주의와 더불어 리버럴 자본주의의 종언을 의미한다.[5] 그럼에도 불구하고 사회 전반은 계획경제와는 달리 국가 규제로부터 자유롭게 작동된다. 경제 영역은 경쟁 부문과 독점부문 그리고 공공부문으로 나누어진다. 글로벌 계획경제를 위해 국가는 경제 사이클을 창출하고 개선시킨다. 자본의 유동을 조절하고 해외시장에서 자본 투자의 기회를 높인다.[6]

후기 자본주의 경제 위기는 경제 시스템과 정치 시스템에서 합리성과 정당성의 위기가 나타나며, 사회 문화적 시스템에서 동기의 위기가 나타난다.[7] 이러한 위기는 자본과 노동의 위기를 넘어선다.

---

3 Habermas, *Legitimation Crisis*, 60.

4 Ibid., 17.

5 Ibid., 33.

6 Ibid., 35.

경제적 영역이 국가의 영역으로 이전될 때 국가의 정치적 정당성이 증대된다. 생산 관계가 후기 자본주의 안에서 정치적으로 배열되고 주도될 때 계급지배의 정치적 익명성은 노동자 계급의식을 단편화시키고 계급 간의 타협이 일어난다. 국가가 개입과 규제를 통해 경제 구조의 위기와 딜레마를 극복할 때 대중 민주주의와 사회복지가 설립되며 나름대로 정당성을 확보한다. 그러나 부와 권력의 불평등한 분배로 인해 특권층과 비특권층의 분화가 일어난다. 행정과 정당성의 시스템에서 위기가 일어나며 생태학적 위기는 경제 성장에 심각한 제한을 가한다.

후기 자본주의 대안으로 하버마스는 시민 사회와 심의 민주주의를 제안하며 정치 공론장은 연합의 네트워크를 통해 생활세계에 근거한 소통 구조를 확보해야 한다고 주장한다.[8] 행정 시스템에서 국가기구는 글로벌 계획을 통해 경제 사이클 전반을 규제히며, 자본 축적을 강화하는 조건을 개선한다. 국가는 초국가적 경제 블록을 조직하면서 경쟁력을 강화하고, 제국주의적 수단을 통해 인터내셔널 계층화를 확보한다.[9]

후기 자본주의: 유효한 역사와 접합이론

하버마스의 분석과 더불어 후기 자본주의에서 드러나는 글로벌 주권 형식을 분석하는 데 푸코의 계보학과 담론이론은 중요하다.

---

7 Ibid., 45.

8 Hanermas, *Facts and Norms*, 359.

9 Habermas, *Legitimation Crisis*, 35.

푸코에게서 결정적인 것은 사회적 담론의 형성과 실천 그리고 에피스테메의 체계의 정당성을 계보학적으로, 즉 권력관계를 통해 분석하는 것이다. 파열, 변형 혹은 다르게 분화하는 것은 고고학적 논의에서 지식과 권력의 상호작용을 검토하며, 이는 담론이 어떻게 사회적인 규제와 지배 시스템으로 들어오는지 분석한다. 이를 통해 담론의 규범과 정상으로 여겨지는 당연한 것들에 대한 문제의 틀이 주어지고, 헤게모니의 양식이 검토된다.

에피스테메를 분석할 때 푸코는 사회와 역사 안에서 담론의 실천을 통합하는 관계들의 총계에 관심하고, 에피스테메는 주어진 시기에서 인식론적 가치와 산출 그리고 학문과 형식화된 지식 체계를 만들어 낸다.[10] 인식론적 파열과 변형은 하르트와 네그리와 같은 제국의 이론가들처럼 근대에서 포스트모던으로 진화론적 이행을 말하지 않는다. 정상과학의 지배에서 어떤 담론과 배제된 타자들이 역사에서 탈각되고 예속되었는지에 주목하고(유효한 역사), 이러한 문제의 영역에 계보학적 분석을 통해 담론의 합리화 과정에서 신체권력의 관계를 폭로한다. 근대의 자본주의 생산 양식에서 포스트모던 생산 양식으로 이행되는 제국 이론에서 유효한 역사는 제대로 파악이 되지 않는다. 오히려 필자는 후기 자본주의 틀에서 근대의 생산 양식과 포스트모던 생산 양식의 교차와 혼합 또는 파열과 절단이 어떻게 시민 사회의 계층을 위계질서화하며 동시에 세계체제에서 불평등한 구조로 드러나는지에 관심을 갖는다.

이러한 측면에서 필자는 푸코의 분석을 국제기구와 글로벌 주권

10Foucault, *The Archeology of Knowledge*, 191.

체제로 이행된 포스트모던 제국보다는 후기 자본주의 단계에서 신식민주의 조건을 분석하는 데 활용한다. 하버마스의 후기 자본주의에서 제국주의와 신식민주의에 대한 분석은 취약점으로 남겨진다. 하버마스의 소통이론과 심의 민주주의는 신체정치학과 더불어 유효한 역사의 관점에서 하위 계급과의 연대로 진일보시킬 수 있다. 정치 공학과 경제적 전략, 문화 헤게모니 그리고 과학 기술의 합리성은 중심부와 주변부의 관계에서 새롭게 신체정치적으로, 즉 규율, 감시, 처벌, 길들이기를 통해 전개될 필요가 있다.

예를 들어 성에 대한 담론의 고고학적 분석은 의학, 행정, 사회제도의 네트워크에서 복합적으로 논의되고, 형성되며 국가의 입법적인 승인을 통해 사법적인 효율성과 규율로 실천된다. 여기서 신체정치적 접근은 자본주의 발전에서 섹슈얼리티가 어떻게 사회적으로 구성되고 감시되며 규제되는지에 주목한다. 국제기구들과 제도들에서 나타나는 담론에 대한 고고학적 분석은, 예를 들어 자유무역협정에서 주변부 국가들에 부과되는 노동 분업과 전문화 그리고 노동 조건이 어떻게 규율되고 감시되며 통제되는지에 주목한다. 신체정치적 차원에 어떤 권력관계의 그물망에 들어있는지 분석된다. 세계 내적 금욕주의라는 자본주의적 정신(베버)은 자본 축적의 기독교적 성격과 더불어 파악되어야 한다. 그리고 작업장에서 노동자의 신체 규율과 감시 그리고 소외 현상은 테일러 주의와 포드 대량 시스템에서 결정적이다.

고고학적 분석이 합리화와 적법성에 대한 사회 문화적 과정에 관여하고 담론과 에피스테메의 역할을 다룬다면, 신체정치학은 권력관계가 인간의 신체 특히 노동자의 몸에 규율과 감시와 지배와 처벌을 통해 어떤 병리학적인 측면을 기입하는지에 주목한다. 담론 분석에 기초된 푸코의 계보학적 방법은 포스트모던 제국 이론에서 정보기술 합리성과 네트워크로 환원된다. 따라서 제국의 이론에서 다국적 기업과 연방 국가를 초월하는 기업들이 어떻게 글로벌 독점 자본으로 기능하는지 나타나지 않는다. 그리고 이러한 글로벌 지배 시스템이 구조적 폭력과 부등가 교환에 어떻게 그물망처럼 엮어지면서 신식민주의 조건을 만들어 내는지 전혀 검토가 되지 않는다.11

저자는 신체정치 이론을 고려할 때 착취, 분열, 침투라는 식민지주의 조건이 어떻게 전체사회 조직에서 작동되며, 사회 계층과 공론장에서 어떤 영향(규율, 감시, 지배, 처벌)을 행사하는지에 주목한다. 또한 구조적 폭력이 신체정치학을 통해 주변부의 정치적, 경제적, 문화적, 인종주의 영역에서 어떻게 작용하는지 볼 필요가 있다. 이것은 위로부터 계급투쟁이 어떻게 강화되고, 지배 담론이 어떻게 규범화되는지 보게 한다. 저자는 이것을 사회학적 접합이론으로 발전시키며 글로벌 주권 지배에서 드러나는 신식민주의 조건에서 여전히 연방 국가들은 제국주의적 경쟁과 투쟁으로 각인된다. 이러한 신식민주의 현실은 오히려 위로부터의 계급투쟁을 강화하고 심지어 예방전쟁이나 지역 전쟁으로 합류된다.

이러한 사회학적 접합이론은 연방 국가들의 역할을 평가절하하는 포스트모던 제국 이론에 제동을 걸며, 익명의 글로벌 슈퍼 파워는 여전히 연방 국가들의 경쟁과 투쟁에 엮여 있다고 파악한다. 이런 입장은 제국 이론가들의 다음과 같은 주장에 수긍하지 않는다: "심

---

11 Hardt and Negri, *Empire*, 31.

지어 가장 지배적인 연방 국가들도 이들의 경계의 외부나 심지어 내부에서 더 이상 최고의 주권의 권위를 갖는 것으로 생각할 수가 없다."[12]

제국 이론은 포스트모던 리바이어던을 옹호하며, 이러한 통제 국가는 연방 국가들의 경계를 초월하는 지고의 주권 지배를 갖는다. 그러나 무의식적으로 제국 이론은 신자유주의 논쟁을 답습한다. 왜냐하면 제국의 이론가들은 심지어 미국을 '호혜로운 헤게몬'으로 비판하지도 않는다. 글로벌 제국에서 어떠한 연방 국가도 제국주의적 정책으로 인해 비난당하지 않는다. 그것은 익명의 제국의 이름으로 행해지기 때문이다. 익명의 제국은 국제기구와 제도들을 통해— 존 스튜어트 밀이 말한 것처럼— 혜택을 주는 독재자(benevolent despot)로 등극해야 하는가?[13]

이러한 글로벌 주권 타입의 이념형에 대립하여 푸코의 신체성치 이론은 규율적인 기술과 규제 방법에서 드러나는 상관관계에 주목하고, 불평등과 착취의 영역에서 예속되거나 밀려난 자들에 대해 분석을 한다. 이것은 필자의 접합이론이 세계체제 차원에서 유효한 역사에 관심하는 이유이기도 하다. 여전히 신식민주의 관계에서 각인되는 부등가 교환과 개발 논리가 어떻게 글로벌 조직들과 대리 기구들에서 국가 간 협상과 조약 그리고 계약에서 드러나는지 관련될 수 있다. 여기서 유럽과 미국의 헤게모니 담론은 고고학적으로 분석되고 권력관계의 그물망에 장착되는지를 추적한다.

---

12 Ibid., xi.

13 McCarthy, *Race, Empire, and the Idea of Human Development*, 221.

글로벌 노동 분업과 정치 동맹

담론과 권력의 그물망에 대한 접합이론은 골비처의 자본주의 혁명에서 드러나는 신식민주의 조건과 구조적 폭력의 타입을 보충하고 여기서 착취, 분열 그리고 침투의 계열과 전략을 해명한다. 골비처의 제국주의론은 대체로 요한 갈퉁(Johan Galtung)에게 의존하는데, 국제기구들이나 대행 조직들에 담겨 있는 담론 분석과 신체정치 권력은 큰 주목을 받지 못한다.

그러나 갈퉁의 사회학적 분석에서 중요한 것은 다음과 같다. 글로벌 착취의 현실은 수직적 노동 분업에 기초하며 주변부는 원료 제공자의 역할을 하고 값싼 노동력과 시장을 중심부에 제공한다. 여기서 다양한 착취의 은닉된 형식들은 기술 이전, 무역협정, 채무 보증과 이자율 상환, 더 나아가 은행과 통화제도의 병합에서 중심부의 이해 관계에 따라 조절되고 재편되는 데서 볼 수가 있다. 다국적 기업이 설정되고, 생산을 주변부 국가들로 분배하고, 중심부 국가가 금융 리서치, 재정 관리 그리고 행정을 떠맡도록 한다. 주변부의 생산은 이전 식민주 주인을 위해서 일을 하게 되고,[14] 유럽과 미국의 우위 권을 포스트콜로니얼 정치적 독립의 외관을 통해 탄력 있게 만든다.

다른 한편 주변부의 정치 엘리트들은 중심부의 권력 엘리트들과 연계되며 경제적 이해와 문화적 영향 그리고 중심부 교육 기회를 자녀들에게 제공하며 군사적 지지를 받는다. 환태평양(Pacific Rim) 지역에서 미국의 군사동맹은 전형적인 실례를 제공한다. 이러한 지

---

14 Ibid., 43.

역들의 정치 엘리트들은 권력관계의 지평적 라인을 형성하며, 중심부의 권력 엘리트들과 더불어 간다. 시민 사회와 공론장은 이러한 노동 분업의 이중 라인(수평적인 경제분업과 지평적인 권력관계)에서 식민지화가 되고 만다. 예민하고 신중한 구조적인 제국주의 타입은 물질적인 삶과 더불어 문화적이며 상징적인 스펙트럼을 통해 지배와 폭력을 제국주의 관계들의 특징으로 강화한다.[15] 군산 복합체는 정치 엘리트들과 군비 생산 기업과 연계를 통해 전쟁 수익을 추구하는데, 주변부의 동맹 국가의 권력 엘리트들을 통한 무기 판매는 잘 알려진 사실이다.

중심부의 엘리트들의 분할 전략은 주변부들 간의 합력과 동맹을 봉쇄하며, 중심부의 노동 계급을 사회 계층에서 중산층으로 공고화한다. 이들은 기존 사회의 현상 유지로 삽입되며 개혁과 혁명을 수행하는 주체로 활동할 수가 없다. 이것은 중심부의 엘리트늘에 의해서 수행되는 분화 또는 분열 전략이며,[16] 주변부의 정치 엘리트들 역시 이러한 전략을 모방하고 답습하기도 한다.

중심부와 주변부 간의 분할 전략에서 귀족화된 노동 계급은 정치 권력 엘리트들과의 합력과 동맹을 통하여 신분 상승을 꾀하지, 사회 운동을 위하여 주변부의 노동 계급과 동맹을 시도하지 않는다. 인간 의식은 노동의 수직적 분업과 또한 권력의 지평적 라인에서 드러나는 복합적인 구조로 각인되고, 이것은 사적 유물론의 관점에서 분석된다.[17] 또한 담론과 신체정치의 접합이론에서 노동의 수직적 분업

---

15 Gollwitzer, *Die Kapitalitische Revolution*, 46, Footnote 1.

16 Ibid., 44.

17 Ibid., 75.

과 지평적 권력관계들은 규제, 감시, 지배 그리고 처벌을 통해 글로벌 주권으로 확대되어 나간다.

국가와 종속이론

골비처의 자본주의 혁명 테제는 마르크스의 계급 없는 사회를 위한 혁명에 거리를 취한다. 오히려 골비처는 후기 자본주의 단계에서 신식민주의 타입의 구조적 폭력에 주목하고, 주변부에서 벌어지는 착취와 종속을 분석한다. 자유의 영역에 속하는 혁명은 필연의 영역에서 개혁과 혁명으로 접근되며, 계급 없는 사회가 지상에서 수립되는 것은 하나님의 혁명과 일치하지 않는다. 그러나 하나님의 혁명, 즉 새 하늘과 새 땅은 인간의 실천으로부터 오지 않는다.

골비처의 사회과학적 이론은 주변부 국가의 종속 상태와 불평등 발전을 종말론적 개혁과 혁명의 정치를 통해 접근하려고 한다. 여기서 국가의 역할은 마르크스주의자들처럼 지배 계급의 도구로 거절되지 않는다. 국가는 신자유주의 경제정책에 저항해서 규제와 개입해야 하며, 교회는 시민 사회 운동과 더불어 국가가 복음의 방향과 노선에 적합한 정책을 펼칠 수 있도록 비판적으로 견인한다. 이러한 입장은 해방신학과 종속이론과는 궤를 달리한다.

예를 들면 앙리크 뒤셀(Dussel)은 마르크스의 소외와 잉여가치론에서 윤리적 차원을 칸트의 정언명법의 빛에서 발전시켰다. 해방의 윤리는 경제적으로 착취를 당하는 자들과 깊이 연대한다. 마르크스의 과학적 방법은 경제의 존재론을 구성하며 인간학적으로 그리고 윤리적으로 설정된다. 자본주의 체제는 살아있는 노동의 관점에서 비판적으로 해석된다. 잉여가치는 생산의 영역에서 자본가에 의해 지불되지 않은 노동시간에서 일어난다. 착취된 노동은 노동가치론의 중심에 서 있으며, 자본가와 노동자의 물화된 관계를 규정한다.[18]

뒤셀은 마르크스의 소외론을 종속이론에 적용하고 중심부와 주변부의 관계를 다룬다. 세계 경제 관계에서 주변부 자본주의는 중심부 국가와의 관계에서 발전이 지연되고 낙후된다. 이러한 저발전에는 중심부 자본주의의 불평등한 교환을 통해 수익을 추출한다. 불평등 교역에서 잉여가치가 중심부로 이전되는 현실을 뒤셀은 주변부의 노동자들의 삶을 위해 윤리적인 관심으로 발전시킨다. 이들은 "자본주의 경제의 잊혀 버린 타자"들이다.[19]

그러나 칼 오토 아펠(Karl Otto Apel)에 의하면, 뒤셀은 시대착오적이다. 왜냐하면 뒤셀은 유럽에서 사회민주주의 경험을 이전에 존재했던 사회주의 국가들에 대해 보다 나은 대안으로 이해하지 못한다. 아펠에 의하면 뒤셀의 윤리 이론 + 종속이론은 해방의 윤리 철학과 사회과학의 관계를 비판적으로 탐구할 필요가 있다고 본다. 뒤셀의 해방의 철학은 후기 자본주의의 정당성과 현실에 대해 정당한 해명을 하지 못한다.[20] 라틴 아메리카가 민중 민주주의(popular democracy)를 선호하고 마르크스 이론을 여과 없이 종속이론에 적용하는 뒤셀의 논의는 아펠의 사회민주주의와는 양립하지 않는다.

그러나 후기 자본주의는 여전히 대립과 위기를 자본 축적의 발전된 단계 중 하나인 국내 기업과 다국적 기업들의 성장단계에서 가지

---

18 Barber, *Ethical Hermeneutics*, 145.

19 Ibid., 147.

20 Ibid., 144.

고 있다. 후기 자본주의는 국가 규제의 자본주의를 정당화하고, 해외 시장과 기술 관리, 경제적 독점과 계급지배의 사회적 익명성 그리고 매스 미디어의 이데올로기적 기능을 통해 자본을 투자하려고 한다.[21]

그러나 마르크스는 뒤셀의 종속이론과는 다르다. 마르크스의 주요 관심은 유럽 중심적 경제체제와 역사적 발전(산업 자본주의)을 생산양식을 통해 분석하는 것이다. 마르크스의 연구 대상은 독점 단계의 자본주의, 즉 금융자본에 적용될 수 있다. 마르크스 착취 이론은 수익률의 하락 경향의 법칙에서 확정되는데, 독점 자본 아래서 글로벌 경제 관계와 노동 분업을 기초로 잉여가치가 중심부로 전이, 상쇄되고 심지어는 대체되어버린다. 잉여가치의 흡수를 통해 중심부에는 급증하는 잉여 법칙이 수익률의 하락을 봉쇄하고, 자본주의는 붕괴하기보다는 오랜 역사적 시기를 거치며 자본 축적으로 나간다.[22]

그러나 프랭크의 종속이론은 글로벌 자본의 역동적 축적과 국가의 역할에 별다른 주목을 하지 못한다. 라틴 아메리카의 문제는 구조적으로 저발전하며 경제적 잉여는 주변부로 이전되지 않는다. 자본주의 생산 양식의 대립과 역사적 양극화는 이미 중심부와 주변부에 설정되었고. 이러한 자본주의 현실은 주변부로 침투하고 확장되며 저발전을 재생산한다. 주변부의 경제잉여는 중심부의 경제적 발전을 위해 점유되고 이전된다.[23] 이러한 착취 시스템은 자본주의 세계의 연결을 쇠사슬처럼 주변부의 영역을 묶는다. 역사적인 자본주의의 과정과 팽창에도 불구하고 주변부는 잉여 창출에 접근할 수가

21 Habermas, *Legitimation Crisis;* Mandel, *Late Capitalism.*
22 Baran and Sweezy, *Monopoly Capital*, 8.
23 Frank, *Capitalism and Underdevelopment in Latin America*, 10.

없어 낙후해지고 구조적인 저발전이 심화된다.[24]

"저발전"은 종속이론을 특징짓는 핵심 개념이며, 중심부의 잉여 전이와 수탈을 비판한다. 쇠사슬의 연결고리처럼 주변부에서 저발전은 확대되고 심화된다.[25] 종속이론의 대안은 제3세계를 중심부의 세계 경제체제의 연결고리를 국내 생산물에 보호관세를 통해 끊어내고 독립을 유지하는 것이다. 그러나 주변부에서 산업 생산은 중심부와 경쟁할 수가 없다. 그것은 산업을 발전시키기 위해 외국 투자를 유치할 필요가 있다. 주변부의 국내 경제를 글로벌 경제로부터 일탈하는 것은 불가능하다.[26]

더욱이 종속이론은 교환과 무역의 관계에서 중심부의 지배와 착취라는 외부적 요인에 지나친 강조를 하고, 국내의 생산 양식과 국가의 역할, 계급과 신분의 사회 계층에 대한 비판적 분석이 약화 된다. 국내에서 특권층은 누구이며, 지배 체제는 사회 문화적 구성체에서 어떻게 유지되는가, 종교 제도의 역할은 무엇이며, 교육은 사회 취업에서 어떤 기능을 갖는가 하는 문제는 거의 찾아볼 수가 없다. 더욱이 성장에 대한 강조로 인해 자연환경의 파괴에는 거의 주목하지 않는다.

나아가 종속이론은 세계 경제체제의 수직적 그리고 지평적 분업에서 세미 주변부 국가의 역할은 고려하지 않는다. 중간 계층인 세미 주변부 국가는 중심부와 주변부의 관계에서 주변부의 하층 계층에 착취로 그러나 중심부의 상층에 대해 피착취로 나타난다.[27] 이런 관

---

24 Ibid., 9.

25 Ibid., xxi.

26 McCarthy, *Race, Empire, and the Idea of Human Development*, 199.

27 Wallerstein, *The Capitalist World-Economy*, 23.

점은 중국, 홍콩, 싱가포르 그리고 대한민국의 경제 성장의 동력과 현실을 설명해 줄 수가 있다. 새로운 중심들이 중국이나 인도의 몇몇 지역들에서 나타나며, 이것은 동아시아의 지역들에서도 마찬가지다. 이러한 중심 지역들은 세계화 과정에 편입되며 경제적인 반사이익을 얻는다. 신자유경제 이론과 세계화는 종속이론의 한계를 넘어서서 주변부의 독립적인 발전을 세계 시장으로 편입시킨다. 이들이 구호는 "의존을 통한 발전"28이다.

그러나 최근 갱신된 종속이론은 프란츠 힌켈라메르트(Franz Hinkelammert)에게서 나타나는데, 여기서 주변부를 통해 초래된 대립과 저발전은 중심부 안으로 부메랑처럼 편입된다. 중심부는 마치 많은 섬들로 이루어진 열도와 같으며 지구 어느 곳에서 발견된다. 또 중심부는 사회적으로 경제적으로 통합되지 않는 지역들에 의해 둘러싸여 있다. 이러한 열도는 중심부 안에도 여전히 놓여 있다. 이것은 글로벌 북부와 남부의 관계로 구분되는 것이 아니라 중심부 안에서 주변부 세력의 배제를 통해 표현된다.29 이것은 중심부의 사회 계층에서 잘 볼 수 있다.

새로운 종속이론은 세계화를 통한 상대적 이익의 차원을 거절한다. 해외 자유무역은 필연적으로 참여하는 모든 국가들에 혜택을 주지 않는다.30 연방 국가는 자유무역협정을 갱신하면서 경제적 이익을 추구하려고 한다. 북미 자유무역협정(NAFTA)에서 멕시코와 브라질은 이들의 독립적 발전을 상실하고 해외 다국적 기업들의 수중

---

28 Duchrow and Hinkelammert, *Property for People, not for Profit*, 141.

29 Ibid., 146.

30 Ibid., 147.

에 떨어졌다.[31]

새로운 종속이론은 마르크스주의 역사적 경험을 확신하지 않는다. 여기서 성장 정책은 진보의 엔진으로 강조되지만,[32] 이러한 성장 원리는 오늘날 세계화의 신자유주의 정책과 동일한 것으로 비판된다. 글로벌 시장에서 중심부들의 한가운데에 여전히 주변부가 존재한다. 국가는 상품과 자본의 자유로운 유동을 원활하게 하면서 총체 시장의 정치적 대변인으로 작용한다.[33]

그럼에도 불구하고 새로운 종속이론은 국가의 역할을 인정하고 세계 시장의 노동 분업의 명령에 저항하고 비경쟁 부문의 단순 상품들을 보호하고 개입할 것을 촉구한다. 국가는 비생산적인 자본 소유, 즉 금융투기를 방지해야 한다.[34] 이것은 새로운 보호주의를 통해 국민을 위한 소유를 옹호하며, 신자유주의 경쟁, 사유화 그리고 수익원리에 대립한다. 새로운 종속이론은 사회민주주의에 가깝게 접근하고 국민들을 위한 소유를 위해 경제 부문에 대한 국가 개입을 선호한다. 자본주의 체제는 자본 축적과 세계 시장에서 전개되지만, 국가의 지배 아래서 움직인다. 국가 헤게모니와 해외시장에서 자본 축적은 자본주의를 단순히 시장과 수익 또는 임노동의 관계를 넘어서는 것으로 파악한다. 정치 주권의 지배적 역할은 세계 시장의 글로벌 차원에서 결정적이다. 국가는 시장의 중간층과 물질적 삶의 경제적인 하층을 매개하고 통섭하는 최고층으로서 자율적으로 활동한다.[35]

---

31 Ibid., 149.

32 Ibid., 152.

33 Ibid., 146.

34 Ibid., 152.

국가-시장-경제의 위계질서적 관계는 물론 일면적이지는 않지만, 세계 시장에서 자본 축적은 국가의 기능에 중요한 역할을 부여한다. 중심부-세미 주변부-주변부의 계열은 단순히 생산 경제로만 측정되지 않고, 국가의 외교적 능력과 군사적 동맹을 통해서 명료화해진다. 이러한 세계 경제체제는 마르크스주의적인 의미에서 자본주의에서 사회주의로 이행을 어렵게 만드는 장애 요소로 등장한다.

글로벌 지배 구조와 불평등 발전

마르크스에 의하면 사회주의의 독재적 형식은 혁명 투쟁의 짧은 기간에는 불가피하다. 이것은 탈중심 집권적 민주주의와 코뮌을 통한 시의원들과 대표들이 활동하는 사회 공화주의를 말하며, 직접 민주주의 형식과 대표 소환제의 성격을 갖는다. 이것은 개방적인 정치 형태이며 보통선거와 다당 제도와 언론의 자유를 인정한다. 그러나 이것이 당 독재로 영구화될 때, 이것은 영구하게 사회주의 원리와 대립한다.[36]

골비처에 의하면 소련의 몰락은 영구적인 의미에서 당 독재의 종언을 의미한다. 그러나 신자유주의 세계화에서 그것은 자본주의 세계체제의 대재난을 급증시킨다. 기술적인 해방과 개인의 형식적인 자유는 자본주의 혁명에서 이미 성취되었지만, 여전히 탐욕과 지배 그리고 생태학적 파괴에서 취약하다. 오염된 지하수는 부유한

---

35 Arrighi, *The Long Twentieth Century*, 24.

36 Gollwitzer, *Kapitalistische Revolution*, 78.

사회에서도 흐른다.37

중심부의 노동자들은 주변부와의 불균등한 교환을 통해 잉여가치를 누린다. 세계 무역의 구조에서 중심부는 주변부를 형성하고 자신들의 필요와 이익에 맞게 조절한다. 글로벌 경제 현실이 자본주의 무덤을 파는 프롤레타리아를 출현시키지 못했다고 해도 마르크스의 궁핍화 이론은 주변부에서 매우 명백하게 나타나며 미국이나 영국과 같은 중심부 국가에서도 회피할 수 없는 현실이 된다.

침투 전략은 주변부의 경제와 문화 사업에서 드러나며, 교육 시스템과 더불어 주변부 엘리트들이 중심부의 엘리트들과의 연계가 확정된다. 주변부 사람들의 삶의 스타일은 중심부의 문화에 순응되고 지역 전통과 문화는 소외된다. 중심부는 증권투자의 형식에서 주변부로 이전되며 다국적 또는 초 국가적 기업들에서 연방 국가들 간의 경계는 유동적이며 기동적이다. 이러한 침투의 타입은 세계의 통신과 소통을 연결해 주는 정보 양식에서 나타난다. 포스트콜로니얼 삶의 조건에서 정보기술산업과 자본 축적은 서로 맞물리고 정보 양식을 통해 규율의 영역을 담지하는 글로벌 유사 국가로 등장하기도 한다.38

침투의 과정에서 주변부에서 정치권력은 중심부의 권력 엘리트와 동맹을 맺으며, 자신의 권위와 정치적 입지를 공고히 한다. 주권 지배의 글로벌 형식은 흔히 제국으로 불리는데 이러한 글로벌 제국의 지배 안에서 지배적인 연방 국가들의 갈등과 충돌은 여전히 미국

---

37 Ibid., 28.
38 Hardt and Negri, *Empire*, 255.

과 중국의 무역전쟁에서 명백하게 드러난다. 글로벌 지배 체제에 대한 신체정치적인 접근 또는 계보학적 논의는 신식민주의 조건에서 중요하게 수용될 수 있다. 그러나 골비처는 마이클 하르트와 안토니오 네그리의 다음 같은 성급한 주장에 수긍하지 않을 것이다: "미국은 제국주의를 주도하는 국가가 아니다. 사실 어떠한 연방 국가도 오늘날 제국주의 프로젝트의 중심으로 볼 수가 없다. 제국주의는 끝났다. 근대 유럽의 국가들이 끝났듯이 어떤 연방 국가도 세계의 리더가 되지 않을 것이다."[39]

이와 달리 골비처에게 제국주의는 사멸하지 않는다. 글로벌 주권의 제국 지배 안에서 착취, 분할 그리고 침투의 결합은 군사력과 대량 살상 그리고 이데올로기 선전 선동에서 보충되고 확대된다. 새로운 인종차별주의와 주변부의 문화적 다양성은 스타벅스나 맥도날드에 의해 획일화되지만, 만리장성의 휴게실에서 스타벅스의 커피가 중국 인민들에게 팔려나갈지는 미지수이다. 신식민주의는 후기 자본주의의 제국주의 단계에서 여전히 살아있고, 연방 국가들 안에서 경쟁, 투쟁, 충돌을 통해 기승을 부린다.[40]

미국은 여전히 워싱턴 컨센서스(Washington Consensus)—IMF, 세계은행, 연방재정국—를 통해 신자유주의를 양상하고 세계 경제를 지배하지 않는가? 워싱턴 컨센서스의 자유시장 게임은 중심부의 가장 능력 있는 플레이어들을 위해 만들어진 것이다. 이들은 글로벌 조직과 제도 그리고 협정과 조약들을 IMF나 세계은행 그리고 세계

---

39 Ibid., xiv.

40 Gollwitzer, *Die Kapitalistische Revolution*, 45.

무역기구 등을 통해 지배한다. 오늘날 리버럴 글로벌주의는 글로벌 착취 현실을 주변부 국가의 예속과 저발전에서 알고 있지만, 여전히 이들의 트리오 논리— 착취, 분할, 침투—에 정당성을 부여하고, 중심부의 이해와 특권, 다국적 기업 그리고 주변부의 엘리트들을 모든 영역들에서(정치, 경제, 문화, 교육, 정보 양식 그리고 기술 진보 등) 지배하면서 구조적 예속을 심화시켜 나간다.[41] 여기서 유럽-미국 중심주의와 더불어 중국 중심주의는 부동의 자리를 가진다.

부등가 교환은 자유무역의 기조 아래 간접적 착취의 생산물에서 찾아질 수 있다. 왜냐하면 임금은 주변부 국가들에서 저렴하기 때문이다. 이 국가들이 중심부의 고가의 생산물과 교환할 때 자신들의 상품을 가치에 비해 저렴하게 판매하도록 강요된다. 또한 이들은 중심부 국가의 상품을 가치 이상으로 구매한다. 중심부는 관세를 통해 고임금의 수준을 보호하며 임금을 상승시킨다. 부등가 교환에서 주변부 국가들은 노동력의 가치를 하락시키고 불이익을 감수해야 한다. 이것은 착취의 모든 다른 메커니즘에 새로운 자극을 준다.[42]

노동 분업의 수직적 차원은 중심부와 세미 주변부 그리고 주변부 국가들의 관계에서 드러나는 불균형 발전에서 찾을 수 있다. 착취의 구조에서 부등가 교환은 주변부 국가들의 저발전의 주요 원인이 되며 저렴한 임금은 중심부와 주변부 간의 자본 축적의 과정에서 상이한 자본의 유기적 구성에 따라 형성되며, 결국 이것이 저발전의 귀결로 나타난다.[43]

---

41 McCarthy, *Race, Empire, and the Idea of Human Development*, 198.
42 Arghiri, *Unequal Exchange*, 130-131.
43 Marx, *Capital* I, 762.

자본의 유기적 구성은 마르크스 분석에서 결정적인 공식에 속한다. C(불변자본)+V(가변자본)+S(잉여가치)는 총가치(K*)와 같다. 불변자본은 기계류, 건물, 원자재 등에 투자되며, 이것은 노동력에 투자되는 가변자본과 구별된다. 가변자본은 잉여가치 산출과 관련되며, 잉여가치율은 잉여가치와 가변자본과의 비율로 측정된다(s/v=s*). 생산 과정에서 모든 자본은 생산 수단(가치 구성)과 살아있는 노동력(자본의 기술적 구성)으로 분리되며, 이러한 결합을 자본의 유기적 구성으로 부른다.

자본주의 생산 양식은 유기적 구성에 따라 사회과학적 분석의 틀로 들어올 수 있으며, 세계체제 안에서 주변부 국가들에서 나타나는 저임금과 저발전을 다룰 수가 있다. 중심부와 주변부 사이에서 일어나는 자본의 유기적 구성의 다른 할당과 배열은 불균형한 발전과 더불어 부등가 교환의 문제를 해명할 수가 있다. 부등가 교환에서 중심부가 여전히 유리한 지점에 있으며, 주변부에서 노동착취와 저임금 문제는 심각해진다. 구조적 지배 구조나 폭력의 저변에 깔려있는 것은 자본의 유기적 구성에 대한 분석에 기초하는데, 중심부의 불변자본이 절약될 때 상대적으로 임금 상승이 나타나기도 한다.

자본이 유기적 구성과 해외 수직적 분업 그리고 지평적인 정치 동맹은 정치, 경제, 문화적 형식들에서 착취, 분할 그리고 침투로 나타난다. 이러한 신식민주의 조건은 정치 헤게모니와 국가 권력의 작동과 관련되는데, 연방 국가는 양자 협정을 통해 자본의 흐름과 운동을 원활하게 조직하고 배열한다. 이것은 노동 분업의 수직적 차원에서 볼 수 있다. 그리고 지평적 차원은 중심부와 주변부 사이에서 정치 엘리트들의 연합과 결속으로 드러난다. 노동 분업의 수직적 차원에서 부등가 교환과 불균등 발전이 경제적 측면에서 자본의 유기적 구성을 분석하면서 파악할 수 있다. 이것을 통해 계급투쟁과 사회 계층에서 드러나는 불평등과 부정의를 파악할 수 있게 된다.

반면에 수평적 차원에서 나타나는 정치 엘리트들의 결속과 단합에서 주변부에서 정치권력은 한층 더 중심부 엘리트들의 지지를 통해 권위와 헤게모니를 형성하며, 이러한 정치적 계층은 중심부의 지배 담론과 지식 체계를 주변부의 사회 계층과 공론장에서 확정된다. 이러한 복합적인 구조를 통해 예민하고 신중한 타입, 즉 구조적 폭력과 지배가 영속화된다. 국제간의 노동 분업에서 자유무역의 교환은 주변부 국가들에게 이익을 증대해주지 못한다.

불평등의 현실은 다국적 기업에서도 나타나는데, 기계, 장비 그리고 자동차 수입에서 불균형의 발전과 추세가 강화된다. 자본수출의 주요한 흐름은 중심부 국가들에서도 나타나며, 이것은 중심부에서 주변부로 일면적으로 흐르지 않는다.[44] 지배와 예속의 새로운 메커니즘은 국적이 없는 초국가 회사들과 거대한 과두체제의 기업들에서 자본 투자가 행해지고, 기술 예속의 물질적 토대를 제공한다. 외부와 내부의 구분은 더 이상 어려워진다. 자본주의 혁명은 모든 다른 경계들과 연방 국가 그리고 문화들을 통합하고 지배하며 세계체제로 나타나고, 공론장과 사회 계층에서 구체적인 현실로 드러난다.

---

44 Mandel, *Late Capitalism*, 351.

자본주의와 파시즘

신식민주의 현실을 다룰 때 우리는 "사회주의인가 아니면 야만인가"(로자 룩셈부르크)라는 질문 앞에 마주한다.[45] "자본주의 지배는 특수한 생산 양식에 기초하며, 누구든지 자본주의를 말하는 사람은 파시즘을 말해야 한다"(호르크하이머).[46] 호르크하이머와 더불어 틸리히 역시 말한다. "서구 문명의 미래는 사회주의 아니면 야만이 될 것이다. 야만으로 돌아서는 데서부터 유럽 사회의 구원은 사회주의에 놓여 있다."[47]

파시즘은 강력한 민족주의를 강조하면서 국가 권력을 기반으로 정치권력으로 부상한다. 그것은 노조와 노동당을 공격하며 해외 국가들의 자본가에 저항한다. 자본주의의 민족주의 형식은 유대인 자본가들을 제외하고 보존된다. 나치의 관제 경제 모델에서 개인 자본가들은 통합된 민족 경제로 예속되며, 자본주의의 대립을 제거하려고 한다. 자본주의의 대립은 경제적 정체 현상에서 볼 수 있고, 시대적으로 생산의 낮은 수단과 대량 실업에서 나타난다.[48]

이러한 자본주의 경제 문제들은 파시즘의 부흥을 지지하는 배경이 되고, 정치권력 장악은 통제 국가로 이어진다. 독점 기관들은 권위적인 국가기구들로 집중적으로 흡수되며, 이것은 간략하게 국가자본주의로 표현될 수가 있다. 이러한 국가자본주의는 고도로 중앙

---

45 Gollwitzer, *Die Kapitalistische Revolution*, 66.

46 Ibid., 71.

47 Tillich, *The Socialist Decision*, 161-162.

48 Sweezy, *The Theory of Capitalist Development*, 343.

집권적이며, 국가 주도형의 경제가 되며, 국가의 완벽한 지지와 보호를 받는다.[49]

강성 국가가 형성되고 이전 존재하던 계급의 균형이 분쇄되며 새로운 재분할 전쟁이 준비된다. 의회 민주주의에서 경제와 정치적 실권이 있는 지배 계급들은 파시즘 아래서 하나로 병합된다. 지배 과두제를 가지고 있는 국가의 경제적 기능의 팽창은 자본의 집중과 맞물리며, 이것은 "국가와 독점 자본의 형식적인 야합"으로 부를 수 있다.[50]

파시즘에서 결정적인 것은 정체 현상과 대량 실업이며 이러한 문제를 해결할 수 없는 무능함에 있다. 결국 이것은 군사주의와 제국주의 전쟁을 불러일으키며 자본주의 대립 안에 자리 잡고 있는 현실이 폭력과 희생으로 드러난다.[51] 대립으로 취약해진 자본주의 단계에서 파시즘이 출현하며 상황이 경제 위기로 인해 위험해지고 손상을 입을 때 파시즘은 자기 파괴의 야만의 얼굴을 드러낸다. 리버럴 민주주의는 소유 계급의 얼굴을 가지고 있고, 경제 위기 앞에서 공포를 느낄 때 파시즘 앞에 얼굴을 조아린다. 의회 민주주의 선거에서 사회주의로 갈 것인지 아니면 파시스트 독재로 갈 것인지 결정할 때, 결국 파시즘이 선택된다.

골비처의 견해에 의하면 자본주의 국가인 칠레의 경우 군사 파시즘에 취약한 것으로 드러난다. 설령 의회 민주주의가 사회주의 이행기로 파악된다고 해도 독재가 없는 자본주의는 유지될 수가 없다.

---

49 Ibid., 341, 344.
50 Ibid., 340.
51 Ibid., 344.

골비처는 1973년 살바도르 아옌데(Salvador Allende) 대통령에 대한 칠레의 군부 쿠데타에서 드러난 정치적 교훈을 상기한다. 자본주의의 위기 상황은 칠레가 사회주의 정책을 버리고 파시스트 쿠데타와 독재 지지로 결론 난다.[52]

미 정부의 지원을 통해 칠레 공군부대는 칠레의 대통령궁을 폭격했다. 아이러니하게도 민주적으로 선출된 아옌데 대통령은 닉슨 행정부에 의해 민주주의의 위협으로 간주되고 대통령궁에서 살해당했다. 이후 칠레는 독재자 피노체트(Augusto Pinochet) 장군에 의해 권력이 장악되었다. 피노체트는 이후 17년간 칠레를 지배한다. 처음에는 군사 독재로(1973~1981), 이후 1981년부터 1990년까지는 피노체트에 의해 조직된 국민 투표를 통해 새로운 헌법을 승인하고 대통령의 권좌에 앉는다. 피노체트는 1998년까지 군부의 최고 지휘관으로 자리를 지켰다. 1998년 10월 피노체트는 스페인 정부의 요청으로 런던에서 체포되고 인명 학살과 테러 범죄로 재판에 회부되기도 했지만 결국 빠져나갔다.

다른 한편 시카코대학 경제학부의 수장이었던 신자유주의 거두인 밀톤 프리드만(Milton Friedman)의 도움을 통해 칠레에 신자유주의 경제가 도입되었다. 신자유주의가 군사 파시즘에 결합하는 역사적 선례를 여기서 만날 수 있다.

골비처는 이러한 야만적인 행위를 위로부터의 계급투쟁의 실례로 파악하고 특권층들이 민주주의를 제거하고 저항자들을 살해하는 폭력으로 나간다고 말한다. 위로부터 오는 계급투쟁의 비판적

---

52 "Lehrstück Chile," Gollwitzer, *Die Kapitalistische Revolution*, 132-137.

개념은 신식민주의에서 나타나는 신체정치 전략에서도 볼 수 있다. 이것은 공론장에서 사회 규율의 시스템과 자유의 억압 그리고 군사 개입으로 특정된다. 이것은 포스트콜로니얼 국가와 예속된 지역에서 일어나는 경제적, 정치적 변형의 기본적인 동력이 된다.[53]

세계체제와 전쟁 사회학

세계질서를 신체정치학으로 재편하는 과정에서 미국의 신자유주의 정책은 연방 국가들의 역할과 지역 전쟁을 다룰 때 전혀 다른 방식으로 관여한다. 후기 자본주의에서 자본 축적은 국가 권력의 기능과 정당성에 속하는데, 여기에 군산 복합체 자본가들의 관여와 이윤 추구가 두드러지게 나타난다. 2022년 2월 러시아의 우크라이나 침공을 보면 더 이상 좌·우파 이념으로 구분할 수 없는 애매함이 드러나고, 어떤 지배 방식이 작동하는 지로 평가된다. 이것은 하버마스가 말하는 전망의 불투명성을 말한다. 주변부의 시민 사회와 제국의 권력 체제와의 전쟁에서 결국 글로벌 시민 사회와 유럽연합의 가세로 인해 미국의 바이든 정부는 경제 이익 추구라는 전형을 반복하며 한발 물러선다. 오히려 중국을 통해 러시아의 전쟁 억지력을 중재하기도 하고 비밀 군사 프로그램을 흘리기도 하면서 전쟁을 부추기기도 한다. 그리고 자신들을 민주당의 좌파라고 말한다.

전쟁에는 역사적인 원인이 존재하지만, 이것만으로 현대전을 설명하기에는 턱없이 부족하다. 전쟁과 신체정치학에 대한 사회학적

---

53 Hardt and Negri, *Empire*, 246.

접근은 러시아와 우크라이나 전쟁에서 타당해진다. 2014년 2월 우크라이나의 오렌지 혁명에 오바마 정부가 개입했고, 당시 대통령인 빅토르 아뉴코비치(Victor Yanukovych)는 부정선거에 대한 거센 비난으로 인해 러시아로 축출당한다. 이에 대한 저항으로 러시아의 푸틴은 크리미아반도를 무력으로 점령했고, 오바마 정부의 치고 빠지는 전략에 응수했다. 이것이 결국 2022년 2월 우크라이나에 대한 러시아의 전면전으로 나타나지만, 여기에는 다양한 정치 경제적인 그리고 사회 문화적인 계기들이 포함된다.

일차적으로 전면전을 위해 전쟁 정당성(*casus belli*)이 발표되고 러시아 민족의 위신과 위대한 영광을 위한다는 명분하에 국민 동원을 향한 집중적인 이데올로기적인 호출(ideological interpellation)과 프로파간다가 시도된다. 여기서 두드러지는 것은 루이 알튀세가 적절히 표현한 것처럼 러시아 국민과 우크라이나 국민을 향한 이데올로기적인 호출이다. 그것은 하나의 민족을 강조하고(일제 시대의 내선일체처럼) 우크라이나의 독특한 민족 정체성과 문화 전통, 특히 스탈린 시대에 자행된 집단 대농장 강압 정책에서 우크라이나인들이 당했던 처참했던 기아 상황을 호도한다. 여기에 반군들이 점령한 지역에서 러시아인들의 보호라는 명목이 추가된다.

더 나아가 북대서양 조약기구(NATO)의 팽창주의를 막기 위해 전쟁은 필연적인 것으로 나타나고 지역 정치(geopolitical)의 중요성이 나타난다. 서방의 동맹 국가는 초기에 경제와 금융 제재로 응답한 뒤 전례 없는 고립 정책을 전개하고, 우크라이나에게 엄청난 군사 지원을 하지만 여전히 수세에 몰린 심리전을 연출한다. 글로벌 매스미디어 정보망을 통해 우크라이나의 자유와 인권이 위협당하고 있다고 규정하고, 더 나아가 러시아의 제국주의 침략을 기정사실로 프레임하고, 우크라이나 난민들에 대한 인도주의적 도움을 국제 사회에 호소한다. 여기에 글로벌 시민 사회의 네트워크와 평화 운동은 엄청난 영향력을 행사한다. 이미 베를린에서 십만 명 이상의 인파가 몰려 푸틴을 히틀러로 낙인찍었다.

신자유주의로 결속된 서구의 제국은 비록 미국에 의해 주도된다고 하지만 우크라이나에서 벌어지는 국지전에서 주도권은 유엔과 글로벌 시민 사회 단체가 가지게 된다. 많은 전쟁 분석가들이 러시아-우크라이나 전쟁 이후 새로운 철의 장막이 세워질 것으로 보지만 이런 견해는 순진해 보인다. 오히려 중국과 대만을 둘러싼 전쟁이 주요 어젠다로 등장할 수도 있다. 대한민국의 향후 평화와 통일 문제는 후기 자본주의 세계체제 안에서 벌어지는 전쟁 문제를 두꺼운 기술로 파악하지 못하면 이데올로기 호출 신호에 먹잇감이 될 수도 있다는 불안이 필자에게 들기도 한다.

후기 자본주의 세계체제 안에서 벌어지는 전쟁에서 가장 중요한 것은 이데올로기 호출을 통한 전면전이다. 글로벌 시민 사회의 마음을 사로잡는 것은 1919년 러시아 제국으로 역행이라는 정치 담론인데, 이는 푸틴의 전쟁 정당성에 쐐기를 박는다.

이러한 전면전에서 수익을 올리는 집단은 군산 복합체의 자본가들이다. 이들은 부분적인 핵전쟁으로 세계질서를 유지할 수 있다는 망상에 잠기기도 한다. 세계체제와 군산 복합체 그리고 이데올로기적인 호출 전략에서 전쟁 사회학은 관료 체제와 맞물려 있다. 국가가 전쟁을 수행하는 과정에서 관료적인 지배 방식은 군비 지출을 늘리고 시민 사회를 국가에 흡수시키며, 이데올로기적인 국가 기제들을 통해(군대, 병영, 경찰, 관공서, 학교, 종교, 매스 미디어 등) 국민을 철저하게 훈육하고 규율화 한다. 여기서 집중적인 관료제의 강압 지배와 명령과 규정은 사회 전체를 전쟁 수행의 정당성을 위해 통제한다. 전쟁을 둘러싼 러시아의 관료 체제와 더불어 유럽연합과 NATO의 관료주의적 지배 방식이 분석의 초점으로 들어와야 한다.

신자유경제 글로벌 과정에서 미국과 중국의 무역 충돌에서 나타난 세계체제에 대한 갈등을 이제 러시아 제국과의 전쟁에서 해결하려고 하지는 않나? 크리미아반도 점령 시에도 중립을 지키던 스위스가 유례없이 제재에 동참한다. 정말로 이상한 전쟁을 우리는 보고 있지 않나? 독점 자본과 과두 금융 지배 체제가 작동되고 있음을 감지한다. 중국이 미온적인 태도를 가질 수밖에 없다. 우크라이나에서 밀리면 끝장이라는 푸틴의 경악스러움이 있지만, 오히려 대만이 이것을 빌미로 한번 해보자는 이데올로기적 동원과 서방 세계의 강력한 무기 지원을 호소하면서 나타날 수도 있다. 핀란드는 지금 어떤가? 전쟁을 기회로 러시아와 핵 평화 협상을 깨고 러시아의 헤게모니를 치고 나오는 상황이다.

더 놀라게 하는 것은 터키의 에르도간 대통령이 우크라이나에게 최첨단의 드론 공격기를 보내고 러시아 탱크들을 한 방에 고물 처리해버리는 것인데, 러시아의 푸틴의 절친인 독재자 에르도간이 어떻게 이럴 수가?

유럽연합 안에서 왕년의 오토만 터키제국의 부활을 꿈꾸어서 그런가? 여기에 시진핑이 푸틴에게 협상하라는 제의는 무슨 상서로운 조화인가? 벌써 바이든과 대만 문제로 인해 교감이 있었는가? 누가 좌파이고 우파이지? 전쟁의 변증법은 이런 이항의 대립을 무용지물로 만들어 버린다.

미국에선 푸틴이 핵을 사용할 거라고 언론에서 도배질할 정도이다. 아니, 제발 사용 좀 해 주라는 신호를 보내는 것처럼 보이기도 한다. 오랫동안 푸틴을 연구하고 가까이에서 일을 했던 미국의 CIA 출신 여성 군사 전문가는 인터뷰에서 당연히 푸틴이 핵을 쏠 거라고 단정 짓기도 한다. 무슨 이런 억지 논리가 있나? 서방의 경제와 금융 제재로 인해 핵 카드를 전략적으로 꺼내 든 것을 미국에선 이미 푸틴이 핵을 곧 쏠 거라고? 참으로 기가 막힌 세상을 살고 있다. 서방 세계도 무서운 속도로 생활세계와 시민 사회가 매스 미디어에 의해 침탈당하고 관료 지배의 포로가 된다. 창살 없는 쇠우리가 이런 것인가? 아니면 가상의 판옵티콘인가?

이런 지배 체제를 통해 국가가 모든 시민들의 신체를 마음대로 할 수 있는 권력이 획득되면, 이들을 전쟁터로 내보내고 대량 살상 행위를 자국의 사법 체계를 통해 합법화하고, 집중적인 이데올로기적인 프로파간다로 사회 전반을 구속한다. 여기서 전쟁 수행자들의 모든 이데올로기적인 담론은 반대자들에 대해 우월한 지식 체계를 확립하기 위해 국가 안보를 강화하고 공포를 주입시키고, 윤리적인 규범과 집단적인 이해관계를 국민에게 강제하며, 국가의 살해 정치와 범죄 행위를 정당화한다.

저명한 전쟁 사회학자인 말레세빅의 말을 경청할 필요가 있다. "이데올로기는 복합적인 과정이 되며, 이념과 실천은 권력관계를 정당화하거나 테스트하는 과정에서 같이 나타난다."[54]

---

54 Malešević, *The Sociology of War and Violence*, 9.

강제와 규율에 대한 사회적 관료 지배는 국가 기제들을 통해 사회 전반에 유포되며, 이에 따라 군사력과 살해 행위가 당연한 것으로 여겨지기도 한다. 이런 식으로 국가의 신체정치학은 전면 가동화된다. 시민 사회는 국가의 이데올로기적인 호출과 담론을 통해 민족의 위신과 영광을 위해 복무하는가? 아니면 이에 대해 저항할 것인가? 이것은 훈육과 규율을 강화하는 관료 지배의 공고함에 달려 있다.

　전쟁에 대한 이러한 신체정치적인 사회학은 전통적으로 전쟁은 자본주의와 군사주의 그리고 민족주의의 연계로 보는 견해와는 달리한다. 이는 민족주의에 대한 이해가 갈리기 때문이다. 민족주의가 시민들 간의 경제적인 일치와 문화적인 자유 그리고 내적인 통합과 민주주의와 사법 체계 안에 주어진다면, 전쟁을 이데올로기적으로 호소하는 민족주의는 여전히 인종주의에 갇혀 있는 것으로 폭로가 되고, 전쟁을 벌이는 나라 안에서 시민 사회의 도덕적인 저항에 부딪힌다.

　전제적인 권력을 행사하면서 이웃의 주변부를 침략하는 경우 침공을 받는 주변부 시민 사회의 결속과 민주주의적인 열망은 전쟁의 승패를 가름하는 잣대가 되기도 한다. 여기서 정치 지도자들의 책임과 심정의 윤리가 카리스마적인 지배로 나타나고, 더 나아가 도덕적 무흠함이 정치적 덕목으로 칭송될 때 전쟁 수행에서 이러한 지도자의 위치는 영웅의 자리로 부상한다. 흠결 없는 지도자의 도덕 정치가 시민들의 애국주의에 불을 붙이고 글로벌 시민 사회의 양심을 강타하며, UN의 제재를 넘어서서 전쟁에 대한 군사적인 지지와 심지어 개입을 낳기도 한다. 리버럴 민주주의인가 아니면 사회주의 독재인가 하는 양자택일이 아니라 글로벌 시민 사회의 가치와 생활세계를 어떻게 핵무기를 통한 권력의 메커니즘으로부터 방어할 것인가 하는 가치 합리성이 전쟁의 중심 원리로 들어온다. 그럼에도 불구하고 전쟁 이후 우크라이나 카리스마적 지배와 지도자의 심정 윤리가 혹시 신자유주의 세계체제의 파시즘의 포로로 전락하지 않을까 하는 것은 필자의 기우일까?

이러한 사회학적 접근은 후기 자본주의의 포스트콜로니얼 세계체제와 지배 방식에서 나타나는 전쟁의 성격을 해명한다. 일차적으로 전쟁은 이데올로기의 집중화와 강압과 규율을 기초로 하는 관료 지배 방식 그리고 여기에 가담하는 군산 복합체의 자본가들의 수익 사업에 기초한다. 그러나 전쟁이 발발하면 주변 국가들의 지지와 글로벌 시민 사회 운동 단체가 전쟁에 같이 개입하는 양상을 보이고, 결국 인종주의를 기초로 하는 전쟁 이데올로기는 파국에 직면한다.[55]

결국 전쟁은 러시아와 우크라이나가 아니라 세계체제 안에서 새로운 양상으로 전개된다. 헤겔의 주인과 노예의 인정 투쟁은 전쟁 종결을 위해 어디까지 인정할 것인가하는 평화 협상으로 나타나지만, 이것은 이후 전쟁의 불씨로 여전히 남게 된다. 그런 점에서 전쟁은 변증법적이다! 주인과 노예의 인정 투쟁은 헤겔이 식민지를 근대의 십자군 전쟁으로 표현했듯이 욕망과 충족의 체계 변화를 자본주의 사회가 해결하지 못하면 해외 정착 식민지 지배로 나가게 된다. 식민지에서 벌어지는 지배자와 피지배의 투쟁은 인정이 아니라 흑인들에 대한 집단 살해(necropolitcis)로 나타나는 것을 알제리 그리고 아프리카 콩고에서 목격한다.

---

55 Sweezy, *The Theory of Capitalist Development*, 310.

여기서 백인 주인은 상품의 물신 숭배로 나타나듯이 신격화가
된다. 그리고 노예는 강제 노동에 시달려 결국 고문과 신체의 유린으
로 인해 쓰레기통에 처박혀 기본적인 생명 보장을 받지 못하는 참담
한 현실을 역사적으로 본다. 그렇게 전쟁은 신체정치학적으로 치러
지고, 동원할 수 있는 모든 이데올로기 기제들(apparatuses)과 정보
통신망을 통해 마치 한 편의 영화를 보는 듯한 이미지를 산출하면서
인간의 의식을 완전히 마비시킨다. 보들리야르가 말하는 시뮬라시
옹이 전쟁 게임이라는 담론으로 연출된다. 전쟁을 통해 수익을 벌어
들이겠다는 글로벌 경제 논리에 앞서 후기 자본주의 세계체제 안에
서 이데올로기와 지역 정치의 이해관계가 전쟁의 일차적인 원인으
로 작용한다. 신자유주의 세계 재편에 비상이 걸려서 이것을 해결하
지 못하면 서구 열강들의 지배 방식에 큰 탈이 생기기 때문이다.

국가 권력은 독점 자본가들을 선호하고 군사 무기를 생산하는
강철 회사나 조선업 등에 호의적이고, 군수산업에서 수익과 자본
축적이 전쟁과 더불어 생겨난다. 제국주의 팽창 정책은 군비 지출에
막대한 예산이 증대되고 국가의 안전과 주변부의 침략을 위해 군사
력이 강화된다.[56]

이러한 사회학적 해명은 골비처의 입장을 해명하는 데 도움을
준다. 골비처는 나치에 저항하는 고백교회(the Confessing Church)에
속했지만, 본회퍼와 달리 포로수용소행을 피하려고 위생병으로 복
무한다. 그의 스승인 칼 바르트에 의하면 국가의 정상적인 과제는
극단적인 경우를 제외하고는 전쟁을 도모하는 것이 아니라 평화를

---

56 Mandel, *Late Capitalism*, 481.

증진하는 데 있고, 시민 사회의 영역과 민주주의와 사회 정의를 국가 기제로부터 방어하는 데 있다. 기독교의 윤리는 재무장이나 무장해제와는 상관이 없다. 오히려 의미 있고 정의로운 생명의 질서를 수립하고 회복하는 데 있다.[57]

사실 국가 권력이 집중화되고 강압과 규율의 관료 지배가 드러나는 곳에서는 시민 사회의 정의와 민주주의는 치명타를 입는다. 그러므로 전쟁에 대한 저항 운동 내지 평화 운동은 기독교인의 책임과 덕목에 속한다. 이런 측면에서 골비처는 전통적으로 전쟁의 정당성을 옹호하는 이론, 즉 의로운 전쟁 이론에 반대한다. 현대 세계체제 안에서 전쟁에서 핵의 위협은 심지어 지역전에서 조차도 필연적 선택이 된다. 항복인가 아니면 자살인가 하는 핵 위협 앞에서는 억지력이 산출되는 것이 아니라 약소국가의 자살로 막을 내리게 된다. 그리고 세계는 핵전쟁으로 휘몰리게 된다. 아니, 어쩌면 중심부의 국가들은 이것을 역설적으로 원할지도 모를 일이다. 이들이 러시아의 핵전력에 비해 훨씬 앞서지 않는가? 무기의 물신 숭배? 필자의 어리석은 생각이길 바랄 뿐이다.

베트남 전쟁을 분석하면서 골비처는 유럽과 미국 자본주의의 반-민주주의적인 성격을 비판하고, 이것이 어떻게 제국주의와 연결되는지를 말한다. 자본가들과 조직화된 폭력의 과두 정치에서 이데올로기적인 작동은 형식적인 민주주의의 얼굴로 드러나지만, 주변부 국가들을 착취하는 도구로 사용된다. "우리가 베트남의 살육 행위에 침묵하는 한 기독교인이 될 수가 없다."[58]

---

57 CD III/4: 459.

군산 복합체는 결국 미국민들에게 부메랑으로 돌아오고, 군비를 판매하고 수익을 벌어들이는 자본가들은 나치의 배경을 가진 자들과 비밀리에 제휴하기도 한다 . "미국이 행하는 해외 정책의 잔인함이 중지되지 않는 한, 결국 국내의 정책에 대해 잔인함으로 귀결될 것이다."[59]

거대한 군비 지출에서 중요한 것은 전쟁 산업과 해외 정책에서 기술 개발을 통해 사회의 잉여가치가 증대되는 것이다. 그러나 글로벌 무기 거래 시장은 공급과 수요가 아니라 국가의 군사 결정에 대한 신체정치학적인 전략에 의존된다. 정치적인 요인은 군수회사와 군대 지휘관들과 정치가들을 서로의 물질적 이해관계와 권력 유지를 위해 융합시키면서, 군산 복합체를 발전시킨다.

지속적인 군비 경쟁은 높은 고용수준을 창출하는 배경이 되지만, 그 위기는 수익률의 평균적인 하락에서 나타난다. 결국 이러한 경제 위기가 전쟁 형식으로 분출한다.[60] 상품의 물신 숭배의 매력은 이제 공포와 살해의 정치에서 드러나는 파괴로 전환되며, 지역 패권을 다루는 제국주의는 주변부의 국가들의 주권을 핵무기로 무장한 중심부의 국가에 종속시킨다.

이러한 사회학-신체정치학적인 분석은 전통적으로 정당한 전쟁에 대한 이론을 순진한 것으로 거절할 수밖에 없다. 나폴레옹 전쟁에 참여했던 독일 장군 칼 폰 클라우제비체(Carl von Clausewitz)의 전쟁 이론이 전술과 전략 그리고 군사 훈련 집중과 단순함을 강조한다면,

58 McMaken, *Our God Loves Justice*, 129.

59 Ibid.

60 Mandel, *Late Capitalism*, 308.

이제 세계체제에서 벌어지는 전쟁은 고도의 이데올로기화와 관료 지배 체제, 군산 복합체의 자본가들의 훈수 그리고 기술통신과 정보 망으로 치러진다. 클라우제비체가 무덤에서 자기 전쟁 이론이 잘못 된 것임을 후회할 것이다. 전쟁이 비즈니스가 되어 있고, 소수 자본 가들의 손에 마이다스의 황금처럼 작동하기 때문이다. 그러나 이걸 로 인해 망하고 만다.

후기 자본주의에서 군비 경제가 수익과 독점을 기술 발전을 통해 산출하는 한 군국주의의 정책은 강화될 수밖에 없다. 이러한 전쟁 논리는 분할-착취-침투라는 신식민주의 논리를 뒷받침한다. 군국 주의를 세속적인 맘몬으로 비판하면서 골비처는 평화에 대한 헌신 은 연방국들의 이해관계와 경제적 수익을 희생시키는 데까지 나가 야 한다고 강조한다.[61]

전쟁은 무기를 물신 숭배하는 추악한 비즈니스이다. 더 이상 하지 말자. 가급적이면 인정하고 다름을 존중하면서 살자. 이것이 시민 사회의 원리이고 공공신학이 전쟁을 보는 태도이기도 하다.

근대성과 인종주의

인종주의와 제국주의는 근대성의 저변에 깔린 기본적인 특징이 다. 식민지는 인종적으로 조직되고, 인종에 대한 신념과 실천은 정당 화된다. 보편사에 대한 유럽 중심적 개념은 야만 상태에서 문명으로 진화하는 인간 능력의 발전 논리를 표현한다. 이것은 다른 세계와

---

61 McMaken, *Our God Loves Justice*, 127.

관련해서 발전된 입장을 나타낸다. 발전 이론과 실천은 계몽, 근대화 그리고 경제적 진보에 기초하며 신식민지 현실을 드러낸다. 신식민 주의나 신제국주의는 제국이란 말로 사용될 수 있지만, 글로벌 주권 지배에서 드러나는 제국의 현실은 후기 자본주의의 구조적 폭력과 지배 체제에 묶여있고, 그 정당성이 여전히 변호된다.

중심부와 주변부의 지배와 착취는 인종주의에서 명백해진다. 제 국의 신식민적 타입에 따르면 인종주의에 대한 위계질서가 정당화 된다. 과거의 부정의로 인한 상처들은 치유되기보다는 은폐된 형식 으로 남는다. 이것은 구조화된 상징적 폭력에서 드러나며 후기 자본 주의의 경제적 정당성 안에 포섭된다.[62]

인종주의는 자본주의의 발흥과 더불어 생겨났으며, 인종 지배의 이데올로기는 여전히 남아공의 아파르헤이트(apartheid)에서 종교의 옷(특히 칼빈주의 이중 예정론)을 걸치고 드러난다. 특수한 인종의 문화 적 생물학적 열등감이 여기서 부추겨지며 백인들의 지배에 포섭된 다. 비록 자본주의 진보가 인간의 삶과 복지사회에 합리화와 기술 진보를 통해 긍정적인 결과를 가져왔다고 해도 우리는 여전히 자본 주의 혁명이 초래한 위협에 노출되어 있다. 식민주의적 착취는 신인 종주의에 묶여 있고, 인종은 순수하게 생물학적인 측면에서 파악되 지 않는다. 인종에 대한 신념은 권력의 관계망에 잡혀 있으며 포스트 콜로니얼 사회에서 배열된 인종 계층 안에 살아 있다.

골비처는 제임스 콘의 요구를 진지하게 고려한다. 백인 신학에는 흑인이 출현하지 않는다. 식민주의와 노예무역은 유럽의 기독교인

---

62 McCarthy, *Race, Empire, and the Idea of Human Development*, 4.

의 콘텍스트에서 형성되었으며, 식민주의와 기독교 선교에는 인종주의가 깔려 있다. 콘에 따르면, 보수적인 남부의 상황에서 미국의 백인 신학은 기독교를 백인 인종주의로 등치하며, 이것은 리버럴 북부 지역에서 당하는 흑인의 고통과는 무관하다. 백인 억압자의 신학은 아메리칸 인디언들을 살해하고 흑인들을 노예로 삼았다. 리버럴주의자들이 서구 문화에서 불가피한 진보를 언급할 때, 이들의 담론은 흑인 노예의 희생을 대가로 주어진 것이며 남북전쟁에서 희생한 흑인들의 도움이 있었다.[63] 콘의 도발적인 논쟁은 다음과 같다: "만일 하나님이 우리를 위하지 않고 백인을 위한다면, 신은 살인자가 되고 우리는 차라리 신을 살해하는 편이 낫다."[64]

골비처는 흑인 신학에서 드러나는 백인 인종주의에 대한 저항에 동감하고 바울의 텍스트를 통해 연대한다. 바울은 말한다. "유대 사람도 그리스 사람도 없으며 종도 자유인도 없으며 남자와 여자가 없습니다. 여러분 모두가 그리스도 예수 안에서 하나이기 때문입니다"(갈 3:28). 바울의 텍스트는 백인 신학에 대해 메타노이아, 즉 이데올로기 비판을 요구한다. 백인의 죄책 역사에서 백인 신학의 역사적 그리고 사회적 조건은 무엇인가? 기독교인들에 의해 저질러진 반유대주의, 인종주의, 남아공의 아파르헤이트는 홀로코스트, 십자군, 식민주의 그리고 노예무역과 더불어 비판적 반성과 회개가 행해져야 한다.

골비처에 의하면 바르톨로메 라스 카자스(Las Casas, 1484~1566)는

---

63 Cone, *A Black Theology of Liberation*, 22, 47.
64 Ibid., 60.

아메리카에서 하나님이 인디오 주민들과 연대한다는 것을 보여준 예언자적 실례이다. 예속된 원주민들에게 하나님은 더불어 고난당하고, 부패한 스페인 가톨릭에 대항하여 원주민들의 해방과 혁명을 옹호한다. 그러나 종교개혁과 개신교는 아직 인종적 정의를 위한 준비가 되어 있지 않다.[65] 자본주의 혁명은 백인 개신교인들(영국과 화란)의 혁명이며, 세계사에서 승리를 거두었다. 그러나 이 혁명은 노예제도의 새로운 시대를 열었고, 오늘날까지 인종에 대한 착취와 지배로 남아 있다. 이런 점에서 마르크스가 식민주의의 상황을 '본원적 축적의 기독교적 성격'으로 언급한 것은 옳다. 골비처에 의하면 마르크스『자본 1』24장은 모든 신학자들이 반드시 읽어야 하는 텍스트에 속한다.[66]

종교와 식민주의

콜럼버스의 신대륙 발견 이후(1492), 1480년 이사벨라 여왕의 주도 아래 카스틸 의회(the Council of Castile)가 성립되고, 해외에서 황금을 찾기 위한 일종의 십자군 전쟁인 식민주의 프로젝트를 추구하기 시작했다. 자본주의의 역사적 발전 단계에서 제노아 시대(The Genoese phase)는 향후 세르빌(Seville)과 카스틸 식민지 제국 간의 무역협정을 체결하는 데 기초가 되었다.

1495년 2월 삼백 명의 노예들이 스페인에 도착했고 세르빌에서

---

65 Gollwitzer, "Why Black Theology," 38-41.
66 Ibid., 41.

교회 지도자 폰세카의 돈 쥬안(Don Juan de Fonseca)에게 팔렸다. 그의 보고에 의하면 노예들은 태어나던 날처럼 벌거벗겨진 상태였고 동물이나 다름이 없었다.[67]

제노아 상인들은 아메리카에서 유입된 은을 세르빌의 재정에 충당하고 스페인의 국왕을 도왔다. 노예들은 유럽 정복의 시기에 주요한 상품이 되었고, 북미와 남미의 식민 지배와 더불어 15세기부터 카리브 섬들을 식민지화했다. 아프리카 노예 노동자들은 열대의 조건에서 행해지는 사탕수수 대농장의 작업에서 아메리카 원주민에 비해 더 적합하다고 판단되었다.

더욱이 복식 장부 방식과 더불어(이러한 개선된 장부 기입 방식은 15세기 말엽 플로렌스와 제노아에서 사용되었는데) 중상주의와 제국주의가 출현했고 이러한 연관성은 정착 식민주의와 노예 자본주의 시스템 그리고 민족주의를 통해 특정된다.

바르톨로메 드 라스 카자스(1484~1566)는 1542년에 쓴 그의 책 『인디언들의 항폐: 간략한 보고』(The Devastation of the Indies: A Brief)에서 엔코미엔다(ecominenda)와 식민주의의 고통스러운 역사의 한 페이지를 기록하고 있다.

엔코미엔다 식민 체제는 스페인 국왕의 고안물이고 원주민들을 기독교화하는 이데올로기적 정당성을 의미했다. 스페인 왕은 기독교 개종을 위해 땅과 인디언들을 정복자들에게 할당했다. 엔코미엔다의 주요 기능은 광산과 가축 사육을 위해 노동력을 제공하는 것이었다. 이것은 정복자들의 야만성 특히 라 히스파니올라(오늘날 하이티

---

67 Konig, *Columbus*, 82.

도미니컨공화국)섬에서 행해진 식민주의자들의 참혹한 폭력과 착취를 상징한다.

원주민들은 노예보다 더 열악할 정도로 다루어졌다. 벌거벗긴 삶(*homer sacer*)은 식민주의와 노예제와 더불어 시작된다. 유럽의 자본주의 세계 경제는 16세기(1450~1640)에 시작되며 식민 착취, 노예제 그리고 신체정치적 살해에 기초한다.[68]

포스트콜로니얼 논쟁은 라스 카자스를 둘러싸고 일어난다. 아메리카 원주민들과의 연대는 반식민주의 투쟁보다는 인권이라는 틀에서만 고려된다고 비판되기도 한다. 하르트와 네그리와 같은 제국의 이론가들은 라스 카자스의 평등개념이 기독교적 개종 개념에 기초하며, 여전히 유럽 중심적인 견해에 붙들려 있다고 비난한다.

"라스 카자스는 실제로 당대 이단 종교재판소와 그리 먼 거리에 있지 않았다."[69]

그러나 이들의 주장은 상당한 정도로 문제가 있고 거의 궤변에 가깝다. 무슨 근거로 이들은 종교재판소의 기준을 말하는가? 스페인 종교재판소는 1478년 강제 개종을 촉진하기 위해 세워졌다. 이러한 강제 개종은 참회자들의 공개적인 모욕주기를 포함하는데 특히 당대 유대교와 이슬람에서부터 개종한 자들에게 행해졌다. 라스 카자스의 입장은 강제 개종과는 전혀 무관하다. 그의 복음 선포의 입장은 대화와 설득에 있었고, 특히 그는 하나님이 희생자들의 편에 서 있음을 주장했다. 그의 마지막 유언에서 우리는 다음처럼 읽는다.

---

68 Wallerstein, *Modern World-System*, 94.
69 Hardt and Negri, *Empire*, 116.

나는 하나님이 선하심과 자비를 통해 나를 그분의 사역자로 선택하신 것을 믿는다. … 그것은 하나님이 모든 원주민들을 부르신 것을 위한 것이다. … 거의 50년 동안 나는 이러한 사역을 아메리카와 카스틸(Castile) 사이를 오고 가면서 감당했다. … 스페인 식민주의자들이 원주민들에게 저지른 모든 만행은 (…) 예수 그리스도의 거룩하시고 흠 없는 계명을 위반한 것이다. … 그러한 황폐함과 민중들의 살해는 죄악이며 엄청난 부정의였다![70]

라스 카자스의 입장은 원주민들을 종교재판소란 의미에서 유럽의 문화에 예속하거나 개종시키는 것과는 아무런 상관이 없다. 사실 최후의 심판(마 25:31-46)은 라스 카자스의 사고에 규범적인 것으로 남으며, 구티에레즈의 평가에 의하면 원주민들은 고난받는 그리스도로 여겨졌다.[71]

특히 라스 카자스는 당대 매우 저명한 르네상스 인문주의자이며 신학자인 세풀베다(Juan Gines de Sepulveda, 1490~1573) 주교와의 공개 토론에서 유럽 중심을 넘어서는 입장을 보인다. 찰스 5세는 1550~1551년 사이에 법률학자들과 신학자들을 소집하고 발라돌리드 논쟁(Valladolid Controversy)을 개최했고, 여기서 세풀베다는 식민지 정복에 대한 스페인의 권리를 종교적으로 그리고 철학적으로 정당화했다.

세풀베다는 정당한 전쟁이라는 기독교 교리와 아리스토텔레스

---

70 Las Casas, *Indian Freedom*, 9.

71 Gutierrez, *Las Casas*, 95.

의 자연적 노예 개념(아리스토텔레스『정치학』1권)을 종합하고 식민지에 빚어지는 노예 정책을 옹호했다. 그러나 이에 대립하여 라스 카자스는 자비와 정의의 하나님을 옹호하고 모든 인간은 하나님의 형상에 따라 지음 받았음을 항변했다. 세풀베다와의 논쟁 이후 라스 카자스는 원주민들이 오히려 아리스토텔레스가 말한 신중함—경제적 그리고 정치적—을 본성상, 즉 자연적으로 가지고 있다고 말한다. 원주민들은 매우 신중하며 이들의 공화국을 정의롭게 그리고 경제적으로 번영시키면서 다스리는 사람들이다. 심지어 이들은 이들의 공화국을 다스리는 지배 방식에서 자연적 이성의 규칙에서 볼 때 그리스나 로마의 신중함의 덕목을 앞서가기도 한다.[72]

앞서 언급한 것처럼 마르크스는 본원적 축적의 역사에서 기독교적 식민주의 성격을 날카롭게 직시했고, 중상주의와 산업적인 생산양식의 연계를 말했다. 종교사에서 인간학적이며 예언자적인 문제틀이 존재하며, 이것은 역사적 인물의 다양한 실천들의 배경에 깔려 있고, 다양한 계기들(경제적, 정치적, 이데올로기적, 기술적, 종교-도덕적)에서 인간의 실천은 당대의 에피스테메를 넘어서기도 한다.

이런 점에서 종교 윤리적 실천은 더 이상 계급투쟁의 경제사로 환원되지 않는다. 오히려 그것은 특수한 예언자적 합리성으로서 인권과 희생자들과의 연대를 위한 종교적 효력으로 드러나기도 한다. 이것은 인식론적 파열이며 유럽 중심의 르네상스 휴머니즘과의 투쟁으로 볼 수가 있다. 성서의 하나님은 추상적인 보편성으로 이해되는 것이 아니라 구체적인 보편성 안에서만 구현되며, 오직 이러한

---

72 Las Casas, *Indian Freedom*, 226-227.

구체적 보편성 안에서 하나님은 희생자들의 편을 드는 정의로운 하나님이 되신다.

라스 카자스의 연대의 타입은 당대 유럽 중심의 식민주의 철학에 대립하는 유효한 역사로 자리매김할 수 있으며, 밀려 나간 자들로부터 그리고 이들을 위한 포스트콜로니얼 신학의 전거를 마련해 준다. 이것은 세풀베다의 유럽 중심의 종교, 식민주의 그리고 노예제 옹호와는 결을 달리하며, 세풀베다 주교의 입장이 바로 악명높은 종교재판소의 지배와 억압의 시스템을 대변하는 입장일 수가 있다.

그럼에도 불구하고 라스 카자스의 한계를 묵인할 필요는 없다. 원주민들이 죽음으로 인해 그는 아프리카 노예들을 사탕수수 대농장의 일꾼으로 대체할 것을 제안하기도 했다.

포르투갈을 통해 15세기 중엽 서아프리카 세네갈 주변의 섬들에 악명 높은 노예 감금소가 세워지고, 대서양을 건너 당시 포르투갈의 식민지령인 브라질의 대농장에 보내지면서 엄청난 노예들이 강제 노역에서 죽었다. 아프리카 인종 살해의 신체정치학은 여기서 나타나며 이어 19세기 베를린 회의를 거쳐 콩고 자유국가에서 레오폴드 2세에 의해 대학살이 진행되었다. 인종 문제가 간과되는 신학은 제임스 콘에게는 어려울 수밖에 없다는 것도 이해할 수가 있다.

물론 라스 카자스의 역사적인 이해의 빈곤에 침묵할 필요는 없다. 그럼에도 불구하고 시대의 완벽함을 그에게서 요구하는 것도 무리일 수가 있다. 나의 현재로부터 이해하는 것이 아니라 당대의 역사적 상황에서부터 이해하는 것이 유효한 역사와 포스트콜로니얼의 인식론에서 중요하다.

마르크스와 링컨: 현대의 인종주의

홍미로운 것은 마르크스(1818~1883)는 아브라함 링컨(1809~1865)과 동시대인이었고, 미국의 노예 문제에 지대한 관심이 있었다. 1850년부터 링컨은 뉴욕 트리뷴의 독자였고, 여기에 기고된 마르크스의 글을 관심을 가지고 읽었다. 마르크스는 찰스 다나(Charles A. Dana)의 친구였고, 찰스 다나는 독일어에 유창한 미국 사회주의자면서 뉴욕 트리뷴의 편집장이었다. 1852년 다나는 마르크스를 뉴욕 트리뷴의 영국 통신원으로 고용했다. 마르크스는 미국에서 일어나는 노예 해방 사건에 깊은 관심이 있었고, 미국의 공화제를 독일의 군주제에 비해 높게 평가했다. 심지어 미국의 텍사스로 이민을 계획하기도 했다. 마르크스와 링컨은 노예제도를 공화제 헌법의 위협으로 간주했다.[73]

1865년 마르크스는 1차 인터내셔널을 대표해서 링컨에게 대통령 재선에 대한 축하 메시지를 전했다. 여기서 마르크스는 말한다. 삼십만 노예주들은 링컨을 지지했고, 유럽의 노동자들은 미국의 독립전쟁이 중산층을 위한 새로운 시대를 열었다고 느낀다. 그렇게 미국의 노예 전쟁은 노동 계급을 위해서도 기여할 것이다. 링컨은 당시 영국 대사인 찰스 아담스(Charles Francis Adams)를 통해 감사의 편지를 전했고, 세계에서 인간성과 진보를 위해 헌신하는 친구들의 기대를 저버리지 않도록 하겠다고 말했다. 1968년 마틴 루터 킹은 아브라함 링컨이 남북전쟁 당시 마르크스의 지지를 환영했고, 자유

---

73 Blurburn, *An Unfinished Revolution: Karl Marx and Abraham Lincoln*, 2, 4.

롭게 서신 교환을 했다고 언급했다. 미국의 반공주의는 링컨의 태도에서 배울 필요가 있다.[74]

그럼에도 불구하고 마르크스주의 이론이 계급 지배와 인종 지배의 관계에 별다른 관심을 보이지 않은 것은 한계로 남는다. 인종 이론은 사회학적 틀에서 발전될 수가 있고, 인종 카테고리는 사회 문화적인 콘텍스트에서 해명될 수 있다. 이것은 사회진화론의 입장을 총체적으로 거부한다. 왜냐하면 사회진화론은 백인 우월주의를 식민주의 이론에 기초한다. 그것은 백인의 역사적 부담과 사명으로 채워져 있고, 인종 우월주의 감정으로 스며있다. 사회다윈주의에서 중심적인 것은 생존 투쟁이며 적자만이 살아남는다는 "괴상한" 진보 신념으로 채색된다. 열등 인종이 우월한 인종에게 굴복하는 것은 자연스러운 일로 권장된다. 힘과 권리에서 열등 인종은 자유의 사회 제도를 설립할 능력이 없다. 그것은 후견인과 외부로부터의 강제와 강요를 요구하며, 앵글로 색슨은 다른 열등 인종과의 경쟁에서 승리할 것이다. 승리한 인종은 문명의 진보를 이룰 것이며, 모든 인류에게 혜택을 줄 것이다. 류디아드 키플링(Rudyard Kipling)은 그의 시 〈백인 남성의 부담〉(1899)을 미국의 신문들에 기고했고, 필리핀-미국 전쟁(1899~1902)을 호소했다.[75]

다른 한편 사회다윈주의 인종 이론은 독일의 인종 사회주의와 구소련의 국가사회주의에서 반유대주의를 조장했다. 마르크스와는

---

74 "You know who was into Karl Marx? No, not AOC. Abraham Lincoln". https://www.washingtonpost.com/history/2019/07/27/you-know-who-was-into-karl-marx-no-not-aoc-abraham-lincoln/

75 McCarthy, *Race, Empire, and the Idea of Human Development*, 81.

달리 인종은 사회 문화적 그리고 정치적 관계에서 환원될 수 없는 차원을 갖는다. 근대의 인종 우월주의에서 드러나는 예속과 배제는 상당한 정도로 사회 구성 이론에 의해 대체된다. 사회 구성 이론에서 생물학적 결정주의는 반박된다. 그러나 이것은 여전히 문화 인종주의에서 나타난다. 제국의 인종 이론은 사회 계층 안에서 사회 분리와 차이에 대한 토대가 된다. 서로 다른 인종의 포괄을 통해 인종의 차이는 백인에서부터 이탈의 정도에 따라 배열된다. 다름의 인종주의는 조절과 위계질서의 사회시스템에서 반영된다. 이것은 근대 인종 이론의 우월주의와 예속의 타입과는 다르다. 다름의 포괄주의라는 제국의 전략에서 인종 배제와 불평등은 공론장에서 여전히 드러난다.

이러한 측면에서 "흑인 분리는 제한적이고 임시방편의 분리와는 비교될 수가 없으며, 후자의 분리는 다른 인종 그룹에서 과거나 오늘에도 경험된다. 미국의 역사에서 어떤 그룹도 미국의 도시들에서 흑인들에게 강요된 거주 분리 정책에 대한 고도의 수준을 경험한 적이 없다."[76] 미국의 짐 크로우 법(Jim Crow laws)과 남아공의 아파르헤이트(the apartheid) 그리고 팔레스타나 분쟁은 인종 우월주의, 분리, 증오에 대한 근대의 패러다임에 속한다. 미국에서 피부색에 의한 구분은 인종의 부정의와 위기의 현실을 드러내며, 문화 인종주의는 팔레스타인에서 빚어지는 인종 갈등(이스라엘과 아랍 인종)에서도 여전하다. 이때 불행하게도 유대-기독교 전통이 한 부분을 차지한다.

고전적인 인종 이데올로기는 생물학에 기초하며 문화적 신인종주의와 뒤섞여 있다. 인종주의는 일상의 삶에 영향을 미친다. 제국주

---

76 Massey and Denton, *American Apartheid*, 2.

의 또는 신식민주의는 백인 인종주의에 묶여 있다. 제임스 콘의 테제
—"흑인은 백인신학에서 나타나지 않는다"77—는 진지하게 취급되
어야 하며, 복음은 식민주의와 노예제도에 의해 오염되어서는 안
된다. 그리스도 안에서 우리 모두가 하나인 것처럼(갈 3:28), 복음의
핵심은 모든 인종과 족속들과 언어들에서 온 다수의 백성이 하나님
앞에서 예배한다(계 7:9).

결론적 반성

공공신학은 신식민주의 조건에서 국내와 해외 침투 네트워크를
분석한다. 공공신학의 접근은 신학적이면서 동시에 사회과학적 분
석의 틀을 활용하여 다양한 영역들(정치, 경제, 사법, 문화, 종교)을 사회
구성과 계층 이론의 관점에서 분석한다. 사회 계층은 정치 지배와
경제적 불균형 그리고 매스 미디어의 지배 담론에 의해 지배당하고
식민지화가 된다. 이러한 국내의 상황은 세계체제의 노동의 수평적
인 분업과 연관된다. 다양한 공론장에서 나타나는 사회 계층의 문제
는 각각의 영역에서 위로부터의 계급투쟁과 지배로 조직화 된다.
글로벌 이슈들은 공공 영역에 삼투되며, 이민 문제, 다문화의 조건,
인종차별, 인종과 종교 간의 갈등으로 드러난다.

후기 자본주의의 신식민지 현실을 분석하면서 골비처는 착취, 분
할전략 그리고 침투를 종합하면서 포스트콜로니얼 이론과 신학을
위한 개념적인 틀을 제공한다. 여기서 군사력과 군비 확장, 자연과학

---

77 Gollwitzer, "Why Black Theology," 43.

적 기술 진보와 신인종주의는 위로부터 계급투쟁을 통해 다루어진다. 이러한 개념적 틀에서 필자는 푸코의 담론과 권력 이론 그리고 신체정치학을 글로벌 주권과 헤게모니를 다룰 때 구조적인 지배와 폭력과 연관하여 다루었다.

생활세계의 식민지화에서 자유와 해방의 영역으로 이행은 연대를 위한 것이며, 이것은 자본주의 혁명에 대립하는 하나님의 혁명에 참여하면서 윤리적으로 구현된다. 개혁과 혁명은 서로 대립하지 않으며 시민의식은 연대를 향한 해방의 운동에서 정당한 자리를 갖는다. 필연의 영역에서 자유의 영역으로 이행은 헤겔의 절대지에 도달하는 방식으로 주어지는 것이 아니다. 그것은 접근 운동이며 열린 민주주의와 자발적 연대 의식을 통해 타자에 대한 환대와 인정으로 가동화된다. 국가는 사멸하는 것이 아니라 시민 사회에 의해서 비판적으로 견인되며, 국가는 사회와 시민의 삶을 위해 공동 책임성을 갖는다. 국가는 리바이어던으로 존재하는 것이 아니라 합리적인 시민국가로서 국민주권에 기초하며, 보다 많은 민주주의와 사회 정의 그리고 타인의 인정과 사회적으로 밀려난 자들과의 연대를 향해 움직여야 한다.

공공신학은 "자본 축적의 기독교적 성격"에 대한 역사적 교훈으로부터 메타노이아를 할 수가 있어야 하며, 신인종주의와 제국의 지배에 저항한다. 골비처는 공공신학을 포스트콜로니얼 인식론과 공론장에 통섭하는 탁월한 예를 제공한다. 바르트와 본회퍼와 더불어 골비처는 그의 삶 전체를 통해 하나님 나라의 복음에서부터 오는 방향과 노선을 진지하게 취급했다. 바르트는 죽기 얼마 전 에버하르트 베트게의 본회퍼 자서전에 대한 서평을 부탁을 받고 다음처럼 쓴 적이 있다.

본회퍼는 바르트 자신이 추구하길 원했지만, 충분히 수행하지 못한 복음의 방향과 노선에 충실했다. 바르트는 술회했다. 그것은 "윤리-공동 인간성-섬기는 교회-제자직-사회주의-평화 운동-모든 것을 고려해볼 때 바로 정치적 앙가주망"이었다.[78]

이것은 골비처가 공공신학의 과제와 실천을 위해 자본주의 혁명을 대항하면서 후기 자본주의 현실에서 하나님 나라를 향해 헌신했던 복음의 방향과 노선이기도 했다.

---

78 "Pangritz's Introduction" in Gollwitzer, ...dass Gerechtigkeit und Friede sich kussen, 8.

제 **5** 장

책임 윤리와
문화적 정의

I. 리처드 니부어: 해석, 책임, 타자

리처드 니부어는 사회학을 그의 신학에서 수용하고, 공공의 영역에서 종교와 문화를 다룰 때 사회학의 유형론을 정교하게 취급했다. 니부어에 의하면 우리는 일상의 삶에서 세계와 사회의 삶에 참여하고 나누면서, 서로 연결되고 영향을 주고받는다. 우리의 삶은 타인과의 소통과 친교의 관계로 들어갈 때 윤리적인 의미를 가지며 삶의 제도들을 통해 선을 추구한다.[1] 선한 삶은 인간의 자유를 타인과의 관계에서 도덕적 성격과 선한 의지를 위해 책임적으로 함양하는 데서 찾을 수 있다. 우리가 자신들을 존중하듯이 타인 또한 목적 자체로서 존중과 존엄한 존재로 대한다. 선에 봉사하는 윤리적 중요성은 권리를 고려하지 않은 채 적합하게 파악되기가 어렵다.

사회 윤리의 구성은 메타 윤리적인 인식론과 방법적 논의에 관련되며 세 가지 중요한 문제들을 다룬다. 도덕적 의미론, 도덕적 존재론, 도덕적 인식론이 그것인데, 도덕의 의미와 판단이 무엇인지 하는 물음은 의미론에 속한다. 여기서 선과 악 그리고 옳음과 그름은 의미와 가치와 따라 평가된다. 도덕적 판단의 성격에 대한 물음은 존재론을 말하는데, 이것은 보편적-규범적 기준이나 문화-상대적 또는 주

---

1 Rentorff, *Ethics* I, 51-52.

관적-감정적인 기준에 따라 도덕적 판단을 다룬다. 그런가 하면 어떻게 우리가 무엇이 옳고 그름을 알 수 있는지, 도덕적 판단은 지지하거나 방어될 수가 있는지와 같은 물음은 인식론을 말한다.

이러한 물음들은 서로 구분되지만 연관되어 있고, 각각 다른 문제와 방향을 의미론, 존재론 그리고 인식론으로 취급된다.[2] 책임성에 대한 윤리적 고려가 도덕적 전통과 개인의 삶의 차원 그리고 역사 사회적인 차원의 삶의 자리에 관심한다면, 공공신학은 인간의 반응과 책임에 대한 해석의 과제를 요구한다. 해석은 메타 윤리적인 차원에 관여된다.

반응의 자아는 해석의 질문, 즉 인간의 반응을 어떻게 이해하고 해석할 것인가 하는 것과 교차 된다. 도덕적 의미론은 외적인 사건들에 대한 반응을 취급하고 도덕적 존재론은 역사와 사회에 근거하며, 인간 존재를 도덕적 존재로 파악한다. 이것은 적합한 합리성에 따라 주관적-감정적인 성격을 갖는다. 옳고 그름에 대한 도덕적 판단은 책임과 연대에 대한 반성에서 추구될 수가 있다.

반응의 자아

리처드 니부어(1894~1962)는 메타 윤리적인 차원에서 책임의 윤리를 구성하는데, 해석의 합리성(적합성)을 통해 인간의 반응을 개념화한다. 삶은 주어진 것이며 윤리의 기본 상황을 조건 짓는다. 의무와 책임은 삶의 주어짐을 통해 매개되며, 윤리적 특질의 성격을 띤

---

2 Garner and Rosen, *Moral Philosophy*, 215.

다. 윤리의 기초는 무시간적인 규범이나 행위의 법으로 만들어지지 않는다. 윤리적 접근은 "너는 해야만 한다"라는 진술과 같은 행위의 법을 무시간적으로 인용할 수가 없다. 오히려 그것은 외적인 사건들에 관여하고 적합한 방식으로 해석하면서 삶의 상황을 해명한다.

이런 측면에서 리처드 니부어는 인간의 반응을 도덕적으로 분석하면서 책임 윤리로 제의한다. 니부어의 입장은 신 중심의 도덕철학에 기반하며, 하나님과 연관된 인간 존재를 출발점으로 삼는다. 아레오바고 법정 앞에서 한 바울의 진술은 니부어가 인간의 책임성을 신 중심 도덕철학의 빛에서 도덕적 추론을 발전시키는 데 결정적인 역할을 한다. 바울은 아테네 시민의 종교심을 인정하고 '알지 못하는 신'을 언급한다. "우주와 그 안에 있는 모든 것을 창조하신 하나님께서 하늘과 땅의 주님이시므로… 우리는 하나님 안에서 살고 움직이고 존재하고 있습니다"(행 17:28).

인간의 도덕적 삶은 일반적으로 파악되며 기독교적 삶 자체의 특수성에 주목하지 않는다. 그럼에도 불구하고 니부어의 신 중심 도덕철학은 인간의 삶을 예수 그리스도의 죄의 용서와 구원이라는 기독교의 관점에서 파악하려고 한다.[3] 그의 기본 입장은 매우 간결하게 다음처럼 표현된다: "나는 주장한다. 모든 삶은 반응의 성격을 갖는다."[4] 우리는 해석하면서 응답하며 해석은 우리의 삶에 영향을 미치는 외부적인 사건이나 행동에 대해 다양하게 나타난다. 외부 사건들에 대한 응답에서 나타나는 다양성과 다름을 어떻게 조율할 건가?

---

3 H. R. Niebuhr, *The Responsible Self*, 44-45.
4 Ibid., 46.

반응과 해석의 틀에서 니부어는 윤리의 다양한 타입들을 책임의 의미, 즉 도덕의 의미론을 통해 분석한다. 책임의 의미는 다음의 문장에서 보인다. "위대하신 하나님은 우리를 책임적인 존재로 취급하신다."[5] 책임적인 존재는 19세기와 20세기에 들어와서야 비로소 공통적인 현상이 되는데 그것은 덕, 의무, 선 또는 도덕과 비교할 때 상대적으로 뒤늦은 개념이다.[6]

'만드는 자'로서 인간 존재

책임을 고려하면서 니부어는 윤리의 이중적 목적을 고대 그리스의 격언에서 본다. 너 자신을 알라(Gnothi seauton). 이것은 행동을 위한 지침과 순종을 의미한다. 윤리의 이중적 과제에서 니부어는 인간을 "만드는 자"로 기술하고 목적론적인 타입을 소개한다. 인간은 디자인하는 사람처럼 무언가를 이념과 목적을 위하여 만든다. 니부어는 아리스토텔레스를 인용한다. "모든 기술과 논의 그리고 이와 비슷하게 모든 행동과 추구는 선한 것을 목적으로 하는 생각이다."[7]

아리스토텔레스는 토마스 아퀴나스에게서 신학적으로 표현된다. 인간은 합리적이며 도덕적 존재이고, 인간의 도덕 의지는 합리적 성격을 표현한다. 습관은 출생과 더불어 우리 안에 기입되고, 교육과 선택을 통해 자라나며, 그것은 도덕적 의지의 성향이 된다. 습관과 성향을 이성의 지배 아래서 함양하면서 덕은 선한 목적을 향한 의지

---

5 Ibid., 47.

6 Ibid.

7 Ibid., 49.

의 습관과 성향으로 표현된다. 그것은 우리의 잠재적인 목적을 성취하며, 행복의 궁극적 목적의 수단이 된다. 그것은 덕의 함양을 통한 도덕적 존재론을 말한다. 네 가지 주요한 덕목은 신중함, 정의, 절제 그리고 고통 가운데 용기이며, 인간 존재는 목적 안에 설정되고 합리적인 존재들에게 보편적으로 타당하다.

니부어는 아퀴나스의 입장을 복음의 윤리와 문화의 윤리(아리스토텔레스)의 종합으로 간주하며, 그리스도는 문화 위에 존재한다고 파악한다. 모든 자연이나 본성은 이성에 의해 개념화되고, 이것은 성격상 목적론적이 된다. 모든 존재하는 것은 하나님의 피조물이 되기 때문이다. 아퀴나스는 기독교 아리스토텔레스주의자에 속하는데, 인간의 지성과 이성은 하나님을 목적으로 삼는다. 궁극적 행복은 하나님을 통해 자유롭게 믿는 자에게 은혜로 부여된다. 사회적 삶을 위한 규칙은 이성에 의해 발견되며 그것은 복음보다는 자연법에 구속된다. 자연법은 윤리적인 법에 기초하며, 이것은 하나님의 마음에 참여한다. 그러므로 "문화는 하나님이 주신 자연 속에, 하나님에 의해 주어진 이성의 일이다."[8]

하나님의 법은 예언자들과 계시를 통해 부분적으로 자연법에 일치하고 또한 부분적으로 초월한다. 이성과 계시의 종합에서 권리의 기반이 존재하는데, 이것은 주어진 인간의 문화와 세계에 근거한다. 종합적 타입은 문화의 세계에서 그리스도인과 비그리스도인 간의 지성적 합력을 지지하며 또한 기독교의 신앙을 문화 위로 설정한다.

그러나 니부어의 견해에 따르면 아퀴나스 종합의 타입 또는 도덕

---

8 H. R. Niebuhr, *Christ and Culture*, 135.

의 인식론은 역사적 이해에 대한 결핍이 있다. 모든 인간의 업적은 역사의 과정에서 상대적이며 잠정적이다. 아퀴나스의 한계는 그리스도와 문화를 교권화하고, 하나님의 계명에 복종하는 행동을 통해 교회 지상주의로 공격을 당한다. 아퀴나스의 종합의 모델은 "필연적으로 상대적인 것을 절대화하고, 무제한적인 것을 제한적인 형식으로 환원시키며, 역동적인 것을 고정해버린다."9

토마스 아퀴나스에 의하면, 모든 행동은 의지의 능력에서 초래되며, 그것은 목적에 관련하여 작용한다. 아퀴나스에게서 "의지의 대상은 선을 형성하는 목적이다. 그러므로 모든 인간의 행동은 목적을 위한 것임이 틀림없다."10

목적을 위한 행동을 고려할 때 니부어는 인간을 목적을 위해 행동을 하는 설계자로 파악하고 목적을 향해 가는 인간은 서로 일치한다고 주장한다. 원하는 목적을 향한 과정에서 단계와 접근의 적합성을 논의하는 것이 윤리에서 중요해진다. 교육, 과학 또는 입법은 원하는 목적을 이루기 위한 목적론적 방식으로 분류되며, 인간의 자유는 이러한 상황에서 궁극적 원인을 위한 자기결정으로 드러난다. 인간의 실천이성은 수단을 목적으로 연결하며 자료들을 목적에 적합하게 만든다. 아리스토텔레스는 중용을 적합한 반응으로 이해했고, 이것이 덕을 구성한다고 본다. 니부어는 아리스토텔레스에게서 "두려움, 신뢰, 취향, 분노 그리고 연민을 느끼는 것은 바른 대상과의 관계에서 주어진다. 이것은 바른 동기와 바른 방식이며, 바른 사람들을

---

9 Ibid., 145.
10 Cited in H. R. Niebuhr, *The Responsible Self*, 49.

향하는데, 중도적인 것이 최선이다…"라고 설명했다.[11]

더욱이 니부어는 스토아 윤리를 일차적으로 법과 관련된 목적론적인 것으로 분류한다. 괄목할 만한 것은 스토아의 세계 내재적 이성 개념과 보편적 자연법인데, 이것은 자연에 일반적으로 부여된 신적인 법을 말한다. 실정법의 제정은 여기에 기초하며, 이에 따라 국가와 사회가 발전한다. 모든 진정한 법은 하나님의 보편 이성을 반성하는 것으로 간주되며, 시민법과 국민법은 보편적인 자연법에 일치하여 판단된다. 우주는 이성적인 하나님의 마음에 근거하며, 인간은 타락에도 불구하고 하나님의 이성을 반성하는 존재로 이해된다. 본성적으로 우리 모두는 합리적인 존재이며 기본적으로 동등하다. 이성에 기초하여 인간은 본질적으로 합리적인 존재이며, 우발적인 사건들과 삶의 역경에서 자기를 훈련시킨다.[12]

신의 보편적 법에 근거하여 스토아주의자들은 하나님의 섭리와 종교적 감정을 주장하고, 하나님과 개인적인 친교를 강조한다. 그러나 이들은 세계와 죄에 대해 대립하는 하나님의 나라를 통한 하나님의 의지나 세계변혁을 도외시한다. 하나님과 인간 사이의 존재론적 유사점은 인간과 자연의 유사점으로 바뀐다.

스토아 이념에서 목적론적 성격은 미래에 대한 희망에 있으며, 도덕적 지식의 함양과 연관된다. 비록 민주주의적인 평등함에 기초한다고 해도 스토아주의는 지배 계급의 귀족주의적 정신에 의해 촉진되며 기존의 사회 질서에 대한 윤리적 응답과 개혁을 내포한다.

---

11 Ibid., 57.
12 Wogman, *Christian Ethics*, 20.

사실 평등함은 기본 도덕법의 실제에 근거하며, 이것은 노예 에픽테투스(Epictetus)부터 작가인 세네카(Seneca), 웅변가인 키케로(Cicero) 그리고 최종적으로 로마의 황제 마르쿠스 아우렐리우스(Marcus Aurelius)에서 나타난다. 스토아주의의 신 중심적인 성격에도 불구하고, 범신론적 요소가 드러난다.13

스토아주의는 무감정(apatheia)을 통해 고통의 윤리를 다루며 고통으로부터 자유스러워지길 원한다. 그것은 무감정을 통한 응답이며 여전히 이성에 의해 통제된다. 스토아주의에서 이성은 해석의 능력을 지적하며, 합리적인 것은 자아의 도덕적 행동에서 파악한다. 해석의 기술은 도덕적 자아를 합리적으로 그리고 자유롭게 감정의 영향에 반응하게 하고 덕을 강조한다. 모든 사건에 대한 분명한 해석은 지성적이며 합리적으로 판단되며, 응답은 외부 사건들에 대한 이성적 해석에 의해 인도된다. 지성적 해석은 자기중심적이거나 감정주의 해석에 대립하며, 인간의 자유를 열정에서 자유롭게 한다. 모든 사건들에 감정적으로 좌지우지되는 예속으로 벗어나는 자유는 올바른 해석을 통해 얻어지며, 사건들에 대한 자아의 응답을 변화시킨다.14

해석과 책임

니부어는 도덕 이론이나 신학 윤리에서 도외시된 고통의 문제에

---

13 Troeltsch, *The Social Teaching of the Christian Churches* I, 66-68.
14 H. R. Niebuhr, *The Responsible Self*, 58.

관심을 둔다. 고통에 대한 인간의 응답은 무엇으로 인해 고통을 당하는지에 대한 해석을 통해 행해진다. 고통에 반응하면서 사람들은 자신들의 태도와 성격을 발전시키는데, 인간의 반응은 책임 이론에서 첫 번째 요인이 된다. 이것은 '나'에게 일어나는 것과 더불어 외부 사건에 대한 '나'의 해석의 기능이다. 반응의 윤리는 목적이나 도덕법과 더불어 시작하지 않고 사건과 삶의 주어짐에 대한 인간의 반응 관계에서 드러나는 도덕적 자아에서 시작된다. 고통을 통해 삶을 이해하고 해석한다.

책임 이론의 두 번째 요소는 무엇이 일어나고 있는가와 관련되며, 책임을 적합한 방식으로 고려한다. '무엇을 해야만 하는가?'와 같은 메타 윤리적 수준에서 질문은 당위에 대한 질문에 선행한다. 윤리는 목적론이나 의무론적 타입에서 적절하게 파악될 수 없다. 목적론은 도덕 존재론과 의미론에서 목적이 무엇인지에 대한 물음을 다룬다. 이것은 옳음을 선에 종속시키는 최고선에 관심한다. 도덕적 판단에서의 옳음이란 선에서 찾을 수 있다.

이와는 달리 칸트의 의무론은 나의 삶에서 첫 번째 도덕법이 무엇인지를 묻고, 옳음의 빛에서 도덕적 논의에 접근한다. 의무나 옳음은 선이나 덕의 목적 위에 설정되며, 도덕적 의미론은 목적과 달리 의무의 측면에서 옳은 것을 행하는 데서 추구된다. 의무론에서 도덕적 자아는 법에 대한 복종과 타인들에 대한 존경을 통해 타인들과 연합된다. 자기 입법자로서 인간은 도덕적 자아로 살아가며, 무엇보다 더 법의 현실에 복종한다. 자아는 보편적으로 타당한 도덕법, 예를 들어 계명이나 요구들을 통해 타인과의 관계에서 살아간다.[15] "시민으로서의 인간"(Man-the-citizen)은 인간은 스스로 입법자임을 강조한다.

의무론과 목적론을 구분하면서 니부어는 반응에서 적합한 행동을 책임 윤리에서 파악한다. 적합성은 반응으로서 전체 상호작용에 관련되며, 이것은 선과 옳음으로 연결된다. 이러한 측면에서 니부어는 도덕적 인식론에서 해석을 선과 옳음에 선행하는 것으로 파악하며, 이것은 니부어의 중요한 기여에 속한다. 책임 윤리는 상황에 대한 적합한 해석이 없이는 불가능하다.

해석은 적합한 행동을 형성하고 옹호한다. 책임 개념에서 결정적인 것은 나에게 미치는 외부 사건이나 행동에 대한 반응인데, 이것은 적합하고 합리적인 방식에서 드러나는 해석을 통해서 가능해진다. 인간의 반응은 도덕적 행동이며, 의미 있는 행위를 통해 해석될 때 적합성은 의미 있는 행동이 된다. 해석의 넓은 패턴은 나에게 미치는 외부의 사건이나 행동에 대한 반응에 영향을 주고 결정을 한다. 이것은 반응으로서 인간 존재의 타입을 말하며 또한 해석자로서의 인간 존재를 강화한다. 해석의 동물인 인간은 반응의 동물이 됨으로써 도덕적 존재가 된다. 여기에 합리적인 마음과 더불어 감정과 느낌 그리고 직관이 포괄된다.

반응의 행위는 외부 요인들에 대한 해석에 일치하여 취해지며, 책임성 안에서 우리는 "무엇을 해야 하는가"라는 당위의 물음에 앞서 "무엇이 일어나고 있는가"를 고려한다. 우리는 이러한 질문을 도덕적인 문제에 책임적으로 대답하기 위해 해석한다.16

필자가 보기에 니부어는 목적과 수단의 틀에서 적합성을 고려하

15 Ibid., 71.
16 Ibid., 63.

는데, 니부어의 적합성은 베버의 목적 합리성과 비교될 수 있다. 베버가 목적 합리성과 윤리적 태도를 경제 합리성과 적합성 또는 선택적 친화력에서 본다면, 니부어는 목적 합리성에서 적합성 개념을 추론하고 인간의 반응을 해석한다. 해석의 합리성은 책임과 적합성을 통해 목적을 달성하기 위한 수단이나 도구가 된다. 니부어의 윤리가 도구적 합리성으로 변질되지 않으려면 우리는 책임과 적합성을 해석학적 반성을 통해 해명해야 할 필요가 있다.

적합성은 특별 상황에 관련되어 논의되어야 하며, 이것은 객관적 기술(techne)로 얻어지는 것이 아니다. 외부 사건을 해석하거나 소통을 할 때 드러나는 적합성은 상황과 분리된 개인의 이성이 결정하지 않는다. 오히려 개인 해석의 합리성은 상황에 연루되고 여기서 영향을 받는 합리적 태도를 말한다. 알라스데어 맥킨타이어(Alasdair MacIntyre)에 의하면 아리스토텔레스는 특별한 상황에서 개인이 선하게 여기는 것을 실제로 선한 것으로부터 구분한다. 후자를 위해 아리스토텔레스는 바른 이성에 따라 목적을 성취하기 위해 중용을 선택하고 덕을 실행한다. 이러한 실행은 도덕적 판단을 요구하며, 덕목의 실천은 판단 능력과 바른 것을 바른 장소와 시간에서 바른 방식으로 행하는 것을 고려한다.[17] 덕목은 도시국가의 삶에서 중요하며, 개인은 정치적 동물로서 이해된다. 덕을 바른 성향으로 실행하기 위해 이것은 바른 이성에 기초하는데, 선택은 타자와의 조화를 통해 바른 행동에서 산출되며 공공선을 실현하기 위해 도시국가와의 조화를 통해 재생산된다.[18]

---

17 MacIntyre, *After Virtues*, 150.

이런 관점에서 니부어 해석의 적합성은 아리스토텔레스 중용의 전통에 서 있다. 니부어의 목적론적 덕목의 윤리는 해석학적 반성을 통해 공공선과 정의에 적합한 방식으로 갱신될 필요가 있다. 이것은 정치 도덕적 차원에서 신중함을 지적하며 적합성에 신중함이 우선한다. 목적론적 사고에는 역사성의 결여가 드러나며, 인간의 반응은 역사적 사건에 관련될 때 인간의 신중함과 더불어 나타난다는 측면을 간과한다. 인간은 사회적 존재로서 사회의 조건과 삶의 자리에서 성장하며, 상호 주관적인 소통 안에서 공동선을 지향한다. 아리스토텔레스는 그의 윤리에서 실천적 신중함(*phronesis*)을 중요하게 다루고, 이성은 도덕적 행위에서 이러한 신중함에 일치하여 중요한 역할을 한다. 이성과 지식은 사회적 상황 안에서 성장하고 되어가는 인간 존재와 떨어지지 않는다. 이것은 몸과 영혼의 세계를 분리시켜 몸의 차원을 경시하는 플라톤의 영혼 불멸의 형이상학과는 다르며, 플라톤의 선의 이념은 삶의 차원과 분리된 공허한 일반성으로 변질될 수가 있다.

아리스토텔레스에게 주요 관심은 인간의 행위를 통해 무엇이 인간적으로 선한 것인가 하는 데 있으며, 도덕 지식의 기반은 좋은 습관과 훈련된 태도를 향한 노력(*orexis*)에 달려 있다. 아리스토텔레스의 윤리는 덕을 인간의 실천과 성품에 근거하며, 인간은 그가 하는 행동을 통해 구성되어가는 존재가 된다. 도덕적 행동과 결정을 만드는 것은 특별한 상황에서 바른 일을 행하는 것이며, 이러한 상황 안에서 바른 것을 이해하는 것이다.

---

18 Ibid., 149.

잠재태와 현실태의 발전론적 모델에서 "존재에 대한 지식은 행동 [의 지식]을 쫓아간다"(Esse sequitur operari). 나의 존재는 되어가는 존재이며, 합리적인 행동을 따르며 나의 잠재적 능력을 현실화시킨다. 이러한 존재 우위론은 "행동은 존재를 쫓아간다"(operari sequitur esse)는 입장과는 대립한다. 이것은 존재의 질서에서 행동에 우위권을 둔다. 존재-행동에 대한 서로 다른 입장은 신앙 안에서 예수 그리스도와 더불어 다루어질 수가 있다. 나의 행동은 그리스도의 은혜 안에서 나타난 하나님의 존재를 쫓아간다. 행동은 이러한 변화된 존재의 귀결이다. 이러한 측면은 반응-해석-실천의 연관성에서 믿음의 차원을 강화해 줄 수가 있지만, 니부어는 이러한 신앙의 유비를 간과한다.

그러나 아리스토텔레스에게서 나의 존재는 나의 합리적 행동을 쫓아가며, 부동의 일자로서 하나님은 나에게 올 수가 없다. 이러한 인식론의 차이는 토마스 아퀴나스와 루터의 사이를 극명하게 갈라놓는다. 개신교 전통에서 믿음은 이해를 추구하며 해석과 관련된다.

이런 점에서 니부어에게서 하나님의 말씀을 따라야 하는 제자직과 정의는 자신의 행복을 추구하는 중용이나 적합성—인간 존재가 자신의 행동을 추구하는 합리성—과 해석학적으로 매개되지 않은 채로 남는다. 우리가 특별한 상황에서 바른 행위를 통해 선을 만난다면 해석학적 문제는 특별한 상황에서 관여되며, 해석자는 전통이나 역사에 속한다. 이해는 역사적 사건이 되며, 아리스토텔레스의 도덕적 지식인 신중함(phronesis)은 객관적이나 이론적 지식(episteme)과는 대비된다. 도덕적 이해는 상황의 외부나 그 위에 존재하지 않는다. 도덕적 이성은 상황에 관련되고 역사와 사회로부터 영향을 받는다. 이런 측면에서 신중함은 정의와 공공선과 관련하여 추구될 수가 있으며 행복을 위한 중용만으로 해결되지 않는다. 신중함은 지성적인 덕이 될 수 있으며, 인간에게 무엇이 정당한 것인지를 판단하게 한다. 이것은 적합성을 넘어서서 특별한 경우에 어떻게 정당하고 의롭게 행동하는가 하는 문제로 나아갈 수가 있다.

가다머와 아리스토텔레스

가다머는 해석에서 드러나는 신중함을 공감적인 이해와 연결짓고 해석학의 반성과 경험으로 전개한다. 그러나 가다머에게 정의와 신중함의 관련성은 충분히 고려되지 않는다. 역사와 전통 그리고 사회적 조건에서 인간은 영향을 받지만, 인간의 도덕 이성은 여전히 정의와 공공선을 타자와 공동체와의 관계에서 추구한다. 지성적인 덕목들은 교육을 통해 습득되며 품성의 덕은 바른 이성에 따라 습관적인 훈련으로부터 온다. 이러한 두 가지 측면들은 서로 분리되지 않으며 칸트의 이성과 이해 그리고 자연적 경험에 대한 구분과는 다르다.[19]

이러한 가다머의 칸트 비판에는 여전히 문제가 있다. 칸트는 순수 이성비판에서 이성, 오성-이해 그리고 자연적 경험을 인식론적으로 구분하지만, 그의 도덕철학과 코스모폴리탄의 보편사에서 실천이성은 자연과 역사에 관여되며 정의와 공공선을 실현시켜 나가는 과정으로 파악된다. 신중함은 도덕 이성에서 아리스토텔레스처럼 결

---

19 Ibid.

정적인 역할을 한다. 그러나 아리스토텔레스와는 달리 칸트에게 역사는 도덕의 진보에서 매우 중요하게 수용되고 신중함과 정의의 상관 연관성에서 다루어진다.

이러한 칸트의 도덕철학은 생활세계 이론으로 발전시킬 수가 있고, 생활세계 이론은 우리를 도덕적 존재로 만들어가는 동인을 제공하며, 동시에 도덕적 존재는 전통에 침전된 편견과 오해를 벗겨내는 책임적인 비판을 행사하며 해방을 향해 지향한다. 그럼에도 불구하고 도덕적 진보는 중용이나 현실태나 절대지에 도달하고 만족하는 것이 아니라, 급진적인 악과의 투쟁에서 진리를 향해 접근한다. 도덕 지식은 적용의 단계를 가지며 해석학의 문제에 핵심적이다. 자기 지식은 도덕의식의 자기 지식으로 특정되며, 이것은 이론적이며 기술적인 지식과는 다르다. 후자는 기술의 모델이며 장인의 습득한 기술에 비교된다.[20]

가다머에 의하면 도덕적 행위자는 이미 삶의 상황 안에 있으며 도덕 지식을 적용한다. 정의 개념은 법을 교정하며 법에 필요한 것을 보충한다. 인간의 현실은 법의 질서와 비교할 때 불완전하며, 자연법은 필수불가결하여 정의로운 것에 대한 질문에서 비판적인 기능을 한다. 사물의 질서에서 또는 자연법에서 무엇이 옳은가 하는 문제에 대해 자유로운 공간이 존재한다. 모든 인간의 법은 불완전하며 변화하고 수정될 필요가 있다.[21]

그러나 자연법이 실정법을 교정한다면, 가다머는 자연법이 무엇

---

20 Gadamer, *Truth and Method*, 314-316.
21 Ibid., 319.

인지를 제기할 필요가 있다. 아리스토텔레스에게서 자연법은 목적과 배상에 기초하며 귀족주의적이며, 민주주의적으로 설정되지 않는다. 최고의 플루트는 최고의 연주자에게 분배되어야 하며 이것이 플루트의 목적에 적합한 것이다. 사회에서 탁월한 자들에게 경제, 사회, 정치 영역에서 이들의 탁월한 능력과 기술에 따라 배상과 정의가 분배된다면, 자연법이 실정법을 교정한다는 것은 난센스에 속한다. 가난한 자들에게 정당한 몫은 경제적 목적에 부합하지 않기 때문에 실정법을 부자들의 배상과 기술적 재능을 위해 교정되어야 하는가? 목적론적 해석학은 정의에 부합한 해석학적 반성과 교정을 통해 극복될 필요가 있다.

도덕적 지식은 자기 숙고를 요구하며, 아리스토텔레스에게서 올바른 중용은 목적과 관련되거나 또는 목적에 이르는 수단으로 파악되기도 한다. 아리스토텔레스의 덕의 윤리는 진정한 중용을 제의하는데, 이것은 인간 행동과 삶에서 상황의 요구에 반응하면서 공공선을 위해 준수될 수 있는 것이라야 한다.

특별한 상황에 대한 지식은 도덕 지식에 대해 필요한 보충이 되며 수단과 목적을 포함한다. 목적 합리성에 기초한 기술적 지식이나 책임이 드러나는 적합성과 대립한다. 도덕적 반성에 대한 자기 지식은 신중함에서 개념화되며, 사려 깊은 반성의 덕에는 공감적 이해가 더불어 있다.[22] 때문에 책임 윤리는 공감적 이해의 틀에서 재설정되어야 하며, 도덕적 지식은 구체적 상황에서 공공선을 위해 다루어져야 한다. 윤리적 현상은 해석의 문제에 모델을 제공하며 도덕적

---

22 Ibid., 322.

지식을 특별한 상황에서 공감적 이해와 연관 짓는다.[23]

도덕 지식에 대한 이러한 해석학적 통찰은 니부어의 책임 윤리를 특별한 상황에서 공감적 이해를 통해 강화시킨다. 니부어는 상호 주관성에서 대화의 중요한 측면을 포함시킨다. 우리의 책임적 행동은 상호 주관적 관계에서 대화에 비교되며 이것은 타인의 응답—반대, 확인, 교정으로 드러나는—을 예견한다. 개인의 행동은 대화에 관여하며, 이런 소통의 상황에서 반응과 작용과 예견의 형식에서 드러나는 귀결을 수용한다. 개인은 자신의 행동에 대해 사회적인 책임이 있다.[24] 타자의 응답을 예견하면서 드러나는 나의 책임은 책임의 네 번째 요소인 사회적 연대로 나간다.

니부어가 말하는 책임의 개념을 간략히 말하면 다음과 같다. 개인의 행동에서 외부 사건에 대한 반응(책임의 첫 번째 요소), 상황에 대한 해석(책임의 두 번째 요소) 그리고 타인의 반응을 해석하면서 갖는 개인의 사회적 해명(세 번째 책임의 요소)이다. 이 모든 것은 인간의 사회를 지속하고 유지해 주는 사회적 연대성(네 번째 책임의 요소)으로 나간다.[25] 그러나 니부어의 문제는 '반응-해석-실천'의 틀에서 해석이 믿음과 이해와 연관되며 신앙의 차원을 간과하는 데 있다.

해석학적 해명과 담론 윤리

니부어의 책임 윤리는 상호 주관적, 소통의 영역에서 해석의 중요

---

23 Ibid., 324.
24 H. R. Niebuhr, *The Responsible Self*, 64.
25 Ibid., 65.

성을 강조한다. 해석학의 관점에서 볼 때, 외부 사건이나 효력에 대한 개인의 반응에 대한 해석은 존재가 이미 역사, 사회, 문화에 속한다는 것을 의미한다. 도덕이나 해석은 삶의 조건들과 유리된 채 적합하게 드러날 수도 없고, 역사나 사회 조건은 그 안에 이미 사회 계층의 문제가 담겨 있고, 해석의 적합성은 정의와 공공선을 피해 갈 수가 없다.

인간의 언어와 사회적 담론에서 과거의 의미 있는 행위의 영역은 현재의 반응에 매개되며, 책임의 이념은 윤리적 콘텍스트에서 담론의 합리성에 관련된다. 도덕적 존재론은 언어적으로, 즉 사회 담론에 의존되어 상호 주관적인 대화와 소통에서 드러난다. 인간의 반응은 역사의 영향과 문화적 전통 안에 설정되며, 이것은 사회적 상황에서 언어와 담론을 통해 표현된다. 상호 주관적 대화나 사회적 사건에서 해석은 적합하고 자기반성적인 방식으로 의미 있는 행동이나 가치 합리성에 관심하며, 목적론이나 보편적으로 타당한 의무의 법과는 다르다. 지평의 융합은 소통적인 관계와 행동에서 드러나며 대화적 접근은 상호 간의 협정과 인정을 위한 합의를 책임성과 사회적 연대를 통해 발전시킨다. 나의 이해는 대화의 과정을 통해 의미론적인 서클에서 풍부해지며, 나의 생활세계의 지평은 의미 있는 행동의 종합을 위해 회복되며, 융합되고 확장된다.

물론 니부어는 책임 개념을 통해 모든 인간의 삶의 사회적 성격에 주목하며, 타자와 더불어 있는 자아는 원초적이다. 자아는 타자와의 상호 반응적이며 대화하는 관계를 맺고 있으므로 기본적으로 사회적이며 반성적인 차원을 지닌다. 자아는 타자와의 상호 반응적이며 대화하는 관계를 맺고 있으므로 기본적으로 사회적이며 반성적인 차원을 지닌다. 니부어는 죠지 미드(George H. Mead)에게 수긍하며, 미드에 따르면 자아는 본래적으로 사회적 경험에서 출현하는 사회 구조 안에 존재한다.26

니부어는 책임적 자아의 사회 구조를 시간과 역사 안에서 파악하며, 나의 과거는 현재의 나의 삶 안에 있다. 의식적이거나 무의식적인 기억은 타인을 만날 때 나의 반응에 영향을 미친다. 미래는 예견과 염려 또는 기대와 헌신 더 나아가 희망과 공포를 통해 나의 현재 안에 임재한다. 책임적인 자아가 되는 것은 목적성 안에서 살 뿐만 아니라 미래를 향한 기대, 예견, 불안 그리고 희망 안에서 살아간다. 시간의 세 가지 형식은 책임적 자아의 시간의 충만성의 차원을 지적한다.27

시간의 충만한 존재는 타인을 만나며 타인의 도전에 반응한다. 현재의 나의 반응은 역사적 존재로서 나에게 일어나는 외부의 사건을 해석한다. 시간의 존재는 해석의 존재가 된다.28 반응은 시간의 충만한 현실에 엮어지며, 인간 존재의 역사성을 지적하는데 자기반성적 해석은 상황에 적합 하려고 한다. 여기서 현재의 해석은 옳고 그름(의무론) 또는 선함과 악함(목적론)보다는 적합성이나 비적합성과 연관에서 변경된다.29

니부어의 해석의 폭넓은 스펙트럼은 의무론의 관심(자율성과 정의에 대한 존중)과 목적론적 입장(선, 중용, 유용성의 귀결주의)을 적합성을 위해 포괄한다. 책임적인 존재의 해석은 최고의 선들(hypergoods)의

---

26 Ibid., 72.
27 Ibid., 93.
28 Ibid., 98.
29 Ibid., 97.

다양성을 통합하고, 적합성을 통해 행동을 안내하기 위해 다른 원리들을 결합한다.30

니부어는 미드(Mead)의 사회심리학을 마틴 부버의 인격주의에 통합시킨다. 나와 너의 관계는 나와 그것과는 다르며, 그것 안에서 살아가는 나는 더 이상 반성적인 존재가 아니다. 나와 너의 관계에서 살아가는 나는 너에 대한 인격적인 반응적 관계에 있다. 상호 주관적인 상황에서 반성적인 자아는 타자의 행동을 해석하며 또한 나를 향한 타자의 반응을 예견한다.

니부어는 사회적 자아 개념을 칸트의 보편적인 도덕법, 즉 의무와 구분 짓는다. 니부어의 관심은 개인을 인격적인 당신으로, 상호 연관성의 회원으로 파악하는데, 이것은 도덕법과는 다르다. 중요한 것은 나와 너의 관계를 통해 사회적 관습 안에서 양심에 대한 사회적 이해를 발전시키는 것이다.31 "나는 당신의 임재 안에서 그리고 당신에 대한 반응에서 살아가며, 당신은 고립된 사건이 아니라 일반적이고 지속적인 것에 관계된 그의 특수성에 있는 상징적인 사건이다."32

비록 니부어는 책임 윤리를 해석학적인 틀에서 충분히 전개하지 못했지만, 여전히 책임 윤리에 대한 해석학적 가능성을 열어놓는다. 사회적 존재는 문화적인 관습과 태도 안에서 인격적 대화에 기초한다. 자아는 사회의 자궁에서 탄생하며 공동의 생활세계를 교육과 인격적인 관계, 대화, 책임성을 통해 경험하면서 성장한다. 우리는 책임적이며, 시간으로 충만한 존재이며, 역사와 전통에 관여하면서

---

30 Beauchamp and Childress, *Principles of Biomedical Ethics*.

31 H. R. Niebuhr, *The Responsible Self*, 77-78.

32 Ibid., 77.

창조성과 적합성을 통해 재구성한다.[33]

자아의 삶에서 외부의 사건에 대한 반응은 과거로부터 자유를 포함하며, 이해의 새로움을 포함한다. 또한 보다 적합한 반응을 향한 운동은 과거에 대한 거절이 아니라 재해석을 통해 발전한다. 이러한 과거, 현재, 미래의 펼쳐지는 세 가지 시간의 차원에서 과거는 미래를 위한 우리의 희망의 큰 부분이 된다.[34]

자아는 타자의 반응을 해석하며 보다 큰 스펙트럼 안에 설정하는데, 이것은 해석학적 또는 의미론적 서클에서 비판적으로 분석될 수 있다. 책임적인 행동은 지평 융합 또는 이해 윤곽들의 폭넓은 전망에서 도덕 주체는 책임적이고 합리적인 행위자로서 상호 주관적 소통 관계에서 구현된다. 역사는 헤겔처럼 절대지로 완성되지 않으며, 거짓과 조작에 권력층을 위한 이데올로기로 이용도 당하지만 동시에 진리를 드러냄으로써 이데올로기적 담론를 폭로하기도 한다.

니부어의 책임 윤리와 해석은 공공선과 정의라는 목적에 일치하기보다는 상황에 대한 적합성, 즉 중용이 나타나며, 악과의 투쟁이라는 책임의 차원은 여기서 실종된다. 책임이 정의(또는 의무)와 더불어 추구되지 않을 경우, 설령 니부어가 상호 주관적 성격, 즉 마틴 부버와 더불어 대화를 소중하게 여긴다고 해도 소통이론의 비판적 해방적 차원을 간과한다. 하버마스처럼 니부어에게 이데올로기로 왜곡된 소통은 거의 분석되지 않는다.

이 지점에서 저자는 니부어의 해석과 상호 주관성을 고려하면서

---

33 Ibid., 73, 103.
34 Ibid., 104.

담론이론으로 발전시킨다. 그의 "반응-해석-실천"의 상호 연관성은 믿음의 제자직이 사회와 세계에 대한 이해를 추구한다는 차원을 통해 비판적으로 보충될 필요가 있다. 그리고 해석은 이해를 통해 오며, 사회와 존재의 연관성은 대한 이해는 사회적 담론의 지배 구조에 대한 사회학적 분석을 요구한다. 소통의 상황에서 억압이나 강요되는 것들에 대한 비판적 거리감이나 문제틀이 고려되어야 한다. 초월적 규범 윤리(칸트)와 역사 해석학(가다머) 사이의 긴장이나 갭을 저자는 생활세계의 사회학의 틀 안에서 담론 윤리를 통해 정의와 공공선을 향해 가동시킨다. 역사 해석학이 전통의 권위로 환원된다면, 전통의 권위에 대한 판단 중지와 문제틀은 전통의 억압적 차원에 대해 책임적 비판으로 행사된다. 문화와 사회 안에 침전되어 온 편견과 불투명성으로부터 담론 윤리는 책임적인 비판을 통해 해방과 연대를 기획한다. 전통에 대한 비판이 없는 책임은 추상적이며, 현재의 해방과 연대가 없는 책임은 개인주의적으로 남는다.

이런 점에서 담론 윤리는 식민지 지배로부터 오는 편견과 불투명성을 세심한 검토, 내재적 비판 그리고 문제틀을 통해 시민 사회 안에서 소통 합리성과 아남네시스적인 실천으로 개념화된다. 이것은 포스트콜로니얼 담론 윤리의 차원을 강화해 줄 수 있다. 담론 윤리는 식민지 전통으로 침전되어 온 현상 유지에 대한 판단 중지, 역사적 상황에서 담론과 권력의 그물망 관계에 대한 분석, 억울한 희생자와 사회 주변으로 밀려난 자들에 대한 연대와 의미론적 회복을 추구한다. 이러한 담론 윤리의 방향성은 인식론적인 기초가 되며 정의와 공공선을 위해 초월적이고 보편적인 규범은 역사적 영향과 사회적 조건 안에서 두텁게 서술된다. 담론과 물질적 이해관계에서 드러나는 폭넓은 선택적 친화력과 담론의 합리화와 전문화가 어떻게 권력 관계를 통해 지지되는지에 주목한다. 포스트콜로니얼 담론 윤리는 식민지 지배의 역사에서 지배 담론과 신체정치(위안부, 강제 노동)가 어떻게 주변부 사회를 식민지화하는데 에피스테메의 규범으로 작동하는지를 분석한다. 이에 저항하는 인종이나 민족주의적 담론이 어떻게 현재의 사회에서 권력의 지배 담론 안에 포섭되고 신체정치적으로 지배되고 굴절되며 순응되는지 파악한다. 여기서 포스트콜로니얼 담론 윤리는 희생자들에 대한 아남네시스적 반성을 통해 유효한 역사를 생생한 현재로 이끌어 낸다.

니부어의 반응적 자아에서 실종된 것은 언어와 담론에 대한 중요성이다. 우리는 텍스트를 해석하며 텍스트의 의미를 우리 현재의 삶에서 그리고 미래를 위해 재구성한다. 텍스트는 과거에 속하지만, 독자와 현재를 위해 자신의 생활세계를 통해서 말한다. 반응하는 "나"는 이미 생활세계에 관련된 역사적 존재이며 또한 언어적이며 과거의 해석을 현재와 미래와 연관지어 수행한다. 언어는 단순히 전통과 역사를 통해 인간의 의식에 영향을 미칠 뿐만 아니라, 과거를 이데올로기적으로 취하는 자들에 의해 언어는 사회 안에서 상징적 권력과 폭력에 의해 물들여지기도 한다. 사회적 담론으로서 언어는 위계질서적이며 불공정한 사회 계층을 권력의 그물망 안에 가두기도 한다. 텍스트에 대한 해석학적 관심은 과거로 되돌아가는 것이 아니라, 전통과 역사 안에 담겨 있는 억압과 부정의와 더불어 해방과 연대의 원류를 판단 중지와 비판적 책임을 통해 유효한 역사를 위해 생생한 현재사를 쓰려고 한다. 과거의 역사의 희생자에 대한 기억과 연대는 권력의 그물망에 걸려 있고 역사를 자신들의 이해관계와 권력욕을 위해 사용하는 자들에 대한 부메랑으로 돌아온다.

아남네스시적 합리성은 담론과 권력관계의 복잡성과 여기에 연류된 이데올로기주의자들에 대한 '탐문식으로' 파헤치는 분석을 취한다. '누구'에 의해 조작되는 과거이며 '누구의' 이해와 특권에 복무하는 역사인가? 하는 문제는 공공신학이 추구하는 담론 윤리에서 결정적이다. 담론 윤리는 사회적 효과들(정치, 경제, 매스 미디어)을 통해 권력 지배가 언어와 담론의 위계질서와 폭력에 영향을 미치는 메커니즘에 주목하며, 이러한 메커니즘을 통해 묻어나고 침전되는 부패와 은닉된 조작과 지배 시스템을 문제화한다. 이런 관점에서 필자는 인간을 담론 안에서 영향을 받는 존재(human being-in-the discourse)로 파악한다.

니부어는 담론에 대한 책임적 차원에 충분한 주목을 하지 않지만, 그의 윤리적 반성은 공공신학을 담론 윤리로 발전시키는 통찰을 포함한다. 담론 윤리 차원에서 공공신학은 비판과 사회적 책임성과 연대 그리고 해방을 사회학적 틀과 해석학적 연관성에서, 즉 고고학적 해석학으로 개념화시킨다.

II. 책임적인 자아와 타자, 예언자적 저항

니부어의 책임적 존재에 대한 반성은 하나님의 빛에서 타자의 존엄성과 관련짓는다. 일상의 언어에서 "하나님이 선하시다"라는 의미는 '하나님'이라는 단어가 인간 존재를 인정하신다는 것을 의미한다.[1] 어떤 사회에서 그리고 어떤 시간에서 우리에게 영향을 미치는 외부 사건과 행동에 반응할 것인가? 이러한 해석의 문제는 초월적 하나님을 모든 존재의 중심과 근거로 파악한다.[2]

우리의 책임성은 하나님께 절대적으로 의존되어 있고, 니부어의 윤리적 격률은 다음처럼 표현된다: "하나님은 당신에 대한 모든 행동에서 역사한다. 그러므로 당신에게 미치는 모든 행동에서 하나님께 대하듯이 응답하라."[3] (윤리적으로) 적합한 반응은 종교적 차원을 가지며, 우리는 해석하는 존재로서 사회와 우리 존재의 시간의 충만성(역사적 존재)에 관여한다. 종교적 사유와 실천은 사회 안에서 역사적 존재로 살아가는 나에게 가정과 사회, 교회 그리고 문화를 통해서온다. 나의 반응은 이러한 전체 스펙트럼에 관련되고 적합해질 때보다 더 윤리적으로 책임 있는 것이 된다.[4]

---

1 Ibid., 119.
2 Ibid., 124-125.
3 Ibid., 126.

니부어에 의하면 책임적인 자아는 사회와 시간의 주어짐의 외부가 아니라 생활세계와 더불어 존재한다. 책임적인 존재는 타자의 행동의 의미를 해석하고 타자로 하여금 스스로 말하게 허락할 때 의미 있는 행동과 합리성을 발견한다. 니부어는 자아를 기본적으로 사회적 존재로 이해하는데, 이는 "우리는 우리에게 미치는 행동의 의미를 해석하면서 반응하기 때문이다."[5]

보다 정교하게 말하면 우리는 우리에게 행동하는 타자와 이들을 하나님과의 연관에서 해석하면서 응답한다. 우리는 타자와의 응답의 관계에서 대화, 책임 그리고 사회적 연대를 통해 살아간다. 여기서 니부어는 임마누엘 레비나스의 책임의 윤리와 유사점을 갖는다.

니부어와 레비나스: 책임과 타자

레비나스는 타자를 위한 책임을, 상호성을 기대하지 않은 채 표현한다: "나는 타자에 예속된다. 주체성의 구조는 본질적이며 일차적이며 기본적인 의미에서 윤리적으로 정의된다. 주체성은 타자의 볼모가 된다."[6] 타자를 위한 볼모에서 레비나스는 책임의 중요성을 강조한다. 초월성은 초월적인 자아나 이성이 아니라 윤리를 의미하며 주체성은 타자를 위한 책임, 즉 타자에 예속으로 규정된다.[7]

타자와의 대화에서 무한성의 이념은 타자를 환대할 뿐만 아니라

---

4 Ibid., 109, 119

5 Ibid., 63.

6 Levinas, *Ethics and Infinity*, 95-101.

7 Levinas, "God and Philosophy," *Levinas Basic Philosophical Writings*, 140.

526 | 제5장 _ 책임 윤리와 문화적 정의

내 안에서 인정의 원리로 작용한다.[8] 대화에서 드러나는 무한성의 말함은 타자를 영접하고 환대한다. 레비나스에 의하면 "윤리는 존재의 계기가 아니다." 왜냐하면 선한 것은 존재를 넘어서는 탁월함이며 고양, 즉 존재와는 다른 것이다.[9] 존재 너머의 선은 하나님의 영광을 가리키며 하나님은 존재론화가 될 수가 없다. '나는 곧 나'이기 때문이다. 존재에 대한 윤리의 역전에서 하나님의 초월성은 제3자(illeity)로서 타인의 얼굴을 통해 말씀하신다.[10] 이것이 타자를 위한 책임성으로 나를 변화시킨다. 인격으로 오시는 하나님(마틴 부버)은 그분(illeity)으로 경외되고 영광이 돌려진다.

레비나스에게 유대 신비주의의 기본적 특징이 드러나는데 믿음의 사람은 하나님을 인격적인 '당신'으로 부르며 시작한다. 그러나 기도의 마지막은 '그분'으로 끝난다. 그분은 레비나스에게 무한의 타자성으로 불린다. 책임 윤리는 타자의 윤리가 되며, 존재의 선험적 통각을 부수고 들어가는데, 다시 말해 무한성으로부터 오는 영감과 예언의 자리를 윤리가 확보한다. 칸트에게 선험적 통각은 이해가 발생하는 지점이며, 외부 사건에 대한 인식을 대변(representation)한다. 그러나 레비나스에게 전적 타자로서 하나님은 이해를 부수고 나의 의식에 들어온다. 전적 타자로서 하나님은 인간의 의식에 들어오며, 도덕 이성은 하나님의 임재의 장소가 된다. 무한성은 윤리적인 의미에서 나를 각성시킨다.[11] 이러한 타자의 윤리는 현상학적이며,

---

8 Levinas, *Totality and Infinity*, 51.
9 Levinas, "God and Philosophy," *Levinas Basic Philosophical Writings*, 141.
10 Levinas, *Ethics and Infinity*, 106.
11 Ibid., 146-147.

전적 타자인 하나님은 의식 너머에 존재하지 않고 생활세계로서 인간의 의식과 삶으로 치고 들어오며 타자를 향한 윤리적 책임의 각성을 일으킨다.

윤리가 인간 존재 너머에 하나님의 무한성에 기초한다면, 해석은 타자와 연대 가운데 계신 하나님의 자유와 주권을 인정한다. 전적 타자인 하나님과 관련되는 윤리의 현상학은 하나님의 드러남과 의미를 사회와 사회 안에서 타자의 얼굴에서 찾으며, 자아는 타자와 더불어 사회적 관계와 공공의 네트워크에서 양립된다. 레비나스의 도덕철학은 전적 타자인 하나님과 관련되며 타자의 얼굴에서 드러나는 윤리적 의무와 책임으로 변형된다. 여기서 레비나스의 환대의 윤리는 칸트의 코스모폴리탄 윤리, 즉 타자를 인정하고 동등한 주인으로 인정하는 목적 윤리와 만날 수 있다.

윤리적 물음은 해석으로 전환하며, 이제 해석은 타자의 주어짐에 대한 반응의 관계에서 도덕적 자아를 표현한다. 도덕적 자아는 타자의 얼굴에 구속되며 사회적 현실로 들어간다. 도덕 이성은 책임과 연대 안에서 사회적으로 구현되며, 자아는 더 이상 타자의 삶으로부터 자유로운 초월적 주체가 아니라 타자의 삶과 상호 주관적 연관에 묶인 책임적인 존재로 파악된다. 그러나 레비나스에게 타자를 어떻게 이해하고 해석하며 책임의 실천으로 향할 것인가 하는 것은 여전히 문제로 남는다.

담론 윤리와 아남네시스

언어나 사회적 담론은 사회적으로 계층화되며, 공정하지 않은 방식으로 다양한 공공 영역으로 유포되며 지식의 사회체계는 권력관계에 연류된다. 하나님의 타자성 아래 있는 타자의 얼굴은 더 이상 언어 행위의 이념성 또는 소통 합리성으로 환원되지 않는다. 나치에 의해 희생당한 자들의 얼굴은 소통 합리성이라기보다는 아남네시스의 연대와 해방에서 윤리적 정당성을 갖게 되며, 소통 합리성은 희생자들에 대한 생생한 현재(vivid present)를 위해 포스트콜로니얼 정치에 봉사한다. 생생한 현재는 역사적으로 배제되고 현재사에서 흔적이 지워져 버린 유효한 역사, 즉 타자와의 만남을 통해 드러난다. 그러나 이것은 현재의 이해와 권력관계를 통해 조작될 수가 있다. 담론 윤리는 권력과 지식의 관계를 계보학적으로 분석하면서 헤게모니가 어떻게 계몽과 진보, 근대성에 적합하지 않은 것의 흔적을 역사와 사회 안에서 지워 버리는지에 주목한다. 더 나아가 왜 현재에 조작된 역사로, 즉 부재와 일탈의 역사로 남는지에 주목한다.

하버마스에 의하면 진리, 도덕 그리고 법에 대한 담론이론은 포스트 형이상학의 틀에서 이해된다. 참여자들은 소통의 형식을 통해 합리적 담론에 관여한다. 소통 과정은 토론의 규범적 내용에 의해 수행되며, 이것은 실용적인 전제와 포괄성을 견지하며 소통의 자유와 진실함, 외적인 강요나 압력 없는 소통의 민주적인 구조 안에서 수행된다.[12] 보편적 타당성이나 보편성의 원리는 토론의 실천을 위해 일반적이고, 문화를 초월하는 구속력이 된다. 소통의 실천은 오로지 타당성의 요구와 진실함을 테스트하는 인식론의 차원에서 실현된다.

---

12 Habermas, *Between Naturalism and Religion*, 82.

공동 책임성은 토론과 논쟁의 실천을 위한 합리적 담론 안에서 찾아진다. 네 가지 타당성의 요구들(실제적인 진리, 도덕적 옳음, 진실성 그리고 이해 가능성)이 소통의 과정에서 합의적 협정을 위해 요구된다. 그러나 소통이 윤리적인 틀에서 펼쳐질 때 소통의 합리성은 아남네 시스적 합리성을 포괄해야 한다. 이성은 역사적 산물로서 생활세계 안에서 적용되지만, 역사적 또는 도덕적 상대성으로 해소되지 않는다. 이것은 이성을 생활세계 안에 설정하며 소통 합리성은 밀려난 자들과 연대의 구조에 기초한다. 생활세계의 사회학은 유효한 역사를 회복해야 하며 하버마스의 이상주의적 소통 합리성에 제재를 가한다. 유럽 중심적인 하버마스 소통의 이념형이 아프리카의 식민 지배의 문화와 만날 때 이것은 충돌, 파열, 변형으로 드러날 수밖에 없다.

부르디외에 의하면 사회적 담론으로서 언어는 권력과 상징적 지배의 도구로 간주되며 사회적 조건과 위계질서에 의해 특징된다. 예를 들어 WASP(백인, 앵글로 색슨, 개신교)와 흑인과의 언어학적 상호작용은 민주적인 소통 절차에 앞서 구조적 관계와 권력의 그물망에 걸려 있다. 인종, 교육의 수준, 계급의 차이, 문화적 인종 구조 등이 소통의 행위 안으로 들어온다.[13]

가난한 자들이나 사회적 약자들에 대한 고려는 초월적 규범 윤리를 침해하기보다는 특권을 누리는 사람들을 윤리적으로 각성시키고 자기비판으로 나가게 한다. 이들은 소통 영역에서 누군가에 의해 대변되고 상품화되는 것이 아니라 스스로 자신들을 위해 말을 할

---

13 Bourdieu and Wacquant, *An Invitation to Reflexive Sociology*, 143.

수 있는 권리가 제공되어야 한다. 담론 윤리는 이들의 삶과 권리를 위해 정직하게 말을 할 수 있어야 하고, 사회 안전망을 구축하는 데 헌신한다. 이것은 파레시아(parrhesia)의 실천을 강화한다.

공공신학의 책임 윤리 또는 담론 윤리는 보편적 타당성과 합리적 논쟁을 위한 포스트 형이상학적 틀을 고려하지만, 그 기초는 말씀하시는 하나님이다. 사회적 약자로서 타자의 얼굴들(가난한 자, 이민자, 문화적 인종 계층, 다양한 젠더, 섹슈얼리티, 어린아이)은 하나님의 계명 안에서 보호되지, 정당성의 요구를 위한 합리적 논쟁으로 초대되는 것은 아니다. 타자는 헤겔적인 의미에서 자아의 '절대지'를 해체하며, 소통 합리성을 공론장에서 궁핍한 자와 사회의 주변부에 머무는 자들의 얼굴을 고려하며 이들의 유효한 역사를 각성시킨다. 담론 윤리는 소통 능력과 논쟁할 수 없는 자들을 위한 파레시아(parrhessia)의 태도를 견지하며, 이들을 위해 위험을 무릅쓰고 정직하게 말하는 책임적인 실천을 지지한다.

타자의 생활세계는 자아를 비초월화 시킨다. 타자는 합리성의 역사적 진보 과정에서 자아에 의해 배제되거나 주변부로 밀려 나가지만, 이들의 요구와 합리성과 삶의 스토리는 회복되어야 한다. 생활세계의 지평 안에 있는 언어는 타자들에게 논쟁과 진리 요구를 위해 소통 과정으로 들어오라고 강요하기보다 타자의 삶을 경청하고, 자아의 오만을 문제틀로 삼는다.

레비나스에 의하면 "초월의 윤리적 중요성과 존재 너머의 무한성에 대한 해명은 이웃의 책임과 타자를 위한 나의 책임에서 시작하며 수행된다."[14] 레비나스의 윤리적 전망은 신 중심적인 성격을 지니며 예언자적인 윤리와 비판의식을 갖는다. 타자를 위한 책임은 예언자적 영감을 통한 무한성의 영광을 증언한다. 예언자주의와 윤리적 영감은 책임성을 강화하며 타자에 대한 응답을 한다. 레비나스는 책임을 하나님의 계시로 고양한다. 성서는 윤리적 증언을 가지고 있는 예언의 결과이며 "주여, 내가 여기 있나이다"라는 무한하신 하나님을 증거하며, 고통과 억압 가운데 있는 타자를 위한 책임과 화해가 된다.[15]

성서의 하나님은 존재 너머를 의미한다. 하나님의 초월성은 아브라함과 이삭과 야곱의 삶에서 말씀 행위와 약속으로 드러나며 철학적 합리주의나 존재론으로 환원되지 않는다.[16] 말하는 행위는 하나님의 영광을 증거하며, 하나님은 나를 말씀 행위 안에서 타자를 위한 책임성으로 각성시킨다. 여기서 언어는 윤리적 중요성을 얻으며, 단지 사고와 존재의 이중 결합을 넘어선다. 하나님이 말씀하시는 것(Saying)은 타자를 위한 윤리적 책임성의 증거이며, 모든 말해진 것들(said)에 대한 경험 이전에 위치하며, 하나님은 나의 입을 통해 말씀하신다.[17]

만일 레비나스가 주관성이나 책임적 자아를 초월의 임재로 이해한다면, 초월의 이해는 하나님, 예언자적 증언 그리고 타자와의 관계에서 책임의 윤리적 의미를 강조한다. 타자는 이상화 되는 것이 아니라 하나님의 계명에 속한다("살인하지 말라"). 이것은 타자의 얼굴에서 드러나는 계명이며, 타자는 얼굴로서 직접적으로 윤리적인 의미를

---

14 Levinas, "God and Philosophy," *Levinas Basic Philosophical Writings*, 141.
15 Levinas, *Ethics and Infinity*, 115.
16 Levinas, "God and Philosophy," *Levinas Basic Philosophical Writings*, 131.
17 Ibid., 145.

갖는다. "얼굴에 대한 접근에서 분명하게 하나님의 이념에 대한 접근이 존재한다."[18]

윤리는 첫 번째 철학으로서 신학의 의무론에 공명되며 하나님의 초월과 타자성 안에서 설정되며 도덕적 해석을 책임, 인정 그리고 사회적 연대와의 관련에서 수행한다. 의무론적 계명("살인하지 말라")은 신식민주의 상황에서 억울한 희생자들과 제도화된 폭력을 분석하고, 이의를 제기한다. 담론 윤리 차원에서 의무론은 존재론을 넘어가며 언어를 "살인하지 말라"는 사회적 담론에서 구체화시킨다. 도덕은 정의를 이끌어 가는 규제 원리이다. 정의란 이름으로 진영 논리가 나타나고 도덕에 대한 해체 시도가 나타나지만, 진영 논리화된 담론을 해체하는 것은 시민 도덕이다.

레비나스의 현상학적 접근은 타자의 윤리에서 드러나며 자아의 의식의 지향성(노에시스)에서 전적 타자로서 하나님은 윤리적 주체와 의미로 계시된다. 윤리의 의미는 노에마로서 자아의 의식에 주어지며, 이러한 주어짐은 타자의 얼굴로부터 온다. 이러한 현상학의 논의에서 삶의 주어짐은 타자와 더불어 같이 있으며, 하나님의 타자성이 자아를 윤리적 각성으로 불러내는 초월적 임재로 또는 생활세계의 근원으로 나타난다. 이러한 타자 윤리는 모든 윤리들 가운데 윤리[19]가 되며, 존재론적 윤리나 의무론적이거나 또는 목적론적 윤리를 넘어서서 일차적으로 다른 도덕의 색인에 설정된다.

이러한 현상학적 관점은 칸트의 도덕의 형이상학과 코스모폴리

---

18 Levinas, *Ethics and Infinity*, 92.
19 Derrida, "Violence and Metaphysics," *Writing and Difference*, 35-39.

탄적인 비전을 타자의 관점에서 강화하고, 니부어의 책임적 자아에 대한 해석을 칸트와 레비나스에 연관지어 비판적으로 발전시킬 수 있게 한다. 레비나스의 책임적 자아는 신 중심적이며 윤리적 틀 안에서 예언자적 열망을 포함한다. 이것은 니부어의 책임 윤리(해석, 책임, 적합성, 사회적 연대)에 대립하지 않지만, 그 윤리적 한계를 비판적으로 보충한다.

레비나스의 현상학적 윤리는 타자의 얼굴과의 관계에서 성서적으로 근거하며, 예언적인 증언은 하나님의 말씀 행위로 파악된다. 레비나스와 비슷하게 칼 바르트는 율법 또는 하나님의 도덕적 계명을 복음의 필요한 형식으로 말한다. 바르트는 복음의 특수성과 의무론적 사고와 결합시켰다.[20] 바르트에게서 결정적인 것은 교회 외부에서 타자를 통한 하나님의 말씀 행위이며, 책임 윤리는 타문화와 종교들에서 들려오는 하나님의 말씀 행위를 경청하는 데서부터 시작한다.

그것은 그리스도 안에서 하나님의 세계와의 화해의 중요한 요소가 되며, 하나님은 끊임없이 공공 영역과 세속의 사건들을 통하여 말씀하신다. 교회 외부의 세속의 영역들은 윤리적 중요성을 가지고 독해해야 하는 의미론적 텍스트가 된다. 그러나 이러한 차원은 레비나스와 달리 신앙과 은혜의 차원에 거하는 자들에게 주어진다. 믿음이 도덕적 이해를 추구하며 전적 타자이신 하나님의 언어 행위는 그분의 자유와 주권 그리고 신비에 속하며 타자는 하나님의 말씀의 의미론적인 텍스트가 된다.

---

20 H. R. Niebuhr, *The Responsible Self,* 66.

그러나 바르트와는 달리 니부어의 기독교 도덕철학은 급진적 유일신론에 근거한다. 그는 숨어계신 하나님의 의도를 탐구하며 그러나 이스라엘의 행동에서 임재하는 데 관심을 둔다. 니부어는 이스라엘이 하나님의 행동을 모든 사건에서 보았고 이스라엘은 적합한 응답을 했다고 주장한다. 이스라엘 삶에서 상관관계의 원리는 다음에서 표현된다. "무엇이 일어났는가?" 이러한 물음에 대한 상관관계는 "무엇이 일어난 것에 대해 무엇이 적합한 반응인가?" 하는 것으로 파악된다. 이것은 신약성서의 예수에게도 나타나며, 예수는 하나님의 통치가 많은 사람들의 다양한 행동 안에 숨겨져 있다고 보고, 시대들의 징조들을 해석한다.[21]

니부어와 레비나스의 차이는 니부어가 예수 그리스도 안에서 적합성의 행동을 본다면, 레비나스는 타자의 얼굴을 통한 하나님의 말씀 행위에 있고 나의 윤리적 책임을 타자와의 연대로 각성시킨다. 하나님의 초월성은 토라의 책임성을 향한 예언자적 절규이며, 윤리적인 반란에서 시작된다.[22]

레비나스적인 의미에서 예수는 토라의 전통과 예언자적인 윤리 가운데 서 있다. 이런 점에서 예수의 행동은 니부어처럼 단순히 적합성의 모범으로 파악하기엔 무리가 있다. 하나님 나라의 복음의 실천가로서 예수의 삶에는 세계를 변혁하는 예언자적이며 묵시적인 차원이 담겨 있다. 어쨌든 니부어의 해석과 레비나스의 타자는 사회적 담론의 영역으로 이전될 수 있다. 이러한 관점은 공공 영역에서 주변

---

21 Ibid., 67.
22 Levinas, "God and Philosophy," *Levinas Basic Philosophical Writings*, 147.

부로 밀려난 자들에게 주목하고, 담론 윤리를 권력관계의 그물망에서 파악하는 데로 전개할 수 있다.

예수 그리스도: 죄와 구원

니부어는 죄와 구원에 대한 자신의 신 중심적인 견해를 발전시키는데, "만드는 자로서 인간" 이미지에서 니부어는 인간의 죄 된 조건을 소외로 파악하며, 이것은 과녁에서 빗나간 죄(하마르티아)로 말한다. 이것은 의무론적인 의미에서 율법을 위반이라기보다는 인간 존재의 변태적 충동을 지적한다. 근본적인 죄는 삶의 갈등 안에 있으며, 내적인 엔텔레키(entelechy)—목적을 향한 행동의 완성—를 의미한다. 원초적 충동은 개인이나 사회적 삶에서 또한 우주적 영역에서 (현실태로서) 온전해져야 한다.[23]

인간은 자신의 창조주인 하나님처럼 되길 원한다. 이것은 선악을 아는 것 이상의 차원을 지적한다. 신성을 향한 열망은 자기와 타인에 대한 파괴로 이어진다. 선의 궁극적 형식은 상실되었고, 하나님처럼 되려는 위대한 목적은 제거되었다. 구원은 하나님의 비전에서 목적을 회복하는 것이며, 이것은 인간 안에서 반영되는 하나님의 형상이다. 질병의 권능에서부터 치유되는 자아는 이제 완성을 향한 움직임에 허락되며, 능력의 현실화를 통해 하나님을 보고 하나님의 모습 안에서 살아갈 수가 있다. 영원한 생명에 대한 희망과 하나님의 형상은 말씀과 성례를 통해 인간에게 소통되며, 목적론적 접근에서 결정

---

23 H. R. Niebuhr, *The Responsible Self*, 132.

적인 것은 하나님과 더불어 환상가의 완성, 즉 신화(신처럼 되는 것; deification)이다.[24] 기독교의 목적론적 해석(토마스 아퀴나스)은 신성을 향한 열망과 하나님 형상의 회복에 관여하며, 이것은 율법과 복음의 문제에 대한 의무론적인 입장과는 현저하게 다르다.

니부어에 의하면 목적론은 그것이 기독교적이든지 아니면 철학적이든지 간에 이상적인 선을 향한 인간 추구의 우위성에서 볼 수 있다. 그러나 이러한 목적론적 입장을 '하나님의 행동'의 우위성과 화해시키기는 어렵다. 하나님은 그리스도 안에서 하나님의 은혜의 선을 계시하시지, 인간의 영적인 열망과 추구로 환원되지는 않는다.

"만드는 자로서 인간"(human being-the maker)은 창조주 하나님의 이미지와 결합된다.[25] 니부어는 목적론과 의무론의 한계를 극복하기 위해 인간의 반응을 분석하면서 기독교인의 경험에 관심하는데, 인간은 죄인이지만 구원을 받았다. 하나님의 계명에 대한 순종이 반응으로 파악된다면 이것은 의무론적인 차원에서 율법과 복음의 문제를 넘어설 수가 있다. 순종과 불순종의 문제는 어떻게 우리가 계명을 주시는 하나님의 의도를 해석하는 데 의존하지, 율법 자체에 의존되지는 않는다. 복음은 하나님의 선언이며 인간의 반응을 요구한다. 이러한 반응은 순종보다는 신뢰와 신실함으로 정의된다.

다른 편에서 목적론적 문제는 우리가 모든 인간을 기독교적인 종말론의 빛에서 해결될 수도 있다. "만드는 자로서 인간"(목적론적 입장)과 "시민으로서 인간"(의무론) 사이의 갈등은 니부어에 의하면

---

24 Ibid., 133-134.
25 Ibid., 135.

인간을 반응하는 자로 파악할 때 해결될 수 있다. "반응자로서 인간" 타입에서 니부어는 인간을 죄와 그리스도의 구원에서 파악하려고 한다.26

니부어의 반응과 책임에 대한 분석에서 두드러지는 것은 만인 대 만인의 투쟁의 현실을 피해 가는 것이다. 인간은 많은 이해와 갈등이 있으며, 이것은 인간을 무책임하게 만든다. 이것을 피하기 위해 니부어는 바울이 말하는 세상의 원리들과 권력들에 주목하며, 이 세상의 어둠의 지배자에 대해 인간이 종속되는 것을 말한다.27

니부어에 의하면 신화론적 실제는 비인격적인 세력들의 체제를 의미하며, 그것은 "사회체제, 관습, 삶의 방식, 거대한 경제 조직 그리고 문화적 활동"28을 말한다. 이들은 강한 힘들을 가지며, 선하지도 또한 악하지도 않다. 우리는 이러한 세력에 순응하며 산다. 이들은 여론의 분위기 또는 문명의 정신들로 불린다. 사회적 시스템에서 고려될 때, 이러한 세력들은 "봉건주의, 산업주의, 자본주의, 공산주의 그리고 민족주의"라는 이름으로 불린다.29 '초인격적 악의 세력'(월터 라우센부쉬)은 우리를 지배하며, 니부어는 이러한 세력들이 악하거나 악마적이라고 하지도 않는다. 니부어의 입장은 우리가 적합성을 통해 이러한 세력들에 적응하거나 순응하는 것이다.30

---

26 Ibid., 136-137.
27 Ibid., 138.
28 Ibid., 139.
29 Ibid.
30 Ibid.

저항과 비인격적 세력들

우리는 어디에서 비인격적 악의 실제들과 도전하면서 책임을 발견할 수 있는가? 니부어는 일자가 항상 우리에게 임재하며, 심지어 죄를 용인하면서 존재하는 것처럼 말한다. 죄를 용인해 주는 일자는 그의 화해론에서 볼 수가 있다. 그러나 니부어는 화해의 성서적 의미를 여전히 화해되지 않은 악의 현실들과 관련짓지 못한다. 급진적 유일신론에서 일자는 화해에서 죄의 현실을 용인하는 분으로 나타난다. 니부어의 신 중심 원리는 우리가 비인격적 실제들의 영역에서 파괴적 힘에 지배받으며 산다고 말한다.[31]

니부어의 신 중심 원리는 아레오바고 앞에서 행한 바울의 연설에서 근거를 두는데, 니부어는 공중에 권세를 잡은 자들과 영적 투쟁을 무력화한다: "다수 너머의 일자는 원수이며 창조의 근원인데 파괴가 여기서부터 온다."[32] 일자가 창조와 파괴의 근원이 되며, 심지어 인간의 삶에 원수로 등장한다. 우리는 죄 안에서 살아가고, 하나님은 죄인에게 원수, 즉 적대자가 된다. 악의 현실들에 대해서 니부어는 세 가지 선택을 말한다. 무시하거나, 저항하든지, 만족시키는 것이다. 용감한 투쟁은 드물다. 반면 악을 무시하거나 망각하는 태도가 대부분이며, 우리는 화해되지 않은 현실 안에서 크든 작든 신들에게 헌신하며 살아간다. 우리는 특별한 제의를 행하며 파괴의 힘을 만족시키면서 살아간다.[33] 이러한 우상 숭배적인 태도는 종교인들이 권

---

31 Ibid., 140.

32 Ibid.

33 Ibid., 141.

력과 맘몬을 탐하는 데서 볼 수 있다.

니부어의 신 중심 원리는 성서적이라기보다는 철학적 일신론이며, 그는 지고의 유일자를 강조하지만, 그리스도나 성령의 관계에서 삼위일체론적으로 다루지 않는다. 바울은 오히려 니부어와는 다르게 말한다. 하나님은 예수 그리스도를 통하여 죄의 영역으로 들어왔고, 비인격적 세력들을 통해 희생을 당한다. 죄와 악의 영역에서 우리는 하나님의 원수가 되며, 그러나 하나님은 우리를 여전히 사랑하신다. 바울은 아무것도 우리를 그리스도 안에 있는 하나님의 사랑에서 끊어낼 수가 없다(롬 8)고 말한다.

그러나 니부어에 의하면 일자로서 하나님은 파괴의 근거와 원수로서 개념화되기 때문에 기껏해야 모든 인간의 정의란 사회나 다른 원인들에게 충성심을 표시하는 정도가 된다. 그러면 정의는 적대자로서 일자에 대한 불안이나 방어 아니면 일자에 대한 반란이 된다. 만일 일자로서 하나님이 선과 악의 근거가 된다면, 인간의 정의는 상대화가 되고 만다. 결국 정의의 상대화는 도덕의 상대화로 귀결된다. 그러나 니부어와는 달리 하나님은 악의 근거가 아니라 정의와 도덕의 근거가 되지 않나? 적어도 유대 기독교 전통에서 죄나 도덕이 상대화가 되는가? 예수 그리스도는 인간을 저주에 묶어 놓은 죄의 현실에 투쟁하고 십자가에서 희생하지 않으셨나?

그러나 니부어에 의하면 인간의 모든 삶의 네트워크는 원수인 하나님에 대한 공포에 의해 지배된다. 죽을 몸은 하나님의 빛에서 볼 때 인간 조건의 비참함을 드러낸다. 그럼에도 불구하고 니부어는 삶을 부여하는 콘텍스트, 즉 부활의 보편적 목적론에서 악의 부정적인 현실을 해석하면서 구원의 가능성을 보기도 한다.[34] 계명에 대한 우리의 반응은 삶의 약속과 더불어 주어지며, 죽음의 파괴에서 보편적인 영원한 삶으로 나가게 한다. 생명 윤리는 열린 사회와 미래와 더불어 시작하며 죽음을 대신한다.

니부어에 의하면 우리는 예수 그리스도의 삶과 죽음 그리고 부활을 통하여 메타노이아로 인도되며, 죽음은 인간의 반응을 요구하는 자비의 행위로 드러난다. 화해의 과정은 메타노이아를 통해 죽음에서 삶으로 이행되며, 그 완성은 우리의 희망이며, 목적이며, 종말이다. "그리스도 안에서 책임적인 자아는 보편적으로 그리고 영원히 반응적이다. 이것은 모든 우리의 질병을 치유하고, 모든 우리의 죄를 용서하며, 파괴로부터 우리의 삶을 구원하며, 영원한 자비로 우리에게 왕관을 씌워주시는 한 분 하나님의 행동에 대한 대답이다."[35] 예수의 삶에서 드러나는 행동은 모든 율법을 넘어서며, 보편적이며 영원한 삶을 수여하시는 하나님의 행동에 적합하고 책임적이다.[36]

그러나 니부어와는 달리 만일 하나님의 화해가 메타노이아와 더불어 시작된다면, 적합성의 책임 윤리는 믿음의 제자직에 상응하며, 비인격적인 세력의 실제에 도전해야 하지 않는가? 대적자 하나님에 대한 니부어의 이미지는 세계의 원리들과 세력들과 동일시될 수 있는가? 그렇다면 바울은 왜 이러한 세력에 영적 투쟁을 하라고 하는가? 사실 니부어는 부활을 통하여 예수 그리스도가 살아 계시고 우리 가운데서 능력으로 활동하신다고 말한다. 예수의 책임적이고 적합한 행동은 용서, 치유 그리고 영원한 자비에 기반한다.

---

34 Ibid., 143.
35 Ibid., 144-145.
36 Ibid., 145.

그럼에도 불구하고 니부어의 신 중심적 입장은 생명을 수여하는 예수의 행동과 인간의 책임적인 자아의 윤리적 관계를 비인격적인 악의 현실에 저항하는 방향으로 전개되지 않는다. 제자직의 윤리는 새 하늘과 새 땅을 지향하며 도래하는 하나님의 나라는 화해의 복음을 악의 현실에 투쟁하도록 불러내지, 악의 현실에 순응하고 만족시키는 태도를 말하지 않는다. 여기서 니부어의 신 중심 윤리는 종말론적인 차원이 탈각된 취약한 것으로 나타난다.

니부어는 신약성서에서 표현되는 세력, 사회, 문화, 관습 그리고 자연을 총망라하는 시스템을 세계의 원리들과 권력으로 이해하며, 인간은 이러한 초자연적인 힘들에 예속된다고 본다. 이러한 힘들은 우리의 관심과는 상관없이 능력이 있지만 악한 것으로 정의되지 않는다. 니부어는 이러한 원리들과 능력들의 현실을 경제와 문화적 활동의 거대 구조를 통해 재해석한다. 이 모든 것들은 일부 객관적이며, 일부는 주관적이며, 인간을 지배하는 문명의 정신을 지적한다. 이것들은 경제적 또는 정치적 체계의 다양성이며, 예를 들어 "봉건주의, 산업주의, 자본주의, 공산주의 그리고 민족주의" 등에서 나타난다.[37]

이들은 악한 세력들이 아니며, 이들의 일부만이 "악의 초인격적 세력"으로 불릴 수 있다. 니부어의 화해 개념에서 신성은 죄에도 불구하고 항상 모두에게 동시에 원수로도 임재한다. 우리는 파괴적인 힘에 의해 지배되는 영역 안에서 살아가고 움직인다. 만일 급진적인 일자가 다수를 넘어서서 인간에게 원수가 된다면, 창조적인 근원은

---

37 Ibid., 139.

파괴로부터 온다.[38] 우리는 스스로를 일자에게 순응해야 하며, 창조자이며 파괴자인 일자에게 만족시키기 위해 반응한다.

그러나 니부어의 유일신론적인 입장은 이스라엘의 계약과 그리스도의 계시에서 드러나는 성서의 유일신과는 대립된다. 니부어가 화해를 통해 보는 것은 죽음의 몸이며, 달리 말하면 원수인 하나님에 대한 공포에 의해 지배되는 인간 존재의 비참함이다. 예수 그리스도를 통하여 우리는 메타노이아로 인도되며, 그리스도는 우리의 삶을 지배하면서 살아간다. 화해된 자에게 화해의 과정이 시작되었고, 완성은 우리의 희망이여 목적이고 종말이다. "그리스도 안에서… 책임적 자아는 보편적으로 영원한 자아이다. [그리스도는] 모든 우리의 질병을 치유하고, 불의와 죄를 용서하고, 파괴로부터 우리의 삶을 구원한다. [책임적 자아는] 영원하신 긍휼로 우리의 삶에 왕관을 씌워주는 한 분 하나님의 행동에 대해" 응답한다.[39]

그러나 앞서 언급한 것처럼 니부어는 비인격적인 세력들의 현실에 도전하면서 세 가지 다른 삶의 태도를 소개했다. 악의 현실에 대한 "무시, 투쟁 그리고 만족시키는 것"이다.[40] 그러나 불행하게도 니부어의 비인격적인 악의 실제들에 대한 해석은 하나님을 창조주와 함께 파괴자로 해석하는 철학적 일신론에 기초하며 성서적 유일신론과는 다르다. 화해는 악의 초자연적 세력들에 대립하여 개념화가 되지 않고 오히려 악에 대한 순응과 만족시키는 것을 통해 파악된다. 그러나 예수 그리스도가 책임적인 자아를 하나님에 대한 적합한 방

---

39 Ibid., 144-145.
40 Ibid., 141.

식으로 구현한다면, 우리의 태도 역시 예수의 책임성과 악의 투쟁에 따라 해석되어야 하지 않나?

그러나 니부어는 그런 투쟁의 태도 또는 제자직의 삶은 우리 가운데 매우 드물다고 본다. 니부어의 책임적 자아는 화해의 윤리를 그리스도의 제자직에 일치하여 발전시키지 않는다. 이러한 부정적인 태도는 니부어의 책임 윤리의 한계로 드러나고 제자직과 저항을 사회적 현실에 대한 예언자적 해석을 통해 전개되지 않는다.

비판적 결론

기독교 도덕철학은 과학적 성격과 인식론적인 태도를 취하며, 외부 사건들에 대한 인간의 반응에 대한 학문적이며 비판적인 연구를 요구한다. 삶의 주어짐 안에서 윤리는 문화, 도덕적 전통을 구성하며 전통을 새롭고 창조적인 방식으로 또한 사회적 연관성에 대한 반응을 통해 재구성해나간다. 윤리적 전통은 윤리적 판단을 형성하는 과정에서 필요한 스텝으로 설정된다. 개인의 삶의 전기에서 그리고 소통적으로 활동하는 사람은 윤리적 전통을 긍정하고 윤리적 반성과 책임적 비판을 통해 이런 전통을 구성하는 데 관여한다. 윤리적 판단의 구성은 새로운 삶의 방식에 관여하며 특수한 세계관을 포함하며 삶은 특수한 방식을 인식한다.

현상학적인 관점에서 볼 때 윤리적 사고는 윤리적 의식과 그 의미적인 행동의 상관관계에 대해 반성적인 수준에서 개념화되며 실천적 수준에서 활성화된다. 도덕은 이론적 또는 반성적 학문이며, 생활세계의 영향 아래 의미의 영역과 평등하고 공정한 민주주의와 관련된다. 이것은 하나님의 무한성 아래 '타자로부터 그리고 타자를 위한' 실천으로 구현된다. 윤리적 의미에 관련된 실천적 의도성이 있으며, 이것은 존재 너머에 선을 위한 메타 윤리적 입장을 요구한다. 도덕적 자아는 가난한 자, 결핍된 자, 과부, 어린아이들을 보호하라는 하나님의 명령에서 구체화된다. 선과 옳음은 사회과학적인 틀에서 해석을 통해 의미 있는 담론의 지위를 갖는다. 이러한 인식론적 절차는 다음처럼 진행된다: 판단 중지, 문제틀, 사회과학적 분석, 책임적 비판(또는 내재적 비판), 연대와 해방을 위한 도덕적 실천의 의미론적 회복.

도덕적 실천에서 당연하게 여겨지는 것에 대한 판단 중지는 타자와의 관계에서 배제되고 파묻혀버린 것을 문제화한다. 사회과학적 분석은 담론과 물질적 이해관계의 선택적 친화력에 주목한다. 사회 제도는 어떻게 도덕적 실천을 다양한 영역들에서 권력관계의 정당성을 통해 확립하는가? 이러한 인식론적 절차는 공공신학을 책임과 해방의 사회 윤리에 관여하고, 경제와 사회에서 망각된 타자에 대한 연대를 강화한다. 타자는 자아 이전에 위치되며, 타자의 생활세계는 전적 타자이신 하나님의 흔적으로 남는다. 하나님은 타자의 얼굴을 통해 말씀하신다. 반성 윤리학은 현상학적인 방법을 통해 윤리의 기반과 근거를 해명하는데, 윤리적 틀은 책임과 해방의 의미론적 만회를 추구한다.[41]

이러한 측면은 시민 사회와 숙의 민주주의에 매우 중요한 차원을 제공한다. 합리적 소통과 민주적 합의 절차를 거쳐나가는 숙의 과정

---

41 Ferrarello, *Husserl's Ethics and Practical Intentionality*, 4.

에서 타자는 공공선과 연대의 틀 안에서 중요한 자리를 차지한다. 다름의 원리(존 롤스)는 소통의 절차에서 불이익을 받는 자들과 하위 계급에 주목하며, 서로 다른 의견들과 주장들은 절차의 과정을 통해 지속적으로 논의된다. 이런 점에서 숙의 민주주의는 타자와의 연대라는 차원을 정치 사회 안에 도덕적으로 그리고 사법적인 보호와 안전망을 구체화한다.

엔리크 뒤셀(Enrique Dussel)은 레비나스의 유럽 중심적 입장을 비판하고 윤리적 해석학을 라틴 아메리카의 가난한 자들의 얼굴을 통해 발전시킨다. 타자는 구체적인 드러남에서 인디안, 아프리카, 아시아인이 될 수가 있다. 뒤셀은 희생자의 현실을 비판적으로 분석하며, 히틀러와 스탈린에 의한 희생자를 포함한다. 그의 주석적인 입장은 히브리어 다바르(dabar)에 있으며, 이것은 말함 또는 계시를 의미하는데, 유비(analogy)를 포함한다. 이러한 유비는 신뢰의 제자직과 타자를 향한 경청에서 발견된다. 말씀의 유비(analogia verbi)는 믿음의 유비와 일치한다.[42]

뒤셀의 레비나스 비판에서 드러나는 것은 유비와 변증법을 종합하는 방법인데, 이것은 타자의 말이 갖는 유비론적 성격을 발견하는 것이며 자아의 총체성을 넘어서서 타자의 관점을 취하는 것이다. 이것은 타자를 윤리적인 선택으로 수용하며 존재론적인 보편성에 대항하여 타자에 헌신한다. 이것은 기독교 선교의 보편주의에 저항하며, 역사적 실례는 인디오 원주민의 문화와 이들의 삶을 파괴한 스페인 식민지 정복의 역사에서 볼 수가 있다. 이들은 기독교의 보편

---

42 Barber, *Ethical Hermeneutics*, 51.

적 문화의 이름으로 철저히 거절당했다.[43]

그러나 뒤셀의 레비나스 비판과 수용에서 드러나는 문제는 여전히 그가 타자의 자유를 존재론적인 통찰을 통해 칭송하며, 도덕적 보편성이나 형식은 뒷전으로 밀려난다. 뒤셀은 포스트모던 서클에서 초월 근대성의 입장에 속한다. 그는 프랑크푸르트 학파의 비판이론에 저항하며 비판이론의 후기 근대적 기획, 즉 근대성의 미완의 과제를 회복하려는 것에 큰 기대를 갖지 않는다.[44]

뒤셀은 다음과 같이 말한다.

> 해방철학은 이성을 대화, 즉 타자의 이성과 더불어—타자의 이성은 대안적 이성이다— 상호 주관적 담론으로 설정할 수 있는 능력이다. 우리 시대에 계몽주의와 근대성의 합리적, 해방적 계기(해방의 기획을 드러내면서)를 확인하기 위해서 [중요한 것은] '근대의 희생적 신화'의 비합리적 계기를 거절하는 것이며, 이것은 타자의 이성이다. 그러나 이제 이것은 초월 근대성이다.[45]

여기서 초월 근대성이란 서구 근대성의 신식민주의적 한계를 극복한다는 의미를 담고 있다.

타자의 이성은 무엇인가? 유럽 지배자의 이성과 다른 것인가? 근대성에 대한 비판에서 뒤셀은 해방의 유산과 합리적인 핵심이 사회정치적 문화의 미성숙 상태로부터 오는 것임을 거절하지 않는다.

---

43 Ibid., 58.
44 Ibid., 44, 76.
45 Dussel, *The Invention of the Americas*, 203; Barber, *Ethical Hermeneutics*, 76.

그러나 계몽의 변증법은 주변부 식민지 세계의 예속 근대성을 생산한 비합리적 신화의 모습을 드러낸다. 희생자들은 진보의 신화를 위한 논쟁에 은닉되어버리고, 합리화와 근대화는 타자를 희생하면서 드러날 수밖에 없다. 해방의 기획은 자본주의 신화와 근대성을 초월 근대성을 선택함으로써 해체되어야 한다. 이것은 생태학적 문명과 민중 민주주의 그리고 경제 정의에 의해 특정된다.[46] 해방신학은 중심부 신학에 대한 비판에 관여하며 주변부의 입장을 선택한다.

뒤셀의 해방철학은 라틴 아메리카 타자의 중요성을 부각시키며 초월 근대성을 옹호한다. 그는 자본주의 근대성을 부정하기 위하여 여전히 헤겔-마르크스 진보의 변증법을 포함시키며, 자본주의 근대성은 이미 쇠우리 창살에 갇혀 출구를 잃어버린 것으로 본다. 라틴 아메리카의 타자의 이성을 진보의 변증법으로 회복하고 계급 없는 사회로 갈 수 있을까? 숙의 민주주의와 유효한 역사에 대한 두꺼운 기술 없이 라틴 아메리카 사회는 민중 민주주의를 통해 시민 사회와 사회주의로 진입할 수 있는가? 라틴 아메리카에서 시민 사회는 여전히 국가 지배와는 달리 교육, 신분, 다양한 공론장의 계층에서 사회운동의 거점이 되지는 않는가?

그러나 뒤셀과는 달리 현상학적 태도는 변증법적이지만 여전히 문제틀적인 사고방식에 기초 된다. 그것은 절대지나 계급 없는 사회를 환상으로 폭로한다. 현상학적 태도는 진리에 부단하게 접근하는 방식을 취하며 침전된 전통에 깔려 있는 모든 편견과 불투명함에 대한 책임적인 비판과 해방을 시도한다. 숙의 민주주의가 없는 민중

---

46 Dussel, *The Invention of the Americas*, 176-180.

민주주의는 국가의 지배 방식과 관료주의에 노출될 수가 있다. 시민 사회가 숙의 민주주의를 합리적인 절차적 정의와 합의 과정을 통해 시민과 하위 계급을 도덕적 존재로 형성해 간다.

후설에 의하면 윤리적 의식과 실천은 타자로부터 그리고 타자를 위해 온다. 사고 되지 않은 타자는 우리의 윤리적 태도를 "전통의 침전으로부터 드러나는"[47] 편견과 애매함으로부터 해방시키도록 자극한다. 그것은 자기반성과 비판적 태도에 기초한 책임 윤리를 의미하며, 당연시되는 침전된 개념의 시스템은 자기반성과 해석을 통해 편견과 애매함이 벗겨져야 한다. 자기반성은 사회적 상호 연관성과 공동체를 향해 각성시키며, 이러한 비판적 절차는 우리를 위한 살아있는 현재, 즉 생생한 현재(vivid present)를 향해 가동된다. 침전된 전통의 억압과 오류는 정당히 비판적 절차를 통해 해명되어야 하며, 생생한 현재는 원류로서 생활세계의 의미와 씨름하면서 의미론적 만회를 시도한다.

억압으로서의 전통과 해방으로서의 전통은 현재의 계기에서 교차하며, 현상학적 태도는 당연시되는 것들에 대한 자연적 태도를 넘어서서 현재의 역사를 위한 의미의 유효한 역사를 다시 쓰려고 한다. 그러므로 우리는 "책임적 비판을 실행하고… 그것은 이러한 역사적 인격적 프로젝트와 부분적 성취 그리고 비판의 교환에 근거한다."[48] 윤리적 전통은 목적론적 역사에 대한 고려에서 개인의 경험과 도덕적 방향을 자기반성, 책임적인 비판 그리고 해방을 향해 나가

---

47 Husserl, "Elements of a Science of the Life-World," *The Essential Husserl*, 362.
48 Ibid.

며 침전된 애매함과 편견으로부터 벗어난다.

도덕적 실천, 예를 들어 책임과 연대 그리고 해방을 추구하는 의미 있는 담론에서 해석학적 반성과 사회학적 분석은 담론 안에 존재하는 인간에게 주어지며, 사회적 담론과 권력관계의 그물망에 관심한다. 이러한 인식론은 근대의 윤리적 주제성의 한계나 주관주의를 넘어서며 또는 헤겔-마르크스 진보의 변증법을 문제화한다. 왜냐하면 변증법적 진보 이성이 절대지나 계급 없는 사회로 갈 거라는 예측은 역사에서 허위의식으로, 즉 사회주의적 리바이어던으로 드러나기 때문이다.

"무엇이 일어나는가"에 대한 일반적 물음은 특수한 물음—하나님은 사회와 세계 안에서 무엇을 하시는가?"—과 관련되어 다루어져야 하며, 이러한 상호 관련성은 자기반성, 책임적인 비판 그리고 해방으로 움직인다. 이것은 해석을 요구하며 신앙 공동체에서 일어나는 하나님의 자기 계시의 활동은 사회와의 연관에서 콘텍스트적 성격을 갖는다. 하나님은 신앙 안에서 알려지며, 응답의 형식과 하나님에 대한 순종에서 믿음의 공동체는 사회와의 대화와 소통의 관계로 들어간다. 급진적 유일신론과 신앙은 니부어와는 달리 토라에 기초하며 비인격적인 세력에 대한 순응이 아니라 저항으로 간다. 죄와 구원에 대한 기독교적 담론은 그 의미와 중요성을 제자직의 윤리와 진실한 언어에서 표현되고 실천되며, 이데올로기적으로 왜곡된 일상의 언어형식이나 매스 미디어를 통한 조작의 담론에 저항한다. 공공신학은 언어학적 통찰을 윤리적 중요성을 위해 고려하며 비인격적 세력들의 이데올로기적 형식에 저항한다.

기독교 윤리의 언어는 메타 윤리적 논의를 사회적 담론으로 확대하고, 담론의 지배 체제와 권력관계를 다양한 공공 영역에서 분석한다. 종교적 담론은 물질적 이해관계로 들어오며 사회 문화적 이슈들을 다룰 때 상징적 권위를 행사한다. 도덕적 의미론과 존재론은 인간의 언어학적 성격에서 명료하게 다루어지는데, 도덕적 존재론과 의미 있는 세계에 대한 이해는 언어와 사회적 담론에서 표현되며 도덕적 진리에 대한 해석학적 경험과 사회적 조건에서 나타난다.

책임 윤리는 하나님의 타자성 아래 서 있는 타자와의 연대에서 의미 있는 담론을 발견한다. 급진적인 유일신론의 종교는 악과의 투쟁에서 드러나는 예언자의 증언과 하나님의 선하심과 분리되어 파악될 수가 없다. 화해의 성서적 담론은 니부어의 목적론적인 의미처럼 적합한 방식으로 비인격적 세력의 병리 현상에 대한 순응을 말하지 않는다. 오히려 이것은 의무론적 성격을 가지며 하나님의 은혜와 정의에 대해 제자직의 윤리적 응답을 포함하며, 이러한 윤리적 관점은 숙의 민주주의와 신식민지의 조건을 다루는 데 저변에 깔려 있다. 타자의 이성과 얼굴은 사회와 문화에서 물화가 되고 식민지화가 되어 있다. 진보의 변증법이 아니라 하나님이 우리를 연대와 해방으로 각성시킨다. 유효한 역사는 여전히 담론 윤리에서 생생한 현재로 나가게 하는 자극으로 남는다. 이것이 숙의 민주주의와 윤리적 실천을 보다 많은 민주주의와 사회 정의 그리고 타자와의 연대로 나아가게 한다.

III. 문화 이론과 정의

공공신학은 문화적 다원성과 종교다원주의에 관여하며 다문화적 현실 분석은 학제적 접근을 요구한다. 이것은 문화적 이슈들과 공공의 정의를 다룰 때 사회과학적 분석을 중요하게 고려한다. 불평등과 권력관계는 문화적 영역에서 인종, 성, 젠더의 영역에서 계층화된다. 문화적으로 다양한 사회 안에서 정치적 담론은 종교적인 확신과 더불어 가며, 문화적으로 투자된다. 정치학자들은 종종 종교적 믿음이 개인적인 것에 불과하고 공공의 책임성을 갖지 않는다고 비판한다. 시민들은 정의와 권리에 대해 다룰 때 공공의 이성을 통해 시민법과 국민의 이해관계를 고려해야 하지, 종교적이거나 도덕적 확신이나 열망을 주장해서는 안 된다는 소리도 들린다.

이러한 주장에 반하여 도덕과 종교적 확신을 옹호하는 사람들은 정치적 담론을 공공의 영역에서 취할 때 종교적인 태도는 중요하며, 다원주의 문화적 사실이나 도덕적 근거들의 차이는 공공선을 위하여 존중되어야 한다고 말한다.[1] 종교와 정치의 토론을 주목하면서 저자는 문화신학의 다양한 타입들을 분석한다. 사회 계층 이론과 권력관계는 공공신학을 발전시키는 데 도움이 되며, 문화와 종교적

---

1 Sandel, *Justice*, 254-256.

인 이슈들을 인종과 젠더와 성에 대한 토론에 관련된다. 생활세계론을 성서적 상징인 화해와 관련지어 자유, 정의, 연대의 윤리를 개념화한다.

신학과 문화

문화 이론에 관한 한 니부어는 말리노프스키(Bronislaw Malinowski, 1884~1942)를 고려하는데, 그의 기능주의 이론에 의하면 문화는 인간의 필요나 환경에 순응하거나 반응하면서 발전된다. 말리노프스키는 하나의 길로만 진행하고 확산하는 시도에 이의를 제기하고 비서구권의 문화 특질은 후진적이거나 비문명적으로 볼 수가 없다고 말한다. 모든 다양한 문화적 관습들과 행동들은 기능으로 작용하며 인간의 필요와 목적을 만족시킨다. 문화는 인위적이며 인간에 의해 자연에 부과되는 두 번째 환경이다. 문화는 "언어, 습관, 이념, 관습, 사회 조직, 유래된 산물, 기술적 과정 그리고 가치들"을 포함한다.[2] 또 문화는 목적을 위해 설계되며, 선에 봉사한다. 문화의 세계는 가치의 세계이다. 이러한 관점이 말리노프스키의 기능주의를 특징짓는데 그것은 "목적 행위의 조직 시스템"에 초점을 맞추며, 그의 문화이론의 중심 개념이 된다.[3] 문화적 업적에서 가치의 관계는 충족이나 사회적 조화를 위해 보존되며, 인간을 위한 선은 인간 중심적인 의미를 갖는다.

---

2 Ibid., 32.
3 Ibid., 35.

이런 측면에서 말리노프스키의 동료인 알프레드 레드클리프-브라운(Alfred Radcliffe-Brown, 1881~1955)은 구조 기능주의를 발전시키는데, 사회적 삶을 개인의 우위에 있음을 주장한다. 이것은 뒤르켐의 종교의 사회적 기능을 수용하면서 문화 이론을 발전시킨다. 기능 개념은 "사회 구조와 사회적 삶의 과정 사이의 상호관계"를 정교화하기 위해 사용된다. 달리 말하면 "과정과 구조의 관계"는 주요 개념이 된다. 기능은 개인의 필요를 충족시키기보다는 질서와 응집력을 위한 사회적 필요를 지지한다.[4]

문화는 인간의 업적을 의미하며, 항상 사회적이며 인간 존재를 그룹으로 조직화한다. 개인들은 문화를 자신들의 방식으로 유용화하고, 문화적 요소들을 변화시킨다. 이들은 문화를 사회적 유산으로 이어가며, 사회적 삶은 항상 문화적이다. 문화는 사회적 존재와 더불어 간다. 니부어는 사회적 유산 또는 진정한 의미에서 실제 자체를 신약성서가 말하는 세계와 동일시한다.[5]

문화적 다양성과 다원주의는 모든 문화에서 가장 중요한 특징들이며, 이것은 가치 다원주의를 말한다. 문화는 특별한 요구와 관심을 가진 모든 개인에게 무엇이 이들에게 선한 것인지에 관련된다. 이런 점에서 니부어는 문화 인류학자 루스 베네딕트(1887~1948)의 이론에 관심을 둔다. 베네딕트에 의하면 개별사회는 매우 복합적인 성격을 띠며, "많은 목적과 뒤섞인 이해들을 가진 많은 제도"로 구성된다.[6]

베네딕트에 의하면 인간 문화("매우 명백한 인격성")는 개인의 인격

---

4 Radcliffe-Brown, *Structure and Function in Primitive Society*, 12.

5 Ibid.

6 Niebuhr, *Christ and Culture*, 38.

에 비교된다. 개인들은 문화 안에 살며 각 각의 문화는 자체의 인격과 도덕적 정언명령을 갖는다. 문화는 독특성과 다름으로 인해 개인적 삶의 스타일, 예술 또는 건축과 비교된다. 각각의 문화가 자체 상 언어와 특질로 이해된다면 베네딕트는 서구 사회를 최상으로 보는 것을 거절한다.[7] 여기서 우리는 문화의 사회적 기능과 더불어 문화 의 인격적 유형을 보게 된다.

프란츠 보아(Franz Boa, 1858~1942)에 의하면 베네딕트의 문화 이론 은 일반화되기보다는 다양한 문화적 패턴들로 이어지는 데 초점을 맞추고, 서로 다른 문화적 측면들의 상호 연관성에 주목한다.[8] 프란 츠 보아는 베네딕트의 '문화와 인격성' 접근방식에 멘토가 된다. 보아 는 역사적인 특수주의를 개념화하고, 각각의 문화는 창조성, 개선 또는 적응을 포함하며, 뚜렷한 방식으로 역사와 콘텍스트를 대변한 다. 이것은 단일문화의 일방적인 확산주의에 저항하며, 문화 발전은 저급한 사회에서 보다 발전된 사회로 나가는 진화 과정과도 다르다.

이러한 확산주의는 인종 중심주의나 인종주의로 비판된다. 보아 의 상황주의(contextualism) 이론은 각각의 다른 시대와 장소에서 문 화적 형식들의 다양성을 확인한다. 상황주의적 접근은 근대의 인류 학적인 의미에서 문화를 복수형으로 사용하며, 문화적 형식들은 일 차적으로 이들의 역사적 배경에서 논의되고 탐구된다. 이들 간의 공통점을 일반화하는 것은 차후의 일이다.[9]

문화에 대한 이해를 기초로 니부어는 그리스도와 문화를 다섯

---

7 Benedict, *Patterns of Culture*, viii.

8 Ibid., xxiii.

9 Tanner, *Theories of Culture*, 20-21.

가지 유형으로 구성한다. 첫 번째는 문화에 대립하는 그리스도로, 터툴리안의 날카로운 문화 거절처럼 그리스도는 문화에 대립한다. 두 번째는 문화의 그리스도로, 예수는 문화와 역사의 위대한 영웅으로 나타나며 문화에 대립하는 그리스도와는 다르다. 문화의 그리스도는 문화 개신교 특별히 알브레히트 리츨에게서 볼 수가 있다.[10] 세 번째는 문화 우위의 그리스도로, 문화의 그리스도는 문화 우위의 그리스도가 된다. 이러한 종합은 토마스 아퀴나스에 의해 대표된다.[11] 네 번째는 역설 가운데 있는 그리스도와 문화로, 크리스천은 교회 안에서 살지만 또한 시민으로서 세계 안에 산다. 이러한 이분화는 국가의 권위를 인정하며, 특히 루터의 칭의론에서 볼 수 있다.[12] 니부어의 그리스도의 문화 마지막 유형은 문화를 변혁하는 그리스도이다. 기독교는 복음을 표현하며, 문화 변혁의 성격을 갖는다. 이러한 타입은 회개의 모델, 특히 아우구스티누스와 칼뱅에 의해 대표된다.[13]

그리스도와 문화의 관계에 대한 사회학적 분석은 니부어의 문화신학에 결정적이다. 문화는 그리스도와 더불어 표현된다. 그러나 니부어의 한계는 문화의 역동적인 차원을 충분하게 고려하지 않는다. 그리스도에 대한 문화의 정적인 유형론적인 관계는 더 이상 문화가 그리스도의 복음에 대해 역동적으로 미치는 효력과 영향을 다루지 않는다. 문화는 정적이지 않으며 오히려 인간의 삶을 조건 지으며,

---

10 Niebuhr, *Christ and Culture*, 93-94.

11 Ibid., 42.

12 Ibid., 45.

13 Ibid.

계시에 대한 인간의 관계와 의미를 형성한다. 이것은 콘텍스트적 방식에서 이해되며, 타협과 다른 이해를 통해 상대화된다. 그리스도의 계시와 복음에 대한 인간의 이해는 역사적 상황에서 그리고 문화적인 역동성을 통해 이미 인간의 이해와 해석의 합리성에 영향을 미친다.

이것은 이미 역사적 전개에서 나타나는 기독교의 윤리적 가르침에 대한 트뢸치의 사회학적 분석에서 고전적으로 잘 나타난다. 그리스도의 계시는 문화의 세계로 들어오고, 역사적 전개를 통해 다르게 표현되고, 독특성을 갖는다. 니부어의 문화 유형론에서 인카네이션(성육신) 모델이 충분히 고려되지 않는다. 문화는 그리스도의 복음에 대한 인간의 이해에 영향을 미치며, 이것은 종교적 이념과 물질적 이해관계 사이에서 드러나는 선택적 친화력을 분석하면서 정교화가 될 필요가 있다. 인간은 종교적 담론과 권력의 그물망 안에서 그리스도의 계시와 복음을 문화 안에서 수용하고 이해한다. 그리스도는 교회에 생활세계로 자리하지만, 그리스도의 복음을 해석하는 신학은 이미 문화적으로 영향을 받고, 정치적으로 타협이 되며 사회적으로 조건 지어진다. 니부어의 그리스도와 문화 유형론은 이런 측면에서 보충되고 수정될 필요가 있다. 왜냐하면 니부어는 히틀러 인종 사회주의에서 가톨릭과 루터란들의 지지와 유대인 학살에 대해 아무런 대답을 하지 못한다. 도덕적 기초와 역사 분석의 결여가 된 유형론은 문제로 남는다.

만일 니부어가 뒤르켐의 사회학적 방법을 수용한다면, 뒤르켐은 종교가 사회적 실제를 구성하는 것을 말하며, 이러한 종교적 구성에서 급진적 유일신론, 단일신론 또는 다신론을 유형화할 수가 있다.

그러나 더 나아가 종교가 인간의 삶과 의식에 영향을 미치는 생활세계로 드러날 때 보다 구체적으로 어떤 종교적 이념이 물질적 이해관계에 선택적 친화력을 가지며, 종교 윤리가 어떤 영향을 사회 구성에 기여하는지 섬세하게 파악할 필요가 있다. 종교적 담론은 권력의 그물망에 엮어지며, 사회 계층의 다양한 영역들 안에서 상징적 상품과 자본을 얻기 위한 투쟁이 벌어진다. 니부어의 그리스도와 문화의 유형론에서 선택적 친화력과 담론의 권력 그물망이 어떻게 다양한 공공 영역들에서 드러나는지 언급이 없다. 니부어의 유형론은 복음과 문학적 이슈들을 다룰 때 인종, 젠더 섹슈얼리티 그리고 지배의 "남성주의적" 체제에 대한 역동적인 관계에 침묵한다.

문화와 사회 계층 이론

문화는 인간의 보편성이며 생활세계와 관련된다. 공공신학은 문화적 이슈를 삶의 방향과 의미를 통해 구성하고, 문화적 차원을 생활세계와 연관 지어 다룬다. 이것은 공공신학의 해석학적 측면을 말하는데, 이러한 인식론적 과정은 하나님의 신비와 더불어 야곱처럼 씨름하는 것에 비교할 수 있다. 계시의 수직적 방식, 즉 위로부터 계시의 차원에서 인간은 역동적인 방식으로 계시의 사건에 접근하고 하나님의 신비와 씨름한다. 또한 종교의 지평적인 차원은 문화적 스펙트럼을 가지며, 종교적 담론과 윤리적 실천을 통해 전개된다. 이렇게 연관되는 계시의 이중적 차원은 종교와 문화에 대한 사회과학적 분석을 사회 계층의 영역별로 요구한다. 정치권력, 경제체제 그리고 사회 문화 구조 그리고 종교는 서로 교류하며 영향을 미친다.

초월적 차원에도 불구하고, 계시와 문화는 인간의 이해를 위해 상호 관계로 들어온다.

문화의 공공 정의를 토론하기 위해 저자는 다음과 같은 베버의 입장을 확인한다.

> 이념들이 아니라 물질적이고 이념적인 이해들이 직접적으로 인간의 행동을 지배한다. 그러나 매우 빈번하게 '세계의 이미지'는 이념들에 의해 창조되는데, [이것은] 기차선로가 바뀔 때, [이념이] 기차의 트랙을 결정하고, 이러한 선로의 방향에 따라 인간의 행동은 역동적인 이해관계에 의해 밀려져 나간다.[14]

베버의 이념형적 사회학에는 물질적인 이해와 관심이 존재한다. 그가 분석한 칼뱅주의 이중 예정론과 청교도 윤리에서 세계의 이미지는 지속적이며 체계적인 노동 윤리와 더불어 자본주의적 근대성과 합리성의 코스를 결정짓는다. "세계 내적인 금욕주의의 방법적 특징"[15]은 직업 소명에서 역동적으로 드러난다. 자본주의 정신은 역사적 과정을 거치면서 사회를 세계 내적인 금욕주의를 엄청난 스케일로 합리화하고 전문화한다.[16] 그리고 여기에 결부된 종교 윤리는 역사 문화적 발전 과정에서 부르주와 경제적인 삶을 선호한다.

베버의 접근에서 두드러지는 것은 종교적 전문가(virtuoso)를 교회의 위계질서를 옹호하는 엘리트(hierocracy)와 구분하는 것이다.

---

14 Weber, "The Social Psychology of the World Religions," *From Max Weber*, 280.
15 Weber, *The Protestant Ethic and the Spirit of Capitalism*, 162.
16 Ibid., 125, 174-175.

전문가는—종교적 권위의 높은 지위를 차지하는— 엘리트와는 달리 대중들에게 영향을 미친다.[17] 모든 종교의 위계질서 체계와 권위는 전문가와 대중들의 자율적 발전에 제동을 건다. 사회적 실제에 대한 종교적 구성은 상호 교차적인 영역들에서 볼 수 있는데, 그것은 경제적 신분(부), 정치적 신분(권력), 사회 문화적 신분(영예와 위신)이다.

경제적으로 조건되는 권력의 출현은 다른 기존 권력의 귀결들과 더불어 파악되는데, 이것은 사회적 영예와 위신과 관련된다. 베버에 의하면 사회적 영예와 위신은 정치나 경제적 권력의 기반이 된다. 이러한 권력의 형식들은 공동체 안에서 분배되며, 신분 그룹은 이러한 분배에 참여하며 사회 문화적 질서를 형성한다. 권력의 다차적 형식이 경제적, 정치적 그리고 사회 문화적 영역들에서 나타날 때 그것은 법적 질서를 통해 보충적인 요소로 보장된다. 사법적 체제는 권력의 일차적 근거가 되지는 않는다.

베버의 분석에 의하면 사회관계들의 복합성이 산출되고 전문화되며, 신분 그룹은 일상의 실천에서 중요한 역할을 한다. 관료제의 권위는 훈련된 전문가에 의한 행정관리를 요구하는데, 이들 관리는 사회와 경제 영역의 특권층에서 전문 교육을 받은 자들로 구성된다. 교육의 자격증과 업적은 취업의 계층화에 결정적인 영향을 미친다.[18]

정치권력과 조직에 대한 분석에서 베버는 식민주의와 제국주의에 대한 경제적 토대를 검토하고, 착취, 강제 노동, 직접적인 군사력, 독점을 통해 수익의 극대화가 시도된다고 본다. 자본주의의 비합리

---

17 "The Social Psychology of the World Religions," *From Max Weber*, 288.
18 Ibid., 192, 200; Nolan and Lenski, *Human Societies*, 263.

적인 측면은 제국주의적 자본주의로 분류되거나 특히 식민주의 약탈 자본주의로 분석된다.[19] 다른 한편 과학적 지식의 기술 적용은 계산의 근대 체제나 장부 정리를 통해 생산의 기술 수단을 산출해낸다. 이것은 법적 체제와 구조 그리고 행정관리를 포함한다. 자본주의 관심은 합리화의 과정을 동반하며, 서구 문명을 비서구권과 비교할 때 특별한 것으로 만든다.[20] 베버의 유형론-물질론적 접근에서 종교적 이념(계시와 예정)은 자본주의의 발전과 더불어 상호관계로 들어온다.

이런 측면에서 이스라엘 출신 사회학자 스테판 샤롯(Stephen Sharot)은 종교 전문가와 사제 계급에 대한 베버의 방법적 구분을 수용하고, 윤리적 차원과 실천적 행동을 다룬다. 더욱이 샤롯은 종교적 집단 표출에 대한 뒤르켐의 상징적 관점에 주목하고, 사회를 도덕적 세력, 일치 그리고 연대를 통해 파악한다. 이러한 상징주의적 관점은 의례적 기능을 통해 수행되며, 종교회원들의 감정을 도덕적 공동체의 주요 부분으로 만든다. 종교는 사회적 기능을 가지며, 인간의 삶과 사회 안에서 도덕적 효과와 연대를 형성하고 유포한다.[21]

종교에 대한 뒤르켐의 사회적 기능은 생활세계적인 의미에서 일반적인 틀을 제공하며, 베버의 접근—종교적 이념과 물질적 이해관계의 선택적 친화력—은 종교 전문가들의 리더십과 개인의 삶의 실천적 방식에서 전개된다. 모든 동양의 종교에서 종교적 전문가들의 영향은 대중들의 삶의 발전에서 중요하지만, 그러나 대중들에게 주

19 Weber, "Structure of Power," *From Max Weber*, 167-168.
20 Ibid., 338-339.
21 Sharot, *A Comparative Sociology of World Religions*, 29.

술적 전통에 머물도록 허용한다.[22] 예를 들면 중국에서 유교는 조상 제의의 차원을 수용한다.

베버는 자본주의 정신을 합리적인 윤리, 특히 금욕적 개신교에서 보았다.[23] 그러나 베버는 그의 정치 사회학에서 자본주의와 식민주의에 대한 분석을 간과하지 않았다. 자본주의의 식민주의 팽창해서 베버는 대농장 노동에서 빚어지는 제국주의 착취의 현실에 주목했고, 남미에서 스페인과 미국 남부에서 영국의 식민 정책, 인도네시아의 식민지에서 화란의 정책을 간과하지 않았다.[24]

식민주의나 제국주의는 자본의 비합리성과 광기로 단죄된다. 베버는 근대성의 주요 개념으로서, 청교도 안에서 나타나는 자본주의 정신으로서 세계 내 금욕주의에 대한 예외적 평가를 하지만, 자본주의 합리성과 식민주의적 약탈이 서로 병립하는 것을 간과하지 않는다. 베버 사회학에서 자본주의 합리석 유형은 경제 사회학에서, 식민주의 자본주의는 정치 사회학에서 다루어진다. 그러나 사회학적 접합이론으로 체계화되지는 않는다.

베버의 합리주의적 접근은 종교적 이념과 물질적인 이해관계의 선택적 친화력에 관심하는데, 식민주의 정치권력과 신체정치 전략을 통해 비판적으로 보충되고 해명될 필요가 있다. 자본주의 발전에서 인간의 신체는 노동의 분업과 생산 관계에 투자되고 규제된다. 자본주의 합리적 측면은 세계 경제 콘텍스트에서 식민지 무역 시스템과 연관되고 또한 국내에서 노동자들의 소외와 착취에서 드러나

---

22 "The Social Psychology of the World Religions," *From Max Weber*, 288.

23 Ibid., 125; Weber, *The Sociology of Religion*, 269.

24 Weber, "Structures of Power," *From Max Weber*, 167.

는 노동 분업의 병리 현상에 연루된다.

베버에 의하면 식민지 상황에서 "순수하게 비합리적인 투기나 폭력에 의한 취득, 무엇보다 더 실제 전쟁이나 예속된 백성들에 대한 재정 약탈에서 오랜 기간 약탈품 취득"은 자본주의 모험가들에 의해 행해졌고, 모든 세계에 존재했다.[25] 그러나 식민주의 또는 제국주의 비합리성과 약탈에도 불구하고 베버의 관심은 자본주의를 종교 윤리와 합리적 차원에서 분석하는 것과 이러한 예외적인 성격을 청교도의 세계 내 금욕주의 안에서 자본주의 정신으로 파악하는 데 있었다. 계시와 문화 사이의 선택적 친화력에 대한 사회학적 분석을 통해 상관관계의 유형 내지 모델이 나타난다. 이러한 사회학적 측면은 니부어의 그리스도-문화 유형론을 물질적인 관심에서 갱신한다.

반면 베버의 약점은 자본주의 리얼리즘을 권력 사회학과 더불어 파악하지 못한 것이다. 자본주의는 노동 분업과 생산력에서 나타나는 신체정치와 노동자의 소외 그리고 전문화와 분배를 통한 생산 관계의 합리적 조직을 포괄한다. 저자가 보기에 베버의 이념형은 정치권력과 분리되어 다루어져서는 안 된다.

자본주의에 대한 발생론적 접근은 소외, 착취, 계급투쟁 그리고 사회적 위기에 관심한다. 이러한 접근은 베버의 이념형과 마르크스의 모델을 권력의 관계에서 드러나는 담론적 지배 체제와 연관지으면서 보다 총체적으로 후기 자본주의 현실을 다룬다. 이러한 총체적 유형은 자본주의의 복합적인 차원을 합리적 조직, 노동자의 신체 규율, 해외시장의 착취, 전체사회를 조절하는 국가 정책과 사법적인

---

25 Weber, "The Origins of Industrial Capitalism in Europe," *Weber Selections*, 336.

정당성의 문제에 관심한다. 더 나아가 이러한 자본주의의 총체성을 통해 우리는 사회 계층 안에서 어떻게 다양한 상징적 상품들과 자본들이 출현하는지 고려한다. 이러한 상품과 자본의 다차적 현상은 영역 간 서로 교차하는데, 여기서 사회와 문화는 담론의 헤게모니를 통해 정상화된다.

외부적 타입과 물신 숭배

샤롯은 마르크스의 모델을 외면적 타입으로 파악하며, 마르크스는 종교를 이 세상의 방식(피안적인·사회적인 방식)으로 접근한다. 종교는 하위계층의 사람들이 당하는 고난과 박탈로 이해되며, 한편으론 지배 계급의 이해에 봉사하는 조작의 기능을 갖는다. 종교는 "억압받는 피조들의 한숨이며, 무정한 세계의 마음이며, 영혼 없는 상황의 정신이다."[26] 종교의 외면적 타입은 마르크스가 경제적 상황과 정치 권력의 구조를 분석하는 데서 잘 드러난다. 이러한 종교의 타입은 경제적인 부가 어떻게 전시되며, 사회 신분과 정치권력과 더불어 종교가 어떤 사회적 기능을 하는지와 관련 있다.[27]

그러나 샤롯과 달리 저자는 마르크스의 종교 이념을 외면적 타입보다는 발생론적 타입으로 파악하고, 자본주의 사회의 물신 숭배의 성격을 강조한다. 자본주의 사회는 종교적 성격을 갖는다. 발생론적인 타입에서 괄목한 것은 절제 이론을 청교도 기업과 연관 지어 파악

---

26 Cited in Sharot, *A Comparative Sociology of World Religions*, 18.
27 Ibid., 36.

한다. 역사적인 자본 축적의 과정에서 식민지의 부를 약탈하는 기독교적 성격을 밝혀낸다. 마르크스는 베버의 자본주의의 합리적 타입을 이미 알고 있었다. 그러나 이것은 합리적이 아니라 자본 축적의 역사적 과정에서 비합리적인 것으로 파악했다. 경쟁과 자본 축적을 통해 마르크스는 고리 대금업자를 자본가의 특별한 타입으로 보았고 루터의 경제 비판에 동의했다. 루터는 다음과 같이 말했다.

"권력욕은 부자가 되기 위한 욕구이다. 이방인들은 이성의 빛을 통해 고리 대금업자를 총체적인 도둑과 살인자로 결론 짓는다. 그러나 우리 기독교인들은 고리 대금업자들을 영예스럽게 여기고, 돈을 위해 이들을 섬긴다."[28]

마르크스는 루터를 인용하면서 자본주의 생산 양식의 발전과 더불어 자본의 축적과 부가 발전하며, 자본가는 단순히 자본의 구현으로 남지 않는다고 본다. 자본가는 오히려 하나님처럼 되려고 했던 아담의 원죄에 대해 인간적인 따뜻함을 느낀다. "고전적 타입의 자본가는 개인소비를 자신의 기능[고리 대금업]에 대한 죄로 낙인을 찍는다. 죄는 축적으로부터 '절제'다. 그러나 근대의 자본가는 축적을 '쾌락의 거절'로 볼 수가 있다."[29]

소비를 축적을 방해하는 죄로 여기는 절제의 고전적 타입(고리대금업)은 이제 근대의 자본가 타입에서 자본의 축적을 쾌락의 거절로,

---

28 Marx, *Capital* 1, Footnote 22.
29 Ibid., 740-741.

즉 금욕적 삶의 태도에서 나타난다. 마르크스는 루터의 고리 대금업 비판(이들에게 소비는 축적을 방해하는 죄이다)과 더불어 또한 근대의 자본가 타입(이들은 자본 축적을 위해 삶의 쾌락을 거절한다)을 분석한다. 이것은 이후 베버의 분석에서 나타나는 청교도의 세계 내적 금욕적 태도를 선취한다. 마르크스에게서 근대 자본가의 열정은 탐욕과 부의 증식을 향한 충동에 뿌리박고 있다. 결국 자본주의적 생산은 많은 부의 증대를 투기와 신용체계로 변형시키게 된다.[30]

아담의 원죄는 하나님처럼 되려고 한 것이었다. 루터는 이러한 원죄를 고리 대금업자들에게서 보았고, 이들은 돈을 통해 모든 인간을 다스리는 하나님처럼 되길 원한다고 이해했다. 이러한 원죄는 역사적으로 자본 축적을 통해 근대의 금욕적 자본가로 전환되고 발생한다. 탐욕은 삶의 즐거움과 쾌락을 거절하는 근대의 '불행한' 자본가의 사업에서 필연적인 것이 된다. 그는 개인적인 노동과 절약을 통해 부자가 되는 것이 아니라, 타인의 노동을 추출하고 노동자로 하여금 모든 삶의 즐거움을 포기하게 한다.[31]

거대 산업이나 고리 대금업자의 탐욕은 사업으로 전환되며, 부와 신용의 근거는 일정한 경제적 발전 단계에서 근대의 자본가에게는 불행이 된다. 이들의 삶의 배경에서 탐욕과 불안한 산술적인 계산과 계획이 나타나며 금과 축적을 향한 갈망이 일어나며, 절제의 복음은 이제 상품의 물신 숭배로 드러난다. 금욕의 타입은 자본주의 생산의 과정과 더불어 치명적인 귀결을 낳는데, 다양한 합리화 과정들에서

---

30 Ibid., 741.
31 Ibid.

기술의 발전과 결합하면서 탐욕과 부를 향한 투쟁이 전체사회로 통합된다. 이러한 자본의 축적에 기초한 물신 숭배의 사회는 모든 부의 본래적 원천, 즉 토양과 노동자의 삶을 결단내고 만다.

마르크스의 절제 이론은 다음의 표현에서 명료하게 나타난다.

> 축적하라, 축적하라. 이것이 모세와 예언자들이다! 산업은 축적을 가능하게 하는 자료를 제공한다. 그러므로 절약하라. 절약하라. 그러므로 잉여가치의 가장 큰 몫 또는 잉여 산물을 자본으로 재변형하라! 축적을 위한 축적, 생산을 위한 생산. 이것이 고전 경제학이 부르즈와지의 지배의 시대에 이들의 역사적 미션을 표현하는 정식구이다.[32]

절제 이론은 식민지 시대에 본원적 축적에서 드러나는 기독교적 성격과 관련되며, 이것은 노동 분업과 생산력에 투자되는 기술 진보(기계류와 생산관계의 합리적 시스템)와 신체정치 규율에 의해 가동된다. 자본주의 생산은 축적과 더불어 소수 자본가의 손에 자본 집중이 나타나며, 이러한 자본 논리는 청교도의 세계 내적 금욕 윤리를 자본과 노동의 적대적 방향으로 한층 더 나아가게 한다. 사실 이념형은 자본 축적에서 드러나는 적대적인 타입의 일부가 되며, "한편에서 부의 축적이 발생하지만 다른 한편 비참의 축적이 있다. 노동의 고통스러움, 노예제, 무지함, 잔인함, 도덕적 타락이 반대편에서 일어난다…."[33]

---

32 Ibid., 742.
33 Ibid., 799.

자본주의는 종교적 기능을 가지며 물화의 현실은 자본주의 정신을 맘몬과 상품의 물신 숭배에 기생한다. 이것은 남미에서 스페인 식민주의 그리고 인도와 중국에서 영국의 식민 지배 등에서 자본 축적의 기독교적 성격으로 볼 수 있다. 절제 이론 또는 세계 내적 금욕은 주요 원리가 아니라, 물신 숭배 또는 물화(비인격적 세력의 지배)의 보편적인 내러티브에 속한다. 이것은 청교도 칼뱅주의의 목적합리성에 기초하며 맘몬의 자본주의 정신을 특징짓는다.

이것은 마르크스적인 의미에서 자본주의 실제에 대한 종교적 구성으로 볼 수 있다. 경제적 생산 양식과 과학적 합리성은 사회 조직의 수준에서 종교 문화적 영역에 교차한다. 지성적인 영역(정치 사회, 이데올로기, 종교, 도덕적 담론, 헤게모니)은 경제적 구조와 발전에 결정적인 영향을 미친다. 한 사회의 경제적 발전 수준 규모에서 지성적인 영역에서 혁명적인 변화가 일어난다. 생산력을 경제 발전으로 이끌어가는 추동력은 자연과학의 발전과 기계의 효율화에 기초한다. 기술 합리성이 혁명의 동인이 되며 새로운 사회를 향한 인간의 변혁적 실천과 전략은 기술 합리성과 경제적 발전에 대한 객관적 분석 없이는 불가능해진다.

종교적인 이념과 물질적 이해관계에 대한 마르크스의 발생론적 분석은 경제적 영역에서 신체정치적 측면, 즉 규율, 감시, 몸의 유순성 그리고 컨트롤을 내포한다. 이것은 감시와 컨트롤을 통해 노동자들의 삶을 훈육하며, 시민 사회의 물신 숭배적 성격에 초점을 맞춘다. 발생론적인 타입은 상품의 물신 숭배를 분석하며, 그 종교적 성격은 전체사회를 맘몬화한다. 결국 자본주의는 상품과 자본을 섬기는 종교 현상이 된다. 이러한 발생론적 타입은 계시와 자본주의 문화의 유착 모델(우상 숭배 모델)을 지적하며 종교적 이념과 자본주의 사회의 물신 숭배적 성격을 폭로하는 예언자적 비판을 담는다. 종교 비판의 진정한 의미는 사회 구성에 대한 과학적 분석 없이는 일면적으로 흐를 수가 있다.

다양한 영역들과 사회 계층

베버와 마르크스의 입장을 고려하면서 부르디외의 반성 사회학은 공공 영역에서 상징적인 상품들과 다양한 자본의 형식들에 주목한다. 이것은 사회 계층의 영역들 간 관계에 대한 사회학적인 방법을 발전시킨다. 반성적인 접근은 상징적이며 물질론적인 틀에서 전개되고 공공신학이 문화적 정의를 다룰 때 중요한 통찰을 제공한다. 이것은 문화적 이슈들, 예를 들어 생물학적 인종, 문화적 인종(ethnicity), 젠더, 섹슈얼리티가 어떤 차원에서 남성주의적 지배 시스템으로 설정되는지에 주목한다. 또한 어떤 과정을 통해 이러한 지배 시스템이 노동 분업과 사회적 규범 담론, 더 나아가 권력관계에 엮이는지를 분석한다.

기존의 에피스테메의 지배 시스템은 해체되며 합리적인 카테고리들은 권력의 관계에서 형성되는 '우발적'이거나 아니면 역사적 산물로 취급된다. 목적 합리성과 상징적 권력과 관계에서 한 시대를 지배하는 규범적 담론은 어떻게 도구적인 차원에서 이용되는가? 지배 담론은 구성적 효과를 가지며, 사회적 담론의 구조와 에피스테메는 정치적 권력에 구속되고 사회 제도적으로 지지된다. 그러나 푸코의 권력/지식의 분석 틀은 담론의 정치적 권력 또는 신체 권력

(biopolitics)에 관심하는데, 푸코의 이론의 한계는 여전히 사회적인 논의들, 예를 들어 신분/계급의 역할, 사회 구성의 복합성, 도덕적 중요성 등은 거의 파악하지 못한다. 노동 분업과 담론의 합리화 그리고 정치 사회적 발전은 뒤르켐의 분업 사회학의 통찰로부터 오는데, 뒤르켐은 푸코의 한계를 비판적으로 보충해 줄 수가 있다.34

사회적 담론과 권력관계는 다양한 영역들에서 상징적인 상품과 자본을 탐구하면서 해명될 필요가 있다. 사회 분업의 시스템은 사회의 위계질서와 불평등한 피라미드 구조에서 어떻게 지배와 상징적 폭력과 더불어 생산과 재생산의 메커니즘을 통해 나타나는가? 사실 교육은 사회적 네트워크의 가치를 통해 투자되며, 문화적 자본이나 지식의 (비재정적) 사회적 형식을 생산하고 재생산하는 메커니즘으로 작동된다. 사회적 자본은 개인과 그룹에서 증가하며, 개인적이거나 제도적인 콘텍스트에서 상호 인정과 친분 관계에 기초한다. 이것은 정치적 자본에 의해 구성되며 상당한 혜택과 특권을 창출한다.35

인식의 사회적 틀 또는 사회적 사실들로 구성된 생활세계는 해체될 수가 있지만, 생활세계(역사, 전통, 종교, 언어, 문화)는 여전히 객관적 실재로 남아 있으며, 지배와 해방을 위한 책임적인 비판과 연대적 기획에 영향을 행사할 수 있다. 전통, 역사, 문화 그리고 종교는 책임적인 비판에도 불구하고, 비판과 해방을 통해 해체되고 사라지는 것이 아니라 여전히 내재적 비판의 원류와 의미 체계로 작용한다. 사회학적 탐구는 특수한 자본의 다양한 형식들을 지적하고 다른 영

---

34 Bourdieu and Wacquant, *An Invitation to Reflexive Sociology*, 47, 49.
35 Ibid., 119.

역들에서 드러나는 형식들(경제 자본, 문화 자본, 사회 자본, 상징 자본)과 어떤 상관관계를 갖는지에 주목한다.[36]

종교적 이념과 물질적 이해관계 사이에서 드러나는 선택적 친화력은 베버의 이념형으로 일반화될 필요는 없다. 베버를 넘어서서 문화 사회적 현실에 대한 종교적 구성은 합리화, 물화, 지배 관계(또는 권력 분석)를 통해 발생론적인 차원을 통해 진일보시킬 수가 있다. 베버는 종교적 이념과 물질적 이해관계의 선택적 친화력을 주로 경제 윤리에서 발전시켰지만, 그의 권력 또는 지배 사회학은 종교적 담론과 물질 이해의 역사적 전개에서 보다 명료하게 다루어질 필요가 있다. 이러한 사회학적 통합 논의 또는 접합이론은 사회 계층의 다양한 영역들에서 정교화되고, 특별히 생물학적 인종 체계, 문화적인 인종 구성, 젠더 그리고 섹슈얼리티를 다룰 때 중요하다. 사회의 규범 담론과 신체정치 전략은 어떻게 상징적인 지배 구조에 연계되는가?

인종, 섹슈얼리티, 젠더

문화는 신분 그룹과 계급에 의한 사회 계층의 피라미드에서 내적으로 다양하며, 항상 행위자를 통해 시대를 거쳐 변화한다. 또한 종교적 담론에 의해 영향을 받으며, 사회 제도와 권력관계의 그물망에 엮어진다. 사회적 불평등은 다양한 신분과 계급이 특별히 경제적인 자산이나 정치권력 또는 교육과 취업에서 드러난다. 생물학적인(또

---

36 Ibid., 117-120.

는 문화적) 인종, 젠더 또는 섹슈얼리티는 사회 문화적 구조와 권력관계의 시스템에서 규범적으로 합리화되고 전문화되면서 사회 문화적으로 확산되고 정당성을 획득한다.

이러한 사회학적인 접근에서 중요한 것은 사회 그룹들 사이에서 드러나는 권력의 차이와 다름에 주목한다. 이런 접근에서 지배 그룹이 하위 그룹에 행사하는 규범과 가치의 측면을 분석한다. 상징적인 지배와 담론 시스템에서 권력관계는 심지어 희생자들에게 미세하고 보이지 않으며 무의식적인 차원에까지 침투된다. 의사소통적인 채널과 인정에서도 권력의 행사와 정당성은 상징적으로 드러나며, 상징 구조와 지배는 특히 인종, 문화적 인종 구성, 젠더 그리고 성적 지향성에서 중요한 역할을 한다.37

인종적 정의와 남성주의 지배

인종이 생물학적인 관련에서 다루어질 때 그것은 혈통의 카테고리가 결정적이다. 그러나 주어진 사회 안에서 문화적 인종 구성 또는 민족(ethnicity)은 공동의 언어와 종교와 문화적 실천에 관련되며, 문화적 연관성이 중요하다. 인종 정체성은 혈통을 중심으로 한 분류 내지 카테고리(백인, 흑인, 아메리카 인디언, 아시아 그리고 퍼시픽 아일랜더)보다 훨씬 더 복합적이다. 생물학적 정의가 인종 카테고리를 이데올로기적으로 양산하지 않는가 하는 논쟁이 있다. 경제, 정치, 그리고 문화적인 불평등은 이러한 인종 카테고리를 통해 사회 안에서 지배

---

37 Bourdieu, *Masculine Domination*, 2.

체제를 공고화하는 것을 부인할 수는 없다. 민족은 일차적으로 혈통을 근거로 생물학적으로 규정되지만, 더 중요한 것은 영토와 문화, 언어를 통해 정치적으로 형성되는 데 있다. 달리 말하면 민족은 근대 정치 개념에 속한다.

그러나 근대적인 의미에서 민족 또는 국민은 시민 사회의 헌법을 기초로 한 정치적 주체의 차원을 갖는다. 여기서 국민주권은 민주주의와 자유 그리고 시민과 관련된다. 이런 점에서 국민은 민족의 인종적 차원을 넘어서서 시민 사회와 헌법을 지적하며 개인으로서 시민의 법적 주체와 관련된다.

사람들이 그룹으로 조직되고 계급화될 때 사회적 위신이나 신분은 위계질서에서 구성되며, 사회적 불평등은 자산과 사회 문화적 자본의 분배에 접근할 때 중요하다. 사회 구조는 생물학적인 인종의 측면을 보다 폭넓은 문화적인 특질 안에 설정하기 때문에 여기서 나타나는 차별과 부정의의 현실에 주목할 필요가 있다. 생물학적인 인종이나 문화적인 인종 카테고리에서 사회적 불평등과 다른 지배의 현상들은 권력 시스템과 다양한 자본의 현상들과 더불어 분석된다. 인종 문제는 빈곤, 불평등, 실업, 폭력 그리고 범죄로 인한 감금에 관련된다.

인종은 중요하다. 왜냐하면 문화는 가족, 신앙 공동체 그리고 사회 제도들에 근거한 구조에서 세워지며, 문화적 가치는 경제, 정치적 태도에 영향을 주며 후자는 또한 문화적 이념을 증진시킨다.[38] 인종의 정의는 미국에서 정치적으로 구성되며, 유색 인종, 특히 흑인들에

---

38 West, *Race Matters*, 19.

대한 폭력적인 취급은 잘 알려진 사실이다. 그런가 하면 다른 인종들
간의 갈등을 매스 미디어가 부추기고, 백인 지배의 현실을 은닉하기
도 한다. 이슬람과 모슬렘 공동체에 대한 미국의 매스 미디어는 최악
에 속한다. 오히려 이슬람 문명은 8세기에서 11세기에 걸쳐 바그다
드를 통한 문화적 르네상스와 코르도바를 통한 철학적 계몽주의,
특히 아베로스는 유럽의 초기 르네상스에 지대한 영향을 미쳤다.
이슬람의 문명 기여와 공존은 문화출동론으로 뒤바뀌고 만다. 식민
지 시대에서 인종은 중심부에서 민족의 위신과 명예로 국가 권력을
통해 양산되며, 주변부를 문명 선교화하는 식민주의 정치 이데올로
기를 제공한다. 극단적인 경우 식민지 시대의 민족주의는—일본의
경우— 민족 신화와 관련되고 종교화되며, 천황과 신민의 관계를
파시즘적으로 강화된다. 무사도는 인종을 천황과 엮어 주는 이념형
으로 등장하기도 한다. 여기서 인종 우위주의 또는 인종차별이 필연
적으로 배태된다. 여기서 근대 국가는 시민 사회로 진입하지 못하고,
근대의 정치적 가치들—자유, 인권, 민주주의, 연대—은 사라지고
국가 파시즘으로 통합된다.

일본과는 달리 유럽과 미국에서 종교적 측면에서 인종에 대한
문화 이데올로기는 하나님에 대한 신학적인 견해에 깊숙이 들어와
있다. 하나님의 창조를 노예제도나 인종차별을 옹호하는 방식으로
주장되기도 한다. 인종의 이데올로기의 어두운 측면은 인종차별 시
스템에서 드러나며 개인, 가족 그리고 공동체를 분리하는 정책에서
도 잘 볼 수 있다.

흑인 해방신학은 인종의 정의에 대해 가장 큰 기여를 한다. 라틴
아메리카의 해방신학이 중심부와 주변부의 빈곤 문제에 초점이 있

다면, 흑인 신학은 세계 최강 중심부 미국에서 드러나는 흑인들의 경험과 인종 폭력의 상처를 정교하게 다듬는다. 최강의 중심부 안에서 주변부의 신학으로 흑인 신학은 인종 정의를 날카롭게 드러낸다.

하버드 대학의 교수였던 코넬 웨스트(Cornel West)는 흑인들을 미국의 주류 사회 안에 통합시키는 전략을 가진 백인 리버럴 입장이나 사회 안에 흑인들은 백인의 삶의 방식을 수용해야 한다는 보수주의자들의 입장을 거절한다. 더 나아가 흑인 중심주의 내지 민족주의 감정 역시 백인 사회 안에서 흑인의 정체성을 설정하는 것이 무리가 있다고 진단한다. 웨스트의 진단에 따르면 흑인들의 존재를 위협하는 허무주의적인 태도는 매우 심각한데, 이것은 경제적인 소외와 정치적 불평등과 더불어 심리적인 좌절과 개인의 무가치함으로 드러난다. 허무주의는 영혼의 질병이며 이것을 치유하기 위해 웨스트는 메타노이아 정치(politics of conversion)를 강조한다.[39]

코넬 웨스트에게 문화는 정치나 경제만큼이나 중요한 구조를 의미한다. 문화는 가족과 학교, 교회, 유대교 회당, 이슬람의 모스크, 커뮤니케이션 산업(매스 미디어와 음악) 등과 같은 사회 제도들 안에 뿌리박고 있다. 경제와 정치는 문화적 가치들에 의해 영향받을 뿐만 아니라 또한 선한 삶과 사회에 대한 특별한 문화적 이념을 증진시킨다. 흑인 문화 운동이 미국 사회에서 흑인의 허무주의를 극복하는 대안으로 나타나며, 이것을 위한 흑인의 정치 리더십을 웨스트는 세 가지로 분류한다: (1) 인종을 소멸하는 관료 리더십(토마스 브레들리 Thomas Bradley가 이러한 유형에 속하는데 1973년에서부터 1993년 동안 로스

---

39 Ibid., 23, 29.

엔젤레스 시장으로 활동했다. 광범위한 백인층의 지지를 받으며 많은 흑인들에게 롤모델이 되기도 한다. 그러나 이러한 유형의 리더십은 흑인 공동체의 예언자적인 소리에 침묵한다), (2) 인종의 정체성을 확인하는 정치 리더십(마틴 루터 킹과 말콤 X), (3) 인종을 초월하는 예언자적인 리더십(하롤드 워싱턴 Harold Washinton이 대표적인 경우인데, 그는 다인종 연합진보 그룹의 지지로 1983년부터 1987년 죽기까지 시카고 시장으로 봉사했다. 그러나 이런 경우는 바람직하지만 매우 드물다).[40]

정치 예언자적인 리더로 일하기 위해 웨스트는 개인의 고결함, 정치적 기민함, 도덕적 비전, 신중한 판단, 용기 있는 도전과 조직적인 인내가 필요하다고 본다. 여기서 웨스트는 시민 사회 안에서 흑인의 문제를 설정하고, 이전 선배인 마틴 루터 킹이나 말콤 X와는 달리 인종 문제를 도덕적 비전과 인종들 간의 연대에서 발전시킨다. 이런 점에서 웨스트는 힐러리 클린턴(Hillary Cliton)이 아니라 버니 샌더스(Bernie Sanders)의 사회민주주의 정치를 지지한다.

인종과 민주주의의 문제에서 웨스트가 문화 이론을 근거로 정치 리더십에 주목한다면, 제임스 콘은 흑인 신학의 아버지이다. "나는 기독교인이 되기 전에 흑인이었다."[41] 이러한 제임스 콘의 표현에는 공공신학의 예언자적인 측면을 담고 있으며, 십자가의 상징적 의미를 흑인들이 매달려 죽은 '린칭'(lynching) 나무에서 본다. 흑인에 대한 차별이 시대의 관습이었던 시절 흑인을 나무에 매달고 기름을 끼얹어 화형하는 것은 일상적인 일이었다. 당시 백인 남성뿐만 아니

---

40 Ibid., 57, 61.
41 Cone, *The Cross and the Lynching Tree*, xvii.

라 어린 꼬마들과 여자아이들도 이 '린칭'에 참가해 본연의 피부보다 더 까맣게 탄 흑인 시체 앞에서 기념 촬영을 하고 그걸 엽서로 만들었다. 불과 100년도 채 되지 않은 이 과거의 야만과 광기는 당시엔 너무나 당연한 일상의 조각이었다. 당시 흑인들은 나무에 매달려 타 죽어간 이들을 '이상한 열매'로 상징화한 '린칭'이란 시에 멜로디를 붙여 노래를 불렀다. 이러한 내용을 담은 민중가요가 세상에 알려지기 시작했다. 이것이 바로 빌리 홀리데이(Billie Holiday)가 부른 〈Strange Fruit〉라는 민중가요다.

제임스 콘의 흑인 신학은 바르트와 틸리히의 깊은 영향을 받았고, 라인홀드 니부어에 대한 비판적인 존경이 담겨 있다. 콘은 라인홀드 니부어와 더불어 미국에서 예언자적인 해방의 차원의 공공신학을 대표한다. 콘의 신학적 인식론은 백인 우월주의로부터 오는 인종적 부정의와 폭력에 투쟁하고 자유와 해방을 위한 실천에 초점을 맞춘다. 그럼에도 불구하고 콘의 과도한 주장에는 의심의 시선이 주어진다. "흑인 신학은 [흑인 피부의 백성]들만이 하나님의 계시를 여는 열쇠로 믿는다."[42]

젠더의 질서나 불평등은 여성에 대한 남성 지배의 사회 문화적 시스템의 중심적인 특징이다. 흑인 여성은 백인 중산 계층 부인들의 경험과는 전혀 다르다. 그리고 흑인 여성의 경험은 흑인 남성의 가부장적 문화와도 다르다. 억압과 폭력의 현실은 사회 계층 안에서 다양한 영역들에서 다르게 나타난다. 흑인 여성의 경험은 백인 중산 계층의 여성의 페미니즘으로 대변되거나 상품화되지 않는다.[43]

---

42 Ibid., 32.

인종 문제를 다룰 때 중요한 사회적 요인은 섹슈얼리티와 혈통의 상징성 관계에 있다. 이것은 권력의 영역에서 찾을 수가 있다. 인종주의는 정치권력의 타입에서 형태를 취하며, 혈통의 순수성은 보호되고 인종의 승리가 보증된다.[44] 성적인 인종주의는 인종 간의 결혼과 사법적 시스템에서 차별로 드러난다. 이러한 인종 간의 차별은 성적 취향과 문화적 인종의 배경에서 볼 수가 있다. 차별 행위는 취업 시스템과 고용 문제에 엮어지며, 특권은 기존의 젠더화된 규범과 이성주의적 규범에 일치하여 조직된다. 이것은 인종적 젠더의 섹스화(sexualization)이며, 이것은 인종의 젠더 규범을 설정하고 젠더와 인종은 이성애주의적(또는 성차별주의적) 정상화와 사회 문화적 구성의 다양한 현실들을 통해 해명된다.

남성과 여성의 성의 차별과 구분은 사회 문화적 시스템에서 부과되며 이것은 이미 사회적으로 구성된다. 따라서 젠더는—생물학적인 차이에 기초한— 남성/여성으로 구분되지만, 젠더의 차이는 문화적인 측면에서 가부장이 비판의 중심 내용으로 들어온다. 남성주의적 지배는 사회 문화적 요인과 시스템으로 형성된다. 여기서 '남성주의적' 지배는 단순히 남성의 생물학주의를 말하지 않는다. 한 사회가 분업의 과정과 합리화 그리고 전문화를 통해 문화적 체계로 자리 잡을 때 일차적인 것은 사회 안전의 문제이고, 다른 사회로부터 시작되는 침략과 전쟁에서 생존하거나 이겨야 한다. 만인 대 만인의 투쟁이 사회 대 사회의 투쟁, 더 나아가 국가 대 국가의 전쟁으로 진화될

---

43 Collins, *Black Feminist Thought*, viii.

44 Foucault, *The History of Sexuality* I, 149.

때 국가 방어의 문제는 일차적이다. 군사력을 조직하는 정치권력과 군사 문화를 칭송하는 문화 제도가 한 사회 안에서 지배 담론으로 설정되며, 가정에서 가부장 제도는 이러한 사회 문화의 '남성주의적' 생존 합리성의 일부가 된다. 이것은 고대 로마 사회의 가부장적 시스템이 제국의 군사력을 기초로 한 정치, 사회, 법적, 문화적인 영역들 간에 서로 엮어지는 데서도 잘 드러난다. 노예제도는 이러한 가부장적 체계를 지탱해 주는 하위 계급이 된다.

간략히 말하면 '남성주의적' 지배는 사회의 분업과 합리화 그리고 문화적인 구성에서 공고화되며, 여성들 역시 이러한 체제의 혜택과 특권에 부분적으로 또는 상당한 정도로 관여한다. 히틀러 시대의 독일 여성들의 참여와 특권은 파시즘의 인종 이데올로기가 하위층의 여성들을 순수한 아리안 혈통의 남편과 더불어 시대의 이상주의적 모습으로 만들어 가면서 나타난다. 물론 엘리트층 여성들의 저항이 있었지만, 1933년 10월 첫 번째 집단 수용소는 나치에 저항하는 여성들을 구금하기 위한 것이었으며 모링엔(Moringen)에 세워졌다.

1937년 독일이 전쟁을 준비할 때 나치의 여성들은 공장에서 보충 노동을 했고, 애국주의를 위해 이들이 의무적인 노동을 행해야 하는 법이 통과되었다. 이것은 공장에서 나치의 이데올로기를 지지하기 위해 노동 '의무의 해'(Duty Year)를 공포하는 것이며, 여성들은 나치 친위대가 여성들을 위해 봉사를 어떻게 하는지 프로파간다에 참여했다. 나치 여성들은 대부분 하위 중산층에 속한 그룹으로서 훈련을 거쳐 집단 수용소의 간수로 일을 했다. 나치의 가부장적 시스템은 아리안 혈통에 근거하고, 남성이 여성에 대한 생물학적인 지배를 말하지 않는다. 오히려 사회 정치 문화적인 틀에서 순수 혈통의 담론

이 전쟁과 사회의 정상화를 위해 나치 여성들을 파시즘의 '남성주의적' 지배 체제에 편입시킨다.[45]

여성성은 근대화 과정에서도 남성주의적 지배 체제에 의해 만들어진다. 페미니스트 해석학은 몸을 권력과 지배의 자리로 파악하고, 여성의 신체가 어떻게 유순하게 길드는가에 주목한다. 여성의 몸이나 섹슈얼리티의 과학적 담론은 헤게모니적 권력을 산출하고 몸과 섹슈얼리티에 대한 다른 담론들을 부적합한 것으로 배제한다. 주변부로 밀려난 그룹들의 담론은 합리적인 담론에 의해 하찮은 것으로 취급되고, 여기서부터 페미니스트들은 저항의 자리를 찾는다.[46] 페미니스트 전략은 정치 사회, 경제 사회, 교육 그리고 종교의 영역에서 남성중심적(androcentric) 문화의 틀을 벗겨내고 해체하려고 한다.[47]

해방신학과 인종 문제

해방신학은 라틴 아메리카 안에 제도화된 폭력의 현실에 완강하게 저항하며, 카운터 폭력이나 혁명적 폭력을 정당화하기도 한다.[48] 레오나르도와 클로도비스 보프에 의하면 개혁주의는 기존의 사회 시스템 안에서 가난한 자들의 상황을 개선하려고 시도하지만, 여전히 특권 구조는 지배 계급에 의해 향유된다. 개혁주의와 개발 접근은

---

45 "Nazi Women and the Role of Women in Nazi Germany". https://www.historyonthenet.com/nazi-women-and-role-of-women-in-germany

46 *Feminism & Foucault*, x-xii.

47 Ibid., xii.

48 Nessan, *The Vitality of Liberation Theology*, 119-120.

결국 억압된 가난한 자들을 희생시키고 만다.

이들은 다음처럼 말한다: "예를 들면 1964년 브라질 경제는 세계 서열이 46번째였지만 1984년 8번째에 속한다. 지난 20년간 부인할 수 없는 기술과 산업의 진보가 있었다. 그러나 동시에 가난한 자들의 사회 조건은 상당한 장도로 악화되었다. 착취, 궁핍 그리고 기아는 이전 브라질의 역사에 알려진 규모와는 비교할 수가 없는 정도다."[49]

만일 브라질의 경제 발전에 대한 이들의 평가가 경험적인 자료와 현실적인 사회 수준에 근거한 것이라면, 이른바 종속이론은 오류로 판명될 수밖에 없다. 주변부는 저발전의 심화가 아니라 세계 경제에 참여하면서 괄목한 성장을 이룬다. 군사 독재(1964)가 막을 내리고 (1985), 새로운 헌법이 도입되었다(1988). 사회, 시민, 정치적 권리가 재확인되고 민주주의와 경제 발전은 점차적으로 개선된다. 시민 사회는 국민의 민주주의 의식과 더불어 향상되며, 사회적 자본과 복지 정책을 위한 시민들의 민주적 정치 참여는 괄목해진다.

이런 측면에서 볼 때 가난한 자들의 경제적 상황이 군사 독재 시절에 비해 열악하다면, 그것은 가난한 사람들이 엘리트주의와 착취적 그리고 배타주의적 발전을 위해 지불 비용이 크기 때문이다.[50]

가난한 자들은 노동자들을 말하는가? 경제 발전은 전체사회시스템을 변혁시키고 공론장에서 교육, 취업 기회, 공중 보건 그리고 복지 시스템을 이전과는 비교할 수 없을 정도로 향상시켰다. 그렇지 않다면 프롤레타리아의 궁핍화에 대한 마르크스의 견해는 브라질

---

49 L. Boff and C. Boff, *Introducing Liberation Theology*, 5.
50 Ibid.

에서 혁명으로 가야 하지 않나? 브라질은 부자와 가난한 자들의 불평등 격차에 직면하지만, 그것은 국내의 사회 계층에서 신분 그룹의 독점, 교육, 수입 그리고 특권의 분배에서 비백인에 대한 인종차별이 존재한다. 이들은 원주민과 이전 아프리카에서 노예로 끌려온 사람들의 후예를 말한다. 이들은 여전히 백인 노동자들에 비해 열악한 수준에 처해 있고, 백인계 해방신학은 인종 문제에 별다른 분석과 대안을 내놓지 못한다. 가난한 자들에 대한 전폭적인 연대에도 불구하고 인종차별의 문제는 해방신학을 공론장과 사회 계층에서 빚어지는 위계질서와 불균등한 구조에 주목하게 한다. 그러나 아직 해방신학과 공공신학과의 만남은 별다른 진전을 보지 못한 것처럼 보인다.

사회학적 구성: 젠더와 성

젠더의 사회 구성에서 젠더에 대한 의학적, 과학적, 종교적 담론은 인간의 여성성과 남성성을 조직하는 데 결정적인 역할을 한다.[51] 젠더 개념은 일차적으로 의학적, 과학적 담론에 의해 산출되고 대변된다. 이에 대한 담론 구성과 실천은 제도적인 지지와 사법적 권위에 의해 유지되며 여성성과 남성성을 신체 권력을 통해 확립한다. 젠더의 정체성과 지위가 사회 제도적인 콘텍스트(병원과 가정, 학교 그리고 직장)에서 산출된다면, 성과 젠더는 인간의 다양성과 문화적 스펙트럼에서 개념화된다.

그러나 남성과 여성과는 다른 성적 특질을 갖는 인터섹스(intersex)

---

51 Holmes, *What is Gender?*, 2-3.

는 성의 이분화적인 틀에 이의를 제기한다. 서구 중심주의에서 주장하는 성의 생물학적 이분화(biological dimporphism)에 권력의 그물망이 쳐 있고, 보편 담론으로 수용되기 어렵다고 본다. 젠더의 이분화는 정상화와 지배의 정치권력을 통해 만들어지고 심지어 강요되며, 다른 형식의 존재 스타일을 추구하는 것을 봉쇄한다. 그러나 필리핀에서 바클라(bakla)는 제3의 젠더로 간주된다. 남자는 여장 차림을 하고 일자리나 공공의 교통시설, 심지어 교회에서도 목격된다.[52] 자기 정체성은 남성이 아니라 여성으로 분류된다. 바클라는 태국에서 트레스젠더처럼 보이기도 하고, 여기서 제3의 성이나 젠더는 문화적으로 수용된다. 필리핀의 바클라나 태국의 톰보이(Tomboy) 또는 레이디 보이(lady-boy)는 사회 구성 안에서 공존하며 서구적 담론인 게이, 레즈비안 또는 트렌스젠더와 비교된다.[53] 문화적으로 만들어지는 젠더는 서구의 성이나 젠더의 이분화를 초월하며, 젠더의 실제를 성에 대한 다양한 다른 해석들을 통해 고려하게 한다.

교육의 기회는 선진사회에서 증대되며 분화되고 전문화된다. 교육의 형성 과정에서 성의 노동의 분업이 요구되며, 이것은 남성의 직업과 여성의 직업에 따라 이루어진다. 한편에서 사회 조직과 구조가 발전하면서 사회 안정성과 유기적 연대가 나타나지만, 다른 한편 그것은 소외와 아노미 현상과 같은 치명적인 귀결을 낳기도 한다. 수직적 노동 분업은 모든 여성들에게 남성들에 비해 평등함을 가져오지 않는다. 노동과 직업은 성에 의해 설정된 방식으로 분화되고,

---

52 Garcia, *Philippine Gay Culture*.
53 Ceperiano, et al., "Girl, Bi, Bakla, Tomboy," 9-10.

노동 분업에 의한 '지평적인' 젠더를 통해 직업이 설정된다. '수직적으로' 젠더의 분업이 나타날 때 취업의 위계질서에서 고위층의 자리나 유리한 직장은 여성에 비해 남성이 혜택을 갖는다. 노동 분업이 젠더를 통해 수평적으로 조직될 때 여성에게 허락되는 직장은 남성에 비해 여전히 취약하다.

물론 남성과 여성의 취업에서 불균형을 제거하기 위해 정부 권력은 사법개혁을 통해 형식적인 민주주의와 노동의 정당성을 확보하려고 한다. 그러나 종교의 영역에서 여성 목회자의 취업은 가장 취약하게 드러난다. 수직적 그리고 지평적 차원에서 젠더에 의해 노동, 직장 그리고 취업의 상황이 분화되고 합리화가 될 때, 남성과 여성 간의 부의 분배는 교육을 통한 문화적 자본에 의해 조건되고 결정된다. 젠더의 정체성과 지위는 경제적인 영역에서 젠더의 이분화의 규정에 속하지 않는 사람들에게나 또는 동성애자들에게 정당한 임금 문제나 의료보험 혜택 등에서 매우 불리하게 나타난다.

젠더와 섹슈얼리티의 형식과 조건은 매스 미디어와 실제에 대한 시뮬레이션(simulation)으로 드러나는데, 이것은 미디어 담론에 의해 침투되는 인간 의식을 산출한다. 싸인-가치 또는 문화가치가 구성되고 사용가치와 교환가치를 넘어서서 자본주의의 정보 네트워크를 장악한다. 자본주의 경제가 교환가치에 기초하고 노동자의 착취를 잉여 자본으로 정당화한다면, 이제 매스 미디어는 정보 유통을 장악하고, 젠더와 섹슈얼리티에 대한 싸인 가치를 만들어 내고, 의미 부여를 한다. 교환가치와 싸인 가치로 전환되는 과정에서 상품은 소유자의 존재와 신분을 표출한다. 어떤 자동차를 타는가에 따라 사람의 신분은 달라지고, 여기서 상품의 싸인은 문화가치를 형성한다.

이런 싸인 가치가 매스 미디어를 통해 상품화되고 사회와 문화로 유포되고 인간의 의식을 장악할 때, 이러한 물화의 현상은 사회의 하이퍼 현실(hyperreality)을 대변한다. 더 이상 사회 현실을 있는 그대로, 즉 사실주의적으로 보는 것이 아니라—얼굴에 바르는 화장품처럼— 사회를 이미지, 정보 그리고 싸인들을 통해 가상적으로 표현한다.54 사회는 화장품으로 덧칠해진 가상 현실(시뮬레이션)이 되며, 인간의 의식 역시 단순히 허위의식을 넘어서서 가상 현실을 최고의 현실로 받아들인다. 물신 숭배의 사회는 화장품으로 덧칠해진 시뮬레이션 사회로 전환한다.

우리는 젠더의 사회화를 통해 이성애주의 또는 성차별주의 사회를 정상적으로 받아들이며, 여기서 결혼, 핵가족 그리고 사회의 규범은 지극히 자연적이며 삶의 올바른 방식으로 드러난다. 성차별 시스템은 일반적인 틀로서 자연현상처럼 드러나며, 젠더 정체성은 두 가지 젠더 타입으로 분화된다. 젠더의 이분화는 남성주의 지배와 합리화의 시스템을 통해 생산과 재생산의 메커니즘을 통해 사회적 실재로 자리 잡는다. 여기서 여성성의 정체성은 이러한 사회 합리와와 전문화의 카테고리에 통합된다.

주디스 버틀러(Judith Buttler)는 이러한 젠더 이론의 대표주자인데, 그녀에 의하면 젠더의 역할 수행(gender performances)은 사회적 이미지에 따라 유형화된다. 역할 수행은 가정, 교육, 사회 제도 그리고 종교를 통해서 자녀들에게 강요된 모델에 따라 부과된다. 젠더에 대한 역할 수행적 접근은 성의 정체성을 과정으로 파악한다.55

---

54 Baudrillard: *A Critical Reader*, 8-9.

버틀러의 젠더 연구가 성의 사회적 역할 수행에 초점을 맞춘다면, 푸코는 권력의 정치, 규율적 기능에 주목하고, 권력이 지식의 체계와 지배를 강화한다고 본다. 여기서 인간의 신체는 국가에 의해 강요된 권력의 장소가 되며, 이제 신체는 '사회적 컨트롤과 정치적 예속의 수단'으로 유용화 된다.[56] 진리의 영역은 신체 권력의 틀에서 개념화 되고, 그것은 과학적 담론과 사회 제도들의 지지에 의해 수행된다. 지식의 체계는 교육과 정보 그리고 사회적 미디어를 통해 유포되고 기존 사회의 정상 담론으로 설정된다. 신체 권력에 기초한 규율의 체계는 인간의 섹슈얼리티를 역사적으로 부르주아지의 산물로, 즉 계급의 섹슈얼리티로 규정한다.[57] 지식-권력의 전시(deployment)에 서 섹슈얼리티에 대한 담론의 정치화는 젠더의 정체성을 사회 계층 안에서 계급화한다. 이제 계급투쟁은 노동자 계급이 아니라 인간의 신체와 젠더를 둘러싼 해방의 신체 투생에서 가열차게 나타난다.

푸코의 접근은 버틀러의 젠더 역할의 수행성(가정, 학교, 사회)을 넘 어서서 젠더의 수행 역할을 하는 근거를 국가의 신체 권력과 계급적 인 차별에서 찾는다. 여기서 섹슈얼리티나 젠더에 대한 지식 체계 또는 담론의 형성과 실천은 중심의 자리로 들어온다. 수행(또는 인간의 활동) 이전에 담론이 존재하고 인간의 젠더의 역할 수행을 지배한다. 이런 담론 구성에는 남성만 관여하는 것이 아니라 남성/여성 모두가 관여하며, 사회 지배 시스템을 남성주의적 합리화와 전문화를 정당 화하는데 모두가 국가나 사회 제도의 재정 지지를 통해 참여한다.

---

55 Butler, *Gender Trouble*, 18-19.
56 Foucault, *The History of Sexuality* I, 123.
57 Ibid., 127.

푸코에 의하면 동성애 개념은 유럽 사회에서 1870년 베를린의 정신 분석학자 칼 베스트팔(Karl Westphal, 1833~1890)의 유명한 연구 논문인 "대립적인 성적 센세이션"을 통하여 시작된 것으로 본다. 19세기 이전까지 동성애란 용어는 존재하지 않았다. 대립적인 성적 감정이란 베스트팔의 논문에서 성적 취향에 대한 분류가 시작된다. 여기에는 다양한 의학적 담론이 깊이 관련되어 있다.[58] 그러나 우리는 19세기 후반 동성애 개념을 출현하게 한 경제적 배경을 무시할 필요가 없다. 성에 대한 급증하는 의학적 연구와 더불어 자본주의 역사적 발전에서 자유 노동 시스템은 대가족 제도를 와해시키고, 개인의 삶에서 생산과 소비의 자급자족적 패턴을 가능하게 한다. 도시화와 산업 자본주의와 더불어 성적 관계가 변화되기 시작하며, 이성애적 가족을 떠나서 동성애적 갈망에 사회학적인 배경을 제공한다. 그러나 이러한 남성적 동성애 분석은 의학의 담론과 경제적인 영역 또한 법적 제한과 처벌에서 분석되지만, 흔히 낭만적인 우정 관계에 기초하는 여성의 동성애적인 현실과는 다르다.[59]

어쨌든 푸코의 담론이론과 계보학적 분석은 최근 페미니스트 학자들이 생물학적—성의 본질적인— 연구에서부터 담론 연구로 전향하는 데 결정적인 역할을 한다. 페미니스트들은 담론의 배후에서 드러나는 신체 권력과 지식의 체계 안에 은닉된 '남성주의적' 지배 시스템에 주목하고 이를 분석하여 폭로하고 해체한다. 노동에 대한 성의 분업과 사회 합리화 과정, 더 나아가 직업의 수직적 그리고 수평

---

58 Ibid., 1, 43.
59 Jagose, *Queer Theory: An Introduction*, 13.

적인 직업 분화에서 사회학적 연구는 신체정치 기술을 규율, 몸의 유순성 그리고 처벌과 감시를 통해 섹슈얼리티와 젠더의 불균형과 부정의를 파악한다. 젠더와 섹슈얼리티에 대한 의학적 또는 과학적인 담론은 이제 문화적인 삶과 공공의 정의에서 적합한 내러티브로 정당화된다.

공공 정의와 성의 지배 정치학

사회과학적인 방법은 공공의 영역들에서 정의, 섹슈얼리티 그리고 젠더에 대한 토론에 관여한다. 이러한 방법론과 인식론적 절차는 공공신학이 섹슈얼리티와 젠더에 대한 다양한 사회 그룹들의 논쟁을 검토할 때, 공공선을 위한 도덕적 추론에 도움을 준다. 다원화된 사회에서 종교적 신념이나 정치적 책임성을 다룰 때, 종교와 정치의 분리에 기초한 리버럴 민주주의 중립성은 더 이상 가치 중립적으로 머물 수 없다. 공동체주의자들은 리버럴 중립성을 비판할 때, 더 이상 섹슈얼리티나 젠더의 문제는 개인이 자유롭게 선택하는 문제가 될 수 없다고 주장한다.

리버럴 개인 선택과 공동체주의자들의 논쟁에서 공공신학은 해석학적 반성을 필요로 하고, 인격, 공동체 그리고 연대를 도덕적 종교 문제를 위해 유용한 것으로 파악한다. 개인은 종교적 전통이나 역사적 사건들, 문화적인 관습이나 도덕적 가치들로부터 완전히 벗어날 수 없다. 자유와 정의가 공공 영역에서 연대나 다름의 원리나 타자의 인정을 간과할 때, 그것은 추상적이고 형식적으로 되고 만다.

현대의 민주주의 사회에서 시민은 세속적인 마음과 이성의 공적 사용과 합리적인 토론과 절차를 정당하게 요구한다. 시민적 승인이 없는 귀족주의적이나 엘리트주의적인 담론의 수행이나 지배는 거절된다. 시민들은 도덕적이거나 종교적인 신념이 사회의 공공선에서 이탈되고 구원 이기주의나 사회 안에서 종교적 게토를 만들어 갈 때, 언제든지 비판의 소리를 낸다. 섹슈얼리티나 동성 결혼에 대한 공공의 토론에서 이성과 합리성은 두껍게 기술(thick description)될 필요가 있으며, 세속화된 공론장의 영역에서 소통이 되어야 한다.

미국의 공론장에서 드러나는 논쟁을 살펴보면 리버럴 민주주의 접근은 동성 결혼에 대한 국가의 간섭과 법적 정당화에 대해 의심의 시선을 보낸다. 섹슈얼리티와 결혼의 문제는 개인의 신체에 속하는 것이며 국가가 결정을 할 수 있는 영역이 아니기 때문이다. 공공 영역에서 자유와 정의에 대한 개인의 선택이 선호된다. 동성의 시민연합을 종교적 취향이 강한 동성 결혼이라는 표현에도 수긍하지 않는다. 종교적 관점에서(특히 유대교와 기독교) 결혼은 한 남성과 한 여성의 결합에 제한된다. 동성애적 결합은 이성애적 결혼과는 다른 방식에서 다루어지고 인정되어야 한다고 주장한다. 물론 동성애자들은 시민으로서 동일한 권리를 갖는다.

동성 결합에서 마가레트 마샬(Margaret H. Marshall)—매사추세츠 최고 법정 판사—은 공공 보건국에 대한 동성애자협의회의 고소에 판결을 내렸다. 매사추세츠 법은 국가가 시민들에게 동성 간의 결혼을 거절할 권리를 허용하지 않는다. 2003년도 11월 18일 최초로 동성 간의 결혼이 합법화가 되고, 첫 번째 결혼 증명서가 2004년 5월 17일 발행되었다. 마가레트 마샬의 판결문에서 우리는 다음을 읽는다: "우리의 의무는 모든 사람의 자유를 정의하는 것이지, 우리의 도덕적 코드를 명령하는 것이 아니다."[60]

여기서 자유와 도덕이 분리된다. 왜냐하면 시민 도덕은 성소수자의 결혼의 권리를 이해하거나 승인하기가 어렵다. 선택의 자유와 자율성의 문제는 동성 결합을 고려할 때 법 아래서 일차적으로 인권과 평등을 존중한다. 법의 판결과 시민으로서의 개인의 자유는 이에 반대하는 종교적인 견해와는 상관이 없다.

그러나 공동체주의 입장을 가지고 있는 학자들은 동성 결합이 목적에 부합한 지 그리고 공동체에 의한 영예와 인정이 필요하다고 주장한다. 마이클 샌델과 같은 공동체주의자에 의하면 마샬 판사가 결혼을 "우리 공동체의 가장 보상적이며 소중한 제도들 가운데 하나"로 인정한 것도 그가 동성 결합의 도덕적 가치를 영예스런 제도로 간주한다고 본다.[61]

결혼의 목적(출산과 양육)에 대한 중립성의 입장은 목적론적인 도덕적 사유와 뒤섞여 있고, 결혼은 두 사람 간 사랑의 헌신으로 이해된다. 공동체주의자들은 동성 결합이 국가의 합법적 승인 아래 영예스러운 사회 제도로 정당화되어야 한다고 주장한다. 이들은 국가가 결혼의 목적에 대해 결정을 내리고, 여기에 걸맞은 영예와 도덕을 부여해야 한다고 말한다. 이러한 목적론적 사유는 국가를 리바이어던으로 간주하는 정치적인 논증과 그리 먼 거리에 있지 않다. 결혼의 권리는 국가에 의해 승인되어야 할까? 국가는 결혼을 승인함으로써 공공선의 도덕과 이성을 함양하는 주체가 되어야 할까?[62]

---

60 Cited in Sandel, *Justice*, 257.

61 Ibid., 257-258.

62 Ibid., 260-261.

공동체주의적 사고는 리버럴 공공 이성의 영역을 넘어설 수가 없다. 리버럴 공공 이성은 시민의 승인, 연대 원리 그리고 타자에 대한 인정으로 특정된다. 그렇다면 국가가 왜 결혼에 도덕적 가치와 영예스러움을 부여해야 할까? 사법적 이성은 타협과 승인 그리고 권위에 기초한다. 그러나 법이 사회계약론의 전통에서 볼 때 인간의 도덕적 삶을 위해 존재하고 제정된다면, 이러한 입법의 일반의지는 시민적 승인에 근거되어야 한다. 사법적 판결의 타협적 전략이 시민적 승인과 연대의 원리에서 떠나 전문가 집단에 의해 엘리트주의적으로 또는 귀족주의적으로 결정될 때 그것은 국가의 신체 권력의 행사가 되지 더 이상 법의 도덕적 가치를 갖기가 어렵다.

사회과학적 관점에서 볼 때 섹슈얼리티의 다름은 종교적 문화적 그리고 사회적 정치 영역에서 나타나는 다양한 해석과 토의에 관심한다. 섹슈얼리티 또는 성적 취향은 불평등(인종, 계급, 젠더)의 카테고리에 대한 문화 구성에 엮인다. 성적 취향과 선호는 사회 계층에서 다양하게 나타나지만 그렇다고 해서 태어날 때 생물학적인 성의 본래적 특질을 제거할 수도 없다.[63] 남성 중심의 에피스테메는 남성과 여성의 신체를 생물학적인 출산을 성적 노동의 분업을 통해 사회적으로 배열하고 조직하는 데서 드러난다. 여기서 성적 노동 분업은 상징적인 지배와 정당성을 남성 중심의 합리성을 통해 지지해 주고 사회 구성 안에 포괄시킨다.[64]

자연과학, 법, 관료제는 성의 분질주의(sexual essentialism)를 정치

---

63 Hubbard, ed. *Homosexuality in Greece and Rome*, 2.
64 Bourdieu, *Masculine Domination*, 23.

권력과 합리화 과정에 부역하도록 형식화하고, 사회 문화적 영역에서 섹슈얼리티와 젠더의 불평등을 확립한다. 사법적 시스템은 정치권력을 규제하고 섹슈얼리티와 젠더를 법적 주체로 산출한다. 젠더는 인종, 계급, 문화 그리고 섹슈얼리티와 교차된다. 문화, 사회 그리고 정치적 연관에 기초하여 젠더와 섹슈얼리티에 대한 구체적 카테고리가 구성된다.[65]

코넬 웨스트의 분석에 따르면 흑인 섹슈얼리티는 백인 공동체에서 금기시되는 주제이며, 1970년대 이후부터 흑인과 백인 간의 문화 교류가 이루어졌지만, 여전히 인종의 양극화는 정치 전선에서 강화되었다. 닉슨, 레이건 그리고 부시 행정부 아래서 인종 문제가 정치적 카드로 사용되었지만, 정치적 기류에 변화가 생긴 것은 아프리카계 미국인 클레렌스 토마스(Clarence Thomas) 판사가 1991년 아버지 조지 부시 대통령에 의해 연방 대법원에 임명된 것을 상원위원 스트롬 써몬드(Strom Thurmond)가 적극 지지하고 나섰을 때였다. 써몬드는 완고한 인종 분리주의자였고, 오랫동안 백인과 흑인의 결혼을 반대했던 사람이었다. 물론 클레렌스 토마스는 백인 여성과 결혼을 했다.[66]

웨스트는 흑인 섹슈얼리티에 대한 비신화화를 주장하는데, 이것은 흑인들이 자신의 신체에 대한 혐오감을 극복하기 위해서이다. 흑인의 신체는 백인 우월주의자들에 의해 흑인을 지배하기 위해 열등한 것으로 취급당했다. 여기서 신체에 대한 테러와 공포가 주입되는데, 흑인 신체는 추한 것이며, 덜 발달 되었고, 이들의 문화는 덜

---

65 Ibid., 3-4.
66 West, *Race Matters*, 121-122.

문명화된 것으로 취급당했다. 역사적으로 이백사십 년간 노예제도
와 또한 한 세기에 걸친 인종 분리 정책과 린칭 폭력 그리고 이등
시민 취급은 흑인의 신체에 대한 모멸감을 낳았다.

흑인 남성의 섹슈얼리티(또는 동성애)는 가부장적 문화와 권력의 욕
구로 인해 흑인 여성 섹슈얼리티와는 다르다. 흑인과 백인의 가부장적
인 문화로 인해 이에 대한 저항으로 흑인 레즈비언들이 보다 용이한
방식으로 나타나지만, 흑인 게이들에 비해 낮은 경제적 신분으로 보다
큰 삶의 고통을 당한다. 흑인 여성 섹슈얼리티는 일반적으로 미국의
백인과 흑인 사회에서 더 가치 폄하되고 주변으로 밀려난다.[67]

최근 섹슈얼리티와 젠더의 분류화를 위해 이성애와 동성애의 이
항 대립 또는 생물학적인 이분법을 벗어나기 위해 성소수자란 담론,
즉 LGBTQ+(레즈비언-게이-바이섹슈얼-트렌스젠더-퀴어-보다 많은 타입)가
사용된다. 또는 여기에 포함되지 않는 섹슈얼리티의 카테고리가 더
첨부되기도 하고 새로운 명칭으로 진화하기도 할 것이다. 최근에
퀴어(queer)는 다양하게 문화적으로 그리고 성적으로 밀려 나간 주
변부의 소수자들을 포괄하는 일반 용어로 사용된다. 퀴어 이론은
종래의 게이나 레즈비언의 이분법적 카테고리를 넘어서서 다양한
젠더의 사람들을 위한 개념적인 틀을 제공하기도 한다. 퀴어는 담론
화되고 사회 구성의 과정을 거친다.[68]

계보학적으로 볼 때 성소수자의 담론으로 각각의 다른 섹슈얼리티
의 경험과 사회적 승인을 포함하지만, 여전히 다름과 사회적 승인의

---

67 Ibid., 122, 129.

68 Jagose, *Queer Theory*, 1.

불평등이 존재한다. 이러한 담론은 "누구에 의해" 만들어지며 "누구의" 이해관계에 봉사하는가? 그리고 "누구의" 섹슈얼리티의 경험이 이러한 분류화에 규범적으로 작용하는가? 성소수자의 담론이 백인들의 경험에 기초하고 분류된다면, 퀴어 담론은 이미 비백인의 성적 경험을 백인의 카테고리에 따라 재단질해버리는 지배 체제를 갖는다.

섹슈얼리티의 담론화 또는 카테고리화는 권력관계의 그물망에 걸려 있고, 섹슈얼리티를 어떻게 지배하는가(governmentality) 하는 정치 사회시스템과 관련된다. 이러한 국가 기제에 의해 기입되는 지배 방식에서 개인은 주체로 만들어진다(subjectification). 이러한 신체정치는 신자유주의적 지배 방식과 맞물려 있다. 신자유주의적 지배 방식에서 리버테리안 원리는 이념의 담지자가 되며, 존재의 미학은 개인주의화된 성의 선택과 더불어 섹슈얼리티의 카테고리의 항목을 취사선택하고 자기에 맞는 성의 상품으로 사야 한다. 섹슈얼리티의 선택을 위한 신체의 극단적 사유화(privitization)와 개인의 책임감은 신자유주의 원리에 기반하며 시민 사회의 공공선을 배격한다.[69]

역사적인 섹슈얼리티의 전개를 볼 때 그레코 로마 문화에서 사람들은 성의 선택에서 개인의 자유에 근거하고, 기독교의 도덕과는 전혀 달리 인간 주체를 자율적 자아로 함양했다. 그리스 철학은 개인의 성적 주체를 변형시키고 만들었다. 푸코는 고대 그리스의 성 윤리와 미소년 사랑을 주목하고 분석했다. 더 나아가 그는 고대 그리스의 문화에서 섹슈얼리티나 성적 취향의 문제를 종교나 법 그리고 과학과 관련 없이 존재의 미학과 자유를 기초로 설정하려고 했다. 이것은

---

69 Duggan, *The Twilight of Equality?*, 1-10.

오늘날 신자유주의 지배 방식에서 드러나는 성의 분류화에 접근할 수도 있다. 푸코에게 신자유주의는 단순히 자유방임주의를 근거로 국가로부터의 물러섬이나 국가 간섭의 배제를 의미하지 않는다. 고전적인 의미에서 신자유주의나 리버테리안주의는 자유방임주의와 사회진화론에 기초하지만, 글로벌 주권 지배에서 신자유주의는 국가로 하여금 인권이란 이름으로(게이 권리=인권) 연방국들의 시민 개인의 신체를 극단적으로 사유화하고 시민 사회 안에서 민주주의와 공공선을 해체하는 방향으로 나간다. 국가는 자율적 개인의 성적 주체를 위해 기술적인 방식으로 환경적인 요인과 간섭을 수행한다.[70] 물론 푸코는 신자유주의 원리와는 날카로운 대립의 각을 세웠다.

신자유주의는 미국의 경우 오바마 정부에서 개인의 성적 주체를 내적으로 컨트롤 하기보다는 개인의 자율적인 선택을 위해 환경적인 타입의 개입(국민 투표와 법제화)을 제공했다. 오바마는 인터뷰에서 신자유주의 경제정책을 자신의 이전 행정부에서 적극적으로 지지했고, 결국 이것이 미국의 극우파를 양산하는 길로 갔다고 실토했다. 그러면서도 미국의 모든 대통령이 워싱턴 컨센서스(Washigton Consensus)와 극우파 신자유 경제를 포용했다고 변명하기도 했다.[71]

그러나 오바마 정부 시절 매우 관대하게 보이던 섹슈얼리티 정책과 신자유 원리가 어떻게 엮어졌는가? 이러한 분석은 저자의 관심을 넘어선다. 더욱이 트럼프 정부에서 신체정치는 이슬람 국가 특히 이란을 지배하는 국제정치 수단으로 작용한다. 그런가 하면 트럼프

---

70 Foucault, *The Birth of Biopolitics*, 259-260.

71 Norton, "Obama Admits Bipartisan Neoliberal 'Washington Consensus' Fueled Far-Right and Multiplied Inequality"

대통령은 동성 결혼에 대해 아무런 문제가 없다고 말한다. 그리고 동성애를 범죄시하거나 사형으로 억압하는 이슬람 국가들의 잔인함을 끝장내기 위해 글로벌 노력을 갱신해야 한다고 주장한다. 가장 곤혹스러운 국가는 트럼프 행정부가 절대적 지지를 하는 사우디아라비아가 되는데 여기서 동성애는 사형에 속한다. 그러나 트럼프 정부는 이란에 대해선 유엔과 유럽연합을 통해 동성애를 처형하는 반인권 국가로 단죄하지만, 사우디아라비아의 인권에 대해선 침묵한다. 성의 지배 정치학은 이슬람 국가의 신체 컨트롤을 위해 그리고 경제적 이득을 위해 매우 복합적으로 엮어진다.

사실 오바마 정부 시절 오바마 대통령의 행정명령으로 성소수자들의 권리에 대한 법제화가 이루어졌다고 볼 수 있다. 트럼프 정부에서 몇몇 게이들이 관료에 임용되기도 했지만, 트럼프 자신은 연방의 차별금지법이 오히려 게이 고용인들을 보호하지 못한다고 주장하고, 트렌스젠더 사람들이 군대에서 일하지 못하도록 공개적으로 금지령을 내리기도 했다.[72]

미국 최고의 사법기관인 연방 대법원의 부의장이었던 루스 긴스버그(Ruth Bader Ginsburg, 1933~2020)의 사망 이후 트럼프 대통령은 동성 결합을 반대하는 보수적 가톨릭 출신인 에미 바렛(Amy Coney Barrett)을 후임자로 임명했다. 루스 긴스버그는 클린턴 대통령 시절 임명되었는데 오바마 행정부 시절 섹슈얼리티와 젠더 평등에 가장 진보적인 소리를 낸 사람이었고, 오바마 대통령의 행정명령에 많은 영향을 미쳤다. 그러나 긴스버그는 결단코 신자유주의나 리버테리

---

72 https://www.nbcnews.com/politics/national-security/trump-administration-launc-es-global-effort-end-criminalization-homosexuality-n970381

안 주의를 옹호한 사람은 아니었다.

그러나 신자유주의 지배 방식에서 국가는 개인의 성적 주체를 만들어 가며, 여기에 기술자들이나 전문가들이 성의 담론을 모든 상상력을 동원하여 유포시키며, 자신의 상상력에 따라 대변한다. 피터 보이킨(Peter Boykin)의 주도로 움직이는 트럼프를 위한 게이 조직 (Gays for Trump organization)에 극우파들이 열정적으로 관여하는 것은 그리 놀라운 일이 아니다. 섹슈얼리티와 젠더는 정치화되고, 이들에 대한 관대한 정책이 민주당을 지지할 거라는 오바마 행정부의 예측은 순진한 것으로 드러난다. 중국과의 무역전쟁에서 트럼프 행정부는 신자유주의 경제 원리를 포기한 것처럼 보이지만 전혀 그렇지 않다. 중국은 신자유주의 경제 원리에 철저히 길들어지며, 더 나아가 중국의 반동성애 정책은 반인권 정책으로 단죄되고, 여기에 유엔의 동맹국들이 가세한다.

이미 힐러리 클린턴이 국무장관이던 시절 게이 권리(Gay rights)는 곧 인권이라는 도식은 잘 알려져 있었고, 이러한 신체 지배의 정치학은 유엔의 인권 정책을 통해 중국이나 아프리카 또는 아랍 국가들과 아시아 국가로 하여금 동성 결혼 정책을 합법화할 것을 강요한다. 이러한 현상에도 불구하고 미국에서 신체 지배 정치학은 그리 단순하지 않다.

이미 잘 알려진 것처럼 오버거펠(Jim Obergefell)은 존 아르터(John Arthur)와 동성 결합이 합법화된 매릴랜드(Maryland)에서 결혼한 게이 커플이었지만 오하이오 당국에 의해 인정되지 않았다. 결국 2015년 미국의 연방 대법원은 오버거펠 대 호지스(Obergefell vs Hodges) 소송판결에서 5대 4, 한 표 차로 동성 결합을 법제화했다. 그러나

2018년 콜로라도 빵 가게 사건에서 대법원판결 사태는 달라진다. 빵 가게 주인 잭 필립스(Jack Phillips)는 동성 결혼 케이크 주문을 종교적인 신념으로 인해 거절했다. 콜로라도 법정은 필립스가 차별금지법을 어겼다고 하여 그에게 케이크를 만들라고 판결했다. 그러나 필립스는 콜로라도 인권위원회가 부당하다고 항의하고, 인권위원회가 헌법 1조(표현과 종교의 자유)를 침해했다고 연방 대법원에 상고했다. 연방 대법원은 콜로라도 차별금지법이 헌법 1조를 침해했다고 7대 2의 판결로 필립스의 손을 들어주었다. 헌법 1조를 근거로 한 종교적 면제와 표현의 자유는 게이의 권리 우위에 서 있다.[73] 그러나 이 사건에서 트랜스젠더 변호사 오텀 스카디나 (Autumn Scardina)가 필립스를 중상 비방하고 집요하게 괴롭힌 사실은 상당한 물의를 일으켰다. 인권위원회 역시 필립스의 종교적 신념을 나치즘과 노예제도로 비판했다.

오바마-클린턴 행정부 시절 신자유주의 또는 리버테리안 신체 지배 정치학(governmentality), 즉 "gay rights=인권"은 미국 대법원 소송판결에서 여지없이 게이 지배의 이데올로기로 폭로되며, 시민 사회 안에서 보편적 인권이 게이 권리 우위에 있다고 미연방대법원은 판결한다.

동성애 내지 성소수자 또는 퀴어의 문제는 미국에서 단순한 인정의 문제가 아니다. 오히려 게이 권리가 연방 국가의 헌법을 침해해도 되는가 하는 문제에 속하며, 이에 저항하는 시민 사회의 공공선이 방어되기도 한다. 계보학적으로 볼 때 퀴어가 아닌 사람이 퀴어 신학

---

73 *The Washington Times*, 'Clearly a set-up': Colorado baker Jack Phillips back in court over gender-transition cake.

을 할 경우 퀴어의 경험도 없는 신학자의 상상력은 신자유의 원리의 시장 논리에 포섭되어 결국 퀴어의 현실을 상품화하지는 않는가? 퀴어란 이름 아래 백인 게이-레즈비언이 미국의 신체정치에서 특권을 갖지는 않는가? 왜 미국에서 흑인이나 타 인종은 백인의 게이-레즈비언 규범 정치에 예속되어야 할까? 왜 퀴어도 아닌 백인 남성이 퀴어 신학을 대변하면서 퀴어의 권리를 글로벌 보편 인권으로 일반화하는가? 퀴어 대변 백인 신학자들에게서 신자유주의 경제체제에서 최대의 고통을 받는 장애인 게이와 레즈비언의 권리가 언급이나 되는가?[74] 이처럼 계급과 퀴어는 정치 투쟁에서 결정적인 요소로 등장하며 미국의 정치 사회를 뜨겁게 달구기도 한다.

신자유주의적 지배 방식(governmentality)에서 '비정상적' 신체는 자유방임 개인주의와 시장이라는 헤게모니 담론 안에서 정상화 과정으로 포섭되고 유순하게 길들어진다. 지배 방식의 과정에서 국가 기제는 신체에 대한 테크놀로지, 지배의 컨트롤, 개인의 멘탈리티를 교육 제도와 매스 미디어를 통해 극단적인 개인주의(자유방임 개인주의)를 담론화시킨다. 그리고 법제화를 통해 다른 '비정상적' 신체들을 동등한 임금 제도란 슬로건으로 경제적 유용성을 위해 지배한다. 시장가치가 여전히 성의 다름을 분류화하며 모든 사회 제도와 공론장에서 진보적인 가면을 쓰고 나타난다. 이제 시장가치를 위해 유용한 다른 신체는 신체 권력의 예속을 통해 '정상' 신체의 주체에 적합하고 유순하게 길들어진다.

포스트모던 제국 이론, 즉 신자유주의 지배 방식에서 특권을 누리

---

74 Guter and Killacky, eds. *Queer Crips.*

는 자들은 섹슈얼리티의 분류화에서 백인 게이와 레즈비언에게 주어지며 흑인이나 타 인종은 예속 계급으로 남는다. 젠더와 섹슈얼리티에서 인종주의는 여전히 은닉되지만, 저변에 깔려 있다. 젠더와 섹슈얼리티에 대한 두터운 기술(thick description)은 실종되며, 백인 중심적인 성 경험과 동성애주의와 쾌락이 섹슈얼리티와 젠더를 지배하는 보편적인 규범 담론으로 나타난다.

사실 동성애 역시 이성애와 마찬가지로 고정적이라기보다는 유동적인 개념에 속한다. 고대 그리스에서 행해지던 페드라스티 제도에서 여성과 결혼한 남성은 어린 미소년과 성관계를 즐기던 것은 오늘날 동성애 개념에 속하지는 않는다. 뉴기니아(New Guinea)의 부족민이나 전사의 경우 8살부터 15살 사이에 자기보다 선배인 청년과 성적인 관계에 들어가지만, 이후 성년이 되어서 여성과 결혼하고 자녀를 둔다. 이 경우 또한 서구에서 말하는 동성애 카테고리에는 적합하지 않다. 이처럼 호모섹슈얼 개념은 유동적이며 섹슈얼리티 문제는 문화적 상황에서 복합적으로 나타난다.[75] 국가의 신체정치 기술에 기초한 서구 중심적 성의 분류와 카테고리에 강력한 도전을 제기하는 것은 다름 아닌 타자의 문화들이며 생활세계들이다.

서구에서 남성주의 에피스테메의 측면은 사물의 질서(order of things) 안에 설정되며 여기서 권력관계들이 생산되고 지각과 인정 또는 오해의 시각과 틀을 통해 유지된다. 이러한 인식론적인 측면은 상징적인 질서에 침투하고 이것을 근거로 표현된다. 이런 인식론적 절차를 걸쳐 운명의 효과(destiny effect)가 해석의 도식에서 나타나며

---

75 Halperin, "Homosexuality," 46.

동성애의 관계를 단죄하거나 하위 계급의 질서로 취급한다. 이러한 측면이 성의 정치학을 구성하며 성의 정치학은 사물의 문화 질서와 연관된다.

성차별주의가 남성주의 에피스테메의 확립 과정에서 어떻게 운명의 효과로 자연스러운 현상처럼 드러나는지를 분석하는 것은 고고학적 해석학의 주요 과제에 속한다. 고고학은 담론의 형성과 실천이 권력관계의 그물망을 통해 어떻게 법적 권위와 사회 문화적 제도의 지지를 받으며 합리화되고 규범적 담론으로 드러나는지를 현상학적으로 분석한다. 해석학은 인간이 서 있는 역사적 영향과 사회적 조건들을 고려하며 이해와 해석의 도식이 어떻게 정당화되고 또는 굴절되는지를 파악한다.

종교적 구성과 성

종교는 어떻게 섹슈얼리티를 구성하며 실천적으로 수행해 나가는가? 호모섹슈얼리티(Homosexuality)란 단어에서 호모(homo)는 그리스어인 *homos*, 즉 동질성에서 온다. 불교의 전통에서는 여성적 특질을 갖는 남성이나 남성적 특질을 갖는 여성에 대해 부처는 열린 자세를 가지고 있었다. 그러나 남성/여성의 특질을 갖는 인터섹슈얼 사람(ubhato-byanjanaka; hermaphrodite)에 대해 불교의 승려나 비구로 받아들이지는 않았다.

중국의 명 시대(1368~1644)에 유교 역시 동성애를 일방적으로 단죄하지 않았고, 남성 커플이 같이 살도록 허락한 기록도 볼 수가 있다. 불교의 여승들 역시 레즈비언이 있었다고 추정된다. 당시 중국에

서 활동하던 예수회 선교사들은 중국의 성문화에 대해 놀라움을 금치 못했다고 기록했다.[76]

일반적으로 불교에서 동성애는 카르마의 결과이며 만트라를 부르면서 이성애로 바뀌어야 한다고 말한다. 일본의 도쿠가와 시대(1603~1850)에 남성들 간의 동성애는 사무라이들 사이에서 권장되기도 했다. 이것은 젊은 무사들이 나이 든 무사들로부터 덕목과 정직과 미학을 배우는 방식으로 받아들여졌다. 최근 미국 샌프란시스코 불교 그룹은 동성애가 해탈에 방해가 되지 않으며 불교의 수련에서 게이들을 환영한다.

1997년 6월 달라이 라마는 샌프란시스코를 방문하고 동성애에 대해 자신의 입장을 밝혔다. "우리는 신자와 비신자를 구별해야 한다…. 불교의 관점에서 볼 때 남성과 남성, 여성과 여성의 성관계는 일반적으로 잘못된 성적인 행위로 간주한다. 사회적 관점에서 볼 때 상호 간 합의한 동성애 관계는 서로에게 혜택이 되며, 즐거움을 주며 해롭지 않다."[77] 그러나 불교의 동성애 그룹과의 만남 이후 달라이 라마는 "성적인 취향에 근거해 폭력과 차별에 반대한다"라고 발표했다. 달라이 라마는 "모든 사람의 인권을 위해 존경과 관용, 연민과 완전한 인정을 촉구했다."[78]

불교와 기독교는 성의 사회 구성에서 차이를 드러낸다. 푸코에 의하면 초대 기독교는 동성애 관계를 배제하고 단죄했다. 그러나 고대 그리스는 문화적으로 숭상했고, 로마는 받아들였다.[79] 바이섹슈얼

---

76 Harvey, *An Introduction to Buddhist Ethics*, 425.

77 Ibid., 432.

78 Ibid., 433.

리티(bisexuality)는 그리스에서 남성의 자유로운 선택에 기초되었고, 이성애와 동성애의 구분을 하지 않았다.[80] 이것은 그리스 자유 시민과 사춘기 소년 사이에 존재했던 동성 간의 에로티시즘을 말하는데, 교육적인 차원을 담고 있는 페드라스티(pederasty)로 알려져 있다.

그리스 신화에 따르면 제우스는 (세상에서 가장 아름다운 사람인) 게니메디(Ganymede)의 아름다움에 반해 사랑에 빠지고 그를 유혹하여 올림푸스에서 제우스에게 포도주를 따르는 사람으로 시종들게 했다.[81] 이것은 그리스의 페드라스티를 의미하는데 엥겔스는 『가족의 기원, 사적 소유 그리고 국가』(The Origin of the Family, Private Property and the State, 1884)—이 책은 마르크스가 죽기 전 완성을 보지 못한 저술인데 엥겔스가 정리했다—에서 그리스인들은 게니메디 신화처럼 비정상적인 소년 사랑에 빠졌다고 썼다.

그러나 영어 번역과 엥겔스의 독일어 텍스트는 다르다: "이들은 소년 사랑의 불유쾌함(die Widerwärtigkeit der Knabenliebe)에 빠졌고, 이들의 신들은 게니메드의 신화를 통해 스스로 가치를 떨어뜨렸다." 소년 사랑의 불유쾌함은 영어 번역에서 나타나는 역겨운 남색의 실천(the abominable practice of sodomy)과는 다르다.[82] 여기서 중요한 것은 페드라스티에 대한 사회적 비판에 있으며, 미소년에 대한 성적남용이나 착취의 부당함에 있었지 동성애와는 상관이 없다.

---

79 Foucault, *The History of Sexuality* II, 14.

80 Ibid., 189.

81 Homer, *Iliad*, Book XX, 233-235.

82Engels, *Origin of the Family, Private Property, and the State*, 34; Ian Angus and John Riddell "Engels and Homosexuality".

고대 그리스에서 페드라스티가 제도화된 것은 기원전 650년경으로 추정된다. 플라톤은 초기 저작에서 인접한 국가, 이른바 야만인들의 독재자들이 페드라스티를 추한 것으로 비난했을 때 이들에게 유익한 것으로 방어하기도 했다(*Symposium*, 182b). 그러나 후대에 가서 성적 탐닉과 방종에 대해 날카로운 비판을 하기도 했다.[83]

이러한 페드라스티 제도는 종종 부패했고, 특히 소년들에게 정신적 그리고 신체적 해로움을 주었다. 이러한 에로티시즘은 불평등에 기초하며 심지어 성인이 미소년을 신체적으로 남용하는 성적 침투를 통해 사회적 물의를 일으키기도 했다. 이것은 푸코가 이상주의화하듯 삶의 미학적 차원과 도덕적 가치를 가지는 것과는 달랐다는 것을 보여준다.[84]

물론 푸코는 신체 권력의 메커니즘을 알고 있었지만, 그리스 노예제 사회를 기반으로 하는 자유 시민과 미소년 사이에서 빚어지는 에로티시즘의 미학적 측면에 지나치게 주목했다. 만일 성적인 삶이 문화적 실천이라면 그것은 그리스 문화에서 종교와 성의 관계를 검토하는 것이 중요하다. 물론 푸코가 이런 사실을 도외시하지는 않았다. 소년을 사랑하는 것은 자유로운 실천이며 특별한 경우를 제외하곤 법적으로 허락되었고, 공론장의 여론에서 문화적으로 승인되었다. 이러한 페드라스티는 군사적인 제도나 교육적인 제도, 즉 김나지움에서 지지를 받았고 제의와 페스티벌에서 종교적 보장을 받았다. 이러한 제도를 위해 신들의 능력에 호소하기도 했다. 이것은 문화적

---

83 Percy III, *Pederasty and Pedagogy in Archaic Greece*, 2.
84 Ibid., 196.

실천이었다.[85]

푸코의 관심은 문화적 실천에 대한 교육학적, 윤리적 분석에 있으며, 그리스인들 존재의 미학에 있다. 푸코는 영국의 탁월한 고전학자인 케네스 도버(Kenneth. J. Dover)의 선구자적인 연구—『그리스의 동성애』(*Greek Homosexuality*, 1978)—의 주장에 의존하고, 미소년에 대한 사랑이 아름다움의 형식이며 미학적으로 도덕적으로 가치가 있는 것이라고 말한다.[86] 또한 쾌락의 윤리는 미소년의 거절을 인정하고 승인을 요구한다. 미소년의 몸에 대한 미학적 도덕은 존재론으로 이어지며, 도덕적 의무론에 대한 물음은 사라진다.[87] 그리스인에게 성적 행위는 윤리적인 문제에 속하며, 쾌락(aphrodisia)의 형식에서 중용이 취해진다.

아프로디시아 축제(Aphrodisia festival)는 고대 그리스에서 해마다 열렸으며, 사랑과 미의 여신인 아프로디테(Aphrodite)를 경배했다. 아티카와 사이러스 그리고 아테네와 고린도에서 성대한 축제가 베풀어졌고, 많은 도시의 창기들이 이들의 수호신을 예배하는 수단으로 축제에 열정적으로 참여했다. 이런 문화적인 측면에서 푸코는 일부일처제와 동성애 배제를 단순히 유대 기독교의 도덕성에서 보는 것은 오류이며, 더욱이 무시간적으로 작동되는 금지나 영구한 법의 형식은 존재하지 않는다고 말한다. 성의 관계에서 도덕적 경험의 변화에 대한 이해는 역사와 문화적 코드에 속하지 법의 코드에 속하는 것이 아니기 때문이다.

---

85 Foucault, *The History of Sexuality* II, 190.

86 Ibid., 196.

87 Ibid., 236.

푸코는 케네스 도버를 인용한다.

그리스인들은 신적 능력이 인류에게 법의 코드를 계시하고 성적 행위에
대한 규제를 하라는 신념을 유산으로 물려받지도 않았고 또한 발전시키
지도 않았다. 이들은 성적 금지를 강제한 권위를 소유한 종교 제도를 가
지고 있지 않았다. 자신들의 문화보다 더 오래되고 풍부하고 세련된 문
화들에 직면하면서—그럼에도 불구하고 이런 문화들은 서로 상당한 정
도로 달랐다— 그리스인들은 자유롭게 선택하고 적응하고 발전시키고
무엇보다 더 개선시켰다.[88]

푸코에 의하면 그리스인들에게 성행위에 대한 반성은 모두에게
부과된 일반적 금지가 아니라 존재의 미학을 발전시키는 수단에 속
했다. "이것은 권력 게임으로 파악된 자유의 목적론적인 기술"이었
다.[89] 물론 푸코는 그리스인들의 윤리가 매우 거친 불평등과 억압,
특별히 여성과 노예들과의 관계에서 드러난다고 말한다. 그러나 자
유로운 시민 남성은 자신의 자유 행사에서 그의 힘의 형식과 진리에
대한 접근을 보여준다.[90]

그러나 최근의 연구에서 도버나 푸코의 입장에 비판이 가해진다.
섹슈얼리티는 쾌락을 넘어서 사회 구조의 실재를 지적하며, 그리스
의 쾌락 사용은 귀족주의와 가부장 문화에 엮어져 있었다. 소수의
귀족 계층의 남성들이 미소년과 성적 쾌락을 즐긴 것으로 보인다.[91]

---

88 Ibid., 252.
89 Ibid., 253.
90 Ibid.

여기서 여성, 소년과 소녀 그리고 노예의 몸은 남성 지배에 예속되어 있었다. 그리스 민주주의는 노예제를 기반으로 서 있었고, 종종 그것은 귀족주의와 민중 선동 사이에서 시계추처럼 움직였다. 자유로운 성의 관계에 문화 구성을 가능하게 했던 그리스의 정치와 경제적 불평등 구조는 무엇이었을까? 푸코는 이러한 물음에 자신의 신체정치학의 분석을 행하지 않는다.

막스 베버는 종교와 에로틱 영역에 관한 반성을 남겼다. 개념적 틀은 종교적 이념이 어떻게 경제적 영역, 정치 영역, 미학적 영역 그리고 에로틱 영역에서 선택적 친화력을 통해 그리고 윤리적 실천을 통해 펼쳐지는지를 파악한다.[92] 세속화된 이성애주의는 동성애나 창기 제도와 더불어 매우 오래된 것이며 그 역사적 발전이 대단히 복합적으로 전개된다. 창기 제도에서 법적 결혼으로 이어지는 역사적 이행 과정에서 중요한 것은 결혼 개념이 배우자를 위한 경제적 배열과 자녀를 위한 법적 유산에 근거 되며, 이것은 보편적인 현상이었다. 성적인 삶은 예언자적인 비전이나 금욕주의를 대체한다.[93]

역사적인 진화 과정에서 보편적 합리화 과정이 나타나며 문화는 마술적 세계로부터의 해방되면서, 에로티시즘은 상당한 정도로 역사와 문화를 통해 변해간다. 에로틱한 삶은 고대 그리스 시기에 성적 사랑의 진지함과는 별다른 관련이 없었다. 그리스적 사랑의 특징은 페리클레스(Pericles, 495~429)의 연설과 기원전 4세기경 활동했던 데모스테네스(Demosthenes)의 유명한 문장에서 볼 수가 있다.[94]

---

91 Hubbard, ed. *Homosexuality in Greece and Rome*, 8-9.

92 *From Max Weber*, 331-350.

93 Ibid., 343-344.

민주주의 개혁으로 유명했던 정치가 페리클레스는 비-아테네 출신인 아스파시아(Aspasia)와 기원전 445년 동거를 하고 아이를 낳았지만, 그녀의 성생활은 문란했고, 아테네 여성에게 비도덕한 영향을 미친다고 공격을 당했다. 데모스테네스(384~322)는 유명한 정치가이며 웅변가였는데 미소년과 오랫동안 자기 집에서 에로틱한 관계를 유지하면서 페드라스티의 규정을 지키지 않고 산 것으로 비난당했다. 페드라스티(Pederasty)는 미소년들에 대한 성적 욕망을 말한다. 에리스테스(erastes)는 20세 이상의 성인 남성(자유 시민)을 의미하는데 결혼을 하고 아내를 두었지만, 미소년인 에로메노스(the eromenos)에 대한 성적 관계를 유지했다. 페드라스티는 범죄시하지 않았지만, 규칙과 규정을 가지고 있었고, 모두에게 자유스러운 것은 아니었다.

예를 들어 17살 정도의 소년이 성인 남성의 성적 쾌락을 만족시키기 위해 돈을 받고 몸을 제공한다면, 그런 행위는 범죄적 창기 행위로 고발되고 아테네의 민의에 참석할 수 없는 정치적 사망 선고를 받을 수 있었다. 아테네에서 페드라스티는 사회적 엘리트들과 부유층들에게 성행된 것이었다. 데모스테네스의 페드라스티 관계는 조롱거리로 여겨졌고, 돈을 위해 몸을 판 창기 행위로 부적절하다고 공격당했다. 미소년들은 그리스 문화에서 사랑의 제의를 통해 요구된 성적 대상들이었다. 문화는 헤게모니 담론에서 가부장제의 운명이 된다. 왜냐하면 성적 행위의 문화적 의미는 남성의 몸에 기입되어 있었다.

베버에 의하면 페드라스티는 삶의 운명으로 인간의 몸에 기입되며, 푸코의 평가와는 전혀 다르다. 푸코에게 페드라스티는 윤리적이

---

94 Ibid., 344-355.

며 "오히려 성적 욕망(아프로디시아)의 사용에 대한 우아한 스타일"을 의미한다.[95] 푸코의 사회적 구성은 성의 본질주의적 관점과 대립한다. 성의 본질주의적 관점은 사람은 동성애자로 타고난다는 것인데 유전자 공학이나 최근의 토론에서 지지받기가 어렵다. 또한 사회적 구성 이론 역시 왜 사회가 동성애가 아니라 이성애 중심으로 조직되고 발전되어 왔는지 분명한 해명을 하지 못한다. 여기서 중요한 것은 성에 담론을 조건 짓는 사회 분업과 합리성에 주목할 필요가 있다.

성적 실제에 대한 종교적 구성에서 볼 때 종교적 담론과 물질적 이해관계를 폭넓은 스펙트럼에서 분석할 필요가 있다. 그것은 젠더와 인종 그리고 남성주의 문화, 신체정치 그리고 섹슈얼리티를 포함해야 한다. 전체사회적 관계망은 법, 경제, 종교적 상징과 정치 주권에서 성의 분업을 통해 기입되고 조직된다. 종교와 젠더의 비교 연구는 중요한 주제에 소속하며 종교적 전통과 믿음과 실천이 섹슈얼리티와 젠더 문제를 어떻게 구성했는지 검토해야 한다.[96]

성서는 가부장과 노예제 문화의 상황에서 기록되었고, 성서의 내러티브나 계명은 지배와 불평등의 가부장적 문화를 정당화하기 위해 오용되거나 남용되었다. 해석의 상징적 도식은 신체정치의 틀에서 하나님 말씀에 대한 새로운 주석을 요구한다. 젠더와 관련된 차원은 사회정치 그리고 문화적 영역에 구속되며 성서해석은 가부장과 성의 위계질서 그리고 젠더의 역할에 대해 비판적으로 고려해야 한다. 물론 성서에는 해방의 전통이 여전히 있고 가나안 여인 라합이나

---

95 Ibid., 229.
96 *Religion and Gender*, 2.

모압 여인 룻을 예수의 계보로 포괄하는 것은 내재적 비판의 원류로 작용할 수 있다. 바울은 아네테의 시민들에게 하나님이 모든 백성을 만드시고 살게 하셨다고 말한다(행 17:26-28).

인종이나 섹슈얼리티와 같은 문화적 이슈들은 성서적 관점에서 볼 때 본질적으로 고정된 것이나 영원한 것이 아니라 잠정적인 것으로 제한된다. 달리 말하면 그것은 역사적으로 주어진 것이며 사회적으로 구성된 것이다. 때문에 종말론적으로 변화된다: "보아라, 내가 새 하늘과 새 땅을 창조할 것이니 이전 것들은 기억되거나 마음에 떠오르거나 하지 않을 것이다"(사 65:17). 복음의 주제는 고대 로마 시대의 남성주의 권력과 지배 시스템을 비판하며, 가부장 문화를 평등과 신분과 계급 차이의 인정의 문화로 변화시킨다(갈 3:28).

동성애 관계에서 성적 예속은 타자를 여성화하는 남성 지배에서 드러난다. 고대 그리스에서 페드라스티는 한편에서 교육적인 의미에서 일상적인 실천으로 받아들여졌지만, 그 부정적인 결과에 대해서 당대 많은 비판의 소리가 있었다. 희생자는 수치와 불명예로 단죄되었고, 그는 완전한 인간성과 시민의 신분을 상실한 자로 간주되었다. 더욱이 로마의 페드라스티 실천은 그리스의 영향으로 오지만 로마 사람들은 이런 성적 문화를 이들의 삶의 방식에 맞게, 특히 노예와의 관계에서 남성 권력의 상징으로 사용했다. 로마에서 동성 간의 성적 쾌락은 남성주의 문화에 기초하고 있었다. 고대 로마에서 수동적인 동성애 관계는 이제 노예와 이루어졌고, 괴물적인 것으로 비난받았다. 사실 성적 침투와 힘은 지배 남성 엘리트의 특권과 결부되어 있었다.97

이런 측면에서 바울의 동성애 비판은 정당성을 갖는다. 그것은 당대 고대 로마에서 이루어지던 사회 문화적 페드라스티를 향한 것이고, 가부장 문화에 대한 정당한 비판을 담고 있다. 성서는 동성애에 대한 경고와 더불어 화해의 복음의 보편적 측면을 동시에 가지고 있다. 예수 그리스도는 동성애자들에게 저항하여 돌아가신 것이 아니다. 그러나 동성애와 결부된 문화적 실천과 부패한 섹슈얼리티를 비판한다. 이러한 성서적 긴장은 종말론적으로 해결될 것이다. 그러나 교회는 화해의 복음을 차별 없이 선포할 것이다.

섹슈얼리티를 둘러싼 미국의 경험에서 교회는 신자유주의적 실천(gay rights=인권)에 "아니오"라고 말한다. 콜로라도 사건을 보면서 교회는 헌법 1조의 종교와 표현의 자유를 게이 권리 우위에 놓을 것이다. 콜로라도 사건에서 필립스에 대한 게이들의 공격과 괴롭힘은 사실 도를 넘은 부분도 있었다. 서로에게 해로움을 주지 않는 승인과 연대는 성숙한 시민 사회가 지향해나가야 할 덕목이기도 하다. 국가의 신체정치학은 교회의 영역을 침해할 수가 없으며 교회 역시 섹슈얼리티의 문제에 관한 한 독점적인 지배력을 행사할 수도 없다. 이것은 시민 사회에 속하는 문제이며 공공선에 따라 추구될 필요가 있다. 그러나 교회는—이성애주의자든지 아니면 게이든지— 상호 보충 간의 대립과 상징적 폭력을 넘어서서 평등과 연대의 공동체를 말할 것이다.

"유대 사람도 그리스 사람도 없으며 종도 자유인도 없으며 남자와 여자가 없습니다. 여러분 모두가 그리스도 예수 안에서 하나이기 때문입니다"(갈 3:28).

---

97 Bourdieu, *Masculine Domination*, 21; Williams, *Roman Homosexuality*, 18.

IV. 공공신학과 생활세계

신학과 문화의 관계를 명료하게 표현하기 위해 우리는 트뢸치의 사회적 방법이 종교의 보편사에 기초하며, 그의 관심은 동시대적인 도전과 딜레마에 관여하고 타협하고 새롭게 재구성하는 데 있음을 안다. 트뢸치는 사회학적 연구를 역사 비판 방법에 통합하고, 종교적 아프리오리와 상관관계 원리를 통해 발전시킨다. 하나님의 영은 인간의 정신에서 활동적으로 임재하며 모든 종교적 아프리오리의 실제 근거가 된다.[1] 트뢸치의 역사 상대주의를 극복하기 위해 니부어는 신 중심 도덕철학을 발전시키고 급진적 유일신론에 의존하지만, 정작 종교적 아프리오리의 문제는 해명되지 않는다. 종교적 아프리오리는 상관관계의 삶 안에서 작용되며, 트뢸치는 인간 일반의 영적인 삶을―종교적이든지 아니면 비종교적이든지 간에― 모든 사건들이 복합적으로 엮어져 있는 데서 인정한다.[2]

트뢸치의 상관관계 개념은 모든 인간의 사건은 서로 간의 연관성 안에 묶이고 통합된다.[3] 이것은 종교사학파의 방법을 의미하며, 총제적 역사적 현실에서부터 시작하며, 모든 전통을 비판적으로 검토

---

1 Ibid., 41.

2 Troeltsch, "On the Question of the Religious A Priori," *Religion in History*, 33.

3 Troeltsch, "Historical and Dogmatic Method in Theology," Ibid., 14.

한다. 특수한 개별역사는 보편사와의 관련 안에 존재한다.

트뢸치의 논의는 문화적 이슈들(인종, 젠더, 섹슈얼리티)과 공공의 정의를 다룰 때 종교적 이념과 사회 윤리의 새로운 종합을 위해 도움이 된다. 사람은 혼자서 이성애주의자라고 선언하는 것이 아니다. 이미 성서에는 동성애가 당대 문화의 일반적 실천이었음을 전제한다. 이러한 상관관계는 보편사적으로 파악될 필요가 있다. 섹슈얼리티의 가치 판단 이전에 무엇이 이러한 판단의 동인이 되는가? 사회 구조와 분업의 합리화 그리고 권력의 관계는 어떻게 섹슈얼리티에 대한 종교적 구성과 관련되는가? 성서의 토라는 고대 이스라엘의 사회 구성에서 어떤 사회적 분업과 가족, 합리화 체제와 연관되는가?

다문화 사회에서 인종, 젠더, 섹슈얼리티는 타문화의 연관에서 보편사적인 틀에서 다루어진다. 이민자들의 섹슈얼리티에 대한 태도는 서구 중심의 시각으로 해소될 수가 없다. 트뢸치와 베버의 전통에서 종교적 이념과 윤리 그리고 물질적 이해관계에 대한 선택적 친화력은 종교와 문화의 발생론적 분석, 즉 헤게모니 담론과 권력관계의 틀에서 확대될 수 있다.

트뢸치의 역사 상대주의는 생활세계 이론에 재설정될 필요가 있다. 후설은 생활세계를 보편적 객관적 타당성으로 개념화하고, 자연과학을 통한 세계의 수학화 또는 기술화에 강력한 비판을 했다. 자연은 기술화되고 수학의 공식을 통해 과학적으로 지배가 되지만,[4] 생활세계는 과학적 합리성 이전에 그리고 여전히 외부에 존재하며 모든 의미 있는 지평을 구성한다. 생활세계는 자연과학의 기술지배에

---

4 Husserl, "The Mathematization of Nature," *The Essential Husserl*, 338, 352.

예속되지 않고 문화와 사회에서 드러나는 인간의 실제적 삶의 근거
가 되며, 심지어 의미의 과학 기술적 구성까지도 포함한다.

예를 들면 우리는 유럽, 아프리카, 인도 또는 중국에서 진리들을
발견한다. 이들의 진리들은 각자의 나라들에서 일반적으로 타당성
으로 입증된다. 그리고 결코 진리들은 서로 동일하지 않다. 모든 상
대성에도 불구하고, 생활세계의 대상들(문화, 전통, 역사, 언어, 종교)은
모든 사람에게 공동으로 주어지며—상대적인 특징과 개념에도 불
구하고— 일반적인 구조로 작용한다.5 이러한 입장은 트뢸치와 니부
어에게서 드러나는 상대주의적 경향을 넘어서게 한다. 동시에 모든
문화의 중심주의를 넘어선다.

생활세계는 인간의 이해를 역사와 문화의 객관적 실제와 상호
관련지으며, 인간의 의식과 생활세계의 만남에서 지평의 윤곽들이
융합되고 확대되면서 의미의 새로운 종합으로 산출된다. 이러한 의
미론적 서클은 다음과 같은 인식론적 절차를 포함한다: (1) 기존으
로 주어진 것에 대한 판단 중지, (2) 자연과학적 기술지배와 세계의
수학화에 대한 문제틀, (3) 침전된 전통 안에 담겨진 비합리성과
편견과 지배에 대한 책임적 비판, (4) 생활세계의 원류와 만남을
통해 오는 내재적 비판, (5) 지평 윤곽의 확대, (6) 해방과 연대를
위한 의미의 새로운 종합. 이런 의미론적 절차를 통해 생활세계의
인식론은 문제틀적으로 사유하며 또한 해석학적으로 그리고 사회
학적으로 전개된다.

---

5 Husserl, "Elements of a Science of the Life-World," Ibid, 373-374.

생활세계와 비판적 해석학

후설의 생활세계론은 가다머의 해석학을 형성하는 데 매우 중요한 역할을 한다. 역사는 인간의 의식과 삶에 영향을 주는 근거로서 이해와 해석을 위해 언어를 통해 매개된다. 생활세계 또는 생활 지평은 전통과 역사에 침전되며 해석자의 사고에 영향을 미친다. 해석자는 텍스트의 의미를 재각성시키는 역할을 담당한다. 이러한 만남에서 텍스트와 독자 간의 지평 융합이 일어나는데, 이러한 융합의 과정은 진보적이며 개방적이며 끊임없이 열려 있다.[6]

중세 아우구스티누스의 이해와 근대 아우구스티누스의 이해 그리고 후기 근대에서 드러나는 아우구스티누스의 이해는 서로 다르다. 그렇다고 해서 이러한 다름의 해석에서 아우구스티누스가 증발되는 것도 아니다. 이러한 해석의 다름은 텍스트가 상대주의화가 되거나 해석가의 주관적인 해석으로만 규정하고 해소되지 않는다. 오히려 지평 융합적으로 열린 과정이며 해석가들 간의 끊임없는 대화와 합의의 과정을 거치게 한다. 이러한 해석의 입장은 객관적 실제로서 역사와 전통의 영역을 의미의 근원으로 방어하며, 관점주의나 역사적 상대주의나 비판에서부터 생활세계의 자리를 보증하고 언어를 통해 오늘 우리에게 매개한다. 이런 점에서 문화는 객관적이며 특수하게 표현되지 일반화되지 않는다. 이런 측면에서 섹슈얼리티와 젠더에 대한 서구의 기술적 분류화는 서구 사회에 국한되지 비서구 사회가 답습할 일반적 또는 보편 원리가 되지 않는다.

---

6 Gadamer, *Truth and Method*, 324, 388.

물론 언어는 보편적인 현상이며 언어를 통해 이해와 해석이 가능하지만, 언어는 또한 이데올로기적으로 왜곡될 수 있으며 사회적 담론에서 헤게모니(강요와 도덕적 리더십)로 드러날 수 있다. 언어는 물화의 기존 현상을 정당화하고, 우리에게 당연한 것으로 수용하고 내면화하게 한다. 이러한 사회적 담론으로서 언어는 인종과 젠더 그리고 섹슈얼리티를 다룰 때 상징적인 지배와 권력의 그물망에서 작동한다.

이것은 권력 체제—정치, 돈, 그리고 매스 미디어를 통해— 생활세계를 내적으로 식민지화 시켜나가지만,[7] 시민 사회를 방어하는 것은 생활세계와의 의미론적인 대화와 번역을 통해 새로운 의미를 창출하며 권력 체제에 대한 내재적 비판을 수행한다. 생활세계는 유효한 역사의 배경이 되기도 한다. 인간이 담론 가운데서 살아간다면 인간의 삶에서 권력관계의 그물망과 상징적인 지배의 시스템은 공론장에서 주어진다. 문제틀과 내재적 비판은 방법과 의미 진리의 관계를 인식론적인 과정을 통해 의미론적인 서클 안에 통합시킨다. 가다머에서 드러난 방법적 절차의 약화와 언어의 보편성은 하버마스에 의해 이데올로기 비판적으로 취급된다. 하지만 하버마스의 생활세계와 체제 간의 갈등 이론은 담론의 권력관계와 소통의 저변에 깔려 있는 공론장에서 상징적인 지배와 폭력 구조의 분석을 통해 사회 계층론에서 보다 정교화하게 다듬어질 수가 있다.

여기서 현상학적 태도는 책임적인 비판과 연대 그리고 해방을 위해 인종, 젠더 그리고 섹슈얼리티에 대한 사회적 담론의 규범과

---

7 Habermas, *The Theory of Communicative Action* II, 333, 389-390.

헤게모니 형식을 비판적으로 폭로한다. 이러한 현상학적 태도는 내재적 비판을 구성하며 종교적 이념이 물질적인 이해관계에 구속되면서 어떻게 역사 발전 과정에서 왜곡된 형식으로 드러나는지에 주목한다. 다시 말하면 종교적 이념의 수치의 효과(청교도의 귀족주의 윤리와 자본주의 정신의 쇠우리 창살)를 원류로부터(칼빈의 종교 이념과 경제 윤리) 의미 창출을 통해 이후 칼빈주의 역사에 대한 내재적 비판을 시도하면서 사회와 문화 안에서 종교의 연대적 효과를 시도한다.

공공신학과 화해의 성서적 상징

공공신학을 전개할 때 생활세계의 사회과학적인 이론과 더불어 클리포드 거츠(Clifford Geertz)의 문화 이론은 중요하다. 거츠의 문화 이론은 후설의 현상학과 비트겐슈타인의 언어 게임에 기초하며 문화나 언어처럼 종교는 전통적으로 축적된 현상이다. 이러한 집단적인 표출 안에서 인간의 내적 태도나 감정 그리고 느낌이 가능해진다. 사회적 실제는 개인의 의식과 상호작용하며, 객관적인 구조로 드러난다. 이것은 사회학적 의미에서 (뒤르켐) 실제에 대한 종교적 구성을 말하며 여기서 종교는 사회 전체와 동일시되며 인간의 의식과 태도 그리고 사회적 경험과 성향을 구성한다.

거츠에 의하면 구체적인 사례를 일반화하는 접근은 연구 대상으로부터 연구자를 분리해버리는 위험이 존재한다. "문화는 종교처럼 콘텍스트이며, 이 안에서 사회적 사건들, 행동들, 태도들이나 과정들은 지성적으로—즉, 두껍게— 기술되어야 한다."[8]

거츠의 문화 인식론을 근거로 예일대학의 조지 린드벡(George

Lindbeck) 교수는 그의 문화-언어학적 접근을 경험적-표현적 방법으로부터 분리시킨다. 린드벡은 종교와 문화에 대한 틸리히의 실존적인 정의—종교는 문화의 본체이며 문화는 종교의 형식이다—가 한계를 가지고 있고 경험적-표현 형식으로 비판한다. 틸리히에게 종교는 궁극적 관심으로서 "모든 의미 있는 문화적 성취들을 활력있게 하는 근거"가 된다.9

그러나 린드벡의 틸리히 비판은 충분하지가 않다. 틸리히의 문화신학에서 궁극적 관심으로서 종교는 실존에 해소되지도 않으며, 여전히 하나님은 신율(theonomy)을 통해 파악되지만, 종말론적인 차원을 견지한다. 틸리히는 경험을 객관적 실제의 규범과 근원으로 뒤바꾸지 않았다. 틸리히의 사회주의 원리는 기독교 신학의 문화 상징적인 차원을 견지하며 예언자적 측면을 강화한다. 종교적 측면은 인간의 영적인 삶에서 궁극적인 것, 무한한 것에 관여하며, 폭넓은 스펙트럼에서 틸리히는 종교를 궁극적 관심으로 정의하며, 삶의 모든 계기들에서 성과 세속의 차이는 사라진다. 성과 세속은 서로 안에 존재하며 궁극적 관심은 인간의 모든 예비적인 관심들 안에 현재한다. 또한 이러한 관심들을 정당화하고 초월한다.

물론 린드벡과 달리 틸리히에게 종교는 비트겐슈타인처럼 언어게임으로 파악되지 않는다. 각각의 다른 게임(예를 들어 축구와 농구 게임)은 서로 통용되거나 호환될 수가 없다. 그러나 틸리히는 각각의 종교경험에는 서로 양립되지 않는 언어의 게임이 아니라 하나님의

---

8 Ibid., 115; Geertz, *The Interpretation of Cultures*, 14.

9 Lindbeck, *The Nature of Doctrine*, 34.

초월성이 공동으로 들어 있음을 말한다. 신학과 문화의 관계를 다루면서 틸리히는 기독교 신앙의 내용을 상관관계 방법을 통해 해명하려고 한다. 이것은 "상호 관련성 안에 있는 실존적인 질문과 신학적 대답"을 의미한다.[10] 틸리히의 상관관계는 신 중심적 성격을 가지며, 상징적인 언어는 하나님의 초월성을 방어하고 하나님을 신인동형론적으로, 즉 우상적으로 표현하는 것에 저항한다.

예언자적 측면에서 교회는 문화와 교회 자체를 판단하고, 교회 외부에서 들려오는 예언자적 소리들을 경청해야 한다. 교회 외부의 사람들은 '잠재적' 교회의 참여자들로부터 불리며 정의와 연대를 위한 헌신한 이들의 삶 안에서 궁극적 관심은 문화적인 형식과 또는 왜곡된 형태로 은닉된다. 하나님 나라에 대한 성서의 상징은 종교적 아프리오리의 객관적 실제이며 교회와 문화를 포함하며 동시에 초월한다.[11]

틸리히의 신 중심적인 입장은 문화-언어학적인 논증을 거절하지 않는다. 린드벡에 의하면 마티아스 그뤼네발트(Matthias Grünewald)의 성화인 십자가형에서 드러나는 예수의 고뇌는 불교의 토양에서 언급되는 참선의 이미지이나 고뇌의 해탈과는 전혀 다르다.[12] 프랑스 콜마에 소재한 이젠하임 제단(Isenheim)에는 1512~1516년 사이 독일의 화가 니콜라우스 하겐나우(Nikolaus of Haguenau)와 마티아스 그뤼네발트(Matthias Grünewald)가 그린 십자가의 예수가 있다. 이것은 알사스 콜마의 운터린덴 박물관(Unterlinden Museum)에 전시되어

---

10 Tillich, *Systematic Theology 1*, 60.

11 Tillich, *Theology of Culture*, 51.

12 Lindbeck, *The Nature of Doctrine*, 83.

있다. 이 그림은 콜마 근처에 있는 이젠하임의 성 안토니 수도원을 위해 그려진 것인데, 수도원은 전염병으로 고통받는 사람들을 보호하고 피부병 치유로 유명했다. 이 그림에서 십자가에 달린 그리스도는 전염병의 환자들에게 이들의 아픔에 같이 한다는 의미를 담고 있다. 이 그림은 평생 칼 바르트의 책상 앞에 걸려 있기도 했다.

린드벡은 자신의 포스트리버럴 신학이 바르트의 영향으로부터 온다고 말한다. 그가 그뤼네발트의 그림을 인용하는 것은 경험적-표현적 방법을 비판하기 위한 것인데, 이것은 모든 종교적 경험에서 드러나는 차이와 다름을 동일시하고 종교에 이중적인 소속을 주장하는 종교적 상대주의자들을 향해 있다. 그러나 이러한 비판은 틸리히에게 맞지 않다.

또한 경험적-표현적 방법을 해석학이나 현상학과 동일시하고, 린드벡이 비트겐슈타인 언어 게임을 통해 포스트모던적 독특성을 방어하는 것 역시 문제가 있다. 기독교와 불교는 언어 게임이 서로 다르며 삶의 형식이나 믿음의 체계 그리고 영적 실천이 다르다. 그러나 종교는 서로 번역되고 소통이 될 수 있고, 언어 게임에 구속되지 않는다. 불교의 연민은 기독교의 용서와 사랑과 동일하지 않지만, 서로 대립이 되지도 않는다. 여기서 언어의 상징성이나 유비론적 차원—비슷하게 그러나 다르게 표현되는 언어—은 바르트와는 달리 린드벡에게 고려되지 않는다.

린드벡과는 달리 바르트는 문화의 중요성을 공공신학을 위하여 신중하게 고려했다. 교의 신학은 종말론적 신학이며 그것은 다른 학문의 분과를 가치 폄하하지 않는다. 바르트는 말한다: "이런 관점에서 문화를 비판하는 것은 명백한 난센스가 된다… 문화의 문제는 인간이 되는 문제다… 신학은 인간성의 특수한 활동이기 때문이다. 신학과 교의학의 문제는 전적으로 문화의 문제의 틀에 설정된다."13

신학의 주제와 문화의 상호작용은 가치 폄하가 되어서는 안 되며, 신학은 문화의 틀에 설정된 인간의 특수한 활동이다. 문화의 영역은 화해의 빛에서 볼 때 의미론적 텍스트가 되며, 이것을 통해 하나님은 끊임없이 교회에 말씀하신다. 문화신학은 바르트의 언어 행위 신학에 기초할 수 있으며, 교회 외부에서 하나님은 화해의 콘텍스트 안에서 말씀하신다.

이런 점에서 바르트의 비교신학은 개신교의 칭의론과 일본의 정토진종과의 연구에서 잘 드러난다. 바르트는 화해의 보편적 차원에서 개신교의 칭의론과 정토진종의 아미다 은총의 교차하는 것에 주목하고, 기독교의 텍스트와 불교의 텍스트 교차성을 이해한다. 바르트의 비교신학은 이후 화해론의 빛들의 교리에서 정점에 달한다.14

바르트의 말씀 행위 신학은 틸리히의 실존론적 논의나 종교와 문화에 대한 사회학적 분석을 거절하지 않는다. 오히려 문화적 영역은 의미론적 영역이 되며, 교회가 하나님의 낯선 음성으로 이해하고 해석하는 과제를 갖는다. 하나님은 종교와 문화 간의 서로 다른 언어 게임을 넘어선다. 모든 종교와 문화는 하나님의 소통의 탁월한 길들이 된다. 하나님은 교회를 향해 전적으로 다른 방식으로 말씀하실 수가 있고, 교회의 협소한 담을 넘어선다. 하나님 나라나 화해에 대한 성서적 상징을 생활세계에 대한 사회학적 분석을 통해서 본다면

---

13 CD I/1: 284.
14 CD IV/4.3. 2. § 69.

공공신학은 인정의 정치와 근대적인 다차적 형식들을 지지한다.

이러한 대안 근대성은 베버가 세계 내적의 금욕주의와 윤리적 태도를 통해 분석한 서구의 경제적 근대성과는 달리―이것은 서구의 자본주의적 근대성에 속한다― 각각의 생활세계에서 문화와 종교가 기여할 수 있는 도덕적 태도와 합리화에 주목한다. 이것은 후기 근대성에서 나타나는 병리 현상과 비인격적 세력의 실제에 대해 시민 사회의 가치를 지키며 공공 영역에서 정의와 연대 그리고 인정을 지지한다.

공공신학은 종교적 담론을 물질적 이해관계에서 나타나는 선택적 친화력을 분석하고, 역사적 과정과 사회적 상황 안에서 권력의 그물망과 신체정치를 통해 어떻게 종교적 이념이 상징적인 지배와 폭력의 체제로, 즉 수치의 효과로 드러나는지에 주목한다. 이러한 수치의 효과를 극복하면서 공공신학은 종교 이념의 원류를 내재적 비판으로 재해석하고, 연대와 인정과 해방을 향한 의미론적 회복을 기획한다. 노동 분업은 모든 상징 차원에서 분석이 되며, 인종의 사회적 구성과 젠더와 섹슈얼리티의 스펙트럼이 어떻게 에피스테메의 적합성으로 드러나며 인간의 의식에 심층적인 메커니즘으로 작동하는지 파악한다.

이것은 부르디외가 적절하게 표현한 것처럼 "사회적 세계에 대한 일상의 경험"15으로 지극히 당연한 것처럼 나타난다. 공공신학은 생활세계 이론을 사회과학적 논의 방법에서 발전시키며, 신학적으로 성서적 상징인 화해 개념을 통해 문화적 이슈들에 대한 문제들을

---

15 Bourdieu, *Masculine Domination*, 9.

보다 더 두껍게 기술하며, 책임과 연대와 해방을 향해 헌신한다. 이것은 인식론적 절차의 긴 스텝을 거치며 실존론적인 지름길(하이데거)을 택하지 않는다. 사회과학적 분석과 의미론적인 서클은 자연적 태도에 대한 판단 중지를 요구하며, 침전되어 온 불명료함과 편견을 문제틀로 만들며, 물화된 사회 현실에 대한 분석, 연대와 해방을 향한 내재적 비판 그리고 지평 융합 또는 지평 윤곽의 확대를 통해 종합과 재구성을 위한 의미 회복을 기획한다.

종교는 사적인 것이 아니다. 그것은 시민 사회 안에서 공공선을 위해 이성의 공공 사용에 참여하며, 종교적 담론의 소통에 책임을 갖는다. 화해나 하나님의 나라에 대한 상징은 십자가 신학에 근거되며 이것은 타자의 배제와 말살의 논리에 저항한다.[16] 하나님의 진리는 세상 안에서 구현되며 실제적인 삶에서 살려지며, 이것은 파시즘 정권에 위험하다. 본회퍼에게서 진리를 말하는(parrhesia) 윤리적 태도는 실제적인 상황을 구체적으로 평가하고 진지한 반성을 수행하며, 단순한 개인의 도덕적 성격을 지적하지 않는다.[17]

담론 윤리는 파레시아(진리를 과감하게 말하기)의 형식을 가지며, 교회의 죄책 고백 형식으로 드러난다. 이것은 세계를 위한 복음의 의미를 날카롭게 하며, 경제적 제도, 정치적 행정 그리고 문화적 분배에서 불평등과 폭력의 구조 안에서 살아가는 사회적 약자들과 더불어 간다. 하나님은 억울한 희생자들의 상징인 예수 그리스도를 통해 사회적으로 비천한 자와 밀려난 자들과 연대하며 교회를 향해 끊임

---

16 Bonhoeffer, *Ethics*, 202.
17 Ibid., 359-361.

없이 말씀하신다. 본회퍼는 교회의 책임성을 다음처럼 말한다. "교회는 침묵 속에서 가난한 자들의 약탈과 착취를 보았지만, 강한 자들의 부의 살찌움과 부패를 묵인했다고 고백한다. … 교회는 중상 비방과 단죄와 불명예로 인해 수많은 희생자를 향해 자신의 죄책감을 고백한다. 교회는 이러한 죄를 모략하는 자를 유죄 선고하지 않았다. 따라서 교회는 중상 비방 당하는 자를 모략자의 운명에 내버리고 말았다."18

---

18 Ibid., 115.

필자는 본서에서 공공신학을 윤리와 신체정치학의 틀에서 후기 자본주의와 시민 사회를 분석하면서 발전시켰다. 사회과학의 이론(베버, 마르크스, 푸코, 부르디외)은 역사 비판이론(에른스트 트뢸치)에 매개된다. 중심부와 주변부 간의 구조적인 문제들은 공론장에서 이민 문제, 인종주의, 경제적 위계질서로 고착된다.

1. 공공신학은 도덕, 정치적 근대성 그리고 정의와 연대를 해석학적인 틀에서 다듬고 사회학적인 측면을 통해 시민/민족의 결합을 숙의 민주주의와 더불어 시민 사회에서 전개한다. 인종을 기초로 한 파시즘은 극우파 정치 형태(히틀러, 무솔리니, 일제 식민지)나 러시아 민족주의에 기초한 스탈린주의에서 위험하게 드러났다. 이런 점에서 마르크스 자신의 이론에 대한 비판적 독해는 중요하다. 마르크스의 약점은 도덕과 정의를 심화시키지 못한 채 노동 분업을 일면적으로 파악했다.

공공신학의 차원에서 윤리적 인식론은 도덕 이론의 다양한 타입들(의무, 목적, 책임성)의 갈등과 논쟁을 매개하고, 도덕을 정의와 공공선으로 연결하는 담론 윤리를 발전시킨다. 삶의 복합성과 애매함은 하나의 유력한 도덕의 타입으로 환원될 수가 없다. 이러한 삶의 주어짐과 복합성으로 인해 메타 윤리적인 추론과 논증이 필요해지며,

의료 윤리와 생명과학 또는 문화적 정의는 사회과학적인 틀에서 다루어진다.

2. 사회진화론적 태도는 여전히 생의학의 합리성에 깔려 있으며, 공리주의적 원리로 나타난다. 배아줄기 세포 연구, 점-라인 개입, 복제, 유전자 향상 그리고 인위적 자녀 출산 등에서 공공신학은 인종 우위성과 위계질서에 대한 비판을 놓지 않는다. 은총의 신학은 인종 차별을 신학의 자리에서 퇴위시키며, 공동 창조(co-creation) 이론에 수긍하지 않는다. 공동 창조 신학에서 극단적인 계몽의 변증법이 작용하며, 인간의 능력과 공리주의 슬로건이 지나친 낙관주의로 채색된다. 인간은 조립하고 창조하지만, 기술 발전이 초래하는 쇠우리 창살로부터 인간과 자연의 삶을 구원하지 못한다. 여전히 비인격적 세력들은 자연과학의 발전과 기술 진보를 통해 환경과 생태학의 네트워크를 상품화하며, 정치 체제와 경제적 불평등, 정보 소통은 글로벌 차원에서 신식민주의적 조건을 양산한다.

3. 문화적 이슈들과 공공의 정의를 다룰 때 후설의 생활세계 이론과 가다머의 해석학을 상호 보충적으로 전개할 필요가 있다. 가다머의 해석학에 의하면 인간은 역사의 영향 아래 존재한다. 달리 말하면 인간은 생활세계의 객관적 실제 아래서 움직이고 영향을 받는다. 이것은 언어, 문화, 종교 그리고 전통을 통해 매개된다. 유럽, 미국, 아프리카 그리고 아시아처럼 다양하고 다른 생활세계의 형식들이 존재한다. 이들 각자의 삶과 문화에서 진리 요구와 인식 체계는 상대화되기보다는 여전히 객관적인 실제로 존재한다.

인간이 대화적 존재로 규정된다면, 언어는 문화적 이슈들, 예를 들어 섹슈얼리티나 인종 그리고 젠더를 형성하는 과정에서 전문가 집단과 국가 권력의 지배를 통해 제도화되고 사회 담론화가 된다. 이런 현실은 사회 계층에서 지배와 상징적인 폭력에 노출된다. 인간은 담론 안에 있는 존재가 된다. 인간은 역사와 사회 계층구조 안에서 권력의 관계들을 통해 조건되고 지배된다.

4. 생활세계론은 신학적으로 성서의 화해 개념에서 볼 수가 있다. 하나님의 화해의 은총에 의해 신앙은 움직여지고 영향을 받지만, 여전히 사회와 문화의 저변에 깔린 비인격적 세력이 있다. 기독교인의 파레시아(진실을 과감하게 말하기)는 그리스도 화해의 은총 안에서 계시된 하나님의 정의를 증거 한다. 파레시아는 담론 윤리의 토대로서 예수의 연대, 즉 공적 죄인과 세리처럼 주변으로 밀려난 자들과의 공감에 기초한다. 파레시아가 없는 복음의 윤리는 개인주의적 내면화로 떨어질 수가 있으며, 하나님의 은혜가 없는 파레시아는 율법주의적이며 타자에 대한 정죄로 간다. 하나님의 용서는 인간을 메타노이아와 회복의 정의로 인도하며, 용서는 사회적 영역에서 정의의 중요한 부분에 속한다. 이것은 처벌적 정의 또는 분배적 정의를 너머 하나님의 나라의 빛에서 희생자와 가해자를 새롭게 하는 윤리적 차원—회복의 정의—을 지적한다.

5. 공공신학은 신식민주의 지배 체제를 분석하고, 중심부와 주변부 사이에서 드러나는 정치적 대변, 경제적 착취, 헤게모니 담론 그리고 인종주의에 주목한다. 포스트콜로니얼 인식론은 신식민주의의 은닉된 형태들을 분석하며, 한편에서 이것은 착취, 분열, 침투로 나타난다. 다른 한편 이것은 유로-아메리카 중심주의의 담론과 헤게모니의 구조와 더불어 글로벌 주권 체제에 각인된다. 권력의 네트워크를 통해 지배 담론은 매스 미디어를 통해 전 지구를 장악하며

모든 사회관계의 시스템에 침투한다. 이것이 포스트콜로니얼 조건을 규정하며, 후기 자본주의를 특징짓는 제국의 현실과 헤게모니의 구조이다.

이런 신식민지 조건을 고려하면서 공공신학은 고고학의 해석학적 차원을 발전시키며, 역사와 사회에서 예속되고 침묵으로 강요된 자들의 담론에 주목한다. 이것은 계보학적 분석과 유효한 역사(effective history)를 해석학적 틀로 가다듬고, 지배 담론의 역사적 행진과 그 정당성에 의심을 표시한다. 유효한 역사는 아남네시스의 반성에 의해 수행되며, 대항 기억은 순전한 희생자의 삶과의 연대를 모색한다. 이것은 현상학적 절차(판단 중지, 문제틀, 사회과학적 분석, 내재적 비판, 의미 윤곽의 확대 및 지평 융합)를 통해 전개된다. 이렇게 함으로써 서구 중심의 담론에 의해 밀려 나간 현재의 역사(다름, 파열, 비정규성, 비동일성)가 다시 쓰여진다.

6. 포스트콜로니얼의 유효한 역사에서 식민지 근대성 문제나 위안부에 대한 담론은 신체정치학적인 측면에서 중요하다. 존 램지어(J. Mark Ramseyer)는 일본학을 전공한 하버드 법대 교수이다. 그가 쓴 논문은 종래의 위안부 문제를 정면으로 반박하고 법적으로 하자가 없는 제도였다고 한다. 강제성이 없었고, 조선 여성들의 자발적인 취업이었으며, 일제는 계약 제도를 통해 일본 위안부와 동등하게 취급했다는 것이다. 그러나 램지어 교수의 저널 논문이 학문적인 가치나 기준에 미치지 못하다는 비판들이 나왔다. 급기야 하버드대학 교수들의 철회 성명서(2021년 2월 17일)가 잇달았다. 성명서를 낸 앤드류 고돈(Andrew Gordon)은 일본 역사와 문화 전문가이며, 카터 에커트(Carter Eckert)는 한국 역사와 동아시아 문명 연구의 전문가

이다.

1951년 샌프란시스코 평화협정 이후 한일협정(1965) 청구권에서 강제 징용이나 심지어 식민 지배에 연관된 모든 문제들이 종결되는 것은 아니다. 국제관습법상 국가는 개인이나 시민단체로부터 다른 국가에 대해 소송 제기를 할 수 없다. 이른바 국가면제(state immunity) 조항인데, 그럼에도 불구하고 오늘날 보편적인 가치와 인권을 중시하는 글로벌법이 우위를 차지한다. 국가면제는 영구적이지도 않으며, 고착된 것도 아니다. 보다 중요한 것은 위안부나 강제 징용처럼 신체정치학적인 국가 폭력과 강제로 자행된 인간성에 반하는 범죄는 법의 차원을 넘어 역사와 문화 그리고 시민 사회의 삶에 기입된다. 그것은 생활세계의 문제에 속한다.

7. 사이드는 오리엔탈리즘에서 푸코의 저작들에 의존하면서 중심부와 주변부의 불평등한 관계를 분석했다. 그러나 필자는 푸코의 고고학을 현상학적인 틀에서 수용하고, 폭넓은 사회학적인 스펙트럼에서 해석학으로 발전시켰다. 푸코의 고고학에서 문제틀의 방법은 일상의 삶에서 드러나는 당연한 것 또는 다름을 배제하는 기존의 태도에 이의를 제기한다. 문제틀적으로 사유하는 방식은 비판적 반성을 의미하며, 다르게 생각하는 것이다. 다름의 사유는 변증법적 사유를 거절하기보다는 변증법 부정의 차원을 고고학적 해석학의 틀에서 수용한다. 다름의 사유와 정치는 어떻게 지배 계급이 작동되며, 이러한 지배 방식이 정상화 과정과 사법적 정당성을 통해 성소수자들이나 주변부로 밀려 나간 자들 또는 순전한 희생자들을 분류하고 정체성을 확인하는지 검토한다.

식민주의는 피지배 국가의 장소와 역사적 기념물 또는 종교적 텍스트에 다른 이름과 대변의 방식을 통해 새롭게 기록한다. 그러나 이러한 식민주의적 기입은 영원한 것은 아니다. 예를 들어 선교사들은 복음의 의미를 자신들의 문화 언어적 편견을 통해 식민지 백성들의 마음에 기입한다. 함의 저주받은 스토리(창 9:20-27)는 선교사에 의해 개종된 식민지 기독교인들의 마음에 주입되며, 이것을 통해 식민 지배의 기독교인은 노예제와 백인 우월주의에 순응한다. 후기 식민지 상황에서 이전 식민 지배에 의해 기입된 장소, 텍스트, 역사에 대한 새로운 이름이 주어지며, 자신들의 생활세계와 더불어 복음에 대한 새로운 의미와 해석이 시도된다. 이런 점에서 공공신학은 성서에 대한 비판적 주석을 권력과 지식의 틀에서 가다듬으며, 물살을 거슬러 올라가는 은총의 신학과 진실을 말하는 담론 윤리를 강화한다.

후기

칼 바르트와 파울로 프레이리

공공신학과 신체정치학을 마치면서 후기에서 필자는 북미에서 목회자와 교수로 살았던 교육학적 반성을 담는다. 바르트는 교육학자라기보다는 하나님의 말씀 신학에 기초한 교의학자이다. 그러나 그의 교의학에는 성서 주석과 더불어 국가와 시민 사회 그리고 교회의 공적 역할에 많은 내용을 담고 있다. '기독교'교육은 하나님의 말씀의 가치를 제공하고, 교회 교육을 삶의 현장에서 반성하고 실천하도록 대화의 과정을 필요로 한다. 교육학의 인식 과정에서 타 학문과의 대화와 수용(appreciation), 비판적인 거리감(critical distance), 새로운 의미론의 회복과 지평 융합은 필수적이다. 민주적이며 다문화된 사회에서 토론과 소통은 교육과정에서 중차대하며, 복음의 가치는 재해석되고 합리적 토론을 통해 비종교적인 사람들에게도 열릴 필요가 있다.[1]

이러한 교육학과 공공신학은 서로 연관된다. 바르트의 화해론은 어떻게 해방의 교육 특히 브라질의 파울로 프레이리의 『피억압자의

---

1 Brookfield and Preskill, *Discussion as a Way of Teaching*, 5.

교육학』(Pedagogy of the Oppressed)과 어떻게 비판적으로 검토되고 해석학적으로 매개될 수 있을까?

1. 칼 바르트의 화해론

바르트의 화해론의 기본 주제는『교회 교의학』4/1에서 잘 나타난다. 화해론은 인간을 향한 하나님의 신실하심과 자유로운 은혜의 행동에 기초하며, 이러한 은혜의 사건은 화해자 예수 그리스도에게서 나타난다(§ 57). 바르트는 그리스도의 화해 사건 안에서 인간의 세 가지 죄된 현실을 분석한다. 교만과 나태와 거짓이 그것이다. 여기에 상응하는 은총의 구조는 칭의, 성화 그리고 부르심(소명)이다. 이러한 그리스도의 화해 사건과 믿음의 공동체에 거하는 기독교인들은 비로소 믿음, 사랑, 소망의 존재가 된다(§ 58).

화해론에서 매우 특이한 것은 바르트가 칭의(루터)와 성화(칼빈)와 더불어 소명의 차원을 강조하며, 세계와 사회로 불리는 교회 공동체의 책임성과 해방의 사역에 있다. 바르트의 화해론과 그의 신학적 인간학—공동 인간성—은 세계, 시민 사회, 공론장을 떠나서 생각할 수가 없다. 인간의 소명은 예수 그리스도의 예언자적 사역과 관련되며, 예수 그리스도는 교회와 세계의 주님이다. 소명은 살아 계신 그리스도로부터의 부르심이며, 단순히 내적이고 영적인 차원으로 환원되지 않는다. 부르심을 통해 칭의와 성화의 은혜를 입은 기독교인은 또한 세상을 향해 소명의 책임을 갖는다.

이런 점에서 바르트는 소명을 그리스도의 제자직과 사회를 향한 복음의 증언자라는 책임적인 존재로 파악한다. 예수가 세리와 창녀들과 식탁 공동체를 베푼 것은 바르트의 화해 신학과 공공 영역에서 핵심적인 자리를 갖는다. 사회로부터 밀려 나간 자들(massa perditionis)과의 연대에서 화해의 은총은 하나님의 혁명, 다시 말해 밑으로부터 은총의 쿠데타를 의미한다.[2] 부활하신 그리스도는 세계와 사회 안에서 살아 계시고 죄와 죽음과 폭력을 조장하는 무성의 현실(Nothingness)에 교회를 예언자적 투쟁으로 불러내신다. 이러한 그리스도의 예언자적 투쟁에 참여하는 것은 자유와 해방의 차원을 강조한다.

시민 사회와 지배 체제 비판

화해론의 구조 분석에서 드러나는 해방의 차원은 그의 시민 사회와 관련된다. 바르트는 1946년 그가 쓴 『기독교 공동체와 시민 공동체』에서 시민 사회에 대한 교회의 공공성을 해명하면서 민주주의와 사회 정의를 루소의 사회계약론을 통해 가난한 자들의 삶을 보호할 것을 요구한다. 바르트에 의하면 민주주의와 공정함은 연대의 원리에서 표현되며, 이것은 공론장에서 가난한 자들과 사회적 약자에 대한 교회의 책임과 더불어 정부를 향한 비판의 소리를 담는다. 정부가 보다 많은 민주주의와 사회 정의 그리고 사회적 약자들과의 연대를 지향할 때, 교회는 하나님 나라의 빛에서 협력할 수가 있다. 이런 점에서 바르트의 정치 윤리는 루소를 적극적으로 수용하며, 자연법과 시민 사회 이론을 공공신학을 향한 길을 열어 준다.

루소는 주권을 일반의지에 근거 지우고, 의회 민주주의에서 의원

---

2 CD IV/3.2: 620.

들은 국민들의 이해와 관심을 위해 일하는 대행자들이다. 왜냐하면 이들은 일반의지를 선언하는 국민주권에 기초해서 법을 집행하기 때문이다. 루소는 정치 기구의 일반의지와 국민주권을 정부의 독재와 권력남용에 대립하는 것으로 말한다. 바르트에 의하면 의회제도는 보통선거에 근거하며 국민주권은 루소가 대변하는 정부의 가능한 형태에 속한다.3 정의로운 국가에 대한 바르트의 관심은 "아직 구원되지 않은 세계"(바르멘선언 테제5)에서 하나님 나라의 외적이며 상대적인 구현에 있다.4

바르트는 의로운 국가(롬 13)를 불의한 국가(계 13)로부터 분리하고, 교회가 국가에 종속되는 것은 교회가 국가의 설립과 보존 그리고 유지를 위해 요구되는 책임성 때문이다. 이것은 국가의 공공선을 증대하며 또한 이러한 공동 책임성은 국가에 대한 기독교인의 맹목적인 예속과 위험한 복종을—루터의 로마서 13장 1절에 대한 번역에서 볼 수 있는 것처럼— 의미하지 않는다.5

모든 시민은 종교, 계급, 성 그리고 인종과는 무관하게 헌법에서 평등과 자유를 가진다. 그리고 교회는 "특별히 가난한 자, 사회적으로 그리고 경제적으로 연약하고 위협받는 자들"과 연대해야 한다.6 "기독교 공동체는 사회 진보의 이런저런 부문과 대의를 지지할 수 있고 또한 지지해야 한다. 심지어 이런 형식에서 사회주의가 특별한 시간과 장소와 상황에서 도움이 되면 지지해야 한다…. 교회는 '인간

---

3 Barth, "Rousseau," *Protestant Theology in the Nineteenth Century*, 177.
4 Barth, "The Christian Community and the Civil Community (1946)." Thesis 5.
5 Ibid., Thesis 8.
6 Ibid., Thesis 17.

의 모든 불경과 불의'(롬 1:18)에 대항하여 오로지 하나님의 혁명을 선포하는 데 있다. 다시 말해 이것은 이미 [그리스도] 안에서 오시고 또한 오고 있는 그분의 나라에 대한 선포다."[7]

바르트의 화해론에서 드러나는 하나님의 혁명론은 시민 사회론과 관련되며, 그의 유고인 기독교인 삶, 화해론의 윤리에서 정치 사회 비판으로 이어진다(§78. 4). "정의를 행하라"(Fiat justitia)에서 기독교인들은 주인 없는 편만한 세력들에 저항하며 인간의 정의를 위한 노력과 투쟁에 헌신하도록 불렸다. 주인 없는 비인격적인 권력과 세력들이 사회 계층의 다양한 영역들에서 혼란스러운 악영향을 미치고 인간의 삶을 지배한다. 이러한 권력과 세력들에 대해 바르트는 도래하는 하나님의 혁명을 강조하며, 여기에 상응하는 정의와 연대 그리고 평화를 위한 인간의 노력을 지상에서 수립해야 한다고 말한다.

바르트에 의하면 정치 사회(국가)는 시민 사회 원리에 기초하며, 자유, 경제 정의 그리고 연대는 중심에 속한다. 공공신학은 사회 계층들에서 사물화된 부문들을 분석하고, 비인격적 지배 세력을 비판하고, 국가로 하여금 평등한 민주주의, 경제 정의 그리고 사회적 약자들(인종, 계급, 성)에 대한 인정을 촉구한다. 예수는 이 세계의 가난한 자들의 동료로서 극빈의 상태에서 돌아가셨다. 교회는 결핍되고 빈곤한 자와 연대한 예수의 실례를 뒤따라야 하며, 하나님의 나라는 예수의 가난함에 들어왔다.[8] 세리와 죄인들과 나눈 예수의 식탁 교제에서 바르트는 예수 그리스도를 "가난한 자들의 편을 드는 분"으

---

7 CD III/4: 545.
8 Barth, "Poverty," *Barth, Against the Stream*, 244-246.

로 주장하고, 세상으로부터 밀려 나가고 상실당한 대중들과 연대를
했다.9

교육과 파레시아 윤리

바르트는 파레시아(parrhesia –담대하게 진리를 말하기)를 자신의 특수
윤리에 통전하고 비인간성과 동료 인간에 대한 착취에 도전한다.
복음의 정치적 차원은 이데올로기적으로 왜곡된 불의와 억압에 저
항하며, 기독교의 담론은 하나님의 진리를 드러내는 데 파레시아의
계기를 포함한다.10 기독교교육은 파레시아에 기초한다. 하나님 말
씀의 신실하심과 진리 그리고 약속과 계명은 공론장에서 밀려 나간
자들과 더불어 파레시아의 연대와 실천을 통해 행해져야 한다.
이러한 파레시아는 특히 미셸 푸코에서 매우 중요하게 다루어진
다. 지식과 권력의 관계에서 담론은 사회 계층을 합리화하고, 여기서
밀려 나간 자들에 대한 배려는 자본주의 체제에서 찾아보기가 어렵
다. 푸코는 합리화와 전문화 과정에 드러나는 사회적 담론 지배와
신체정치권력의 강화를 분석하면서 섹슈얼리티와 젠더 부문에서
밀려 나간 하위 계급에 대한 파레시아 윤리를 강조했다. 바르트에게
서 파레시아는 기독교교육의 차원에서 화해의 복음을 증언하고 교
회의 사회적 책임을 위해 고려된다.

---

9 CD 4/3.2: 587, 620.
10 CD 2/1: 231-232; CD IV/2: 442.

화해의 합리성과 주인 없는 폭력 비판

　바르트는 사후 유고로 남긴 화해론의 윤리—이것은 교회 교의학의 14권으로 불려질 수가 있다—에서 이전 자신의 자펜빌 시절의 종교사회주의적 입장을 윤리화 한다. 바르트의 전체 신학은 초기 종교사회주의 활동과 이후 교회 교의학의 화해론에서 나타나는 해방과 사회 비판의 차원을 간과할 수가 없다. 제1차 세계대전은 바르트 신학의 전환점이 된다. 독일의 스승들이 전쟁을 지지하고 사회민주주의 정당은 여기에 가담한다. 바르트는 자펜빌의 목회에서 여전히 1918년 스위스의 일반 파업과 정치 사회적 위기 상황에 관여하고 있었다. 바르트는 하나님의 의로운 혁명이 보다 많은 사회 정의와 민주주의를 지적한다고 주장한다. 바르트는 레닌의『국가와 혁명』에 몰두했고, 여기서 드러나는 전위당과 프롤레타리아 계급 독재에 거리를 취하고, 당대 사회민주주의를 넘어서는 독립 사회주의당에 가입했다.『로마서 주석』1판에서 하나님의 혁명을 고려하면서 바르트는 "레닌주의 이상으로!" 가라고 주장한다.[11] 이것은 사회주의 리바이어던과는 달리 국가의 시민 사회화의 방향을 지적한다.

　'레닌주의 이상으로!'라는 입장은 이후 사상의 변화를 거치면서 바르트는 루소의 사회 이론을 국가와 시민 사회의 중요성을 위해 재해석한다. 레닌과 루소 사이에서 바르트는 마르크스의 사적 유물론을 거절하지 않고 신학적으로 검토한다. 바르트는 사적 유물론을 과학적 방법으로 간주하지만, 역사적 법칙이나 세계관으로 받아들

---

11 정승훈,『바르트와 동시대성의 신학』, 163.

이지 않는다. 사적 유물론은 노동자 계급의 경제적 영역을 파악하며, 또한 계급 해방을 위해 정치, 사회, 문화의 영역들에서 드러나는 우발적인 것들—상부구조의 형식들은 영원한 것이 아니다—을 탐구한다. 마르크스가 최고선으로 고취시킨 사회주의 희망 내지 종말론은 더 이상 착취가 없는 사회주의 국가를 건설하는 것이다.[12]

바르트에 의하면 교회는 지배 계급의 편에 섰고, 신앙은 마르크스주의로부터 "자본주의 유물"로 단죄되었다.[13] 물론 바르트는 마르크스 이론의 한계를 간과하지 않았고, 당대 현실 사회주의에서 빚어지는 독재, 불의 그리고 재난에 주목한다.

자본주의 사회에서 소외에 대한 바르트의 분석에서 인간은 하나님에 대해 적의를 가지며, 동료 인간들에 대한 살해 그리고 인간성의 자기 파괴로 간다.[14] 소외된 인간은 자신의 정체성을 주인이 되려고 하는 욕망에서 찾는다. 이런 지배 욕구로 인해 인간은 인간성과 사회와 자연을 파괴하는 지배자들로 나타난다. 인간의 잘못된 자율성은 인간들 사이에서 적대로 나가며, 타인에 대한 억압과 착취를 통해 비인간성 소외의 현실을 드러낸다. 비인격적인 세력들의 현실은 인간의 잘못된 자율성과 함께 하나님에 대한 적의감을 드러내며, 약탈과 살해가 나타나고, 결국 지역과 세계에서 전쟁으로 치닫는다.[15]

자본주의는 다른 나라들에서 시장을 추구하며, 해외 정책과 군비 산업을 발전시킨다. "[이러한 일은] 인간이 아니라 이자를 산출하는

---

12 CD III/2: 387-388.

13 Ibid., 389.

14 CD IV/1: 397-403; IV/2: 409-410.

15 CD IV/2: 436-437.

자본이 목적의 대상이 될 때 발생한다. 자본의 유지와 증대는 정치질서의 의미와 목적이 되며, 메커니즘은 여기서 이미 설정되며 언제가 사람들을 전쟁으로 내몰고 만다."16

바르트에게 인간의 합리성은 그리스도 안에서 드러난 하나님 화해의 합리성에 상응한다. 예수 그리스도 투쟁의 역사는 교회로 하여금 비인격적인 세력들의 메커니즘, 즉 폭력, 죽음을 생산하는 문화 그리고 불의에 저항하게 한다. 자본이 지배하는 곳에서 인간은 사물이 되어 버린다. 관료제는 자본의 지배처럼 비합리적이다. 인간의 삶에서 드러나는 소외와 물화는 인간 존재와 사회를 포괄적으로 관료 지배에 구속해버리고, 인간관계는 추상적이며 익명의 관계가 된다.17

이러한 관료주의화에서 인간의 삶은 사물로 오용되고, 음식, 상품, 생계 보조, 문명과 문화적 예술 등에서 인간의 존재와 삶은 예속된다. 이러한 것들은 사회적 기제와 장치들이며 여기에 인간은 순응해야 한다.18 이러한 사물들의 질서는 인간의 삶에 통합되고 지배하면서 사물화의 과정이 폭넓게 나타난다. 자유 노동 계약의 법적 형식을 분석할 때 바르트는 여전히 착취가 경제적 형식에서 나타나며, 고용주와 고용 인간의 공정한 관계가 존재하지 않는다고 본다. 고용주는 고용인에 대해 자신의 이해와 이익을 명령하면서 비교할 수 없는 우위를 가진다.19

그러나 마르크스와는 달리 바르트는 계급투쟁 개념을 일차적으

---

16 CD III/4: 459.
17 CD IV/2: 680-681.
18 CD IV/3.2: 667.
19 CD III/4: 542.

로 고용주로부터 자신의 이익을 설정하면서 행한다고 본다. 이것은 위로부터 계급투쟁이다. 노동 계급의 반응은 밑으로부터, 즉 카운터 투쟁으로부터 온다. 위로부터 계급투쟁의 현실은 이윤 경제에 의해 표현되고 정당화된다. (1) 생산 수단의 권리와 사적 소유, (2) 고용주는 특별한 기술을 가진 최고의 노동자이다. (3) 인간들 사이에서 경쟁과 투쟁 없이는 경제, 기술 진보는 없다, (4) 마르크스가 예견한 자본주의 붕괴 이론은 오류로 판명되었다.[20]

이러한 사회의 지배 담론에도 불구하고 바르트는 고용주는 부르주와 계급 이기주의에 근거하며, 고용인과 관계에서 드러나는 소외와 물화 그리고 관료 행정을 이해하지 못한다고 말한다. 이러한 비인간성을 개혁하기 위해 사적인 수익 경제는 노동 과정의 협력 조직을 향해 이행이 필요하다.[21]

소비에트나 동구의 국가사회주의에서 계급투쟁은 공개된 자본주의 계급투쟁과는 달리 은닉된다. 착취는 끝나지도 않았고, 여전히 대립적 이해를 가진 계급들이 존재한다. "비록 마르크스주의 프로그램이 더 이상 착취자와 착취된 자가 없다고 주장한다 해도… 그것은 의심스럽다. 더 이상 생산 수단의 사적 소유나 자유기업이 없는지 아니면 노동 과정의 방향이 국가의 수중에 넘어갔는지 하는 문제는 해결되지 않았다."[22]

국가사회주의에서 당과 정책 그리고 프로파간다는 중심 기능을 가지며 이러한 권력은 국가사회주의의 주인 없는 폭력이 되며, 국가

---

20 CD III/4: 542-543.
21 CD III/4: 543.
22 CD III/4: 544.

는 민주주의와 사회 정의가 없는 소수의 지배와 특권 계급의 이해를 위해 독재와 동일시된다. 계급 이기주의가 노동 운동에 침투할 때. 그것은 공허하고 무절제한 욕망을 추구하면서 동료 인간성을 상실한다. 인간의 노동은 "자본주의든지 사회주의적인 치장이든지 간에 필연적으로 경쟁보다는 열린 계급 전쟁의 착취의 싸인 아래 서 있게 된다."23

자본주의와 국가사회주의를 비판하는 입장은 바르트의 사후 유고에서 주인 없는 비인격적 세력과 폭력을 분석하면서 이어진다. "주인 없이 편만하는 세력들"(괴테)은 화해의 복음에 반란을 일으키며, 일정한 자율성과 독립성 그리고 인간을 지배하는 우위성을 갖는다.24 이러한 비인격적 세력들은 정치 절대주의, 경제, 학문, 기술, 예술, 그리고 생태학을 파괴하는 힘에서 볼 수 있다.

바르트에 의하면 토마스 홉즈의 절대 주권과 리비이어던은 만인 대 만인의 투쟁에 대한 공포에 기초가 되며, 사람들은 모든 정치적, 사회적, 경제적, 지성적 그리고 윤리적, 종교적 자유를 리비이어던 국가에 양도한다. 이러한 절대 주권의 악마적 비전은 파시즘의 통제 국가, 히틀러의 민족 사회주의, 스탈린주의에서 여실히 드러난다.25

정치의 악마화를 비판적으로 고려하면서 바르트는 경제 맘몬주의를 소유, 빈곤 그리고 자산을 통해 분석한다. 이 세상의 정신은 맘몬의 정신을 의미하며 경제적 가치와 모든 인간의 가치들을 지배한다.26 사람들은 이러한 이념들을 시스템으로 만들며, 이데올로기

---

23 CD III/4: 545.
24 Barth, *Christian Life*, 215-216.
25 Ibid., 220-221.

는 인간의 삶과 영향을 미치고 심지어 매력적으로 작용한다. 여타의 '주의'를 표방하는 이데올로기는 괴물의 거품처럼 타인들을 자신의 이데올로기의 관점에서 평가하고, 판단한다. 또한 인간은 과학 기술의 지배를 통해 지구를 인간의 역사적 실존의 도구로 변형한다.

인간은 기술지배를 통해 생태학적인 삶의 희생을 감수하고, 교통수단이나 사고들에서 희생자들이 속출한다. 인간의 삶은 주인 없는 세력들이 만들어 내는 죽음의 실제에 잡혀 있고 또한 문화적 발전과 문명에서 인간의 진보와 퇴보 또는 정체의 실제 동인이 된다. 이러한 세력들은 인간의 삶을 자신들의 역동성과 메커니즘의 법에 예속시킨다.[27]

2. 화해론과 해방의 교육 — 바르트와 파울로 프레이리

바르트의 화해 신학은 공론장에서 그리스도의 예언자적 투쟁에 참여하게 하고, 자본주의 사회 안에 내재해 있는 관료제와 경제적 부정의를 날카롭게 비판한다. 바르트의 화해 신학은 인간화와 사회정의 그리고 연대를 지향하며 프레이리의 해방의 교육과 만날 수 있는 지점을 제공한다.

프레이리의 의식화 교육론

프레이리의 해방 교육은 브라질에서 빈곤의 상황과 경험에 근거

---

26 Ibid., 224.
27 Ibid., 233.

하고 의식화 교육으로 알려져 있다. 이것은 기존 체제의 불의와 억압에 대한 비판적 의식을 형성하며 자유의 문제를 숙고한다. 그의 말을 들어보자: "비판적 의식의 각성은 사회의 불만족 상태를 표현하는데, 이러한 불만족은 억압적인 상황의 실제적인 구성 요소가 된다."[28]

철학적으로 프레이리는 자유와 투쟁의 문제를 헤겔의 주인과 노예의 인정 투쟁에서 빌려온다. 자유를 얻기 위해 생을 건 투쟁이 요구된다. 시민 사회에서 공민으로서의 지위와 인격으로 인정받기 위해선 독립적인 자기의식을 갖추어야만 한다. 헤겔의 인정 개념과 자유는 주인과 노예를 둘러싼 투쟁에서 매우 중요한데, 프레이리는 헤겔의 자유와 인정의 차원을 자신의 의식화 교육에 통합한다.[29]

주인과 노예의 인정 모델은 프레이리의 교육 현장에서 노동자, 농민 그리고 중산층에 속한 피교육자들의 반응을 포함한다. 프레이리의 교육학에서 인간화의 문제는 가치론적인 측면에서 인류의 중심 문제에 속하며, 이것은 비인간적인 상황을 인식하게 한다. 이것은 단순히 존재론적인 가능성이 아니라 역사적인 실제에 속하며, 사회 정치적인 문제가 된다. 구체적이며 객관적인 상황 안에서 인간화와 비인간화의 문제는 인간에게 미완의 존재로 스스로 인식하게 하고, 이러한 미완성의 상태에 대해 반성하게 한다.[30]

프레이리의 해방의 교육학은 억압자와 피억압자의 모델에 기초하며, 양측을 인간화의 과정을 통해 해방시키려고 한다. 억압자들은 자신들의 권력을 통해 스스로를 해방시킬 수가 없다. 피억압된 자들

---

28 Freirre, *Pedagogy of the Oppressed*, 36.
29 Ibid.
30 Ibid., 43.

의 연약함에서부터 출현하는 힘만이 억압자와 피억압자를 해방시킬 수가 있다. 억압된 자들의 힘은 프레이리의 해방의 교육에서 핵심 자리를 차지하는데, 이것은 일체의 강자의 관대함을 허락하지 않는다. 억압자의 관용은 불의한 사회 구조 체제를 은닉하는 하나의 이데올로기적 수단에 불과할 수가 있다. "불의한 사회 질서는 이러한 관용의 영구적 원천이 되며 이것은 죽음과 좌절 그리고 빈곤에 의해 양육된다."[31]

이러한 측면을 프레이리는 헤겔의 변증법과 인정 투쟁을 통해 그의 교육학에 착상시킨다. 혁명의 문제를 다룰 때 프레이리는 억압적인 현실을 변혁하는 것으로 만족하지 않는다. 해방의 과정에서 피억압자들은 직간접적으로 구질서에 영향을 받는다. 이전의 피억압자들에게 있었던 자유에 대한 공포는 여전히 혁명 이후 이들로 하여금 억압자의 역할을 하게 한다. 진정한 자유를 쟁취하기 위해서 프레이리는 이러한 억압적 상황을 의식하고, 보다 온전한 인간성을 위한 실천으로 나갈 것을 말한다. 새로운 상황이 새롭게 창출되는 데서 자유는 가능해진다. 그러나 이러한 투쟁과 실천은 피억압자들에게 달려 있다.[32]

그러나 피억압자들은 체제 순응적이며 새로운 상황을 창출하기 위해 변혁적 실천으로 나가지 못한다. 프레이리의 피억압자들의 교육학은 의식화와 변혁적 실천을 통해 인간화를 위한 해방과 자유를 목표로 한다. 의식화 교육론은 해방을 위한 교육학이며, 피억압자들

---

31 Ibid., 44.
32 Ibid., 47.

로 하여금 억압적인 사회체제를 분석하고 변혁적 실천으로 나가게
한다. 그러나 해방은 고통스러운 과정이며 새로운 존재로 출현하는
것을 말한다. 억압자와 피억압자의 대립이 모든 사람의 인간화를
통해 대처되어야 한다. 이러한 사명은 피억압자에게 있고, 여기서
연대는 급진적 태도로서 피억압자들과 더불어 같이한다. 여기서 프
레이리는 헤겔의 논리를 추종한다. 피억압자와의 진정한 연대는 피
억업자의 편에서 억압의 구조를 변혁하기 위해 투쟁하는 것이다.[33]

    그러나 프레이리는 헤겔이 고려하는 노동의 의미를 충분히 다루
지 않는다. 노동을 향유하는 주인의식은 헤겔에 의하면 노동하는
노예에 의존한다. 인정을 향한 주인과 노예의 투쟁에서 상호 주관적
인 인정과 저항의 담론 그리고 자본주의 분석은 프레이리에게 별다
른 의미가 없다. 상황 변혁을 위한 생사를 건 투쟁이 그의 의식화
교육론의 중심으로 들어온다. 물론 노예의 투쟁은 주인을 포함한
인간화의 해방으로 가는 길을 열어 놓는다. 인정 투쟁은 노예를 통한
화해의 정신에서 새로운 단계로 설정된다. 여기서 정치와 경제 그리
고 문화의 영역에서 저항 담론은 헤겔에게서 여전히 중요하다.

비판적 개입과 대화의 원리

    억압자와 피억압자의 온전한 인간성을 향한 해방은 어떻게 가능
한가? 프레이리는 게오르그 루카치의 철학에 의존한다. 혁명적 지
식인들은 대중들에게 이들의 행동을 설명해야 하고, 객관적 사실들

---

33 Ibid., 49.

과 억압적 상황을 분석해야 한다. 지식인들의 개입은 대중의 의식을 변혁적 실천으로 나가게 돕는다.34 루카치에 의해 해석된 헤겔주의적 마르크스 이론은 레닌의 당 지도 이론에 접근하며, 프레이리의 해방의 교육학에서 대중 또는 피억압자들은 혁명적 지식인들의 산물이 된다. 인식론적 반성은 대중들에게 객관적 구조를 설명해 주는 데 도입되며, 이러한 교육적 간섭이 대중들의 지속적인 실천의 경험을 가동화한다.

물론 루카치와는 달리 프레이리는 피억압자와 대화의 중요성을 강조한다. 혁명적인 당이 대중들에게 행동 지침을 설명하는 것과 더불어 대중들의 의식에 비판적 간섭을 한다. 이것은 지식인의 실천이며 동시에 교육자의 실천이기도 하다. 프레이리에 의하면 "피억압자의 교육학은 이들 자신의 해방 투쟁에 관여하는 사람들의 교육학이며"35 이것은 루카치의 모델에 친화력을 갖는다.

지식인들은 대중의 의식에 비판적으로 개입에서 무소부지의 권위를 갖는가? 그렇지 않다. 프레이리는 포이에르바하의 세 번째 테제에서 마르크스의 유명한 명제를 인용한다: "유물론적 교리에 의하면 인간은 상황과 교육의 산물이며, 변화된 인간은 다른 상황과 변화된 교육의 산물이다. 그러나 이것은 다음의 사실을 망각했다. 상황은 인간에 의해 변화되며, 본질적인 것은 교육자 자신도 교육되어야 한다."36

이것은 교육자 자신까지 포함하는 마르크스의 실천 철학을 의미하며, 대중을 일방적으로 의식화시키는 레닌주의적 전위 부대의 입

---

34 Ibid., 53.
35 Ibid.
36 Ibid., footnote, 9.

장과는 다르다. 어쨌든 프레이리의 교육학은 일차적으로 피억압자로 하여금 억압의 세계를 폭로하고 변혁의 실천으로 나가게 한다. 그것은 변화된 억압의 현실에서 더 이상 피억압자의 교육학이 아니라 영구 혁명의 과정을 통해 모든 사람의 교육학이 된다.[37]

물론 프레이리는 관료제의 지배를 언급하지만, 이러한 지배로부터 자유로운 교육학에 대해선 침묵한다. 여기서 바르트의 관료제 비판은 해방의 교육학에 비판적인 보충을 해 줄 수가 있다. 프레이리에게 행동과 반성은 세계의 변혁적 실천에 기초하며, 이런 실천을 위해 이론은 세계를 해명한다. 인간의 활동은 이론과 실천의 통합을 의미한다. 그는 레닌의 테제를 인용한다: "혁명적 이론 없이 혁명적 운동이 없다."[38]

레닌의 테제를 통해 프레이리는 혁명이란 실천, 즉 반성과 행위를 통해 세계 구조의 변혁으로 나간다고 해석한다. 세계의 억압 구조를 변혁하기 위한 혁명적 노력은 지도자들을 단순히 이론가들이나 활동가로 파악하지 않는다. 변혁적 실천을 위한 이론은 해방의 투쟁에서 요구된다.[39] 지도자들의 행동과 반성은 피억압자들의 행동과 반성과는 무관하게 대변될 수가 없다. 이것은 레닌의 선도 투쟁과 당 역활의 중요성과는 다르지만, 여전히 프레이리는 혁명적 지식인의 역할에 기대를 건다. 교육자 자신도 당 간부들도 교육되어야 한다는 마르크스의 민주적 원리는 그의 대화의 원리에서 어떻게 반성되고 있는가?

---

37 Ibid., 54.
38 Ibid., 125, footnote, 1.
39 Ibid., 126.

현상학적 접근: 대화와 해방의 교육

프레이리의 해방 교육론은 헤겔-루카치 방향에서 움직이지만, 여전히 그는 사르트르의 실존주의에 경도된다. 해방 투쟁을 위한 피억압자의 확신은 대화에 있으며 이러한 대화적 관계와 실천을 통해 의식화의 귀결로 변혁을 위한 실천이 주어진다.[40] 프레이리에 의하면 혁명적 지도와 대중들과의 대화는 모든 진정한 혁명의 필요조건이 된다. 이것은 혁명을 군사적인 쿠데타와 구분 짓는다. 사람들은 쿠데타에서 대화가 아니라 기만과 폭력을 직시한다. 진정한 혁명가는 대중과의 대화를 이끌어 가며, 이것은 대중의 의사 결정과 표현 그리고 효율적인 권력에 대한 참여를 존중한다.[41]

이것은 지도자와 대중의 상호 소통에 기초하며, 혁명이란 대중을 위해서도 그런가 하면 대중에 의해 지도자를 위해 행해지는 것이 아니다. 오히려 혁명은 흔들리지 않는 연대 안에서 지도자와 대중이 공동 실천을 통해 수행되며, 이러한 연대는 지도자들의 겸손한 태도를 통해 대중들을 만나는 데서 가능해진다. 이러한 만남은 사랑과 용기에 기초하며 대중을 수단으로 취급하는 태도를 피하게 한다. 이것이 해방을 위한 대화의 원리이다.[42]

프레이리가 해방의 과정에서 교육학적 차원을 직시하는 것은 바로 여기에 있다. 변혁의 실천에서 프로파간다나 조작은 지배 계급의 무기에 속하며 인간화의 도구가 될 수가 없다. 유일한 도구는 인간화

---

40 Ibid., 67.
41 Ibid., 128.
42 Ibid., 129.

교육이며, 여기서 혁명적 지도력은 억압된 자들과의 영구적인 대화와 연대의 관계를 갖는다. 인간화 교육학에서 혁명적 지도력(교육자)은 학생들을 조작해서는 안 된다. 혁명은 피교육자의 의식 자체를 표현해야 하기 때문이다.

여기서 교육의 방법은 의식의 의도성인데, 의식은 세계와 더불어 존재하며 의미의 세계를 의도한다. 이런 점에서 혁명적 지도력은 공동 의도성의 교육(co-intentional education)을 수행한다. 교육자와 학생은 현실적인 실제에서 공동의 반성과 행동을 통하여 지식을 얻는다. 이러한 교육과정은 지속적인 재창조를 의미하며, 교육은 사이비 참여가 아니라 변혁의 실천에 관여하게 된다.[43]

여기서 우리는 후설의 현상학적 차원을 발견한다. 앞서 프레이리는 헤겔의 현상학적 모델인 주인과 노예의 인정 투쟁을 화해와 인정보다는 생사를 건 투쟁으로 발전시켰다. 그리고 피억압자를 교육하는 데서 혁명적 지식인들의 외부에서 비판적 개입을 루카치를 추종하면서 설정했다. 그러나 프레이리에게 의식화 교육의 핵심은 교육자들의 비판적 개입보다는 대화를 통한 공동 의도성의 교육을 지향한다. 이 부분은 인간화 교육에서 매우 큰 의미가 있다. 마르크스에게 교육자 자신도 교육이 된다고 한다면, 후설의 현상학은 의식화 교육론에서 레닌주의적 경향을 수정해 줄 수가 있다. 교육자와 피교육자 사이에서 대화가 일어난다면, 교육자의 비판적 개입이 아니라 피교육자 의식의 변화와 각성이 변혁적 실천에서 교육학적인 의미를 갖는다.

---

43 Ibid., 69.

후설의 현상학은 주어진 기존의 것들에 대한 자연적 태도 내지 순응에 판단 중지할 것을 요구한다. 이러한 일차적 비판적인 태도를 통해 피교육자는 의미의 세계, 즉 역사, 사회, 전통 그리고 문화적인 영역으로 들어가며 여기서 새로운 의미를 얻어내기 위해 비판적인 반성을 한다. 의식(noesis)은 의미의 세계(noema)와 상관관계에 있으며, 의미는 단순히 주어지는 것이 아니라 비판적 반성과 의식의 자각을 통해 점점 더 그 윤곽이 뚜렷하게 조명된다. 기존 질서를 문제시하고 새로운 의미의 내용을 통해 기존 질서와 대결한다. 더 나아가 전통과 사회 안에 침전되어 온 편견과 불명료함 그리고 억압의 체제에 대한 책임적인 비판을 행사하며 해방을 지향한다.

주입식 교육과 소통의 교육

프레이리는 후설의 현상학을 언급하지만, 의식의 의도성과 의미 세계와의 상관관계에 머물고,[44] 생활세계와의 역동적인 관계를 소통과 내러티브 그리고 현실 구조에 대한 사회적 분석과 이해의 심화 과정을 통해 파악하지 않는다. 오히려 그는 교사와 학생 사이에 나타나는 주입식 교육을 내러티브한 성격에서 찾는다. 학생들은 선생의 스토리에 경청하며, 교사는 학생에게 낯선 객관적인 실제의 문제나 사회 구조를 질의한다.

일반적으로 교사의 과제는 그의 내러티브의 내용으로 학생을 채운다. 학생은 교사의 주입식의 내러티브를 그 구체적인 내용에 대한

---

44 Ibid., 83.

반성이 없이 기계적으로 반복하고 암기한다. 여기서 교육은 예금 위탁 행위처럼 주입과 기계적 수용으로 나타나며, 살아 있는 대화와 소통은 어려워진다. 이것을 프레이리는 은행식 교육으로 비판한다. 그러나 교육학의 차원에서 내러티브는 프레이리처럼 부정적인 것만은 아니다. 학생 자신들의 스토리, 피억압된 자들의 사회 전기는 여전히 이들의 정체성을 유지하며, 오히려 합리적인 소통 교육에서 밀려난 자들을 위한 중요한 교육학적 차원을 담을 수 있다. 그리고 성서적 내러티브(출애굽, 토라의 사회 정의, 그리스도의 십자가와 부활 등)는 기존의 현상 유지를 지지하는 기독교에 내재적 비판의 원류로 작용할 수가 있다. 이런 점에서 은행 주입식 교육에서 나타나는 일방적 소통은 지배 담론으로 표현하는 것이 더 정확하다. 담론의 지배 형식과 내러티브의 해방적 형식은 서로 구분될 필요가 있다.

어쨌든 프레이리에게 은행식 위탁 교육에서 학생의 창조성과 변혁 그리고 지식은 실천에서 유리되며 오용될 수 있다. 교육에 대한 은행식 개념에서 일방적 주입과 기계적 수용의 관계에서 억압의 이데올로기가 나타난다. 은행식 교육은 억압적인 사회 전반을 반영하며, 교육의 관계에서 교사는 주체가 되고 일방적 권위를 가지며, 학생들은 채워져야 할 대상이며 권위에 대한 순응으로 나타난다.[45] 이러한 예금 위탁식 교육에서 인간은 순응적이며 관리 통제 가능한 존재가 되어 버리며, 억압 체제를 유지하는 도구가 된다. 피억압자는 건강한 사회의 병리 현상으로 간주되고, 이들은 무능과 나태한 인간으로서 자신들의 멘탈리트를 체제에 순응하도록 강요되고 통합된다.[46]

---

45 Ibid., 73.

프레이리에 의하면 은행식 교육을 극복하는 것은 사회체제를 변혁하는 의식화 교육에 있으며, 피교육자를 주체로 세우는 것이다. 프레이리에게 연대는 진정한 소통을 요구한다. 그의 말을 들어보자. "소통을 통해서만 인간의 삶은 의미를 가질 수가 있다. 교사의 생각은 오직 학생들의 사고의 진정성에 의해서만 참됨이 입증된다. 교사는 일방적으로 학생을 위해 생각할 수가 없으며, 그의 사고를 학생들에게 강요할 수도 없다. 진정한 사고는 실제(reality)에 관련된 사고이며, 그것은 고립적인 상아탑에서 생겨나지 않는다. 그것은 오직 소통에서만 나타난다."[47]

인간주의적이며 혁명적인 교사는 처음부터 학생들을 비판적인 사고와 공동의 인간화를 향한 추구로 이끌어 낸다. 학생들의 창조적인 능력에 대한 깊은 신뢰를 통해 의식화 교육의 교사는 교육의 과정에서 학생들과의 파트너가 된다. 사회적 실제에 대한 경험과 분석을 요구한다. 그러나 은행식 교육에선 이러한 대화와 파트너십을 기대하기 어렵다.[48]

프레이리의 해방의 교육은 문제 제기의 교육이며, 예언자적이며 혁명적인 성격을 갖는다. 이것은 되어감과 변혁을 지향하며 인간의 역사적 성격에 상응한다. 인간이 자기를 초월하고 앞을 보고 전진하는 것은 과거와 전통의 중요성을 파기하지 않는다. 오히려 과거는 현재의 이해를 위한 수단이 되며, 미래를 구축하는 데 생생한 현재로 작용할 수가 있다.[49] 의식화의 교육론은 참가자의 관점을 대화의 과

---

46 Ibid., 74.
47 Ibid., 77.
48 Ibid., 75.

정에서 중요하게 통합하고 이들의 관점이 발언권을 갖도록 한다. 참가자들의 제출한 주제는 전문가와 더불어 대화와 소통 그리고 참가자들의 주제별 연구와 현장 조사를 거친다. 그것은 교육의 규칙으로 설정되고, 억압된 자들의 교육학으로 전개된다.[50]

프란츠 파농에게 미친 사르트르 철학은 여전히 프레이리에게 중요하다. 프레이리에게 교육은 자유의 실천이며, 지배 체제에 순응시키는 은행식 교육과는 질적으로 다르다. 자유의 실천으로서 교육학은 인간을 추상적이며 고립되거나 세상과 유리된 존재로 파악하지 않는다. 진정한 반성은 인간과 세계를 분리하는 것이 아니라 상관관계 안에서 파악한다. 이러한 상관관계에서 사르트르는 의식과 세계는 동시적으로 존재하며, 의식이 세계를 선행하거나 세계를 추종하지도 않는다고 말한다.[51]

프레이리는 프란츠 파농을 통해 후기 식민주의적인 통찰을 언급한다. 여기서 억압자와 피억압자의 관계(식민주의자와 피식민자)는 훨씬 복합적이다. 단순히 계급으로 환원되지 않는다. 여기에는 모방의 욕구가 존재하며, 때론 백인 식민주의자로부터 관대함과 인정이 존재한다. 무엇보다 더 근본적인 문제는 인종과 피부색의 문제가 된다. 이것은 브라질의 농민 상황과는 전혀 다르다. 식민 지배를 받는 흑인들은 주인인 백인의 삶을 모방하고 언어를 습득하려고 하며 이들의 삶을 추종하는 열망으로 채워진다. 이것은 모방의 현상학일 수가 있으며, 후기 식민지 사회에서 중요한 교육학적 의미가 있다.[52] 여기

49 Ibid., 84.
50 Ibid., 124.
51 Ibid., 81.

서 중요한 것은 인정 욕구이며, 인종 문제는 계급의 문제로 환원되지 않는다. 인종 문제는 파농과는 달리 프레이리나 해방신학에서 지난한 이슈로 남겨진다.

바르트로부터 보충

가난한 자와 연대하는 교육자는 이미 높은 수준의 교육을 받은 계급이나 계층에 속한다. 가난한 자들의 경험과 삶의 실천을 같이 하지 않고는 연대는 불가능해진다. 더욱이 피억압자의 교육학이 해방적 실천이 되려면 자본주의 사회의 구조 분석은 필수에 속한다. 여기서 바르트의 자본주의 사회에 대한 분석과 더불어 국가사회주의에 대한 비판은 매우 중요하다.

바르트의 화해론은 프레이리처럼 억압자와 피억압자의 모델에 기초하지 않는다. 그것은 예수 그리스도 안에 나타난 하나님 화해의 은총에 기초하며 칭의, 성화, 소명의 과정을 통해 인간은 예수 그리스도의 예언자적 사역에 참여하는 자로 불림을 받는다. 기독교교육은 하나님 앞에서 용서와 감사를 통해 인간의 새로운 존재로 거듭나고, 그리스도의 복음을 증거하는 소명으로 불려진다. 이런 점에서 화해 신학은 소명의 교육을 포함하며, 의식화 교육은 공동 인간성과 더불어 가난한 자들과 연대하시는 예수 그리스도에 기초한다.

프레이리에게 대화는 인간의 현상이며, 대화의 본질을 말씀으로 파악한다. 말씀 내지 언어의 구성 요소는 반성과 행동이 있다. 반성과 실천은 분리되지 않는다. 진정한 말을 함으로써 세계를 변혁시킨

---

52 Ibid., 63.

다.[53] 행동이 반성에 대립된다면 말씀은 행동주의로 환원되고, 이것은 행동 자체를 위한 행동이 되고 만다. 여기서 진정한 실천과 대화는 불가능해진다. 프레이리의 반성 철학은 사르트르의 영향에도 불구하고 상황주의나 행동주의로 경도되지 않는다.

프레이리의 언어에 대한 반성은 바르트의 교의학—하나님에 대한 신학적 반성—에서 결정적이다. 언어는 윤리적 실천과 유리되지 않고 또한 사회 구조 분석을 수행한다. 특히 바르트의 공동 인간성에 대한 신학적 반성은 관료제와 개인주의에 저항하는 교육학적 통찰을 담고 있다. 인간은 하나님의 계약의 파트너로서 타자를 위한 예수의 인간성이 관련된다. 인간성의 기본 형식은 상호 주관적이며 구체적인 만남에 있다. 이것은 상호 주관 간의 대화와 경청에서 이루어진다. 대화는 나와 너의 만남의 인간성을 의미하며, 그것은 곤경에 처한 동료 인간에 대한 도움에서 구현된다.[54]

상호 신뢰와 연대는 인간을 상호 주관적 차원에서 파악하며, 공허한 언어의 이데올로기적 성격을 비판한다. 바르트에게서 언어는 하이데거처럼 존재의 집이 아니라 언어의 가치 하락에서 인간을 구속하는 방이 되며, 언어가 아니라 인간은 공허한 말을 하고 듣는다.[55] 바르트의 공동 인간성 개념은 소외와 관료제에 대한 날카로운 비판을 담고 있다. 소외된 인간은 하나님에 대한 적대감을 가지며, 동료 인간을 살해하며 인간성의 자기 파괴로 나간다. 인간의 거절과 소외는 (1) 하나님과의 관계에서, (2) 동료 인간들과의 관계에서, (3) 피조된

---

53 Ibid, 87.
54 CD III/2: 259.
55 CD III/2: 260.

질서와의 관계에서, (4) 인간의 역사적 제한성에서 나타난다.[56]

앞서 본 것처럼 프레이리에게 해방의 교육은 파괴되어버린 인간에 대한 투쟁에서 시작된다. 프로파간다, 행정관리 그리고 조작 — 이 모든 것들은 지배의 무기이며 또한 비인격적 폭력들의 실제일 수가 있다. 여기에 저항하는 효율적인 수단은 인간화 교육이며, 혁명적인 지도력은 인간화의 투쟁에서 피억압자들과의 부단한 대화와 연대의 관계를 유지한다.

이러한 인간화 교육학은 바르트의 공동 인간성과 소외와 억압에 대한 비판에서 공명을 갖는다. 바르트의 분석에 따르면 비인격적인 세력들과 지배는 다양한 공론장의 영역들에서 인간의 존엄성과 영예와 권리를 적극적으로 또는 상징적으로 침해하며, 인간의 삶을 억압하고 착취한다. 이러한 지배 체제는 도둑질과 강도, 법적인 의미에서 살해, 최종적으로 전쟁으로 치닫는다. 이 모든 것은 하나님이 금지한 것을 위반한다.[57]

바르트의 관료제 비판은 동료 인간을 물화시키는 비인간성과 위선에서 나타나는데, 그의 관료제의 비판은 프레이리의 인간화 교육학에 비판적인 보충을 해 줄 수 있다. 바르트에게서 비인간성은 사회정치적 형식을 가지며, 법과 질서의 사회 제도를 필연적으로 설정하는 데서 나타난다.[58] 바르트는 관료제를 자본주의 체제에서 사물화의 형식으로 파악한다. 사실 프레이리 역시 루카치의 입장을 수용하지만, 총체성의 관점에서 사적 유물론과 사회 구성을 그의 의식화

---

56 CD IV/2: 409.
57 CD IV/2: 436.
58 CD IV/2: 439.

교육론에 충분히 통합시키지 못한다. 이것은 그가 남겨 놓은 과제일 수가 있다.

바르트에게서 관료제는 사물화의 형식이며, 비인간성과 위선의 모습으로 민주주의 국가에서 강압적이며 통제적인 기능으로 나타난다. 개인과 사회의 관계는 관료제로 묶인다.[59] 이러한 비인격적인 비인간성의 형식은 관료주의 지배를 통해 부단히 작동되며, 순수 학문이나 예술 또는 국가나 경제 또는 지적 그룹들의 공동의 관심 배후에서 작동된다. 관료제의 옷은 관료 기제의 정규적인 기능으로 입혀지고, 다양하고 정교한 적용과 기술을 통해 움직인다.[60] 바르트에게서 관료제는 비인간성과 위선의 형식이며, 기술적 합리성에 기초하며, 인간을 위해 봉사하는 구실로 국가의 관료 기제의 정규적 기능을 통해 인간의 사회적 삶을 지배하는 엄청난 권력을 갖는다.[61]

자본이 지배하는 곳에 인간은 사물로 전락한다. 예언자적 합리성은 화해의 복음에 기초하며, 이것은 공공교육에서 사물화된 인간을 진정한 의미에서 해방된 인간으로 살려낸다. 그러나 소외와 인간의 물화는 인간 존재와 사회를 총체적인 관료 지배로 나가게 한다. 여기서 인간관계는 추상적이며 익명적인 관계로 변질된다.[62] 관료화 과정에서 실제적인 인간은 보이지 않으며, 일반적인 고려와 프로그램의 단순성을 위해 취급될 뿐이다.

바르트 화해의 교육에서 관료제에 대한 분석과 비판은 시민 사회

---

59 Ibid.
60 Ibid.
61 CD IV/2: 440.
62 CD IV/2: 680-681.

와 국가 관료 체제 안에서 인간화와 해방을 지향한다. 관료제는 비인
간성을 초래하며 사무실에서 일하는 것은 인간이 아니라, 항상 비인
간적인 관료에 불과하다.[63] 관료주의는 인간을 장님으로 취급하고
만나는 장소가 된다.[64]

　바르트 화해의 합리성과 공동 인간성에 대한 통찰은 프레이리
해방의 교육과정과 절차에서 사회 구성과 계층 연구를 통해 주요
주제로 포함될 필요가 있다. 문제 제기의 교육 방식은 참가자들을
주제별에 따라 연구와 현장 조사를 하게 하며, 주제별 연구 서클을
형성할 수 있다. 그리고 이들의 주제별 연구는 전문 교육자와 더불어
공동으로 이루어질 수가 있고, 세계와 사회에 대한 비판적 해석에
도달할 수 있다. 주제별 분석과 탐구 그리고 전문 교육자와의 공동
연구와 대화와 소통의 과정을 통해 화해와 해방의 교육은 교육의
내용과 실천에 대한 프로그램을 해방의 문화 행위로 파악할 수가
있다.[65] 여기서 사회 정치 문화적 영역에서 드러나는 관료제의 분석,
더 나아가 신체정치학에서 드러나는 사회적 담론과 권력관계는 인
간화 교육의 중심에 들어올 수가 있다.

3. 공공교육론 — 화해와 해방

　공공교육론은 철학적 인식론과 사회과학적 틀에서 방법론을 고
려한다. 이것은 메타-교육적 의미론과 실천의 방향 그리고 도덕적

---

63 CD III/2: 252.

64 Ibid.

65 Freire, *Pedagogy of the Oppressed*, 117, footnote, 32.

태도를 특징짓는다. 프레이리의 해방의 교육학에서 루카치의 변증법적 모델은 중요하게 작동된다. 현상학적으로 프레이리는 사르트르의 실존주의 휴머니즘에 의존한다. 인간은 상황 가운데 엮이며, 시간의 주어짐과 장소적인 조건은 인간을 규정한다. 실존의 상황성을 반성하는 것은 비판적인 사고에 속하며, 이러한 상황적 사고는 변혁의 실천으로 움직인다. 비판적 사고는 상황 안에서 발견된다. 이런 점에서 프레이리의 의식화 교육론은 메타 교육적 차원, 즉 인간화와 해방이라는 목표를 갖는다. 물론 이것은 단순히 현장주의로 매몰되지 않는다.

현실 상황에 대한 비판적 개입은 상황에 대한 의식화의 귀결로부터 나오며, 의식화는 해방의 교육학에 토대가 된다. 교육은 이러한 비판적 사고를 분석하고 탐구한다. 이러한 탐구에서 교사와 학생은 공동으로 결합하며 교육과 주제별 연구는 문제 제기 교육 개념에서 구체화 된다. 이것은 이데올로기 비판적 성격을 가지며, 은행식 주입 교육 방법을 거절한다. 대화는 학생들의 세계에 대한 이해를 통해 구성되며 조직된다. 학생들은 관심을 주는 주제별 분야를 탐구하고 현장 조사와 전문가와의 소통을 통해 적극적으로 관여한다. 여기서 의식화의 발생론적 차원이 발견되고, 교육의 주제는 확장되고 새롭게 갱신된다.[66]

프레이리의 실존주의적 휴머니즘은 대화론적 교육과정과 참가자들의 주제별 탐구와 참여를 이끌어 내지만, 생활세계의 지평과 지배적인 사회체제에 대한 사회과학적 분석을 결여하는 경향이 있

---

66 Ibid., 109-110.

다. 이런 점에서 프레이리는 루카치에게 미친 막스 베버의 합리화 과정과 관료제 분석을 간과한다. 사회적 관계의 총체로서 인간은 사회체제와 사물화 현상에 대한 비판적 이해가 없을 경우 실존주의적 실천 교육학은 사회 분석을 통한 교육학적 접근보다는 지나친 의식 중심 내지 주관주의적 현장 실천으로 환원될 수가 있다. 사회는 인간의 의식보다 더 크며, 현장은 사회 구성과 역사의 영향에 의해 조건된다. 공공교육론은 사회 구성, 즉 다양한 공론장에 대한 사회과학적 분석과 더불어 화해 교육을 통해 해방된 인간의 실천을 제자직의 책임성에서 발전시킨다.

루카치는 개인의 우위에 있는 사회의 총체성을 파악하는 것을 사적 유물론의 핵심으로 보았고, 이것이 사회과학적 방법에 있음을 밝힌다. 민중 담론은 사회 구성과 역사 변증법의 역동성에서 총체적으로 파악되어야 한다. 루카치는 프레이리에게 담겨 있는 사르트르적인 상황 내지 현장주의를 교정해 줄 수가 있다. 더 나아가 상부구조들의 다양한 계기들이 유효한 역사의 관점에서, 다시 말해 지배 그룹이 하위 계급을 역사의 과정에서 어떻게 지배하고 탈각시키고 실종시켰는지가 분석되어야 한다. 섹슈얼리티, 인종, 젠더 문제는 공공교육론에서 피해 갈 수 없는 사안이 된다.

이런 점에서 마르크스의 사적 유물론은 자본주의 사회의 총체적인 문화 현상을 분석하는 데 여전히 유효하며, 베버의 합리화 과정은 어떻게 상부구조에서 전문화와 다원화 그리고 관료적이며, 더 나아가 사법적인 지배가 사회 구성과 민중의 의식을 지배하며 드러나는지 파악하게 해 준다. 사물화 현상—달리 말해 국가와 경제체제를 통한 생활세계와 시민 사회의 식민지화—은 베버의 합리화 과정에 대한 사회학적 분석이 없이는 자본주의 사회의 총체적 측면, 즉 국가와 사법적 지배 시스템 그리고 관료의 행정 지배를 파악하기가 어렵다. 민중 담론은 이러한 측면에서 분석되고 이들의 생활세계가 유효한 역사 안에서 어떻게 방어될 수 있고 공론장에서 정당한 자리를 가질 수 있는지 고려해야 한다.

세계를 변화시키는 것은 기술 합리성이며, 근대 자연과학의 발전과 더불어 계산 가능한 산출을 근거로 전문화가 된다. 국가 행정 지배는 기능 수행의 전문화와 더불어 관료 지배를 강화하며, 경제적 분업과 합리화 경영 조직에 결정적인 영향을 미친다. 노동의 소외와 국가의 신체정치학은 국가 권력, 사법적 지배와 관료적 행정 지배, 더 나아가 근대 자연과학의 기술 발전을 분석하지 않고서 진의를 파악하기가 어렵다.[67] 이런 점에서 유효한 역사와 사회 구성에 주목하는 총체성의 방법은 비판이론으로서 공공교육에 정당성을 갖는다.

역사를 변혁하고 사회의 패러다임을 지배하는 것은 민중이 아니라 자연과학의 발전이며 기술지배 합리성이 아닌가? 팬데믹 시대에 신체정치학은 시민 사회 안에서 하위 계급의 신체를 여전히 컨트롤하며 국가 기제 안에 도구화시켜 나가지 않는가? 사회 구성과 다양한 공론장들은 위계질서화되고, 이러한 사회 계층화는 복합적이며 전문화가 된다. 여기서 화해, 인정 그리고 해방을 향한 민중 담론은 어떻게 공공교육론에 통섭 되는가? 공공교육은 도덕을 함양하는 주체로서 피교육자에게 주목하지만, 더 나아가 전문 교육을 통해 사회의 관료로서의 역할을 무시하지 않는다. 관료제의 문제점에도 불구

---

67 루가치, 『역사와 계급의식』, 168-172.

하고 자본주의 사회 안에서 국가 정책과 행정에서 전문가들의 민주주의적 역할과 책임 윤리의 성숙성은 중요하다. 이것은 공공지성인의 역할에 속하며, 공공선, 타자의 인정 그리고 연대는 공공지성인들의 교육에 필수적이다.

물론 프레이리의 의식화 교육과 모델에서 학제적 소통의 교육팀을 구성할 수가 있다. 사회과학자나 심리학자 그리고 경제학자나 문화인류학자 등이 문제 제기 교육과정에서 주제별 내용을 다루고 참가자들의 자체 연구와 현장 조사를 조직할 수가 있다. 이후 학생들의 연구 결과를 각자의 전문가와 더불어 논의하면서 사회체제와 각 공공의 영역들에 대한 이해를 넓힐 수가 있고 인간화와 해방을 위해 실천을 해나갈 수가 있다.[68] 학제적 소통이 없는 현장주의는 사회적 물화의 현상과 쇠우리 창살에 함몰되고 만다. 현장 분석과 실천이 없는 학제적 소통은 담론과 권력관계를 넘어서서 화해, 인정 그리고 해방으로 나갈 수가 없다. 현장 실천은 달리 말하면 소통의 합리성과 화해 그리고 자본주의적 문화 습속에서 벗어나는 부단한 메타노이아가 없이는 불가능하다.

이런 측면에서 공공교육론에서 주제별 탐구가 조직되고 규칙(codification)이 제정되면, 이러한 규칙을 위해 드라마 극이 도입될 수가 있다. 소통과 주제의 대변이 원활하도록 이에 필요한 교육 기제(비주얼 스크린, 사진, 인터뷰 기록, 신문 기사, 잡지의 논문 등)가 효율적으로 사용될 수가 있다. 초점은 이러한 전문 교육을 어떻게 하면 시민 사회와 관련시키며, 합리적 소통과 심의 민주주의를 통해 국가 정책에

---

68 Freire, *Pedagogy of the Oppressed*, 119.

영향을 미치는 것이다. 이것이 책임 윤리적으로 인간화 교육을 특징 짓는다. 공공교육에서 중요한 것은 시민 사회와 더불어 책임과 성숙한 민주주의 의식과 경제적 정의 그리고 타자의 인정을 함양하는 데 있다. 여기에는 바르트의 화해의 합리성과 프레이리의 의식화 합리성이 서로 공유할 수 있다.

프레이리의 혁명적 행동 이론은 지도자와 국민의 상호 주관성과 상호 존경의 소통 그리고 민주적인 대화에 기초한다. 물론 이것은 하버마스의 소통이론과 만날 수가 있다. 그러나 프레이리는 그람시나 하버마스처럼 정치 사회와 경제 사회 그리고 시민 사회를 구분하지 않고 실존주의적 휴머니즘에 기초한 피억압자들의 교육학을 전개한다.

프레이리에게 그람시나 하버마스는 도움이 될 수 있다. 그람시는 정치 사회와 시민 사회를 구분하면서 정치 지도자들의 헤게모니와 문화적인 리더십에 주목했다. 국민은 이러한 카리스마적 지배에 쉽게 동화되고 정치적 승인을 하게 된다. 설령 혁명적 지식인 내지 교육자와 피억압자들의 상호 소통적 관계가 유지한다고 해도 이러한 연대는 언제든지 정치 사회의 전략과 관료제의 지배를 통해 무너질 수가 있다.

물론 프레이리는 문화적 행동을 지배와 해방의 변증법에서 파악하기도 한다. 사회 구조는 과정에 있고 지속이 되는데, 변증법적인 문화 행동은 사회 구조의 적대적 대립을 극복하려고 하며, 인간 해방을 성취하려고 한다. 대화의 문화적 행동은 체제 순응적인 교육 방식에 이데올로기 비판적 기능을 가지며, 피억압자의 가치와 이념을 통해 지배에서 해방을 지향한다. 억압자의 문화적 침투에 저항하면서 프레이리는 이러한 대화적 교육 행동을 문화적 종합(cultural syn-thesis)이라 부른다. 이런 점에서 프레이리는 모든 진정한 혁명을 문화혁명으로 부른다.[69] 주제별 탐구와 문화적 종합으로서의 행동은 분리되지 않는다.

현상학적 차원에서 탐구가 문화적 종합의 첫 번째 계기에 속한다면, 이것은 문화적 행동과 해방의 실천으로 이어진다. 억압자가 사회 구조의 총체성을 문화적 침투의 도구로 보고 지배 체제를 유지하는 데 관심한다면, 혁명적 지도자들은 이러한 총체성에 대한 지식을 문화적 종합을 위해 필수적인 것으로 파악한다. 문화적 종합은 단순히 대중들의 세계관에서 표현되는 열망에 구속되지 않는다. 여기서 프레이리는 여전히 대중의 경제적 요구와 자발성에 순응했던 러시아 사회민주당을 비판한 레닌을 추종한다.[70]

이 지점에서 필자는 프레이리에서 문화에 대한 매우 빈약한 반성을 보며, 현상학의 인식론을 통해 보충시킨다. 문화는 생활세계로 작용하며 이에 대한 두꺼운 서술(thick description)은 지배와 저항이라는 이항의 대립으로 파악하기에 매우 복합적이다. 문화의 본질로서 종교는 사회, 문화, 정치, 교육 등에 걸친 다양한 공론장에서 중요한 윤리적 태도를 제공한다. 하위 계급에 대한 연구는 후기 자본주의와 국가 그리고 시민 사회와 계층의 위계질서에 주목하면서 새롭게 발전시킬 수가 있다. 지배 담론에 저항하는 카운터 담론은 사회의 안전 망에서 밀려 나간 자들의 삶을 보호하고 연대한다. 계급과 신분은

---

69 Ibid., 180.
70 Ibid, 182, footnote, 54.

다양한 공론장들에서 복합적으로 엮어져 있고(이민, 다문화 가정, 타 인종), 억압자와 피억압자 이항의 모델을 통해 해결하기엔 문화적으로 다원화되어 있고, 세분되어 있다.

프레이리가 시도하는 교육학의 대화적 특징은 혁명을 문화혁명으로 만들어 가려고 한다. 그러나 과연 이러한 문화혁명이 혁명과 해방을 제도화하고 반혁명적인 관료제로 계층화되는 것을 방지할 수 있는지가 문제로 남는다.[71] 기존 사회주의 국가에서 해방의 교육을 통한 문화혁명이 관료제를 방지한 것이 아니라 당 독재나 개인 숭배로 막을 내린 것은 역사적 현실이다. 생활세계의 사회학은 두꺼운 기술 방식을 추구하며 문화혁명의 한계를 비판적으로 극복한다.

사회 구성에서 상징적인 상품을 둘러싼 계급/권력투쟁이 발생하며, 자본은 다양한 형식들을 통해 계층과 계급에 엮어진다(교육, 문화, 사회관계, 종교적 권위). 생활세계의 관계(의미, 문화, 종교)는 권력관계와 사회 구조의 그물망에 점차적으로 의존되며, 생활세계는 물화되거나 식민지화된다. 사실 공공 영역은 다문화의 콘텍스트 안에서 조건 지어진다. 지배와 상징적인 폭력 그리고 구조적인 부정의를 통해 사회 계층의 위계질서들이 각인된다. 여기서 포스트콜로니얼 현실은 다문화, 이민 문제, 종교 간의 충돌, 후기 자본주의 정당성, 사회의 위계질서, 언어, 인종차별 등으로 질서화된다. 공공 영역에서 이러한 사물의 질서를 파악하는 것은 사회학적으로 그리고 교육학적으로 중요하다.

---

71 Ibid., 137.

결론: 공공신학과 화해의 교육

공공신학과 화해의 교육을 위해 필자는 헤겔과 후설의 현상학적 방법을 사회학적인 측면에서 공공교육의 인식론과 방법론으로 채택한다. 공공교육론을 위해 헤겔의 주인과 노예의 인정 투쟁 모델은 생활세계의 지평과의 연관될 수 있다. 여기서 중요한 것은 후기 자본주의의 사물의 질서(물신 숭배와 상품화)를 담론과 권력관계의 틀에서 분석하고, 시민 사회의 공론장의 문제를 인정과 책임적 비판과 해방과 연대를 통해 공공교육의 주제로 설정하는 것이다. 십자가에서 하나님의 죽음에 대한 헤겔의 반성에서 우리는 죽음을 이기는 하나님의 사랑과 은혜를 보는데, 이것은 부정(죽음)을 부정하는 화해의 차원을 지적한다.[72] "부정의 부정"의 변증법적 계기에서 하나님의 화해는 헤겔의 주인과 노예의 인정 투쟁을 신학적인 측면에서 주님으로서 종이 되신 그리스도의 화해론에서 해석하게 한다. 그것은 주인과 노예의 공동 인간성의 빛에서 화해의 합리성을 기초로 한 인정과 자유와 해방의 교육론을 지적한다. 이러한 현상학적 틀에서 바르트의 화해론과 공동 인간성을 자리매김하고, 프레이리의 철학적 방법론을 생활세계의 사회학으로 수용한다. 여기서 공론장에서 드러나는 주인 없는 세력들의 비판과 관료 지배의 병리 현상은 공공교육의 주요 주제로 등장한다.

문화와 종교에 대한 현상학적 분석과 사회학적 논의를 통해 공공신학은 화해의 교육을 민주적이며 다원화된 사회에서 효율적으로

---

72 Moltmann, *The Crucified God*, 254.

추구해 나갈 수가 있다. 공공교육은 시민 사회와 생활세계를 방어하며 이데올로기적인 화해를 향해 책임적인 비판과 해방을 지향하는 공동 인간성을 목표로 한다. 이런 점에서 바르트와 프레이리는 화해와 인정을 향한 공공교육론에서 여전히 영감을 주는 중요한 멘토로 남아 있다.

참 고 문 헌

게오르그 루카치/박정호, 조만영. 『역사와 계급의식』. 거름, 1986.

금장태. 『다산 정약용』. 서울: 살림, 2007.

김형찬. 『공자』. 서울: 홍익, 1987.

박경환. 『맹자』. 서울: 홍익, 2008.

송영배. 『중국사회사상사』. 서울: 한길사, 1986.

정대성. "계몽의 극한으로서의 사회진화론의 철학적 의의." 「철학논집」 2019, vol. 58, 205-230.

정승훈. 『종교개혁과 칼빈의 영성』. 대한기독교서회, 2000.

_____. 『칼 바르트와 동시대성의 신학』. 서울: 대한기독교서회, 2006.

풍우란/박성규. 『중국철학사 (상)』. 서울: 까치, 1999.

허교진. 『칼 마르크스 프랑스 혁명사 3부작』. 서울: 소나무, 1987.

홍영남. "황교수 사태와 연구윤리" (2008. 04. 06.).
https://snu.ac.kr/snunow/ snu_story?md= v&bbsidx=79807

Alexander, Leo. "Medical Science under Dictatorship." *New England Journal of Medicine* 241 (1949): 39-47.

Althusser, Louis and Etienne Balibar. *Reading Capital*. trans. Ben Brewster. London: Verso, 1979.

Amin, Samir. *Capitalism in the Age of Globalization: The Management of Contemporary Society*. London & New York: Zed Books, 1998.

_____. *Eurocentrism: Modernity, Religion and Democracy*. trans. Russel Moore and James Membrez. New York: Monthly Review Press, 2009.

_____. "Modes of Production and Social Formations." *Ufahamu: A Journal of African Studies*, 4(3). 1974.

Arghiri, Emmanuel. *Unequal Exchange: A Study of the Imperialism of Trade*. trans. Brian Pearce. New York: Monthly Review, 1972.

Aristotle. *The Politics*. ed. and trans. Ernest Barker. New York: Oxford University Press, 1946.

_____. *A New Aristotle Reader*. ed. J.L. Ackrill. Princeton. New Jersey: Princeton University Press, 1987.

Arrighi, Giovani. *The Long Twentieth Century: Money, Power and the Origins of Our Times*. London: Verso, 1994.

Augustine. *City of God.* trans. Gerald G. Walsh. et al. Garden City, N.Y.: Doubleday, 1958.

Baran, Paul A. and Paul Sweezy. *Monopoly Capital: An Essay on the American Economic Social Order.* New York and London: Monthly Review, 1966.

Barber, Michael D. *Ethical Hermeneutics: Rationalism in Enrique Dussel's Philosophy of Liberation.* New York: Fordham University Press, 1998.

Barth, K. *Church Dogmatics.* eds. Geoffrey Bromiley and Thomas F. Torrance. Trans. G. T. Thomson. 5 vols. London and New York: T. & T. Clark, 2004.

_____. *Epistle to the Romans.* trans. Edwyn Hoskyns. London: Oxford University Press, 1933.

_____. *Protestant Theology in the Nineteenth Century.* New edition. Grand Rapids, Mich.: Wm. B. Eerdmans, 2001.

_____. "The Christian Community and the Civil Community (1946)." *Karl Barth: Theologian of Freedom.* ed. Clifford Green. Minneapolis: Fortress, 1991, 265-296.

Beauchamp Tom L. and James F. Childress. *Principles of Biomedical Ethics,* 3rd. New York, Oxford: Oxford University Press, 1989.

Beaud, Michael. *A History of Capitalism 1500-1980.* trans. Tom Dickman and Anny Lefevre. New York: Monthly Review, 1983.

Bedau, Hugo A. ed. *Civil Disobedience: Theory and Practice.* New York: Pegasus Books, 1967.

Bell, Daniel A. ed. *Confucian Political Ethics.* Princeton and Oxford: Princeton University Press, 2008.

Bellah, R. N. *Beyond Belief: Essays on Religion in a Post-Traditionalist World.* Berkeley: University of California Press, 1970.

_____. *Tokugawa Religion: The Cultural Roots of Modern Japan.* New York, N.Y.: The Free Press, 1985.

_____. *The Robert Bellah Reader.* eds. Robert N. Bellah and Steven M. Tipton. Durham and London: Duke University Press, 2006.

Bellah, R.N. and Hans Jonas. eds. *The Axial Age and its Consequences.* Cambridge, Mass. and London: The Belknap Press of Harvard University Press, 2012.

Benedict, Ruth. *Patterns of Culture.* New York: Houghton Mifflin, 2005.

Bendix, Reinhard. *Max Weber: An Intellectual Portrait.* Berkeley: University of

California Press, 1977.

Benjamin, Walter. *Illuminations*. trans. Harry Zohn. New York: Schocken Books, 2007.

Bhabha, Homi. "Of Mimicry and Man: The Ambivalence of Colonial Discourse." *Discipleship: A Special Issue on Psychoanalysis* (Spring, 1984). 125-133, https://www.marginalutility.org/wp-content/uploads/2010/12/01. -Bhabha.pdf

Bieler, A. *La Pensée Économique et Sociale de Calvin*. Paris: Editions Albin Michel, 1961.

_____. *The Social Humanism of Calvin*. trans. Paul T. Furman. Richmond, Va: Johm Knox Press, 1964.

Blurburn, Robin. *An Unfinished Revolution: Karl Marx and Abraham Lincoln*. Brooklyn: Verson, 2011.

Boff, Clodovis. *Theologie und Praxis: Die erkenntnistheoretische Grundlagen der Theologie der Befreiung*. Kaiser: Grunewald, 1986.

Boff, L and C. Boff, *Introducing Liberation* Theology. Maryknoll, N.Y.: Orbis, 1987.

Bonhoeffer, Dietrich. *Ethics*. trans. Neville H. Smith. New York, NY: Simon & Schuster, 1995.

_____. *Creation and Fall: A Theological Exposition of Genesis 1-3*. ed. John W. De Gruchy and trans. Douglas S. Bax. Minneapolis: Fortress, 1997.

Bourdieu, Pierre. *Masculine Domination*. trans. Richard Nice. Stanford, CA: Stanford University Press, 1998.

_____. "Genesis and Structure of the Religious Field." *Comparative Social Research 13* (1991). 1-44.

_____. *Distinction: A Social Critique of the Judgment of Taste*. Cambridge, MA: Harvard University Press, 1984.

Bourdieu, Pierre and Loïc Wacquant. *An Invitation to Reflexive Sociology*. Chicago: University of Chicago Press, 1992.

Brookfield, Stephan D. and Stephen Preskill, *Discussion as a Way of Teaching: Tools and Techniques for Democratic Classrooms*. San Francisco: Jossey-Bass, 2005.

Bryce A. Gayhart, *The Ethics of Ernst Troeltsch: a Commitment to Relevancy*. Lewiston: E. Mellen Press, 1990.

Butler, Judith. *Gender Trouble: Feminism and the Subversion of Identity*. New York: Routledge, 2007.

Calvin, J. *Institutes of the Christian Religion I*. Ed. John T. McNeil. Philadelphia: The Westminster Press, 1970.

_____. *Commentaries on I and II Timothy, Commentary on Corinthians, Commentaries on Ezekiel, II*, in *The Commentaries of John Calvin*, 46 vols. Grand Rapids, Mich. Baker Book, 1979.

Ceperiano, Arjohn M. et al. "Girl, Bi, Bakla, Tomboy: The Intersectionality of Sexuality, Gender and Class in Urban Poor Contexts." *Philippine Journal of Psychology*. 2016, 49(2).

Cole-Turner, Ronald. Ed. *Beyond Cloning: Religion and the Remaking of Humanity*. Harrisburg: Trinity Press International, 2001.

Colletti, Lucio. *From Rousseau to Lenin: Studies in Ideology and Society*. Trans. John Merrington and Judith White. New York: Monthly Review Press, 1972.

Collins, Patricia H. *Black Feminist Thought: Knowledge, Consciousness and the Politics of Empowerment*, 2nd ed. New York: Routledge, 2009.

Cone, James H. *The Cross and the Lynching Tree*. Maryknoll, New York: Orbis, 2011.

_____. *A Black Theology of Liberation*. Philadelphia and New York: J.B. Lippincott Company, 1970.

Darwin, Charles. *The Origin of Species by Means of Natural Selection* (1872), 6th. New York, N.Y.: Wallachia, 2015.

Dawkins, R. *River Out of Eden*. New York: HarperCollins, 1995.

Diamond, Irene and Lee Quinby. eds. *Feminism & Foucault: Reflections on Resistance*. Boston: Northwestern University Press, 1988.

Dilthey, W. *Selected Works, IV: Hermeneutics and the Study of History*. Princeton, New Jersey: Princeton University Press, 1996.

Dobb, Maurice. *Studies in the Development of Capitalism*. Rev. ed. New York: International, 1963.

Drescher, Hans-Georg. *Ernst Troeltsch: His Life and Work*. Minneapolis: Fortress, 1993.

Dreyfus, Hubert L. and Paul Rabinow. *Michel Foucault beyond Structuralism and Hermeneutics*, 2nd ed. Chicago: The University of Chicago Press, 1983.

Duchrow, Ulrich. *Alternative to Global Capitalism: Drawn from Biblical History, Designed for Political Action*. Gutersloh: international Books, 1998.

Duchrow, U. and Franz J. Hinkelammert. *Property for People, not for Profit: Alternatives to the Global Tyranny of Capital*. London: Zed, 2004.

Duggan, Lisa. *The Twilight of Equality? Neoliberalism, Cultural Politics and the Attack on Democracy*. Boston: Beacon, 2003.

Durkheim, E. *Montesquieu and Rousseau: Forerunners of Sociology*. Ann Arbor. MI: University of Michigan Press, 1960.

_____. E. *The Division of Labor in Society*. trans. W. D. Halls. New York: The Free Press, 1984.

_____. *Montesquieu and Rousseau*. Ann Arbor: University of Michigan Press, 1960.

_____. *On Morality and Society, Selected Writings*. ed. Robert N. Bellah. Chicago and London: The University of Chicago Press, 1973.

_____. *The Elementary Forms of Religious Life*. trans. Karen E. Fields. New York: The Free Press, 1995.

Dussel, E. *The Invention of the Americas, Eclipse of the Other and the Myth of Modernity*. trans. Michel D. Barber. New York: Continuum, 1995.

Eisenstadt, S. N. *Comparative Civilizations & Multiple Modernities II*. Leiden, Boston: Brill. 2003.

Engels, Friedrich. *Origin of the Family, Private Property, and the State*. Zurich: Hottingen, 1884.

Fanon, Frantz. *The Wretched of the Earth*. trans. Constance Farrington. New York: Grove Press, 1963.

_____. *Black Skin and White Masks*. trans. Charles Lam Markmann, London: Pluto Press, 1986.

Fei, Hsiao-tung. *China's Gentry*. Chicago: University of Chicago Press, 1953.

Ferrarello, Susi. *Husserl's Ethics and Practical Intentionality*. London and New York: Bloomsbury Academic, 2016.

Fletscher, Joseph. *The Ethics of Genetic Control: Ending Reproductive Roulette*. Garden City, N.Y.: Doubleday, 1974.

Foucault, M. *Discipline and Punish: The Birth of the Prison*. trans. Alan Sheridan. New York: Vintage/Random House, 1979.

_____. *The History of Sexuality: An Introduction* vol. I, II. trans. Robert Hurley.

New York: Vintage, 1990.

_____. *The Essential Foucault, Selections from Essential Works of Foucault,*
1954-1984. eds. by Paul Rabinow and Nikolas Rose. New York, London:
The New Press, 2003.

_____. *The Archeology of Knowledge and the Discourse on Language.* trans.
A.M. Sheridan Smith. New York: Pantheon, 1972.

Franck andre G. *Dependent Accumulation and Underdevelopment.* New York:
Monthly Review, 1979.

_____. *Capitalism and Underdevelopment in Latin America: Historical Studies
of Chile and Brazil,* rev. ed. New York: Monthly Review, 1968.

Franklin, Julian H. trans and ed. *Constitutionalism and Resistance in the Sixteenth
Century: Three Treatises by Hotman, Beza and Mornay.* New York:
Pegasus, 1969.

Friedman, Milton. *Capitalism and Freedom.* Chicago: University of Chicago
Press, 1962.

Friedman, Milton and Rose. *Free to Choose.* New Work: Houghton Mifflin
Harcourt, 1980.

Freirre, Paulo. *Pedagogy of the Oppressed.* trans. Myra Bergman Ramos. New
York and London: Continuum, 2005.

Fukuyama, Francis. *The End of History and the Last Man.* New York: Free, 1992.

Gadamer, Hans. G. *Truth and Method,* 2nd Rev. ed. Joel Weinscheimer and
Donald G. Marshall. New York: Continuum, 2004.

Gaonka, D.P. ed. *Alternative Modernities.* Durham, NC: Duke University Press,
2001.

Garcia, J. Neil C. *Philippine Gay Culture: Binabae to Bakla, Silahis to MSM.*
Diliman, Quezon City: The University of the Philippine Press, 1996.

Garner, Richard T. and Bernard Rosen. *Moral Philosophy: A Systematic
Introduction to Normative Ethics and Meta-Ethics.* New York:
Macmillan. 1967.

Geertz, Clifford. *The Interpretation of Cultures.* New York: Basic Books, 1973.

Gollwitzer, Helmut. *Krummes Holz —aufrechter Gang: Zur Frage nach dem Sinn
des Lebens.* Munich: Kaiser Verlag, 1985.

_____. *Auch das Denken darf dienen: Aufsätze zu Theologie und
Geistesgeschichte,* I. ed. F. W. Marquardt. Munich: Chr. Kaiser, 1988.

_____. "Why Black Theology." *Union Seminary Quarterly Review 31*, no. 1 (1975), 38-58.

_____. *Umkehr und Revolution: Aufsätze zu christlichen Glauben und Marxismus 1*. ed. Christian Keller. Munich: Chr. Kaiser, 1988.

_____. *...dass Gerechtigkeit und Friede sich küssen: Aufsätze zur politischen Ethik 1*. Ed. Andreas Pangritz. Munich: Chr. Kaiser, 1988.

_____. *An Introduction to Protestant Theology*. trans. David Cairns. Philadelphia: Westminster 1978.

Gorovitz, Samuel, et al. *Moral Problems in Medicine*. Englewood Cliffs, N.J.: Prentice-Hall, 1976.

Gould, Stephen J. *An Urchin in the Storm: Essays about Books and Ideas*. New York: Penguin Books, 1987.

_____. *The Mismeasure of Man*. New York: Norton, 1981.

Graham, Fred W. *The Constructive Revolutionary: John Calvin and His Socioeconomic Impact*. Lansing: Michigan State University Press, 1987.

Gramsci, A. *Selections from Prison Notebooks*. ed. and trans. Quentin Hoare and Geoffrey Notwell Smith. London: ElecBok, 1999.

_____. "The Revolution against 'Capital'(1917)." https://www.marxists.org/archive/gramsci/1917/12/revolution-against-capital.htm

Green, Clifford. ed. *Karl Barth: Theologian of Freedom*. Minneapolis: Fortress, 1991.

Guha, Ranajit and Gayatri Chakravorty Spivak. *Selected Subaltern Studies*. New York: Oxford University Press, 1988.

Gustafson, James M. *Ethics from a Theocentric Perspective I: Theology and Ethics*. Chicago: The University of Chicago Press, 1981.

_____. *Ethics from a Theocentric Perspective II: Ethics and Theology*. Chicago and London: The University of Chicago Press, 1984.

Guter, Bob and John R. Killacky. eds. *Queer Crips: Disabled Gay Men and Their Stories*. Harrington Park Press, 2004.

Gutierrez, G. *Las Casas: In Search of the Poor of Jesus Christ*. Orbis, 1993.

Habermas, Jürgen. *The Theory of Communicative Action I: Reason and the Realization of Society*. trans. Thomas McCarthy. Boston: Beacon, 1984.

_____. *The Theory of Communicative Action: Lifeworld and System: A Critique*

of Functional Reason II. trans. Thomas McCarthy. Boston: Beacon, 1987.

_____. Theory and Practice. trans. John Viertel. Boston: Beacon Press, 1973.

_____. Between Naturalism and Religion: Philosophical Essays. trans. Ciaran Cronin. Malden, MA: Polity Press, 2008.

_____. Legitimation Crisis. trans. Thomas McCarthy. Boston: Beacon, 1992.

_____. The Structural Transformation of the Public Sphere: An Inquiry into a Category of Bourgeois Society. Polity, Cambridge, 1989.

_____. Knowledge and Human Interests. Boston: Polity Press, 1987.

_____. "Der Universalitäsanspruch der Hermeneutik (1970)." in J. Habermas, Zur Logik der Sozialwissenschaften. Frankfurt am Main: Suhrkamp, 1985, 331-366.

Halperin, David. "Homosexuality: A Cultural Construct. An Exchange with Richard Schneider." One Hundred Years of Homosexuality and Other Essays on Greek Love. New York: Roudedge, 1990, 41-53.

Hardt, Michael and Antonio Negri. Empire. Cambridge, Mass.: Harvard University Press, 2000.

Harvey, Peter. An Introduction to Buddhist Ethics. Cambridge: Cambridge University Press, 2000.

Hefner Philip. The Human Factor: Evolution, Culture and Religion. Minneapolis: Fortress, 1993.

Hegel, G.W. F. Lectures on the Philosophy of Religion, I-III. ed. and trans. Peter C. Hodgson et al. Berkeley and Los Angeles, 1984-1987.

_____. The Phenomenology of Mind. trans. J.B Baillie. Mineola, New York: Dover Publications, 2003.

_____. Philosophy of Right. trans. S.W. Dyde. Kitchener, Ontario: Batoche Books, 2001.

Hick, John. God has Many Names. Philadelphia: The Westminster Press, 1982.

Hinkelammert, Franz J. The Ideological Weapons of Death: A Theological Critique of Capitalism. Maryknoll, NY: Orbis, 1986.

Holmes, Mary. What is Gender? Sociological Approaches. London: Sage publications, 2007.

Honneth, Axel. The I in We: Studies in the Theory of Recognition. Cambridge: Polity, 2012.

Horkheimer, M. Critical Theory Selected Essays Max Horkheimer. trans. Matthew

J. O'Connel and Others. New York: The Seabury Press, 1972.

_____. *Eclipse of Reason*. Oxford: Oxford University Press, 1947.

Horkkeimer, M and Theodore W. Adorno. *Dialectic of Enlightenment*. trans. Matthew J. O'Connel and Others. New York: The Seabury Press, 1972.

Hubbard, Thomas K. ed. *Homosexuality in Greece and Rome: A Sourcebook of Basic Documents*. Berkeley: University of California Press, 2003.

Husserl, Edmund. *The Essential Husserl: Basic Writings in Transcendental Phenomenology*. ed. by Donn Welton. Bloomington and Indianapolis: Indiana University Press, 1999.

Hwang WS et al. "Evidence of a pluripotent human embryonic stem cell line derived from a cloned blastocyst." *Science* 2004; 303, 5664: 1669-1674.

Jagose, Annamarie. *Queer Theory: An Introduction*. New York: New York University Press, 2005.

Jalbert, John E. "Husserl's Position between Dilthey and the Windelband-Rickert School of Neo-Kantianism." *Journal of the History of Philosophy* 26 (2) (1988), 279-296.

Jason, Throop, C. and Keith M. Murphy. "Bourdieu and Phenomenology: A Critical Assessment." *Anthropological Theory* Vol 2 (2).

Jaspers, Karl. *The Origin and Goal of History*. trans. M. Bullock. New Haven and London, Yale University Press, 1953.

Jessop, Bob. *The Capitalist State: Marxist Theories and Methods*. Oxford: Martin Robertson, 1982.

Jun Uchida. *Brokers of Empire: Japanese Settler Colonialism in Korea*, 1876-1945. Cambridge: Harvard University Asia Center, 2011.

Kant, Immanuel. *Critique of the Power of Judgment*. trans. Paul Guyer and Eric Matthews. Cambridge: Cambridge University Press, 2000.

Kaufmann, Gordon D. *In Face of Mystery: A Constructive Theology*. Cambridge, Mass.: Harvard University Press, 1993.

Keller. Evelyn F. *The Century of the Gene*. Mass., Cambridge: Harvard University Press, 2000.

Kellner, Douglas. ed. *Baudrillard: A Critical Reader*. Oxford and Cambridge: Blackwell, 1994.

King, Ursula. ed. *Religion and Gender*. Oxford and Cambridge: Blackwell, 2005.

Knitter, Paul F. *No Other Name?: A Critical Survey of Christian Attitudes Toward* the *World Religions*. Maryknoll: Orbis, 1996.

Kojeve, Alexandre. *Introduction to the Reading of Hegel: Lectures on the Phenomenology of Spirit*. ed. Allan Bloom and trans. James H. Nichols, Jr. Ithaca. NY: Cornell University Press, 1969.

Las Casas, B. *Indian Freedom: The Cause of Bartolome de las Casas*. NewYork: Sheed & Ward, 1995.

Leezenbeerg, Michiel. "Power and Political Spirituality: Michel Foucault on the Islamic Revolution in Iran." *Michel Foucault and Theology: The Politics of Religious Experience*. eds. James Bernauer and Jeremy Carrette. Hampshire, Burlington: Ashgate, 2004, 99-115.

Lehmann, Paul. *Ethics in a Christian Context*. New York and Evanston: Harper & Row, 1963.

Lenin, V.I. *The State and Revolution: The Marxist Teaching on the State and the Tasks of the Proletariat in the Revolution*. Foreign Language Press: Peking, 1976.

Levinas, E. *Ethics and Infinity: Conversations with Philippe Nemo*. trans. Richard A. Cohen. Pittsburgh: Duquesne University Press, 1985.

_____. *Basic Philosophical Wrings*. eds. Adrian T. Peperzak, et al. Bloomington and Indianapolis: Indiana University Press, 1996.

Lindbeck, George A. *The Nature of Doctrine: Religion and Theology in a Postliberal Age*. Louisville, Kentucky: Westminster John Knox Press, 1984.

Loomba, Ania. *Colonialism, Postcolonialism*. London: Routledge, 1998.

Luxemburg, Rosa. *The Accumulation of Capital*. ed. Kenneth J. Tarbuck, and trans. Rudolf Wichmann. New York and London: Monthly Review Press, 1972.

Machiavelli. *The Prince*. ed. Philip Smith. Mineola, New York: Dover Publications, 1992.

MacIntyre, Alasdair. *After Virtues*, second edition. Notre Dame, Indiana: University of Notre Dame Press, 1984.

Malešević, Siniša. *The Sociology of War and Violence*. Cambridge: Cambridge University Press, 2010.

Mandel, Ernest. *The Formation of the Economic Thought of Karl Marx*. New York and London: Monthly Review Press, 1971.

_____. *Marxist Economic Theory I and II*. trans. Brian Pearce. New York and
      London: Monthly Review Press, 1968.

_____. *Late Capitalism*. trans. Joris De Bres. London, New York: Verso, 1975.

Margulis, Lynn and Dorion Sagan. *Microcosmos*. New York: Summit, 1986.

Marquardt, F.W. *Eia, warn wir da – eine theologische Utopie*. Gutersloh: Chr.
      Kaiser/Gutersloher Verlagshaus, 1997.

_____. "Gott oder Mammon über Theologie und Okonomie bei Martin Luther."
      Einwürfe I. Munich: Chr. Kaiser, 1983, 126-216.

Marx, Karl. *Capital: A Critique of Political Economy, I, III*. trans. Ben Fowkes.
      London and New York: Penguin, 1990.

_____. *Karl Marx Selected Writings*. ed. David McLellan. New York: Oxford
      University Press, 1988.

Marx, Karl. "Revolution in China and In Europe." New York Daily Tribune, June
      14, 1853. https://www.marxists.org/archive/marx/works/
      1853/06/14.htm

Marx, K. and Frederick Engels. "Address of the Central Committee to the
      Communist League" (1850). https://www.marxists.org/ar-
      chive/marx/works/1847/communist-league/1850-ad1.htm

Massey. Douglas S. and Nancy A. Denton. *American Apartheid: Segregation and
      the Making of the Underclass*. Cambridge, M.A: Harvard University Press,
      1993.

McCann, Dennis. *Christian Realism and Liberation Theology: Practical
      Theologies in Creative Conflict*. Eugene, OR: 1981.

McCarthy, Thomas. *Race, Empire and the Idea of Human Development*.
      Cambridge: Cambridge University Press, 2010.

McMaken, W. Travis. *Our God Loves Justice: An Introduction to Helmut
      Gollwitzer*. Minneapolis: Fortress, 2017.

Miller, Kenneth R. *Finding Darwin's God: A Scientist's Search for Common
      Ground between God and Evolution*. New York: Harper, 2007.

Moltmann, J. *God for a Secular Society: The Public Relevance of Theology*. trans.
      Margaret Kohl. Minneapolis: Fortress, 1999.

Niebuhr, H.R. *The Responsible Self: An Essay in Christian Moral Philosophy*.
      Louisville, Kentucky: Westminster John Knox Press, 1999.

_____. *Christ and Culture*. New York: Harper & Row, 1951.

_____. *Radical Monotheism and Western Culture*. Louisville, Kentucky: Westminster/John Knox Press, 1970.

_____. *The Essential Reinhold Niebuhr Selected Essays and Addresses*. ed. Robert McAfee Brown. New Haven and London: Yale University Press, 1986.

Nitobe, Inazo. "Bushido: The Soul of Japan." *Collected Works of Nitobe Inazo*, vol. 12. Tokyo: Kyobunkan, 1999-2001 [1899].

Nolan, Patrick and Gerhard Lenski. *Human Societies: An introduction to Macrosociology*. Boulder and London: Paradigm Publishers, 2006.

Norton, Ben. "Obama Admits Bipartisan Neoliberal 'Washington Consensus' Fueled Far-Right and Multiplied Inequality." https://bennorton. com/obama-neoliberal-washington-consensus-far-right- inequality/.

Nozick, Robert. *Anarchy, State and Utopia*. New York: Basic Books, 1974.

Ott, Michael R. *Max Horkheimer's Critical Theory of Religion: The Meaning of Religion in the Struggle for Human Emancipation*. Lanham: University Press of America, 2001.

Otto, R. *The Idea of the Holy*. Oxford: Oxford University Press, 1958.

Pangritz, Andreas. *Der ganz andere Gott will eine ganz andere Gesellschadt: Das Lebenswerk Helmut Gollwitzers* (1908-1993). Stuttgart: Verlag W. Kohlhammer, 2018.

Peacocke, Arthur R. *Creation and the World of Science*. Oxford: Clarendon, 1979.

Percy III, William Amstrong. *Pederasty and Pedagogy in Archaic Greece*. Illinois: University of Illinois Press, 1996.

Peters, Ted. *The Stem Cell Debate*. Minneapolis: Fortress, 2007.

_____. *Science, Theology and Ethics*. Burlington: Ashgate, 2003.

_____. Ed. *Genetics: Issues of Social Justice*. Cleveland: The Pilgrim Press, 1998.

Poulantzas, Nicos. *State, Power, Socialism*. London and New York: Verso, 2000.

Radcliffe-Brown, A.A. *Structure and Function in Primitive Society*. New York: The Free Press, 1952.

Ramsey, Paul. *Basic Christian Ethics* (1950). Louisville, Kentucky: Westminster/John Knox Press, 1993.

_____. *Fabricated Man: The Ethics of Genetic Control*. New Haven: Yale University Press, 1970.

Rendtorff, Trutz. *Ethics I: Basic Elements and Methodology in an Ethical*

Theology. trans. Keith Crim. Philadelphia: Fortress Press, 1986.

Rifkin, J. *Algeny, A New Word—A New World.* New York: Penguin Books, 1984.

Riley, Dylan. "Bourdieu's Class Theory: The Academy as Revolutionary." *Catalyst* Vol.1. Nr. 2. (Summer 2017), 117-136.

Said, Edward. *The Edward Said Reader.* eds. Moustafa Bayoumi and Andrew Rubin. New York: Vintage, 2000.

Sandel, Michael J. *Justice. What's the Right Thing to Do?* New York: Farrar, Straus and Giroux, 2009.

Schmidt (1997). "Rediscovering Manchuria: Shin Ch'aeho and the Politics of Territorial History in Korea." *The Journal of Asian Studies 56*(1). 26-46.

Schutz, Alfred. *The Phenomenology of the Social World.* trans. George Walsh and Frederick Lehnert. Evanston, Illinois: Northwestern University Press, 1967.

Segundo, Juan Luis. *Faith and Ideologies.* trans. John Drury. Maryknoll. Orbis, 1984.

Sharot, Stephen. *A Comparative Sociology of World Religions: Virtuosi, Priests and Popular Religion.* New York and London: New York University Press, 2001.

Shwarz, David. *Culture and Power: The Sociology of Pierre Bourdieu.* Chicago: The University of Chicago Press, 1997.

Silve, Lee. *Remaking Eden: How Genetic Engineering and Cloning Will Transform the American Family.* New York: Avon Books, 1998.

Spence, Jonathan D. *God's Chinese son: the Taiping Heavenly Kingdom of Hong Xiuquan.* New York: W.W. Norton, 1996.

Spencer, Herbert. *Social Statics: The Conditions Essential to Human Happiness Specified and the First of Them Developed.* New York: S. Appleton, 1864.

Spivak, Gayatri Chakravorty. "Can the Subaltern Speak?" *Colonial Discourse and Postcolonial Theory: A Reader.* ed. Patrick Williams. New York: Columbia University Press, 1994, 67-111.

Stalin, J. V. *The Foundations of Leninism.* Peking: Foreign Language Press, 1975.

Sweezy, Paul M. *The Theory of Capitalist Development: Principles of Marxian Political Economy.* New York and London: Monthly Review Press, 1942.

Tanner, Kathryn, *Theories of Culture: A New Agenda for Theology.* Minneapolis: Fortress, 1997.

Throop, C. Jason and Keith M. Murphy. "Bourdieu and Phenomenology A Critical Assessmen." *Anthropological Theory* Vol. 2 (2), (2002). 185–207.

Tikhonov, Vladimir. *Modern Korea and Its Others*. London and New York: Routledge, 2015.

_____. *Social Darwinism and Nationalism in Korea: the Beginnings (1880s-1910s): "Survival" as an Ideology of Korean Modernity*. Leiden: Brill, 2010.

Tillich, Paul. *Systematic Theology 1*. Chicago: The University of Chicago Press, 1951.

_____. *Theology of Culture*. Oxford: Oxford University Press, 1964.

_____. *The Socialist Decision*. trans. Franklin Sherman. New York and San Francisco: Harper & Row, 1977.

Tracy, David. *The Analogical Imagination: Christian Theology and the Culture of Pluralism*. New York: Crossroad, 2000.

Troeltsch, Ernst. *The Social Teaching of the Christian Churches I, II*. trans. Olive Wyon. Louisville: Westminster John Knox, 1992.

_____. *The Christian Faith*. ed. Gertrud von le Fort, trans. Garrett E. Paul. Minneapolis: Fortress.

_____. *Religion in History: Ernst Troeltsch*. trans, James L. Adams and Walter F. Bense. Minneapolis: Fortress, 1991.

_____. *The Absoluteness of Christianity and the History of Religion*. trans. David Reid. Louisville, Kentucky: Westminster John Knox Press, 1971.

_____. "The Place of Christianity among the World Religions." *Christian Thought: Its History and Application*. ed. Friedrich Hügel. London: University of London Press, 1923.1-36.

Vujacic, Veljko. "Stalinism and Russian Nationalism: A Reconceptualization." *Post-Soviet Affairs*. 2007, 23, 2, 161. 156–183.

Wade, Nicholas. *The Ultimate Experiment: Man-Made Evolution*. New York: Walker and Co., 1977.

Wallerstein, I. *The Capitalist World-Economy: Essays by Immanuel Wallerstein*. Cambridge: Cambridge University Press, 1979.

_____. *Modern World-System 1: Capitalist Agriculture and the Origins of the European World-Economy in the Sixteenth Century*. Oakland, CA. University of California Press, 2011.

_____. *Eurocentrism and its Avatars: The Dilemmas of Social Science.*
　　　https://iwallerstein.com/wp-content/uploads/docs/NLREURAV.PDF
Weber, M. *Weber Selections in Translation.* ed. W. G. Runciman and trans. Erich
　　　Matthews. Cambridge: Cambridge University Press, 1978.
_____. *From Max Weber: Essays in Sociology.* ed. and trans. H. H. Gerth and
　　　C. Wright Mills. New York: Oxford University Press, 1946.
_____. *The Protestant Ethic and the Spirit of Capitalism.* trans. Talcott Parsons.
　　　Mineola, N.Y.: Dover, 2003.
_____. *Economy and Society.* eds. Gunther Roth and Claus Wittich. Berkeley:
　　　University of California Press, 1978.
_____. *The Sociology of Religion.* trans. Ephraim Fischoff. Boston: Beacon Press,
　　　1964.
_____. *Weber Selections in Translation.* ed. W.G. Runciman and trans. Erich
　　　Matthews. Cambridge: Cambridge University Press, 1978.
Wendel, F. *Calvin: Origins and Development of His Religious Thought.* trans.
　　　Philip Mairet. Durham, NC: Labyrinth, 1987.
West, Cornel. *Race Matters.* New York: Vintage Books, 1994.
Williams, Craig. A, *Roman Homosexuality.* Oxford: Oxford University Press, 1999.
Wilmut, Ian. et al. *The Second Creation.* New York: Farrar, Straus and Giroux,
　　　2000.
Wilson. Edward O. *Sociobiology: The New Synthesis.* Cambridge: Harvard
　　　University Press, 1975.

찾아보기

587, 591, 599, 604

심정 윤리 14, 28, 63, 177, 178, 182, 185, 198, 201, 206, 207, 210, 211, 218, 239, 261, 480

ㅇ

아남네시스 152, 179, 287, 320, 413, 522, 523, 528, 628

아노미 76, 80, 409, 583

아우슈비츠 323

아파르헤이트 405, 485, 486

안락사 49, 50, 83, 84

안티노미안 41

언어 게임 72, 81, 82, 617, 618, 620, 621

엔클로저 241, 242, 309

역사 블록 352, 353, 386

오리엔탈리즘 11, 284, 288-290, 317, 318, 431-433, 629

우생학 84, 101, 104, 105, 343

유럽 중심주의 13, 14, 140, 277, 278, 289, 298, 300, 310, 314, 318, 385, 431, 433, 434

유전공학 13, 86, 88-90, 98, 100, 103, 104, 106, 107

유전자 변형 89-91, 97, 101

유전자 윤리 86, 87

유효한 역사 320, 339, 340, 384-388, 413, 421, 452, 453, 456, 492, 523, 529-531, 548, 549, 551, 616, 628, 660, 661

의식화 교육 285, 642-645, 649, 652, 654, 659, 662

이념형 14, 32, 39, 47, 53-55, 113, 119, 156, 181, 182, 191, 194, 201-203, 212-217, 219, 221, 223, 224, 228, 230, 233, 236, 237, 243, 259, 268, 269, 302, 329, 335, 362, 368, 382, 419, 456, 530, 559, 563, 567, 571, 574

이데올로기 비판 68, 73, 173, 230, 354, 368-371, 391, 616, 659, 663

이슬람 혁명 365

이론적 실천 256, 372, 373, 375-377, 383, 386-388

인간 복제 83, 87, 88, 92-94, 98, 99

인식론적 파열 224, 373, 375-377, 453, 491

인종 파시즘 196

인종적 정의 404, 487, 572

ㅈ

자본주의 정신 14, 53, 63, 71, 113, 130, 182, 204, 231, 232, 245, 417, 418, 430, 559, 562, 563, 568, 617

자본주의 혁명 12, 15, 414, 415, 418, 421, 423, 429-431, 434, 435, 441, 459, 465, 470, 487, 497, 498

자리이타 304

전문가 종교 188

전적 타자 139, 164, 257, 286, 344, 363-366, 370, 527, 528, 533, 534, 545

절제 이론 239, 242, 266, 417, 419, 421, 422, 429, 564, 567, 568

접합이론 222-224, 230, 235, 242, 248, 385, 412, 452, 455-458, 571

정명론 200

제국주의 12, 15, 181, 192, 196, 222, 235, 263-266, 282, 283, 292, 307, 312, 318, 321-323, 326, 338, 397, 422, 424-427, 431, 434-437, 439, 440, 440, 445, 448-450, 452, 454-458, 467, 476, 481-485, 488, 560-563

존재의 집 356-358, 655

종교개혁 17, 54, 55, 58, 125, 146, 150, 156, 314, 325, 376, 487

종교사학파 57, 58, 113, 115, 135, 612

종교적 아프리오리 136-140, 143, 146, 149,